全本全注全译丛书

中华经典名著

彭　华◎译注

华阳国志 上

中华书局

图书在版编目(CIP)数据

华阳国志/彭华译注. —北京:中华书局,2023.4
(中华经典名著全本全注全译丛书)
ISBN 978-7-101-16135-9

Ⅰ.华… Ⅱ.彭… Ⅲ.西南地区-地方志-东晋时代
Ⅳ.K297

中国国家版本馆 CIP 数据核字(2023)第 039967 号

书　　名	华阳国志(全二册)	
译　　注	彭　华	
丛 书 名	中华经典名著全本全注全译丛书	
责任编辑	张彩梅　胡香玉	
责任印制	陈丽娜	
出版发行	中华书局	
	(北京市丰台区太平桥西里 38 号　100073)	
	http://www.zhbc.com.cn	
	E-mail:zhbc@zhbc.com.cn	
印　　刷	北京中科印刷有限公司	
版　　次	2023 年 4 月第 1 版	
	2023 年 4 月第 1 次印刷	
规　　格	开本/880×1230 毫米　1/32	
	印张 41¾　字数 900 千字	
印　　数	1-8000 册	
国际书号	ISBN 978-7-101-16135-9	
定　　价	108.00 元	

目录

上册

下册

前言

常璩（约291—361），字道将，蜀郡江原县小亭乡（今四川崇州三江镇）人。是东晋时期的著名史学家，也是四川本土彪炳青史的历史文化名人。其所著《华阳国志》，是我国现存较早且较完整的方志史书，为研究我国古代西南地方史和西南少数民族史以及巴蜀地区文明提供了重要史料，具有极高的史学价值。在方志编纂体例上，《华阳国志》将历史、地理、人物三者有机结合，比较完整地展示了古代西南地区的历史风貌与文化全貌，具有开创之功和典范作用。

如今，在四川崇州市城区中心广场上，立有一尊常璩的站立铜像。常璩一手握毛笔，一手执《华阳国志》，眼望远方，蹙额凝思。2020年，第二批四川十大历史名人出炉，常璩榜上有名。崇州市还建有常璩纪念馆、常璩文献馆、华阳国志馆，以表达故乡人民对这位历史名人的敬仰和纪念。

一、作者简介

因《晋书》无常璩传记，故后人对其生平事迹知之不详。钩稽相关史料，可约略勾勒出常璩的生平、著述：

（一）常璩生平

常氏为蜀郡江原县（今四川崇州）的世家大族、文化家族，"江原县，……东方常氏为大姓"（《华阳国志·蜀志》）。自后汉迄晋，常氏世代为官，兼而读书著述。这对常璩产生了重要影响。

根据《华阳国志·后贤志》记载，常璩的族曾祖常廓是饱学之士，"以明经著称"；常璩的族曾叔祖常勖，"治《毛诗》《尚书》，涉治群籍，多所通览"；常璩的族祖常骞，"治《毛诗》《三礼》，以清尚知名"；常骞族弟、常璩族祖常宽，"治《毛诗》《三礼》《春秋》《尚书》，尤耽意大《易》，博涉《史》《汉》，强识多闻"，撰有《蜀后志》及《后贤传》，又续陈寿《益部耆旧传》作《梁益篇》。

常璩出身官宦之家，书香大族，幼时家道败落。四世纪初，因蜀地动乱，常氏以常宽为首领，从杜弢等东走荆湘。常璩"时尚幼，家较贫，未能远徙，随族结坞，附青城范长生以自存"（任乃强《华阳国志校补图注·前言》），并且很有可能跟随范长生读书学习（黄剑华《常璩传》）。

常璩少好学，遍读先世遗书，颇负才名。初仕成汉李雄，为文书小吏。成汉李势时，官至散骑常侍。据史书记载，成汉李雄时，尝"兴学校，置史官"（《晋书·李雄载记》）。常璩在成汉任史官时，有机会翻阅宫中典籍和档案，并先后撰有《梁益二州志》《巴汉志》《蜀志》《南中志》《汉之书》等书多种，也为日后完成《华阳国志》创造了条件。

东晋永和三年、成汉嘉宁二年（347），桓温统率大军伐蜀，兵临成都城下，"（李）势众惶惧，无复固志"。常璩与中书监王嘏等劝李势降晋，后为李势接受。在桓温平蜀后，常璩随至建康（今江苏南京）。因"江左重中原故族，轻蜀人"（《华阳国志校补图注·前言》），常璩等人受到中原、江左士大夫的歧视，在东晋王朝得不到重用。因此，常璩不复仕进，心怀幽愤，勉力撰著《华阳国志》。

常璩的这种心境，尝流露于笔端，"流离困瘵，方资腐帛于颠墙之下，求余光于灰尘之中"（《华阳国志·序志并士女目录》）。今人任乃强认为，常璩之作《华阳国志》，"其主旨在于夸诩巴蜀文化悠远，记述其历史人物，以颉颃中原，压倒扬越，以反抗江左士流之消藐"（《华阳国志校补图注·前言》),可谓"同情理解"。

（二）常璩著述

根据《隋书·经籍志二》《旧唐书·经籍志上》《新唐书·艺文志二》等史志目录记载,常璩的著作除《华阳国志》十二卷外,还有《汉之书》（又名《蜀李书》）十卷、《蜀平记》十卷、《蜀汉伪官故事》一卷等。

《蜀汉伪官故事》记述的是三国蜀汉政权的历史,《蜀平记》记述的是桓温平蜀之事。由《隋书》《旧唐书》《新唐书》的著录来看,《蜀平记》和《蜀汉伪官故事》亡佚得很早,到唐初修《隋书》时,就已经看不到了。

《汉之书》记述的是成汉政权的历史。《汉之书》后入晋秘阁,改名为《蜀李书》（《史通·外篇·古今正史》）。《汉之书》早已失传（大约亡佚于唐末、五代）,仅存《经典释文》《艺文类聚》《太平御览》等书所引佚文数条,有清人汤球辑佚本。

二、作品介绍

（一）成书与内容

《华阳国志》写作于常璩归附东晋之后。其撰写时间,约在永和四年（348）秋至永和十年（354）间。初称《华阳国记》或《华阳记》,后定名为《华阳国志》。

常璩在《华阳国志》中对其记事的时间与空间范围有所界定。

就时间而言。《华阳国志·序志并士女目录》曰:"肇自开辟,终乎永和三年,凡十篇,号曰《华阳国记》。"《华阳国志·李特雄期寿势志》记载:"永和三年,从征西于山阳战死也。"也就是说,《华阳国志》所记载的时间下限是永和三年（347）。即上起巴、蜀二国的传说时期,下至东晋穆帝永和三年（347）成汉政权的灭亡。

就空间而言。《华阳国志·巴志》引《洛书》曰:"华阳之壤,梁岷之域,是其一囿,囿中之国则巴、蜀矣。"《尚书·禹贡》记载:"华阳、黑水惟梁州。"其地域属于《禹贡》九州之梁州,其地包括今四川、重庆、云南、贵州四省市以及甘肃、陕西、湖北部分地区。

《华阳国志》共十二卷，约十一万字。分为"巴志""汉中志""蜀志""南中志""公孙述刘二牧志""刘先主志""刘后主志""大同志""李特雄期寿势志""先贤士女总赞""后贤志""序志并士女目录"。卷一至卷四类似于"地理志"，记述梁、益、宁三州地理与古史。卷五至卷九类似于"编年史"，记述公孙述以来割据蜀地者的历史。卷十至卷十二则类似于"人物志"，记述巴蜀人物。

一般认为，《华阳国志》一至四卷的四志（《巴志》《汉中志》《蜀志》《南中志》），是全书的精华部分，任乃强认为"其为历世所称道与引用者，大抵不出前四卷"（《华阳国志校补图注·前言》）。此四志不但内容翔实，而且体例严整，完全自成体系。其实，后八卷亦斐然成章、价值可观。

（二）价值与影响

1.价值

（1）宝贵的史料价值。

《华阳国志》取材广博、选材审慎，内容丰富、记载真实，具有极高的史料价值。它记载了西南地区的自然地理、经济地理、人文地理以及行政区划、地理沿革等，内容较正史的《地理志》更为详博。比如，关于李冰在蜀中兴修水利（都江堰、郫江、检江、文井江等），《华阳国志》的记载便远较《史记》和《汉书》详细而全面。《华阳国志》关于民族、风俗、神话、传说、歌谣以及物产、矿产、农业、科技、宗教等方面的记载，也是颇为可贵的。如关于盐井、火井、道教的记载，便是弥足珍贵的资料。

即使是《华阳国志》所叙述的蜀汉史事，亦较《三国志》为详。比如，关于诸葛亮平定南中，《三国志·蜀书》仅有寥寥数语，裴松之注也是语焉不详，而《华阳国志》则有长篇论述。再比如，《华阳国志》关于两晋时期蜀中史事的记载，亦较他书更为详细、更为真实。因为常璩在写作两晋蜀事时，不仅利用了成汉的档案资料，而且结合了自己的亲身经历，而这些都是第一手资料。"可以说，后人之得以比较具体地了解成汉的历史，首先应当归功于常璩"（刘琳《华阳国志校注·前言》）。

范晔撰《后汉书》、李膺撰《益州记》、裴松之注《三国志》、郦道元注《水经》、李贤与刘昭注《后汉书》，以及唐修《晋书》、司马光撰《资治通鉴》，都大量取材于《华阳国志》。后人之研究西南历史文化、撰写云贵川地方史，在史料上都离不开《华阳国志》。今人王仲荦说："（《华阳国志》）叙述有法，材料丰富，是研究西南地方史和西南少数兄弟族以及蜀汉、成汉政权的较好史书，有很高的史料价值。"（《魏晋南北朝史》）

（2）不朽的体例创新。

《华阳国志》以前的方志，往往将历史、地理、人物三者割裂开来，各写一面，结果只能反映地方历史文化的一个侧面，而不能反映其全貌，这无疑是一个明显的不足与缺陷。《华阳国志》将历史、地理、人物三者有机结合起来，比较完整地展示了古代西南地区的历史风貌与文化全貌。

《华阳国志》在方志编纂体例上的创新与实践，今人不吝笔墨、一再褒扬，"从内容来说，（《华阳国志》）是历史、地理、人物三结合；从体裁来说，（《华阳国志》）是地理志、编年史、人物传三结合。这两个三结合构成了《华阳国志》的一个显著的特点，这也是中国方志编纂史上的一个创举"，"这是常璩对中国方志编纂学的一个重要贡献"（刘琳《华阳国志校注·前言》）；"常璩开创地方志新体例的功绩，是不可磨灭的"（徐适瑞、刘重来《〈华阳国志〉研究》）。

2.影响

《华阳国志》问世之后，历代好评不断。兹举几例：

唐人刘知幾云："九州土宇，万国山川，物产殊宜，风化异俗，如各志其本国，足以明此一方，若盛弘之《荆州记》、常璩《华阳国志》、辛氏《三秦》、罗含《湘中》。此之谓地理书者也。……郡书者，矜其乡贤，美其邦族。施于本国，颇得流行；置于他方，罕闻爱异。其有如常璩之详审，刘昺之该博，而能传诸不朽，见美来裔者，盖无几焉。"（《史通·内篇·杂

述》)

宋人吕大防认为，"蜀记之可观，未有过于此者"（《华阳国志序》）。宋人李𡏇认为，《华阳国志》是"有补于史家者流"（《重刊华阳国志序》）。

近人梁启超说："晋常璩《华阳国志》为方志之祖，其书有义法，有条贯，卓然著作之林。惟通行明刻本缺两卷。他刻虽补足，而讹舛殆不可读。嘉庆间廖氏刻本，乃顾涧薲据宋元丰吕氏、嘉泰李氏两本精校，自此始有善本。"（《中国近三百年学术史》）

当代学者任乃强，更是将《华阳国志》与《史记》《资治通鉴》相媲美，"正史几十种，人莫不推司马迁《史记》为典型。编年史几十种，莫不推司马光《通鉴》为典型。地方志几百种，莫不推《华阳国志》为典型"。他还说，"一书而兼备各类，上下古今，纵横边腹，综名物，揆道度，存治要，彰法戒，极人事之变化，穷天地之所有，汇为一帙，使人览而知其方隅之全貌者，实自常璩此书创始。此其于地方史中开创造之局，亦如正史之有《史记》者"，盛赞《华阳国志》"为地方史一鸿篇巨制"（《华阳国志校补图注·前言》）。

笔者曾经指出，在史学方面，蜀学特别注重"文献之传"，尤其重视"通观明变"。毫无疑问，《华阳国志》就是"文献之传"，而常璩亦能"通观明变"。

（三）特点与缺点

1. 特点

（1）秉笔直书，恪守实录精神。

"秉笔直书"，是中国史学的优良传统之一，并且是极其难能可贵的史学精神之一。《史通·外篇·惑经》："盖君子以博闻多识为工，良史以实录直书为贵。"如董狐、南史、司马迁，便是其中的辉煌表率。

"秉笔直书"，也是常璩所坚持的原则与精神。此中旨义，即《华阳国志·序志并士女目录》"撰曰"所说"以副直文，为实录矣"。《华阳国志·序志》又云："博考行故，总厥旧闻。班序州部，区别山川。宪章成败，旌昭仁贤。抑绌虚妄，纠正谬言。显善惩恶，以杜未然。"所谓"抑绌虚妄，纠正谬言"，亦即贬废虚妄之文，纠正荒谬之言，坚持秉笔直书的实录精神。

（2）取材广博，坚持审慎批判。

常璩撰写《华阳国志》所使用的资料，大致可以一分为三：一部分是传世文献资料，一部分是官廷档案资料，还有一部分来源于他的实地调查与采访资料。常璩使用的传世文献，有《尚书》《左传》《史记》《汉书》《东观汉记》《三国志》以及《蜀本纪》《蜀后志》《后贤传》《巴蜀耆旧传》《益部耆旧传》等。书中所说的"长老言"（《华阳国志·巴志》）、"长老传言"（《华阳国志·蜀志》《华阳国志·南中志》），便是实地调查与采访资料。《华阳国志》所记载的两晋史事，部分内容实属常璩所亲闻、亲见、亲历者，此即《华阳国志·大同志》所说"第璩往在蜀栉沐艰难，备谙诸事"。

对于前人的著作，包括像司马迁《史记》、班固《汉书》、陈寿《三国志》这样的名家名作，常璩亦不迷信、不盲从，审慎批判，择善而从。对于广为流传的说法，如"苌弘之血变成碧珠""杜宇之魄化为子鹃"（《华阳国志·序志并士女目录》），常璩也予以批驳纠正，并不盲目信从。正因如此，《华阳国志》获得了后人的好评。如明人李一公《重刻华阳国志序》就说："其文古，其事核，其义例深严，足备劝惩，昭法戒，骎骎良史才也。"

（3）详今略古，重视当代史事。

"详今略古"，是中国史学的优良传统之一。历代的史家与史官，多能恪遵这一传统。汉代史家司马迁、班固，便是个中显例。比如司马迁的《史记》，"虽叙三千年事，其间详备者，唯汉兴七十余载而已"（《史通·外篇·杂说上》）。

常璩在写作《华阳国志》时，自觉师法司马迁、班固，也遵守了"详今略古"这一传统。诚如《华阳国志·后贤志》所说："是以史迁之记，详于秦、汉;班生之书,备乎哀、平。皆以世及事迹,可得而言也。"以篇幅而论,《华阳国志》总共十二卷,后八卷所记述的都是近代史和当代史,占了全书三分之二的篇幅;而前四卷虽然贯通古今,但所重视的仍然是近代史和当代史。

(4)经世致用,考稽存亡成败。

在常璩看来,撰写历史著作,并非"为写作而写作",而应该"通古今之变",应该有现实关怀,应该有道德关切,并且要识"古"而鉴"今"。此即《华阳国志·序志》所说:"夫书契有五善:达道义,章法式,通古今,表功勋,而后旌贤能。"

另如,《华阳国志·序志并士女目录》所说:"宪章成败,旌昭仁贤。……显善惩恶,以杜未然。"即注重从历史的成败与存亡中吸取经验教训,以为后世永远的借鉴。同时,褒扬历史上的仁贤之士,彰善惩恶,以杜绝于未然。常璩笔下的败亡例证,前有公孙述、刘焉、刘璋,后有成汉李氏。此即《华阳国志·序志并士女目录》所说:"夫恃险凭危,不阶历数,而能传国垂世,所未有也。故公孙、刘氏以败于前,而诸李踵之,覆亡于后。天人之际,存亡之术,可以为永鉴也;干运犯历,破家丧国,可以为京观也。"

(5)尊重一统,拥护国家统一。

在《华阳国志》的《巴志》《蜀志》中,常璩将巴蜀的历史与黄帝、大禹挂钩,认为巴蜀古族源出黄帝,"五帝以来,黄帝、高阳之支庶世为侯伯。及禹治水,命州巴、蜀,以属梁州。禹娶于涂山"(《华阳国志·巴志》),"巴国远世则黄、炎之支封,在周则宗姬之戚亲"(《华阳国志·巴志》),"至黄帝,为其子昌意娶蜀山氏之女,生子高阳,是为帝颛顼;封其支庶于蜀,世为侯伯,历夏、商、周"(《华阳国志·蜀志》)。远古洪荒,无由稽考,姑且存疑。但常璩如此写作与表述,确实与其"大一统"思想不无关系。诚如任乃强所说:"常璩此书,纯用中原文化之精神,驰骛于地方一隅之掌故,通其痞隔,畅其流灌,使中土不复以蜀士见轻,而蜀人亦不复以中土为远。唐宋以降，蜀与中原融为一体，此书盖有力焉。此就掌握地方特殊性与全国一致性相结合言，常氏实开其先河者。"（《华阳国志校补图注·前言》）

常璩鞭挞公孙述、赵廞居心叵测而图谋割据，暗讽成汉李氏割据一方而胡作非为，确实是其拥护国家统一的"大一统"思想的透露与展示。对于在分裂割据下的民不聊生、生灵涂炭，常璩曾目睹，且深恶痛绝。诚如《华阳国志·序志并士女目录》所说："李氏据蜀，兵连战结。三州倾坠，生民歼尽。府庭化为狐狸之窟，城郭蔚为熊罴之宿。宅游雉鹿，田栖虎豹。平原鲜麦黍之苗，千里蔑鸡狗之响。丘城芜邑，莫有名者。嗟乎三州，近为荒裔。桑梓之域，旷为长野。反侧惟之，心若焚灼。"

（6）重视女性，分传诸郡贤女。

常璩是第一个将一方妇女（"人女"）与同地士人（"人士"）并列而为她们作传的史家，开创了地方史志为妇女立传的体例，完善了地方志的结构，对后世的地方志写作产生了深远影响。

在《华阳国志·先贤士女总赞》中，常璩为蜀郡、巴郡、广汉郡、犍为郡、汉中郡、梓潼郡、江阳郡的53位普通妇女立传书写，歌颂她们的美德、贞节、家教、勤劳。常璩如此而为，自然有其深思熟虑，并且颇有"男女平等"的意味。套用常璩自己的话说，"忠臣孝子，烈士贤女，高劲足以振玄风，贞淑可以方蘋蘩者，奕世载美"（《华阳国志·先贤士女总赞》），意即"忠臣孝子"与"烈士贤女"可以"奕世载美"。并且，这些"人女"传记与"人士"传记一样，文字简洁，文辞典雅，语言华美。诚如刘知几《史通·内篇·补注》所说："既而史传小书，人物杂记，若挚虞之《三辅决录》，陈寿之《季汉辅臣》，周处之《阳羡风土》，常璩之《华阳士女》，文言美辞列于章句，委曲叙事存于细书。"

2.缺点

如果按照后世的方志标准衡量，《华阳国志》存在着一些缺陷与不足。比如，全书没有图（如天文图、舆地图），许多门类（如赋役、职官、礼俗、艺文等）亦付阙如。

无须回避的是，出于主客观方面的诸多原因，《华阳国志》在内容记载上出现了诸多偏差，甚至是错误。关于这些方面的偏差与错误，我们不能苛求作为古人的常璩，谓之"瑕不掩瑜"可也。

通语云，"后之视今，亦犹今之视古"（《贞观政要·奢纵》），此诚颠扑不破之真理也。常璩不能脱离他那个时代，我们也不能脱离我们这个时代，此势之必然与理之当然。在笔者看来，对于常璩及其《华阳国志》，我们应该报以"了解之同情"（陈寅恪），应该加以"善意同情的理解"（贺麟）。如此，对于常璩及其《华阳国志》才能设身处地地感同身受。

（四）著录与版本

1.著录

《华阳国志》成书之后，历代的史志目录、公私目录均有著录。

（1）史志目录

《隋书·经籍志二》："《华阳国志》十二卷，常璩撰。"入史部霸史类。

《旧唐书·经籍志上》："《华阳国志》[十]三卷，常璩撰。"入史部杂伪国史类。

《新唐书·艺文志二》："常璩《华阳国志》十三卷。"入史部伪史类。

《宋史·艺文志二》："常璩《华阳国志》十卷。"入史部别史类。

《宋史·艺文志三》："常璩《华阳国志》十二卷。"入史部霸史类。

（2）公私目录

刘知幾《史通·外篇·古今正史》："（常）璩又撰《华阳国志》，具载李氏兴灭。"

郑樵《通志·艺文略》："《华阳国志》十二卷，晋常璩撰。以巴汉风俗及公孙以后据蜀者，各为之志。"入史部霸史类。

马端临《文献通考·经籍考二十七》："《华阳国志》十二卷（一云二十卷）。"入伪史霸史类。

王应麟《玉海》卷四十七:"三曰伪史类……,《华阳国志》至《三十国春秋》,一十七家,二十七部,五百四十二卷。"入伪史类。

晁公武《郡斋读书志》卷七:"《华阳国志》十二卷。"入伪史类。

陈振孙《直斋书录解题》卷五:"《华阳国志》二十卷。"入杂史类。

高似孙《史略》卷五:"《华阳国志》十二卷。晋常璩志巴、汉风俗,公孙以后据蜀事。"入霸史。

《四库全书总目提要》卷六十六:"《华阳国志》十二卷、《附录》一卷。"入史部载记类。

2.版本

在北宋之时,《华阳国志》仍然是完本。到南宋之时,《华阳国志》已经残缺不全。现在所流传的《华阳国志》,是一部经历代人士校勘、校改、删补的残缺本。

目前所知的《华阳国志》的最早刻本,是北宋神宗元丰元年(1078)成都府尹吕大防的刻本,是为吕本。吕本所据非善本,亦未加校勘。此刻本早已失传,仅有吕序留存。

至南宋宁宗嘉泰四年(1204),邛州知州李𡊥(著名史学家李焘之子)因旧本"刓缺愈多,观者莫晓所谓",于是"摭两汉史、陈寿《蜀书》《益部耆旧传》互相参订"(《重刊华阳国志序》),加以校正,重刊《华阳国志》,是为嘉泰本(李本)。这是《华阳国志》的最早刊行之整理本。嘉泰本(李本)行而吕本遂废。明清以来刊印的《华阳国志》,所使用的祖本都是嘉泰本(李本)。

明、清时期的重要刻本,有下列数种:

(1)嘉靖甲子(1564)成都刘大昌刻本(刘本)。因刘大昌无校订此书之力,故所保存宋刻原文最多,而此恰好形成该刻本的一大优点。

(2)嘉靖甲子蒲州张佳胤刻本(张本)。张本以吕本为蓝本,改动原文之处颇多。但传世极少,故可谓珍秘。

(3)嘉靖中钱穀手钞本(钱本)。钱本所钞为李𡊥刻本,"藉钱氏此钞，获于今日识见李刻形制，为益甚大"(《华阳国志校补图注·前言》)。

（4）乾隆通州李调元辑刻《函海》本(《函海》本)。《函海》本"校勘工作甚细致，态度矜慎"，忠实著录各家批注，亦不妄改文字，多有"远胜宋明诸刻之处"(《华阳国志校补图注·前言》)。

（5）嘉庆甲戌（1814）廖寅南京刻本（廖本）。

（6）成都志古堂翻刻题襟馆本及顾观光《校勘记》(省称志古堂本)。

学界普遍认为，廖寅刻本出自顾广圻之手，最为精审。其实，顾广圻因"矜负意气"而与廖寅不合，中途辞去校勘工作，"终其业者实为顾槐三"。廖本的优胜之处在校勘，"其校勘态度之审慎，见解之精辟"见诸全书，但也存在"着力虽多，取信不足"的缺点，"较之《函海》，互有短长"(《华阳国志校补图注·前言》)。

另外，李勇先、高志刚主编的《华阳国志珍本汇刊》(成都时代出版社2014年版)、李勇先、高志刚主编的《华阳国志珍本汇刊续编》(国家图书馆出版社2018年版)，收有明、清、民国刊本30种，便于读者查考。

（五）整理与研究

不无遗憾的是，作为经典方志、重要典籍的《华阳国志》，在其成书1600年之后，竟然没有一部完整的校注本。直至20世纪80年代以后，这一局面才被打破。今人整理研究《华阳国志》的重要著作，一为任乃强的《华阳国志校补图注》(上海古籍出版社1987年版)，一为刘琳的《华阳国志校注》(巴蜀书社1984年版)，被学者誉为《华阳国志》"划时代的两部整理研究专著"，是20世纪《华阳国志》"整理研究的杰作"，将《华阳国志》的"整理研究推向了一个新的阶段"(徐适瑞、刘重来《〈华阳国志〉研究》)。

除此之外，汪启明、赵静的《华阳国志译注》(四川大学出版社2007年版)，也值得一提。与《华阳国志校补图注》和《华阳国志校注》不一样的是，《华阳国志译注》"意在尽量忠实于原文的笺释、疏通与译解，不注重于考释和引证""注重语词的笺释,即传统小学之训诂学意义的训释,不以考释史实、地理为主"(《华阳国志译注·后记》)。《华阳国志译注》是带有普及性质的一个读本。

三、本书凡例

(一)底本与校勘

本次校勘,以廖寅题襟馆本为底本,充分吸收任乃强、刘琳等人的校勘成果。对于一些散见的校勘成果,本书也留意借鉴和注意吸收,在注释中用"按"的形式。依据丛书体例,对底本中的一些明显错误径改,不出校记。引用他人学术成果处,在注释中予以说明。

比如,《华阳国志·巴志》的"弜头虎子",《蛮书》卷十引《华阳国志》作"一名弦头"。任乃强、刘琳于此均不取,仍保留原文"弜头虎子",本书亦如此。"弜"字读音,《华阳国志新校注》作qiǎng,《华阳国志译注》作jiàn,《华阳国志校补图注》作jiàng(同"强"姓发音),本书认为其读音当作jiàng。

再如,《华阳国志·南中志》的"孔雀常以二月来翔,月余而去",任乃强认为"二月"当作"六月"。任说于意为优,因二月天气尚凉,孔雀不可能"来翔"。但因任说无版本依据,故笔者仅在注释中予以说明。

又如,《华阳国志·后贤志》的"克复江阳",底本作"克复江陵",任乃强、刘琳认为当作"克复江阳"。笔者认为可从,故改作"克复江阳"。

为免烦琐,本书对于各本的异文没有一一罗列,仅择要注明重要的异文,尤其是影响理解的异文。比如,《华阳国志·巴志》的"刊山",廖本作"刊山",其他诸本或作"邗山"。因此山不可考,故本书标出异文,以便供读者参考。再如,《华阳国志·蜀志》说益州"户:夷、晋二十四万",廖本作"二十二万"。户口数字是重要数字,但因《蜀志》脱漏三郡,无法统计具体数字,故本书保留了异文。又如,《华阳国志·李特雄期寿势志》的"太史令韩约",诸本或作"韩豹",或作"韩约",《晋书·李班载记》亦作"韩豹"。因无法判断何者为正,故本书保留了异文。

（二）题解与分段

1.题解

本书的"题解",以卷次为单位,逐卷撰写"题解"。"题解"的内容,以内容概括为主,同时点明写作主旨,并做适当评价。

2.分段

《华阳国志》传世各本的正文均分段,但其分段不尽恰当。因此,任乃强、刘琳对原文均做了重新分段、标点。本书吸收了任乃强、刘琳的分段、标点成果,并且做了调整。又,为便于读者阅读,本书将一些过长的段落进行了细分。

（三）注释与译文

1.注释

本书的注释,以语文词汇的训诂解释、人物和著作的简单介绍、地名的渊源梳理、事件来龙去脉的简介为主。在进行注释时,适当引证相关文献依据和实物证据。同时,对于比较重要的具有参考价值的不同看法,本书也适当加以介绍,可谓"多闻阙疑""多见阙殆"。

笔者本次译注《华阳国志》,注意吸收已有的译注成果、研究成果以及已有的出土文献和考古资料,特别是已经公布的新资料及其研究成果,尤其是甲骨文、金文、简帛等出土文献资料和先秦、秦汉、三国、两晋等出土考古资料,如,两周铭文（利簋、秦公簋、楚公逆镈、楚公逆钟、叔尸钟、嬭加编钟等）、上海博物馆藏战国楚竹书《容成氏》、湖北江陵张家山汉简《二年律令》、四川出土的汉代官印、云南昆明晋宁区河泊所遗址新发现的汉代封泥等出土文献资料,以及重庆涪陵小田溪墓群、重庆忠县中坝遗址、重庆云阳旧县坪遗址"汉巴郡朐忍令广汉景云碑"、四川广汉三星堆遗址、四川成都金沙遗址、四川渠县城坝遗址、四川荥经铸钱遗址、四川蒲江县盐业遗址与冶铁遗址、四川凉山石棺葬与大石墓、四川出土的汉代画像砖、云南昆明晋宁区石寨山古墓群、贵州赫章可乐遗址等出土考古资料。这是对王国维"二重证据法"的自觉恪守。

在对《华阳国志》中所出现的地名进行注释时,力求对地名进行准确的古今对照,特别注意依据最新的行政区划进行对应,以方便当代读者查对和理解。

需要说明的是,为了便于读者阅读和使用,本书在对一些语文词汇进行注释时,前后有所重复。如此处理,其目的在于减免读者的翻检之劳。在对一些人名、地名、书名等进行注释时,则参考使用了"互见法",提示读者"参看某篇某注",如"参看《华阳国志·巴志》注""参看《华阳国志·蜀志》注""见本卷上文注"等。

2.译文

常璩在写作《华阳国志》时注意遣词炼句,全书以散文为主,不时间以骈文,"文词雅典"。因此,想要传情达意地翻译这部著作,传神地展现这部著作的韵味,确实很具有挑战性。这不但需要严复所说的"信达雅",而且需要贺麟所说的"艺术工力"。

本书的译文,以直译为主,力求做到"信"和"达"。同时,为了便于读者理解,适当增加了一些说明性的文字。在直译无法传达时,通过在译文中添加少量辅助性的说明文字,以帮助读者理解。在白话翻译时,尝试译出原文语言的韵味和情感等,此即金岳霖所说"译味"。

常语云,"后出转精",后人掌握有数量更多的史料、技术更精的图谱,这是常璩那个年代所不能同日而语的。本次所推出的"三全本"《华阳国志》,只是一个阶段性的读本。书中不足之处,欢迎读者朋友们批评指正。

彭　华

2023 年 1 月

卷一　巴志

【题解】

《华阳国志》一至四卷的四志(《巴志》《汉中志》《蜀志》《南中志》),是全书的精华部分。此四志内容翔实,体例严整,完全自成体系。常璩在写作《华阳国志》前四志时,在体例上借鉴了《汉书·地理志》,但又做了适当的改造。

《巴志》是《华阳国志》的第一卷,其内容实则"一分为三"。

第一部分是"总叙",记述了梁州的地理沿革和巴地的历史、地理、民族、民风、物产、外交等。作者遵守"多闻阙疑"的精神主旨,"信以传信,疑以传疑"(《穀梁传·桓公五年》)。五帝以前,"其君上世未闻",故以阙疑待之。五帝以来,则历历可数,故备载五帝以至魏晋之事迹;而其所载,不少可与《尚书》《春秋》《左传》《史记》等互相印证,具有较高的史料价值。

第二部分是"分述",分别记述巴郡、巴东郡、涪陵郡、巴西郡、宕渠郡等区域的政治、经济、地理、文化以及沿革、名宦、家族、歌谣等。所记内容以秦汉与魏晋为主,尤以两汉为详。部分资料来源于作者的实地考察与田野采集,故其价值弥足珍贵。但因文字讹脱,部分郡之属县,已不得其详。

第三部分是"撰曰"。"撰曰"类似于《左传》的"君子曰"、《史记》

的"太史公曰"、《三国志》的"评曰"、《资治通鉴》的"臣光曰",是常璩对各志的总结与评论。《巴志》的"撰曰",重点叙述了巴国悠久的渊源("黄、炎之支封")、淳美的风俗("风淳俗厚")、山川的灵秀、人物的钟灵毓秀,特别渲染了"李雄承巴国之余烈,有长人之瑞应,当王蜀土"(任乃强语)。

　　昔在唐尧①,洪水滔天。鲧功无成②,圣禹嗣兴③,导江疏河,百川蠲修④,封殖天下⑤,因古九圃⑥,以置九州⑦。仰禀参伐⑧,俯壤华阳,黑水、江、汉为梁州⑨。厥土青黎,厥田惟下上,厥赋惟下中,厥贡璆、铁、银、镂、砮、磬、熊、罴、狐、狸、织皮⑩。于是四隩既宅⑪,九州攸同⑫,六府孔修⑬,庶土交正⑭,厎慎财赋⑮,成贡中国。盖时雍之化⑯,东被西渐矣⑰。

【注释】

①唐尧:上古帝王名。姓伊祁(亦作"伊耆"),名放勋。帝喾之子。初居于陶,又迁居唐,故号陶唐氏。相传,唐尧之时,曾经发生大洪水。《史记·夏本纪》:"当帝尧之时,鸿水滔天,浩浩怀山襄陵,下民其忧。"

②鲧(gǔn):上古部落酋长名。禹之父,居于崇,号崇伯。曾奉尧命治水。因筑堤堵水,九年而未成功,被舜杀于羽山。《史记·夏本纪》:"于是尧听四岳,用鲧治水。九年而水不息,功用不成。"

③禹:上古帝王名。姓姒,名文命。鲧之子。鲧治水无功,禹奉舜命继续治理洪水。禹亲历各地,疏通江河,平洪水,理山川,最终治水成功。据传禹治水十三年中,三过家门不入。后被选为舜的继承人。舜死后即位,建立夏代。

④蠲(juān)修:疏通,整治。

⑤封殖天下:《左传·昭公九年》:"后稷封殖天下。"杜预注:"后稷修封疆,殖五谷。"意为在天下划分疆界,种植庄稼。

⑥九囿(yòu):上古指组成陆地的九个大区域。

⑦九州:古代分中国为九州,后以"九州"泛指天下、全中国。关于"九州",古书说法不一,可列表如下(因上博简《容成氏》所记"九州"之名不好"对号入座",故未列入):

《尚书·禹贡》	冀	豫	青	徐	荆	扬	兖	雍	梁		
《尔雅·释地》	冀	豫		徐	荆	扬	兖	雍		幽	营
《周礼·职方氏》	冀	豫	青		荆	扬	兖	雍		幽	并
《吕氏春秋·有始》	冀	豫	青	徐	荆	扬	兖	雍		幽	

⑧参伐:参、伐皆星名。伐星属于参宿。二十八宿西方七宿之一。古人谓主斩伐之事。《晋书·天文志》:"参十星,一曰参伐,一曰大辰,一曰天市,一曰铁钺。"古人认为,益州(即《禹贡》梁州)的分野是参伐。《晋书·地理志上》引《春秋元命包》云:"参伐流为益州。"《三国志·蜀书·许麋孙简伊秦传》:"天帝布治房心,决政参伐,参伐则益州分野。"《隋书·地理志上》:"梁州于天官上应参之宿。"

⑨梁州:古九州之一。《尚书·禹贡》:"华阳、黑水惟梁州。"孔传:"东据华山之南,西距黑水。"华指华山,华阳即华山之南。至于黑水,则说法不一,有今澜沧江、金沙江、怒江、雅砻江、大通河、张掖河、疏勒河诸说。一般认为,梁州大致包括今四川、重庆、贵州、云南三省一市,以及甘南、陕南、鄂西等地。这就是《华阳国志》记述的地理范围。

⑩"厥土青黎"几句:其文字采自《尚书·禹贡》。青黎,青黑色。《尚书·禹贡》:"厥土青黎。"孔传:"色青黑而沃壤。"厥田惟下上,《禹贡》将田地、赋税分为九等,下上为第七等。下句"下中"

是第八等。璆（qiú），美玉。镂，硬铁。《尚书·禹贡》孔传："璆，玉名。镂，刚铁。"砮（nǔ），可以做箭镞的石头。磬（qìng），适宜制磬的美石。罴（pí），即棕熊，又叫马熊、人熊。织皮，用兽毛织成的呢毡之属。《尚书·禹贡》："厥贡……熊、罴、狐、狸、织皮。"孔传："贡四兽之皮，织金罽。"任乃强认为，织皮指的是连皮带毛之羊皮。

⑪四隩（yù）：四方的边远地区。隩，可以定居的地方。宅：安定。

⑫攸：于是。

⑬六府孔修：《尚书·禹贡》："四海会同，六府孔修。"孔传："四海之内会同京师，九州同风，万国共贯，水、火、金、木、土、谷甚修治。"六府，古代以水、火、金、木、土、谷为"六府"。《左传·文公七年》："六府、三事，谓之九功。水、火、金、木、土、谷，谓之六府。"孔，甚，很。

⑭庶土：众土，各地。泛言海内众多的土地。庶，众。交正：《孔传》说："交，俱也，众土俱得其正，谓壤、坟、垆。"大意是说通过考察，勘定各处土地质量的好坏。

⑮厎（dǐ）：一作"底"。恭敬。

⑯时：是，此，因此。雍：和谐。

⑰被：覆盖。渐：传布。

【译文】

往古唐尧之时，曾经洪水滔天。鲧治水未成，大禹继承父业，在疏通江河、整治川防之后，在天下划分疆界，种植庄稼，按照古代的九大地理区划，设置了九州。九州的一个地方，其上对应天空的参宿，其下位于华山之南而且处于黑水、江水、汉水之间，此地即梁州。梁州的土壤是青黑色的，梁州的土质属于第七等，梁州的田赋属于第八等，梁州进贡的是璆、铁、银、镂、砮、磬、熊、罴、狐、狸、织皮。于是四方安定，九州统一，六府整治，勘定各地土地质量的好坏，各地敬奉财赋税收，齐心供奉中央之国。

于是乎,全国上下肃穆和谐,教化东被西渐,及于天下。

历夏、殷、周,九州牧伯率职①。周文为伯②,西有九国③。及武王克商④,并徐合青,省梁合雍⑤,而职方氏犹掌其地⑥,辨其土壤,甄其贯利⑦,迄于秦帝。汉兴,高祖藉之成业⑧,乃改雍曰凉⑨,革梁曰益⑩,故巴、汉、庸、蜀属益州⑪。

【注释】

①牧伯:指九州的长官。率职:奉行职事,尽职。

②周文:周文王,姓姬,名昌。古公亶父孙,王季之子,武王之父,周族领袖。商纣王时为西伯,故又叫伯昌。在位期间,国势发展,"三分天下有其二,以服事殷"(《论语·泰伯》)。自周原迁都于丰,为伐商做准备。未能克商,赍志而殁。伯:诸侯之长。《孟子·离娄上》:"吾闻西伯善养老者。"焦循正义:"西伯,即文王也。纣命为西方诸侯之长,得专征伐,故称西伯。"

③九国:泛指西部众多诸侯国。《礼记·文王世子》:"武王曰:'西方有九国焉,君王其终抚诸?'"任乃强认为,"九国"指的是《尚书·牧誓》所说庸、蜀、羌、髳、微、卢、彭、濮,合巴国为九国。

④武王:周武王,姓姬,名发。周文王之子。西周王朝建立者。遵文王灭商遗志,盟诸侯于孟津(在今河南孟州南、孟津东北),兴师伐纣。牧野之战,大胜,灭商,建立周朝,都镐,分封诸侯。灭商后二年而死。按:关于武王克商之年,自古以来便聚讼纷纭,有多达44种不同的说法。最早者为公元前1130年,最晚者为公元前1018年,早晚相差112年。夏商周断代工程结合文献资料、考古信息和天文条件的密合程度,选定公元前1046年为武王克商之年。参看《武王克商之年研究》《夏商周断代工程1996—2000年

阶段成果报告·简本》等。

⑤并徐合青，省梁合雍：相对于"禹贡九州"而言，"职方氏九州"合
　并徐州入青州、合并梁州入雍州，故有幽州、并州而无徐州、梁州。

⑥职方氏：古官名。《周礼·夏官》所属有"职方氏"。掌管天下地
　图，制定四方职贡；王出行，则先道而巡戒令。

⑦甄：辨别。贯利：指事功和利益。按："贯利"，底本作"宝利"，误。
　《周礼·夏官·职方氏》："职方氏掌天下之图，以掌天下之地，辨
　其邦国、都鄙、四夷、八蛮、七闽、九貉、五戎、六狄之人民，与其财
　用九谷、六畜之数要，周知其利害，乃辨九州之国，使同贯利。"

⑧高祖：指汉高祖刘邦。成业：成就帝业。《三国志·蜀书·诸葛亮
　传》："益州险塞，沃野千里，天府之土，高祖因之以成帝业。"

⑨改雍曰凉：凉，指凉州。西汉元封五年（前106）汉武帝所置十三
　刺史部时，改雍州称凉州。东汉时治所在陇县（今甘肃张家川回
　族自治县）。兴平元年（194）复设雍州，建安十八年（213）凉州
　并入雍州。三国魏黄初中分雍州重设凉州，移治姑臧县（今甘肃
　武威）。魏、晋以后辖境缩小，只限于今甘肃黄河以西地区。

⑩革梁曰益：汉武帝元封五年（前106）设十三刺史部，改梁州称
　益州。

⑪汉：指今陕西汉中一带。庸：指今湖北西北部一带（此地原为古
　庸国）。按：汉高祖时未设州。汉武帝元封五年，始分全国地区
　为十三州部（冀、青、兖、徐、扬、荆、豫、益、凉、幽、并、交趾、朔
　方），参看《汉书·武帝纪》及《地理志》。

【译文】

经历了夏、商、周三代，九州的长官都恪尽职责。周文王统领西方众
多诸侯国，成为诸侯之长，是为"西伯"。到周武王克商之后，将徐州合
并入青州，将梁州合并入雍州，而职方氏仍然掌管各自的土地，辨别其土
壤优劣，甄别其事功和利益，一直到秦朝之时。汉兴起后，汉高祖刘邦凭

借益州之地成就帝业，汉武帝之时改称雍州为凉州，改称梁州为益州，故而巴、汉、庸、蜀均属益州。

　　至魏咸熙元年平蜀①，始分益州巴汉七郡置梁州②，治汉中③。以相国参军中山耿黼为刺史④。元康六年⑤，广汉还益州⑥，更割雍州之武都、阴平、荆州之新城、上庸、魏兴以属焉⑦。凡统郡一十二⑧，县五十八。

【注释】

①咸熙元年：264年。咸熙，魏元帝年号（264—265）。按：据《三国志·魏书·三少帝纪》记载（《资治通鉴》相同），魏平蜀在魏元帝景元四年（263），不在咸熙元年（264）。《华阳国志》作"咸熙元年"，误。译文从之。

②巴汉七郡：指汉中、梓潼、广汉、涪陵、巴、巴西、巴东七郡。参看《资治通鉴》卷七十八胡三省注。

③治汉中：据《太平寰宇记》卷一百三十三引王隐《晋书》等记载，魏元帝景元四年（263），分益州置梁州，其治所在沔阳县（今陕西勉县东旧州铺）。西晋太康三年（282），移治南郑县（今陕西汉中东）。

④相国参军：官名。汉魏皆置。东汉王府、公府、军府皆置参军事，简称参军，掌参谋军事。东汉称丞相为司徒，东汉末年曹操改司徒曰丞相，魏丞相、相国并称。相国参军事，为相国府属官，掌参谋军事，分正参军和行参军。统称参军事。耿黼（fǔ）：河东（治今山西夏县）人。曾任梁州刺史。事迹不详。

⑤元康六年：296年。元康，晋惠帝年号（291—299）。

⑥还：底本脱，据《华阳国志新校注》补。还，归属。

⑦更割雍州之武都、阴平、荆州之新城、上庸、魏兴以属焉：《晋

书·地理志》："太康六年（285）九月，罢新都郡并广汉郡。惠帝
复分巴西置宕渠郡，统宕渠、汉昌、宣汉三县，并以新城、魏兴、上
庸合四郡以属梁州。"

⑧统郡一十二：指汉中、梓潼、涪陵、巴、巴西、巴东、宕渠、武都、阴
平、新城、上庸、魏兴等郡。

【译文】

魏元帝景元四年，魏国平定蜀国，便将益州的汉中、梓潼、广汉、涪
陵、巴、巴西、巴东七郡分割出来，设置为梁州，其治所在汉中。任命相国
参军、中山人耿黼为梁州刺史。晋惠帝元康六年，广汉重新归属益州，并
将雍州的武都、阴平以及荆州的新城、上庸、魏兴划归梁州。梁州共计统
辖十二郡，五十八县。

《洛书》曰：人皇始出，继地皇之后，兄弟九人分理九
州，为九囿。人皇居中州，制八辅①。华阳之壤，梁岷之
域②，是其一囿，囿中之国则巴、蜀矣。其分野：舆鬼、东
井③。其君上世未闻。五帝以来④，黄帝、高阳之支庶世为
侯伯⑤。及禹治水，命州巴、蜀，以属梁州。禹娶于涂山⑥，
辛壬癸甲而去。生子启，呱呱啼，不及视。三过其门而不入
室，务在救时⑦。今江州涂山是也，帝禹之庙铭存焉⑧。会诸
侯于会稽，执玉帛者万国⑨，巴、蜀往焉。周武王伐纣，实得
巴、蜀之师，著乎《尚书》⑩。巴师勇锐，歌舞以凌殷人，前
徒倒戈，故世称之曰"武王伐纣，前歌后舞"也⑪。武王既克
殷，以其宗姬封于巴⑫，爵之以子⑬。古者远国虽大⑭，爵不
过子⑮，故吴、楚及巴皆曰子。

【注释】

① "《洛书》曰"几句：《洛书》，纬书之一。儒家关于《尚书·洪范》"九畴"创作过程的传说。《尚书·洪范》："天乃锡禹洪范九畴，彝伦攸叙。"孔传："天与禹，洛出书。神龟负文而出，列于背，有数至于九。禹遂因而第之以成九类常道。"人皇，三皇之一。传说中远古部落的酋长，后将其神化，与天皇、地皇合称"三皇"。地皇，三皇之一。按：古代曾以天皇、地皇、泰皇或天皇、地皇、人皇为"三皇"。《史记·秦始皇本纪》："古有天皇、有地皇、有泰皇，泰皇最贵。"司马贞补《史记·三皇本纪》："人皇九头，乘云车，驾六羽，出谷口。兄弟九人，分长九州，各立城邑。"

② 梁岷：梁山、岷山的并称，代指巴、蜀之地。梁山，又名剑门山，在今四川剑阁县境。岷山，在四川北部，绵延四川、甘肃两省边境。

③ "其分野"二句：舆鬼，即二十八宿中的鬼宿。东井，即二十八宿中井宿。二宿皆属南方七宿。此指大地与星宿相对应的地域。古人将天上的星宿分别指配于地上的州国，使其互相对应，以便指称位置与预测吉凶。在天称分星，在地称分野。关于益州的分野，古代有不同说法，此处取其一。《汉书·地理志下》："秦地，于天官东井、舆鬼之分野也。其界自弘农故关以西，京兆、扶风、冯翊、北地、上郡、西河、安定、天水、陇西，南有巴、蜀、广汉、犍为、武都，西有金城、武威、张掖、酒泉、敦煌，又西南有牂柯、越巂、益州，皆宜属焉。"本书卷一《巴志》前文说益州（即《禹贡》梁州）的分野是参伐（"仰禀参伐"），与此不同。

④ 五帝：上古时代的五位帝王。关于五帝，说法不一。《世本》《大戴礼记》《史记·五帝本纪》等，以黄帝、颛顼、帝喾、唐尧、虞舜为五帝。此处所说黄帝（轩辕）、高阳（颛顼），乃五帝之二。

⑤ 支庶：嫡子以外的旁支。侯伯：侯爵与伯爵。泛指诸侯。

⑥ 涂山：古山名。相传禹娶妻于涂山，又合诸侯于涂山。关于涂

山，其地说法不一。一说即会稽山，在今浙江绍兴西北。《越绝书·越绝外传记地传》："涂山者，禹所取妻之山也，去县五十里。"一说俗称真武山，在今重庆东。即此处所述："禹娶于涂山，……今江州涂山是也，帝禹之庙铭存焉。"《水经·江水注一》："江之北岸，有涂山。南有夏禹庙、涂君祠，庙铭存焉。"一说即当涂山，在今安徽寿县（原寿春）东南，淮河东岸。与荆山隔河对峙，俗称东山。《左传·哀公七年》："禹合诸侯于涂山，执玉帛者万国。"杜预注："涂山在寿春东北。"一说即今安徽蚌埠的涂山。蚌埠，古属濠州，治所即今安徽怀远。《史记·夏本纪》："予辛壬娶涂山，辛壬癸甲，生启予不子，以故能成水土功。"司马贞索隐："皇甫谧云'今九江当涂有禹庙'，则涂山在江南也。"参阅《太平寰宇记·濠州》。今人徐旭生、谭其骧、孟世凯、李先登、陈平等人认为，"禹合诸侯于涂山"的涂山就在今安徽怀远。该地禹会村遗址的发掘，为此说提供了考古学上的证据。

⑦"辛壬癸甲而去"几句：辛壬癸甲，四个天干名，指代四日。此四日与大禹娶妻有关，故民间相沿成俗，以为嫁娶之吉日。《尚书·益稷》："禹曰：'……予创若时，娶于涂山，辛、壬、癸、甲；启呱呱而泣，予弗子，惟荒度土功。'"《吴越春秋·越王无余外传》："禹三十未娶，行到涂山，恐时之暮，失其度制，乃辞云：'吾娶也，必有应矣。'乃有白狐九尾造于禹。禹曰：'白者，吾之服也。其九尾者，王之证也。'涂山之歌曰：'绥绥白狐，九尾痝痝。我家嘉夷，来宾为王。成家成室，我造彼昌。天人之际，于兹则行。'明矣哉！禹因娶涂山，谓之女娇。取辛、壬、癸、甲，禹行。禹行十月，女娇生子启。启生不见父，昼夕呱呱啼泣。"睡虎地秦简《日书》甲种："癸丑、戊午、己未，禹以娶梌山之女日也。"

⑧帝禹之庙铭存焉：据本书卷一《巴志》记载："（江州县）涂山有禹王祠及涂后祠。北水有铭书。"

⑨ "会诸侯于会稽"二句:《左传·哀公七年》:"禹合诸侯于涂山,执玉帛者万国。"玉帛,圭璋和束帛,古代用于祭祀、会盟、朝聘等。

⑩ "周武王伐纣"几句:根据《尚书·牧誓》记载,参与武王伐纣行动的军队,除"西土之人"(周人的西方联盟)和"友邦冢君"(周人自己的军队)等外,还有庸、蜀、羌、髳、微、卢、彭、濮人等同盟军,但并没有提到巴人。学者们普遍认为,虽然《牧誓》没有提到巴人,但巴人参加武王伐纣行动则极有可能(任乃强、邓少琴、童恩正、汪宁生、李学勤、刘琳、段渝、张怀通等)。有的学者认为,巴人包含在"友邦冢君"等中(任乃强、段渝);有的学者认为,彭人就是巴人(童恩正、邓少琴),或者说彭人可能就是巴人的一支(童恩正);有的学者认为,濮人就是巴人(汪宁生);有的学者认为,蜀人中包括了巴人(李学勤);有的学者认为,巴人在牧野之战前就已归顺了周人,故周武王在列举同盟者时没有提到巴人,而在牧野之战时巴人可能就是《逸周书·克殷解》所说的打头阵的"虎贲",故本书卷一《巴志》说"巴师勇锐,歌舞以凌"(张怀通)。

⑪ "巴师勇锐"几句:《尚书大传》:"惟丙午,王逮师。前师乃鼓鼗噪,师乃慆,前歌后舞。"汪宁生指出,"武王伐纣,前歌后舞"传说的产生,与巴人曾以"歌舞以凌"方法参加这次战役有关。所谓"歌",就是高唱战歌或高声吼叫;所谓"舞",就是先锋或先头部队做出冲杀和刺击的恐吓性动作,"大武舞"即是模拟这些动作而产生的。勇锐,勇悍。凌,侵犯。

⑫ 宗姬:指周王室宗亲。因其姬姓,故称"宗姬"。因周人"以其宗姬封于巴",故宗姬为西周初巴国的第一代君主。

⑬ 子:子爵。周有五等爵(公、侯、伯、子、男),子属于第四等。周人分封巴国,于史有证。《左传·昭公九年》:"及武王克商,蒲姑、商奄,吾东土也;巴、濮、楚、邓,吾南土也;肃慎、燕、亳,吾北土也。"

⑭远国:边远之国。

⑮爵不过子:《礼记·王制》:"王者之制禄爵,公、侯、伯、子、男,凡五等。"按:在《春秋》和《左传》中,吴、越、楚、巴等国国君确实称吴子、越子、楚子、巴子。但在西周铜器铭文中,则又不尽然。比如说,楚国国君又可称"楚公",参看楚公豪钟(《殷周金文集成》00042—00045)、楚公豪戈(《殷周金文集成》11064)、楚公逆镈(《殷周金文集成》00106)、楚公逆钟(山西曲沃北赵晋侯墓地64号墓出土)。

【译文】

《洛书》说:继地皇之后的是人皇,人皇兄弟九人分别管理九州,这就是九囿。人皇居住在中州,统制其他八州。华山之南、梁山和岷山之间的地方,是其中的一个地区,该地的国家有巴国、蜀国。该地的分野是鬼宿、井宿。该地五帝之前的君主,没有听说过。五帝以来,黄帝、高阳的子孙世世代代在此地为侯伯。到大禹治水之后,将巴、蜀之地划归梁州。大禹娶涂山氏女为妻,辛日成亲,甲日离去。涂山氏女后来产下儿子启,启呱呱啼哭,但大禹因忙于治水,都来不及看儿子一眼。大禹曾经三次路过家门,都没有进门探视妻、子,而是致力于治水以救时艰。涂山就是今天江州的涂山,山上还有大禹的庙宇与碑铭。大禹和诸侯在会稽会盟,手执玉帛前往会盟的国家有上万个,其中就有巴国和蜀国。周武王伐纣之时,确实得到了巴、蜀之师的帮助,这在《尚书》上都有记载。巴国军队很勇悍,商人被战前的巴蜀歌舞所震服,纷纷阵前倒戈,这就是后世所说的"武王伐纣,前歌后舞"。周武王克商之后,将其宗亲分封到巴地,其爵位是子爵。在古代,边远之地的国家即使是大国,其爵位也不过子爵,因此,和吴、楚国君一样,巴国国君也称"子"(巴子)。

其地东至鱼复①,西至僰道②,北接汉中③,南极黔、涪④。土植五谷⑤,牲具六畜⑥。桑、蚕、麻、纻、鱼、盐、铜、铁、丹、漆、茶、蜜、灵龟、巨犀、山鸡、白雉、黄润、鲜粉⑦，皆纳贡之。其果实之珍者，树有荔芰⑧，蔓有辛蒟⑨，园有芳蒻、香茗、给客橙、葵⑩；其药物之异者，有巴戟天、椒⑪；竹木之瑰者⑫，有桃支、灵寿⑬。其名山有涂籍、灵台、石书、刊山⑭。

【注释】

①鱼复：县名。战国秦置，属巴郡。治所在今重庆奉节东十里白帝城。西汉为江关都尉治。三国蜀汉刘备为吴将陆逊所败，退守白帝，章武二年（222）改永安县，为巴东郡治。咸熙初（或说西晋）平吴，复旧名。

②僰（bó）道：县名。战国秦置，属蜀郡。治所在今四川宜宾。一说在原四川宜宾县（今属叙州区）西安边场。西汉属犍为郡。始元元年（前86）移犍为郡治于此，后移治武阳城。王莽改为僰治县。东汉复改僰道县，属犍为郡。

③汉中：郡名。战国秦惠文王更元十三年（前312）置，治南郑县（今陕西汉中）。因在汉水中游得名。西汉移治西城县（今陕西安康西北），东汉复还旧治。东汉末改名汉宁郡，建安二十年（215）复名汉中郡。

④黔：郡名。战国楚置，后地入秦。治临沅县（今湖南常德）。西汉高祖五年（前202）改为武陵郡。涪（fú）：汉代有涪陵县，蜀汉有涪陵郡。涪陵，县名。西汉置，治今重庆彭水苗族土家族自治县。属巴郡。东汉先后为巴东属国、涪陵郡治。西晋永嘉后废。涪陵，郡名。东汉建安末刘备改巴东属国置，治涪陵县（今重庆彭水苗族土家族自治县）。属益州。西晋属梁州，移治汉复县（今重庆彭水苗族土家族自治县南）。永嘉后废。东晋复置，还旧治。

⑤五谷：五种谷物。所指不一，或指麻、黍、稷、麦、豆，或指稻、黍、

稷、麦、菽，或指稻、稷、麦、豆、麻。

⑥六畜：指马、牛、羊、鸡、狗、猪。

⑦纻（zhù）：苎麻，其原料可以织布。丹：丹砂。《史记·货殖列传》：
"而巴寡妇清，其先得丹穴。……巴蜀亦沃野，地饶卮、姜、丹沙、
石、铜、铁、竹、木之器。"集解引徐广曰："涪陵出丹。"灵龟：用以
占卜的大龟。巨犀：古哺乳动物。属奇蹄目，跑犀科。为已知最
大的陆生兽类。任乃强疑"犀"当作"兕"，即水牛。按：兕（sì），
古书上所说的雌犀牛。《说文解字》："兕，如野牛而青，象形。"山
鸡：鸟名。形似雉。雄者羽毛红黄色，有黑斑，尾长；雌者黑色，微
赤，尾短。古称鷩雉，今名锦鸡。白雉：白色羽毛的野鸡。古时以
为瑞鸟。黄润：汉晋蜀中特产的一种细麻布，以雄麻纤维织成，轻
细柔软，未经漂白，其色微黄，故名曰黄润。《古文苑·扬雄〈蜀都
赋〉》："筒中黄润，一端数金。"章樵注引司马相如《凡将篇》："黄
润纤美宜制禅。"

⑧荔芰：即荔枝。

⑨蒟（jǔ）：一种胡椒科藤本植物。其果实可以用来做酱，味辛香，即
古书所说的"蒟酱"。李时珍《本草纲目·草三·蒟酱》（集解）
引苏恭曰："蒟酱生巴蜀中，《蜀都赋》所谓'流味于番禺'者。蔓
生，叶似王瓜而厚大光泽，味辛香，实似桑椹，而皮黑肉白。"又，
任乃强认为辛蒟即扶留藤，亦有理。按：扶留，植物名。藤属。叶
可用与槟榔并食。实如桑椹而长，名蒟，可为酱。《文选·左思
〈吴都赋〉》："石帆水松，东风扶留。"刘逵注："扶留，藤也，缘木而
生，味辛，可食槟榔者，断破之，长寸许，以合石贲灰，与槟榔并咀
之，口中赤如血。始兴以南皆有之。"

⑩芳蒻（ruò）：即蒟蒻，又称"蛇六谷"，即魔芋。天南星科植物魔
芋的块茎。性寒，味辛。李时珍《本草纲目·草六·蒟蒻》："蒟
蒻出蜀中，施州亦有之，呼为鬼头，闽中人亦种之。"给客橙：又名

"卢橘""金橘"。贾思勰《齐民要术·橙》:"郭璞曰:蜀中有给客橙,似橘而非,若柚而芳香。夏秋华实相继。或如弹丸,或如手指。通岁食之。亦名卢橘。"李时珍《本草纲目·果二·金橘》:"给客橙者,其芳香如橙,可供给客也。"葵:一作"蕵"(fà),一种草本植物,即冬葵,四川人称之为"冬寒菜"(从刘琳说)。任乃强认为,蕵即荜拨。按:荜拨,一作"荜茇",胡椒科,多年生藤本。雌雄异株,穗状花序。浆果卵形。干燥果穗入药,性热、味辛,温中暖胃,主治胃寒腹痛、呕吐泄泻等症。

⑪巴戟天:省称"巴戟",或称"巴棘""不凋草""女本""三蔓草"。常绿灌木名。生山中,叶似茶。根茎可作中药。四川所产最佳。性微温,味辛甘。主治肾虚、腰膝酸软等。椒:花椒。种子黑色,可以做调味的香料,也可入药。中医上有散寒、燥湿、下气、温中,促进食欲的效果。

⑫瑰(guī):同"瑰",珍贵。

⑬桃支:指桃枝竹,一种赤皮竹,可以织席作杖。灵寿:一种木,似竹,可以做手杖、马鞭。

⑭涂籍:山名。当即江州涂山(任乃强、刘琳)。灵台:山名。或谓在今四川苍溪县东南(刘琳),或谓在四川阆中北(任乃强)。石书、刊山:刊山,也作"邗山"。二者皆为山名,其地不详。

【译文】

巴国的地界东到鱼复,西至僰道,北接汉中,南临黔中、涪陵。巴国的土地可以种植五谷,饲养六畜。桑、蚕、麻、纻、鱼、盐、铜、铁、丹、漆、茶、蜜、灵龟、巨犀、山鸡、白雉、黄润、鲜粉,都是巴国向中央进贡的物品。巴地出产的珍贵果实,果树有荔芰,蔓生植物有辛蒟,园子里有芳蒻、香茗、给客橙、葵;奇异药材有巴戟天、花椒;珍贵竹木,有桃支、灵寿。巴国境内的名山有涂籍山、灵台山、石书山、刊山。

其民质直好义①，土风敦厚②，有先民之流③。故其诗曰："川崖惟平，其稼多黍④。旨酒嘉谷⑤，可以养父。野惟阜丘⑥，彼稷多有⑦。嘉谷旨酒，可以养母⑧。"其祭祀之诗曰："惟月孟春⑨，獭祭彼崖⑩。永言孝思⑪，享祀孔嘉⑫。彼黍既洁，彼牺惟泽⑬。蒸命良辰，祖考来格⑭。"其好古乐道之诗曰⑮："日月明明，亦惟其夕⑯；谁能长生，不朽难获⑰。"又曰："惟德实宝⑱，富贵何常。我思古人，令问令望⑲。"而其失在于重迟鲁钝⑳，俗素朴㉑，无造次辨丽之气㉒。其属有濮、賨、苴、共、奴、獽、夷、蜑之蛮㉓。

【注释】

①质直：纯朴，正直。

②土风：当地的风俗。敦厚：诚朴宽厚。本处所说"土风敦厚"，与本卷"撰曰"所说"风淳俗厚"同义。

③流：流传下来的风气。

④黍：植物名。子实淡黄色者，去皮后北方通称"黄米"，性黏，可酿酒。其不黏者，别名"稷"，亦称"稷"，可作饭。

⑤旨酒：美酒。《诗经·小雅·鹿鸣》："我有旨酒，嘉宾式燕以敖。"

⑥阜丘：土丘。

⑦稷（jì）：一种食用作物，即粟。

⑧可以养母：此与上文"可以养父"相对为文，故均译作"可以供养父母"。

⑨孟春：春季的第一个月。农历正月。

⑩獭（tǎ）祭：谓獭常捕鱼陈列水边，如同陈列供品祭祀。《礼记·月令》："（孟春之月）东风解冻，蛰虫始振，鱼上冰，獭祭鱼，鸿雁来。"

⑪永言孝思：意谓永远孝敬祖宗而不忘。《诗经·大雅·下武》："成

王之孚,下土之式。永言孝思,孝思维则。"郑玄笺:"长我孝心之
所思。"朱熹集传:"长言孝思而不忘。"

⑫享祀:祭祀。孔嘉:非常美好。

⑬牺:用于祭祀的纯色牲畜。泽:(毛色)光亮。此指牺牲肥壮。

⑭来格:来临,到来。格,至。《尚书·益稷》:"戛击鸣球,搏拊琴瑟
以咏,祖考来格。"

⑮好古乐道:此指爱好修习神仙长生之术。

⑯夕:底本作"名",不通。《全蜀艺文志》卷三引作"夕",据改。

⑰不朽:永存。与"长生"相应。

⑱实:通"寔",相当于"是"。

⑲令:美好。问:名誉。望:声望。

⑳重迟:迟钝,不敏捷。

㉑素朴:朴实,质朴。

㉒造次:指应对敏捷,善于辩论。《三国志·蜀书·马良传》:"(其
人)鲜于造次之华,而有克终之美。"辨丽:指文辞华美绮丽。《巴
志》下文说巴东郡、涪陵郡"少文学",可对照参看。

㉓濮(pú):亦称"濮人""百濮""卜人"。我国南方少数民族之一。
曾经参加武王伐纣行动,参见《尚书·牧誓》。四川的濮人,多散
居盆地东部。战国至汉时,夜郎国人中有濮人成分。东汉永昌郡
(治所在今云南保山东北)有闽濮、裸濮,与鸠僚、僄越并称。三
国时,南中诸郡均有濮人。关于濮的演变有诸说:一说战国以后
演变为百越;一说与百越为两个不同的族体;一说前期的百濮与
百越有密切关系,后期的百濮指孟高棉语族各族。賨(cóng):古
代西南地区少数民族之一。巴人的一支。賨人勇悍,秦灭巴国
后,其族分布于渝水及其支流流域(即嘉陵江流域),即今四川渠
县一带。一说賨人即板楯蛮,见《华阳国志》和《后汉书·南蛮
西南夷列传》。后汉人称居巴西者为賨,称居巴东者为板楯(任

乃强）。苴（bāo）：我国古代少数民族之一。分布在今四川广元一带。曾建立苴国。先服于巴，后为蜀王所夺，苴侯奔巴。因苴、蜀相攻，苴求救于秦，秦遂灭蜀而取苴与巴。共：所指不详。任乃强以为，"共"即"龚"之省写，系板楯蛮七姓之一。蒙默以为"共"原为越系族群，东周时期沿江进入四川盆地，主要分布在今重庆酉阳地区。奴：所指不详。任乃强以为，"奴"即《牧誓》之卢。西周、春秋时期活动在汉水中游地区，其中的一支在春秋中叶以后辗转迁徙至渠江流域。蒙默认为，奴人可能是戎人。獽（ráng）：我国古代少数民族之一。多分布于今重庆奉节长江干流和峡区，与巴人杂居。或以为獽人属于百濮，或以为獽人属于百越。四川中江县塔梁子M3画像榜题有"襄人"，"襄人"即"獽人"。《隋书·地理志上》："又有獽、狑、蛮、賨，其居处、风俗、衣服、饮食，颇同于獠，而亦与蜀人相类。"《太平寰宇记》卷七十六："有獽人，言语与夏人不同，嫁娶但鼓笛而已。遭丧，乃立竿悬布，置其门庭，殡于别所。至其体骸燥，以木函盛置于山穴中。李膺《记》云：'此四郡獽也。'又有夷人，与獽类一同。又有獠人，与獽夷一同，但名字有异而已。"夷：任乃强以为，夷为廪君族（廪君蛮）之称。主要分布在长江干流和峡区一带。蜑（dàn）：或作"诞""蜒""蛋"（任乃强以为系夷语异译）。我国南方少数民族之一，主要分布在川东峡区以至清江流域。《隋书·地理志上》："梁州，……又有獽、狑、蛮、賨，其居处风俗，衣服饮食，颇同于獠，而亦与蜀人相类。"

【译文】

巴地之民质朴、直率、重义气，民风敦厚，有先民的流风遗俗。所以有诗说："山川很平坦，庄稼好茂盛，种植的多是黍子。美酒和嘉谷啊，可以供养父母。郊野的土山，种植的多是稷子。嘉谷和美酒啊，可以供养父母。"祭祀之诗说："孟春之月，獭在水崖边捕鱼陈列如同祭祀。永远孝敬祖先,祭祀非常美好。用于祭祀的黍子很洁净,用于祭祀的牲畜很肥美。在良辰吉日进献祭品,供列位祖先前来享用。"修习神仙长生的诗歌说:"日月虽然光明,也有黑暗的夜晚;不朽难以获得,谁能长生不老?"诗歌又说:"德行是宝,富贵无常。我内心思念古人,向往美好的名誉与声望。"巴人的缺点在于迟钝愚笨,民风质朴无华,不擅长辩论,不讲究文辞华美。巴国统领的少数民族,有濮、賨、苴、共、奴、獽、夷、蜑等。

　　周之仲世①,虽奉王职,与秦、楚、邓为比②。春秋鲁桓公九年③,巴子使韩服告楚④,请与邓为好。楚子使道朔将巴客聘邓⑤,邓南鄙攻而夺其币⑥。巴子怒,伐邓,败之⑦。其后,巴师、楚师伐申⑧,楚子惊巴师⑨。鲁庄公十八年,巴伐楚,克之⑩。鲁文公十六年,巴与秦、楚共灭庸⑪。哀公十八年,巴人伐楚,败于鄾⑫。是后,楚主夏盟⑬,秦擅西土,巴国分远,故于盟会希⑭。战国时,尝与楚婚⑮。及七国称王,巴亦称王⑯。

【注释】

①仲世:中期。

②邓:古国名。曼姓。在今湖北襄阳西北。前678年为楚所灭。《国语·郑语》:"当成周者,南有荆蛮、申、吕、应、邓、陈、蔡、随、唐。"韦昭注:"邓,曼姓也。"比:等同,类同。

③鲁桓公九年:前703年。

④韩服:人名。巴国使者。

⑤楚子:指楚武王。姓芈,熊氏,名通。楚国国君。前704年自称武王。道朔:人名。楚国大夫。聘:聘问,访问。

⑥南鄙:南方边境地区。币:泛指车马、皮帛、玉器等礼物。

⑦败之：巴国打败邓国。按：此事见《左传·桓公九年》。

⑧申：古国名。姜姓。西周封国，春秋时灭于楚。故城在今河南南阳。

⑨楚子：指楚文王。姓芈，熊氏，名赀。楚国国君。《左传·庄公十八年》："及文王即位，与巴人伐申，而惊其师。"

⑩"鲁庄公十八年"几句：此事见《左传·庄公十八年》："巴人叛楚而伐那处，取之，遂门于楚。"鲁庄公十八年，前676年。

⑪"鲁文公十六年"几句：此事见《春秋》和《左传》。《春秋·文公十六年》："楚人、秦人、巴人灭庸。"《左传·文公十六年》："秦人、巴人从楚师。群蛮从楚子盟，遂灭庸。"鲁文公十六年，前609年。庸，古国名。在今湖北竹山县西南。《尚书·牧誓》所记庸为参与周武王伐纣的八国之一。前611年灭于楚，于此置上庸县。

⑫"哀公十八年"几句：此事见《左传·哀公十八年》："巴人伐楚，围鄾。……三月，楚公孙宁、吴由于、薳固败巴师于鄾，故封子国于析。"依上文文例，"哀公"上当有"鲁"字。鄾（yōu），古地名。春秋邓地，后并于楚。在今湖北襄阳北，河南邓州邓城东南汉水北岸。

⑬楚主夏盟：楚国主持华夏诸侯国的会盟。夏盟，古代华夏诸侯国间的结盟。夏，华夏，指中原地区。盟，会盟。《左传·襄公二十四年》："晋主夏盟为范氏，其是之谓乎？"杜预注："晋为诸夏盟主。"按：春秋时晋楚争霸，楚国从未成为中原霸主，《华阳国志》说"楚主夏盟"有误。从本卷上下文推测，此处实指春秋末期，晋国衰落，楚国在东方诸国中国力最为强大。至进入战国初期，楚国成为东方合纵的盟主。但是，《华阳国志》所表述的时间线索不清。

⑭盟会：犹会盟，古代诸侯间的集会结盟。希：少。

⑮"战国时"二句：据《左传·昭公十三年》记载，楚共王曾经"与巴姬密埋璧于大室之庭"。任乃强引此为证，认为"春秋时巴与

楚已世婚矣"。

⑯ "及七国称王"二句：七国，指战国时期的秦、楚、燕、齐、韩、赵、魏
　七国。任乃强认为，蜀、楚、吴、越、徐诸国"皆早于春秋前即已称
　王"，而"巴国介于其间，又不尊周天子，何能待七国称王而后自
　王"？遂认为"此亦常氏谬文"。

【译文】

　　周朝中期，巴国虽然也尊奉周王恪尽职责，但在中原各国看来，巴国与秦国、楚国、邓国一样，都属于蛮夷之国。春秋时期的鲁桓公九年，巴国国君派遣韩服出使楚国，请求与邓国结为友好国家。楚国国君委派道朔率领巴国使者前往邓国聘问，邓国南部边鄙之人进攻使团，杀掉了巴国使者，并夺走了聘礼。巴国国君非常愤怒，出兵讨伐邓国，击败了邓国军队。后来，巴国和楚国的军队联合讨伐申国，楚国国君意外激怒了巴国军队，致使两国关系破裂。鲁庄公十八年，巴国出兵楚国，并战胜楚师。鲁文公十六年，巴国与秦国、楚国联手灭掉了庸国。鲁哀公十八年，巴人攻打楚国，不幸在鄾地战败。自此之后，楚国在东方诸国中国力最强成为纵主；秦国则向西发展，并独霸西土；而巴国因地处边远，故而很少参加盟会。战国之时，巴国曾经与楚国通婚。等到七国纷纷称王，巴国也随之称王。

　　周之季世①，巴国有乱②，将军有蔓子请师于楚③，许以三城④。楚王救巴。巴国既宁⑤，楚使请城。蔓子曰："藉楚之灵⑥，克弭祸难⑦。诚许楚王城，将吾头往谢之⑧，城不可得也！"乃自刎⑨，以头授楚使。王叹曰："使吾得臣若巴蔓子，用城何为⑩！"乃以上卿礼葬其头⑪；巴国葬其身，亦以上卿礼。

【注释】

① 季世：末期。

② 乱：动乱。按：巴国发生的这次动乱，应该是内乱。

③ 蔓子：又称巴蔓子。战国时巴国人。任将军。

④ 许：许诺。三城：或以为即靠近楚国的鱼复、朐忍、临江三地。

⑤ 既：已经。

⑥ 藉：凭借。灵：威灵。

⑦ 弭（mǐ）：平息，平定。

⑧ 将：取，拿。

⑨ 自刎（wěn）：自割其颈，即自杀。

⑩ 何为：干什么，做什么。

⑪ 上卿：周制天子及诸侯皆有卿，分上中下三等，最尊贵者谓"上卿"。按：关于巴蔓子墓，《明一统志·施州卫》《清一统志·施南府》谓楚葬其头于荆门山之阳（在今湖北宜都），巴国葬其身于今湖北恩施西北都亭山。今重庆渝中区七星岗东北民生路侧德兴里与莲花池交界处有"将军坟"，碑上有但懋辛题写的"东周巴将军蔓子之墓"，相传此墓即巴蔓子墓。据清《重庆府志》、民国《巴县志》记载，此墓为清雍正年间重修。其后，乾隆、道光时期又经再修。民国十一年（1922）修公路时，再经重修。1962年，重庆市政府公布此墓为市级文物保护单位。

【译文】

周朝末期，巴国发生动乱，将军蔓子到楚国请求援军，许诺说将以三座城池作为回报。楚王应邀出兵，平定了巴国动乱。巴国安定之后，楚国使者到巴国索讨许诺的三座城池。蔓子说："凭借楚王的威灵，消除了本国的灾难。我们确实许诺过楚王，要以三座城池作为回报，拿我的头去作为酬谢，而城池是不可能得到的！"蔓子于是自刎而死，巴人把蔓子的头交给楚国使者。楚王感叹道："如果我也能得到像巴蔓子这样的臣子,还要城池做什么呢!"于是,楚王下令以上卿之礼安葬了蔓子的头颅,而巴国也以上卿之礼安葬蔓子的身躯。

　　周显王时①,楚国衰弱,秦惠文王与巴、蜀为好。蜀王弟苴侯私亲于巴②,巴、蜀世战争。周慎王五年③,蜀王伐苴侯,苴侯奔巴,巴为求救于秦。秦惠文王遣张仪、司马错救苴、巴④,遂伐蜀,灭之。仪贪巴、苴之富,因取巴,执王以归。置巴、蜀及汉中郡⑤,分其地为三十一县⑥。仪城江州⑦。司马错自巴涪水取楚商於地为黔中郡⑧。

【注释】

①周显王(? —前321):姓姬,名扁。周威烈王之孙。东周君主。五年,秦与晋战,胜,以黼黻贺秦献公,献公乃称伯。后秦孝公会诸侯于周,次年孝公称伯。三十五年,王又致胙于秦惠公,惠公乃称王。后诸侯皆称王。

②苴侯:名葭萌。蜀王开明之弟。被封于苴,后被灭。本书卷三《蜀志》:"蜀王别封弟葭萌于汉中,号苴侯,命其邑曰葭萌焉。"私亲:私下交好。

③周慎王五年:前316年。周慎王(? —前315),即周慎靓王。姓姬,名定。周显王之子。在位期间,周王室微弱,诸侯均自称王。

④张仪(? —前310):魏国人。纵横家。秦惠文王十年(前328)入秦为相,后封武信君。主张"连横"以瓦解反秦联盟,于蜀事颇多建树。秦惠文王更元九年(前316),与司马错等率兵伐灭蜀国,旋率秦军取巴。秦武王时去秦入魏为相,寻卒。著有《张子》,已佚。司马错:秦国人。战国时秦国名将。先后事秦惠文王、秦武王、秦昭王,功绩卓著。秦惠文王更元九年(前316),率兵伐灭蜀

国,被任命为蜀守。

⑤置巴、蜀及汉中郡:指秦设置巴郡、蜀郡、汉中郡三郡。按:秦惠
文王更元九年(前316),秦灭蜀,以其地置蜀郡,治成都县(今四
川成都青羊区)。贬蜀王为侯,命陈庄相之。秦惠文王更元十一
年(前314),"公子通封于蜀"(《史记·秦本纪》),郡废。秦昭王
二十二年(前285),废蜀国,复为郡。秦惠文王更元十一年(前
314),秦置巴郡,治江州(今重庆江北)。秦惠文王更元十三年
(前312),秦置汉中郡,治南郑县(今陕西汉中汉台区)。由此可
知,秦置巴、蜀、汉中三郡的时间各自不同,《华阳国志》未做区
分,实不准确。

⑥三十一县:底本作"一县",据《华阳国志新校注》改。"三十一县"
是秦末巴、蜀、汉中三郡所辖县数。《华阳国志新校注》指出,"三
十一县"可考的有成都、郫、江原、什邡、蒲阳、临邛、武阳、南安、
青衣、严道、僰道、湔氐、葭萌、江州、垫江、阆中、枳、朐忍、鱼复、
宕渠、南郑、成固、西城、上庸、房陵等二十五县。

⑦仪城江州:张仪修筑了江州城。江州,巴国国都,即今重庆市区。
三面环水,颇似江中之洲,故名。周慎王五年(前316)秦灭巴国
后,改置江州县。

⑧涪水:又作"涪陵江",即今四川、贵州境内之乌江。商於(wū):
又名"於中"。在今河南淅川西南。或说商於之地系指商(今陕
西商洛商州区东南)、於(今河南内乡县东)两邑及两邑间的地
区,即今丹江中、下游地区。黔中郡:郡名。战国时楚置,后入秦。
秦代治所在临沅县(今湖南常德),一说治沅陵县(今湖南沅陵西
南)。西汉高祖五年(前202)改为武陵郡。

【译文】

周显王的时候,楚国衰弱了,秦惠文王与巴国、蜀国通好。蜀王的弟
弟苴侯私下交好巴国,巴国和蜀国世代都有战争。周慎王五年,蜀王讨

伐苴侯，苴侯投奔巴国，巴国向秦国求救。秦惠文王派遣张仪、司马错率军救援苴侯、巴国，随之攻打蜀国，并灭亡了蜀国。张仪贪图巴、苴之地的富饶，于是又趁势攻取了巴国，将巴王拘押至秦国。其后，秦国设置了巴郡、蜀郡和汉中郡，将三郡之地分为三十一个县。张仪修筑了江州城。司马错沿着巴国的涪水进军，夺取了楚国的商於之地，将其设置为黔中郡。

　　秦昭襄王时[1]，白虎为害，自秦、蜀、巴、汉患之。秦王乃重募国中："有能煞虎者，邑万家，金帛称之[2]。"于是，夷朐忍廖仲药、何射虎、秦精等乃作白竹弩于高楼上[3]，射虎，中头三节[4]。白虎常从群虎，瞋恚[5]，尽搏煞群虎，大呴而死[6]。秦王嘉之曰："虎历四郡，害千二百人。一朝患除，功莫大焉。"欲如约[7]，王嫌其夷人，乃刻石为盟要[8]，复夷人顷田不租[9]，十妻不算[10]，伤人者论[11]，煞人雇死倓钱[12]。盟曰："秦犯夷，输黄龙一双[13]；夷犯秦，输清酒一钟[14]。"夷人安之。汉兴，亦从高祖定乱有功。高祖因复之，专以射白虎为事，户岁出賨钱[15]，口四十。故世号"白虎复夷"，一曰"板楯蛮"，今所谓"弜头虎子"者也[16]。

【注释】

①秦昭襄王（？—前251）：即秦昭王。姓嬴，名稷。秦武王异母弟。秦国国君。在位期间，先后任用魏冉、范雎等为相，任命司马错、白起等为将，锐意东进，伐魏取河东之地，攻取楚都郢，建立南郡，大败韩、魏于伊阙，在长平大胜赵军，灭周，国势空前强盛，为秦统一奠定了基础。

②"秦王乃重募国中"几句：此事亦见《后汉书·南蛮西南夷列

传》："（秦）昭王乃重募国中有能杀虎者，赏邑万家，金百镒。"重
募，悬重赏招募。邑万家，《太平御览》卷三百四十八引作"赏邑
万家"，《蛮书》卷十作"封邑万家"，即封赏爵位、食邑万户。称，
相当。即赏赐的金帛与"邑万家"相当。

③朐忍：县名。秦置，属巴郡。治所在今重庆云阳东三坝乡。东汉、
三国属巴东郡，西晋改为朐䏰县。北周改为云安县。

④中头三节："节"，其义不可解。李一公本作"箭"，其义可通。《太
平广记》卷四百二十六引作"中头三矢"，可为旁证。

⑤瞋恚（chēn huì）：忿怒怨恨。

⑥呴（hǒu）：吼叫。

⑦约：盟约，约定。

⑧盟要：盟约，规定。按：此即《后汉书·南蛮西南夷列传》所说
"（秦）昭王嘉之，而以其夷人，不欲加封，乃刻石盟要"。

⑨复：免除租税徭役。下文"高祖因复之""白虎复夷"之"复"，意
同此。顷田不租：谓每户田地在一顷以下者不交租税，即免征一
顷田之税。这是政府给板楯蛮的优惠政策。

⑩十妻不算：即虽有十妻也免收人头税。这是政府给板楯蛮的优
惠政策。算，人头税。秦汉之时，每人每年交一百二十文钱为一
"算"。

⑪伤人者论：伤害人的，按情节轻重论罪。

⑫煞人雇死倓（tàn）钱：杀人者向死者家属赔偿一定的钱财，以赎
免死罪。倓钱，古代南方少数民族为赎罪所出的钱。按：此即
《后汉书·南蛮西南夷列传》所说"杀人者得以倓钱赎死"。

⑬黄龙一双：《太平广记》卷四百二十六引作"黄龙一两"。《华阳国
志新校注》认为，黄龙可能是以黄金铸成龙形。可备一说。

⑭清酒：一种酿制时间较长的清醇的酒。巴人善酿清酒。因酿制
于巴乡村，故名"巴乡清"，亦称巴乡村酒。《水经·江水注》："江

之左岸有巴乡村,村人善酿,故俗称巴乡清。"《周礼·天官·酒正》:"辨三酒之物,一曰事酒,二曰昔酒,三曰清酒。"郑玄注:"郑司农云:'事酒,有事而饮也;昔酒,无事而饮也;清酒,祭祀之酒。'玄谓……清酒,今中山冬酿接夏而成。"据此分析,清酒的酿造时间可能比昔酒更长,即头年冬天酿制,次年夏天成熟,味亦较昔酒醇厚而清亮。重庆涪陵区小田溪墓群M12出土的凤鸟纹错银铜壶,是一件制作精美的盛酒器。这是巴人善酿酒、好饮酒的物质表现。

⑮賨(cóng)钱:秦汉时西南一些少数民族作为赋税交纳的钱。按:此可参照出土文献与传世文献。张家山汉简《奏谳书》:"律变(蛮)男子岁出賨钱,以当徭赋,……毋忧曰:有君长,岁出賨钱以当徭赋,即复也。"《后汉书·南蛮西南夷列传》:"不输租赋,余户乃岁入賨钱,口四十。世号为板楯蛮夷。"

⑯弜(jiàng)头虎子:我国古代西南少数民族板楯蛮的别称。弜,本义为弓强劲有力,引申义为刚强、刚勇、倔强。按:"弜头虎子"这一称谓,当来源于板楯蛮以竹弩射虎故事。《蛮书》卷十:"夷人遂因号虎夷,一名弦头,刚勇颇有先人之风。"又,考古出土的巴人青铜錞于(如在重庆涪陵区小田溪墓群出土的錞于),多以虎为钮,也表明虎与板楯蛮的密切关系。

【译文】

秦昭襄王时,白虎为害,秦、蜀、巴、汉中各地都遭受虎患。秦王于是在国内以重赏招募勇士:"凡是能够杀死白虎者,封邑万户,或赏赐与万户相等的金银财帛。"于是,朐忍县的夷人廖仲药、何射虎、秦精等人用白竹制作弓弩,潜伏在高楼上,射中白虎头部三箭。白虎常常有群虎跟从,中箭的白虎忿怒怨恨,转而奋力搏杀群虎,大声吼叫而死。秦王嘉奖他们说:"白虎曾经为害四郡,前后伤害一千二百人。今朝消除祸患,再没有比这更大的功劳了。"秦王准备兑现约定的悬赏,但又嫌弃他们是夷人，于是改变主意，改为在石头上刻下盟约，免除夷人每户一顷田的赋税徭役，即使娶妻十人也不用交人头税，伤人者按情节轻重论罪，杀人者可以通过赔偿钱财赎免死罪。并立下盟誓："如果秦人冒犯夷人，赔偿一双黄龙；如果夷人冒犯秦人，赔偿一钟清酒。"夷人于是安居乐业。汉朝兴起之时，夷人跟随汉高祖平定战乱建功立业。因此，汉高祖也免除了夷人的赋税徭役，让他们专门以射杀白虎为业，每户每丁每年只出赍钱四十。世人因而称夷人为"白虎复夷"，或者称之为"板楯蛮"，他们就是今天所说的"弜头虎子"。

汉高帝灭秦①，为汉王，王巴、蜀②。阆中人范目有恩信方略③，知帝必定天下，说帝④，为募发賨民，要与共定秦。秦地既定⑤，封目为长安建章乡侯。帝将讨关东⑥，賨民皆思归。帝嘉其功而难伤其意⑦，遂听还巴。谓目曰："富贵不归故乡，如衣绣夜行耳⑧。"徙封阆中慈乡侯⑨。目固辞⑩，乃封渡沔侯。故世谓"三秦亡⑪，范三侯"也。复除民罗、朴、昝、鄂、度、夕、龚七姓不供租赋⑫。阆中有渝水⑬，賨民多居水左右。天性劲勇⑭，初为汉前锋，陷阵，锐气喜舞。帝善之，曰："此武王伐纣之歌也。"乃令乐人习学之⑮。今所谓"巴渝舞"也⑯。

【注释】

① 汉高帝：即刘邦（前256或前247—前195），字季，沛（今江苏沛县）人。西汉建立者。秦末起兵，称沛公。初属项梁，后属项羽。前206年，率军攻入秦都咸阳，推翻秦朝统治，被项羽封为汉王。前202年，战胜项羽，称帝，建立汉朝。谥号高皇帝。《史记》《汉书》有传。

②为汉王,王巴、蜀:即刘邦被封为汉王,统治巴、蜀之地。《史记·高祖本纪》:"(项羽)更立沛公为汉王,王巴、蜀、汉中,都南郑。"

③恩信:恩德信义。方略:方法与谋略。

④说(shuì):游说。

⑤秦地:指战国时秦国故地,相当于今陕西秦岭以北及甘肃东部地区。

⑥关东:函谷关以东的地区。

⑦难:感到困难,即不忍心。

⑧衣绣夜行:穿了锦绣衣裳,却在夜间出行。比喻虽居官位,却不能使人看到自己的荣耀显贵。《史记·项羽本纪》:"项王见秦宫室皆以烧残破,又心怀思欲东归,曰:'富贵不归故乡,如衣绣夜行,谁知之者!'"

⑨慈乡:《文选》卷四左思《蜀都赋》李善注引应劭《风俗通》作"慈凫乡"。

⑩固辞:坚决辞谢。

⑪三秦:秦亡以后,项羽三分秦之故地关中,封秦降将章邯为雍王,都废丘(今陕西兴平东南),领有今陕西中部咸阳以西和甘肃东部之地;司马欣为塞王,都栎阳(今陕西西安东北),领有今陕西咸阳以东地区;董翳为翟王,都高奴(今陕西延安东北),领有今陕西北部地区。合称"三秦"。后为关中地区的别称。

⑫复除:底本"复除"上有"目",衍文,当删。罗:一作"卢"。罗、卢古音同,可通假(任乃强)。朴:一作"林",误。昝(zǎn):姓。巴郡蛮(即板楯蛮)酋七姓之一。参看《姓苑》。度:即今庹(tuǒ)姓(任乃强)。

⑬渝水:今重庆合川区以下一段嘉陵江,因与渠江合流,亦通称渝水、宕渠水。隋开皇初在今重庆置渝州,因此水得名。

⑭劲勇:顽强勇敢。

⑮乐人：这里指宫中表演歌舞的艺人。

⑯巴渝舞：一作"巴俞舞"，亦名"俞儿舞"。古代巴渝地区的民间舞蹈。因巴人居巴郡渝水边，故名。《汉书·司马相如传上》作"巴俞"。颜师古注："巴俞之人刚勇好舞，初高祖用之，克平三秦，美其功力，后使乐府习之，因名《巴俞舞》也。"《后汉书·南蛮西南夷列传》："至高祖为汉王，发夷人还伐三秦。秦地既定，乃遣还巴中……俗喜歌舞，高祖观之，曰：'此武王伐纣之歌也。'乃命乐人习之，所谓《巴渝舞》也。"《汉书·礼乐志》："巴俞鼓员三十六人。"按：在川东地区发现的汉代画像上（如綦江二蹬岩崖墓、璧山汉代石棺），就有描绘巴人动作劲勇、刚健有力的舞蹈画面，这应当就是古书所说的"巴渝舞"。

【译文】

汉高祖刘邦灭掉秦朝，被项羽封为汉王，统治巴、蜀之地。阆中人范目讲诚信，有谋略，他知道刘邦必定能统一天下，于是去游说刘邦，说愿意为他招募賨民，并约定与刘邦一起平定秦地。秦地平定之后，刘邦封范目为长安建章乡侯。刘邦打算讨伐关东，而賨民都想回到故土。刘邦嘉奖了他们的功劳，且不忍心伤害他们的思乡之情，于是听凭賨民返回巴地。刘邦对范目说："富贵而不返归故乡，就像穿着华丽的衣服在夜间行走。"于是，刘邦改封范目为阆中慈乡侯。范目坚决推辞，刘邦于是封范目为渡沔侯。因此，世间有"三秦灭亡，范目三次封侯"的说法。免除了賨民中罗、朴、昝、鄂、度、夕、龚七姓的租税徭役。阆中有一条河叫渝水，賨民大多居住在渝水的两岸。賨民天性顽强勇敢，当初作为汉军的前锋，冲锋陷阵，锐气难挡，又喜好歌舞。刘邦也喜欢賨民的歌舞，赞赏道："这是周武王伐纣的歌舞啊。"于是，刘邦下令让宫中的乐人学习賨民的歌舞。这就是今天所说的"巴渝舞"。

天下既定，高帝乃分巴、蜀置广汉郡①。孝武帝又两割置犍为郡②。故世曰"分巴割蜀，以成犍、广"也。

【注释】

①蜀："蜀"字原脱，此据《华阳国志新校注》补。广汉郡：郡名。据《汉书·地理志》《华阳国志·蜀志》《水经·江水注》，西汉高祖六年（前201）分巴、蜀二郡置广汉郡，治雒县乘乡（一作"绳乡"，今四川德阳西北孝泉镇），属益州。汉武帝建元六年（前135）析南部地置犍为郡，元鼎六年（前111）分北部地置武都郡，东汉永初二年（108）分西北部地置广汉属国。东汉元初二年（115）广汉郡移治涪县（今四川绵阳东北），后又移治雒县（今四川广汉北）。建安二十二年（217）刘备又分置梓潼郡。西晋移治广汉县（今四川射洪南），属梁州。东晋复治雒县。南朝又属益州。隋开皇初废入益州。按：《汉书·地理志》《华阳国志·蜀志》《水经·江水注》说汉高祖六年（前201）置广汉郡，实属可疑。今人认为，汉置广汉郡在汉武帝元光三年（前133），与犍为郡的设置时间相当（马孟龙）。

②两割置犍为郡：据后文"分巴割蜀，以成犍、广"，本处意指从巴郡、蜀郡两地分割出部分地区，设置了犍为郡。按：《华阳国志》此说实则有误。犍为郡，郡名。汉武帝建元六年（前135）唐蒙通夜郎后分广汉郡南部及夜郎国地置，属益州。初治鳖县（今贵州遵义市西）。元光五年（前130）移治南广（今四川筠连县境），始元元年（前86）移治僰道县（今四川宜宾西南）。东汉永初元年（107）又移治武阳县（今四川眉山彭山区）。初时辖境较大，以后辖境逐渐缩小。初时辖境相当今四川简阳和成都新津区以南，重庆合川、大足和贵州绥阳以西，岷江下游、大渡河下游和金沙江下游以东，云南会泽、贵州水城以北地区。元鼎六年（前111）平且兰后，辖境缩小，以今广西西北部、云南东部部分地区

和贵州地区置牂柯郡。东汉永初元年（107），又分西南境置犍为属国。南朝齐复治㵍道县。南朝梁废。隋大业时，又曾改戎州为犍为郡。按：关于犍为郡的设置时间，另有元光元年（前134）、元光三年（前132）、元光五年（前130）诸说。

【译文】

平定天下之后，汉高祖于是分割巴郡、蜀郡，设置了广汉郡。汉武帝之时，又从巴郡、蜀郡分割出部分地区，设置了犍为郡。因此，世人说"分割巴郡、蜀郡，成就了犍为郡、广汉郡"。

自时厥后①，五教雍和②，秀茂挺逸③。英伟既多④，而风谣旁作⑤。故朝廷有忠贞尽节之臣⑥，乡党有主文歌咏之音⑦。

【注释】

①自时厥后：从此以后。时，通"是"，此，这。厥，之。

②五教：五常之教，指父义、母慈、兄友、弟恭、子孝五种伦理道德的教育。雍和：融洽，和睦。

③秀茂：优异特出的人才。挺逸：俊逸。

④英伟：指才能卓越的人。

⑤风谣：泛指反映风土民情的歌谣。旁作：遍作。

⑥忠贞：指忠诚而坚定不移的人。尽节：尽心竭力，保全节操。多指赴义捐生。

⑦乡党：泛称家乡。此处与"朝廷"相对，指的是民间。

【译文】

从此以后，巴地五伦和谐，人才辈出。英伟俊逸之士越来越多，而反映风土民情的歌谣也到处流传。因此，朝廷有忠贞尽节的大臣，民间有吟诵传唱的歌谣。

巴郡谯君黄①,仕成、哀之世②,为谏议大夫③,数进忠言④。后违避王莽⑤,又不事公孙述⑥。述怒,遣使赍药酒以惧之⑦。君黄笑曰:"吾不省药乎⑧?"其子瑛纳钱八百万得免⑨。国人作诗曰:"肃肃清节士⑩,执德寔固贞⑪。违恶以授命⑫,没世遗令声⑬。"

【注释】

①谯君黄(?—35):谯玄,字君黄,巴郡阆中(今四川阆中)人。谯隆之子。少好学,能说《易》《春秋》。成帝时拜议郎,平帝时迁中散大夫。元始四年(4)为绣衣使者,分行天下,观风俗,行诛赏。王莽居摄,改姓换名,归家隐匿不仕,教诸子习经书。公孙述据蜀,亦不受公孙述官职。后卒于家。光武平蜀,玄已卒,诏本郡祠以中牢。《后汉书·独行列传》有传。

②成、哀之世:即汉成帝、汉哀帝之时(前32—前1)。

③谏议大夫:官名。汉置,掌规谏朝政得失,属光禄勋。

④数(shuò):多次,屡次。

⑤违避:背离,避开。王莽(前45—23):字巨君,魏郡元城(今河北大名东)人。新王朝的建立者。汉元帝王皇后之侄。西汉末,以外戚掌握朝政,成帝时封新都侯。哀帝死,与元帝后共立年仅九岁的平帝,专制朝政,称安汉公。元始五年(5),毒死平帝,另立年方二岁的刘婴为太子,号"孺子",自称假皇帝。初始元年(8)称帝,改国号为新,年号始建国。不久,托古改制,造成混乱,阶级矛盾激化。更始元年(23),绿林军攻入长安。王莽被杀,新朝灭亡。《汉书》有传。

⑥公孙述(?—36):字子阳,扶风茂陵(今陕西兴平)人。新莽时,为导江卒正(蜀郡太守)。后起兵,攻克成都,据益州称帝,自称"金帝",国号"成家"(取"起于成都"之意),改元"龙兴"。建武

十二年（36）为汉军所破，重伤死。《后汉书》有传。

⑦赍（jī）：携带，持。药酒：毒酒。

⑧省：清楚，明白。

⑨瑛：谯瑛，巴郡阆中（今四川阆中）人。谯玄之子，为北宫卫士令。《后汉书·谯玄列传》："（谯）瑛善说《易》，以授显宗，为北宫卫士令。"免：赦免。

⑩肃肃：严正貌。清节：高洁的节操。

⑪寔（shí）：同"实"，确实，的确。

⑫授命：献出生命。

⑬没世：死。令声：美好的名声。

【译文】

巴郡人谯君黄，汉成帝、汉哀帝时在朝廷做官，为谏议大夫，他多次向皇帝进谏忠言。后来，谯君黄设法躲避而不侍奉篡汉的王莽，也不为割据巴蜀的公孙述效力。公孙述发怒，派遣使者送毒酒给谯君黄，以此恐吓他。谯君黄笑着说："我难道不知道这是毒药吗？"谯君黄的儿子谯瑛向公孙述交纳了八百万钱，才使其免于一死。郡人作诗称赞谯君黄道："严正而高洁的士君子，恪守道德确实很坚贞。他反抗残暴不怕献出生命，他的美好名声必将万古流传。"

巴郡陈纪山①，为汉司隶校尉②，严明正直。西虏献眩王庭③，试之，分公卿以为嬉④，纪山独不视⑤。京师称之。巴人歌曰："筑室载直梁，国人以贞真。邪娱不扬目，枉行不动身。奸轨辟乎远⑥，理义协乎民⑦。"

【注释】

①陈纪山（？—127）：名禅，巴郡安汉（今四川南充）人。仕郡功

曹,举善黜恶。举茂才,拜谏议大夫。北匈奴入辽东,拜辽东太守,单于怀服。顺帝即位,迁司隶校尉,卒官。子陈澄,有清名,官至汉中太守。曾孙陈宝,为人刚壮,有陈禅遗风,官至州别驾从事,显名州里。《后汉书》卷五十一有传。

②司隶校尉:官名。西汉武帝征和四年(前89)始置,秩二千石。掌纠察京师百官及所辖附近各郡,相当于州刺史。东汉仍名司隶校尉,秩比二千石,而威权尤重。凡宫廷内外,皇亲贵戚,京都百官,无所不纠,兼领兵,有检敕、捕杀罪犯之权,并为司隶州行政长官。三国魏沿置,三品。西晋沿魏制,三品。东晋罢,其职归扬州刺史。

③西胡献眩王庭:根据《后汉书·南蛮西南夷列传》记载,永宁元年(120),掸国(今缅甸)国王雍由调向汉安帝进献了一批幻人(杂技艺人)。幻人自称他们是"海西人",海西就是大秦,而"掸国西南通大秦"。次年(121),幻人在宫中表演幻术,汉安帝与群臣观赏了表演。幻人表演的节目,有变化吐火、自缚自解、易牛马头、跳丸等。又据《后汉书·陈禅列传》记载,陈禅离席大声反对,认为"帝王之庭,不宜设夷狄之技"。西胡,西边的国家,指安息、大秦等国。眩,通"幻",幻术,戏法,魔术。

④公卿:泛指高官,亦泛指百官。

⑤纪山独不视:《太平御览》卷四百二十八引《华阳国志》:"陈禅……西域献幻伎,天子与公卿观之,禅独伏不视。"

⑥奸轨:亦作"奸宄",违法作乱的事情。辟:躲避,躲开。

⑦理义:公理与正义。

【译文】

巴郡人陈纪山,是汉顺帝时的司隶校尉,为人严明正直。西边的国家曾经向东汉王庭进贡了一批杂技艺人,汉安帝让他们试身手,令公卿大臣分别观看取乐,唯独陈纪山目不斜视。京师之人都称赞陈纪山。巴人作歌赞扬陈纪山:"盖房子要用直木做梁柱,国人要以正直的品格立身

行事。邪僻的娱乐节目不正眼相看,违法作乱的事情不动身去做。远离
奸邪与不轨,以公理与正义引导百姓。"

　　巴郡严王思①,为扬州刺史,惠爱在民。每当迁官②,吏
民塞路攀辕③,诏遂留之。居官十八年卒,百姓若丧考妣④。
义送者赍钱百万⑤,欲以赡王思家。其子徐州刺史不受⑥。
送吏义崇不忍持还⑦,乃散以为食,食行客。巴郡太守汝南
应季先善而美之⑧,乃作诗曰:"乘彼西汉⑨,潭潭其渊⑩。君
子恺悌⑪,作民二亲⑫。没世遗爱⑬,式镜后人⑭。"

【注释】

①严王思:名遵,巴郡阆中(今四川阆中)人。初为长安令,政治严
　明,迁扬州刺史,以德教化,民人怀恩。后当迁,吏民拦路止之。
　凡三迁,三留,卒于官。本书卷十二《序志并士女目录》评价严王
　思明于"政事"。

②迁官:迁往他地做官。

③攀辕:"攀辕卧辙"的省称。拉住车辕,横卧车道予以挽留。为挽
　留良吏的典故。

④若丧考妣(bǐ):形容极度悲伤和着急。丧,失去。考妣,父母的别
　称。《尚书·尧典》:"帝乃殂落,百姓如丧考妣。"

⑤义送:意谓自发、自愿地护送(严王思的灵柩)。送,送葬,送丧。
　赍(jī)钱:赠送钱财。

⑥其子:指严羽。据本书卷十二《序志并士女目录》,严王思之子名
　羽,字子翼。

⑦义崇:人名。姓义,名崇。事迹不详。

⑧汝南:郡名。西汉高祖四年(前203)置,治上蔡县(今河南上蔡

西南）。东汉移治平舆县（今河南平舆北）。其后治所屡迁。东晋移治悬瓠城（今河南汝南），隋开皇初废。应季先：名承，汝南（治今河南平舆）人。汉冲帝、汉质帝时，为巴郡太守。参看《后汉书·种暠列传》。

⑨乘：由水路而行。西汉：即西汉水，一名"漾水"，即今嘉陵江（在今四川境内）。

⑩潭潭：深广貌。

⑪恺悌（kǎi tì）：和乐平易，平易近人。

⑫二亲：父母亲。

⑬没（mò）世：死亡，逝世。遗爱：遗留仁爱于后世。

⑭式镜后人：犹如明镜照耀后人，意谓为后人榜样。式，楷模，榜样。

【译文】

巴郡人严王思，为扬州刺史，他仁爱百姓，施惠郡民。每当他任期已满而要迁往他地做官时，属吏和百姓就会堵塞道路，拉住车辕尽力挽留，于是皇帝下诏令严王思仍然留任扬州刺史。严王思在扬州做官十八年后去世，老百姓就像死了亲生父母一样哀伤。老百姓自发拿出百万钱财护送严王思灵柩回乡，准备用它来赡养严王思的家人。严王思的儿子、徐州刺史严羽，坚决不接受这笔钱财。护送灵柩的属吏义崇不忍心将钱财退还回去，于是将财物变卖成食物，送给过客食用。巴郡太守、汝南人应季先认为这是件好事，于是写诗称赞说："乘船行驶在西汉水啊，江水深不可测。君子平易近人啊，他是老百姓的父母官。他虽然已经逝世了，但其仁爱流传后世，将永远成为后人的榜样。"

汉安帝时，巴郡太守连失道①。国人风之曰②："明明上天，下土是观③。帝选元后④，求定民安。孰可不念？祸福由人。愿君奉诏，惟德日亲⑤。"

【注释】

①失道：违背道义。

②风：通"讽"，讽谏，劝谏。

③下土：大地。《诗经·小雅·小明》："明明上天，照临下土。"

④元后：古指天子，这里指地方长官。后，古代对长官、郡守或将领的敬称。

⑤惟德日亲：即"惟日亲德"。日，每天，一天一天地。

【译文】

汉安帝之时，巴郡太守接连违背道义。国人作诗讽刺道："苍天在上，洞察下界。皇帝任命地方官，是为了安邦定民。难道可以辜负皇恩？祸福都是由人确定的。希望使君能谨奉诏命，每天都亲近仁德。"

永初中①，广汉、汉中羌反，虐及巴郡。有马妙祈妻义、王元愦妻姬、赵蔓君妻华②，夙丧夫③，执共姜之节④，守一醮之礼⑤，号曰"三贞"⑥。遭乱兵迫匿，惧见拘辱，三人同时自沉于西汉水而没死⑦。有黄鸟鸣其亡处，徘徊焉。国人伤之，乃作诗曰："关关黄鸟⑧，爰集于树⑨。窈窕淑女⑩，是绣是黼⑪。惟彼绣黼，其心匪石⑫。嗟尔临川，邈不可获⑬。"

【注释】

①永初：汉安帝年号（107—113）。

②马妙祈妻义、王元愦妻姬、赵蔓君妻华：三人都是巴郡阆中（今四川阆中）人。本书卷十二《序志并士女目录》将三人列入"贞烈"类。

③夙（sù）：早年。

④执共姜之节：像共姜一样执守贞节。共姜，春秋时期卫国世子共伯之妻。共伯早死，共姜守义，誓不再嫁。《诗经·鄘风·柏舟》

即共姜所作。《诗序》：“《柏舟》，共姜自誓也。卫世子共伯蚤死，其妻守义，父母欲夺而嫁之，誓而弗许，故作是诗以绝之。”

⑤守一醮（jiào）之礼：意谓从一而终，不再改嫁。一醮，只嫁一次，不再改嫁。醮，古代婚娶时用酒祭神的礼，指妇女出嫁。

⑥号曰“三贞”：《太平御览》卷四百四十一引陈寿《益部耆旧传》：“巴三贞者，阆中马眇新妻义，西充国王元愤妻姬，皆阆中人也；阆中赵蔓君妻华，西充国人也。姬早失夫，介然守操。中平五年，黄巾余类延益州，贼帅赵蕃据阆中城，拘迫衣冠，令人妇女为质，义、姬、华等随北入城。后贼类争势，攻破阆中，时人或死或奔，家室相失，义、姬、华随类出城走。传闻后贼，或拘略妇女，于是三人自度穷迫，恐不免于据逼，乃相与自沉水而死。乡党闻之，莫不感伤，号曰‘三贞’。”

⑦自沉：投水自尽。西汉水：即今嘉陵江（在今四川境内）。

⑧关关：鸟类雌雄相和的鸣声，后亦泛指鸟鸣声。《诗经·周南·关雎》：“关关雎鸠，在河之洲。”毛传：“关关，和声也。”

⑨爰（yuán）集：集结。

⑩窈窕：娴静貌，美好貌。淑女：贤良美好的女子。《诗经·周南·关雎》：“窈窕淑女，君子好逑。”毛传：“窈窕，幽闲也。”

⑪绣、黼（fǔ）：古代礼服上白黑相间的花纹叫黼，五采兼备叫绣。

⑫匪石：非石，不像石头那样可以转动。形容坚定不移。语出《诗经·邶风·柏舟》：“我心匪石，不可转也。”孔颖达疏：“言我心非如石然，石虽坚，尚可转，我心坚，不可转也。”

⑬邈（miǎo）：遥远。

【译文】

汉安帝永初年间，广汉、汉中的羌人造反，危害到了巴郡。马妙祈的妻子义、王元愤的妻子姬、赵蔓君的妻子华，三人的丈夫很早就去世了，她们像共姜一样守护贞洁，遵守妇女只嫁一次的礼仪，号称“三贞”。三人遭遇乱兵逼迫而躲藏,因害怕被俘后遭受侮辱,于是一同自沉于西汉水而死。三人死后,有黄鸟在她们投河的地方鸣叫,徘徊不去。国人为她们而哀伤,于是作诗怀念说:"黄鸟关关鸣叫,集结在树上。贤良美好的女子,有绣黼一样美丽的品格。品格像绣黼一样美丽,其人是那样坚贞不屈。可叹那一川江水啊,只见烟波浩渺,不知魂归何处。"

永建中①,泰山吴资元约为郡守②,屡获丰年。民歌之曰:"习习晨风动③,澍雨润乎苗④。我后恤时务⑤,我民以优饶⑥。"及资迁去,民人思慕⑦,又曰:"望远忽不见,惆怅尝徘徊⑧。恩泽实难忘,悠悠心永怀⑨。"

【注释】

①永建:汉顺帝年号(126—132)。

②泰山吴资元约:姓吴,名资,字元约,泰山(治今山东泰安)人。汉顺帝永建年间,任巴郡太守。

③习习:微风和煦貌。

④澍(shù)雨:及时雨。

⑤我后:与"我民"相对,这里指郡守吴资。恤:忧念,牵挂。时务:按时应做的事情,此处指农事。

⑥优饶:富裕,充裕。

⑦思慕:怀念。

⑧惆怅(chóu chàng):因失意或失望而伤感、懊恼。

⑨悠悠:思念貌,忧思貌。《诗经·邶风·终风》:"莫往莫来,悠悠我思。"郑玄笺:"言我思其如是,心悠悠然。"

【译文】

汉顺帝永建年间,泰山人吴资(字元约)任巴郡太守,当地屡屡喜获丰年。老百姓歌颂道:"晨风习习吹动,及时雨滋润了禾苗。太守时时忧念农事，我们老百姓得以生活富足。"等到吴资调职离开，老百姓都很怀念他，又歌颂道："遥望远方而不见使君，我们内心惆怅徘徊不前。他的恩德实难忘，我们长久地思念。"

孝桓帝时①，河南李盛仲和为郡守②，贪财重赋③。国人刺之曰④："狗吠何喧喧⑤，有吏来在门。披衣出门应，府记欲得钱⑥。语穷乞请期⑦，吏怒反见尤⑧。旋步顾家中，家中无可为⑨。思往从邻贷，邻人已言匮。钱钱何难得，令我独憔悴。"

【注释】

①孝桓帝：即汉桓帝刘志（132—167）。146—167年在位。在位期间，朝政混乱，出现"党锢之祸"。《后汉书》有传。

②李盛：字仲和，河南（治今河南洛阳）人。曾任巴郡太守。

③重赋：苛重的赋税。

④刺：讽刺。

⑤喧喧：形容声音喧闹。

⑥府记：官府宣示命令的文书。

⑦请期：约定日期。指延缓几天。

⑧尤：责备，怪罪。

⑨为：他本作"与"，刘琳认为从诗韵考，作"与"更恰切，可从。

【译文】

汉桓帝时，河南郡人李盛（字仲和）任巴郡太守，李盛贪图财富，对百姓征收很重的赋税。巴郡人作诗讽刺说："看门狗为何汪汪大叫，是因为有官吏在敲门。披上衣服出门应答，果然是官吏手持文书来收税。因为家穷央求官吏缓期交付，不料官吏怒声呵斥百般责怪。转身环顾家中,但见家徒四壁无财物可交付。欲往邻居家借贷钱财,邻人苦言一贫如洗。钱啊钱,为何如此难求,让我忧愁憔悴。"

汉末政衰,牧守自擅①。民人思治②,作诗曰:"混混浊沼鱼③,习习激清流④。温温乱国民⑤,业业仰前修⑥。"

【注释】

①牧守:州郡的长官。州官称牧,郡官称守。自擅:自作主张。意谓各自为政。

②治:与"乱"相对,指政治清明,社会安定。

③混混:浑浊。

④习习:频频飞动貌。本处指鱼儿频频游动冲进清流。

⑤温温:温和貌,柔和貌。

⑥业业:危惧貌。前修:前贤,前代的贤人。

【译文】

汉朝末年政治衰败,州郡长官各自为政。百姓渴望政治清明、社会安定,于是作诗说:"混浊池沼里的鱼儿呀,频频游动冲进清流。温和的身处乱世的百姓,在忧惧中盼望着贤能之士的出现。"

其德操仁义、文学政干若洛下闳、任文公、冯鸿卿、庞宣孟、玄文和、赵温柔、龚升侯、杨文义等①,播名立事、言行表世者②,不胜次载者也③。

【注释】

①龚升侯:或作"龚升候",误。按:洛下闳等人,详见本书卷十二《序志并士女目录》。

②播名:传扬名声。立事:建功立业。表世:为世人的表率,垂范

后世。

③不胜：不能，无法。次载：依次记载。

【译文】

巴郡有德行操守、讲究仁义，具有文学、政事才干的人很多，比如洛下阂、任文公、冯鸿卿、庞宣孟、玄文和、赵温柔、龚升侯、杨文义等，他们的声名远播华夏，他们的立身行事、嘉言善行足以垂范后世，本处不能一一予以记录。

孝安帝永初二年，凉州羌反，入汉中，杀太守董炳①，扰动巴中。中郎将尹就讨之②，不克，益州诸郡皆起兵御之③。三府举广汉王堂为巴郡太守④。拨乱致治，进贤达士，贡孝子严永、隐士黄错、名儒陈髦、俊士张璊⑤，皆至大位⑥。益州刺史张乔表其尤异⑦，徙右扶风，民为立祠。

【注释】

①"孝安帝永初二年"几句：此事又见本书卷二《汉中志》和《后汉书·西羌列传》。《后汉书·西羌列传》："（永初二年）十一月辛酉，拜邓骘为大将军，征还京师，留任尚屯陇右。先零羌滇零称天子于北地，遂寇三辅，东犯赵、魏，南入益州，杀汉中太守董炳。"孝安帝，即汉安帝刘祜（94—125）。汉章帝之孙，清河王刘庆之子。东汉皇帝。殇帝卒，邓太后迎入，立为和帝嗣，即帝位，年十三。太后临朝，权归邓氏。幸叶，卒于乘舆。死后谥安帝，庙号恭宗。《后汉书》有传。永初二年，108年。底本作"元初三年"，误。

②中郎将：官名。秦置，汉因之。西汉时皇帝的侍卫分五官、左、右三署，各置中郎将以统帅侍卫，皆秩二千石，位低于将军。平帝时又置虎贲中郎将。东汉沿置，又增置东西南北四中郎将、羽林中

郎将、使匈奴中郎将。建安以后，地方割据，自相署置，有多名中郎将。其后，魏、晋、宋、齐、梁、陈等皆沿置。尹就：东汉将领，安帝时为中郎将。元初二年（115），先零羌寇益州，就讨伐之，连年不克。

③益州诸郡皆起兵御之：根据《后汉书·西羌列传》记载，直至元初五年（118），才平定羌族叛乱。

④三府：汉制，三公皆可开府，因称三公为"三府"。三府，谓太尉、司徒、司空府。王堂：字敬伯，广汉郡郪（今四川三台）人。举茂才入仕，历任谷城县令、巴郡太守、右扶风、将作大匠、鲁相、汝南太守等职。居官多政绩，史称"政教严明"。喜奖拔贤达，世称"知人"。因得罪外戚梁商诸权贵，罢官家居。年八十八卒。《后汉书》和本书卷十《先贤士女总赞》有传。

⑤贡：举荐。孝子严永、隐士黄错、名儒陈髦（máo）、俊士张璊（mén）：严永等人，详见本书卷十二《序志并士女目录》。

⑥大位：显贵的官位。

⑦张乔：南阳（治今河南南阳）人。安帝时，为益州刺史。时蜀郡夷人起事，乔破降之。顺帝永和三年（138）拜交阯刺史，诱曰南蛮降。永和六年（141）以执金吾行车骑将军事，将兵屯三辅。汉安帝、汉顺帝时，任益州刺史。事见《后汉书》的《安帝纪》《南蛮传》《西羌传》。尤异：封建时代对官吏的考语，指政绩优异、卓异。

【译文】

汉安帝永初二年，凉州的羌人造反，攻入汉中，杀死太守董炳，袭扰震动了巴中。中郎将尹就率兵讨伐羌人，但没有取胜，于是益州各郡都起兵抵御羌人的进攻。太尉、司徒、司空三府推举广汉人王堂为巴郡太守。王堂拨乱反正加强治理，引荐贤达之士，举荐孝子严永、隐士黄错、名儒陈髦、俊士张璊，这些人都官至高位。益州刺史张乔上表称赞王堂政绩卓异，王堂升迁为右扶风的长官，老百姓为他修建了祠堂。

　　孝桓帝以并州刺史、泰山但望字伯阖为巴郡太守①，勤恤民隐②。郡文学掾宕渠赵芬、掾弘农冯尤、垫江龚荣、王祈、李温、临江严就、胡良、文恺、安汉陈禧、阆中黄闻、江州毋成、阳誉、乔就、张绍、牟存、平直等③，诣望自讼曰④：“郡境广远，千里给吏⑤，兼将人从⑥，冬往夏还，夏单冬复⑦。惟逾时之役⑧，怀怨旷之思⑨。其婚丧吉凶，不得相见解缓补绽⑩。下至薪菜之物，无不躬买于市⑪。富者财得自供⑫，贫者无以自支⑬。是以清俭夭枉不闻⑭。加以水陆艰难，山有猛兽，思迫期会⑮，陨身江河⑯，投死虎口。咨嗟之叹⑰，历世所苦。天之应感，乃遭明府⑱，欲为更新⑲。童儿匹妇，欢喜相贺，将去远就近，释危蒙安⑳。县无数十，民无远迩㉑。恩加未生㉒，泽及来世㉓。巍巍之功㉔，勒于金石㉕。乞以文书付计掾史㉖。人鬼同符㉗，必获嘉报㉘。芬等幸甚。”望深纳之。

【注释】

①但望：字伯阖，泰山（治今山东泰安）。曾任并州刺史、巴郡太守。

②民隐：民众的痛苦。

③“郡文学掾（yuàn）宕渠赵芬”几句：此处涉及人名较多，大多生平不详，故不逐一出注。郡文学掾，官名。汉置。又称“郡文学”，简称“文学”。汉朝州郡职司教育的学官。掌郡置学校，教授诸生等。东汉末，王国、丞相府亦置。西晋郡国皆置。宕渠：县名。西汉置，属巴郡。治所在今四川渠县东北七十四里土溪镇渠江南岸城坝古城。《读史方舆纪要》卷六十八引应劭曰：“石过水为宕，水所蓄为渠，故县以是名。”东汉建安末为宕渠郡治。三国、西晋属巴西郡。十六国成汉又为宕渠郡治。南朝宋废。2005年，四川省文物考古研究所联合达州市文物管理所和渠县文物管

理所等单位对渠县城坝遗址进行了首次正式发掘;2014—2018年,四川省文物考古研究院联合渠县历史博物馆对城坝遗址进行系统性考古调查、勘探和发掘工作,发掘面积共4000平方米。城坝遗址由郭家台城址区、津关区、一般聚落区、窑址区、墓葬区、水井区等部分组成,构建了遗址自战国晚期至魏晋时期的年代序列。城坝遗址出土战国晚期至六朝时期器物1000余件,其中最为重要的是"宕渠"文字瓦当及竹木简牍的出土。10余件"宕渠"文字瓦当明确证实,郭家台城址区就是秦汉至魏晋时期的宕渠郡县所在地。赵芬,巴郡宕渠(今四川渠县)人。曾任巴郡户曹掾。本书卷十二《序志并士女目录》有名录。掾,官府中佐助官吏的统称。汉代三公府及其他重要官府皆置掾、史、属,分曹治事。掾为曹长,史、属为副贰。故掾史多冠以曹名,如户曹掾、户曹史等。冯尤,弘农(治今河南灵宝)人。曾任巴郡掾。龚荣,巴郡垫江(今重庆合江)人。官至荆州刺史。本书卷十二《序志并士女目录》有名录。

④诣望自讼:到但望那里申诉。诣,到,旧时特指到尊长那里去。自讼,为自己申诉疾苦。

⑤给吏:为官府办事。

⑥将:带领。人从:随从。

⑦复:夹衣。

⑧逾时:超过规定的时间。

⑨怨旷:长期别离。

⑩补绽:弥补。

⑪躬买:亲自购买。

⑫财:通"才",仅仅。自供:自己供给,指勉强维持。

⑬自支:自我支撑。

⑭清俭:贫穷困苦。夭柱:短命早死。

⑮迫：逼近，接近。期会：约期聚集，指回来交差。

⑯陨（yǔn）身：亡身，死亡。

⑰咨嗟之叹：叹息。

⑱遭：遇到。明府：汉魏以来对郡守、牧尹的尊称。

⑲更新：革新，除旧布新。此处特指分割巴郡。

⑳释危：免除危难。蒙安：意味得到庇护，所以很安全。

㉑远迩（ěr）：远近。迩，近。

㉒未生：未出生的人，意指未来。

㉓来世：后世，后代。

㉔巍巍：崇高伟大。

㉕勒：刻。金石：指古代镌刻文字、颂功纪事的钟鼎、碑碣之属。

㉖文书：公文，案牍。计掾史：古代州郡计吏。战国、秦、汉之时，地方官于年终将境内户口、赋税、盗贼、狱讼等项编造计簿，遣吏逐级上报，奏呈朝廷，借资考绩，谓之"上计"。地方派往中央上报的官吏，就是"上计吏"，又称"上计掾""计掾史"。

㉗人鬼同符：意谓以上所说符合生者（"人"）和死者（"鬼"）的心愿。

㉘嘉报：好的回报，意谓希望以上申诉得到批复。

【译文】

汉桓帝时，任命并州刺史、泰山人但望（字伯阆）为巴郡太守，但望很体恤老百姓的疾苦。巴郡文学掾宕渠人赵芬、佐吏弘农人冯尤、垫江人龚荣、王祈、李温、临江人严就、胡良、文恺、安汉人陈禧、阆中人黄闿、江州人毋成、阳誉、乔就、张绍、牟存、平直等，到但望那里申诉说："巴郡地域广大，奔走千里给官府当差，还带着随从人员，冬天出发，夏天返回；夏天穿单衣，冬天穿夹衣。想着超过时限的办差时间，内心怀有思念家室之情。家里有婚丧、吉凶之事，也不能相见以缓解或补救。像柴薪、蔬菜等物件，都要亲自到市场上去购买。家境富裕点的人仅仅能够勉强维持，家境贫穷的人就难以自我支撑了。因此，人们的贫穷困苦、短命早死都没人知道。加上水路、陆路都很艰险，而山上又有猛兽出没，因交差日期临近而加紧赶路，很可能丧命江河，也可能命丧虎口。令人叹息啊，这就是历代巴县人民经历的痛苦。上天也应该感受到了巴郡人民的痛苦，所以才遇到英明的太守，希望您能够除旧布新。儿童妇女，欢喜地互相庆贺，人民将不用去远方而就近服役，这样就能免除危难而安宁地生活。分割后的巴郡，其属县不过几十个，老百姓不再有远近之苦。您的恩泽将施加到还没有出生的人身上，并且将延续到后代。您崇高伟大的功德，将刻于金石永垂不朽。请求您将我们的诉求写入公文交付给计掾史，带往京师上报朝廷。这是符合生者与死者心愿的事情，必定能获得福报。若蒙采纳，赵芬等深感荣幸之至。"但望完全采纳了赵芬等人的建议。

郡户曹史枳白望曰①："芬等前后百余人历政讼诉②，未蒙感寤③。明府运机布政④，稽当皇极⑤，为民庶请命救患，德合天地，泽润河海。开辟以来⑥，今遇慈父。经曰：'奕奕梁山，惟禹甸之；有倬其道，韩侯受命。'⑦比隆等盛⑧，于斯为美⑨。"

【注释】

①户曹史：即户曹官吏之一。户曹，地方官府属曹。西汉郡县始置，诸郡、县府属曹之一，掌民户、祠祀、农桑等事务，以掾为长官。枳：县名。秦置，属巴郡。治今重庆涪陵区东北乌江口东岸，三国移治今涪陵区西长江畔，东晋移治今重庆巴南区。按：清末在巴县（今重庆巴南）木洞区清溪乡出土晋代《晋故巴郡察孝骑都尉枳杨府君之神道》，证明迁于巴县之枳在此。文中"枳"下有脱文，脱漏了人名。

②历政：犹历代。此处指历任巴郡太守。讼诉：申诉疾苦。

③感寤：同"感悟"，受感动而醒悟。

④运机：运用计谋。布政：施政。

⑤稽当皇极：此指巴郡太守治理巴郡有方。稽，考核。当，符合。皇极，帝王统治天下的准则，即所谓大中至正之道。皇，大。极，中。典出《尚书·洪范》："五，皇极，皇建其有极。"

⑥开辟以来：开天辟地以来。开辟，指宇宙的开始。按照古代神话的说法，是盘古氏开天辟地。

⑦"经曰"几句：出自《诗经·大雅·韩奕》。经，指《诗经》。奕奕，高大貌。梁山，山名，在今陕西韩城西，接合阳县界。甸，治理。倬（zhuō），高大，显著。韩侯，姬姓之国，后为晋所灭。受命，接受周王分封之命而为侯伯。

⑧比隆等盛：同等兴隆、兴盛。

⑨于斯为美：大意是所谓美事，恐怕莫过于分郡。

【译文】

巴郡户曹史、枳县的某人对但望说："赵芬等前后一百余人，屡次向历任巴郡太守申诉疾苦，但没有获得理解和支持。太守您运用计谋，处理政务，合乎'大中至正'之道，您为老百姓排忧解难，您的德行合乎天地大道，您的恩泽滋润大河大海。自开天辟地以来，今天终于遇到了仁慈的父母官。《诗经》曰：'高大的梁山啊，是大禹治理的；大道光明啊，是韩侯接受了分封的命令。'若能实行分郡而治，您的隆盛功绩将与古人媲美，所谓美事，恐怕莫过于此。"

永兴二年三月甲午①，望上疏曰："谨按《巴郡图经》境界②，南北四千，东西五千，周万余里。属县十四③，盐、铁五官各有丞、史④。户四十六万四千七百八十，口百八十七万五千五百三十五[5]。远县去郡千二百至千五百里,乡亭去县或三四百[6],或及千里。土界遐远,令尉不能穷诘奸凶[7]。时有贼发,督邮追案[8],十日乃到,贼已远逃踪迹,灭绝罪录。逮捕证验[9],文书诘讯[10],即从春至冬,不能究讫[11]。绳宪未加[12],或遇德令[13]。是以贼盗公行,奸宄不绝[14]。荣等及陇西太守冯含、上谷太守陈弘说,往者至有劫阆中令杨殷、终津侯姜昊,伤尉苏鸿、彭亭侯孙鲁、雍亭侯陈已、殷侯乐普[15]。又有女服贼千有余人[16],布散千里,不即发觉,谋成乃诛。其水陆覆害煞郡掾枳谢盛、蹇威、张御[17],鱼复令尹寻、主簿胡直。若此非一。给吏休谒[18],往还数千。闭囚须报[19],或有弹劾,动便历年,吏坐逾科[20]。恐失冬节,侵疑先死;如当移传,不能待报,辄自刑戮[21]。或长吏忿怒,冤枉弱民,欲赴诉郡官,每惮还往。太守行桑农不到四县,刺史行部不到十县[22]。郡治江州,时有温风[23],遥县客吏多有疾病[24]。地势侧险[25],皆重屋累居,数有火害,又不相容。结舫水居五百余家[26],承二江之会[27],夏水涨盛,坏散颠溺,死者无数。而江州以东,滨江山险,其人半楚,姿态敦重[28];垫江以西,土地平敞,精敏轻疾[29]。上下殊俗,情性不同。敢欲分为二郡,一治临江[30],一治安汉[31],各有桑麻、丹漆、布帛、鱼池、盐铁,足相供给,两近京师。荣等自欲义出财帛,造立府寺[32],不费县官[33],得百姓欢心。孝武以来,亦分吴、蜀诸郡[34]。圣德广被,民物滋繁[35],增置郡土,释民之劳,诚圣主之盛业也。臣虽贪大郡以自优假[36],不忍小民颙颙蔽隔[37],谨具以闻。"朝议未许[38],遂不分郡。分郡之议,始于是矣。

【注释】

①永兴二年：154年。永兴，汉桓帝年号（153—154）。

②《巴郡图经》：不详。图经，附有图画、地图的书籍或地理志。境界：疆界，土地的界限。

③属县十四：据《后汉书·郡国志五》记载，巴郡有江州、宕渠、胸忍、阆中、鱼复、临江、枳、涪陵、垫江、安汉、平都、充国、宣汉、汉昌十四县。

④盐、铁五官：五处设有盐官、铁官。据本书卷一《巴志》记载，巴郡临江县设有盐官，宕渠县设有铁官。另外三处盐官、铁官，刘琳认为是胸忍、涪陵、充国。

⑤户四十六万四千七百八十，口百八十七万五千五百三十五：据《后汉书·郡国志五》记载，永和五年（140），巴郡有户三十一万六百九十一，口百八万六千四十九。本书卷一《巴志》记载的户、口数，在十四年中增加了不少。

⑥乡亭：秦汉实行郡县制，县下有乡，乡下有亭。

⑦穷诘：追问，深究。奸凶：指奸诈凶恶的人。

⑧督邮：官名。全称"督邮书掾"，省称"督邮""督邮掾"。汉置，郡府重要属吏，秩六百石。主要职掌除督送邮书外，又代表郡守督察县乡、宣达教令、兼司狱讼捕亡、点录囚徒、催缴租赋等。守相自辟，秩六百石，其权甚重，有"督邮功曹，郡之极位"之说。督邮分部，有二部、三部、四部、五部不等。其职名或冠以东、西、南、北、中，或称为五部督邮，每部置督邮一人掌其事。追案：追究查办。

⑨证验：验证。

⑩诘讯：追究讯问。

⑪究讫（qì）：此指结案。

⑫绳宪：法律。

⑬德令：施恩德的政令，即赦令。

⑭奸宄（guǐ）：指犯法作乱的人。

⑮"荣等及陇西太守冯含"几句：按：以上诸人，生平事迹不详。任乃强推测，"冯含、陈弘，皆巴人之仕至太守者，不著郡、县籍贯者，盖已住居郡城之经营商业者也"，"所言'终津侯''彭亭侯''雍亭侯''殷侯'皆非巴郡人而为中原贵族之经营商业于巴郡者则可定"，"苏鸿称尉，可能是以捕盗被伤"。据《后汉书·顺帝纪》记载，阳嘉三年（134），"三月庚戌，益州盗贼劫质令长，杀列侯"。此当即本卷所说事项之一。

⑯女服贼：着衣如女装的盗贼。或以为，女服贼即"修饰男子为妇女，诈混入巨家、贵族中进行奸盗者"（任乃强）。或以为，"女服贼"是巴郡人服直（或作"服宜"）领导的起义队伍。《后汉书·种暠列传》："会巴郡人服直聚党数百人，自称'天王'，（种）暠与太守应承讨捕，不克，吏人多被伤害。"李贤注："'直'或作'宜'。"

⑰蹇威：底本作"塞威"。《函海》本《华阳国志》李调元校语云，疑当作"蹇威"。蹇姓是巴郡大姓，李说可从。

⑱休谒：谓休假、谒见。休，谓轮值期满，当还家。谒，谓轮值初到。犹今云报到进谒之礼（任乃强）。

⑲闭囚须报：关闭拘押犯人，等待批复定罪。

⑳吏坐逾科：官吏因而违反法令。意谓官吏判刑"失入"（轻罪重判、判刑过重），则员吏主者亦当坐罪（任乃强）。

㉑"恐失冬节"几句：按照汉代的刑律，判处死罪、重罪的案件要上报中央，上报的时间是立秋以后、立春以前，执行死刑的时间则在冬季。此处是说判案的官员因为害怕错过了冬季，于是在涉及死罪的案件时，便不等上级批复而先行处死犯人。冬节，冬季。古代一般在冬季执行死刑。移传，将案件移交（上级或他处）。刑戮，处死。

㉒"太守行桑农不到四县"二句：两汉时期，郡太守往往要在春天巡

视属县,"劝民农桑",是为"行农桑"。州刺史往往要在八月巡察所管辖的郡、国,审核案件,考核政绩,是为"行部"。桑农,蚕桑与农耕。行部,谓巡行所属部域,考核政绩。

㉓ 温风:热风。《礼记·月令》:"(季夏之月)温风始至,蟋蟀居壁,鹰乃学习,腐草为萤。"《后汉书·张衡列传》:"温风翕其增热兮,怒郁邑其难聊。"李贤注:"温风,炎风也。"或谓医家温、瘟字通用,温风即瘟风(任乃强)。按:此说不可从。《灵枢·论勇》:"少俞曰:春温风,夏阳风,秋凉风,冬寒风。凡此四时之风者,其所病各不同形。"

㉔ 客吏:外地来此为官者。因江州炎热,客吏水土不服,故多患疾病。

㉕ 侧险:底本作"刚险",误。侧险,狭窄,险要。

㉖ 结舫水居五百余家:滨江结舫而居的五百余家居民。水居,指水上住户。任乃强认为,"水居五百余家"即所谓"蜑(dàn)户",而水居之巴族亦被称为"巴蜑"。按:任乃强此说可从,惜乎未引古籍为证。《隋书·杨素传》:"素遣巴蜑卒千人。"《资治通鉴》卷一百七十七:"素遣巴蜑千人。"胡三省注:"蜑亦蛮也。居巴中者曰巴蜑。"

㉗ 二江:底本作"三江",误。据《水经·二江注》引文改。此二江指嘉陵江、长江。

㉘ 姿态:神情举止,容貌体态。敦重:敦厚庄重。

㉙ 精敏:精细敏捷。轻疾:轻佻躁急。

㉚ 临江:县名。西汉置,属巴郡。因临江水得名,治今重庆忠县。王莽改为监江县,东汉复为临江县。在张家山汉简《二年律令·金布律》中,已有"临江"县名。南北朝时曾为临江郡、临州治。

㉛ 安汉:县名。西汉置,属巴郡。治所在今四川南充北清泉坝。王莽改为安新县。东汉复为安汉县,初平元年(190)为巴郡治。建安六年(201)改为巴西郡治,寻迁郡治阆中县。

㉜ 府寺:官署,政府衙门。

㉝县官：官府。

㉞孝武以来，亦分吴、蜀诸郡：本处说孝武以来分蜀诸郡，指的是前文所云"孝武帝又两割置犍为郡"（参看前文注）。又，汉顺帝时分会稽郡置吴郡。

㉟民物：人民，财物。滋繁：滋生繁多。

㊱优假：优待照顾。

㊲颙颙（yóng）：期待盼望貌。蔽隔：阻隔，遮蔽。

㊳朝议：指朝廷的评议、决议。

【译文】

汉桓帝永兴二年三月甲午，但望上疏说："微臣谨按《巴郡图经》所标明的疆界，巴郡南北四千里，东西五千里，周长一万余里。有十四个属县，五处设有盐官、铁官及其僚佐丞、史。巴郡有四十六万四千七百八十户，一百八十七万五千五百三十五口。偏远的县份距离郡治一千二百至一千五百里，乡亭距离县治或三四百里，甚或上千里。郡县之间距离遥远，县令、县尉不能对作奸犯科之人及时追究。不时有贼人犯案，督邮前往追究查办案件，行走十日才到达，而贼人早已远逃他地，并且毁灭了罪证。待查明贼人踪迹，发公文请他县协助逮捕犯人，他县又要验明文书真伪，审查是否应当逮捕，文书来往，从春天拖至冬天，也不能结案。甚而至于还没有对罪犯加以法律制裁，或许就遇到朝廷发布赦令。因此，巴郡之地盗贼公然横行，作奸犯科屡禁不止。本郡龚荣等人及陇西太守冯含、上谷太守陈弘都说，以前曾经出现过贼人劫持阆中令杨殷、终津侯姜昊，击伤县尉苏鸿、彭亭侯孙鲁、雍亭侯陈巳、殷侯乐普这样的事情。还有巴郡人服直领导下的一千余人，他们男扮女装，流窜千里作案，他们作案不易被发觉，等到东窗事发，才被官府诛杀。在巴郡的水陆码头，也有奸人杀害郡府官吏，如枳县人谢盛、寒威、张御，鱼复令尹寻、主簿胡直。像这样的情况，并非只有一种。官吏休假返乡，到假期满回来报到，一往一还就是数千里。在将犯人关闭拘押、等待批复定罪之时，如果遇到弹劾,则往来文书诘问,动辄逾年而不能结案,如果量刑不当,官吏会因违反法令而被论罪。判案的官员因为害怕错过了行刑的冬季,于是在涉及死罪的案件时,便不等上级批复而先行处死犯人;或因地方长官忿怒,以致冤枉了弱小的百姓;而百姓想要到郡官处申诉,每每担心往返距离太远而作罢。因地域广大,太守劝民行农桑所及不到四个县;而刺史巡察郡县所及也不到十个县。郡治江州也不适合做治所,这里不时有高温、大风,外县来此做官者多罹患疾病。江州地势狭窄而险要,岸上居民的住房都是重屋累居,曾经多次出现火灾,以致无法容身。滨江结筏而居的五百余家居民,多居住在嘉陵江和长江的交会之处,夏天江水暴涨之时,船舶被冲坏、散架、倾覆,被淹死的人不计其数。江州以东的地方,濒临长江大山,地势险要,居民有一半是楚人,他们的神情举止敦厚庄重;垫江以西的地方,土地平坦而宽敞,居民精敏而又轻佻躁急。巴郡这上下两个地方的风俗不同,居民的性情也不相同。因此,微臣冒昧主张,将巴郡分为两个郡,一个郡的治所在临江,一个郡的治所在安汉,两地各有桑麻、丹漆、布帛、鱼池、盐铁,足够自相供给,而且两地也接近京师。龚荣等人打算自己捐献财帛,帮助修建官府衙门,不花费官府的财物,而且分郡也会得到老百姓的欢迎。自汉武帝以来,朝廷也曾有分割吴郡、蜀郡的先例。皇上圣德广被天下,人民物产滋生繁多,增加设置两个郡,减轻了老百姓的负担,这确实是圣明天子的伟大事业。微臣虽然贪图执掌大郡,自己得以优待照顾,但又不忍遮蔽老百姓的殷切期盼之情,故谨此如实禀报。"朝廷评议之后不同意,于是没有分郡。但是分郡的提议,则自此开始。

顺、桓之世,板楯数反,太守蜀郡赵温恩信降服[①]。于是宕渠出九穗之禾[②],胸忍有连理之木[③]。光和二年[④],板楯复叛,攻害三蜀、汉中[⑤],州郡连年苦之。天子欲大出军。时征役疲弊,问益州计曹,考以方略。益州计曹掾程苞对曰[⑥]:

"板楯七姓以射白虎为业，立功先汉，本为义民，复除徭役，但出賨钱口岁四十。其人勇敢能战。昔羌数入汉中，郡县破坏，不绝若线。后得板楯，来虏殄尽[7]，号为神兵。羌人畏忌，传语种辈，勿复南行。后建和二年[8]，羌复入汉，牧守遑遑[9]，复赖板楯破之。若微板楯[10]，则蜀汉之民为左衽矣[11]。前车骑将军冯绲南征[12]，虽授丹阳精兵[13]，亦倚板楯。近益州之乱，朱龟以并、凉劲卒讨之[14]，无功。太守李颙以板楯平之[15]。忠功如此[16]，本无恶心[17]。长吏乡亭，更赋至重[18]，仆役过于奴婢，棰楚降于囚虏[19]，至乃嫁妻卖子，或自刭割[20]。陈冤州郡，牧守不理；去阙廷遥远[21]，不能自闻。含怨呼天，叩心穷谷[22]，愁于赋役，困乎刑酷，邑域相聚，以致叛戾[23]。非有深谋至计，僭号不轨[24]。但选明能牧守[25]，益其资谷[26]，安便赏募，从其利隙[27]，自然安集[28]，不烦征伐也。昔中郎将尹就伐羌，扰动益部[29]，百姓谚云：'虏来尚可，尹将杀我。'就征还后，羌自破退。如臣愚见，权之遣军[30]，不如任之州郡[31]。"天子从之，遣太守曹谦宣诏降赦[32]，一朝清戢[33]。

【注释】

①赵温（137—208）：字子柔，蜀郡成都（今四川成都）人。初为京兆丞，弃官去。岁大饥，散家粮以赈穷饿，所活万余人。献帝西迁，为侍中，封江南亭侯。位至司徒，录尚书事。李傕劫帝幸北坞，温与书切责。后从献帝都许，被曹操解职。《后汉书》、本书卷十《先贤士女总赞》有传。恩信：恩德信义。降服：使投降顺服。

②九穗之禾：一根禾茎长出九穗。相传，东汉光武帝刘秀出生当年，曾经出现这样的异象。后以"一禾九穗"比喻祥瑞的征兆。

③连理之木：不同根的树木而枝干连生在一起。古时认为，这是吉祥的征兆。

④光和二年：179年。光和，汉灵帝年号（178—184）。

⑤三蜀：地区名。指蜀郡、广汉郡、犍为郡三郡。秦惠王更元九年（前316），秦灭蜀置蜀郡。西汉高祖六年（前201）分蜀郡地置广汉郡，武帝建元六年（前135）分广汉郡置犍为郡。蜀、广汉、犍为三郡，合称"三蜀"。辖地相当今四川中部、云南昆明东川区、宣威以北及贵州西北地区。晋左思《蜀都赋》："三蜀之豪，时来时往。"刘逵注："三蜀，蜀郡、广汉、犍为也。"按：此事亦见《后汉书·南蛮西南夷列传》："灵帝光和二年，巴郡板楯复叛，寇掠三蜀及汉中诸郡。灵帝遣御史中丞萧瑗督益州兵讨之，连年不能克。"

⑥程苞：或作"程包"（《后汉书·南蛮西南夷列传》）。字元道，汉中郡南郑（今陕西汉中）人。尝为益州计曹掾。后卒于道。本书卷十《先贤士女总赞》有传，参看《后汉书·南蛮西南夷列传》。

⑦殄（tiǎn）尽：消灭。

⑧建和二年：148年。建和，汉桓帝年号（147—149）。

⑨遑遑（huáng）：惊恐匆忙，心神不定。

⑩微：无，没有。

⑪左衽：衣襟向左，异于中原一带的右衽，指我国古代某些少数民族的服装。后因以"左衽"指少数民族。《论语·宪问》："微管仲，吾其被发左衽矣。"

⑫车骑将军：官名。为重号将军。西汉置，掌领车骑士。东汉时位在大将军、骠骑将军下，在卫将军上，位比公，秩万石。冯绲（？—168）：字鸿卿，巴郡宕渠（今四川渠县）人。初举孝廉，累迁广汉属国都尉，征为御史中丞。顺帝、桓帝时历官辽东太守、京兆尹、司隶校尉、车骑将军等职，先后收降鲜卑，进击武陵蛮。后官至廷尉而卒。《后汉书》卷三十八《张法滕冯度杨列传》有传。

⑬丹阳：西周、春秋初楚国都城，在今湖北秭归东南。

⑭朱龟：字伯灵，籍贯不详。初察孝廉，后除郎中、尚书侍郎，官至幽州刺史、御史中丞。光和六年（183）卒于官。《隶释》卷十有《幽州刺史朱龟碑》。劲卒：精壮的士兵。

⑮李颙（yóng）：东汉官吏。巴郡（治今重庆北）人。灵帝时为太尉掾。熹平五年（176），益州郡蛮夷反叛，颙建策讨伐，乃拜颙益州太守。至郡，大破之。

⑯忠功：尽忠建功。

⑰恶心：坏念头。

⑱更赋：汉代以纳钱代更役的赋税。男子年二十三至五十六，按规定轮番戍边服兵役，称为更。不能行者，得出钱入官，雇役以代。

⑲棰楚：本指棍杖之类，引申为拷打。

⑳刭割：用刀割颈，意谓自杀。

㉑阙廷：朝廷，亦借指京城。

㉒叩心：捶胸，悲痛的样子。

㉓叛戾：背叛，叛离。

㉔僭（jiàn）号：冒用帝王的称号。

㉕明能：精明能干。

㉖资谷：钱财稻谷。

㉗利隙（xì）：利害的间隙，意谓对板楯蛮分化处理。隙，同"隙"。

㉘安集：安定和睦。

㉙益部：指益州。元封五年（106），汉武帝为加强中央集权，除京师附近七郡外，分境内为豫州、兖州、青州、徐州、冀州、幽州、并州、凉州、益州、荆州、扬州与交趾、朔方十三部，各置刺史一人，巡察境内地方官吏与强宗豪右，称十三刺史部，简称"十三部"，亦称"十三州"。益州刺史部，简称"益部"。

㉚权：衡量，比较。

㉛任：任凭。

㉜降赦：减罪和赦免。

㉝清戢（jí）：清静，安辑，和睦。

【译文】

汉顺帝、汉桓帝之时，板楯蛮数次造反，太守、蜀郡人赵温施以恩德信义，使其投降顺服。于是，宕渠长出了九穗之禾，胸忍生出了连理之树。光和二年，板楯蛮再次造反，攻打蜀、广汉、犍为、汉中诸郡，州郡连年深受其害。天子打算派遣大军平叛。当时因征收赋税与徭役，老百姓已经疲乏不已，朝廷向益州计曹了解情况，研究平叛计略。益州计曹掾程苞对答："板楯蛮七姓以射杀白虎为业，有功于大汉王朝，他们本来是义民，政府也免除了他们的徭役，每丁每年只缴纳人头税四十钱。他们为人勇敢，善于战斗。往年羌人数次攻入汉中，破坏郡县，不绝若线。后来得到板楯蛮的援助，才将前来进犯的羌人剿灭殆尽，板楯蛮因此号为'神兵'。羌人畏惧板楯蛮，在部族中代代传言，不要向南行军。至建和二年，羌人再次攻入汉中，牧守惊慌失措，最终还是依靠板楯蛮才将进犯的羌人击败。如果没有板楯蛮，蜀汉之民早就成为衣襟向左的蛮夷了。以前，车骑将军冯绲率军南征，虽然麾下有丹阳精兵，但也需要倚靠板楯蛮才能取胜。近年来益州动乱，朱龟率领并州、凉州的精兵进行讨伐，但也没有成功。太守李颙依靠板楯蛮平息了叛乱。板楯蛮对国家如此尽忠建功，这表明他们本来就没有坏心。只是因为地方乡亭的官吏强加给他们的更赋过于沉重，对他们的役使比奴婢还过分，对他们的殴打比囚虏还过分，以致有不少人为了缴纳赋税而嫁妻卖子，甚至于因不堪重负而割颈自杀。板楯蛮到州郡陈述冤屈，但牧守置之不理；又因距离京城遥远，不能到京城自我申述。他们心含怨恨，向着苍天喊冤，对着山谷捶胸，他们因交不起赋役而发愁，因害怕酷刑而受困，于是相聚于地方，铤而走险，最终导致叛乱。他们并没有深沉的图谋不轨的用心，更没有险恶的改朝换代的野心。朝廷只要选派精明能干的牧守，多给他钱财、稻谷,让他能够在赏赐、招募等方面权宜处置,对板楯蛮进行分化、瓦解处理,叛乱自然平定,地方安睦,不用劳烦出动大军征伐。当年中郎将尹就讨伐羌人,骚扰整个益州,因此老百姓谚语说:'贼虏来了尚可忍受,尹就来了就要杀我。'尹就被撤换、大军撤退后,羌人也自动撤退,叛乱自然也没有了。依下臣愚见,与其派遣大军讨伐,还不如选一位好的郡守,让地方见机行事。"天子听从了程苞的进谏,派遣太守曹谦宣读皇帝的诏书,招降赦免板楯蛮,巴郡很快就清静下来,巴地一片太平。

　　献帝兴平元年,征东中郎将安汉赵韪建议分巴为二郡①。韪欲得巴旧名,故白益州牧刘璋:以垫江以上为巴郡,河南庞羲为太守②,治安汉;以江州至临江为永宁郡,朐忍至鱼复为固陵郡③。巴遂分矣。建安六年④,鱼复蹇胤白璋⑤,争巴名。璋乃改永宁为巴郡,以固陵为巴东,徙羲为巴西太守,是为"三巴"⑥。于是涪陵谢本白璋⑦,求以丹兴、汉发二县为郡⑧。初以为巴东属国,后遂为涪陵郡⑨。分后,属县七⑩,户二万,去洛三千七百八十五里。东接朐忍,西接符县⑪,南接涪陵,北接安汉、德阳⑫。

【注释】

①"献帝兴平元年"二句:兴平元年,底本为"初平元年"。据《三国志·蜀书·刘二牧传》《后汉书·刘焉列传》,汉献帝兴平元年(194),刘璋代其父刘焉为益州牧,以赵韪为征东中郎将。可知此处当为兴平元年,而非初平元年(190)。兴平,汉献帝年号(194—195)。赵韪,一作"赵颖"。或以为改名,"汉魏间人,每因改变生活环境,改名易姓"(任乃强)。赵韪(? —200),巴郡安汉(今四川南充)人。早年随刘焉入蜀。刘焉卒,拥立其子刘

璋为益州刺史。任征东中郎将,屯兵巴郡以备刘表。在巴中深得民心,阴结州中大姓,于汉献帝建安五年(200)起兵击刘璋,为璋所杀。事见《三国志·蜀书·刘二牧传》。

②庞羲:司隶河南(治今河南洛阳)人。初事刘焉,任议郎。后事刘璋,任巴西太守。刘备定成都,任为左将军府司马。其后事迹不详。

③固陵郡:东汉兴平元年(194)分巴郡置,属益州。治所在鱼复县(今重庆奉节东十里白帝城)。建安六年(201)改为巴东郡,建安二十一年(216)复为固陵郡,三国蜀汉章武元年(221)复改为巴东郡。

④建安六年:201年。建安,汉献帝年号(196—220)。

⑤寀胤:鱼复(今重庆奉节)人。当地大姓。建安六年(201),赵题因起兵反刘璋被杀,寀胤于是建议刘璋改"三巴"(巴郡、巴西郡、巴东郡)名称。建议后被刘璋采纳。

⑥三巴:古地名。巴郡、巴东、巴西的合称。

⑦谢本:涪陵人。当地大姓。

⑧丹兴:县名。东汉建安六年(201)置,属巴东属国。治所在今重庆黔江区。三国蜀汉属涪陵郡。西晋初废。汉发:县名。东汉建安六年(201)刘璋置,属巴东属国。治所在今重庆彭水东北郁山镇。三国魏改为汉葭县。

⑨涪陵郡:郡名。东汉建安二十一年(216)刘备改巴东属国置,属益州。治所在涪陵县(今重庆彭水)。西晋移治汉复县(今重庆酉阳土家族苗族自治县西北龚滩镇,一说今贵州务川东北洪渡)。永嘉后废。东晋永和中复置,移治枳县,后又废。南朝齐复置,属巴州。治所在汉平县(今重庆武隆西北大溪河注入乌江处)。

⑩属县七:即江州、枳、临江、平都、垫江、乐城、常安七县。

⑪符县:西汉元鼎二年(前115)置,属犍为郡。治所在今四川合江

县。东汉时改符节县,西晋时复改符县。永嘉后废。

⑫德阳:县名。东汉分梓潼县置,属广汉郡。治今四川江油东北雁门坝一带。东汉末徙治今遂宁东南,旧县废为亭(德阳亭)。东晋属遂宁郡。南朝齐属东遂宁郡。北周废。

【译文】

汉献帝兴平元年,征东中郎将安汉人赵题建议分巴郡为二郡。赵题想让家乡得到巴郡这个旧名号,所以他向益州牧刘璋进言:以垫江以上为巴郡,河南人庞羲为太守,治所在安汉;以江州至临江为永宁郡,朐忍至鱼复为固陵郡。巴郡便一分为二。建安六年,鱼复人蹇胤向刘璋说情,为家乡争取巴郡这个旧名号。于是,刘璋改永宁为巴郡,以固陵为巴东郡,庞羲为巴西太守,这就是所谓的"三巴"。于是,涪陵人谢本向刘璋建言,请求以丹兴、汉发二县作为一个郡。最初,该郡是作为巴东郡的一个属国,后来改为涪陵郡。巴郡被分割后,仅有属县七个,二万户,距离洛阳三千七百八十五里。巴郡东接朐忍,西接符县,南接涪陵,北接安汉、德阳。

巴子时虽都江州,或治垫江①,或治平都②,后治阆中③。其先王陵墓多在枳④。其畜牧在沮,今东突峡下畜沮是也⑤。又立市于龟亭北岸⑥,今新市里是也⑦。其郡东枳有明月峡、广德峡⑧,故巴亦有三峡⑨。巴、楚数相攻伐,故置扞关、阳关及沔关⑩。

【注释】

①垫江:战国时巴国国都,在今重庆合川区南五里。

②平都:春秋战国时巴国别都,在今重庆丰都。

③阆中:战国时巴国别都,即今四川阆中。周赧王元年(前314),秦

置阆中县,属巴郡。

④枳:战国时巴国邑,在今重庆涪陵区东乌江东岸。按:本卷所说巴国"其先王陵墓多在枳",已经得到考古发掘的证实。三峡小田溪墓群位于重庆涪陵区白涛镇的乌江左岸山坡地上,墓群A区是具有显著巴文化特征的高规格墓葬。一般认为,这就是《华阳国志》所说"其先王陵墓多在枳"。

⑤"其畜牧在沮"二句:沮、畜沮,其地史志失载,或以为在今铜锣峡下游广阳坝一带(刘琳)。东突峡,即铜锣峡(任乃强),又名石洞峡(《太平寰宇记》卷一百三十六)、黄葛峡(《水经·江水注》)。在今重庆东。《读史方舆纪要》卷六十九重庆府巴县:铜锣峡在"府东三十里。悬崖临江,下有圆石,如铜锣之状"。畜沮,"今广阳坝大洲(飞机场)是也。……巴子时或曾养畜、养鱼于此,故曰'畜沮'"(任乃强)。

⑥龟亭:在巴县(今重庆巴南)铜罐驿、猫儿峡下游,土人呼为"小南海"(参看《巴县志》)。或谓其地当在今重庆奉节安坪乡(刘琳)。

⑦新市里:或谓其地当在今重庆奉节西三江乡境(刘琳)。

⑧明月峡:即今重庆东北长江明月沱。峡首西岸壁高百余米,其壁有圆孔,形若满月,故名。广德峡:在今重庆长寿区东南三十里。后世称之为"黄草峡"。杜甫《黄草》:"黄草峡西船不归,赤甲山下行人稀。"

⑨三峡:此处指东突峡、明月峡、广德峡。此三峡又称"巴三峡"。

⑩扞关:即瞿塘关,又作江关,在今重庆奉节东长江北岸赤甲山上。《续汉书·郡国志》:鱼复县,"扞水有扞关"。《后汉书·公孙述列传》:"将军任满从阆中下江州,东据扞关。"按:在张家山汉简《二年律令·津关律》中,已有"扞关"之名。阳关:在今重庆东北石洞关。沔关:或以为即《水经·江水注》之"弱关"(刘琳),在今

湖北秭归境内。

【译文】

　　古代巴国虽然以江州为都城,但有时或治垫江,或治平都,后又治阆中。巴人先王的陵墓多在枳县。巴人在沮地畜牧,其地即今东突峡下游的畜沮。巴国又在龟亭北岸设立市场,其地即今新市里。巴郡往东到枳县之间有明月峡、广德峡,因此巴郡也有三峡。巴国与楚国曾经多次互相攻伐,因此巴国设置了扞关、阳关和沔关。

　　汉世,郡治江州巴水北^①,有甘橘官^②,今北府城是也^③,后乃迁南城^④。刘先主初以江夏费观为太守^⑤,领江州都督^⑥。后都护李严更城大城^⑦,周回十六里。欲穿城后山,自汶江通水入巴江^⑧,使城为洲^⑨。求以五郡置巴州^⑩,丞相诸葛亮不许。亮将北征,召严汉中,故穿山不逮^⑪;然造苍龙、白虎门^⑫,别郡县^⑬,仓皆有城。严子丰代为都督^⑭。丰解后,梓潼李福为都督^⑮。延熙中^⑯,车骑将军邓芝为都督^⑰,治阳关。十七年^⑱,省平都、乐城、常安^⑲。咸熙元年^⑳,但四县^㉑,以镇西参军陇西怡思和为太守^㉒,二部守军^㉓。

【注释】

①巴水:在今四川东北部。有东西两源:西源小通江,东源肖水河(大通江),均出陕西南郑、镇巴县境内米仓山,南流至四川通江县南汇流,称为通江,西南流至平昌县南与南江合流,称为巴河(南江),下游为渠江、嘉陵江。此处特指嘉陵江。

②甘橘官:即橘官。汉代所置官名,设于产橘地区,主贡御橘。《汉书·地理志上》:"朐忍,容毋水所出,南(入江)。有橘官、盐官。……鱼复,江关,都尉治。有橘官。"

③北府城：在今重庆渝中区江北刘家台街一带，俗称江北嘴。

④南城：即今重庆渝中区，在嘉陵江南岸。

⑤费观：字宾伯，江夏鄳（今河南罗山）人。刘璋妻以女。参李严军，拒刘备于绵竹，与李严俱降。刘备定益州，拜费观为裨将军，后为巴郡太守、江州都督。刘禅建兴初，封都亭侯，加振威将军。年三十七卒。《三国志·蜀书》有传。

⑥都督：地方军政长官。蜀汉在江州、永安、汉中等地设有都督。

⑦都护：官名。汉宣帝时置西域都护，都护南北道三十六国，为驻在西域地区的最高长官，本为加官，后废。东汉明帝永平年间复置。三国吴又别置左、右都护，蜀分置中、左、右，皆掌军事。李严（？—234）：字正方，后改名平，南阳（治今河南南阳）人。初依刘表，后入蜀依刘璋，任成都令。刘备入蜀，率军投降，任犍为太守、兴业将军，累官尚书令。刘备死，与诸葛亮同受遗诏辅政。为中都护，统内外军事。寻封都乡侯，假节，加光禄勋，转前将军。后诸葛亮出师祁山，主掌后勤，因失职免官，废为平民，徙梓潼郡。死于徙所。《三国志·蜀书》有传。

⑧汶江：一作"汶水"，即岷江。明代以前，世人以岷江为长江正源，故岷江即长江。而今人则以岷江与金沙江自宜宾汇合后始称长江，自与古人不同。巴江：又作"巴水"，指今重庆嘉陵江。

⑨洲：水中的陆地。

⑩五郡：即巴、巴东、巴西、宕渠、涪陵五郡。

⑪不逮：不及，意谓穿山工程没有继续下去。

⑫苍龙门：今重庆朝天门。白虎门：今重庆通远门。

⑬别郡县：意谓不同于一般郡县。

⑭严子丰：李严之子李丰，荆州南阳（今河南南阳）人。曾任江州都督，后官至朱提太守。

⑮李福（？—约238）：字孙德，梓潼郡涪（今四川绵阳）人。刘备定

益州后,累迁成都令。刘禅建兴初,徙巴西太守,为江州督、扬威
将军。入为尚书仆射,封平阳亭侯。诸葛亮病笃于武功时,尝奉
刘禅命谘亮以国家大计,并问亮后继之人。延熙初,蒋琬出征汉
中,李福以前监军领司马。本书卷十《先贤士女总赞》有传。

⑯延熙:蜀汉后主刘禅年号(238—257)。

⑰邓芝(？—251):字伯苗,义阳新野(今河南新野)人。东汉末入
蜀,刘备时任邸阁督,迁广汉太守,有政声。入为尚书。刘禅建兴
初,奉旨使吴,以吴蜀当唇齿相依说吴,修复关系。封阳武亭侯,
官至车骑将军。延熙中涪陵人反,率军讨平之。为官清廉,善抚
士卒。《三国志·蜀书》有传。

⑱十七年:此指延熙十七年(254)。

⑲乐城:县名。三国蜀汉置,属巴郡。治所在今重庆江津区油溪镇,
一说在重庆东北洛碛镇。延熙十七年(254)废入江州县。常安:
县名。三国蜀汉(一说东汉末)置,属巴郡。治所不详。任乃强
《华阳国志校补图注》卷一:故城在今"重庆市东北洛碛附近,或
即今长寿县治"。延熙十七年(254),废入江州县。

⑳咸熙元年:264年。

㉑但:只有。

㉒怡思和:此处有脱文,即"怡"字前脱姓。据嘉庆《四川通志》,此
人即辛怡。辛怡,字思和,陇西狄道(今甘肃临洮)人。

㉓守军:执行守备任务的军队,即常备军。

【译文】

汉朝之时,巴郡的治所在江州巴水北岸,其地设有甘橘官,即今北
府城,后来治所才迁回南城。至蜀汉先主刘备之初,以江夏人费观为巴
郡太守,兼领江州都督。后来,都护李严重新修筑了大城,大城周长十六
里。李严打算凿穿城中的后山,引导汶江水流入巴江,使江州城变为四
面环水的"洲"。李严请求以巴、巴东、巴西、宕渠、涪陵五郡为巴州,但

丞相诸葛亮不同意。诸葛亮行将北伐之时，召集李严到汉中，所以凿山之事未能持续开展；然而，李严建造了苍龙门、白虎门，并使江州与其他郡县有所区别，在粮仓外又建城墙加以保护。其后，李严之子李丰接替李严为江州都督。李丰解职后，梓潼人李福为江州都督。延熙年间，车骑将军邓芝为江州都督，治所在阳关。延熙十七年，在江州治下裁撤了平都、乐城、常安三县。咸熙元年，巴郡只有四县，以镇西参军陇西人辛怡（字思和）为太守，驻有两支常备军。

江州县^①　郡治。涂山有禹王祠及涂后祠^②。北水有铭书^③，词云："汉初，犍为张君为太守^④，忽得仙道^⑤，从此升度^⑥。"今民曰"张府君祠"^⑦。县下有清水穴^⑧，巴人以此水为粉^⑨，则膏晖鲜芳^⑩，贡粉京师，因名粉水。故世谓江州堕休粉也^⑪。有荔芰园^⑫，至熟，二千石常设厨膳^⑬，命士大夫共会树下食之。县北有稻田，出御米^⑭。陂池出蒲蒻、蔺席^⑮。其冠族有波、铃、毋、谢、然、愼、杨、白、上官、程、常^⑯，世有大官也。

【注释】

①江州县：县名。周慎王五年（前316）秦灭巴国后置，为巴郡治。治所在今重庆嘉陵江北岸，三国蜀汉迁治南岸。南齐永明五年（487）改为垫江县。

②涂山：俗称真武山，在今重庆东南南山风景区内。禹王祠：明代之时，真武山即建有禹庙（又称真武宫），庙内有禹王殿，殿内有大禹、涂山氏塑像。涂后祠：即禹所娶涂山氏女女娇。

③北水：即涂山北面临水之处。铭书：在金石等器物上铸造或镌刻文字。

④张君：三国时蜀官吏。曾为严道县长，官至太守。

⑤仙道：谓成仙之道。

⑥升度：升天超度，意谓成仙而去。

⑦府君：汉代对郡相、太守的尊称。后仍沿用。

⑧清水穴：即今重庆南岸区之清水溪。《水经·江水注》："（江州）县下又有清水穴，巴人以此水为粉，则皓曜鲜芳，贡粉京师，因名粉水，故世谓之为江州堕林粉。粉水亦谓之为粒水也。"明曹学佺《蜀中名胜记》卷十七重庆府巴县：粉水，"今（涂）山下有清水溪，即其处"。

⑨粉：化妆用的水粉。

⑩鲜芳：鲜艳芳香。

⑪堕休粉：或作"堕林粉"（《蜀中名胜记》卷十七），或作"随沐粉"（《舆地纪胜》卷一百五十九、《大元一统志》卷七百三十）。古代巴郡江州县所产粉名，是一种优质化妆品。以优质稻米为原材料（江州县"出御米"），加上清水穴之甘泉，调和制作而成。

⑫荔芰：即荔枝、荔支。果树名。亦指这种植物的果实。直至今日，四川泸州的合江县等地仍然盛产荔枝。

⑬二千石：汉制，郡守俸禄为二千石，即月俸百二十斛，世因称郡守为"二千石"。

⑭御米：供宫廷食用的优质稻米。

⑮陂池：池沼，池塘。蒲篛（ruò）：用蒲草编的草席。蔺席：用灯心草编的草席。《急就篇》卷三："蒲篛蔺席帐帷幢。"

⑯冠族：显贵的豪门世族。或谓"已服冠冕而弃椎髻的氏族"（任乃强），此说可疑。下文云，枳县"有章、常、连、黎、牟、阳，郡冠首也"，"冠首"与此"冠族"义近。鈆：音 qiān。懘：音 ài。

【译文】

江州县　巴郡治所所在地。江州境内的涂山，其上建有禹王祠和涂后祠。涂山之北临水之处有碑刻铭文,铭文说:"汉朝初年,犍为人张君为巴郡太守,忽然得道成仙,从此处升天。"现在,老百姓称之为"张府君祠"。县城内有一眼泉水,名叫清水穴,巴人用这眼泉水制作的粉细腻、鲜亮、芳香,这是巴人进贡京师的贡品,故美其名曰"粉水"。因此,世人将江州所产粉称为"堕休粉"。江州有荔芰园,等到荔芰成熟之时,太守往往在那里设置厨膳,邀请州郡的士大夫会聚树下,共同品尝荔芰。县城北边有稻田,出产上贡的御米。江州的池沼出产蒲草、灯心草,可以用来制作草席。江州的世家大族有波、铋、毋、谢、然、懎、杨、白、上官、程、常等,这些家族世代都有人出任大官。

枳县^①　郡东四百里,治涪陵水会^②。土地确瘠^③。时多人士^④,有章、常、连、黎、牟、阳,郡冠首也^⑤。

【注释】

①枳县:县名。战国秦置,属巴郡。治所在今重庆涪陵区东北。三国蜀移治今涪陵区,东晋复移故治。北周废入巴县。

②涪陵水:即涪水。今重庆、贵州两省市境之乌江。乌江在今重庆涪陵区汇入长江。会:河流会合处。

③确瘠:石多土薄。枳县"县境当大背斜层之石灰岩地带,故土瘠薄,乏农产"(任乃强)。

④人士:有名望的人。

⑤冠首:首位。

【译文】

枳县　在巴郡东四百里,治所在乌江与长江的会合处。枳县的土地贫瘠,石多土薄。枳县有名望的人很多,章、常、连、黎、牟、阳等,都是巴郡一流的家族。

临江县　枳东四百里,接朐忍。有盐官①,在监、涂二溪②,一郡所仰;其豪门亦家有盐井③。又严、甘、文、杨、杜为大姓④。晋初,文立实作常伯⑤,纳言左右⑥;杨宗有称武陵⑦;甘宁亦县人⑧,在吴为孙氏虎臣也⑨。

【注释】

①盐官:官名。主管盐政的官署。亦可指主管盐务的官员。

②监、涂二溪:监溪,今井干河。涂溪,今汝溪河,又名涂井河。按:1997—2002年,文物考古工作者在重庆忠县中坝遗址展开系统考古发掘,最终证实这是一处远古巴人制盐产业的遗存。

③盐井:产盐的井。为汲取含盐质的地下水用以制盐而挖的井。我国四川、云南诸省甚多。

④大姓:世家,大族。指有势力的人家。

⑤文立(? —279):字广休,巴郡临江(今重庆忠县)人。少游太学,专攻《毛诗》《三礼》。师事谯周,诸生比为颜回。蜀汉时,官至尚书。入晋,拜济阴太守,入为太子中庶子,迁散骑常侍,官终卫尉。上表请叙用诸葛亮、蒋琬、黄祎等子孙,以慰蜀人之心。有章奏十篇,诗、赋、论、颂数十篇。本书卷十一、《晋书》卷九十一有传。常伯:周官名。君主左右管理民事的大臣。因从诸伯中选拔,故名。后成为皇帝近臣的泛称,如侍中、散骑常侍等。

⑥纳言左右:指在帝王左右进谏议论。

⑦杨宗:巴郡临江(今重庆忠县)人。曾任武陵太守。有称:有好名声。武陵:郡名。汉高帝改黔中郡置,治所在义陵县(今湖南溆浦南)。东汉移治临沅县(今湖南常德)。

⑧甘宁:字兴霸,巴郡临江(今重庆忠县)人。三国时期孙吴名将。东汉末起兵,相继投奔刘表、黄祖。后归孙权,建议出击黄祖,被采纳,大获全胜。为将勇猛好杀,有谋略,多战功,为权所重。历

拜西陵太守、折冲将军。《三国志·吴书》有传。

⑨虎臣：勇武之臣。

【译文】

临江县　在枳县东四百里，与朐忍接壤。临江县设有盐官，管理在监溪、涂溪的盐场，巴郡百姓的吃盐问题，都倚靠这里的盐场；巴郡的豪门之家，也拥有盐井。又，严、甘、文、杨、杜等，也是临江县的世家大族。晋朝初年，文立曾经做过常伯，在帝王左右负责进谏议论；杨宗官至武陵太守，在武陵有好名声；甘宁也是临江县人，是三国时期孙吴的虎臣与名将。

平都县① 蜀延熙时省②。大姓殷、吕、蔡氏。

【注释】

①平都县：县名。东汉永元二年（90）置，属巴郡。治所在今重庆丰都。取界内平都山为名。三国蜀汉延熙十七年（254）废入临江县。

②延熙：蜀汉后主刘禅年号（238—257）。

【译文】

平都县　蜀汉延熙年间被撤销。平都县的大姓有殷、吕、蔡等。

垫江县① 郡西北中水四百里。有桑蚕牛马。汉时龚荣以俊才为荆州刺史②，后有龚扬、赵敏③，以令德为巴郡太守④。淳于长宁雅有美貌⑤。黎、夏、杜皆大姓也。

【注释】

①垫江县：县名。战国秦置，属巴郡。治所即今重庆合川区。东汉建安六年（201）属巴西郡。三国蜀汉建兴十五年（237）复属巴

郡。南朝宋改为宕渠县。

②龚荣：巴郡垫江（今重庆合川）人。官至荆州刺史。本书卷十二
　　《序志并士女目录》有名录。俊才：卓越的才能。

③龚扬：巴郡垫江（今重庆合川）人。官至巴郡太守。本书卷十二
　　《序志并士女目录》有名录。赵敏：巴郡垫江（今重庆合川）人。
　　官至巴郡太守。本书卷十二《序志并士女目录》有名录。

④令德：美德。

⑤淳于长宁：复姓淳于，名长宁。一说淳于县长"某宁"（姓氏脱
　　漏）。任乃强认为，淳于长宁"盖蜀汉时人，费祎之师友"。美貌：
　　美丽的容貌，本处当兼指美好的风度。

【译文】

　　垫江县　在巴郡西北方向的涪江边，距离巴郡治所四百里。垫江县
出产桑、蚕、牛、马等。汉朝之时，龚荣以卓越的才能而任荆州刺史，后来
又有龚扬、赵敏，以美德而任巴郡太守。淳于长宁容貌美丽，而且风度很
好。黎、夏、杜是垫江县的大姓。

　　乐城县①　在江州西三百里。延熙十七年省。

【注释】

①乐城县：县名。三国蜀汉置，属巴郡。治所在今重庆江津区西油
　　溪镇，一说在今重庆东北洛碛镇。延熙十七年（254）废入江州县。

【译文】

　　乐城县　在江州西三百里。延熙十七年被撤销。

　　常安县①　亦省。

【注释】

①常安县：县名。三国蜀汉（一说东汉末）置，属巴郡。治所不详。任乃强《华阳国志校补图注》卷一："故城在今洛碛附近，或即是今长寿县治。"延熙十七年（254）废入江州县。

【译文】

常安县　也在延熙十七年被撤销。

　　巴东郡，先主入益州，改为江关都尉①。建安二十一年，以朐忍、鱼复、汉丰、羊渠及宜都之巫、北井六县为固陵郡②，武陵廖立为太守③。章武元年④，朐忍徐虑、鱼复蹇机以失巴名⑤，上表自讼⑥，先主听复为巴东，南郡辅匡为太守⑦。先主征吴，于夷道还⑧，薨斯郡⑨。以尚书令李严为都督，造设围戍⑩。严还江州，征西将军汝南陈到为都督⑪。到卒官，以征北大将军南阳宗预为都督⑫。预还内，领军襄阳罗宪为代⑬。

【注释】

①江关：即扞关。在今重庆奉节东赤甲山。都尉：官名。统兵武官。战国赵、魏、秦等国已置，地位略低于将军。秦、两汉亦为高级武官，稍低于校尉。魏、晋名号极繁，地位渐低，亦不常置。按：本处所说的"江关都尉"，实为行政区划名，一如巴东郡。

②汉丰：县名。东汉建安二十一年（216）置，"以汉土丰盛为名"（《太平寰宇记》卷一百三十七），属固陵郡。治所在今重庆开州区南二里。三国蜀汉属巴东郡。西晋废，后复置，仍属巴东郡。北周改名永宁县。羊渠：县名。东汉建安二十一年（216）置，属固陵郡。治所在今重庆万州区长滩镇。蜀汉建兴八年（230）改

南浦县。宜都：郡名。东汉建安十四年（209）刘备改临江郡置，属荆州。治所在夷陵县（今湖北宜昌东南长江北岸）。巫：县名。战国秦置，属南郡。因巫山得名。治所在今重庆巫山县旧县城北。三国蜀汉属巴东郡。西晋为建平郡治。隋开皇初改为巫山县。北井：县名。东汉末置，属巴东郡。治所在今重庆巫山县北大昌镇东南二十五里。西晋、南朝属建平郡。北周天和中废入大昌县。固陵郡：郡名。东汉兴平元年（194）分巴郡置，属益州。治所在鱼复县（今重庆奉节东之白帝城）。建安六年（201）改为巴东郡，二十一年（216）复为固陵郡。三国蜀汉章武元年（221）复改为巴东郡。

③廖立：字公渊，武陵临沅（今湖南常德）人。刘备为荆州牧，擢为长沙太守。吴国吕蒙袭荆南三郡，廖立弃郡走归刘备，为巴郡太守。刘备称王，为侍中。刘禅时，徙长水校尉，不满。坐怨望，废为民，徙汶山郡，躬耕自守，终于徙所。《三国志·蜀书》有传。

④章武元年：221年。章武，蜀汉昭烈帝刘备年号（221—223）。

⑤徐虑：一作"徐惠"。巴东郡朐忍（今重庆云阳）人。塞机：巴东郡鱼复（今重庆奉节）人。二人事迹不详。

⑥自讼：替自己申诉。

⑦辅匡：字元弼，襄阳郡襄阳（今湖北襄阳）人。随刘备入蜀，为巴郡太守。后随备征吴。刘禅建兴中，徙镇南，为右将军，封中乡侯。

⑧夷道：县名。西汉武帝置。治所在今湖北宜都西，属南郡。因用兵西南夷，路由此出，故名。东汉建安十五年（210）为宜都郡治。

⑨薨（hōng）：诸侯之死曰薨。

⑩造设：制作，修建。围戍：用于防守的军事设施。

⑪征西将军：官名。杂号将军名。东汉置，三国沿置，两晋南北朝亦置。掌征伐。陈到：字叔至，汝南（治今河南平舆）人。自豫州追随刘备，名亚赵云，以忠勇称。刘禅建兴初，官至永安都督、征西

将军,封亭侯。

⑫宗预:字德艳,南阳安众(今河南镇平)人。东汉末,随张飞入蜀。诸葛亮以为主簿,迁参军右中郎将。奉使东吴,应对称旨,孙权嘉其抗直。刘禅延熙十年(247),为屯骑校尉。迁后将军,督永安,就拜征西大将军,赐爵关内侯。景耀元年(258),以疾征还。后任镇军大将军,领兖州刺史。蜀亡,徙洛阳,道病卒。《三国志·蜀书》有传。

⑬领军:官名。东汉末曹操为丞相时所设,为相府属官,后更名中领军。魏晋时改称领军将军,均统率禁军。罗宪(? —270):底本作"罗献",误。罗宪,字令则,襄阳(今湖北襄阳)人。蜀广汉太守罗蒙子。仕蜀为太子舍人。以不附黄皓,左迁巴东太守。景元四年(263)魏攻蜀,罗宪西还守永安城。降魏,坚守拒吴军之攻,加凌江将军,封万年亭侯等。入晋,武帝称其忠烈果毅。卒谥烈。《三国志·蜀书·霍峻传》裴松之注引《襄阳记》、《晋书》卷五十七有传。

【译文】

巴东郡,先主刘备进入益州时,改名为江关都尉。汉献帝建安二十一年,以朐忍、鱼复、汉丰、羊渠以及宜都的巫、北井六县为固陵郡,任命武陵人廖立为太守。章武元年,朐忍人徐虑、鱼复人蹇机以固陵郡失去了"巴"的名称,向先主上表申诉,先主刘备听从了他的意见,恢复其旧名"巴东",任命南郡人辅匡为巴东郡太守。先主征讨东吴,自夷道还师,死于巴东郡。刘备留下遗命,以尚书令李严为都督,在巴东郡修建用于防守的军事设施。李严调任江州后,以征西将军、汝南人陈到为都督。陈到死于任上,以征北大将军、南阳人宗预为都督。宗预调任成都后,以领军、襄阳人罗宪代为都督。

蜀平,宪仍其任,拜凌江将军①,领武陵太守。泰始二年②，吴大将步阐、唐咨攻宪③，宪保城。咨西侵至朐忍。故蜀尚书郎巴郡杨宗告急于洛。未还，宪出击阐，大破之，阐、咨退。宪迁监军、假节、安南将军④，封西鄂侯；入朝，加锡御盖、朝服⑤。吴武陵太守孙恢寇南浦⑥，安蛮护军杨宗讨之，退走。因表以宗为武陵太守，住南浦。诱恤武陵蛮夷⑦，得三县初附民⑧。宪卒，以犍为太守天水杨欣为监军⑨。欣迁凉州刺史，朝议以唐彬及宗为代⑩。晋武帝问散骑常侍文立曰⑪："彬、宗孰可用?"立对曰："彬、宗俱立事绩在西，不可失者。然宗才诚佳，有酒嗜；彬亦其人，性在财欲。惟陛下裁之。"帝曰："财欲可足，酒嗜难改。"遂用彬为监军，加广武将军⑫。

【注释】

①凌江将军：杂号将军名，三国蜀汉、魏皆置，掌帅军征伐或驻守。

②泰始二年：266年。泰始，晋武帝年号（265—274）。

③步阐（? —272）：三国吴临淮郡淮阴（今江苏淮安淮阴区）人。步骘之子。代父任西陵督，加号昭武将军。后降晋。不久被吴将陆抗击杀。唐咨：三国魏东海利城（今江苏赣榆）人。魏文帝时，利城郡反，众推为主。魏文帝遣将击破之，遂奔吴。后兵败降魏，拜安远将军。

④监军：地方军政长官。东汉末监军或兼掌军务，魏、晋、南北朝诸州或阃都督，则置监诸军事，简称监军，为该地区军政长官，位在都督诸军事下、督诸军事上，职掌略同。或有监数州诸军事者。其权任因所加"使持节""持节""假节"之号而有所不同。假节：假以节杖，授予符节。安南将军：官名。东汉建安三年（198）置。三国魏、蜀汉、吴沿置。多为出镇南方地区的军事长官，或作为刺史等地方官员兼理军务的加官。魏晋以后，与安东、安西、安北将

军合称"四安将军"。魏、晋、南朝宋皆定为三品。

⑤锡：赐予。御盖：黄罗伞盖。帝王仪仗之一。朝服：臣子上朝觐见君主时所穿的礼服。

⑥孙恢：吴宗室，见《三国志·吴书·宗室传》。南浦：县名。蜀汉建兴八年（230），省羊渠县置南浦县，属巴东郡。治所在今重庆万州区南岸。东晋时移治今重庆万州区东、长江之南。西魏时改鱼泉县，属安乡郡。北周时又改安乡县，属万川郡。后又改万川县。

⑦诱恤：诱导体恤。

⑧三县：此指靠近巴东郡的迁陵（今湖南保靖）、酉阳（今湖南永顺）、黔阳（今湖南黔阳）三县。

⑨杨欣：天水（治今陕西通渭西北）人。历任犍为太守、凉州刺史。杨欣，底本作"杨攸"，核《三国志·蜀书·邓艾传》、《资治通鉴》卷七九，皆作"杨欣"，据改。

⑩唐彬（235—294）：字儒宗，鲁国邹（今山东邹城南）人。泰山太守唐台之子。初仕魏为郡门下掾，转主簿。入晋，监巴东诸军事。随王濬伐吴，多所擒获，以功升右将军，封上庸县侯。转镇幽州，威抚鲜卑各族。督促农桑，为当地百姓所追慕。累至前将军、雍州刺史。卒谥襄。《晋书》有传。

⑪晋武帝（236—290）：即司马炎，字安世，河内温县（今河南温县）人。司马昭长子。晋朝皇帝。初仕魏，封北平亭侯。历给事中。魏元帝咸熙二年（265）嗣昭为相国、晋王。不久代魏，即帝位，建晋王朝。咸宁六年（280）灭吴，统一全国。大封宗室，加强士族门阀制度，颁新修律令，制户调式，规定按官品等级占田数额等。晚年耽于佚乐，立痴呆之子司马衷为太子，酿成身后大乱。在位二十六年（265—290），庙号世祖。《晋书》有传。散骑常侍：官名。三国魏文帝黄初（220—226）初年置散骑，合于中常侍，谓之散骑常侍。西晋沿置，员四人，位比侍中，三品，秩比二千石，

为门下重职,散骑省长官。职掌侍从皇帝左右,谏诤得失,顾问应对,与侍中等共平尚书奏事,有异议得驳奏。

⑫广武将军:官名。三国魏、西晋皆置,为名号将军中地位较高者。三国魏、晋、南朝宋四品。

【译文】

　　蜀汉被平定后,罗宪仍然留任原职,官拜凌江将军,兼领武陵太守。晋武帝泰始二年,吴国大将步阐、唐咨进攻罗宪,罗宪固守城池。唐咨向西进兵,侵犯朐忍。罗宪派遣前蜀汉尚书郎、巴郡人杨宗突围,向洛阳汇报紧急军情。还没有等到朝廷的答复,罗宪就出城反击步阐,大破吴军,步阐、唐咨相继退兵。罗宪因军功升迁为监军、假节、安南将军,封西鄂侯;到洛阳后,又被加赐御盖、朝服。吴国武陵太守孙恢侵犯南浦,安蛮护军杨宗予以讨伐,孙恢退走。因此,罗宪上表请以杨宗为武陵太守,驻扎在南浦。杨宗对武陵蛮夷进行诱导和抚恤,结果得到迁陵、酉阳、黔阳三县百姓的归附。罗宪死后,朝廷任命犍为太守、天水人杨欣为监军。杨欣升迁为凉州刺史后,朝议以唐彬或杨宗为接替人选。晋武帝问散骑常侍文立道:"唐彬和杨宗,究竟用谁呢?"文立回答说:"唐彬、杨宗都是在西线立有功绩的人,是不可或缺的人才。然而,杨宗才干确实很好,但他嗜酒;唐彬也是有才干的人,但他贪财。就由陛下裁夺吧。"晋武帝说:"钱财之欲可以满足,而嗜酒爱好却难改。"于是,朝廷任命唐彬为监军,外加广武将军头衔。

　　迄吴平,巴东后省羊渠,置南浦。晋太康初①,将巫、北井还建平②,但四县。去洛二千五百里。东接建平,南接武陵,西接巴郡,北接房陵③。奴、獽、夷、蜑之蛮民。

【注释】

①太康:晋武帝年号(280—289)。

②将巫、北井还建平：巫、北井本属蜀汉巴东郡，后为东吴所夺。永
　安三年（260），分宜都立建平郡，属荆州。魏灭蜀后，置建平郡
　都尉于巫县（今重庆巫山）。西晋咸宁元年（275），改为建平郡。
　太康元年（280），魏灭吴，将两建平郡合并，治所在巫县。
③房陵：县名。秦置，属汉中郡。治所即今湖北房县。东汉末为房
　陵郡治。三国魏黄初中改为新城郡治。北周武帝改名光迁县。

【译文】

等到吴国被平定后，巴东郡撤销羊渠县，设置南浦县。西晋太康初
年，将巫县、北井县归还建平郡，巴东郡于是仅有四县。巴东郡距离洛阳
二千五百里。巴东郡东接建平郡，南接武陵郡，西接巴郡，北接房陵县。
巴东郡境内有奴、獽、夷、蜑等少数民族。

　　鱼复县　郡治。公孙述更名白帝①，章武二年改曰永
安②，咸熙初复③。有橘官④。又有泽水神，天旱鸣鼓于傍即
雨也。

【注释】

①白帝：即白帝城。在今重庆奉节县城东四公里处，扼瞿塘峡西口
　长江北岸。相传为公孙述所建，城垣遗址今尚依稀可见。山顶上
　有白帝庙（唐以前为公孙述祠，明称正义祠，清始改名白帝庙）。
　蜀汉章武二年（222），刘备为吴将陆逊所败，退居此城，改鱼复县
　为永安县，别置永安宫。次年，死于城西永安宫。
②章武二年：222年。章武，蜀汉昭烈帝刘备年号（221—223）。
③咸熙：魏元帝曹奂年号（264—265）。
④橘官：即前文所言"甘橘官"。

【译文】

　　鱼复县　是巴东郡的治所。公孙述更名为白帝城，章武二年改名为

永安,咸熙初年又恢复旧名鱼复。鱼复县设有橘官。相传,鱼复县有泽水神,天旱时在水畔击鼓就会下雨。

胸忍县^①　郡西二百九十里。水道有东阳、下瞿数滩^②,山有大小石城势^③。灵寿木、橘圃、盐井、灵龟^④。咸熙元年,献灵龟于相府^⑤。大姓扶、先、徐氏。汉时有扶徐^⑥,荆州著名。《楚记》有"弜头白虎复夷"者也^⑦。

【注释】

①胸忍县:县名。秦置,属巴郡。治所在今重庆云阳县东三坝乡。三国蜀属巴东郡。西晋改为胸腮县。在张家山二四七号汉墓所出竹简《二年律令·金布律》中,已有"胸忍"县名。2004年,在重庆云阳县旧县坪遗址发现"汉巴郡胸忍令广汉景云碑"(今藏重庆中国三峡博物馆),刊刻时间是东汉熹平二年(173)。由此可知,古胸忍县确实就在今重庆云阳。

②东阳:滩名。在今重庆云阳县城东三十里,汤溪河口下游。下瞿:滩名。又名瞿巫滩,在今重庆云阳县云阳镇东五里,以瞿村为名。

③大小石城:在今重庆云阳县云阳镇东二里,在长江北岸。

④灵龟:用以占卜的大龟。《尔雅·释鱼》:"一曰神龟,二曰灵龟。"郭璞注:"涪陵郡出大龟,甲可以卜,缘中文似玳瑁,俗呼为灵龟,即今觜蠵龟。"

⑤咸熙元年,献灵龟于相府:据《三国志·魏书·三少帝纪》记载,献灵龟于相府之事在咸熙二年(265),"(咸熙)二年春二月甲辰,胸腮县获灵龟以献,归之于相国府"。译文从之。

⑥扶徐:事迹不详。按:扶徐"荆州著名",史书当有记载。疑姓名有误。

⑦《楚记》：当为楚的一种地方志。或为《荆州记》之别称（任乃
　强）。弜（jiàng）头白虎复夷：参看前文"弜头虎子"注。

【译文】

　　朐忍县　在巴东郡治所以西二百九十里。其水道有东阳滩、下瞿滩
等，山上有形势险要的大小石城。物产有灵寿木、橘圃、盐井、灵龟。咸
熙二年，朐忍县进献灵龟于相府。朐忍县的大姓有扶、先、徐氏。汉代之
时的扶徐，在荆州一带很有名。根据楚地方志《楚记》记载，此地曾经发
生过"弜头白虎复夷"的事件。

汉丰县①　建安二十一年置。在郡西北彭溪源②。
南浦县③　郡南三百里。晋初置，主夷④。
郡与楚接，人多劲勇⑤，少文学⑥，有将帅材⑦。

【注释】

①汉丰县：县名。东汉建安二十一年（216）刘备置，属固陵郡。治
　所在今重庆开州区南二里。《太平寰宇记》卷一百三十七开州开
　江县："蜀先主置汉丰县，"以汉土丰盛为名"。三国蜀汉属巴东
　郡。西晋废，后复置。北周武帝时改为永宁县。
②彭溪：即彭溪水，今重庆开州区、云阳县境之小江河（开江），为长
　江支流。《水经·江水注》："水出巴渠郡僚中，东南流径汉丰县
　东，清水注之。……（清水）至汉丰县东而西注彭溪，谓之清水口。
　彭溪水又南，径朐忍县西六十里，南流注于江，谓之彭溪口。"
③南浦县：县名。三国蜀汉建兴八年（230）改羊渠县置，属巴东郡。
　治所即今重庆万州区。东晋时移治今重庆万州区东、长江之南。
　《太平寰宇记》卷一百四十九万州南浦县："以浦为名。"
④夷：即前文所言"武陵蛮夷"。
⑤劲勇：顽强勇敢，意谓民风彪悍。

⑥文学：文才。

⑦将帅材：有军事统帅才能的人。相对于"文学"才能而言。

【译文】

汉丰县　建安二十一年设置。在巴东郡西北彭溪的源头。

南浦县　在巴东郡南三百里。西晋初年设置，主管武陵蛮夷事务。

巴东郡与楚地相接，百姓顽强勇敢，缺少文学之才，但有将帅之才。

涪陵郡，巴之南鄙①。从枳南入，溯舟涪水②。本与楚商於之地接，秦将司马错由之取楚商於地为黔中郡也。汉后恒有都尉守之。旧属县五③，去洛五千一百七十里。东接巴东，南接武陵，西接牂柯④，北接巴郡。土地山险水滩，人蛮勇⑤，多獽、蜑之民。县邑阿党⑥，斗讼必死⑦。无蚕桑，少文学⑧，惟出茶、丹、漆、蜜、蜡。汉时，赤甲军常取其民⑨。蜀丞相亮亦发其劲卒三千人为连弩士⑩，遂移家汉中。延熙十三年，大姓徐巨反⑪，车骑将军邓芝讨平之。见玄猿缘其山，芝性好弩，手自射猿，中之⑫。猿子拔其箭，卷木叶塞其创⑬。芝叹曰："嘻！吾伤物之性，其将死矣。"乃移其豪徐、蔺、谢、范五千家于蜀，为猎射官⑭。分赢弱配督将韩、蒋⑮，名为助郡军⑯，遂世掌部曲⑰，为大姓。晋初，移弩士于冯翊莲勺⑱。其人性质直⑲，虽徙他所，风俗不变，故迄今有蜀、汉、关中、涪陵，其为军在南方者犹存。山有大龟⑳，其甲可卜㉑，其缘可作叉㉒，世号"灵叉"㉓。

【注释】

①鄙：边远地区。

②溯舟：底本作"析丹"，据雍正《四川通志》卷二六改。溯，逆水而
上。涪水：又作"涪陵江"，即今重庆、贵州境内之乌江。

③旧属县五：即下文所说涪陵、丹兴、汉平、万宁、汉发五县。

④牂柯（zāng kē）：郡名。西汉元鼎六年（前111）置，治所在故且兰
县（今贵州黄平西南，一说在今贵州贵阳附近）。西晋时治所在
万寿县（今贵州瓮安东北）。南齐改为南牂柯郡。

⑤戆（gàng）勇：憨厚勇敢。

⑥阿党：结党徇私。此处有抱团自护之意。

⑦斗讼：争讼。

⑧无蚕桑，少文学：此处文字恐系错简所致。原文当作"少文学，无
蚕桑"，其下接"惟出茶、丹、漆、蜜、蜡"，如此则文气完足。以下
译文，从此顺序。

⑨赤甲军：身穿红色铠甲的军队。按：重庆奉节东有赤甲山，即因赤
甲军常驻其上而得名。

⑩连弩士：装备有连弩的军队。连弩，装有机括，可以同发数矢或
连发数矢之弓。按：士兵装备的连弩，当即世所谓"诸葛亮连弩"
（简称"诸葛弩"）。《三国志·蜀书·诸葛亮传》："（诸葛）亮性长
于巧思，损益连弩，木牛流马，皆出其意。"裴松之注引《魏氏春
秋》："（诸葛亮）又损益连弩，谓之元戎，以铁为矢，矢长八寸，一
弩十矢俱发。"

⑪徐巨：其人不详。据上文"胸忍县，……大姓扶、先、徐氏"，徐巨
疑为胸忍人。

⑫"见玄猿缘其山"几句：邓芝射玄猿之事，亦见《三国志·蜀
书·邓芝传》裴松之注引《华阳国志》，而文字小异。又，裴松之
注载录另一版本，"一曰：（邓）芝见猿抱子在树上，引弩射之，中
猿母，其子为拔箭，以木叶塞创。芝乃叹息，投弩水中，自知当
死"。玄猿，黑色的猿。

⑬创：伤口。

⑭猎射官：本义为打猎。这里当指连弩士。

⑮羸弱：瘦弱。督将：带兵戍守要地的军官。

⑯助郡军：协助常备军守护本地的军队。

⑰部曲：本指军队。此处指豪门大族的私人武装。

⑱冯（píng）翊：汉代以京城附近地区为"三辅"，其长官分别为左冯翊、右扶风、京兆尹。此处指的是冯翊郡。冯翊郡，三国魏改左冯翊置，治所在临晋县（今陕西大荔）。莲勺：县名。西汉置，属左冯翊。治所在今陕西渭南市东北来化镇村。三国魏属冯翊郡。隋大业初废入下邽县。

⑲质直：纯朴正直。

⑳大龟：即前文所说"灵龟"。

㉑甲：指大龟的背甲、腹甲。

㉒缘：指大龟背甲、腹甲的边缘。钗：同"钗"，妇女的一种首饰，形似叉。

㉓灵叉：《文选》卷四左思《蜀都赋》刘逵注引谯周《异物志》："涪陵多大龟。其甲可以卜，其缘中叉，似玳瑁，俗名曰灵叉。"

【译文】

涪陵郡，在巴郡的南边。从枳县南面进入，乘船沿涪水（乌江）逆流而上，即可到达。涪陵郡本与楚国的商於之地接壤，秦将司马错率军经由涪陵东进，夺取了楚国的商於之地，并在此设立了黔中郡。汉代以后，历代均有都尉镇守此地。涪陵郡原有涪陵、丹兴、汉平、万宁、汉发五个属县，距离洛阳五千一百七十里。涪陵郡东接巴东，南接武陵，西接牂柯，北接巴郡。涪陵郡的土地多险山与水滩，人民憨厚勇敢，境内居住的獽、蜑等少数民族较多。境内城乡的宗族与民众都很团结，如果发生争斗与诉讼，族党必定以死相助。涪陵郡少文学之士，没有蚕桑等产业，只出产茶、丹砂、漆、蜜、蜡。汉代之时，常常征发涪陵民众充实到赤甲军中。蜀汉丞相诸葛亮也曾经征发涪陵三千壮士,将他们组织为连弩士,并把他们迁徙到汉中。延熙十三年,大姓徐巨谋反,车骑将军邓芝率军平定了叛乱。邓芝喜好射箭,看见黑色的猿猴沿着山路攀援,于是引弓射箭,射中了猿猴。猿猴之子拔出箭杆,卷树叶塞住创口。邓芝叹息道:"唉!我伤害了生灵,恐将不久于人世。"于是,邓芝将参与反叛的豪族徐、蔺、谢、范五千家迁徙到蜀地,将他们组建为"猎射官"。而将年老体弱者分配给督将韩、蒋等,称之为"助郡军",于是韩、蒋等世世代代掌管部曲,因此成为大姓。晋朝初年,又迁徙连弩士到冯翊的莲勺。这些人性格质朴直率,虽然迁徙到其他地方,依然保持风俗不变,故而至今在蜀、汉、关中、涪陵以及在南方留戍者,仍然保存着原先的风俗。涪陵郡的山中产有大龟,龟甲可用于占卜,龟甲边缘可用来制作叉,世人称之为"灵叉"。

涪陵县[1]　　郡治。

丹兴县[2]　　蜀时省。山出名丹。

汉平县[3]　　延熙十三年置。

万宁县[4]　　孝灵帝时置,本名永宁。

汉发县[5]　　有盐井。

诸县北有獽、蜑,又有蟾夷也[6]。

【注释】

① 涪陵县:县名。西汉置,属巴郡。治所即今重庆彭水苗族土家族自治县。东汉建安六年(201)为巴东属国都尉治。三国蜀汉为涪陵郡治。西晋永嘉后废。在张家山汉简《二年律令·金布律》中,已有"涪陵"县名。

② 丹兴县:县名。东汉建安六年(201)置,属巴东属国都尉。治所在

今重庆黔江区。丹兴县以"山出名丹"而得名。三国蜀汉后废。

③汉平县：县名。三国延熙十三年（250）置，属涪陵郡。治所在今
　重庆武隆西北大溪河注入乌江处，一说今武隆西北白马场或鸭江
　场。南朝宋废。南齐复置，为涪陵郡治。

④万宁县：县名。汉灵帝时置，属涪陵郡。治所在今贵州沿河土家
　族自治县。

⑤汉发县：县名。东汉建安六年（201）刘璋置，属巴东属国。治所
　在今重庆彭水苗族土家族自治县东北郁山镇。三国魏改为汉葭
　县。西晋废。

⑥蟾夷："蟾"同"丹"，指以炼丹砂为业的冉氏族人。任乃强"疑即
　《贵州通志》所谓'冉家蛮'"。

【译文】

涪陵县　是涪陵郡的治所。

丹兴县　蜀汉时撤销建制。以山中出产丹砂而得名。

汉平县　延熙十三年设置。

万宁县　汉灵帝时设置，本来名叫永宁。

汉发县　境内有盐井。

以上诸县的北部有獠人、蛮人，还有蟾夷人。

　　巴西郡①，属县七②，去洛二千八百一十五里。东接巴
郡，南接广汉，西接梓潼③，北接汉中、西城④。土地山原多
平⑤，有牛、马、桑、蚕。其人自先汉以来，傀伟俶傥⑥，冠冕
三巴⑦。及郡分后，叔布、荣始、周群父子、程公弘等⑧，或学
兼三才⑨，或精秀奇逸；其次马盛衡、承伯才藻清妙⑩，龚德
绪兄弟英气晔然⑪，黄公衡应权通变⑫，马德信、王子均、勾
孝兴、张伯岐建功立事⑬。刘二主之世，称美荆楚⑭。乃先

汉以来，冯车骑、范镇南皆植斯乡⑮，故曰"巴有将，蜀有相"也。及晋，谯侯修文于前⑯，陈君焕炳于后⑰，并迁双固⑱，倬群颖世⑲，甄在传记⑳。缙绅之徒不胜次载焉㉑。

【注释】

①巴西郡：郡名。东汉建安六年（201）刘璋改巴郡置，属益州。治所在阆中县（今四川阆中）。三国蜀汉章武元年（221）改为巴郡，不久复为巴西郡。西晋属梁州。东晋末改为北巴西郡。

②属县七：巴西郡的七个属县是阆中、安汉、西充国、南充国、宕渠、汉昌、宣汉。

③梓潼：县名。西汉元鼎元年（前116）置，为广汉郡治。治所即今四川梓潼。《太平寰宇记》卷八十四梓潼县："以县东倚梓林，西枕潼水，以此为名。"在张家山汉简《二年律令·金布律》中，已有"梓潼"县名。东汉属广汉郡。建安二十二年（217）为梓潼郡治。西晋永嘉后徙郡治涪县，以梓潼为属县，孝武时仍移郡来治。南朝宋属梓潼郡。西魏于此置潼川郡，移梓潼县于郡南三十里，改为安寿县。

④西城：县名。战国秦置，属汉中郡。治所在今陕西安康西北四里汉水之北。东汉为西城郡治。三国魏黄初二年（221）为魏兴郡治。晋属魏兴郡。北魏移治汉水之南，即今陕西安康。

⑤山原：山陵与原野。

⑥傀（guī）伟：指身材魁伟。倜傥（tì tǎng）：豪爽洒脱，风流倜傥。

⑦冠冕：居于首位。

⑧叔布：周舒，字叔布，巴西郡阆中（今四川阆中）人。周群之父。少从杨厚学，善占验之术，有盛名。朝廷屡征不就。参看《三国志·蜀书·周群传》。荣始：谯岍，字荣始，巴西西充国（治今四川阆中）人。谯周之父。治《尚书》，兼通诸经及图、纬。州郡辟

请，皆不应。参看《三国志·蜀书·谯周传》。周群父子：指周群
及其子周巨。周群，字仲直，巴西郡阆中（今四川阆中）人。周
舒之子。精于气候之业，于家中作小楼，令家奴更值观天象。刘
璋辟为师友从事。刘备定蜀，举茂才，署儒林校尉。时刘备欲争
汉中，进言曰："当得其地，不得其民。"后举茂才。子周巨颇传
其术。《三国志·蜀书》有传，参看《后汉书》的《天文志下》《五
行志五》。程公弘：程祁，字公弘，巴西郡阆中（今四川阆中）人。
程畿之子。少与杨戏、杨汰、张表并知名。杨戏每推程祁为冠首。
年二十卒。参看《三国志·蜀书·杨戏传》。

⑨ 学兼三才：即兼通天、地、人三才之道。三才，指天、地、人。

⑩ 马盛衡：马勋，字盛衡，巴西郡阆中（今四川阆中）人。初仕刘璋
为州书佐。刘备定蜀，辟为左将军属，后转州别驾从事。以才干
显。《三国志·蜀书》有传。承伯：马齐，字承伯，巴西郡阆中（今
四川阆中）人。初为太守张飞功曹，飞荐之于刘备，为尚书郎。
刘禅建兴中，从事丞相掾。复为张飞参军。累迁广汉太守。诸葛
亮卒后，马齐为尚书。以才干显。《三国志·蜀书》有传。才藻：
才思文采。清妙：清新美妙。

⑪ 龚德绪兄弟：指龚禄与龚皦（jiǎo）。龚禄（195—225），字德绪，
巴西郡安汉（今四川南充）人。刘备定益州，为郡从事牙门将。
刘禅建兴三年（225），为官至越巂太守。从诸葛亮南征，为蛮夷
所害。《三国志·蜀书》有传。龚皦，字德光，巴西郡安汉（今四
川南充）人。龚禄之弟。官至镇军将军。见本书卷十二《序志并
士女目录》。《三国志·蜀书》有传。晔（yè）然：光芒四射貌。

⑫ 黄公衡（？—240）：黄权，字公衡，巴西郡阆中（今四川阆中）人。
初为郡吏，刘璋时任主簿，曾反对张松迎刘备入蜀之议。刘备克
蜀，任护军，建议夺取汉中，被采纳。随备东征孙吴。夷陵之战
后，因退路已断，率部降魏，魏文帝拜为镇南将军，封育阳侯。为

司马懿所器重,官至车骑将军、仪同三司。卒后,谥景侯。《三国志·蜀书》有传。应权通变:指顺应机宜,采取变通的措施。

⑬马德信(?—234):马忠,字德信,巴西郡阆中(今四川阆中)人。初为郡吏,建安末举孝廉,除汉昌县长。蜀汉后期历任牂牁太守、丞相参军、镇南大将军等,进封彭乡侯。居官处事果断,恩威并立,曾屡平叛夷。《三国志·蜀书》有传。王子均(?—248):王平,字子均,巴西郡宕渠(今四川渠县)人。本养外家何氏,故又名"何平",后复姓王。从曹操征汉中,因降刘备,拜牙门将。诸葛亮征陇西,平属马谡。马谡背诸葛亮节度,大败,惟王平所部独全,受到诸葛亮器重。累功迁汉中太守,封安汉侯,拜镇北大将军。《三国志·蜀书》有传。勾孝兴:勾扶,字孝兴,巴西汉昌(今四川巴中)人。忠勇宽厚,数有战功。官至左将军,封宕渠侯。张伯岐(?—254):张嶷,字伯岐,巴郡南充国(今四川南部县)人。初为县功曹。蜀后主时,历官牙门将、越嶲太守、荡寇将军,封关内侯。在越嶲十余年,对夷族恩威并用,政绩显著,境内安宁。延熙十七年(254),从姜维攻魏,战死。越嶲民夷闻之,无不悲泣,为其立庙祭祀。《三国志·蜀书》有传。建功立事:建立功勋,成就大业。

⑭称美:被称赞,被赞美。荆楚:荆为楚之旧号,略当古荆州地区,在今湖北湖南一带。

⑮冯车骑:冯绲(?—168),字鸿卿,巴郡宕渠(今四川渠县)人。冯焕之子。官至车骑将军。参看本书卷一《巴志》注。范镇南:或为"马镇南"之误。马镇南,即马忠,巴西郡阆中(今四川阆中)人。官至镇南大将军。植:生长。

⑯谯侯:谯周(201—270),字允南,巴西西充国(今四川阆中)人。博通经史,尤善书札。蜀汉时,历任劝学从事、中散大夫、太中大夫、光禄大夫。景耀末魏军攻蜀,力劝刘禅降魏。入魏,拜骑

都尉、散骑常侍,封阳城亭侯。著有《法训》《五经论》《古史考》《仇国论》等,皆佚。《三国志·蜀书》有传。今四川南充市西山风景区谯公祠后面有谯周墓。修文:采取措施加强文治,主要指修治典章制度,提倡礼乐教化等。

⑰陈君:陈寿(233—297),字承祚,巴西安汉(今四川南充)人。少好学,师事同郡谯周。仕蜀汉为观阁令史,以不附宦官黄皓被黜。入晋,除著作郎,领本郡中正,累迁御史治书。著有《三国志》,时人谓有"良史"之才。另著有《古国志》《益部耆旧传》等,编有《诸葛亮集》。本书卷十一《后贤志》、《晋书》有传。焕炳:明亮,昭彰。

⑱并迁双固:可与司马迁、班固相媲美。并,并称。迁,司马迁(约前145—前87),字子长,左冯翊夏阳(今陕西韩城南)人。司马谈之子。史学家。早年游历,遍及南北。初任郎中。曾奉使巴、蜀、邛、筰、昆明等地,并随武帝巡游诸名山大川、重要都邑。元封三年(前108),继父任为太史令,得以博览皇室秘书。太初元年(前104),参与历法改革,与唐都、落下闳等制订《太初历》。又继父遗志,开始撰史。天汉二年(前99),李陵降匈奴,迁为之辩解,触怒武帝,下狱,受腐刑。出狱后,任中书令。发愤著书,写成《太史公书》(即《史记》)。《汉书》有传。双,成双。此处意谓与某某比肩、媲美。固,班固(32—92),字孟坚,扶风安陵(今陕西咸阳东北)人。班彪之子。博学能文,续父所著《史记后传》未竟之业,被诬私修国史,下狱。弟班超上书力辩,乃获释。明帝重其学,除兰台令史,迁为郎,典校秘书,奉诏续成其父书。潜心二十余年,至章帝建初中修成《汉书》,当世重之。迁玄武司马,撰《白虎通德论》。和帝永元元年(89),随窦宪征匈奴,为中护军。宪败,受牵连,死狱中。善辞赋,有《两都赋》《幽通赋》《典引》等。后人辑有《班兰台集》。《后汉书》有传。

⑲倬(zhuō)群颖世:意谓卓尔不群,即特立突出,超越众人。

⑳甄：昭显，表彰。传记：记载人物事迹的文字。

㉑缙绅：古时官吏插笏于绅带间，故称仕宦为"缙绅"。不胜：不能。
　　次载：依次记载。

【译文】

　　巴西郡，有七个属县，距离洛阳二千八百一十五里。东接巴郡，南接广汉，西接梓潼，北接汉中、西城。土地多山陵与原野，地势平坦，有牛、马、桑、蚕。自汉朝以来，巴西郡的人高大魁伟，风流倜傥，在三巴中最为出色。分郡以后，叔布、荣始、周群父子、程公弘等人，有的兼通天、地、人三才之道，有的俊秀奇逸；其次，有马盛衡、马承伯兄弟文采清新高妙，龚德绪兄弟英气勃勃，黄公衡随机应变，马德信、王子均、勾孝兴、张伯岐等建功立业。蜀汉之时，他们名扬荆楚。自汉朝以来，名将冯车骑、范镇南等都出生于此地，故而有"巴有将，蜀有相"的说法。到晋朝之时，又有谯周修文于前，陈寿闪亮于后，可与司马迁、班固相媲美，他们卓越不群，名扬天下，在史书中都有传记。至于其他仕宦之辈，则难以一一记载。

　　阆中县①　郡治。有彭池大泽②，名山灵台③，见文纬书谶④。大姓有三狐、五马、蒲、赵、任、黄、严也⑤。

【注释】

①阆中县：县名。战国秦惠文王于巴国别都阆中置，属巴郡。治所即今四川阆中。东汉建安六年（201）为巴西郡治。东晋末为北巴西郡治。

②彭池大泽：依后文"名山灵台"例，此当作"大泽彭池"，故译文作"境内有大泽彭池"。指四川阆中市境内的彭道将池、彭道鱼池。彭道将池，一名南池，在今四川阆中东南十五里七里镇。彭道鱼池，一名郭池，在今四川阆中西南十里。自汉以来，建堰引水溉田，唐末以后逐渐成平陆。《汉书·地理志上》阆中县："彭道将池

在南,彭道鱼池在西南。"

③灵台:山名。亦名"云台山""天柱山",在今四川阆中东北、苍溪
　县东南。《太平御览》卷四十四引《十道记》:"灵台山在县北。一
　名天柱山。高四百丈,即张道陵升真之所。"

④文纬书谶(chèn):即谶纬。"谶"是巫师或方士制作的一种隐语
　或预言,作为吉凶的符验或征兆。"纬"指方士化的儒生编集起来
　附会儒家经典的各种著作。《后汉书·郡国志五》"阆中"引《巴
　汉志》曰:"有彭池、大泽、名山、灵台,见《孔子内谶》。"

⑤三狐:或谓狐姓有三支(任乃强)。狐,即令狐。本书卷四《南中
　志》载有巴西令狐衷。五马:谓马姓有五支(任乃强)。

【译文】

阆中县　是巴西郡府所在地。境内有大泽彭池,有名山灵台,见于
谶纬文献的记载。大姓有令狐三支、马姓五支以及蒲、赵、任、黄、严等。

南充国县①　和帝时置。有盐井②。大姓侯、谯氏。

安汉县③　号出人士④。大姓陈、范、阎、赵。

平州县⑤

其三县为郡⑥。

【注释】

①南充国县:县名。原为阆中县地。西汉置充国县,属巴郡。治所
　在今四川阆中西南六十里。东汉初,废入阆中县。汉和帝永元二
　年(90),分阆中县复置。汉献帝初平四年(193),分充国县置南
　充国县,属巴郡。三国蜀,属巴西郡。南充国县被分后,因充国在
　西,故后来称西充国县。蜀汉至晋,既有南充国县,也有西充国
　县。李氏据蜀时期,西充国并入南充国,故《华阳国志》只有南充

国,而无西充国。

②有盐井:南部县、阆中市历来是川北产盐区。《文选》卷四左思《蜀都赋》刘逵注:"巴西充国县有盐井数十。"《太平御览》卷一百六十七引《益州记》:"南充县西有大昆井,即古之盐井也。"

③安汉县:县名。西汉置,属巴郡。治所在今四川南充北清泉坝。两汉因之。在张家山汉简《二年律令·金布律》中,已有"安汉"县名。王莽改为安新县。东汉复为安汉县,初平元年(190)为巴郡治。建安六年(201)改为巴西郡治,寻迁郡治阆中县。南朝宋属北巴西郡,并于此侨置南宕渠郡(亦作"宕渠郡")。西魏废帝二年(553)移治石狗坝(今南充东北搬罾镇)。

④人士:有身份、名望或地位的人。

⑤平州县:县名。西晋太康元年(280)置,属巴西郡。治所即今四川平昌。《太平寰宇记》卷一百三十九巴州曾口县:平州县"因县界平州水为名"。南朝宋改为平周县。梁普通六年(525)复改为平州县。北周改为同昌县。

⑥三县为郡:意谓另有三县(宕渠、汉昌、宣汉)别立为宕渠郡(刘琳)。

【译文】

南充国县 汉和帝时设置。境内有盐井。大姓有侯、谯。

安汉县 以出人才著称。大姓有陈、范、阎、赵。

平州县

其中,宕渠、汉昌、宣汉三县后来别立为宕渠郡。

宕渠郡①,延熙中置,以广汉王士为太守②。郡建九年省。永兴元年③,李雄复置④,今遂为郡。长老言⑤,宕渠盖为故賨国,今有賨城、卢城⑥。秦始皇时,有长人二十五丈见宕渠。秦史胡母敬曰⑦:"是后五百年外必有异人为大人者⑧。"及雄之王祖世⑨,出自宕渠,有识者皆以为应之。先汉以来,士女贤贞⑩。县民车骑将军冯绲、大司农玄贺、大鸿胪庞雄、桂阳太守李温等皆建功立事⑪,有补于世。绲、温各葬所在⑫。常以三月,二子之灵还乡里,水暴涨,郡县吏民莫不于水上祭之⑬。其列女节义在《先贤志》。

【注释】

① 宕渠郡:郡名。东汉建安二十三年(218)刘备分巴西郡置,治所在宕渠县(今四川渠县东北七十四里土溪镇渠江南岸城坝古城)。九年后废。三国蜀汉延熙中又置,旋又废。西晋永兴元年(304)李雄复置。东晋末废。

② 王士:字义强,广汉郡郪(今四川三台)人。王甫从兄。从刘备入蜀,举孝廉,为符节长,迁牙门将,出为宕渠太守,徙犍为太守。诸葛亮南征,转益州太守,将南行,为西南部族所害。

③ 永兴元年:304年。永兴,西晋惠帝年号(304—306)。

④ 李雄(274—334):字仲俊,巴西郡宕渠(今四川渠县)人,徙居略阳临渭(今甘肃秦安)。李特第三子。叔父李流(267—303)死后,被部众拥立为主,率军攻克成都。晋惠帝永兴元年(304),称成都王。建兴三年(306),于成都称帝,国号大成,史称成汉。晋成帝咸和九年(334)死,谥武帝,庙号太宗。在位的31年,是成汉政权的黄金时代。《晋书》《魏书》有传。

⑤ 长老:年长者的通称。

⑥ 賨城:故城在今四川渠县东北土溪镇南城坝古城。《水经·潜水注》:"县以延熙中分巴立宕渠郡,盖古賨国也,今有賨城。"杨守敬《水经注疏》卷二十九:"又云故賨国城在流江县东北七十四里,古賨国都也。"卢城:未详。或以为卢城是賨人中名"卢"或

"罗"的氏族所筑之城。

⑦胡母敬：一作"胡毋敬"。秦人。曾任栎阳狱吏，后任太史令。博识古今文字。秦统一后，奉命与李斯、赵高等省改大篆，作《博学篇》。

⑧异人：不寻常的人，有异才的人。大人：巨人。《史记·秦始皇本纪》集解引徐广曰："巴郡出大人，长二十五丈六尺。"

⑨王祖：曾祖。

⑩贤贞：志节坚贞而有贤德。

⑪玄贺：字文和，巴郡宕渠（今四川渠县）人。魏明帝时为乡佐，后为九江、沛郡守，以清谨著闻，所在化行。累迁大司农，为当时明卿。参看《后汉书·第五伦列传》《北堂书钞》卷七十三引《益部耆旧传》《舆地纪胜》卷一百六十二引《华阳国志》。庞雄：字宣孟，巴郡宕渠（今四川渠县）人。有勇略，称名将。安帝永初（107—113）初任中郎将，与梁慬等大破南单于，位至大鸿胪。事见《后汉书·梁慬列传》等。李温：巴郡宕渠（今四川渠县）人。曾任桂阳太守。本书卷十二《序志并士女目录》有名录。

⑫所在：指故土所在地，意即家乡。《水经·潜水注》："（宕渠）县有车骑将军冯绲、桂阳太守李温冢。"

⑬"常以三月"几句：又见《水经·潜水注》："二子之灵，常以三月还乡，汉水暴长，郡县吏民，莫不于水上祭之，今所谓冯、李也。"

【译文】

宕渠郡，蜀汉延熙年间设置，以广汉人王士为太守。宕渠建郡九年后被撤销。永兴元年，李雄恢复宕渠郡，于是至今仍然为郡。当地的老人说，宕渠大概是古代的賨国，今天还有賨城、卢城古迹。秦始皇之时，有个身长二十五丈的巨人出现在宕渠郡。秦朝太史令胡母敬说："此地五百年后必定有异人出现，成为统治一方的大人物。"等到李雄称王，他的曾祖父就出生在宕渠郡，有见识的人都认为应验了胡母敬的预言。自

西汉以来,这里的士人与妇女都志节坚贞有贤德。县民如车骑将军冯
绲、大司农玄贺、大鸿胪庞雄、桂阳太守李温等,都曾经建功立业,对社会
有所贡献。冯绲、李温各自埋葬在其家乡。往往在每年的三月,冯绲、李
温的灵魂都要返回故乡,那时江水便会暴涨,郡县的官员与百姓都到水
上祭奠他们。其他列女节义的事迹,记载在《先贤志》中。

宕渠县① 郡治。有铁官②。石蜜③,山图所采也④。

汉昌县⑤ 和帝时置⑥。大姓勾氏。

宣汉县⑦ 今省。

右巴国凡分为五郡二十三县。

【注释】

①宕渠县:县名。西汉置,属巴郡。治所在今四川渠县东北七十四
里土溪镇渠江南岸城坝古城。应劭曰:"石过水为宕,水所蓄为
渠,故县以是名。"(《读史方舆纪要》卷六十八引)东汉末曾为宕
渠郡治。三国、西晋属巴西郡。十六国成汉又为宕渠郡治。南
朝宋废。按:在张家山汉简《二年律令·秩律》中,已有"宕渠"
县名。

②铁官:官名。春秋时齐国置。战国时秦亦置,汉因之。汉武帝于
三辅及四十郡国置铁官四十八处,主鼓铸,随事广狭,分别置令、
长及丞,职如县道。又在不产铁处置小铁官,铸旧铁。西汉郡国
铁官属大司农,东汉改隶郡县。

③石蜜:野蜂在岩石间所酿的蜜。李时珍《本草纲目·虫一·蜂
蜜》集解引陶弘景曰:"石蜜即崖蜜也,在高山岩石间作之,色青,
味小酸,食之心烦。"

④山图:西汉陇西(治今甘肃临洮)人。少好乘马,为马所蹄,折

脚。相传遇道人，教令服药后，病愈身轻，遂随道人遍游名山采药。逾六十年，归家，正值母死，葬毕即离去，莫知所之。见《列仙传》卷下。

⑤汉昌县：县名。东汉永元中置，属巴郡。治所即今四川巴中。三国蜀汉属巴西郡。南朝宋初废。

⑥和帝（79—105）：名肇，章帝子，88—105年在位。即位后窦太后临朝，外戚窦氏父子兄弟把持朝政。宦官郑众被封为鄛乡侯，为宦官封侯之始。谥和，庙号穆宗。

⑦宣汉县：县名。东汉和帝时置，属巴郡。治所即今四川达州。建安六年（201）属巴西郡。三国蜀汉属宕渠郡，寻属巴西郡。西晋初废。惠帝时复置，属宕渠郡。南朝宋为巴渠郡治。西魏废帝二年（553）改为石城县。

【译文】

宕渠县　是宕渠郡府所在地。设置有铁官。出产石蜜，这就是传说的仙人山图所采摘的蜂蜜。

汉昌县　汉和帝时设置。大姓有勾。

宣汉县　今天已经撤销建制。

以上所列巴国之地，共计五郡二十三县。

撰曰①：巴国远世则黄、炎之支封②，在周则宗姬之戚亲③，故于《春秋》班侔秦、楚④，示甸、卫也⑤。若蔓子之忠烈⑥，范目之果毅⑦。风淳俗厚，世挺名将⑧，斯乃江、汉之含灵⑨，山岳之精爽乎⑩！观其俗足以知其敦壹矣⑪。昔沙麓崩⑫，卜偃言其后当有圣女兴⑬，元城建公谓王翁孺属当其时⑭，故有政君⑮。李雄，宕渠之厮伍、略阳之黔首耳⑯，起自流隶⑰，获君士民⑱。其长人之魄，良有以也⑲。

【注释】

① 撰曰：撰述者说。类似于《左传》的"君子曰"、《史记》的"太史公曰"、《资治通鉴》的"臣光曰"，是常璩对各志的总结与评论。

② 支封：支系。

③ 戚亲：姻亲。按：所谓"在周则宗姬之戚亲"，即本卷前文所说"武王既克殷，以其宗姬封于巴，爵之以子"。

④ 班侔（móu）：相等，同列。

⑤ 甸、卫：即"九服"的甸服、卫服。九服，古代王畿以外的地域，每五百里划为一区，按距离的远近分为九等，有侯服、甸服、男服、采服、卫服、蛮服、夷服、镇服及藩服，称为"九服"。见《周礼·夏官·职方氏》）。

⑥ 忠烈：忠诚刚正。

⑦ 果毅：果敢坚毅。

⑧ 挺：生出，生长。

⑨ 含灵：内蕴灵性。

⑩ 精爽：精神，魂魄。

⑪ 敦壹：厚道专一。

⑫ 沙麓：亦作"沙鹿"。古山名，故址在今河北大名东。《春秋·僖公十四年》："秋，八月辛卯，沙鹿崩。"杜预注："沙鹿，山名。平阳元城县东有沙鹿土山。"《公羊传·僖公十四年》："沙鹿崩。沙鹿者何？河上之邑也。"据《后汉书·元后传》载，春秋晋国有史官以为沙麓崩陷乃"阴为阳雄，土火相乘"之象，断言六百四十五年后宜有圣女兴。因以"沙鹿"作为颂扬皇太后、皇后之词。

⑬ 卜偃：春秋时晋国人。姓郭，名偃。掌卜大夫。

⑭ 元城：今河北大名。王翁孺：名贺，出生于东平陵（今山东章丘西）。汉元帝王皇后之祖父。

⑮ 政君：王政君（前71—13），东平陵（今山东章丘西）人。王翁孺

之孙女，汉元帝皇后。宣帝时入太子宫，生男（即成帝），立为妃。元帝即位，为皇后。成帝立，尊为皇太后。其兄王凤为大司马大将军领尚书事，其后，同母弟崇与庶母兄弟谭、商、立、根、逢时均封侯，王氏子弟官满朝廷。哀帝即位，外戚丁、傅执政，王氏暂抑。哀帝死，以太皇太后称制，其侄莽复执政，挟立平帝、孺子婴，终于代汉称帝。新莽五年病死。参看《汉书》。

⑯厮伍：服役士兵。黔首：指平民百姓。

⑰流隶：旧谓流亡他乡的微贱之民。

⑱君：统治。士民：士大夫和普通百姓的并称。

⑲良有以也：指某种事情的产生是很有些原因的。良，很，甚。以，所以，原因。

【译文】

撰述者说：巴国的远祖是黄帝、炎帝的支系，在周与王室有姻亲关系，因此在《春秋》的记载中，巴国与秦、楚同列，属于九服的甸、卫之服。巴国有像巴蔓子这样的忠烈之臣，有像范目这样的果毅之臣。巴地风俗淳厚，世代都有卓越的名将，这是江汉之水的灵气、山岳的精神所孕育的！观察这里的风俗，就可以知道此地民风的敦厚。从前沙麓山崩塌之时，卜偃曾经预言，"以后当有圣女出现"，元城人建公认为王翁孺正当其时，所以他的孙女王政君做了汉元帝的皇后。李雄，本来是宕渠郡的服役士兵，略阳县的平民百姓，但他从流民起家，最终成为君临巴蜀、统治人民的霸主。关于"长人"魂魄的传说，确实是有原因的。

卷二　汉中志

【题解】

依《巴志》体例,本卷内容亦当由三部分("总叙""分述""撰曰")组成。遗憾的是,今本卷二《汉中志》没有"总叙"。而"分述"部分汉中郡的序文,所述"大抵为山川、土产、民俗与古史之部",其文字"竟与《巴志》总序字量相当"(任乃强语)。与此相对,"撰曰"的文字又非常简略,大概是常璩有其苦衷而难以措辞(任乃强推测)。

在本卷的主体部分的"分述"中,作者详细叙述了汉中郡、魏兴郡、上庸郡、新城郡、梓潼郡、武都郡、阴平郡等七郡及其属县的变迁过程、历史人物、重大事件以及山川、物产、风俗、民族、人口、大姓等,大致勾勒了汉中之地的框架与线条。本卷关于五斗米道的记载,是早期道教比较原始的资料,有其特殊的价值和重要的意义。

在分述汉中郡时,常璩反复说明汉中地位的重要,"盖常(璩)撰《巴汉志》于李雄时,有讽李雄勿弃汉中之意"(任乃强语)。而在分述汉中、魏兴、上庸、新城、梓潼、武都、阴平七郡之属县时,文字颇为简略,而且内容多误。任乃强认为,这是因为李雄抛弃汉中,"失其版籍",而常璩又未能踏勘其地,仅据传闻、旧说排比文字,故所述简略而多误。

由于文本散佚,《汉中志》所述七郡的有些属县,仅有县名而无沿革等内容。如汉中郡的蒲池县、西乡县,魏兴郡的锡县、安康县,上庸郡的北巫县、武陵县、安富县、微阳县，新城郡沵乡县、昌魏县、绥阳县，武都郡上禄县、故道县、平乐县、修城县、嘉陵县等。

汉中郡①，本附庸国②，属蜀③。周赧王三年，秦惠文王置郡，因水名也④。汉有二源，东源出武都氐道漾山⑤，因名漾⑥，《禹贡》"导漾东流为汉"是也⑦；西源出陇西西县嶓冢山⑧，会白水⑨，经葭萌入汉⑩。始源曰沔⑪，故曰"汉沔"。在《诗》曰："滔滔江汉，南国之纪。"⑫其应上照于天，又曰："惟天有汉。"⑬其分野与巴、蜀同占⑭。其地东接南郡⑮，南接广汉，西接陇西、阴平⑯，北接秦川⑰。厥壤沃美⑱，赋贡所出，略侔三蜀⑲。

【注释】

①汉中郡：郡名。战国秦惠王更元十三年（前312）置，治所在南郑县（今陕西汉中）。因在汉水中游得名。西汉移治西城县（今陕西安康西北）。东汉复还旧治。东汉末为张鲁所据，改为汉宁郡。建安二十年（215）复改汉中郡。

②附庸国：古代指附属于诸侯大国的小国。按：任乃强以为"附"字为衍文，于理甚佳。庸国，殷、周古国名。在今湖北竹山县西南。《尚书·牧誓》："庸、蜀、羌、髳、微、卢、彭、濮人。"孔传："庸在汉江之南。"前611年灭于楚，于此置上庸县。《左传·文公十六年》："楚子乘驲，会师于临品，分为二队，子越自石溪，子贝自仞，以伐庸。秦人、巴人从楚师，群蛮从楚子盟，遂灭庸。"

③属蜀："蜀"字原缺。汉中之地原属蜀，后秦灭蜀而属秦，故脱字当为"蜀"。

④"周赧王三年"几句：周赧王三年，前312年，即秦惠王更元十三

年。秦惠文王（前356—前311），姓嬴，名驷。秦孝公子。《史记·秦本纪》："（更元）十三年，……又攻楚汉中，取地六百里，置汉中郡。"水，汉水。按：汉中郡因汉水而得名。

⑤武都：郡名。西汉元鼎六年（前111）置，治所在武都县（今甘肃西和南仇池山东麓）。东汉移治下辨县（今甘肃成县西三十里）。三国魏黄初中改置武都西部都尉，后入蜀。西晋复置武都郡，愍帝末没入杨氏。两汉属凉州，三国蜀汉属益州，西晋属秦州。氐道：西汉置，属陇西郡（后属武都郡），治所在今甘肃礼县西北。

⑥漾：即今汉水上源。按：汉水，一称"汉江"，源出今陕西西南部宁强县北之嶓冢山，是长江最大支流。东汉水，初名漾水。

⑦《禹贡》"导漾东流为汉"：底本作"《禹贡》'流漾为汉'"。《尚书·禹贡》："嶓冢导漾，东流为汉。"《山海经·西山经》："又西三百二十里，曰嶓冢之山，汉水出焉，而东南流注于沔。"据改。

⑧陇西：郡名。战国秦昭襄王二十八年（前279）置，治所在狄道县（今甘肃临洮南）。以在陇山之西而得名。三国魏移治襄武县（今甘肃陇西县东南）。属雍州。西晋属秦州。西县：县名。战国秦置，属陇西郡。治所在今甘肃天水西南九十里。西汉属陇西郡，东汉属汉阴郡。西晋废。嶓（bō）冢山：一名"嶓山"。山名。在今甘肃天水南。

⑨白水：水名。在今陕西白水县南。《太平寰宇记》卷二十八："盖其境东南谷多白土，因曰白水。"

⑩葭萌：县名。古苴侯国。蜀王封其弟葭萌为苴侯，命其邑曰葭萌。战国末，秦因于葭萌城置县，属蜀郡。治所在今四川广元西南昭化镇。西汉属广汉郡。东汉建安二十二年（217）刘备改为汉寿县。

⑪沔（miǎn）：古水名。即今汉水。《诗经·小雅·沔水》："沔彼流水，朝宗于海。"《尚书·禹贡》："（梁州）浮于潜，逾于沔。"

⑫滔滔江汉，南国之纪：出自《诗经·小雅·四月》。毛传："滔滔，

大水貌。其神足以纲纪一方。"郑笺:"江也、汉也,南国之大水,
纪理众川,使不雍滞。"

⑬惟天有汉:出自《诗经·小雅·大东》。按:今本《诗经》作"维天
有汉"。毛传:"汉,天河也。"

⑭其分野与巴、蜀同占:本句意谓汉中郡的分野与巴、蜀相同,故可
以"同占"。

⑮南郡:郡名。秦昭王二十九年(前278)置,治所在郢(今湖北荆
州市荆州区故江陵县城西北纪南城),后徙治江陵县(今湖北荆
州市荆州区故江陵县城)。

⑯阴平:郡名。三国魏置,治所在阴平县(今甘肃文县西五里)。后
属蜀汉。西晋属秦州,永嘉后郡县皆废。

⑰秦川:古地区名。指今秦岭以北关中平原。以其地渭水流经,土
壤肥沃,春秋战国时属于秦国,故名。

⑱沃美:肥美。

⑲略侔(móu):大致相等。三蜀:地区名。秦灭蜀国置蜀郡,汉初分
蜀郡置广汉郡,武帝时又分置犍为郡,三郡合称"三蜀"。

【译文】

汉中郡,本来是附庸国,接受蜀国的保护。周赧王三年,秦惠文王
设置汉中郡,汉中郡因汉水而得名。汉水有两个源头,东边的源头出自
武都郡氐道的漾山,因而名叫漾水,这就是《禹贡》所说的"导漾东流
为汉";西边的源头出自陇西郡西县的嶓冢山,与白水河会合后,再经过
葭萌,最后流入汉水。因为初始的源头叫沔水,故而叫"汉沔"。《诗经》
说:"流水滔滔的江水与汉水,是南国水系的纲纪。"地上的河流与天上
的天河是相对应的,所以《诗经》说:"天上有条叫汉水的天河。"汉中郡
的分野,与巴、蜀相同,故可以同占。汉中郡的地盘,东接南郡,南接广
汉,西接陇西、阴平,北接秦川。汉中郡的土壤肥美,向国家上交的赋贡,
大致与蜀郡、广汉郡、犍为郡"三蜀"相当。

　　六国时①,楚强盛,略有其地②,后为秦,恒成争地③。汉高帝既克秦,获子婴④,项羽封高帝为汉王⑤,王巴、蜀三十一县⑥。帝不悦。丞相萧何谋曰⑦:"虽王汉中之恶,不犹愈于死乎? 且语曰'天汉',其称甚美。夫能屈于一人之下,则伸于万乘之上者⑧,汤、武是也⑨。愿大王王汉中,抚其民,以致贤人,收用巴蜀,还定三秦,天下可图也。"帝从之,都南郑⑩。及项籍弑义帝⑪,高帝东伐,萧何常居守汉中,足食足兵。既定三秦,萧何镇关中,资其众,卒平天下。以田叔为汉中守⑫。属县十二⑬,去洛一千九十一里。叔既馈以军饷,又致名材立宫室⑭,帝嘉之。后为鲁相。然以帝业所兴,不封藩王。

【注释】

①六国:指战国时位于函谷关以东的齐、楚、燕、韩、赵、魏六国。

②略:夺取。

③争地:指战争双方必然争夺的险要之地。

④子婴(? —前206):姓嬴,名婴。秦始皇之孙,扶苏之子。赵高杀二世,立子婴为王,去帝号,称秦王。既即位,设计杀赵高。前206年,刘邦兵至霸上,子婴白马素车,奉天子符玺以降。月余,为项羽所杀。在位四十六日。

⑤项羽(前232—前202):名籍,字羽,下相(今江苏宿迁)人。楚国贵族。秦末,从叔父项梁在吴起义。秦亡,自立为西楚霸王,封诸侯王。后与刘邦争夺天下,为汉军困于垓下(在今安徽灵璧东南),兵少粮尽,四面楚歌,乃突围至乌江(在今安徽和县东北四十里乌江镇附近),自刎死。《史记》《汉书》有传。

⑥王（wàng）：称王。《史记·高祖本纪》："故立沛公为汉王，王巴、蜀、汉中，都南郑。"

⑦萧何（？—前193）：泗水沛（今江苏沛县）人。汉初大臣。初为沛主吏掾。从刘邦入关，独收秦相府律令图书藏之，以是汉知天下关塞险要，郡县户口。刘邦王汉中，以何为丞相。又荐韩信为大将。楚汉相拒，留守关中，转输士卒粮饷，使军中给食不乏。刘邦称帝，论何功第一，封酂侯。后定律令制度，协助高祖消灭陈豨、韩信、黥布等，封相国。高祖死后，事惠帝，病危时荐曹参继相。卒谥文终侯。有《九章律》，今佚。《史记》《汉书》有传。

⑧伸：伸直。与上文"屈"相对，引申为进退。万乘：指天子。周制，天子地方千里，能出兵车万乘，后世因称天子为"万乘"。

⑨汤、武：商汤与周武王。

⑩南郑：县名。战国秦置，为汉中郡治。治所在今陕西汉中东二里。据《水经·沔水注》："《耆旧传》云，南郑之号始于郑桓公。桓公死于犬戎，其民南奔，故以南郑为称。"

⑪义帝（？—前206）：即楚怀王熊心，为楚怀王熊槐（？—前296）之孙。楚亡，在民间为人牧羊。秦二世元年（前209），项梁率军渡江西进，闻陈胜死讯，听从范增计，拥立熊心为楚怀王，建都盱台（今江苏盱眙东北）。项梁战死后，他乘机到彭城（今江苏徐州），夺取项羽、吕臣兵权，改用宋义为上将军。后项羽杀宋义，夺回兵权。前206年，项羽尊他为义帝，自立为西楚霸王，派人徙熊心往长沙，于途中杀之。事见《史记》《汉书》。

⑫田叔：赵陉城（今河北定州）人。为人廉直，任侠。汉高祖时为汉中郡守，汉景帝时为鲁相，有政绩。《史记》卷一百四、《汉书》卷三十七有传。

⑬属县十二：据《汉书·地理志上》记载，汉中郡的十二个属县是西城、旬阳、南郑、褒中、房陵、安阳、成固、沔阳、锡、武陵、上庸、

长利。

⑭名材：名贵的木材。汉桓宽《盐铁论·通有》："南方火，而交趾有
　　大海之川；西方金，而蜀陇有名材之林。"按：汉朝初年，在汉中郡
　　砍伐树木，供修建长安之用。

【译文】

　　六国争霸时，楚国强大兴盛，便出兵夺取了汉中之地，后来又被秦国占领，汉中往往成为被争夺的险要之地。汉高祖攻克秦都咸阳，俘获秦王子婴，其后，项羽封汉高祖为汉王，让其统辖巴、蜀、汉中三十一县。汉高祖很不高兴。丞相萧何为他出谋道："虽然做汉中之王是让人嫌恶的事情，但难道不是胜过被人灭亡吗？更何况，该地上应'天汉'，这是很美的称谓。能够屈居于一人之下，却能晋身于万乘之上，其人就是商汤、周武王。希望大王管理好汉中之地，安抚好汉中之民，尽心招纳贤人，利用好巴蜀资源，再进而平定三秦之地，这样夺取天下是可以预期的。"汉高祖听从了萧何的建议，定都于南郑。等到项羽弒杀义帝，汉高祖率兵东征，而萧何则坐镇汉中，为大军提供充足的粮草和兵员。汉高祖平定三秦之后，萧何镇守关中，为众将士提供资助，最终夺取了天下。任命田叔为汉中太守。汉中郡有十二个属县，距离洛阳一千九十一里。田叔不仅为军队提供粮饷，而且征集名贵木材用于修建宫室，得到了汉高祖的嘉奖。后来，田叔转任鲁相。因为汉中郡是汉高祖的龙兴之地，所以这个地方没有分封藩王。

　　自叔之后，世修文教①，有俶傥之士②，异人并挺③。邓公抗言于孝景之朝④，以明忠枉之情⑤。张骞特以蒙险远⑥，为孝武帝开缘边之地⑦，宾沙越之国⑧，致大宛之马⑨，入南海之象⑩，而车渠、玛瑙、珊瑚、琳碧、蠙宝、明珠、玳瑁、虎魄、水晶、琉璃、火浣之布、蒲桃之酒、筇竹、蒟酱⑪，殊方奇

玩^⑫,盈于市朝^⑬,振扬威灵^⑭,被于幽裔^⑮。遂登九列^⑯,杖节绣衣^⑰,剖符博望^⑱。谷口子真秉箕颖之操^⑲,湛然岳立^⑳,不营不求^㉑,德声迈流^㉒。杨王孙应至人之概^㉓。

【注释】

①文教:文治教化。

②俶傥(tì tǎng):卓异不凡。

③挺:突出,杰出。

④邓公:《汉书》一作"邓先"。汉中郡成固(今陕西城固)人。为人多奇计。汉景帝时,吴、楚等七国反叛,以谒者仆射为校尉,击吴、楚。返,上书言诛晁错为冤案。帝善之,拜为城阳中尉。武帝时,起为九卿,一年后谢病免。事见《史记》卷一百一《袁盎晁错列传》、《汉书》卷四十九《爰盎晁错传》,本书卷十《先贤士女总赞》有传。抗言:高声直言。

⑤忠枉:忠贞与冤枉。

⑥张骞(?—前114):汉中郡成固(今陕西城固)人。武帝建元三年(前138),以郎应募出使月氏。经匈奴,被扣留前后达十一年。身历大宛、康居而抵月氏。元朔三年(前126)归汉,在外共十三年。拜大中大夫。元朔六年(前123),以校尉从大将军卫青出击匈奴,拜博望侯。元狩二年(前121),为卫尉,与李广出右北平击匈奴,失期当斩,赎为庶人。元狩四年(前119),又以中郎将出使乌孙,并分遣副使至大宛、康居等通好,西域始通。官至大行。《史记》卷一百一十一、《汉书》卷六十一、本书卷十《先贤士女总赞》有传。按:张骞墓在陕西城固县城以西2.3公里的博望镇饶家营村。1956年,张骞墓被列为陕西省首批重点文物保护单位。2006年5月,张骞墓被国务院公布为全国重点文物保护单位。

⑦缘边:沿边,指边境。

⑧沙越之国：指西域各国。因到西域要越过沙漠，故称"沙越"。

⑨大宛：国名。汉时为西域诸国，后为汉武帝所破，即今中亚细亚乌兹别克共和国的一邑。根据《史记·大宛列传》记载，大宛出产良马——"汗血马"。

⑩南海：郡名。秦始皇三十三年（前214）置，治所在番禺县（今广东广州）。秦、汉之际地入南越国，西汉元鼎六年（前111）灭南越国复置。

⑪车渠：一种海中生物。壳甚厚，略呈三角形，表面有渠垄如车轮之渠，故名。琳碧：玉石。罽（jì）宝：用毛做成的毡子一类的东西。玳瑁：动物名。热带和亚热带海洋里的一种食肉性海龟，龟鳖目海龟科。背甲呈黄褐色，有黑斑，光润美丽，可长达一公尺，前宽后尖，可作装饰品，是贸易上的优良龟甲。虎魄：即琥珀。一种很硬的、由微黄到微褐色半透明的树脂化石，产于冲积土、褐煤层或某些海滨，容易抛光，主要用于装饰品（如串珠及烟嘴）。火浣之布：用石棉织成的布，能耐火。蒲桃之酒：即葡萄酒。筇（qióng）竹：竹名。因高节实中，常用以为手杖，为杖中珍品。蒟（jǔ）酱：亦称"枸酱"。用蒌（lóu）叶果实做的酱，有辣味，供食用。按：蒟酱的原材料究竟是什么，学术界有不同的说法，至今没有定论。本处所说蒌叶，是其中的一种说法。另有拐枣等说。

⑫殊方：远方，异域。奇玩：供玩赏的珍品。

⑬市朝：市场和朝廷。

⑭振扬：显扬，兴起。威灵：显耀的声威。

⑮幽裔：远僻之地。

⑯九列：九卿的职位。

⑰杖节：执持旄节。古代帝王授予将帅兵权或遣使四方，给旄节以为凭信。《汉书·叙传下》："博望杖节，收功大夏。"绣衣：彩绣的丝绸衣服。古代贵者所服。

⑱剖符：古代帝王分封诸侯、功臣时，以竹符为信证，剖分为二，君臣各执其一，后因以"剖符""剖竹"为分封、授官之称。

⑲谷口子真：指郑子真。谷口，即褒谷，亦称"南谷"，在今陕西汉中西北。郑子真，名朴，字子真，汉中郡褒中（今陕西勉县）人。隐逸民间，修身自保，不屈其志。耕于岩石之下，名闻京师。成帝时，大将军王凤礼聘之，不应，家于谷口，世号"谷口郑子真"。本书卷十《先贤士女总赞》有传。箕颍：箕山和颍水。相传尧时，贤者许由曾隐居箕山之下、颍水之阳。后因以"箕颍"指隐居者或隐居之地。

⑳湛然：清澈貌。岳立：屹立。引申为特出，卓尔不群。

㉑不营不求：不钻营，不苛求。营，求，谋求，追求。

㉒德声：美好的声誉。迈流：流传很远。

㉓杨王孙：汉中郡成固（今陕西城固）人。学黄老之术，家业千金，善于自奉养生，无所不至。及病将死，先令其子毋具棺椁，死则裸葬。即以布囊盛尸，然后脱囊，倾埋土中。死后，其子遵命裸葬。著有《裸葬书》，反对厚葬，指出人死不为鬼，其尸块然独处而无知，意在矫正厚葬靡财之世风。《汉书》卷六十七有传。至人：道家指超凡脱俗，达到无我境界的人。《庄子·逍遥游》："至人无己，神人无功，圣人无名。"《庄子·齐物论》："至人神矣！大泽焚而不能热，河汉沍而不能寒，疾雷破山、风振海而不能惊。"

【译文】

　　自从田叔治理汉中以后，该地历代都注重文治教化，因而涌现了不少风流倜傥的人士，出现了非同寻常的异人。汉景帝之时，邓公在朝廷高声直言，陈述晁错为臣的忠贞，申述其被杀的冤屈。张骞不避危险与偏远出使异域，为汉武帝开拓边远之地的疆域，让西域诸国前来朝贺，汉王朝因而获得了大宛的良马，南海的大象，以及车渠、玛瑙、珊瑚、琳碧、罽宝、明珠、玳瑁、虎魄、水晶、琉璃、火浣布、蒲桃酒、筇竹、蒟酱，远方的奇珍异宝,充斥于市场与朝廷,而国家的声威也随之显扬,传播到远僻之地。于是,张骞晋升至九卿之列,手持节杖,身着绣衣,腰佩符信,被封为博望侯。褒谷口的郑子真,秉持像贤者许由一样的节操,其人如颍水一般清澈,似山岳一般屹立,洁身自好,不钻营,不苟求,美好的名声流传远方。还有像杨王孙这样的高人,已达"至人"境界。

　　自建武以后①,群儒修业②。开按图纬③,汉之宰相当出坤乡④。于是司徒李公屡登七政⑤,太尉子坚弈世论道⑥。其珪璋瑚琏之器⑦,则陈伯台、李季子、陈申伯之徒⑧,文秀昈昈⑨。其州牧郡守,冠盖相继⑩,于西州为盛⑪,盖济济焉⑫。

【注释】

①建武:汉光武帝年号(25—55)。

②修业:建立功业。

③图纬:图谶和纬书。

④坤乡:西南方。按:古人以八卦配八方(后天八卦),坤值西南。

⑤李公:即李郃,字孟节,汉中郡南郑(今陕西汉中)人。通五经,善占星术,能预知灾祸。汉和帝时为汉中户曹史,以谏郡守勿与大将军窦宪交通,知名当时。举孝廉,累迁尚书令、司空。永宁元年(120),以承大将军邓骘请托事,免官。安帝死,复起为司徒,以与谋立顺帝,封涉都侯,不受。《后汉书》有传。七政:古人以日、月和金、木、水、火、土五星为七政。因宰相辅翼天子,一如五星与月亮之辅翼太阳,故此谓李郃"屡登七政"。

⑥子坚:李郃之子李固(94—147),字子坚,汉中郡南郑(今陕西汉中)人。历官议郎、荆州刺史、泰山太守、将作大匠、大司农等职。冲帝时迁太尉,参录尚书事。冲帝、质帝相继卒,两次议立清河王

刘蒜为帝，遭权臣梁冀忌恨，被诬陷下狱死。《后汉书》有传。弈世：累世，世世代代。论道：《周礼·冬官·考工记》："坐而论道，谓之王公。"郑玄注："论道，谓谋虑治国之政令也。"李固在汉冲帝、质帝、桓帝时为太尉，故可谓"弈世论道"。

⑦珪璋：玉制的礼器。古代用于朝聘、祭祀。比喻杰出的人材。瑚琏：古代祭祀时盛黍稷的尊贵器皿。比喻人有杰出才能，可以担当大任。

⑧陈伯台：陈雅，字伯台，汉中郡成固（今陕西城固）人。灵帝时，任谏大夫。时宦官专权，上疏谏。帝不省，出为巴郡太守。李季子：李历，字季子，汉中郡南郑（今陕西汉中）人。李郃从子，李固从弟。清白有节，博学，好方术，广交游，与郑玄、陈纪等相善。为新城长，无为以治。官至奉车都尉。《后汉书》有传。陈申伯：陈术，字申伯，汉中（治今陕西汉中）人。博学多闻。历官新城、魏兴、上庸三郡太守。著有《释问》《益部耆旧传》等。按：以上三人，参看本书卷十《先贤士女总赞》。

⑨文秀晔晔（wěi yè）：博学多才、声名显赫。晔晔，显赫貌，显耀貌。

⑩冠盖：古代官吏的帽子和车盖，借指官吏。

⑪西州：指巴蜀地区。

⑫济济：形容人才众多。

【译文】

自从东汉建武以后，众多士人都致力于建功立业。按照图谶和纬书所说，汉代的宰相应当出于西南方。于是，司徒李郃多次执掌宰相之位，太尉李子坚位至三公。有才能、当大任的人，还有陈伯台、李季子、陈申伯等人，他们都是博学多才、声名显赫之人。州牧、郡守者，更是冠盖相望、络绎不绝，在巴蜀地区最为兴盛，这真是人才济济啊。

莽时，公孙述据蜀，跨有汉中[①]，当秦、陇之径，每罹于其害②。

【注释】

①跨有：据有。

②罹（lí）：遭受苦难或不幸。

【译文】

新莽时，公孙述占据蜀地，并据有汉中部分地区，这里处于通往秦、陇的要道，因此常常遭受战火之苦。

安帝永初二年①，阴平、武都羌反，入汉中，煞太守董炳②，没略吏民③。四年，羌复来。太守郑廑出屯褒中④，欲与羌战。主簿段崇陈谏⑤，以为但可坚守，来虏乘胜，其锋不可当。廑不从，战，败绩。崇与门下史王宗、原展及崇子勃、兄子伯生力战捍廑⑥，并命⑦。功曹程信素居守⑧，驰来赴难⑨，冒寇殡殓廑⑩。虏遂大盛。天子乃拜巴郡陈禅为汉中太守⑪。虏素惮禅，更来盘结⑫。禅知攻守未可卒下，而年荒民困，乃矫诏赦之⑬，大小咸服。既诛其乱首。天子善之，徙禅左冯翊太守。程信怨耻⑭，乃结故吏冠盖子弟严孳、李容、姜济、陈巴、曹廉、勾矩、刘旌等二十五人，誓志报羌⑮。各募壮士，豫结同死以待寇。太守邓成命信为五官⑯，孳等门下官属。元初二年⑰，羌复来，巴郡板楯救之。信等将其士卒力奋讨，大破之。信被八创，二十五人战死。自是后，羌不敢南向。五年，天子下诏褒叹信、崇等，赐其家谷各千斛，宗、展、孳等家谷各五百斛，列画东观⑱。每新太守到，必先存问其家⑲。以羌畏服陈禅，拜禅子澄汉中太守。

【注释】

①安帝永初二年：115年。永初，南朝宋武帝刘裕年号（420—422）。

②董炳：东汉官吏。安帝初为汉中太守。永初二年（108），先零羌滇零叛，称天子于北地，寇三辅，东犯赵、魏，南入益州，攻汉中，炳为所杀。

③没略：掠夺，掳掠。

④郑廑（qín）：河间（今河北献县）人。官至汉中太守。凉州羌反，攻入汉中，虏廑而杀之。褒中：县名。西汉置，属汉中郡。治所在今陕西勉县东褒城镇东。东汉末，移治今汉中西北打钟寺。东晋义熙中改名苞中县。南朝宋废。北魏永平四年（511）复置褒中县，为褒中郡治。

⑤段崇（？—110）：字礼高，汉中郡南郑（今陕西汉中）人。为汉中太守郑廑主簿，从屯褒中。安帝永初四年（110），羌攻褒中。谏廑坚守待之，廑不从，出战，大败。以身扞刃，与廑俱死。本书卷十《先贤士女总赞》有传。

⑥门下史：官名。郡县佐官，助掾录门下众事。晋朝无门下掾，只置门下史，总门下职事。

⑦并命：拼命，舍命。意谓力战而死。

⑧功曹：官名。汉朝州郡置功曹史，省称功曹，掌管考查记录功劳等人事工作，并参与一郡政务。程信（？—115）：字伯义，汉中郡南郑（今陕西汉中）人。汉中郡功曹。永初四年（110），羌攻褒中。时程信居守，驰来赴难，殡殓郑廑。结故吏冠盖子弟，誓共报羌，各募敢死士以待时。元初二年（115），羌复来。程信等率先奋讨，大破之，信被八创死。本书卷十《先贤士女总赞》有传。居守：留置守护。

⑨赴难：往救危难。

⑩殡殓（bìn liàn）：入殓和出殡。

⑪陈禅（？—127）：字纪山，巴郡安汉（治今四川南充北）人。初为郡功曹，举善黜恶。后察孝廉，州辟为治中从事。又举茂才。升汉中太守，平蛮夷，迁左冯翊，入拜谏议大夫。以谏安帝纵乐，谪为玄菟候城障尉。会北匈奴入辽东，帝追拜禅为辽东太守，退之。后为车骑将军阎显长史。顺帝立，迁司隶校剧。卒于官。

⑫盘结：回绕连结。意谓羌人加强了内部的联结。

⑬矫诏：假托皇帝诏书。

⑭怨耻：怨恨与耻辱。

⑮誓志：发誓立志。

⑯邓成：籍贯不详。曾任汉中太守。五官：官名。即五官掾。汉朝郡国属吏，地位仅次于功曹，祭祀居诸吏之首，无固定职掌，凡功曹及诸曹员吏出缺即代理其职务。晋至南北朝沿置。

⑰元初二年：115年。元初，汉安帝年号（114—120）。

⑱东观：东汉时皇家藏书楼，在洛阳南宫，也是宫中著述和修史的地方。东观壁上有功臣、烈士、学者的画像，以为表彰和学习。《后汉书·文苑列传下》："后迁外黄令，帝敕同僚临送，祖于上东门，诏东观画（高）彪像以劝学者。"

⑲存问：问候，慰问。

【译文】

汉安帝永初二年，阴平、武都一带的羌人造反，进入汉中地区，杀死太守董炳，抢劫官吏和百姓。永初四年，羌人再次进入汉中。汉中太守郑廑带领人马出城驻防于褒中一带，打算与羌人决一死战。主簿段崇进谏劝止，认为只可坚守汉中，因羌人乘胜而来，气势正盛，锐不可当。郑廑没有听从，坚持出战，结果大败。段崇与门下史王宗、原展及段崇的儿子段勃、侄子段伯生等奋战保护郑廑，结果都力战而死。功曹程信平素在家居守，这时也赶来增援，冒死从敌寇手中抢回郑廑遗体，加以入殓、埋葬。经此一战，羌人气焰大盛。于是，天子任命巴郡人陈禅为汉中太守。羌人向来害怕陈禅，于是加强了内部的联结。陈禅知道无论是攻还是守，都不可能马上平息羌人之乱，加上正逢荒年百姓饥困，于是陈禅假托皇帝诏书，赦免羌人造反之罪，结果大大小小的羌人部落都表示归顺臣服。不久，陈禅诛杀了造反的羌人首犯。天子认为他做得好，于是升迁陈禅为左冯翊太守。程信内心感到怨恨与耻辱，于是结交故吏与冠盖子弟严孳、李容、姜济、陈巴、曹廉、勾矩、刘旌等二十五人，立誓要报复羌人。他们分头招募壮士，预先盟誓同生同死，以待来寇。太守邓成任命程信为五官掾，任命严孳等人为门下官员的属吏。元初二年，羌人再次造反，巴郡的板楯蛮前来相救。程信等率领士卒奋力作战，大败羌人。程信身上八处负伤，其余二十五人全部战死。自此以后，羌人再也不敢南下侵犯。元初五年，天子下诏褒奖程信、段崇等人，赏赐他们的家人各一千斛粮谷，赏赐王宗、原展、严孳等人的家人各五百斛粮谷，并且把他们画在东观的墙壁上供人瞻仰。每逢新太守上任，都必定先去慰问他们的家人。因为羌人惧怕陈禅，朝廷任命陈禅之子陈澄为汉中太守。

汉末，沛国张陵学道于蜀鹤鸣山[①]，造作道书[②]，自称"太清玄元"[③]，以惑百姓。陵死，子衡传其业[④]。衡死，子鲁传其业[⑤]。鲁字公祺，以鬼道见信于益州牧刘焉[⑥]。鲁母有少容[⑦]，往来焉家。初平中[⑧]，以鲁为督义司马[⑨]，住汉中，断谷道[⑩]。鲁既至，行宽惠[⑪]，以鬼道教。立义舍[⑫]，置义米、义肉其中[⑬]，行者取之，量腹而已，不得过多，云鬼病之[⑭]。其市肆贾平亦然[⑮]。犯法者三原而后行刑[⑯]。学道未信者谓之"鬼卒"[⑰]，后乃为"祭酒"[⑱]。巴、汉夷民多便之[⑲]。其供道限出五斗米，故世谓之"米道"[⑳]。

【注释】

①沛国：东汉建武二十年（44）改沛郡置，治所在相县（今安徽淮北市西北相山区）。属豫州。三国魏移治沛县（今江苏沛县）。西晋还旧治，后复为郡。张陵（？—156）：又名张道陵，字辅汉，沛国丰（今江苏丰县）人。本太学生，博通五经。曾任江州令。后以儒学无益于年命，乃弃儒习道。顺帝时入蜀，住鹤鸣山。得道后，作道书，以符水咒法为人治病，创立"五斗米道"。其徒尊称之为"天师"。后裔袭承道法，居江西龙虎山，世称"张天师"。事见《后汉书》《三国志》，《神仙传》有传。鹤鸣山：亦作"鹄鸣山"。在今四川大邑西北三十里鹤鸣乡境。为道教发源地。道观现存三官庙、解元亭等胜迹。《后汉书·刘焉列传》：张鲁"祖父陵，顺帝时客于蜀，学道鹤鸣山中，造作符书，以惑百姓"。

②造作：制造，制作。道书：道家典籍。早期道教经典《老子想尔注》，其作者或说即张道陵。

③太清：道家"三清"之一，为道德天尊所居，其境在玉清、上清之上。唯成仙方能入此，故亦泛指仙境。玄元：道家所称为天地万物本源的道。在道教经典中，上章往往冠以"太清玄元"，如"太清玄元无极大道太上老君"（《云笈七签》卷四十一引《朝真仪》）、"太清玄元无上三天无极大道"（《三天内解经》）、"太清玄元无上三天无极大道"（《无上秘要》）。

④衡：即张衡，字灵真，沛国丰（今江苏丰县）人。张陵之子。第二代天师（称"嗣师"）。

⑤鲁：即张鲁，字公祺，沛国丰（今江苏丰县）人。张衡之子，张陵之孙。第三代天师（称"系师"）。为益州牧刘焉之督义司马。献帝初平二年（191）据汉中，以五斗米道教民，自号"师君"。以教中"祭酒"掌地方政权，雄踞巴、汉垂三十年，汉以为镇民中郎将，领汉宁太守。地区较安定，附者甚众。建安二十年（215），曹操

征之，张鲁奔巴中，寻出降。拜镇南将军，封阆中侯。卒谥原侯。《后汉书》有传。

⑥鬼道：鬼神道术，邪门法术。刘焉（？—194）：字君郎，江夏郡竟陵（今湖北潜江）人。汉宗室。初仕州郡，后举贤良方正，累迁冀州刺史、南阳太守、宗正、太常等职。灵帝时，任益州牧，割据益州。后因爱子被献帝诛杀，州治绵竹遭火灾，哀痛发病卒。《后汉书》《三国志·蜀书》有传。

⑦鲁母：张鲁之母。少容：犹童颜，谓虽年老而貌似少年。《后汉书·刘焉袁术吕布列传》："沛人张鲁，母有姿色，兼挟鬼道，往来焉家。"

⑧初平：汉献帝年号（190—193）。

⑨督义司马：官名。东汉末年刘焉置，位低于将军，掌领兵征战。《三国志·魏书·张鲁传》："益州牧刘焉以（张）鲁为督义司马，与别部司马张修将兵击汉中太守苏固。"

⑩谷道：即褒斜道、斜谷道，又作"斜谷"。褒斜道之斜谷段，在今陕西眉县西南。

⑪宽惠：宽厚慈惠。

⑫义舍：无偿供给行旅食宿的邸舍。

⑬义米、义肉：无偿提供的不收取费用的米、肉。

⑭鬼病之：鬼使之病。意谓若取用过度，鬼会惩罚他（使之病）。《三国志·魏书·张鲁传》："诸祭酒皆作义舍，如今之亭传。又置义米肉，县于义舍，行路者量腹取足；若过多，鬼道辄病之。"

⑮市肆：集市，市场。贾平：价格公平。贾，同"价"。

⑯原：原谅，赦免。

⑰鬼卒：五斗米道初级道徒的称谓。

⑱祭酒：官名。汉代有博士祭酒，为博士之首。本处为五斗米道入流道徒的称谓，尤其是其中的头目。《三国志·魏书·张鲁传》：

　　"其来学道者,初皆名'鬼卒'。受本道已信,号'祭酒'。各领部众,多者为'治头大祭酒'。"

⑲夷民:夷,指白虎夷,赛人或板楯蛮。民,指汉民。本书卷九《李特雄期寿势志》:"汉末,张鲁居汉中,以鬼道教百姓,赛人敬信。"《晋书·李特载记》:"汉末,张鲁居汉中,以鬼道教百姓,赛人敬信巫觋,多往奉之。"

⑳米道:"五斗米道"的简称。由此可知,"五斗米道"得名于"其供道限出五斗米"。卿希泰认为,"五斗米道"的名称可能与崇拜五方星斗有关,"斗米"乃"斗姆"之音转。可备一说。

【译文】

　　东汉末年,沛国人张陵到蜀地的鹤鸣山修道,并创作道书,自称"太清玄元",用来迷惑老百姓。张陵死后,他的儿子张衡继承了他的传道事业。张衡死后,他的儿子张鲁又继承了传道事业。张鲁字公祺,凭借鬼神道术,得到益州牧刘焉的信任。张鲁的母亲容貌年轻,经常在刘焉家中出入。初平年间,刘焉任命张鲁为督义司马,驻守在汉中,截断斜谷道。张鲁到汉中之后,推行宽厚慈惠的政策,用鬼道教导百姓。张鲁在各处设立了义舍,在义舍内放置义米、义肉,路人都可取用,但要量腹而取,不能过量,过量者将会被鬼惩罚。市场物品的价格,亦复如此,都很公平。犯法者可以被原谅三次,三次以后继续犯法将被处罚。学道未入流者称之为"鬼卒",学道程度高者可被任命为"祭酒"。巴地、汉中的大多数夷民与汉民都认为这样学道很方便。学道者要向义舍贡献五斗米,因而世人称之为"米道"。

　　扶风苏固为汉中太守①,鲁遣其党张修攻固②。成固人陈调素游侠③,学兵法,固以为门下掾。说固守捍御寇之术,固不能用。逾墙走,投南郑赵嵩④,嵩将俱逃。贼盛,固遣嵩求隐避处。嵩未还,固又令铃下侦贼⑤。贼得铃下,遂得煞固。嵩痛愤，杖剑直入。调亦聚其宾客百余人攻修⑥，战死。鲁遂有汉中，数害汉使，焉上书言"米贼断道"⑦。

【注释】

①苏固（？—191）：扶风（今陕西兴平）人。曾任汉中太守。死于黄巾军张修之手。

②张修（？—200）：巴郡（一说"汉中"）人。五斗米道领袖之一。活动于巴郡、汉中一带，曾经率徒起义。后被益州牧刘焉招降，被任命为别部司马。后为张鲁所杀。裴松之认为"张修应是张衡"。

③陈调：字元化，汉中郡成固（今陕西城固）人。陈纲之孙。本书卷十《先贤士女总赞》有传。游侠：古称豪爽好结交、轻生重义、勇于排难解纷的人为"游侠"。本处意为任侠。

④赵嵩：字伯高，汉中郡南郑（今陕西汉中）人。本书卷十《先贤士女总赞》有传。

⑤铃下：指侍卫、门卒或仆役。《资治通鉴·汉献帝建安元年》："（吕）布屯沛城西南，遣铃下请（纪）灵等。"胡三省注："铃下，卒也，在铃阁之下，有警至则掣铃以呼之，因以为名。"

⑥宾客：古代豪门所养的食客。

⑦米贼：旧时对五斗米道的贬称。断道：截断道路，拦路抢劫。

【译文】

在扶风人苏固任汉中太守时，张鲁派遣他的教徒张修率众攻打苏固。成固人陈调一向以豪爽任侠著称，而且学过兵法，苏固任命他为门下掾。陈调向苏固陈述攻防御敌的战术，但苏固没有采纳。当张修的人马到达时，苏固翻墙逃跑了，前往投奔南郑的赵嵩，赵嵩又和苏固一起逃跑了。张修的攻势很猛，苏固让赵嵩去寻找隐蔽的地方。在赵嵩外出而未返回之时，苏固又派侍卫出去侦察敌情。张修的部下抓住了侍卫，于是抓住了苏固并将其杀死。赵嵩悲愤不已，手持宝剑，闯入张修营中，当场壮烈牺牲。陈调也聚集了一百多名宾客进攻张修,结果众人都奋战而死。于是,张鲁占据了汉中,并多次杀死汉王朝派遣的使节,刘焉上书朝廷,说"米贼截断道路,拦路抢劫"。

　　至刘焉子璋为牧时①,鲁益骄恣。璋怒②,建安五年,杀鲁母、弟。鲁说巴夷杜濩、朴胡、袁约等叛为雠敌③。鲁时使使汉朝,亦慢骄④。帝室以乱,不能征,就拜镇民中郎将⑤,汉宁太守⑥。不置长吏,皆以祭酒为治。璋数遣庞羲、李异等讨之⑦,不能克。而巴夷日叛,乃以羲为巴西太守;又遣杨怀、高沛守关头⑧,请刘先主讨鲁。先主更袭取璋⑨。

【注释】

①刘璋(? —219):字季玉,江夏郡竟陵(今湖北潜江)人。刘焉之子。袭父为益州牧,继续割据益州地区。后从张松建议,迎刘备入蜀。建安十九年(214),刘备围成都,遂开城出降,被迁于南郡公安。孙权取荆州,以为益州牧,驻秭归。寻卒。《三国志·蜀书·刘二牧传》、本书卷五《公孙述刘二牧志》有传。

②璋怒:底本无,据他本补。

③杜濩(hù)、朴胡、袁约:三人是板楯蛮的首领。其后,曹操任命三人为三巴太守。雠(chóu)敌:仇人,敌人。

④慢骄:傲慢,骄傲。

⑤镇民中郎将:官名。汉献帝建安年间置。《三国志·魏书·张鲁传》:"汉末,力不能征,遂就宠(张)鲁为镇民中郎将,领汉宁太守,通贡献而已。"

⑥汉宁:郡名。东汉末张鲁改汉中郡置,治所在南郑县(今陕西汉中东)。建安二十年(215)复名汉中郡。

⑦李异：底本作“李思”，误。李异原为刘璋部下，后入吴国为将。《三国志·蜀书·刘二牧传》：“后松复说璋曰：‘今州中诸将庞羲、李异等皆恃功骄豪，欲有外意，不得豫州，则敌攻其外，民攻其内，必败之道也。’”

⑧杨怀、高沛：刘璋手下名将。二人镇守关头。刘备欲图益州，用庞统之计，诱二人至而杀之。关头：一名“白水关”，在今四川青川东北白水镇北。

⑨更：反而。

【译文】

到刘焉的儿子刘璋任益州牧时，张鲁更加傲慢任性。刘璋大怒，于建安五年杀掉张鲁的母亲、弟弟。张鲁游说巴地夷人首领杜濩、朴胡、袁约等人发动叛乱，与刘璋为敌。张鲁不时派遣使者到汉朝，这些使者也很傲慢骄傲。因朝廷内部混乱，又不能派军征伐，于是任命张鲁为镇民中郎将，兼领汉宁太守。张鲁在辖地内不设置长吏，而是倚靠祭酒来治理百姓。刘璋多次派遣庞羲、李异等人前往征讨，但都不能攻克。与此同时，巴地的夷人也不断叛乱，于是刘璋任命庞羲为巴西太守；又派遣杨怀、高沛镇守白水关，并邀请刘备出兵征讨张鲁。刘备入蜀后，反而对刘璋发起进攻，并取而代之。

二十年①，魏武帝西征鲁②，鲁走巴中③。先主将迎之，而鲁功曹巴西阎圃说鲁北降归魏武④：“赞以大事⑤，宜附托⑥；不然，西结刘备以归之⑦。”鲁勃然曰：“宁为曹公作奴，不为刘备上客！”遂委质魏武⑧。武帝拜鲁镇南将军⑨，封阆中侯⑩，又封其五子皆列侯。

【注释】

①二十年：即建安二十年（215）。

②魏武帝:曹操(155—220),字孟德,谯(今安徽亳州)人。初举孝廉为郎,后以镇压颍川黄巾迁为济南相。建安十三年(208),进位丞相,又相继进封魏公、魏王。谥号武王,追尊武帝,庙号太祖。通兵法,善诗文。今存《曹操集》。《三国志·魏书》有传。

③巴中:指今四川盆地。

④阎圃:巴西安汉人。张鲁部将,为功曹。曾劝止张鲁称王汉中。又献计张鲁归降曹操,曹操封为平乐乡侯。

⑤赞:辅佐,佐助。

⑥附托:依附寄托。

⑦结:结好。

⑧委质:向君主献礼,表示献身。引申为臣服、归附。

⑨镇南将军:官名。杂号将军名,东汉献帝时置,掌帅兵镇守一方。三国沿置,并与镇东、镇西、镇北三将军合称四镇将军。其后,晋和南北朝皆沿置。

⑩阆中侯:底本作"襄平侯",误。《三国志·魏书·张鲁传》《后汉书·刘焉袁术吕布列传》均作"阆中侯"。

【译文】

建安二十年,魏武帝曹操西征张鲁,张鲁逃往巴中。先主刘备打算迎接张鲁,但张鲁的功曹、巴西人阎圃劝说张鲁归降北方的魏武帝曹操,他说:"如果想干一番大事,应该依托于曹操;不然的话,就与西边的刘备结好并归附他。"张鲁勃然大怒道:"我宁愿做曹公的奴仆,也不愿意成刘备的座上宾!"于是,张鲁向魏武帝曹操送上礼物,表示愿意归降。魏武帝任命张鲁为镇南将军,封阆中侯,又封张鲁的五个儿子为列侯。

时先主东下公安①,巴、汉稽服②。魏武以巴夷王杜濩、朴胡、袁约为三巴太守③;留征西将军夏侯渊及张郃、益州刺史赵颙等守汉中④,迁其民于关陇⑤。

【注释】

①公安：底本为"江安"，误。《三国志·蜀书·先主传》记载，建安二十年"先主引兵五万下公安"。公安，县名。三国蜀汉置，属南郡。治所在油口（今湖北公安）。西晋太康元年（280）改江安县。陈光大二年（568）复为公安县，为荆州治。

②稽服：拜服，敬服。

③三巴太守：据《三国志·魏书·武帝纪》和《资治通鉴》卷六十七记载，杜濩为巴西太守、朴胡为巴东太守、袁约为巴郡太守。三巴，古地名。巴郡、巴东、巴西的合称。

④夏侯渊（？—219）：字妙才，沛国谯（今安徽亳州）人。从曹操起兵，拜别部司马、骑都尉，迁陈留、颍川太守。张鲁降曹，奉命以征西将军镇守汉中。建安二十四年（219），遭蜀军袭击，战亡。《三国志·魏书》有传。张郃（？—231）：字儁乂，河间鄚（今河北任丘）人。初从韩馥起兵，后归袁绍。官渡之战后，归降曹操。受命镇守汉中，抗拒蜀军，尝破马谡于街亭（在今甘肃张家川回族自治县西北），平定陇西诸郡。诸葛亮复出祁山，张郃追至木门，中流矢卒。《三国志·魏书》有传。赵颙（yóng）：三国时魏官吏。曹操任命为益州刺史，后在定军山之役为黄忠所杀。

⑤关陇：指陕西关中和甘肃东部一带地区。

【译文】

当时，先主刘备向东攻下公安，巴、汉地区表示归顺臣服。魏武帝曹操任命巴夷首领杜濩、朴胡、袁约为巴西、巴东、巴郡太守，并留下征西将军夏侯渊及张郃、益州刺史赵颙等镇守汉中，又迁徙汉中的老百姓到关陇地区。

二十四年春，先主进军攻汉中，至定军①。渊、郃、颙来战，大为先主所破，将军黄忠斩渊、颙首②。魏武帝复西征先主。先主曰："孟德虽来，无能为也，我必有汉川矣③。"先主遂为汉中王。将还成都，当得重将以镇汉中，众皆以必张飞④，张飞心亦自许⑤。先主乃以牙门义阳魏延为镇远将军、汉中太守⑥。先主大会群臣，问延曰："今委卿以汉中，卿居之若何？"对曰："若曹操举天下而来，请为大王拒之；若偏将十万而来，请为大王吞之。"众壮其言⑦。

【注释】

①定军：山名。在今陕西勉县南。后诸葛亮葬定军山，因山为坟。

②黄忠（？—220）：字汉升，南阳（治今河南南阳）人。初从刘表，为中郎将，守长沙。后归刘备，随入蜀，攻刘璋，勇冠三军。益州既定，拜讨虏将军。汉献帝建安末，于定军山击杀夏侯渊，迁征西将军。官至后将军，赐爵关内侯。卒后谥刚侯。《三国志·蜀书》有传。

③汉川：指汉中地。

④张飞（？—221）：字益德（俗作"翼德"），涿郡（治今河北涿州）人。东汉末，从刘备起兵，多有战功。历官宜都太守、巴西太守、征虏将军、右将军、车骑将军等，封西乡侯。雄壮威猛，与关羽同称"万人敌"，然爱敬君子而不恤小人。章武元年（221），从刘备攻吴，临发，为部将所杀。谥桓侯。《三国志·蜀书》有传。

⑤自许：自我期许，含有自负、自信之意。

⑥牙门："牙门将"的省称。将军名号，也称牙门将军，三国时魏、蜀、吴皆置，冠服与将军同。魏延（？—234）：字文长，义阳（今河南信阳）人。刘备旧部。善抚士卒，勇猛过人，以军功历迁牙门将军、汉中太守、凉州刺史、前军师、征西大将军等，封南郑侯。诸葛亮死，与杨仪争权，兵败被杀，夷三族。《三国志·蜀书》有传。

⑦壮：豪壮，豪迈。本处是使动用法，意谓以其言为壮。

【译文】

建安二十四年春，先主刘备率军进攻汉中，行军至定军山。夏侯渊、张郃、赵颙前来迎战，结果被刘备大败，将军黄忠斩了夏侯渊、赵颙首级。魏武帝曹操又亲自带兵西征先主刘备。先主刘备说："即使曹孟德亲自带兵而来，也不能有所作为，我一定要占领汉中之地。"果然，先主刘备占领了汉中，成为汉中王。刘备即将还师成都之时，认为应当委派一员重要将领镇守汉中，众人都以为必定是张飞，张飞内心也认定必属自己。先主刘备却任命牙门将军、义阳人魏延为镇远将军、汉中太守。先主刘备召集群臣议事，当众问魏延道："我现今委任阁下统辖汉中，阁下有何打算呢？"魏延回答说："如果曹操率领全魏国的军队前来进攻，我将会为大王拼力抵御他们；如果是偏将军带领十万兵马而来，我将为大王吞灭他们。"大家都认为魏延的回答很豪壮。

初，魏武之留渊、郃也，以鸡肋示外①，外人莫察，惟主簿杨修知之②，故曰："夫鸡肋，弃之如可惜，食之无所得，以比汉中也③。"

【注释】

①鸡肋：鸡的肋骨。食之无味，弃之可惜。比喻没甚价值，丢了却又觉得可惜的事物。杨修据此推测曹操将从汉中撤军。

②主簿：官名。战国始置，掌文书簿籍。自汉代起，中央和地方各官署多置此官，负责文书簿籍，掌管印鉴等事。其后，历代多相沿。丞相或三公府亦置主簿，录省众事，职权较重。杨修（175—219）：字德祖，弘农华阴（今陕西华阴）人。出身大族。好学能文，才思敏捷。初举孝廉，除郎中，后任曹操丞相主簿。与曹植相善，曾助其谋立太子，不成。遭曹操猜忌，被借故杀掉。《后汉书》

有传。

③以比汉中也：此事见《三国志·魏书·武帝纪》"备因险拒守"裴松之注引晋司马彪《九州春秋》："时王欲还，出令曰'鸡肋'，官属不知所谓。主簿杨修便自严装，人惊问修：'何以知之?'修曰：'夫鸡肋，弃之如可惜，食之无所得，以比汉中，知王欲还也。'"

【译文】

当初，魏武帝留夏侯渊、张郃在汉中，以"鸡肋"名号向外传达信息，外人对此没有察觉，只有主簿杨修知道曹操的心事，于是说："所谓鸡肋，抛弃它觉得可惜，啃食它又没有肉，这比喻的是汉中啊。"

是后，处蜀、魏界，固险重守，自丞相、大司马、大将军皆镇汉中①。

【注释】

①镇：镇守。按：先后镇守汉中的蜀汉统帅，有诸葛亮、魏延、吴懿、王平、蒋琬、胡济、费祎等人。

【译文】

自此以后，因汉中处于蜀、魏的边界，双方都加固工事，重兵把守，蜀汉丞相、大司马、大将军等都先后镇守汉中。

蜀平，梁州治沔阳①。太康中，晋武帝孙汉王迪受封②，更曰汉国③。郡但六县④。

【注释】

①梁州：州名。三国魏元帝景元四年（263）分益州置，治所在沔阳县（今陕西勉县东旧州铺）。西晋太康三年（282）移治南郑县（今陕西汉中东）。其后治所屡有迁徙，先后治西城县（今陕西安

康西北汉水北岸）、苞中县（今陕西汉中西北大钟寺）、城固县（今
陕西城固东八里）等。沔（miǎn）阳：县名。西汉置，属汉中郡。
治所在今陕西勉县东旧州铺。以在沔水之阳（北）而得名。三国
魏末和西晋初为梁州治所。北魏属华阳郡。东汉建安二十四年
（219），刘备在此自称汉中王。

②晋武帝孙汉王迪受封：《晋书·武帝纪》："（太康十年十一月）立
濮阳王子迪为汉王。"濮阳王，即晋武帝司马炎之子司马允。

③汉国：郡名。置有太守。

④郡但六县：汉中郡原有南郑、沔阳、襃中、成固、蒲池、西乡、南乡等
七县。晋省南乡，故仅有六县。但，只有。

【译文】

蜀汉被平定后，分益州置梁州，梁州的治所在沔阳。太康年间，晋武
帝司马炎的孙子汉王司马迪受封为汉王，汉中郡因此被改为汉国。汉中
郡只有六县。

   南郑县①   郡治②。周贞王十八年③，秦厉公城之④。有
池水⑤，从旱山来入沔⑥。大姓李、程、赵氏。

【注释】

①南郑县：县名。战国秦置，为汉中郡治。治所在今陕西汉中东二
里。西魏废帝三年（554）改名光义县。隋开皇三年（583）复名
南郑县，为梁州治。

②郡治：汉中郡治，战国、秦朝时在南郑县（今陕西汉中东），西汉移
治西城县（今陕西安康西北），东汉复还旧治。

③周贞王十八年：当秦厉公二十六年，即前451年。《史记·六国
年表》："秦厉共公二十六年，左庶长城南郑。"《史记·秦本纪》：
"（秦厉共公）二十五年，智开与邑人来奔。"集解引徐广曰："一本

二十六年城南郑也。"周贞王,即周贞定王(? —前441),名介。战国周国君。周元王之子。周贞定王十六年(前453),晋国魏、韩、赵三卿灭智氏,三分其地。自此,逐渐形成三家分晋之势。卒后诸子争立,王室益衰微。

④秦厉公:即秦厉共公(? —前443)。秦悼公子。即位后曾数次对西戎用兵。灭大荔,败义渠。筑城于南郑(今陕西汉中)。

⑤池水:即今陕西南郑县之冷水河。源出旱山。

⑥旱山:即米仓山之北峰(任乃强),在今陕西南郑县南。《汉书·地理志上》汉中郡南郑县:"旱山,池水所出,东北入海。"《水经·沔水注》:"汉水右合池水,水出旱山。"

【译文】

南郑县　是汉中郡的郡治。周贞王十八年,秦厉公在此地修筑城池。境内有池水,发源于旱山,流入沔水。南郑县的大姓有李、程、赵氏。

沔阳县①　州治②。有铁官。又有度水③,水有二源,一曰清检,二曰浊检。有鱼穴,清水出鳅④,浊水出鲋⑤,常以二月、八月取。蜀丞相诸葛亮葬定军山。

【注释】

①沔阳县:县名。西汉置,属汉中郡。治所在今陕西勉县东旧州铺。以在沔水之阳(北)得名。北魏属华阳郡。

②州治:旧时一州最高行政长官的官署,亦指它的所在地。本处指后者。

③度水:又名"铎水",即今陕西勉县东旧州河。《水经·沔水注》:"汉水又左得度口水,出旧平北山。水有二源:一曰清检,出佳鳍;一曰浊检,出好鲋。常以二月、八月取之,美珍常味。"

④鳅(ào):同"鳌",泥鳅。刘琳认为,"鳅"当为"鲔"之误。

⑤鮒（fù）：鲫鱼。

【译文】

沔阳县　是州府所在地。设有铁官。境内有度水，度水有两个源头，一个是清检，一个是浊检。度水有鱼穴，清检水出产鳏鱼，浊检水出产鲋鱼，经常在二月、八月捕捞。蜀汉丞相诸葛亮埋葬在定军山。

褒中县① 孝昭帝元凤六年置②，本都尉治也③。山名扶木④。有唐公房祠也⑤。

成固县⑥ 蜀时以沔阳为汉城⑦，成固为乐城⑧。

蒲池县⑨

西乡县⑩

【注释】

①褒中县：县名。西汉置，属汉中郡。治所在今陕西勉县东褒城镇东。东汉末移治今陕西汉中西北打钟寺。东晋义熙中改名苞中县。南朝宋废。北魏永平四年（511）复置褒中县，为褒中郡治。

②孝昭帝元凤六年：前75年。孝昭帝，汉武帝刘彻子。前87—前74年在位。在位期间移民屯田实边，并多次派兵击退匈奴、乌桓的侵扰。轻徭薄赋，与民休息，被誉为中兴之主。元凤，汉昭帝年号（前80—前75）。

③都尉：郡军事长官。秦、西汉初设郡尉，景帝中二年（前148）改名都尉，秩比二千石。协助太守典掌军事，维护治安，统率、训练本郡军队，职权颇重。自置府，有丞、主簿、诸曹掾史等属吏。

④扶木：扶桑，神话中的树名。参看《山海经·大荒东经》和《淮南子·墬形训》。按：此处当指一种高大的树木。任乃强认为，此处的扶木即扶老木，质地坚硬，适合做杖。

⑤唐公房：名或作"公昉"，西汉末汉中郡成固（今陕西城固）人。王莽居摄二年（7），为郡吏。相传，真人授以药服之，拔宅仙去。或云李八百居寒泉山时，公房曾师事之。

⑥成固县：县名。战国秦置，属汉中郡。治所在今陕西城固东汉江北岸。三国蜀汉改名乐城县。西晋复名成固县。南朝宋改名城固县。按：在张家山汉简《二年律令·秩律》中，已有"成固"县名。

⑦汉城：县名。在今陕西勉县东。西汉为沔阳县治。

⑧乐城：县名。三国蜀汉改成固县置，属汉中郡。治所在今陕西城固东八里。西晋复名成固县。

⑨蒲池县：县名。两汉无此县，晋置蒲池县。当是蜀汉立，西晋因之，东晋后期或刘宋初年省。所在地不详。依本处叙述顺序（自西而东）推测，疑在今陕西洋县附近（刘琳），或谓在今陕西宁强县（任乃强）。

⑩西乡县：县名。西晋太康二年（281）改南乡县置，属汉中郡。治所在今陕西西乡县南十五里。北魏正始间废。

【译文】

　　褒中县　汉昭帝元凤六年设立，本来是都尉的治所。境内有因产扶木而著名的山。山上有唐公房的祭祠。

　　成固县　蜀汉时在沔阳修筑汉城，在成固修筑乐城。

　　蒲池县

　　西乡县

　　魏兴郡①，本汉中西城县。哀、平之世②，县民锡光③，字长冲，为交州刺史④，徙交趾太守⑤。王莽篡位，据郡不附。莽方有事海内，未以为意。寻值所在兵起⑥，遂自守⑦。更始即位⑧，正其本官。世祖嘉其忠节⑨，征拜为大将军、朝侯祭酒^⑩，封盐水侯。后汉中数寇乱，县土独存。汉季世别为郡。

【注释】

①魏兴郡：郡名。三国魏改西城郡置，属荆州。治所在西城县（今陕西安康西北四里汉水北岸）。西晋太康二年（281）移治锡县（今陕西白河县东），次年移治平阳县（今陕西郧西县西），元康中复移治锡县，改属梁州。永嘉后还治西城县。东晋曾为梁州治。

②哀、平之世：指汉哀帝、汉平帝在位期间（前5—5）。

③锡光：字长冲，汉中郡西城（今陕西安康）人。西汉末为交趾太守，以礼义教化各族民人。王莽时，据郡拒守不附。光武帝建武五年（29），遣使贡献，帝嘉其忠义，封盐水侯。事见《后汉书·循吏列传》等。

④交州：州名。东汉建安八年（203）改交州刺史部置，治所在广信县（今广西梧州）。建安十五年（210）移治番禺县（今广东广州）。

⑤交趾：又作"交阯"。郡名。秦亡后南越赵佗置。元鼎六年（前111）归汉。西汉时治所在赢陵县（今越南河内西北）。三国吴属交州。

⑥寻：不久。值：正逢。

⑦自守：自保，自为守卫。

⑧更始：即更始帝刘玄（？—25），字圣公，南阳蔡阳（今湖北枣阳）人。光武帝刘秀族兄。地皇四年（23）号更始将军，不久称帝（更始帝）。建元更始，入都宛城。后派军攻克洛阳、长安，推翻新莽政权，遂迁都长安。更始三年（25），赤眉军攻入长安，玄降，后被缢杀。《后汉书》有传。

⑨世祖：即汉光武帝刘秀（前5—57），字文叔，南阳蔡阳（今湖北枣阳）人。汉高祖九世孙，东汉皇帝。25—57年在位，庙号世祖。《后汉书》有传。忠节：忠贞而有节操。

⑩征拜：征召授官。朝侯：爵名。汉朝官制，列侯对国家有功的赐有
　　朝位，参国春秋祭祀。朝侯的朝位在九卿下，平冕文衣。

【译文】

　　魏兴郡，本来是汉中的西城县。汉哀帝、汉平帝之世，有位县民锡
光，字长冲，担任过交州刺史，后来转任交趾太守。王莽篡位之时，锡光
据守本郡，拒不归附王莽。当时，王莽正忙于应付海内大事，没将此事放
在心上。不久，所任职的交趾出现兵乱，锡光于是组织人马守护本地。
更始帝刘玄即位后，恢复了锡光原来的官职。其后，汉世祖刘秀嘉奖他
的忠节，升迁他为大将军、朝侯祭酒，封盐水侯。后来，汉中地区多次发
生动乱，唯独西城县保存完好。汉朝末年，该地升格为郡。

　　建安二十四年，刘先主命宜都太守孟达从姊归北伐房
陵、上庸①，自汉中又遣副军中郎将刘封乘沔水会达上庸②。
以申耽弟仪为建信将军、西城太守③。达、耽降魏。黄初
二年④，文帝转仪为魏兴太守⑤，封郧乡侯⑥。蜀平，遂治西
城⑦。属县六⑧，户万，去洛一千七百里。土地险隘⑨，其人
半楚，风俗略与荆州、沔中郡同⑩。

【注释】

①宜都：郡名。东汉建安十四年（209）刘备改临江郡置，属荆州。
　　治所在夷陵县（今湖北宜昌东南长江北岸）。孟达（？—228）：
　　本字子敬，后改字子度，司隶扶风（今陕西兴平）人。少入蜀依刘
　　璋，后归附刘备。刘备入蜀，以为宜都太守。后以不救关羽，惧
　　罪，率部奔魏。为魏主曹丕器重，拜散骑常侍，封平阳亭侯，领新
　　城太守。曹丕卒，不自安。诸葛亮欲引为外援，数招诱之。魏人
　　疑之。后被申仪告发，惊惧而反，寻为司马懿攻杀。事见《三国

志·蜀书》的《刘封传》《法正传》《李严传》等。姊归：即秭归，西汉置，属南郡。治所即今湖北秭归西北归州镇。在张家山汉简《二年律令·金布律》中，已有"姊归"县名。上庸：郡名。东汉建安二十二年（217）析汉中郡置，属荆州。治所在上庸县（今湖北竹山县西南四十里堵水北岸）。其后三国魏屡次省入新城郡，复分新城郡置。晋惠帝时改属梁州。南朝梁废。

② 刘封（？—220）：本罗侯寇氏之子，长沙刘氏之甥。后被刘备收为养子，改姓刘。有武艺，气力过人，能攻善战。赤壁之战后，从诸葛亮溯江西上攻刘璋，以军功任副军中郎将。建安二十一年（219），迁副军中郎将，驻上庸。关羽战樊城、襄阳，令刘封与孟达增兵救援，二人拒不发兵。刘备责封不救关羽，又恨其与孟达愤争不和，遂赐封死，使自裁。《三国志·蜀书》有传。沔水：古水名。即今汉水。据《水经·沔水注》，北源出自今陕西留坝西，一名沮水者为沔水；西源出自今陕西宁强北曰汉水，两水合流后通称沔水或汉水。又沔水入长江后，今湖北武汉以下长江，古代亦通称为沔水。

③ 申耽：字义举。东汉末，与弟申仪于西平、上庸间聚众数千家，与张鲁通，任上庸太守。后降蜀，官拜征北将军，封郧乡侯，仍主上庸。复降魏，官拜怀集将军，徙居南阳。弟仪：申耽之弟申仪。先归蜀，后降魏。拜魏兴太守，封员乡侯。

④ 黄初二年：221年。黄初，魏文帝年号（220—226）。

⑤ 文帝：魏文帝曹丕（187—226）。字子桓，沛国谯（今安徽亳州）人。曹操次子。魏国建立者，在位七年。卒谥文帝，庙号高祖。性好文学，著有《魏文帝集》。《三国志·魏书》有传。

⑥ 郧乡侯：《三国志·蜀书·刘封传》作"员乡侯"。

⑦ 遂治西城：申仪为魏兴郡太守时，郡治洵口（今陕西旬阳附近）。魏灭蜀后，移治西城。

⑧ 属县六：魏兴郡的属县前后有变动。晋惠帝时，魏兴郡有兴晋、安

康、西城、锡、长利、洵阳六个属县。

⑨险隘：狭窄险峻。

⑩沔中：不是郡名，而是地区名，泛指以今湖北襄阳为中心的沔水
　　（汉水）中游一带。

【译文】

　　建安二十四年，刘备命令宜都太守孟达从秭归北上攻打房陵、上庸，又安排副军中郎将刘封沿沔水行军，在上庸与孟达会合。又任命申耽的弟弟申仪为建信将军、西城太守。后来，孟达、申耽都投降了魏国。黄初二年，魏文帝调任申仪为魏兴太守，封为郧乡侯。蜀汉被平定后，魏兴郡治所迁至西城。魏兴郡有六个属县，有一万户，距离洛阳一千七百里。魏兴郡的土地狭窄险峻，居民有一半是楚人，风俗习惯大致与荆州、沔中相同。

　　西城县①　郡治。元康元年②，封越骑校尉蜀郡何攀为公国也③。

　　锡县④

　　安康县⑤

　　兴晋县⑥　晋置。

　　郧乡县⑦　本名长利县⑧，县有郧乡⑨。

　　洵阳县⑩　洵水所出⑪。

【注释】

①西城县：县名。战国秦置，属汉中郡。治所在今陕西安康西北四里汉水之北。东汉为西城郡治。三国魏黄初二年（221）为魏兴郡治。晋属魏兴郡。北魏移治汉水之南，即今安康市。北周天和四年（569）废。

②元康元年:291年。元康,晋惠帝年号(291—299)。

③越骑校尉:官名。两汉皆置,为八校尉之一,掌越骑。三国沿置。魏、晋以来,隶中领军(领军将军)。迄至东晋,犹领营兵。何攀(244—301):字惠兴,蜀郡郫(今四川成都郫都区)人。初仕为州主簿,历官别驾、荥阳令、扬州刺史,封西城侯。官至大司农,死于任上。在官整肃爱才,为梁、益二州中正,荐拔遗滞。本书卷十一《后贤志》、《晋书》有传。公国:政区名。三国魏在县与侯国之外,另增县王国与公国两种相当于县的政区。此种县王国和公国因其受封者的地位及身份低于与郡平行的王国的王,故其封国仅相当于县一级政区,受统于郡。

④锡县:县名。西汉置,属汉中郡。治所在今陕西白河县东南。三国魏为锡郡治,后属魏兴郡。南齐属齐兴郡。西魏废。在张家山汉简《二年律令·金布律》中,已有"锡"县名。产锡。《后汉书·郡国志五》:"锡有锡,春秋时曰锡穴。"

⑤安康县:县名。西晋太康元年(280)改安阳县置,属魏兴郡。治所在今陕西石泉县东南池河入汉水口之北。南朝宋为安康郡治。

⑥兴晋县:县名。西晋太康元年(280)改平阳县置,属魏兴郡。治所在今湖北郧西县西北。太康三年(282)为魏兴郡治。西魏废。

⑦郧乡县:县名。西晋太康五年(284)改锡县置,属魏兴郡。治所即今湖北十堰郧阳区。

⑧长利县:县名。西汉置,属汉中郡。治所在今湖北郧西县西南。东汉废。西晋太康四年(283)复置,属魏兴郡。次年废。在张家山汉简《二年律令·金布律》中,已有"长利"县名。

⑨郧乡:亦作"员乡",即今湖北十堰郧阳区。

⑩洵阳县:县名。西晋太康四年(283)改旬阳县置,属魏兴郡。治所在今陕西旬阳县北洵河北岸。南朝宋复改旬阳县。西魏又改洵阳县,为洵阳郡治。按:在张家山汉简《二年律令·金布律》

中,已有"旬阳"县名。

⑪洵水:水名。即今陕西旬阳西北旬河,汉江支流。源出宁陕县东北,东南流经镇安县,至旬阳县东注汉水。

【译文】

西城县　是魏兴郡的郡治。元康元年,封此地为越骑校尉、蜀郡人何攀的公国。

锡县

安康县

兴晋县　晋设立。

郧乡县　本名长利县,境内有郧乡。

洵阳县　是洵水的发源地。

上庸郡①,故庸国②,楚与巴、秦所共灭者也③。秦时属蜀,后属汉中。汉末为上庸郡。建安二十四年,孟达、刘封征上庸,上庸太守申耽稽服,遣子弟及宗族诣成都。先主拜耽征北将军,封郧乡侯,仍郡如故。黄初中降魏,文帝拜耽怀集将军,徙居南阳④。省上庸,并新城。孟达诛后复为郡。属县六⑤,户七千⑥,去洛一千七百里。

【注释】

①上庸郡:郡名。东汉建安二十二年(217)析汉中郡置,属荆州,治所在上庸县(今湖北竹山县西南)。三国魏黄初元年(220)并入新城郡,太和二年(228)复置,南朝梁废。

②庸国:古国名,在今湖北。尝参与武王伐纣,见《尚书·牧誓》。

③楚与巴、秦所共灭者:楚、巴、秦之灭庸,事在鲁文公十六年(前611)。《春秋·文公十六年》:"楚人、秦人、巴人灭庸。"《左

传·文公十六年》："秦人、巴人从楚师。群蛮从楚子盟,遂灭庸。"本书卷一《巴志》："鲁文公十六年,巴与秦、楚共灭庸。"

④"黄初中降魏"几句:《三国志·蜀书·刘封传》："申耽降魏,魏假耽怀集将军,徙居南阳。"

⑤属县六:底本作"属县五",误。上庸郡的六个属县,即下文所说上庸、北巫、安乐、武陵、安富、微阳六县。

⑥户七千:《晋书·地理志下》："上庸郡,魏置。统县六,户一万一千四百四十八。"

【译文】

上庸郡,是古代的庸国,即春秋时被楚、巴、秦共同灭亡的古国。秦朝时属于蜀郡,后来属于汉中郡。汉朝末年改为上庸郡。建安二十四年,孟达、刘封征伐上庸,上庸太守申耽投降,申耽将子弟及宗族送到成都。先主刘备任命申耽为征北将军,封为郧乡侯,仍然统管上庸郡。黄初年间,申耽投降魏国,魏文帝曹丕任命申耽为怀集将军,将他迁徙到南阳居住。上庸郡后被取消,并入新城郡。孟达被杀后,又恢复了上庸郡的建制。上庸郡有六个属县,有人口七千户,距离洛阳一千七百里。

上庸县①　郡治。

北巫县②

安乐县③　咸熙元年为公国④,封刘后主也⑤。

武陵县⑥

安富县⑦

微阳县⑧

【注释】

①上庸县:县名。本为庸国故地,后为巴、秦、楚所灭,置为县,属

汉中郡。治所在今湖北竹山县西南。在张家山汉简《二年律
令·金布律》中，已有"上庸"县名。东汉建安中为上庸郡治，西
魏、北周又为罗州治。

②北巫县：县名。三国魏置，属新城郡。治所在今湖北竹溪县境。
太和二年（228）属上庸郡。后废。西晋复置。南朝梁废。

③安乐县：县名。其地不详，或当在魏兴、上庸之间，即今陕西平利
一带（刘琳）。

④咸熙元年：264年。咸熙，魏元帝曹奂年号（264—265）。

⑤刘后主：即蜀汉后主刘禅（207—271）。小名阿斗，字公嗣。刘备
之子。刘备称汉王，被立为王太子；备称帝，又立为皇太子。年
十七继位，年号建兴。初由诸葛亮辅政。事无巨细，均决于亮。
亮卒，蒋琬、董允相继谢世，宠信宦官黄皓，朝政日非。炎兴元年
（263），魏攻蜀，兵临成都，刘禅奉表出降。蜀亡，入洛阳，封安乐
县公。《三国志·蜀书》有传。

⑥武陵县：县名。西汉置，属汉中郡。治所在今湖北竹山县西北。
东汉初废。三国魏复置，属上庸郡。南朝梁废。在张家山汉简
《二年律令·金布律》中，已有"武陵"县名。

⑦安富县：县名。三国魏置，属锡郡。治所在今湖北十堰郧阳区东
南。景初元年（237）属上庸郡。南齐属齐兴郡。梁为安富郡治。

⑧微阳县：县名。西晋武帝改建始县置，属上庸郡。治所在今湖北
竹山县西北。南朝梁废。

【译文】

上庸县　是上庸郡的郡治。

北巫县

安乐县　咸熙元年，封此地为后主刘禅的公国。

武陵县

安富县

微阳县

新城郡[①]，本汉中房陵县也。秦始皇徙吕不韦舍人万家于房陵[②]，以其隘地也。汉时宗族大臣有罪[③]，亦多徙此县。汉末以为房陵郡[④]。

【注释】

①新城郡：郡名。三国魏黄初元年（220）合房陵、上庸等郡置，治房陵县（今湖北房县），属荆州。南朝宋属梁州。南朝齐改为南新城郡。南朝梁复为新城郡，属岐州。西魏改为光迁国。北周改为光迁郡。

②秦始皇：即嬴政（前259—前210），秦庄襄王子。前246—前210年在位。即位后，委国事于相国吕不韦。前238年亲政，平息嫪毐叛乱，放逐吕不韦。前221年统一全国，建立秦朝，称始皇帝。数出巡视，第五次巡行途中病死沙丘。吕不韦（？—前235）：卫国濮阳（今河南濮阳西南）人。原为阳翟大商人，后任秦国丞相、相国，封文信侯，号称"仲父"。秦王政亲政后，被免职徙蜀，忧惧自杀。门下有宾客三千人，家僮万人。曾令宾客编书，名曰《吕氏春秋》。《史记》有传。舍人：古代豪门贵族家里的门客。按：本处说"秦始皇徙吕不韦舍人万家于房陵"，有误，当为徙嫪毐舍人于房陵。《史记·秦始皇本纪》："嫪毐封为长信侯。……及其舍人，轻者为鬼薪。及夺爵迁蜀四千余家，家房陵。"《史记正义》引《括地志》："房陵即今房州房陵县，古楚汉中郡地也。是巴蜀之境。《地理志》云房陵县属汉中郡，在益州部，接东南一千三百一十里也。"

③宗族：同宗同族之人。此处即汉王朝刘姓宗族。按：汉王朝宗族之徙房陵县者，有常山王刘勃、清河王刘年、广川王刘海阳、河间

王刘元、济川王刘明等。

④房陵郡：郡名。东汉建安末年置，治所在房陵县（今湖北房县）。三国魏改为新城郡。

【译文】

新城郡，本来是汉中郡的房陵县。秦始皇迁徙吕不韦的门客及其家人一万家到房陵，因为这里地段偏远而且狭隘。汉朝之时，宗族和大臣有犯罪者，也大多流放到房陵县。汉朝末年，将房陵县升格为房陵郡。

建安二十四年，孟达征房陵，煞太守蒯祺①，进平三郡。与刘封不和，封夺达鼓吹②。关羽围樊城③，求助于封、达，封、达以新据山郡、未可扰动为辞。羽为吴所破杀④。达既忿封，又惧先主见责⑤，遂拜书先主⑥，告叛降魏。魏文帝善达姿才容观⑦，以为散骑常侍、建武将军⑧。袭刘封，封败走，达据房陵。文帝合三郡为新城，以达为太守。后蜀丞相诸葛亮将北伐，招达为外援，故贻书曰⑨："嗟乎孟子度！迩者刘封侵凌足下⑩，以伤先帝待士之望，慨然永叹⑪。每存足下平素之志⑫，岂虚托名载策者哉⑬！"都护李严亦与书曰："吾与孔明并受遗诏⑭，思得良伴⑮。"吴主孙权亦招之⑯。达遂背魏通吴、蜀，表请马、弩于文帝⑰。抚军司马宣王以为不可许⑱。帝曰："吾为天下主，义不先负人⑲，当使吴、蜀知吾心。"乃多与之，过其所求⑳。

【注释】

①蒯祺（？—219）：南郡中卢（今湖北襄阳西南）人。刘表入襄阳，诏拜蒯越为章陵太守，封樊亭侯。后转任房陵太守，为孟达兵所杀。

②鼓吹:演奏乐曲的乐队。汉制,鼓吹列于殿庭,宴群臣及君上餐食时所用;大驾出游,有黄门前后部鼓吹,用于仪仗之间。又,鼓吹亦用于赏赐有功之臣,属于臣下受特赐之例。

③关羽(?—219):字云长,本字长生,河东解县(今山西临猗)人。汉末,亡命奔涿郡,从刘备起兵。汉献帝建安五年(200),曹操东征,备奔袁绍,羽为操俘获,拜偏将军,礼遇优渥,为操斩袁绍部将颜良,封汉寿亭侯。后辞操,仍归刘备。建安十九年(214),镇守荆州。建安二十四年(219),大破于禁七军,威震一时。后遭孙权袭击,兵败被杀。谥壮缪侯。《三国志·蜀书》有传。樊城:即今湖北襄阳市樊城区,与襄阳城隔汉水相望。自古为兵家必争之地。东汉建安二十四年(219),关羽大败于禁七军于此。西魏置县。

④羽为吴所破杀:根据《三国志·蜀书·关羽传》记载,关羽退守之后,孙权遣吕蒙乘机袭取江陵,关羽败死。

⑤见责:被责备。

⑥拜书:写信给别人的敬辞。

⑦姿才:资质,禀赋。容观:容貌,仪表。

⑧建武将军:官名。东汉献帝兴平年间(194—195)曹操置。其后,三国魏、吴,晋,十六国前燕、前秦、后凉、后秦,南朝宋、齐,北魏及高昌沿置。

⑨贻(yí)书:赠给书信,意即致信。

⑩迩(ěr):近来。侵凌:侵犯欺凌。

⑪慨然:感叹的样子。

⑫存:关心,想念。按:此书信又见《三国志·蜀书·费诗传》:"亮欲诱达以为外援,竟与达书曰:'往年南征,岁末乃还,适与李鸿会于汉阳,承知消息,慨然永叹,以存足下平素之志,岂徒空托名荣,贵为乖离乎!呜呼孟子,斯实刘封侵陵足下,以伤先主待士之义。又鸿道王冲造作虚语,云足下量度吾心,不受冲说。寻表明之言,

追平生之好，依依东望，故遣有书。'"

⑬虚托名载策：在史书中留下虚名。策，古代用以记事的竹、木片，编在一起的叫"策"。

⑭遗诏：皇帝临终时颁发的诏书。此处指刘备在白帝城颁发的诏书。

⑮良伴：志同道合的伙伴。

⑯孙权（182—252）：字仲谋，吴郡富春（今浙江富阳）人。孙坚之子，孙策之弟。三国吴皇帝。黄龙元年（229）称帝，国号吴，迁都建业（今江苏南京）。卒谥大皇帝。《三国志·吴书》有传。招：招抚，招降。

⑰马、弩：战马、弓弩，本处指兵器和粮草。

⑱抚军：官名。将军称号。三国魏文帝封司马懿为抚军将军。其后，晋、南北朝皆有此称，省称抚军。司马宣王：即司马懿（179—251），字仲达，河内温县（今河南温县）人。出身士族。东汉末曹操为丞相，辟为文学掾，迁黄门侍郎，转主簿。从讨张鲁、孙权。每与大谋，辄有奇策。曹丕为太子时，任太子中庶子，得信重。曹丕即帝位，封河津亭侯，转丞相长史。魏明帝即位，改封舞阳侯，任大将军，镇宛，平孟达之叛，三次率军与蜀诸葛亮对抗。齐王曹芳即位，与曹爽同受遗诏辅政。嘉平元年（249），乘爽从帝谒高平陵之际，杀之，为丞相，专擅朝政。死后，子司马师、司马昭相继专权。孙司马炎代魏称帝，建晋朝，追尊为宣帝。《三国志·魏书》有传。

⑲义：信义，讲信义。

⑳过：超过。

【译文】

建安二十四年，孟达攻打房陵，杀死房陵太守蒯祺，攻占了房陵等三郡。孟达与刘封素来不和，而刘封曾经夺取过孟达的鼓吹乐队。关羽被围于樊城时，曾经求助于刘封、孟达，但刘封、孟达以刚刚占据山郡、不可轻举扰动为借口，婉拒项羽的请求。结果，项羽被吴国战败杀死。孟达既恨刘封，又害怕被先主刘备责罚，于是致信刘备，随后便对外宣布投降魏国。魏文帝曹丕很喜欢孟达的资质与仪表，任命他为散骑常侍、建武将军。孟达袭击刘封，刘封兵败逃走，孟达占据了房陵。于是，魏文帝合并房陵、上庸、西城三郡为新城郡，任命孟达为新城郡太守。后来，蜀汉丞相诸葛亮打算北伐，想招纳孟达作为外援，所以写信给孟达："哎呀，孟子度！近来刘封侵犯欺凌阁下，以致挫伤了先帝厚待有识之士的初衷，这真是令人感慨长叹啊！我常常想念足下平生所抱的志向，这难道是徒有虚名吗？"都护李严也致函孟达："我与诸葛孔明共同接受先帝的遗诏，一直希望与你成为志同道合的伙伴，共襄兴复汉室的大业。"吴主孙权也向孟达传递了愿意招纳的信息。于是，孟达背着魏国，暗地里沟通吴国和蜀国，他向魏文帝上书，请求拨给马匹和兵器。抚军、宣王司马懿认为不可答应孟达的请求。魏文帝说："我是天下的共主，应该讲究信义，不应该首先对不起别人，答应他的请求，是要让吴国和蜀国知道我们的立场。"于是魏文帝给了孟达很多马匹和兵器，超过了孟达所要求的数量。

明帝太和初①，达叛魏归蜀。时宣王屯宛②，知其情，乃以书喻之曰③："将军昔弃刘备，托身国家④。委将军以疆埸之任⑤，任将军图蜀之事，可谓心贯白日⑥。蜀人愚智莫不切齿于将军。诸葛亮欲相破，惟苦无路耳。模之所言非小事也⑦，亮岂轻之而令宣露⑧，此殆易知耳⑨。"达乃以书与亮曰："宛去洛八百，去此千二百里。闻吾举事，当表上天子，比相反覆⑩，一月间也。则吾城已固，诸军足辨⑪。则吾所在深险⑫，司马公必不自来；诸将来，吾无患矣。"及兵到，达又告亮曰："吾起事八日而兵至城下，何其神速也！"亮以其数反覆，亦不救，遂为宣王所诛灭。宣王分为三郡⑬。新城属县四⑭，户二万，去洛一千六百里。

【注释】

①明帝：即魏明帝曹叡（205—239），字元仲，沛国谯（今安徽亳州）人。曹丕子。227—239年在位。即位后，用曹真、司马懿等，多次与蜀诸葛亮交战。孙权攻合肥，亲征救之，败吴军。又遣司马懿攻辽东杀公孙渊。好治宫室，夺百姓农时。能诗文，后人辑有散文及乐府诗。卒谥明帝，庙号烈祖。《三国志·魏书》有传。太和：魏明帝年号（227—232）。

②宛：县名。秦昭襄王置，治今河南南阳。西晋为南阳国治。南朝宋为南阳郡治。北周与上陌县合并改为上宛县。

③喻：晓喻，开导。

④托身：栖身，寄身。国家：此处指魏国。

⑤疆埸（yì）：国界，边境。

⑥心贯白日：谓心地与太阳一般光明。极喻坦诚、磊落。

⑦模：郭模，蜀国官吏。

⑧宣露：泄露，透露。按：蜀相诸葛亮恶孟达反复，又虑其为患。孟达与魏兴太守申仪有隙，诸葛亮欲促其事，乃遣郭模诈降，过申仪处，因漏泄其谋。

⑨殆（dài）：大概，几乎。

⑩反覆：来往，往还。特指书信往返。

⑪辨：同"办"，指完成准备工作。

⑫深险：偏僻险要。

⑬三郡：即新城、上庸、锡三郡。

⑭新城属县四：《晋书·地理志下》："新城郡魏置。统县四，户一万五千二百。"四个属县，即房陵、绥阳、昌魏、沶乡。

【译文】

魏明帝太和初年，孟达背叛魏国，归附蜀汉。当时，宣王司马懿屯兵于宛，得知这一情况后，便写了一封信给孟达晓之以理道："将军以前背弃了刘备,转而寄身魏国。魏国委托将军管理边界,安排将军负责谋取蜀国之事,这可以说是推诚布公、光明磊落的事情。蜀国的人,不管是愚者还是智者,没有不咬牙切齿痛恨将军的。诸葛亮一直试图破坏将军和魏国的关系,只是苦于没有门路。郭模所说并非小事,诸葛亮难道会轻易泄露此事吗?这大概是明眼人都容易看出来的啊!"孟达于是致书诸葛亮道:"宛距离洛阳八百里,距离本地一千二百里。他们听说我举兵起事,定当上表天子,而双方书信往返,需要一个月的时间。到那时,我的城池已经修建牢固,我的军队也已经完成备战。我所处之地偏僻险要,司马懿必定不会亲自统兵而来;而其他将领率兵而来,我是不用担心的。"等到魏国大军压境,孟达又告诉诸葛亮说:"我才起兵八天,而魏军就兵临城下,怎么如此神速啊!"诸葛亮因为孟达多次反复,所以并不派兵前往救援,结果孟达及其部属被宣王司马懿诛灭。司马懿将新城分为三个郡。新城郡有四个属县,有人口二万户,距离洛阳一千六百里。

房陵县[1]　郡治。有维山[2],维水所出[3],东入沔[4]。

沶乡县[5]

昌魏县[6]

绥阳县[7]

【注释】

①房陵县:县名。秦置,属汉中郡。治所即今湖北房县。东汉末为房陵郡治。三国魏黄初中改为新城郡治。北周保定三年(563)改为光迁县。

②维山:亦作"淮山",在今湖北南漳东北。

③维水:亦作"淮水",即今湖北襄阳市襄城区西南之维水。

④沔:底本作"泸",据《汉书·地理志上》房陵县"淮山,淮水所出,

东至中庐入沔”，改。

⑤沶（yí）乡县：县名。一作"祁乡县"，三国魏置，属新城郡。治所在今湖北南漳西南。南朝梁废。

⑥昌魏县：县名。三国魏置，属新城郡。治所在今湖北房县西南。西魏废。

⑦绥阳县：县名。三国魏置，属新城郡。治所在今湖北神农架林区东南。后改秭归县。西晋太康二年（281）复为绥阳县。西魏为绥州治。

【译文】

房陵县　是新城郡的郡治。境内有维山，是维水的发源地，维水东流汇入沔水。

沶乡县

昌魏县

绥阳县

右三郡①，汉中所分也。在汉中之东，故蜀汉谓之"东三郡"②。蜀时为魏，属荆州，晋元康六年始还梁州③。山水艰阻，有黄金、子午、马聪、建鼓之阻④。又有作道——九君抟土作人处⑤。而其记及《汉中记》不载⑥，又不为李雄所据，璩识其大梗概，未能详其小委曲也⑦。

【注释】

①右三郡：指上文所说魏兴、上庸、新城三郡。

②东三郡：因魏兴、上庸、新城三郡在蜀汉极东，深达荆州，故特称"东三郡"（任乃强）。

③元康六年：296年。元康，晋惠帝司马衷年号（291—299）。

④黄金：谷名。即今陕西洋县东的金水河河谷。子午：谷名。在今陕西秦岭山中，为川陕交通要道。据《长安志》载，谷长六百六十里，北口曰子，在西安府南百里；南口曰午，在汉中府洋县东一百六十里。马聪：又名"马鬣"，山名。在今湖北房县南。建鼓：山名。在今湖北房县东南。《元和郡县志》卷二十一房陵县：建鼓山"在县南一百十三里，与马鬣山连接，二山并高峻，冬夏积雪"。《太平寰宇记》卷一百四十三房陵县：建鼓山"袁山松记云：登句将山见马鬣、建鼓，巍然半天"。

⑤作道：在今陕西平利境内。抟（tuán）土作人：捏土造人。一般认为，这是指女娲捏土造人的传说。或以为，天、地、人三界各三君，共为九君，而女娲属其一，以部分代全体。许多史籍记载（如《新唐书·地理志》、《元丰九域志》卷一、《路史》卷十一等），平利县境内有女娲山。

⑥《汉中记》：地方志。《水经·沔水注》及《漾水注》尝引此书三条。

⑦委曲：细微，详细。

【译文】

以上三郡，是从汉中郡分割出来的。因三郡在汉中郡的东面，所以蜀中、汉中的人都称之为"东三郡"。蜀汉时期，该地曾经是魏国的地盘，归属荆州管辖，晋惠帝元康六年才再次还归梁州管辖。这一带的山水艰险，有黄金谷、子午谷这样的天险，有马聪山、建鼓山这样的屏障。又有作道——相传是九君捏土造人的地方。但当地的乡土志和《汉中记》都没有记载，而这一带又没有被李雄占据过，因此我只知道大概情况，不了解其中的细微之处。

梓潼郡①，本广汉属县也。建安十八年，刘先主自葭萌南攻州牧刘璋，留中郎将南郡霍峻守葭萌城②。张鲁遣将杨帛诱峻③，求共城守④。峻曰："小人头可得，城不可得也！"

帛退。刘璋将向存、扶禁由巴阆水攻峻⑤,岁余不能克。峻众才八百人,存众万计,更为峻所破败⑥,退走。成都既定,先主嘉峻功。二十二年,分广汉置梓潼郡,以峻为太守。属县五,户万,去洛二千八百三十八里。东接巴西,南接广汉,西接阴平,北接汉中。土地出金、银、丹、漆、药、蜜也。世有隽彦⑦,人侔于巴、蜀⑧。

【注释】

①梓潼郡:郡名。东汉建安二十二年(217)析广汉郡置,治梓潼县(今四川梓潼)。西晋永嘉后与巴西郡同城而治,治涪县(今四川绵阳东),合称巴西、梓潼郡。

②霍峻(约181—约220):字仲邈,南郡枝江(今湖北枝江)人。初依刘表,后归刘备,为中郎将。备攻刘璋,峻留守葭萌。张鲁使人诱之,坚拒不从。后璋遣将围之,久攻不下,峻伺隙击破璋军。备既定蜀,拜为梓潼太守,裨将军。《三国志·蜀书》有传。

③杨帛:东汉末张鲁部将。曾劝霍峻降于张鲁,峻不从,投奔刘备。

④共城守:共同守卫城池。

⑤向存(?—约214):刘璋部将。时刘璋迎刘备入蜀,欲使取汉中,刘备袭刘璋,以中郎将霍峻守葭萌。向存从刘璋围攻葭萌一年,不下,遭霍峻袭击而身亡。扶禁:刘璋部将。刘备入蜀后,与刘璋冲突,自葭萌南还袭刘璋,以中郎将霍峻留守。扶禁与向存等率众万余攻葭萌近一年,不能下,后反为霍峻伺隙击破。阆水:又称"阆江""阆中水",今四川嘉陵江流至阆中一段的名称。

⑥更:反而。

⑦隽彦:才德特出之士。

⑧侔(móu):相等,齐等。

【译文】

梓潼郡，本来是广汉郡的属县。建安十八年，先主刘备从葭萌关出发，向南进攻益州州牧刘璋，留中郎将、南郡人霍峻驻守葭萌城。张鲁派遣部将杨帛引诱霍峻，请求与霍峻共同守卫城池。霍峻说："小人的头可以获得，但城池不能获得！"杨帛只好退回。刘璋的部将向存、扶禁由巴地的阆水出发攻打霍峻，但攻打一年多都不能攻克。霍峻统帅的人马仅有八百人，而向存统帅的部众有一万余人，但向存反被霍峻击败，不得不退兵。成都平定以后，先主刘备嘉奖霍峻的功劳。建安二十二年，自广汉郡分置梓潼郡，任命霍峻为太守。梓潼郡有五个属县，有人口一万户，距离洛阳二千八百三十八里。梓潼郡东接巴西，南接广汉，西接阴平，北接汉中。梓潼郡境内出产黄金、白银、丹砂、生漆、药材、蜂蜜等。梓潼郡历代都有才德特出人士涌现，所出人才与巴、蜀郡相等。

梓潼县[①]　郡治。有五妇山[②]，故蜀五丁士所拽蛇崩山处也[③]。有善板祠[④]，一曰恶子。民岁上雷杼十枚[⑤]，岁尽不复见，云雷取去。四姓：文、景、雍、邓者也。

【注释】

①梓潼县：县名。西汉元鼎元年（前116）置，为广汉郡治，治所即今四川梓潼。《太平寰宇记》卷八十四梓潼县："以县东倚梓林，西枕潼水，以此为名。"东汉属广汉郡。建安二十二年（217）为梓潼郡治。西晋永嘉后徙郡治涪县，以梓潼为属县，孝武时仍移郡来治。南朝宋属梓潼郡。

②五妇山：在今四川梓潼东北。《太平寰宇记》卷八十六梓潼县：五妇山"在县北一十二里。高四百二十丈"。

③五丁山：在今陕西宁强北四十里。其峡曰五丁峡，亦曰金牛峡。《读史方舆纪要》卷五十六宁羌州：五丁山"相传即秦作五石牛绐

蜀,蜀令开道引之处也"。

④善板祠:一名"恶(亚)子祠",即今四川梓潼东北二十里七曲山
大庙。为祭祀晋人张恶子(张育)之庙宇。唐、宋统治者为宣扬
天命论,遂封亚子为济顺王、英显王、文昌帝君,改建灵应庙。

⑤雷杼:传说中雷神用以发霹雳的工具。其形如梭,故名。

【译文】

梓潼县 是梓潼郡的郡治。境内有五妇山,是当年古蜀国五丁力士
拽蛇而致山崩的地方。又有善板祠,一名恶子祠。老百姓每年都给雷神
进献十枚雷杼,到年终时这些雷杼都不见了,据说是给雷神取走了。梓
潼有四个大姓:文、景、雍、邓。

涪县① 去成都三百五十里,水通于巴②。于蜀为东北
之要,蜀时大将军镇之③。有山原田④,本稻田。孱水出孱
山⑤,其源出金银矿,洗取,火融合之为金银。阳泉出石丹⑥。
大司马蒋琬葬此⑦。大姓杨、杜、李,人士多见《耆旧传》也⑧。

【注释】

①涪县:县名。西汉置,治今四川绵阳东。两汉属广汉郡。三国蜀
属梓潼郡。西晋改为涪城县。南朝宋复改为涪县,为梓潼郡治。
梁为巴西、梓潼郡治。西魏改为巴西县。

②水:涪水,又作"涪陵江",即今重庆、贵州境内之乌江。《元和郡县
图志》卷三十黔州:"西有延江水,一名涪陵江。自牂柯北历播、
费、思、黔等州北注岷江。"

③大将军:指蒋琬。《三国志·蜀书·蒋琬传》:"由是(蒋)琬遂还
住涪。"

④山原田:底本作"岩田"。据《华阳国志新校注》改。指丘陵间平

缓的田地。类似于梯田。

⑤屏水：水名。今凯江。屏山：亦作"潺山"，山名。在今四川安县西南，为古屏水（今凯江）发源处。

⑥阳泉：山名。在今四川德阳西北。石丹：指丹砂矿石。

⑦蒋琬（？—246）：字公琰，零陵湘乡（今湖南湘乡市）人。初随刘备入蜀，任广都长。受到诸葛亮器重，历为丞相府东曹掾、参军、长史。亮出征，常主持留守事务，供给粮饷。亮卒，代为执政，累官尚书令、大将军、录尚书事，封安阳亭侯。延熙初屯军汉中，开府，加大司马。不久病卒，谥曰恭侯。《三国志·蜀书》有传。蒋琬墓，位于四川绵阳西山之巅。《元和郡县图志》卷三十三："蒋琬墓，在（巴西）县西八里。"万历《四川通志》卷五："蒋琬墓，在绵州西八里。"据《绵阳县志》记载，蒋琬墓于清道光二十九年（1849）重修。墓前竖有"汉大司马蒋恭侯墓"石碑一通。1981年6月25日，蒋琬墓被绵阳市人民政府公布为市重点文物保护单位。

⑧《耆旧传》：陈术、陈寿等均撰有《益部耆旧传》。

【译文】

涪县 距离成都三百五十里，有涪水流往巴地。涪县是蜀地东北的要冲，蜀汉时由大将军蒋琬镇守。涪县的丘陵间有平缓的田地，原本是稻田。境内有条名叫屏水的河流，发源于屏山，屏水的源头出产金矿和银矿，淘洗矿砂，再用火提炼，就可以得到金和银。境内有个名叫阳泉的地方，出产丹砂。大司马蒋琬埋葬在涪县。涪县的大姓有杨、杜、李，有名望的人士大多记载在《益部耆旧传》中。

晋寿县① 本葭萌城②，刘氏更曰汉寿③。水通于巴西④，又入汉川⑤。有金银矿，民今岁岁洗取之。蜀亦大将军镇之⑥。漆、药、蜜所出也。大将军费祎葬此山⑦，大姓葬此者多。

【注释】

①晋寿县：县名。西晋太康元年（280）改汉寿县置，属梓潼郡。治
　所在今四川广元西南四十五里昭化镇（旧昭化县）。东晋太元十
　五年（390）为晋寿郡治。北魏为西晋寿郡治。北周废。

②葭萌城：战国末蜀王封其弟葭萌为苴侯，命其食邑为葭萌，即今四
　川广元西南昭化镇。秦灭蜀后置葭萌县。

③汉寿：县名。东汉建安二十二年（217）刘备改葭萌县置，属梓
　潼郡。治所在今四川广元西南四十五里昭化镇。西晋太康元年
　（280）改为晋寿县。

④水：指西汉水，即嘉陵江。

⑤汉川：即汉中平原。

⑥大将军：指费祎（？—253），字文伟，江夏鄳（今河南信阳）人。初
　依刘璋，后从刘备。历任太子舍人、黄门侍郎，代为执政，任大将
　军，录尚书事，封成乡侯。延熙十六年（253）岁首大会，为魏降人
　郭循所杀。谥敬侯。《三国志·蜀书》有传。

⑦大将军费祎葬此山：费祎墓在今四川广元昭化区昭化镇昭化古城
　东门外城管村四组。万历《四川通志》卷二十九上："费祎墓，在
　昭化县西二里，有碑记。"

【译文】

晋寿县　原本是葭萌城，蜀汉时改名为汉寿。西汉水流经巴西，又
流入汉中平原。境内有金矿与银矿，老百姓至今仍然年年在此淘金、淘
银。蜀汉也委派大将军镇守此地。出产漆、药、蜜。大将军费祎埋葬在
县内的山上，县中的大姓埋葬在此山的很多。

　　白水县①　有关尉②，故州牧刘璋将杨怀、高沛守也。

汉德县③　有剑阁道三十里④,至险。有阁尉⑤,桑下兵民也⑥。

【注释】

①白水县:县名。西汉置,属广汉郡。治所在今四川青川东北沙州镇。三国蜀属梓潼郡。东晋属晋寿郡。

②关尉:武官名。掌守关隘。此处特指掌守白水关的武官。

③汉德县:县名。三国蜀汉置,属梓潼郡。治所在今四川剑阁县西南汉阳镇。南朝梁废。

④剑阁道:道路名。一称"栈道"。在今四川剑阁县东北大剑山与小剑山之间,为石牛道中一段。三国蜀汉诸葛亮重凿剑山,沿山隘凿孔,架木为梁,建为阁道。为川陕间重要通道,为蜀地北面门户,自古为戍守重地。唐于此设立剑门关。

⑤阁尉:武官名。掌守剑阁道的武官。

⑥桑下兵民:指在剑阁亦军亦农的士兵和民众。

【译文】

白水县　县内设有关尉,原益州牧刘璋将领杨怀、高沛曾经镇守此地。

汉德县　县内有剑阁栈道三十里,非常险要。县内设有阁尉,管理此地的军民。

武都郡①,本广汉西部都尉治也,元鼎六年别为郡②。属县九③,户万④,去洛一千八百七十八里。东接汉中,南接梓潼,北接天水,西接阴平⑤。土地险阻⑥,有麻田⑦,氐傁⑧,多羌戎之民⑨。其人半秦,多勇戆⑩。出名马、牛、羊、漆、蜜。有瞿堆百顷险势⑪,氐傁常依之为叛。汉世数征讨之,分徙其羌,远至酒泉、敦煌⑫。其攻战垒戍处所亦多⑬。

【注释】

①武都郡：郡名。西汉元鼎六年（前111）置，治所在武都县（今甘肃西和南仇池山东麓）。东汉移治下辨县（今成县西三十里）。三国魏黄初中改置武都西部都尉，后入蜀。西晋复置武都郡，愍帝末没入杨氏。

②元鼎六年别为郡：《史记·西南夷列传》：“广汉西白马为武都郡。”《汉书·地理志下》：“武都郡，（汉）武帝元鼎六年置。莽曰乐平。”《后汉书·南蛮西南夷列传》：“白马氏者，武帝元鼎六年时，分广汉西部，合以为武都。”元鼎六年，前111年。元鼎，汉武帝年号（前116—前111）。

③属县九：即下文所说下辨、武都、上禄、故道、河池、沮、平乐、修城、嘉陵九县。

④户万：《汉书·地理志下》：“武都郡，……户五万一千三百七十六，口二十三万五千五百六十。”

⑤“东接汉中”几句：底本多有脱讹，今据《华阳国志新校注》补正。天水，郡名。西汉元鼎三年（前114）置，治所在平襄县（今甘肃通渭）。东汉永平十七年（74）改为汉阳郡，并移治冀县（今甘肃甘谷南）。三国魏仍改为天水郡。西晋移治上邽县（今天水）。泰始五年（269）置秦州治此。阴平，郡名。三国魏置，治所在阴平县（今甘肃文县西五里）。后属蜀汉。西晋属秦州，永嘉后郡县皆废。

⑥险阻：地势艰险阻塞，崎岖难行。

⑦麻田：种麻的田。《后汉书·南蛮西南夷列传》：“（武都）土地险阻，有麻田，出名马、牛、羊、漆、蜜。”

⑧氐傁（sǒu）：氐人。傁，亦作“叟”，汉藏语系藏缅语族一些部族的自称，其意为“人”。本书卷四《南中志》：“夷人大种曰‘昆’，小种曰‘叟’。”按：在汉至六朝之时，“叟”一度成为今甘肃东南部、

四川西部、云南东部、贵州西部等地区部分少数民族的泛称。也就是说，"叟"不是统一的单一民族，应该予以具体分析。今人认为，"氐叟"与"叟"不但分布区域不同，而且族系类别亦截然有异；"氐叟"属于"氐"，而"叟"则属于"夷"或"夷种"，二者属于不同的人群。

⑨羌戎：羌与戎均是古代分布于我国西北部的少数民族，泛指边疆蛮夷之邦。

⑩勇戆（gàng）：勇猛而愚昧。《后汉书·南蛮西南夷列传》："氐人勇戆抵冒，贪货死利。"

⑪瞿堆：一名"仇池山""百顷山"，在今甘肃西和西南。

⑫酒泉：郡名。西汉元狩二年（前121）置，治所在禄福县（西晋改曰"福禄"，今甘肃酒泉）。因郡治城下有泉，泉味如酒得名。一说初建郡于元鼎二、三年间（前115—前114）或六年（前111），辖有今河西走廊全境。其后分武威、酒泉地置张掖、敦煌郡。敦煌：郡名。西汉元鼎六年（前111）分酒泉郡置，治所在敦煌县（今甘肃敦煌西）。东汉属凉州。

⑬垒戍：戍堡，边防驻军的营垒。

【译文】

武都郡，原本是广汉西部都尉的治所，元鼎六年单列为郡。武都郡有九个属县，有人口一万户，距离洛阳一千八百七十八里。武都郡东接汉中，南接梓潼，北接天水，西接阴平。武都郡的土地险要崎岖，有麻田，有氐人，聚居着很多羌戎之民。武都郡的居民有一半是秦人，他们大多勇敢而愚昧。武都郡出产名马、牛、羊、漆、蜜。武都郡有瞿堆，广达百顷，地势险峻，氐人常常据之发动叛乱。汉朝之时，政府多次征讨氐人，并将其迁徙至羌人之地，甚至远至酒泉、敦煌。武都郡境内有很多用于攻防的工事、驻军营垒。

　　建安二十四年①，先主遣将军雷同、吴兰平之②，为魏将曹洪所破杀③。魏益州刺史天水杨阜治此郡④。阜以滨蜀境⑤，移其氐傁于汧、雍及天水略阳⑥。建兴七年⑦，丞相诸葛亮遣护军陈戒伐之⑧，遂平武都、阴平二郡，还属益州。魏将夏侯渊、张郃、徐晃征伐常由此郡⑨；而蜀丞相亮及魏延、姜维等多从此出秦川⑩，遂荒无留民。其氐傁杨濮属魏，魏遥置其郡⑪。蜀平，属雍州⑫。元康六年还梁州⑬。

【注释】

①建安二十四年：依《魏志·武帝纪》及《蜀志·先主传》，当在建安二十三年。译文从之。

②雷同、吴兰：刘璋旧部，后被曹洪击杀。

③曹洪（？—232）：字子廉，沛国谯（今安徽亳州）人。曹操从弟。从征吕布、刘表有功，历官鹰扬校尉、扬武中郎将、谏议大夫、都护将军等，先后封国明亭侯、都阳侯、乐城侯。卒后谥恭侯。《三国志·魏书》有传。

④杨阜：字义山，天水冀（今甘肃甘谷）人。初为州吏，后察孝廉，又任州参军。历任武都太守、将作大匠、少府等职，封关内侯。《三国志·魏书》有传。

⑤滨：临近，靠近。

⑥汧（qiān）：县名。秦置，治今陕西陇县东南。即秦襄公故都。北魏改为汧阴县。雍：县名。战国秦以旧都雍邑置，治所在今陕西凤翔西南七里南古城。秦属内史，汉属右扶风，三国魏属扶风郡。略阳：县名。东汉时改略阳道置，属天水郡。治所即今甘肃秦安东北陇城镇。西晋属略阳郡，东晋时废。西魏时改陇城县复置，为略阳郡治。

⑦建兴七年：229年。建兴，蜀汉后主刘禅年号（223—237）。

⑧陈戒：当作"陈式"。三国时期蜀汉将领。在诸葛亮第三次北伐期间，攻克魏国武都、阴平二郡。

⑨徐晃（？—227）：字公明，河东杨（今山西洪洞）人。初为郡吏，后归曹操。历官裨将军、平寇将军、右将军等，进封杨侯，徙封阳平侯。《三国志·魏书》有传。

⑩姜维（202—264）：字伯约，天水冀（今甘肃甘谷）人。初仕曹魏，任州郡吏。后降蜀，为诸葛亮所重。历任奉义将军、中监军、征西将军，官至大将军。屡伐魏，均无功。炎兴元年（263），刘禅出降，被迫降钟会。会谋叛魏，维伪与联结，以图复蜀。魏将士杀钟会，姜维亦遇害。《三国志·蜀书》有传。

⑪遥置其郡：类似"侨州郡县"，历史上以流亡人民原籍的州郡县旧名设置在所寄居之地的州郡县。汉、魏已有侨州郡县的记载，但大规模设置，却在东晋、南朝。西晋亡后，中原战乱，人民流徙，西起凉州，东至辽东，均有设置，尤以秦岭、江淮以南，东晋、南朝境内为最多。

⑫雍州：州名。东汉兴平元年（194）分凉州河西四郡置，治所在姑臧县（今甘肃武威），辖境相当今甘肃河西走廊地区。建安十八年（213）复《禹贡》九州，遂并三辅之地及凉州入雍州，治长安县（今陕西西安西北）。

⑬元康六年：296年。底本作"太康六年"，依《华阳国志新校注》改。

【译文】

建安二十三年，先主刘备派遣将军雷同、吴兰率兵平定武都郡，但被魏国将军曹洪打败而击杀。曹魏时期，益州刺史、天水人杨阜治理该郡。杨阜以该地临近蜀汉国境为借口，迁移氐人到汧县、雍县以及天水郡的略阳等地。建兴七年，丞相诸葛亮派遣护军陈式讨伐，结果攻取了武都郡、阴平郡，二郡又归属益州管辖。魏国将领夏侯渊、张郃、徐晃征伐蜀汉时,常常取道武都郡;而蜀汉丞相诸葛亮及将领魏延、姜维等北伐魏国时,也大多从此进入关中平原,因此该地土地荒芜、居民很少。武都郡的氏人杨濮率众归附魏国,魏国在此设置一郡,加以遥控管辖。蜀汉被平定后,该地归属雍州。元康六年,该地重归梁州。

　　八年①,氏傁齐万年反②,郡罹其寇③,晋民流徙入蜀及梁州④。永嘉初⑤,天水氏傁杨茂搜率种人为寇⑥,保据其郡,贡献长安⑦。愍帝以胡寇方盛,欲怀来戎翟⑧,拜骠骑将军、左贤王⑨。刘曜破长安⑩,丞相平昌公上陇据天水⑪。茂搜数馈平昌公⑫,拜茂搜长子难敌征南将军,少子坚头龙骧将军。种众强盛,东破梁州⑬,南连李雄,威服羌戎。时平昌公为刘曜所破,陈安作贼⑭,于时并氏傁如一国。茂搜死,敌、坚代为主。数岁,刘曜自攻武都,敌、坚南奔雄。至晋寿,遣子为质;又厚赂雄兄子晋寿守将稚⑮。曜不获敌、坚,引还,敌、坚还武都。恃险骄慢⑯,攻走雄阴平太守罗演⑰。演,稚舅也。稚忿恚⑱,白兄含与雄⑲,求征之。雄使含、稚将数千人攻之。时敌妻死,葬于阴平。含、稚径至下辨⑳,入武街城㉑,以深入无继,尽为氏傁所破煞。敌、坚死,子盘、毅复代为王。咸康四年㉒,敌从弟初杀盘、毅兄弟,代为主,迄今㉓。自茂搜父子之结据也㉔,通晋家及李雄、刘曜、石勒、石虎、张骏㉕,皆称臣奉贡,受其官号㉖,所向用其官及其年号。

【注释】

　　①八年:此为元康八年(298)。

②齐万年（？—约299）：西晋时人。氐族首领。晋惠帝元康六年
（296），匈奴人郝度元起兵抗晋，关中氐、羌族之民纷纷响应。齐
万年被推为帝，拥众数十万。元康七年（297），杀建威将军周处。
此后，又屡破晋军。元康九年（299），被孟观击败遭俘。

③罹（lí）：遭受。

④流徙：流离失所，辗转迁徙。梁州：本处指梁州刺史所在的汉中。

⑤永嘉：晋怀帝年号（307—313）。

⑥杨茂搜（？—317）：西晋时略阳清水氐王，本姓令狐。杨飞龙甥，
收为养子。晋惠帝元康六年（296），避齐万年乱，率部落还保仇
池，自号辅国将军、右贤王，群氐推以为主。关中人士避乱者多依
之。愍帝以为骠骑将军、左贤王。种人：同种族的人。

⑦贡献：进奉，意谓归顺。长安：指西晋王朝。

⑧怀来：亦作“怀徕”，招抚，怀柔归附者。戎翟：即戎狄。翟，通
“狄”。古民族名。西方曰戎，北方曰狄。

⑨骠骑将军：官名。将军名号。西汉武帝置为重号将军，仅次于大
将军，秩万石。东汉位比三公，地位尊崇。魏晋南北朝沿置，居
诸名号将军之首，仅作为军府名号，加授大臣、重要州郡长官，无
具体职掌。左贤王：匈奴王号名，为单于储副（常以太子担任此
职），地位仅次国君单于。

⑩刘曜（？—328）：字永明，匈奴族。刘渊族子，十六国时前赵国君。
后与石勒交战，兵败被杀。《晋书》《魏书》有传。

⑪平昌公：晋南阳王司马保（？—320）。上陇：上陇山，在今陕西陇
县西。

⑫馈：赠送。此指贿赂。

⑬东破梁州：建兴元年（223），杨茂搜遣子难敌攻破梁州。

⑭陈安（？—323）：十六国时陇城（今甘肃秦安）人。初为南阳王
司马模帐下都尉，后归模世子司马保。晋愍帝蒙尘，安自称秦州

刺史,降刘曜。晋元帝永昌元年(322)复版,西州氐羌悉从之,在上邽自称凉王。晋明帝太宁元年(323),为曜所攻,突围走,被杀。作贼:作内应。

⑮稚:李稚,巴西郡宕渠(今四川渠县)人。李雄兄李荡之子。

⑯恃险:倚仗险要,负险。

⑰罗演:李稚之舅。曾任阴平郡太守。

⑱忿恚(huì):怨恨发怒。

⑲白:禀告,报告。

⑳下辨:县名。秦置,属陇西郡。治所在今甘肃成县西北三十里。西汉改置下辨道,东汉复为下辨县,移武都郡治此。北周称下阪县,寻废。

㉑武街:亦作"武阶"。县名。西晋惠帝时置,属狄道郡。治所在今甘肃临洮东。北魏废。

㉒咸康四年:338年。咸康,晋成帝年号(335—342)。

㉓迄今:至今,直至现在。由此可知,《华阳国志》写作于咸康年间。

㉔结据:盘踞。

㉕晋家:即晋朝,一如汉朝之称"汉家"、公孙述之称"成家"。石勒(274—333):字世龙,上党武乡(今山西榆社北)人。羯族。十六国时后赵建立者。谥明皇帝,庙号高祖。《晋书》有传。石虎(295—349):字季龙,上党武乡(今山西榆社北)人。羯族。石勒养子。十六国时后赵国君。性残忍,好驰猎,游逸无度。善骑射,勇力冠当时。勒称帝,为太尉,封中山王。后废杀太子石弘,自立为大赵天王,迁都于邺。在位期间,穷兵黩武,大营宫室;刑苛政暴,酷虐荒淫,民人无以为生,戍卒梁犊等聚众起事于雍城,参加者数十万。死后诸子争权,互相残杀,后赵亡。《晋书》有传。张骏(307—346):字公庭,安定乌氏(今宁夏固原)人。十六国时前凉国君。谥忠成公。《晋书》《魏书》有传。

㉖官号：官职的名称。

【译文】

元康八年，氐人齐万年起兵反叛，武都郡深受战乱之害，晋朝百姓辗转迁徙至蜀地和梁州。永嘉初年，天水郡氐人杨茂搜率领本民族的居民落草为寇，占据并且自保天水郡，表示归顺建都长安的西晋王朝。晋愍帝因胡人作乱，气焰正盛，决定招抚这些前来归顺的少数民族，于是任命杨茂搜为骠骑将军，封为左贤王。刘曜攻破长安，丞相、平昌公司马保率兵到达上陇山，并占据天水郡。杨茂搜多次行贿平昌公，于是平昌公任命杨茂搜的长子杨难敌为征南将军，杨茂搜的少子杨坚头为龙骧将军。刘曜统帅的部族人数众多，兵势强盛，向东攻破了梁州，向南与李雄相呼应，其威力慑服了西北地区的羌戎等族。后来，平昌公被刘曜打败，而陈安就是刘曜的内应，此时，刘曜将广大氐人合并为一个政权。杨茂搜死后，其子杨难敌、杨坚头相继为王。几年后，刘曜亲自率兵攻打武都郡，杨难敌、杨坚头不敌，南逃投奔了李雄。到达晋寿时，派遣他们的儿子作为人质；又用厚礼贿赂李雄哥哥的儿子、晋寿守将李稚。刘曜没有抓获杨难敌、杨坚头，只好班师，杨难敌、杨坚头也回到了武都郡。杨难敌、杨坚头凭借险要的地势，态度骄横傲慢，攻打走李雄王朝的阴平太守罗演。罗演，就是李稚的舅舅。李稚对此愤恨不已，将此事报告给了哥哥李含与李雄，请求出兵征讨杨难敌与杨坚头。李雄派遣李含、李稚率领数千人前往攻打杨家兄弟。当时，杨难敌的妻子已死，就埋葬在阴平郡。李含、李稚直接进军下辨县，攻入武街城，但因孤军深入，没有后援，全军被氐人击败诛杀。杨难敌、杨坚头死后，其子杨盘、杨毅又继续称王。咸康四年，杨难敌的堂弟杨初杀死杨盘、杨毅兄弟，取代他们而为统治者，直至现在。自从杨茂搜父子盘踞武都郡，到后来通好晋朝，再到后来的李雄、刘曜、石勒、石虎、张骏等人，都向朝廷归顺称臣，并朝贡进奉，接受朝廷任命的官号，并且对外使用朝廷的官号与年号。

下辨县　郡治。一曰武街。

武都县①　东汉水所出②。有天池泽③。

上禄县④

故道县⑤

【注释】

①武都县:县名。战国秦置,属陇西郡。治所在今甘肃西和南仇池山东麓。西汉为武都郡治。东汉改为武都道。三国时复为武都县。西晋后废。在张家山汉简《二年律令·金布律》中,已有"武都"和"武都道"之名。

②东汉水:即今汉水。

③天池泽:在今甘肃文县城西北二百里天魏山上。

④上禄县:县名。西汉置,属武都郡。治所在今甘肃成县西南。后废。西晋太康三年(282)复置。东晋孝武帝后又废。

⑤故道县:县名。秦置,属陇西郡。治所在今陕西宝鸡西南大散关东南。汉属武都郡。晋永嘉后废。

【译文】

下辨县　是武都郡的郡治所在地。一名武街。

武都县　是东汉水的发源地。境内有天池泽。

上禄县

故道县

河池县①　泉街水入沮合汉也②。

沮县③　沮水所出东狼谷也④。

平乐县⑤

修城县⑥

嘉陵县[7]

【注释】

① 河池县：县名。西汉置，属武都郡。治所即今甘肃徽县西北银杏树乡。西晋后废。北魏改置广化县。

② 合汉：汇入汉水。

③ 沮县：县名。西汉置，属武都郡。治所在今陕西略阳东黑河东侧。县以沮水为名。西晋永嘉后废。在张家山汉简《二年律令·金布律》中，已有"菹"县名。

④ 沮水：在今陕西勉县西，即汉水别源。《汉书·地理志下》："沮水出东狼谷，南至沙羡南入江。"县以沮水为名。东狼谷：指今陕西凤县东南和留坝县西北紫柏山南坡、偏东的一条山前集水谷地，是为沮水上游黑河发源地的横向谷。

⑤ 平乐县：一说为汉"平舆县"之误。《宋书·州郡志》豫州汝南郡："平乐令，汉旧县。"清赵翼《廿二史考异》："疑是平舆之误。"平舆县，县名。战国楚置，后入秦，属陈郡。治所在今河南平舆北四十里。西汉为汝南郡治。三国魏属汝南郡。北魏皇兴中徙治今平舆西南。北齐废。一说即西汉平乐道。平乐道，西汉置，属武都郡。治所即今甘肃康县西北平洛镇。东汉永和五年（140）前废。相较而言，后说更可信。

⑥ 修城县：县名。即西汉修城道（亦作"循城道"）。西汉置，属武都郡。治所在今甘肃成县东南。东汉废。

⑦ 嘉陵县：县名。即西汉嘉陵道。西汉置，属武都郡。治所在今陕西略阳北境嘉陵江畔。东汉废。

【译文】

河池县 境内的泉街水流入沮县，汇入汉江。

沮县 境内的沮水流经东狼谷。

平乐县

修城县

嘉陵县

阴平郡^①，本广汉北部都尉。永平后^②，羌虏数反，遂置为郡。属县四^③，户万，去洛二千三百四十四里。东接汉中，南接梓潼，西接陇西，北接酒泉。土地山险，人民刚勇^④。多氐傁，有黑、白水羌、紫羌^⑤。胡虏风俗^⑥，所出与武都略同。

【注释】

①阴平郡：郡名。东汉建安末曹操改广汉属国置，蜀汉建兴七年（229）地入蜀汉，治阴平县（今甘肃文县西五里）。西晋属秦州，永嘉后郡县皆废。西魏复置，治曲水县（今甘肃文县西南），属文州。

②永平：汉明帝年号（58—75）。

③属县四：即下文所说阴平、甸氐、平武、刚氐四县。

④刚勇：刚强勇猛。

⑤黑、白水羌：即居住在黑水、白水的羌人。黑水，即今四川九寨沟县的黑河。白水，即今流经四川九寨沟县和甘肃文县的白水江。紫羌：大概是喜欢穿紫色衣服的羌人（刘琳）。

⑥胡虏：秦汉时称匈奴为胡虏，后世用为与中原敌对的北方部族之通称。

【译文】

阴平郡，原本是广汉北部都尉府所在地。永平以后，因羌人多次造反，于是将其设置为郡。阴平郡有四个属县，人口一万户，距离洛阳二千三百四十四里。阴平郡东接汉中，南接梓潼，西接陇西，北接酒泉。阴平郡多山地，山势险峻，居民刚强勇猛。阴平郡有很多氐人，有黑水羌、白水羌、紫羌。这些少数民族的风俗与武都郡大致相同，而物产也和武都郡差不多。

　　汉安帝永初二年，羌反，烧郡城①，郡人退住白水。会汉阳诸羌反②，溢入汉③，煞太守。汉阳杜琦自称将军④，叛乱广汉郡，屯葭萌⑤。汉使侍御史唐喜讨琦⑥，进讨羌。经年不下⑦，诏赐死。更遣中郎将尹就讨羌，亦无功⑧。诸郡太守皆屯涪⑨。元初五年，巴郡板楯军救汉中，汉中大破羌，羌乃退⑩。郡复治，置助郡都尉⑪。

【注释】

①郡城：汉安帝时并未置郡，此指广汉属国督尉城，即阴平县城。

②汉阳：郡名。东汉永平十七年（74）改天水郡置，治所在冀县（今甘肃甘谷东）。属凉州。三国魏初复名天水郡。

③溢入汉：此处"汉"指汉中。

④杜琦（？—111）：汉阳（治今甘肃甘谷）人。杜季贡之兄。安帝永初五年（111），与弟杜季贡、王信联合羌人据上邽起兵，称安汉将军。旋为汉阳太守赵博遣刺客杜习刺杀。

⑤叛乱广汉郡，屯葭萌：杜琦事与广汉郡无涉，本处"广汉"或为"汉阳"之误。

⑥侍御史：官名。秦置，汉因之，在御史大夫之下，掌受公卿奏事，举劾非法，出讨奸猾，治大狱等。魏晋承汉制。其后，各朝多沿置。唐喜：官至侍御史。曾经讨伐汉阳贼首王信，并攻破斩杀王信。

⑦经年：经过一年或若干年。

⑧更遣中郎将尹就讨羌，亦无功：元初四年（117）夏，尹就因平叛不力，被朝廷征召罢免，其部众移交益州刺史张乔。

⑨涪：指涪县，西汉高帝六年（前201）置，属广汉郡。治所在今四
　　川绵阳涪江东岸。
⑩羌乃退：板楯蛮援救汉中之事，可参看本书卷一《巴志》。
⑪助郡都尉：协助郡都尉的武官。

【译文】

　　汉安帝永初二年，羌人造反，在郡城烧杀掳掠，郡民退至白水居住。
其时，适逢汉阳诸羌造反，漫延到汉中一带，造反者杀死了太守。汉阳人
杜琦自称将军，也在广汉郡发动叛乱，并屯兵于葭萌。汉王朝派遣侍御
史唐喜讨伐杜琦，并进而讨伐羌人。但是，唐喜经年累月都攻克不下，皇
帝下诏让其自尽。此后，朝廷改派中郎将尹就征讨羌人，但也没有成功。
当时，各郡太守都屯兵于涪城。元初五年，巴郡的板楯蛮出兵救援汉中，
并在汉中大破羌人，羌人于是退回其原居住地。阴平郡重新归朝廷管
辖，并在其地设置了助郡都尉。

　　刘先主之入汉中也，争二郡不得①。建兴七年②，诸葛
亮始命陈式平之。魏亦遥置其郡，属雍州。元康六年③，还
属梁州。

【注释】

①二郡：指武都郡与阴平郡。
②建兴七年：229年。
③元康六年：296年。

【译文】

　　先主刘备当初进入汉中时，想夺取武都、阴平二郡，但没有成功。建
兴七年，诸葛亮才派遣陈式平定了此地。远在中原的曹魏也在此地设置
了郡，其郡归属雍州管辖，算是遥控指挥。元康六年，阴平郡重新划归梁
州管辖。

永嘉末,太守王鉴粗暴,郡民毛深、左腾等逐出之,相率降李雄①。晋民尽出蜀,氐、羌为杨茂搜所占有。

【注释】

①"永嘉末"几句:此事见《晋书·怀帝纪》:"(永嘉六年八月)辛亥,阴平都尉董冲逐太守王鉴,以郡叛降于李雄。"相率,相继,一个接一个。

【译文】

永嘉末年,阴平郡太守王鉴为政粗暴,郡民毛深、左腾等联手驱逐了太守,相继归降李雄。归顺晋朝的百姓纷纷逃离蜀地,故氐、羌之地全部被杨茂搜所占领。

阴平县①　郡治,汉曰阴平道也。

甸氐县②　有白水,出徼外③,入汉。

平武县④　有关尉。自景谷有步道径江油左儋出涪⑤,邓艾伐蜀道也⑥。刘主时,置义守⑦,号关尉。

刚氐县⑧　涪水所出,有金银矿。

右梁州。

【注释】

①阴平县:县名。东汉改阴平道置,属广汉属国。治所在今甘肃文县西白龙江北岸。后为阴平郡治。东晋末废。

②甸氐县:县名。两汉称甸氐道,西汉置,属广汉郡。治今四川九寨沟县境。东汉永初二年(108)属广汉属国都尉。建安二十年(215)属阴平郡。三国蜀废。

③徼(jiào)外:域外,边外。

④平武县:县名。三国蜀汉置广武县,治所在今四川平武东北,属阴平郡。西晋太康元年(280)改广武县为平武县,属阴平郡,治今四川平武东古城镇。取阴平郡与广武县各一字为名。南朝宋属北阴平郡。梁废。西魏复置,属江油郡。

⑤景谷:在今四川青川县东北白水镇西之青川河(古名西谷水)河谷。沿此河谷道路,称为景谷道。步道:只可步行不能通车的小路。左儋:儋,同"担"。所谓"左儋道",因崖壁在右,道路极窄,只能左肩挑担,故名。本处特指自今甘肃文县东南至四川平武县东的一段道路。邓艾伐蜀之时,即取此道。

⑥邓艾(197—264):字士载,义阳棘阳(今河南南阳)人。初为郡吏。后被司马懿辟为掾,迁尚书郎。曾建议在陈、蔡之间,淮南一带大兴屯田,大获成功。历官南安、城阳、汝南太守、兖州刺史,所至开荒垦田,农业发展。有谋略,善于用兵,镇守陇右多年,多次击退蜀将姜维进攻。景元四年(263),率军出阴平道伐蜀,迫使蜀后主刘禅投降,以功授太尉。后因独断专行,又遭锺会诬告,被杀。《三国志·魏书》有传。

⑦义守:协助守卫的地方武装。

⑧刚氐县:县名。三国蜀汉改刚氐道置,属阴平郡。治所在今四川平武东南三十里古城镇。西晋废。

【译文】

阴平县　是阴平郡的郡治所在地,汉朝叫阴平道。

甸氐县　境内有白水,白水流出境外,汇入汉水。

平武县　设有关尉。自景谷起,有一条步行小道,途经江油的左儋,可以到达涪地,这就是邓艾伐蜀所取之道。刘备主蜀时,设置有义守,号称关尉。

刚氐县　是涪水的发源地,有金矿与银矿。

右梁州。

撰曰①:汉沔彪炳②,灵光上照。在天鉴为云汉③,于地画为梁州。而皇刘应之④,洪祚悠长⑤。萧公之云⑥,不亦宜乎!

【注释】

①撰曰:与卷一《巴志》、卷三《蜀志》、卷四《南中志》的"撰曰"相比,卷二《汉中志》的"撰曰"实在是太简单、太简略了。任乃强推测个中原因,"盖以其为李氏与晋所争地。蜀臣降晋,难于措词也"。

②彪炳:文采焕发的样子。

③云汉:银河,天河。

④皇刘:指汉朝皇家刘氏。应:应验。

⑤洪祚(zuò):隆盛的国运。祚,福运。

⑥萧公之云:萧公,指萧何。萧何所云,见本卷前文,"虽王汉中之恶,不犹愈于死乎?且语曰'天汉',其称甚美。夫能屈于一人之下,则伸于万乘之上者,汤、武是也。愿大王王汉中,抚其民,以致贤人,收用巴蜀,还定三秦,天下可图也"。

【译文】

撰述者说:汉水与沔水,文采相焕发,灵光上冲霄汉,照耀大地。灵光在天,是为天河;灵光在地,是为梁州。皇家刘氏,顺天应地;吉人天相,福祚悠长。萧何所说,不也同样合乎情理吗?

卷三　蜀志

【题解】

与《巴志》《汉中志》一样,本卷的内容也是由三部分组成的。

第一部分是总叙,概要记述了蜀地的上古历史,重点叙述的是"蜀中五帝"(蚕丛、柏灌、鱼凫、杜宇、开明)、战国、秦汉的历史,涉及各个阶段的政治、经济、军事、外交、建筑、水利、教育等方面的内容。《华阳国志》认为,蜀地的历史肇始于人皇;在传说时代,与"五帝"的黄帝有姻亲关系,在夏商周三代时期,与中原地区有文化交流,"故多班彩文章""故有夏声"。但因蜀国"不得与春秋盟会,君长莫同书轨",以致书缺有间,故而春秋以前的历史仅能点到为止。进入战国以后,蜀国的历史逐渐明朗、清晰而详细。本部分的内容,其价值有弥足珍贵者。比如,蚕丛"其目纵""作石棺石椁",蜀守李冰开凿都江堰,蜀守文翁立学兴教,以及关于蜀地盐、铁产地的记录,等等。

第二部分是分述,分别记述了蜀郡、广汉郡、犍为郡、江阳郡、汶山郡、汉嘉郡、越嶲郡的沿革、属县、人口、四至、物产、人物、风俗、民族、交通等。非常遗憾的是,此卷已非完帙。汶山郡部分,亡佚了绵虒(汶山)、都安、升迁、广阳、兴乐、平康、蚕陵、广柔等县的文字;而汉嘉郡部分的内容,则全部亡佚。本部分关于"火井"的记载,是中国最早的火井史料之一。本部分关于蜀地大石文化、汉武帝开发南中、西南夷分布(冉駹、筰夷、邛都夷、白马羌等）的记述等，均为第一手原始资料。

第三部分是"撰曰"，其风格一如前面两卷的"撰曰"，仍然以褒美为主。《华阳国志》认为，蜀地不但物产丰饶，"开辟及汉，国富民殷"；而且风俗淳美，有《雅》《颂》之声"，有"《中和》之咏"，可谓钟灵毓秀，"方之九区，于斯为盛"。

蜀之为国，肇于人皇①，与巴同囿。至黄帝，为其子昌意娶蜀山氏之女②，生子高阳③，是为帝颛顼；封其支庶于蜀，世为侯伯④，历夏、商、周。武王伐纣，蜀与焉⑤。其地东接于巴，南接于越，北与秦分，西奄峨嶓⑥。地称天府⑦，原曰华阳⑧。故其精灵则井络垂耀⑨，江汉遵流⑩。《河图括地象》曰⑪："岷山之精，上为井络，帝以会昌⑫，神以建福。"《夏书》曰："岷山导江，东别为沱⑬。"泉源深盛，为四渎之首⑭，而分为九江⑮。其宝则有璧玉、金、银、珠、碧、铜、铁、铅、锡、赭、垩、锦、绣、罽、氂、犀、象、毡、毦、丹黄、空青、桑、漆、麻、纻之饶⑯，滇、獠、賨、僰、僮、仆、六百之富⑰。其卦值坤⑱，故多班彩文章；其辰值未⑲，故尚滋味；德在少昊，故好辛香⑳；星应舆鬼㉑，故君子精敏，小人鬼黠㉒；与秦同分，故多悍勇。在《诗》，文王之化，被乎江汉之域㉓；秦豳同咏，故有夏声也㉔。其山林泽渔，园囿瓜果，四节代熟㉕，靡不有焉。

【注释】

①人皇：传说中远古部落的酋长。后将其神化，与天皇、地皇合称"三皇"。参看本书卷一《巴志》注。

②昌意：传说中远古人名。黄帝之子。相传，黄帝娶西陵国之女为

正妃,生二子:其一曰玄嚣,其二曰昌意。昌意居若水,娶蜀山氏女昌仆(又作"昌濮""景仆"),生高阳氏,即颛顼。参看《史记·五帝本纪》。《大戴礼记·帝系》:"昌意娶于蜀山氏,蜀山氏之子谓之昌濮氏,产颛顼。"蜀山氏:上古氏族。相传为蜀人先祖。考古学资料证明,蜀山氏主要活动在岷江上游地区,使用彩陶,文化面貌与马家窑文化相同,与川西平原古蜀人不相类。

③高阳:即颛顼(zhuān xū),传说中的远古帝王。黄帝之孙,昌意之子。相传十岁而佐少昊,二十而登帝位,称高阳氏。居于帝丘(一说在今河南商丘东南,一说在今河南濮阳西南)。其事迹类神话:少昊之时,九黎乱德,民神杂糅。颛顼继位,命重为南正,司天以属神,命黎为火正,司地以属民,使民神不相侵扰,是谓"绝地天通"。又传星与日辰之位皆在北维,颛顼之所建。参看《史记·五帝本纪》。

④"封其支庶于蜀"二句:可参看本书《巴志》:"五帝以来,黄帝、高阳之支庶世为侯伯。"支庶,宗法制度谓嫡子以外的旁支。

⑤"武王伐纣"二句:意谓蜀国参加了武王伐纣的军事行动。于此,另可参看本书卷一《巴志》:"周武王伐纣,实得巴、蜀之师,著乎《尚书》。"本书卷十二《序志并士女目录》:"及武王伐纣,蜀亦从行。"

⑥奄:覆盖,包括。峨嶓:岷山与嶓山。嶓山,即嶓冢山。古人以西汉水所出为嶓冢山,在今甘肃天水和礼县之间。后人既知西汉水非汉水上源,故又指今陕西宁强北汉源所出之山为嶓冢,北魏并置嶓冢县于山侧。

⑦天府:谓土地肥沃、物产富饶之域。语本《战国策·秦策一》:"苏秦始将连横,说秦惠王曰:'大王之国……田肥美,民殷富,战车万乘,奋击百万,沃野千里,蓄积饶多,地势形便,此所谓天府,天下之雄国也。'"《史记·刘敬叔孙通列传》:"因秦之故,资甚美膏腴之地,此所谓天府者也。"此处特指蜀地。语本《三国志·蜀

书·诸葛亮传》:"益州险塞,沃野千里,天府之土,高祖因之以成帝业。"

⑧华阳:华山之南。此处特指蜀地。《尚书·禹贡》:"华阳、黑水惟梁州。"

⑨井络:天上的井宿区域。垂耀:光辉下照,照耀。左思《蜀都赋》:"岷山之精,上为井络。"

⑩江汉:长江(古称江水)和汉水。此处指长江与汉水之间及其附近的一些地区,古为巴蜀之地。

⑪《河图括地象》:古纬书《河图》的一种。内容以讲地理为主,但里面有很多神话传说的内容。左思《蜀都赋》:"岷山之精,上为井络。"刘逵注:"《河图括地象》曰:'岷山之地,上为井络,帝以会昌,神以建福。'上为天井,言岷山之地,上为东井维络;岷山之精,上为天之井星也。"

⑫会昌:谓会当兴盛隆昌。

⑬"《夏书》曰"几句:引文出自《尚书·夏书·禹贡》。导,发源。沱,沱江,为岷江的支流。

⑭四渎:长江、黄河、淮河、济水的合称。《尔雅·释水》:"江、河、淮、济为四渎。四渎者,发原注海者也。"

⑮九江:泛指所有的江河。

⑯赭(zhě):赭石,自然产生而混有黏土的赤铁矿。因含氧化铁或氧化锰等,一般呈棕色,间亦有呈土黄色或红色者,可做颜料。垩(è):白色土,可用来粉饰墙壁。毦(ěr):毡类毛织品。丹黄:丹砂和雌黄。空青:又名"杨梅青"。孔雀石的一种。产于川、赣等地。随铜矿生成,球形、中空,翠绿色。可作绘画颜料,亦可入药。

⑰滇、獠、賨、僰,僮、仆、六百之富:来自滇、獠、賨、僰等部族的僮、仆、六百等众多奴隶,此言秦汉世蜀地奴隶贩卖之盛。任乃强认为此处"僮、仆、六百"四字所表达者为奴隶市价之等级。调教慧

點有才艺、能受主人嬖爱者,为上等,当时称之为"僮"。其驯顺谨厚、堪任使者为"仆",大都为年龄已大,历世已深者。"六百"二字,疑是当时谓一般粗笨劳动奴隶之售价,或是保证全年生产之价值。

⑱其卦值坤:古人将八经卦与八方位相配,有"先天八卦"与"后天八卦"两说。按照"后天八卦"说,坤卦对应的方位是西南方,即巴蜀大地。

⑲其辰值未:十二地支的未所对应的方位是西南方,即巴蜀大地。

⑳"德在少昊"二句:按照《礼记·月令》《吕氏春秋·孟秋纪》的说法,"孟秋之月,……其帝少皞,……其味辛"。少昊,即少皞。传说中古代东夷集团的首领,名挚(一作"质"),号金天氏。东夷集团曾以鸟为图腾,相传少皞曾以鸟名为官名。传说少皞死后为西方之神。参看《左传·昭公十七年》。

㉑舆鬼:即鬼宿,二十八宿中南方七宿之一。

㉒鬼點:狡猾慧點。

㉓"文王之化"二句:按照《诗》家的说法,周文王的教化,由泾渭而及于江汉流域。《毛诗正义·序》:"(《周南》《召南》)二风大意,皆自近及远,《周南·关雎》至《麟斯》皆后妃身事,《桃夭》《兔罝》《芣苢》后妃化之所及,《汉广》《汝坟》变言文王之化,见其化之又远也。"

㉔"秦豳(bīn)同咏"二句:《左传·襄公二十九年》:吴公子季札聘鲁、观乐,"(鲁)为之歌《豳》,曰:'美哉,荡乎!乐而不淫,其周公之东乎!'为之歌《秦》,曰:'此之谓夏声。夫能夏则大,大之至也,其周之旧乎!'"杜预注:"秦本在西戎汧陇之西,秦仲始有车马礼乐,去戎狄之音而有诸夏之声,故谓之夏声。"豳,同"邠"(bīn)。古都邑名。在今陕西旬邑西南。后稷的曾孙公刘居此。《诗经》有《豳风》,共有诗七篇,即产生于豳地。夏声,古代中原

地区的民间音乐。刘师培《南北文学不同论》："河济之间,古称
中夏;故北音谓之夏声。"

㉕四节:指春、夏、秋、冬四季。

【译文】

蜀地国家的建立,开始于人皇之时,与巴国在同一个区域。到黄帝之时,黄帝为他的儿子昌意娶蜀山氏的女儿为妻,生下儿子高阳,他就是颛顼;他们的子孙被分封到蜀地,世世代代为侯伯,历经夏、商、周三代。周武王伐纣之时,蜀国参加了军事行动。蜀国的疆域东面与巴国接壤,南面与越国接壤,北面与秦国相邻,西面包括岷山与嶓山。蜀地被称为天府,平原被称为华阳。蜀地的精神与灵气,在天上是熠熠闪亮的井络之星,在地上是滚滚流淌的江汉之河。《河图括地象》说:"岷山之地有精气,它对应天上的井络之星,帝王会因此而昌盛,神灵会因此而降福。"《尚书·夏书》说:"岷山是岷江的发源地,岷江向东而流,其支流是沱江。"岷江源头的泉水深邃而丰沛,位居四渎之首,在中下游分化为众多江河。蜀地出产的宝物,有璧玉、金、银、珠、碧、铜、铁、铅、锡、赭、垩、锦、绣、罽、氂、犀、象、毡、毦、丹黄、空青、桑、漆、麻、纻等自然资源,有滇、獠、賨、僰等部族的僮、仆、六百等众多奴隶。就卦位而言,蜀国对应的是西南方的坤卦,故而蜀地产生了很多斑斓的文章;就时辰而言,蜀国对应的是十二地支的未,故而蜀地崇尚美味;就德行而言,蜀国对应的是以金德而王的少昊,故而蜀地喜好辛香之气;就分野而言,蜀国对应的是舆鬼之星,故而蜀地的君子精明敏捷,而小人则狡猾慧黠;蜀国与秦国属于同一分野,故而两地的民风多彪悍勇猛。《诗经》说,周文王的教化,遍及江汉流域;秦风与豳风的吟诵是相通的,故而都有"夏声"的特点。蜀地有山林与河泽,园林出产瓜果,一年四季成熟的瓜果,可谓应有俱有。

有周之世,限以秦、巴,虽奉王职,不得与春秋盟会,君长莫同书轨①。周失纲纪②,蜀先称王③。有蜀侯蚕丛④,其

目纵⑤,始称王。死,作石棺石椁⑥,国人从之,故俗以石棺椁为纵目人冢也。次王曰柏灌⑦。次王曰鱼凫⑧。王田于湔山⑨,忽得仙道,蜀人思之,为立祠。

【注释】

①书轨:指国中所用文字与车轨,借指文字与制度。按:《太平御览》卷一百六十六引扬雄《蜀王本纪》:“蜀之先,称王者有蚕丛、折灌、鱼易、俾明。是时,椎髻左衽,不晓文字,未有礼乐。”本书卷十二《序志并士女目录》:“又言蜀椎髻左衽,未知书,文翁始知书学。”所谓“不晓文字”“未知书”,一般认为是蜀国没有文字。笔者认为,所谓“不晓文字”,其意与“莫同书轨”相同,即蜀国所使用的是与中原不同的文字。巴蜀地区出土过数量众多的“巴蜀符号”(或称“巴蜀图语”),这应该是一种还没有破译的文字。又,2006年6月,成都金沙遗址出土过两件石磬(大石磬、小石磬)。2021年5月,三星堆遗址8号坑出土过石磬残片(大石磬)、大铜铃、大鼓(疑似)。可见,古蜀国并非“未有礼乐”。

②周失纲纪:指东周时期的“礼崩乐坏”。纲纪,社会的秩序和国家的法纪。

③称王:自封为王。按照周朝礼制,只有周天子可以称王,而地方诸侯不得称王。

④蚕丛:古蜀国王。曾治瞿上,在今四川成都双流区南。相传,蚕丛教民种桑养蚕,民间以为即蚕神,又称青衣神。《艺文类聚》卷六引汉扬雄《蜀本纪》:“蜀始王曰蚕丛,次曰伯雍,次曰鱼凫。”清嘉庆《四川通志》卷四十九双流县:“瞿上城在县南十八里。……按瞿上城即蚕丛城也。”清雍正《四川通志》卷二十八上:“蚕丛祠在府西。蚕丛氏初为蜀侯,后为蜀王,教民桑蚕,俗呼为青衣神。今废。”《大清一统志》卷二百九十三:“蚕丛祠在(成都)府治西

南。"或以为,蚕丛、柏灌、鱼凫皆"一代之名,而非一人之名"(蒙文通)。

⑤目纵:即纵目,竖生之目。所谓"其目纵",大概是因为眼角上斜而貌似纵目。有学者猜测,"纵目"一词可能描述的就是三星堆面具上的柱状眼睛,而这些面具就代表了蚕丛。

⑥石棺石椁(guǒ):即以石头制作的棺椁,考古学上称之为"石棺葬""大石墓"。根据本书卷三《蜀志》等文献记载,石棺葬的历史至少可以追溯到蚕丛时代。在四川的甘孜、阿坝、凉山等地,在岷江、大渡河、青衣江、金沙江、雅砻江、安宁河等流域,考古工作者曾经发现过石棺葬和大石墓。

⑦柏灌:又作"柏濩"。古蜀国王。治蜀数百岁,其事迹不详。按:蚕丛、柏灌、鱼凫治蜀"各数百岁",故三者当为部落名或朝代名。《太平御览》卷八百八十八引扬雄《蜀王本纪》:"蜀王之先名蚕丛,后代名曰柏濩,后者名鱼凫。此三代各数百岁,皆神化不死。"

⑧鱼凫:古蜀国王。后于湔山仙去,王位为杜宇所取。相传,鱼凫尝建鱼凫城,在今四川成都温江区北约八里。民国《温江县志》卷二:鱼凫城"其遗址犹在,乡人呼古城埂"。今古城遗址尚存。按:或以为,蚕丛、柏灌、鱼凫等名号都是音译,而且代表的是三个部族、三个时代。李白《蜀道难》:"蚕丛及鱼凫,开国何茫然。"

⑨湔(jiān)山:又名"九峰山""玉垒山"。山名。在今四川都江堰市西北隅。因湔江之源出于此,故名湔山。《汉书·地理志上》蜀郡绵虒县:"玉垒山,湔水所出。"西晋左思《蜀都赋》:"包玉垒以为宇。"东晋郭璞《江赋》:"玉垒作东别标。"《读史方舆纪要》卷六十七灌县:玉垒关"在县西玉垒山下"。

【译文】

周朝之时,蜀国局限于与秦国、巴国交往,虽然也恭奉王职,但不得参与春秋时期的盟会,而其文字与制度也与其他国家不同。东周时期,礼崩乐坏，蜀国先自称王。有蜀侯蚕丛，他的眼睛是竖着生的，他最早称王。蚕丛死后，用石头制作棺椁，国人纷纷效仿，故而民间认为，石棺椁都是纵目人的坟墓。蜀国的第二代国王叫柏灌。第三代国王叫鱼凫。鱼凫王在湔山打猎时，忽然得道成仙而去，蜀人思念他，为他建立了祠堂。

后有王曰杜宇①，教民务农，一号杜主②。时朱提有梁氏女利游江源③，宇悦之，纳以为妃。移治郫邑④，或治瞿上⑤。七国称王⑥，杜宇称帝⑦，号曰望帝，更名蒲卑⑧。自以功德高诸王，乃以褒斜为前门⑨，熊耳、灵关为后户⑩，玉垒、峨眉为城郭⑪，江、潜、绵、洛为池泽⑫，以汶山为畜牧⑬，南中为园苑⑭。会有水灾，其相开明决玉垒山以除水害⑮。帝遂委以政事，法尧、舜禅授之义⑯，遂禅位于开明，帝升西山隐焉⑰。时适二月⑱，子鹃鸟鸣⑲，故蜀人悲子鹃鸟鸣也。巴亦化其教而力农务，迄今巴、蜀民农时先祀杜主君。

【注释】

①杜宇：名蒲卑，一作"蒲泽"，号望帝，一号杜主。古蜀国王。治汶山下邑曰郫，别都瞿上。继三代蜀王之后治蜀，以鳖灵为相。时大水，鳖灵开三峡，治洪水。因禅位于鳖灵而隐去修道。时值二月，子规鸟啼，蜀人怀之而呼子规为杜宇、杜鹃。一说，通于其相之妻，惭而亡去，魂化为鹃。

②杜主：即杜宇。宋葛立方《韵语阳秋》卷十六引《成都记》："杜宇又曰杜主，自天而降，称望帝，好稼穑，治郫城。后望帝死，其魂化为鸟，名曰杜鹃。故老杜云：'昔日蜀天子，化为杜鹃似老乌。'又曰：'古时杜鹃称望帝，魂作杜鹃何微细。'"

③朱提：郡名。东汉建安十九年（214）刘备改犍为属国置，属庲降

都督。治所在朱提县（今云南昭通昭阳区）。西晋属益州。东晋属宁州。南朝齐改名南朱提郡。江源：即江原县。县名。西汉置，属蜀郡。治所在今四川崇州东南三十里江源镇东。十六国成汉李雄改为汉原县，治今崇州西北怀远镇，为汉原郡治。东晋复旧名。南朝齐先后为晋康郡、江原郡治。北周改名多融县，旋改为晋原县。

④郫：古邑名。古蜀国杜宇都城，俗传为杜鹃城，在今四川成都郫都区北一里。《文选》卷十五张衡《思玄赋》李善注引《蜀王本纪》："望帝治汶山下邑曰郫，积百余岁。"周慎王五年（前316）秦灭蜀国后置郫县。

⑤瞿上：古蜀国邑。在今四川成都双流区南十八里黄甲乡境与新津区交界之牧马山蚕丛祠九倒拐一带。相传为蚕丛氏所都。顾祖禹《读史方舆纪要·四川二·成都府》："瞿上城，在县东十八里。相传蚕丛氏所都，亦曰商瞿里，以孔子弟子商瞿所居也。"

⑥七国：或说乃"巴国"之误（任乃强）。

⑦称帝：自称皇帝。蜀国自蚕丛称王，到杜宇称帝，递有变化。

⑧蒲卑：当为记音文字，其义颇不易解。或以为"蒲卑"与彝语"普姫"音近，义为祖先。或以为"蒲卑"与彝语"笃米"音近，"笃米"又称"笃慕"；"笃慕"之"慕"，在彝语中义为天，是至高的意思；"笃米"是古蜀地的"至高"者，也是彝族先民心目中的"再造之主"，是人类的祖先。

⑨褒斜：指褒斜道，因取道褒水、斜水两河谷得名。自今陕西眉县沿斜水及其上源石头河，经今太白县，循褒水及其上源白云河至汉中。长四百七十余里。自秦汉以来，褒斜道为往来秦岭南北的重要通道。

⑩熊耳：即熊耳峡，岷江三峡之总称。在今四川乐山市北六十里。《水经·江水注》：江水"又东南径南安县西，有熊耳峡，连山竞

险,接岭争高"。灵关:亦名"零关""临关""重关"。山名。在
今四川宝兴南灵关镇。为砾岩层大裂口,长数里,两岸壁立,中为
通道。

⑪玉垒:山名。在今四川都江堰市西北隅。峨眉:山名。在今四川
峨眉山市西南十三里。左思《蜀都赋》:"夫蜀都者,盖兆基于上
世,开国于中古。廓灵关以为门,包玉垒而为宇。带二江之双流,
抗峨眉之重阻。"

⑫江、潜、绵、洛:指岷江、潜水、绵水、洛水。

⑬汶山:山名。即今四川西北部之岷山。

⑭南中:地区名。相当今四川大渡河以南及云、贵两省。三国蜀汉
以巴蜀为根据地,其地在巴蜀之南,故名。

⑮开明:人名。古书作"鳖灵""鳖令""鳖泠"。古蜀国国君。原为
蜀王杜宇相,因治水有功,杜宇效尧舜禅让之义,禅位于他,号丛
帝。《太平御览》卷八百八十八引扬雄《蜀王本纪》:"荆有一人,
名鳖灵,其尸亡去,荆人求之不得。鳖灵尸至蜀,复生,蜀王以为
相。时玉山出水,若尧之洪水,望帝不能治水,使鳖灵决玉山,民
得陆处。鳖灵治水去后,望帝与其妻通。帝自以薄德,不如鳖灵,
委国授鳖灵而去,如尧之禅舜。鳖灵即位,号曰开明。"

⑯禅授:犹禅让。以帝位让人。

⑰西山:山名。即今四川都江堰市西南青城山。

⑱适:正好,恰好。

⑲子鹃:又名"子规""杜宇"。即杜鹃鸟。

【译文】

后来的蜀国国王叫杜宇,又叫杜主,他教导老百姓务农。当时朱
提郡梁姓人家有位叫利的女子到江源游玩,杜宇很喜欢她,将其纳为妃
子。杜宇将国都迁移到郫邑,又在瞿上修建别都。到七国称王之时,杜
宇称帝,自号望帝,改名为蒲卑。杜宇自以为功德高于其他诸侯王,于

是以褒斜道为前门,以熊耳峡、灵关山为后门,以玉垒山、峨眉山为城郭,以岷江、潜水、绵水、洛水为池泽,以汶山为畜牧地,以南中为园苑。当时恰逢遇上水灾,蜀国丞相开明凿开玉垒山疏导洪水,解决了水害。杜宇于是将政事委托给开明,效法尧、舜禅让的先例,将王位禅让给开明,而自己则到西山隐居去了。当时正好是二月,到处都是杜鹃鸟鸣之声,故而蜀人后来每逢听到杜鹃鸟鸣之声,内心都很悲伤。巴国也遵从了杜宇的教化努力耕作,直至今日,巴、蜀的百姓在农耕季节都要先祭祀杜主君。

开明立,号曰丛帝①。丛帝生卢帝②。卢帝攻秦,至雍③,生保子帝④。帝攻青衣⑤,雄张獠、僰。九世有开明帝,始立宗庙⑥,以酒曰醴,乐曰荆,人尚赤,帝称王。时蜀有五丁力士,能移山,举万钧。每王薨,辄立大石,长三丈,重千钧,为墓志,今石笋是也⑦,号曰笋里。未有谥列⑧,但以五色为主⑨,故其庙称青、赤、黑、黄、白帝也。开明王自梦郭移⑩,乃徙治成都⑪。

【注释】

①丛帝:或说古蜀王鳖灵即丛帝,见《蜀王本纪》。

②卢帝:开明氏子,蜀国开明氏第二世王。

③雍:都邑名。春秋秦国都。在今陕西凤翔西南七里南古城。后置雍县。

④保子帝:卢帝子,蜀国开明氏第三世王。

⑤青衣:指青衣羌。以青衣水为名。战国时,青衣羌居住在青衣(今四川芦山县,一说在四川雅安名山区北)。《水经·江水注》:"(青衣)县,故青衣羌国也。《竹书纪年》:梁惠成王十年,瑕阳人

自秦道岷山、青衣水来归。”西汉高帝六年（前201）于此置青衣
县。高后六年（前182），在㶟道筑城，重新设置青衣县。

⑥宗庙：古代帝王、诸侯祭祀祖宗的宫室。按：今四川成都郫都区县
城南郊有望丛祠（全称“望帝丛帝祠”），是古代蜀人为纪念望帝
杜宇、丛帝开明而修建的祀祠。《方舆胜览》卷五十一成都府：望
帝祠“有墓在郫县南一里，与鳖灵墓相对”。祠始建于南朝齐明
帝建武时，北宋康定二年（1041）、皇祐四年（1052）两次扩建。
明末毁于战火。清道光间重建祠宇及培修二陵，护以城垣。今陵
墓高数十米，状若丘山。祠墓内有听鹃楼、高低船坊、博浪轩等。
楼亭池殿错落起伏，幽静典雅。

⑦石笋：挺直的大石，其状如笋，故名。按照杜光庭《石笋记》的记
载，石笋在成都城西，“成都子城西曰兴义门，金容坊有通衢，几百
五十步，有石二株，挺然耸峭，高丈余，围八九尺”。杜甫在成都
之时，曾经亲眼见过石笋，“君不见益州城西门，陌上石笋双高蹲”
（杜甫《石笋行》）。陆游也亲眼见过石笋，“成都石笋，其状与笋
不类，乃累叠数石成之”（《老学庵笔记》卷五）。明人曹学佺在
《蜀中名胜记》中仍将石笋列为成都西门名胜，可知当时石笋还
在。大约在明清之际，石笋已被毁坏。按：石笋约在少城东门街
之西南，在今成都红光中路石笋街一带，而“石笋街”即当因石笋
而得名。

⑧谥列：谥号与牌位。

⑨五色：指青、赤、黄、白、黑五种颜色。按：以五色配五帝（青帝、赤
帝、黄帝、白帝、黑帝），至少可以上溯至春秋初年；到前513年，五
帝—五行图式已经甚为完整了，可参看彭华《阴阳五行研究（先
秦篇）》。

⑩郭：外城。

⑪徙治成都：即由郫移治成都。

【译文】

开明即位后的名号是丛帝。丛帝生卢帝。卢帝曾经攻打秦，一度进军至雍，卢帝生保子帝。保子帝攻打青衣羌，称雄于獠人、僰人。到开明王朝第九世君王开明帝时，才开始建立宗庙，开明王朝称酒为醴，称乐为荆，崇尚赤色，由帝改称王。当时，蜀国有五个大力士，能移大山，能举万钧。每当蜀王驾崩，就要竖立一块大石头，石头长三丈，重千钧，以此作为墓碑，这就是今天所见的石笋，蜀王墓葬之地，称之为笋里。蜀王没有谥号与牌位，其称号以五色为主，因而其宗庙称青帝庙、赤帝庙、黑帝庙、黄帝庙、白帝庙。开明王曾经梦见城郭移动，于是迁都至成都。

周显王之世，蜀王有褒、汉之地。因猎谷中①，与秦惠王遇②。惠王以金一笥遗蜀王③，王报珍玩之物④，物化为土。惠王怒。群臣贺曰："天承我矣，王将得蜀土地。"惠王喜，乃作石牛五头，朝泻金其后，曰"牛便金"，有养卒百人。蜀人悦之，使使请石牛。惠王许之。乃遣五丁迎石牛⑤。既不便金。怒，遣还之，乃嘲秦人曰"东方牧犊儿"⑥。秦人笑之曰："吾虽牧犊，当得蜀也。"

【注释】

①谷：即褒谷，亦称"南谷"，在今陕西汉中西北。

②秦惠王（前356—前311）：全称秦惠文王。名驷，战国时秦国国君。秦孝公之子。即位初，以宗室多怨，诛杀商鞅。五年，以公孙衍为大良造，执政。十年，任张仪为相，推行"连横"之策。屡发兵攻魏，收复河西，魏纳上郡十五县。十三年自称为王，次年改元。后元七年，韩、赵、魏、燕、齐五国攻秦，不胜而回。九年灭蜀，十年伐取义渠二十五城，十三年攻取楚汉中地六百里。谥惠文。

③笥（sì）：盛饭或衣物的方形竹器。遗（wèi）：馈赠。

④珍玩：供玩赏的珍贵物品。

⑤乃遣五丁迎石牛：蜀王为了迎接石牛，下令修建了一条道路，此即后世所说"石牛道"（又名"金牛道"）。秦之灭蜀，即取石牛道。《水经·沔水注》引来敏《本蜀论》："秦惠王欲伐蜀，而不知道，作五石牛，以金置尾下，言能屎金。蜀王负力，令五丁引之成道。秦使张仪、司马错寻（循）路灭蜀，因曰石牛道。"

⑥牧犊儿：犹今人所呼"放牛娃"。牧犊，牧牛，放牛。

【译文】

　　周显王之时，蜀王拥有褒中、汉中之地。由于到山谷中打猎，蜀王与秦惠王相遇。秦惠王将一筐金子赠送给蜀王，蜀王以珍玩之物回赠秦王，但珍玩之物却化作了泥土。秦惠王大怒。群臣祝贺秦王："这是上天送礼物给我们啊！大王将得到蜀国的土地。"秦惠王转怒为喜，于是秦国制作了五头石牛，石牛在早晨排泄出了金子，美其名曰"牛便金"，供养石牛的吏卒有上百人。蜀人听说此事拍手称快，派遣使者到秦国去请石牛。秦惠王答应了。于是，蜀王派遣了五个大力士到秦国去迎接石牛。当石牛到达蜀国后，就不再排泄金子了。蜀王发怒了，派遣人员将石牛送还秦国，并讥讽秦人为"东方放牛娃"。秦人报之一笑，说："我们虽然说是放牛娃，但我们必定会得到蜀国。"

　　武都有一丈夫，化为女子，美而艳，盖山精也①。蜀王纳为妃。不习水土②，欲去。王必留之，乃为《东平之歌》以乐之。无几③，物故④。蜀王哀之，乃遣五丁之武都担土为妃作冢。盖地数亩，高七丈，上有石镜⑤，今成都北角武担是也⑥。后王悲悼，作《臾邪歌》《陇归之曲》。其亲埋作冢者，皆立方石以志其墓。成都县内有一方折石，围可六尺⑦，长三丈许。去城北六十里曰毗桥，亦有一折石，亦如之。长老传言，五丁士担土担也。公孙述时，武担石折，故治中从事任文公叹曰⑧："噫，西方智士死，吾其应之⑨！"岁中卒。

【注释】

①山精：传说中的山间精怪。

②不习水土：不适应异地的气候、饮食习惯等。

③无几：不久。

④物故：亡故，去世。

⑤石镜：古代蜀地的大石遗迹之一，在武担山上。乐史《太平寰宇记》卷七十二："蜀王乃遣五丁，于武都山担土为冢，盖地数亩，高七丈，上有一石，厚五寸，径五尺，莹澈，号曰石镜。"石镜今已不存，或谓沉没于丘土之中。

⑥武担：山名。又称"武都山"。在四川成都城内西北隅北较场内。《太平寰宇记》卷七十二华阳县："武担山在府西北一百二十步。一名武都山。"武都山为一高二十余米、长百余米、宽三四十米的土丘，俗称武担山。东汉建安二十六年（221），刘备"即皇帝位于成都武担之南"（《三国志·蜀书·先主传》）。裴松之注："武担，山名，在成都西北，盖以乾位在西北，故就之以即阼。"

⑦围：四周，周边。即周长。

⑧治中从事：官名。汉置，也简称治中，为州佐吏。在司隶校尉则称功曹从事，在其他十二州则称治中从事，掌州选署及文书案卷众事。其后，晋和南朝梁沿置。任文公：巴西郡阆中（今四川阆中）人。侍御史任文孙之子。以占术驰名。为治中从事。传能预占水旱。辟司空掾，西汉平帝初称疾归家。王莽篡位，知当大乱，率家人避入山中，幸得免。《后汉书》有传。

⑨应：回应，响应。

【译文】

武都县有一位男子,变化为女子,美丽而明艳,大概是山精的化身。蜀王将她纳为妃子。女子因为不服水土,想要离开。但蜀王执意要挽留她,并且特意制作了《东平之歌》来取悦她。但没过多久,妃子还是死了。蜀王非常哀伤,于是派遣五个大力士到武都县去担土,为妃子建造坟墓。坟墓占地数亩,高七丈,上面竖有石镜,这就是今天成都西北角的武担山。其后,蜀王悲悼妃子,又制作了《史邪歌》与《陇归之曲》。那些亲自建墓、埋葬妃子的人,都要立一块方石作为墓地的标志。在成都县城内,有一块方形的已经折断的石头,其周长可达六尺,长约三丈。在距离城北六十里的毗桥,也有一块断的石头,其形状一如城内的方折石。听年长者说,这是当年五个大力士担土的担子。到公孙述占据蜀地之时,这个石担子被折断了,因此,治中从事任文公感叹说:"哎呀,西方的智士死了,我也将追随他而去!"果然,任文公在这一年死了。

周显王三十二年①,蜀侯使朝秦。秦惠王数以美女进,蜀王感之,故朝焉。惠王知蜀王好色,许嫁五女于蜀,蜀遣五丁迎之。还到梓潼,见一大蛇入穴中。一人揽其尾掣之②,不禁③。至五人相助,大呼曳蛇④,山崩,时压杀五人,及秦五女并将从。而山分为五岭,直顶上有平石。蜀王痛伤,乃登之,因命曰"五妇冢山"⑤;于平石上为望妇堠⑥,作思妻台。今其山或名"五丁冢"。

【注释】

①周显王三十二年:前337年。

②掣(chè):拉,拽。

③不禁:经受不住。本处意谓拉不住蛇。

④曳:拉,牵引。

⑤五妇冢山:即今四川梓潼县境内的五妇山。本书卷二《汉中志》:
　梓潼县"有五妇山,故蜀五丁士所拽蛇崩山处也"。《太平寰宇
　记》卷八十六梓潼县:五妇山"在县北一十二里。高四百二十
　丈"。

⑥堠(hòu):古代瞭望敌情的土堡。

【译文】

　　周显王三十二年,蜀侯派遣使者朝拜秦王。秦惠王多次赠送美女
给蜀王,蜀王很感激,故而派遣使者朝拜秦王。秦惠王知道蜀王好色,答
应嫁五个女子给蜀王,蜀王派遣五个大力士前往迎接。自秦返回到梓潼
时,看见一条大蛇钻入洞穴中。其中一人抓住蛇的尾巴,用力往外拉,但
没有拉动。于是,五个人都来助力拉蛇,大声呼喊着拽蛇,结果把山拉
崩了,压死了五个大力士和五个美女,随从也被压埋。山被分为五个山
岭,洞穴顶上有一块平石。蜀王很悲痛,于是登上山顶平石,将之命名为
"五妇冢山";并在平石上修建了望妇堠,又建造了思妻台。今天,这座山
也称为"五丁冢"。

　　蜀王别封弟葭萌于汉中①,号苴侯,命其邑曰葭萌焉。
苴侯与巴王为好,巴与蜀仇,故蜀王怒,伐苴侯。苴侯奔巴,
求救于秦。秦惠王方欲谋楚,群臣议曰:"夫蜀,西僻之国,
戎狄为邻,不如伐楚。"司马错、中尉田真黄曰②:"蜀有桀、
纣之乱,其国富饶,得其布帛金银,足给军用。水通于楚,有
巴之劲卒,浮大舶船以东向楚③,楚地可得。得蜀则得楚,楚
亡则天下并矣。"惠王曰:"善!"周慎王五年秋④,秦大夫张
仪、司马错、都尉墨等从石牛道伐蜀⑤。蜀王自于葭萌拒之,
败绩⑥。王遁走⑦,至武阳⑧,为秦军所害。其相、傅及太子

退至逢乡⑨,死于白鹿山⑩,开明氏遂亡。凡王蜀十二世。冬十月,蜀平,司马错等因取苴与巴。

【注释】

①别封:另外分封。苴萌:战国时苴(今四川昭化东南)侯。蜀王开明之弟。秦惠王更元九年(前316),他因同与蜀有仇的巴王友善,为蜀王所伐,出奔巴,求救于秦。秦惠王命张仪、司马错伐蜀,灭之,继灭苴与巴。

②司马错:战国时秦人。仕秦惠王。秦惠王更元九年(前316),率兵伐蜀。蜀灭,任蜀郡守。蜀属秦,秦益富强。中尉:统兵武官。秦汉皆置,俸中二千石,掌京城治安、巡逻捕盗。田真黄:秦国将军。仕秦惠王。秦惠王更元九年(前316),韩将侵秦,蜀又乱,孰先伐未决。田真黄主张先伐蜀,后伐楚。

③浮:行(船)。舶船:海船。亦泛指大船。

④周慎王五年:前316年。

⑤都尉墨:墨为名,其姓失。石牛道:古道路名。又名"金牛道""南栈道"。自今陕西勉县西南行,经青阳驿、金牛驿、柏林驿、宁强、黄坝驿,越七盘岭入四川境,复经朝天驿、广元,而至剑阁。石牛道是古代汉中盆地和巴蜀的交通要道,"所谓蜀之喉嗌也"(《读史方舆纪要》卷五十六)。今四川广元以北朝天驿附近清风峡和明月峡,尚有栈道遗迹。

⑥败绩:战败。

⑦遁:逃跑,逃走。

⑧武阳:古邑名。战国时蜀邑,后属秦。在今四川眉山彭山区东北十五里。秦灭蜀后,于此置武阳县。

⑨逢乡:地名。在今四川彭州境内。

⑩白鹿山:山名。在今四川彭州西北六十里。按:2020年3月底,

四川省文物考古研究院联合彭山区文物保护研究所对大坟包墓地进行了考古发掘。至2020年7月下旬，已清理完成各类遗迹192个，其中墓葬165座、灰坑13个、沟11条、陶窑3座，时代涵盖战国晚期、西汉、新莽、东汉、三国—两晋、唐、宋、明、清，出土陶、铜、铁、瓷、木等各类器物900多件（组）。初步推断，该墓葬群为古蜀遗民埋骨之地。

【译文】

蜀王另外分封弟弟葭萌于汉中，号称苴侯，将其邑命名为葭萌。苴侯与巴王关系很好，而巴国与蜀国有仇，故而蜀王迁怒于苴侯，出兵讨伐苴侯。苴侯逃奔巴国，并向秦国求救。秦惠王正打算攻打楚国，与群臣商议说："蜀国是西方偏僻的国家，而且与戎狄为邻，不如攻打楚国。"司马错、中尉田真黄说："现在蜀国有桀、纣之乱，而蜀国富饶，得到蜀国的布帛金银，足以供给军用。蜀国有水路通往楚国，而巴国又有精壮的士兵，用大船装载士兵，沿江东下攻打楚国，必然可以攻占楚地。得到蜀国就得到楚国，楚国灭亡则天下可以统一。"秦惠王说："好！"周慎王五年秋，秦国大夫张仪、司马错、都尉墨等取道石牛道攻打蜀国。蜀王亲自在葭萌迎敌，结果大败。蜀王逃跑了，一直逃到武阳，结果被追来的秦军杀害。蜀王的相、傅和太子撤退到逢乡，在白鹿山被杀死，开明氏于是灭亡。开明氏总共在蜀国称王十二世。冬十月，蜀国平定，司马错等因势夺取苴侯国与巴国。

周赧王元年^①，秦惠王封子通国为蜀侯^②，以陈壮为相^③。置巴郡。以张若为蜀国守^④。戎伯尚强^⑤，乃移秦民万家实之。三年，分巴、蜀置汉中郡。六年，陈壮反，杀蜀侯通国。秦遣庶长甘茂、张仪、司马错复伐蜀^⑥，诛陈壮。七年，封子恽为蜀侯^⑦。司马错率巴、蜀众十万，大舶船万艘，米六百万斛，浮江伐楚，取商於之地为黔中郡。

【注释】

①周赧王元年：前314年。

②通国：秦惠王公子。被封为蜀侯，后为陈壮所杀。蒙文通则认为，通国为蜀王后裔。

③陈壮：《史记·秦本纪》索隐引《华阳国志》作"陈莊"。壮、莊，形近易讹。按：秦在蜀地同时设置蜀侯、蜀相与蜀国守，属于郡国并行制。

④张若：秦国将领。后任蜀国守、蜀郡太守，曾与张仪修筑成都城，又主持修筑郫城、临邛城。

⑤戎伯：本处指蜀地少数民族的首领。

⑥庶长：官名。春秋时秦国置，掌握军政大权，相当于其他各国的卿。按：秦国实行二十等爵制，其中十左庶长、十一右庶长、十七驷车庶长、十八大庶长。本处说"庶长甘茂"，当为大庶长。甘茂：楚国下蔡（今安徽凤台）人。秦国名将。学百家之术，有谋略。事秦惠文王，略汉中地。秦武王时为左相。武王欲窥周室，甘茂为之拔韩之宜阳。昭襄王时因避谗言，奔齐，任上卿。后由齐至楚，谋归秦。未成，卒于魏。《史记》有传。

⑦恽：或作"晖""辉"。

【译文】

周赧王元年，秦惠王分封儿子通国为蜀侯，以陈壮为相。设置了巴郡。任命张若为蜀郡太守。当时，蜀地的少数民族首领还比较强大，于是将秦人一万家移民到蜀地，以充实蜀地的人口。周赧王三年，分割巴郡、蜀郡，设置了汉中郡。周赧王六年，陈壮谋反，杀死了蜀侯通国。秦国派遣庶长甘茂、张仪、司马错再次攻伐蜀侯，诛杀了陈壮。周赧王七年，秦人封公子恽为蜀侯。司马错率领巴、蜀民众十万，大舶船上万艘，米六百万斛，沿江而下攻打楚国，夺取了商於之地，在其地设置了黔中郡。

赧王四年，惠王二十七年，仪与若城成都①，周回十二里，高七丈；郫城周回七里②，高六丈；临邛城周回六里③，高五丈。造作下仓④，上皆有屋，而置观楼射兰⑤。成都县本治赤里街⑥，若徙置少城内⑦。城营广府舍⑧，置盐、铁、市官并长、丞⑨；修整里阓⑩，市张列肆⑪，与咸阳同制⑫。其筑城取土，去城十里，因以养鱼，今万岁池是也⑬。城北又有龙坝池⑭，城东有千秋池⑮，城西有柳池⑯，西北有天井池⑰，津流径通，冬夏不竭，其园囿因之⑱。平阳山亦有池泽⑲，蜀之渔畋之地也⑳。

【注释】

①城：筑城，建城。按：张仪与张若建筑的成都城，分为大城和少城（小城），少城在大城之西。

②郫城：即郫县城。在今四川成都郫都区。张仪与张若主持修筑。

③临邛城：在今四川邛崃。张仪与张若主持修筑。

④下仓：在国都以外的居邑修建的粮仓。

⑤观楼：用于瞭望的楼阁。射兰：一种射箭设施，用于自卫。由此可见，成都城、郫城、临邛城均带有军事城堡性质，而且三城互成掎角之势，构成了川西的战略防御体系。

⑥赤里街：秦成都太城之街，在南门内，相当今四川成都旧城南大街。成都县本治赤里街。

⑦少城：又名"小城"，东连太城，在今四川成都旧城西。少，小。言"少城"，对成都"大城"而言。《文选·左思〈蜀都赋〉》："亚以少

城,接於其西。"刘逵注:"少城,小城也,在大城西,市在其中也。"

⑧府舍:官舍,官邸。

⑨置盐、铁、市官并长、丞:设置盐官、铁官及市官,并为其设立正副官
长。其中,盐、铁官主收盐税、铁税,市官负责管理市场,收商业税。

⑩里:居民住宅区。阓(huì):古指市场的大门。

⑪列肆:谓成列的商铺。

⑫同制:同样的制度。按:"与咸阳同制",或谓"与长安同制",当系
后人妄改。《太平寰宇记》卷七十二引扬雄《蜀王本纪》:"秦惠王
遣张仪、司马错定蜀,因筑成都而县之。(成)都在赤里街,张若徙
置少城内。始造府县寺舍,令与长安同制。"

⑬万岁池:亦名"万顷池",在四川成都北十里凤凰山东南。《四川总
志·成都府》:"万岁池,在府治北一十里。张仪筑城取土于此,因
以成池。广袤数十里,溉三乡田,岁久淤塞。宋制置使王纲申疏
之。累土为防,植榆柳,表以石柱,人以为王公甘棠。"明代逐渐
淤涸。

⑭龙坝池:《水经·江水注》作"龙堤池",或谓即成都城西北之"九
里堤"(任乃强)。

⑮千秋池:在今四川成都东南五里牛市口一带,或谓即成都城东门
外之"大观堰"(任乃强)。《读史方舆纪要》卷六十七成都、华阳
县"万岁池"条下:"又千秋池,在华阳县治东五里。相传亦张仪
所凿。谚曰'东千秋,北万岁',谓此。"

⑯柳池:或谓当在今成都城西罗家碾、道士堰(任乃强)。

⑰天井池:或疑在成都城西北之"洞子口"(任乃强)。《水经·江
水注》:"城北又有龙堤池,城东有千秋池,西有柳池,西北有天井
池,津流径通,冬夏不竭。"

⑱园囿(yòu):泛指庭园、花园。

⑲平阳山:或谓即今成都城北将军碑与天回镇间之大黄土冈陵(任

乃强）。

⑳渔畋（tián）：捕鱼打猎。畋，打猎。

【译文】

周赧王四年，秦惠王二十七年，张仪与张若建筑成都城，城墙周长十二里，高七丈；郫城，周长七里，高六丈；临邛城，周长六里，高五丈。各县邑都建造了粮仓，上面都有屋顶，而且设置了观楼与射兰。成都县的治所本来在赤里街，张若将治所迁至少城内。在少城内修建县府的房舍，设置盐官、铁官、市官及其长、丞；修建住宅和市场，市场开设了商铺，实行与咸阳同样的制度。因为筑城取土，在距离成都城十里的地方，挖出了一个大坑，用它来养鱼，这就是今天所说的万岁池。城北又有龙坝池，城东有千秋池，城西有柳池，西北有天井池，各池水流相通，冬夏都不枯竭，在池子旁边，都建有园林。平阳山也有池泽，是蜀王渔猎的地方。

赧王十四年，蜀侯恽祭山川，献馈于秦昭襄王①。恽后母害其宠，加毒以进王。王将尝之，后母曰："馈从二千里来，当试之。"王与近臣②，近臣即毙。王大怒，遣司马错赐恽剑，使自裁③。恽惧，夫妇自杀。秦诛其臣郎中令婴等二十七人④。蜀人葬恽郭外。十五年，王封其子绾为蜀侯。十七年，闻恽无罪冤死，使使迎丧入葬之郭内。初则炎旱三月，后又霖雨七月⑤，车溺不得行⑥。丧车至城北门，忽陷入地中。蜀人因名北门曰咸阳门，为蜀侯恽立祠。其神有灵，能兴云致雨⑦，水旱祷之。

【注释】

①献馈：进奉食物。馈，食物。此处特指祭祀时用过的食物，比如胙肉（祭祀时供神的肉）。

②近臣：在君主左右侍从的臣子，君主左右亲近之臣。

③自裁：自尽，自杀。

④郎中令：官名。秦始置，为郎中长官，掌宫廷戍卫，侍从皇帝左右，参与谋议，职甚亲重。西汉沿置，秩中二千石，列位九卿，凡郎官皆属之。武帝太初元年（前104）更名光禄勋。

⑤霖雨：连绵大雨。

⑥溺：陷入泥水中。

⑦兴云致雨：兴起云气，引起降雨。

【译文】

周赧王十四年，蜀侯恽祭祀山川，将祭祀时用过的食物进献给秦昭襄王。恽的继母妒忌他被秦昭襄王宠信，偷偷地在食物中放了毒药进献给秦昭襄王。秦昭襄王将要品尝食物时，继母说："食物是从二千里外的地方送来的，应当让人先尝一下。"秦昭襄王将食物给了近臣，近臣吃后马上死了。秦昭襄王大怒，派遣司马错赐给恽一把宝剑，让他自杀。恽很害怕，夫妇俩都自杀了。秦昭襄王又诛杀了郎中令婴等二十七人。蜀人将恽埋葬于成都城外。周赧王十五年，秦昭襄王分封他的儿子绾为蜀侯。周赧王十七年，蜀侯绾听说恽无罪而被冤死，派遣使者迎丧，准备将恽移葬于城郭之内。当时先是炎热干旱三个月，后来又是连绵大雨七个月，车子陷入泥水中不能行走。当丧车到达成都城的北门时，忽然陷入地中。蜀人因此称北门为咸阳门，并为蜀侯恽修建了祠堂。恽的神主很灵验，能够兴云致雨，每逢水灾、旱灾，老百姓都要向他祷告。

三十年①，疑蜀侯绾反，王复诛之，但置蜀守。张若因取笮及楚江南地也②。

【注释】

①三十年：周赧王三十年，前285年。

②张若因取笮（zuó）及楚江南地也：底本"楚"作"其"，刘琳认为笮人从未占有"江南"之地，认为"其"当作"楚"，可从。笮，又作"莋"（zuó）、"筰"，指古代生活在四川汉源、甘孜、石棉、西昌、盐源等地的一个古老部落。《史记·西南夷列传》："西南夷君长以什数，夜郎最大；其西靡莫之属以什数，滇最大；自滇以北君长以什数，邛都最大。……其外西自同师以东，北至楪榆，名为巂、昆明，……自巂以东北，君长以什数，徙、莋都最大；自莋以东北，君长以什数，冉駹最大。……此皆巴蜀西南外蛮夷也。"在四川的甘孜、阿坝、凉山等地，在岷江、大渡河、青衣江、金沙江、雅砻江等流域，考古工作者曾经发现过石棺葬。有的研究者认为，石棺墓的主人就是筰人。

【译文】

周赧王三十年，秦昭襄王怀疑蜀侯绾谋反，又诛杀了绾，之后，只在蜀地设置太守。其后，张若凭借蜀地夺取了筰人的土地和楚国的江南地。

周灭后①，秦孝文王以李冰为蜀守②。冰能知天文、地理，谓汶山为天彭门③；乃至湔氐县④，见两山对如阙，因号天彭阙⑤。仿佛若见神⑥，遂从水上立祀三所，祭用三牲⑦，珪璧沉濆⑧。汉兴，数使使者祭之。

【注释】

①周灭后：前256年，秦灭西周公国，周赧王病逝，西周灭亡。前249年，秦灭东周公国，迁其君。

②李冰：战国时人。秦昭王时，任蜀郡守。在任期间，发动民工，分岷江为内、外二支，修堤作堰，即今之都江堰；又开凿湔崖，疏通沫水，治文井江，使蜀地沃野千里而无水患。又曾在广都开凿井

盐。被尊为"川主",各地建"川主祠"以祀之。事见《汉书·沟洫志》。

③天彭门:即彭门山,今四川彭州西北三十里寿阳山。《方舆胜览》卷五十四彭州:彭门山"两峰如阙,相去四十步,名天彭门,因以名州"。《读史方舆纪要》卷六十七彭州:彭门山"两峰对立,其高如阙,名天彭门,亦曰天彭阙"。

④湔(jiān)氐县:县名。本湔氐地。秦始皇时置县,属蜀郡。治所在今四川松潘西北。西汉改置为湔氐道。三国蜀属汶山郡。西晋改为升迁县。

⑤天彭阙:在今四川松潘西北。《水经·江水注》:"至白马岭,而历天彭阙,亦谓之为天彭谷也。秦昭王以李冰为蜀守。冰见氐道县有天彭山,两山相对,其形如阙,谓之天彭门,亦曰天彭阙。"

⑥神:江神。

⑦三牲:古代祭祀用的牛、羊、豕三种牺牲。

⑧珪璧:古书亦作"圭璧"。古代祭祀、朝聘等所用的玉器。渍(fén):水边,岸边。

【译文】

周朝灭亡后,秦孝文王任命李冰为蜀守。李冰精通天文、地理,称汶山为天彭门;到湔氐县考察时,看见两山相对,形状如阙,因而称之为天彭阙。李冰仿佛看到了江神,于是在水上设立了三座神祠,并用牛、羊、猪三牲祭祀江神,又在江边沉入珪璧。汉朝兴起后,也多次派遣使者祭祀江神。

冰乃壅江作堋①,穿郫江、检江②,别支流,双过郡下,以行舟船。岷山多梓、柏、大竹,颓随水流③,坐致材木,功省用饶;又溉灌三郡④,开稻田。于是蜀沃野千里,号为"陆海"⑤。旱则引水浸润,雨则杜塞水门。故记曰:"水旱从人,不知饥馑⑥,时无荒年⑦,天下谓之'天府'也⑧。"外作石犀五头以厌水精⑨;穿石犀溪于江南⑩,命曰犀牛里。后转置犀牛二头:一在府市市桥门⑪,今所谓石牛门是也;一在渊中。乃自湔堰上分穿羊摩江⑫,灌江西。于玉女房下白沙邮作三石人⑬,立三水中。与江神要:水竭不至足,盛不没肩。

【注释】

①壅江作塴(péng):谓作堤壅江,提高水位,以便兴工(任乃强)。塴,分水堤。《太平寰宇记》卷七十三永康军:"都安堰,一名湔堰。李冰壅江作塴。蜀人谓堰为塴。"

②郫江:战国秦蜀守李冰开凿的河流,相当今四川成都平原之柏条河。唐乾符中,高骈建成都城,使郫江改道,由绕城南改为绕城北郭,折东南流与检江(流江、锦江)合,是今府河,城西及南之郫江不复存在。郫江东接连今毗河,至今四川金堂(赵镇)入沱江。检江:一名汶江、笮桥水、流江、外水江,相当今四川成都平原之走马河。《太平寰宇记》卷七十三:"郫江、检江即下成都县二江,谓之北江、南江者也。"按:2005年3月,都江堰渠首鱼嘴外江河床新出文物78件,内有《郭择赵汜碑》,碑文有"择汜受任监作北江堰"诸语。由此可知,郭择、赵汜是东汉时期监守都江堰的堰官。

③颓:下坠。

④三郡:指蜀郡、广汉郡、犍为郡。

⑤陆海:物产富饶之地。《汉书·地理志下》:"(秦地)有鄠、杜竹林,南山檀柘,号称陆海,为九州膏腴。"

⑥饥馑(jǐn):饥荒。

⑦荒年:农业歉收之年。

⑧天府:谓土地肥沃、物产富饶之域。此处特指蜀地。《三国志·蜀

书·诸葛亮传》:"益州险塞,沃野千里,天府之土,高祖因之以成帝业。"《晋书·袁乔传》:"蜀土富实,号称'天府',昔诸葛武侯欲以抗衡中国。"

⑨厌:厌伏,镇服。用巫术镇伏邪祟。水精:水中的精灵、妖怪。

⑩石犀溪:战国秦蜀守李冰开凿,沟通成都城南郫江与检江、市桥与笮桥之间的溪流,在今四川成都旧城西南。

⑪市桥门:少城南面西头第一门,约在今成都金河街一带,当下同仁路口之东不远。因其前有市桥,故名市桥门。

⑫湔堰:即都江堰,在今四川都江堰市西岷江中。羊摩江:相当今四川都江堰市南之羊马河。《水经·江水注》:"江水又历都安县。……李冰作大堰于此,壅江作塴,塴有左右口,谓之湔塴,江入郫江、检江以行舟。《益州记》曰:江至都安,堰其右,检其左,其正流遂东,郫江之右也。……又穿羊摩江、灌江,西于玉女房下白沙邮,作三石人,立水中。刻要江神,水竭不至足,盛不没肩。是以蜀人旱则藉以为溉,雨则不遏其流。故《记》曰:水旱从人,不知饥馑,沃野千里,世号陆海,谓之天府也。邮在堰上,俗谓之都安大堰,亦曰湔堰,又谓之金堤。"《太平寰宇记》卷七十三永康军:"都安堰一名湔堰。李冰壅江作塴。蜀人谓堰为塴。"

⑬玉女房:当在白沙街西龙溪山崖上(刘琳)。白沙邮:即原灌县(今都江堰市)西八里的白沙街。石人:石雕人像。按:制作三尊石人的目的,主要是用于镇水(即下文所说的"珍水")。1974年3月,在修建都江堰枢纽工程渠首鱼嘴附近的外江时,发现了一座李冰石像。石像高2.9米,肩宽0.96米,厚0.46米,重约4.5吨。在石像的两袖和衣襟上,有浅刻隶书题记三行。中行(胸部)为"故蜀郡李府君讳冰",左袖为"建宁元年闰月戊申朔廿五日都水掾",右袖为"尹龙长陈壹造三神石人珍水万世焉"。此像应为李冰石像,可能就是三神石人之一。刻造石像的时间是东汉灵帝建

宁元年,即168年。

【译文】

李冰于是修建堤堰以堵塞江水,又疏导郫江、检江,使其支流都经过郡府成都,而且河流都可以行驶舟船。岷山上有很多梓树、柏树、大竹,将其砍伐后随着水流而下,可以坐收材木之利,功力节省而且用处多多;又可引水灌溉三个郡,开垦稻田。于是,蜀沃野千里,号称"陆海"。天旱时就引水灌溉,下雨时就关闭水门。因此,古书说:"下雨或天旱都听从人的安排,因生活富足而不知道饥荒,而且往往不会出现荒年,所以天下称之为'天府'。"李冰在外江制作了五头石犀牛,用来镇服水精;引导石犀溪到锦江以南,将其地命名为犀牛里。后来,将两头石犀牛进行转置:一头在府市市桥门,就是今天所说的石牛门;一头在深渊中。李冰又从湔堰分出羊摩江,用以灌溉岷江以西的农田。李冰在玉女房下的白沙邮制作了三个石人,立在三条江水之中。李冰与江神约定:枯水季节时不会浅到脚背,丰水季节时不会淹没双肩。

时青衣有沫水出蒙山下①,伏行地中,会江南安②。触山胁溷崖③,水脉漂疾④,破害舟船,历代患之。冰发卒凿平溷崖,通正水道。或曰:冰凿崖时,水神怒,冰乃操刀入水中与神斗。迄今蒙福⑤。

【注释】

①青衣:县名。西汉高帝六年(前201)置,属蜀郡。治所在今四川芦山县,一说在今四川雅安名山区北。以青衣羌国为名。天汉四年(前97)为西部都尉治。沫水:一名渽水、涐水,即今四川西部的大渡河或青衣江。蒙山:古称名山,即今四川雅安名山区西与雅安交界之蒙山。

②南安：县名。秦置，属蜀郡。治所即今四川乐山市。西汉属犍为
　　郡。南朝梁属齐通郡。南齐以后废。
③涠（hùn）崖：即今四川乐山市东二里凌云山大佛岩。
④水脉：水流。漂疾：迅疾。
⑤蒙福：得福，受益。

【译文】

　　当时，青衣县有一条河叫沫水，它发源于蒙山下，在山谷中潜伏而
行，在南安县与青衣江会合。江水冲击涠崖山腰的崖石，水流湍急，破坏
舟船，历代都引以为患。李冰派遣士卒开凿涠崖，疏通水道，消减水患。
有人说：李冰开凿涠崖时，水神发怒了，于是李冰手持大刀跳入水中与水
神搏斗。时至今日，老百姓还为此受益。

　　僰道有故蜀王兵兰①，亦有神作大滩江中。其崖崭峻不
可凿②，乃积薪烧之③，故其处悬崖有赤白五色。

【注释】

①兵兰：亦作"兵阑""兵栏"，放置兵器的栏架。或说即驻兵的营
　　寨（徐中舒）。按：任乃强、刘琳认为"蜀王兵兰"即赤崖山。赤
　　崖山，又名朝阳山、朝阳崖，在今四川宜宾西北。《明一统志》卷
　　六十九："赤崖山，在（叙州）府治西北。崖岸壁立，瞰大江，色若
　　绮霞。"《大清一统志》卷三百一："《旧志》亦名朝阳崖，在县西北
　　二十里。"《读史方舆纪要》卷七十："仙侣山，在（叙州）府治西
　　北。……其北曰翠屏山，以山色常青也。又西北曰赤崖山，崖岸
　　壁立，下瞰大江，色若绮霞。"
②崭峻：险峻。崭，高峻，突出。
③乃积薪烧之：烧石使热而骤沃以水，利用其膨胀率之骤变，以摧破
　　崖石，为古人摧毁巨石障碍之一种方法（任乃强）。

【译文】

　　僰道县有原先蜀王放置兵器的禁地,也有江神在大滩江中。僰道县的山崖险峻无法开凿,李冰下令堆积柴草焚烧山崖,使之崩裂,因此这里的悬崖有赤、白等五种颜色。

　　冰又通笮道文井江①,径临邛②。与蒙溪分水、白木江会武阳天社山下③,合江。又导洛通山洛水④,或出瀑口,经什邡⑤,与郫别江会新都大渡⑥。又有绵水⑦,出紫岩山⑧,经绵竹入洛,东流过资中,会江阳⑨。皆溉灌稻田,膏润稼穑⑩。是以蜀川人称郫、繁曰膏腴⑪,绵、洛为浸沃也⑫。又识察水脉⑬,穿广都盐井、诸陂池,蜀于是盛有养生之饶焉⑭。

【注释】

①笮(zuó):指竹索桥。文井江:即今四川崇州西河,为岷江西支流。本书卷三《蜀志》:"江原县,郡西,渡大江,滨文井江,去郡一百二十里。"

②临邛:县名。战国秦置,属蜀郡。治所即今四川邛崃。秦惠王二十七年(前311)建城。十六国成汉后废,西魏废帝二年(553)复置。属邛州,为临邛郡治。《旧唐书·地理志四》:"临邛:汉县,属蜀郡。邛水,出严道邛崃山,入青衣江,故云临邛。"按:在张家山汉简《二年律令·秩律》中,已有"临邛"县名。

③白木江:亦作"白术水""白术江",即今四川邛崃西南之夹关河及南河(邛崃河)。《元和郡县志》卷三十一临邛县:白术水"经县南二里"。天社山:即修觉山,在今四川新津南,当邛崃水(南河)注入岷江处。《元和郡县志》卷三十一新津县:"天社山在县南三里,在成都南百里。北枕大江,南接连岭,每益土有难,人多

依焉。"

④洛通山:又名"章山""章洛山""九岭山""杨林山"。在今四川
什邡西北六十里。《元和郡县志》卷三十一什邡县:"洛通山在县
西三十九里。李冰导洛通山,谓此也。"洛水:一作"雒水"。即
今四川成都平原东北之石亭江。为今四川沱江诸源之一。源于
九顶山东南麓,流经绵竹、什邡等市,至广汉易家河坝福兴渡纳鸭
子河后汇入沱江。

⑤什邡:县名。东汉改汁方县置,属广汉郡。治所即今四川什邡方
亭镇。

⑥新都:县名。本战国时蜀国之新都。西汉置县,属广汉郡。治所
在今四川成都新都区新都镇东。西晋泰始二年(266)属新都郡。
太康六年(285)复属广汉郡。

⑦绵水:明、清称绵阳河。即今绵远河。为沱江正源。在四川中北
部。源于四川盆地西北缘九顶山南麓老鹰窝梁子,向东南流经金
堂县,至广汉易家河坝始称沱江。

⑧紫岩山:又名"绵竹山"。在今四川绵竹西北三十里。《汉书·地
理志上》绵竹县:"有紫岩山,绵水所出。"《读史方舆纪要》卷六
十七绵竹县:紫岩山在"县西北三十里。绵水出于此。《志》云:
紫岩山极高大,亦谓之绵竹山,相接者曰武都山"。

⑨江阳:县名。西汉置,属犍为郡。治所即今四川泸州。以县在大
江(长江)之阳(水之北),故名。东汉为枝江都尉治。建安十八
年(213)为江阳郡治。东晋安帝时为獠族所据,废。南朝梁大同
中复置,为东江阳郡(江阳郡)和泸州治。按:在张家山汉简《二
年律令·秩律》中,已有"江阳"县名。

⑩膏润:本指使草木滋润生长的雨露和养料。本处用为动词,意谓
滋润。稼穑:播种与收谷。本处指庄稼。

⑪郫:县名。秦于周慎王五年(前316)灭蜀国后在郫邑置,属蜀郡。

治所在今四川成都郫都区北一里。繁:县名。西汉置,属蜀郡。治所在今四川彭州西北。"因繁江以为名"(《元和郡县志》卷三十一)。蜀汉延熙十年(247),移治于今成都新都区西北新繁镇,迁繁县民居于此,俗称新繁。北周正式改名新繁。膏腴:形容土地肥美。

⑫绵:县名。指今四川绵阳。其源头可追溯至涪县。西汉置涪县,属广汉郡。以城临涪水得名。三国蜀属梓潼郡。西晋改名涪城县,永嘉后为梓潼郡治。南朝宋复名涪县,为梓潼郡治。梁为巴西、梓潼二郡治。西魏废帝二年(553)改为巴西县,为巴西郡治,并置潼州。雒:县名。指今四川广汉。西汉置雒县,治今四川广汉北,属广汉郡。以雒水而得名。《元和郡县志》卷三十一雒县:"县南有雒水,因以为名。"王莽改为吾雒。东汉复名雒县,为广汉郡治。西晋泰始二年(266)为新都郡治,太康六年(285)复为广汉郡治。东晋或南朝宋移治今四川广汉雒城镇。浸沃:形容土地肥沃。

⑬水脉:水流。指江流、河流等。

⑭穿广都盐井、诸陂池,蜀于是盛有养生之饶焉:这与李冰综合开发天府之国有关。李冰所做盐井为大坑,工人负牛皮囊下坑取水煮盐。盐尽,则蓄水为陂池,在池中养鱼、菱、茭蒲。穿,挖掘,开凿。广都,县名。本为战国蜀之别都。西汉于此置广都县,属蜀都。治所在今四川成都双流区东中和镇。西晋移治今四川成都双流区东南文星镇附近。东晋永和中又移治今双流区,属宁蜀郡,梁、齐为郡治。养生,保养生命。按:双流区境内的盐井遗址较多,以"十八口"遗址最为明显,其址在今双流区华阳街道境内长顺村的杏花山下。

【译文】

李冰又修建竹索渡桥,沟通文井江,直接通往临邛。文井江与蒙溪水、白木江会合，流至武阳天社山下，与岷江合流。李冰又疏导洛通山下的洛水，在瀑口分出一条支流，支流流经什邡，与郫江的支流在新都县的大渡亭会合。又有绵水，源出紫岩山，流经绵竹汇入洛水，向东流过资中，在江阳汇入岷江。这里河流都可以灌溉稻田，滋润庄稼。因此，蜀地的人称郫县、繁县为膏腴，绵县、洛县为浸沃。李冰又识别、考察了水流，开凿了广都盐井，以及众多池塘，于是，蜀地拥有丰富的保养生命的资源。

　　汉祖自汉中出三秦伐楚，萧何发蜀、汉米万船而给助军粮，收其精锐以补伤疾①。虽王有巴、蜀，南中不宾也②。高祖六年，始分置广汉郡。高后六年③，城僰道，开青衣。

【注释】

①伤疾：因受创伤而造成的疾病。本处指作战受伤或生病的人员。

②不宾：不臣服，不归顺。《国语·楚语上》："蛮、夷、戎、狄其不宾也久矣。"《三国志·蜀书·后主传》："益州郡有大姓雍闿反，流太守张裔于吴，据郡不宾。"

③高后六年：前182年。高后（？—前180），名雉，字娥姁，秦末汉初单父（今山东单县）人。汉高祖皇后，故称高后。楚汉战争初，为项羽所俘，后释还。刘邦称帝，立为皇后。有谋略，助高祖杀韩信、彭越等异姓王。子惠帝即位，又虐杀戚夫人，毒死赵王如意。惠帝卒，临朝称制，排斥刘邦旧臣，立诸吕为王，使掌南北军。死后，诸吕欲作乱，为周勃、陈平诛灭。称制九年，掌握汉政权十六年。《史记》《汉书》有传。

【译文】

　　汉高祖自汉中出兵，经三秦攻打楚军，萧何派发蜀、汉上万船米，作为军粮供给军队，又收编精锐部队，以补充因伤疾而出现的缺员。虽然说汉高祖拥有巴、蜀之地，但南中一带并没有归顺。汉高祖六年，才分割巴、蜀之地设置广汉郡。高后六年,在僰道筑城,又重新设置了青衣县。

孝文帝末年①,以庐江文翁为蜀守②。穿湔江口③,溉灌繁田千七百顷。是时世平道治,民物阜康④。承秦之后,学校陵夷⑤,俗好文刻⑥。翁乃立学,选吏子弟就学;遣隽士张叔等十八人东诣博士受七经⑦,还以教授。学徒鳞萃⑧,蜀学比于齐、鲁⑨。巴、汉亦立文学。孝景帝嘉之⑩,令天下郡国皆立文学,因翁倡其教,蜀为之始也。孝武帝皆征入叔为博士。叔明天文、灾异,始作《春秋章句》⑪,官至侍中、扬州刺史。

【注释】

①孝文帝:即汉文帝刘恒(前202—前157)。高祖中子。西汉皇帝。初封代王。吕后死,大臣诛诸吕,迎立为帝。在位期间,轻徭薄赋,与民休息,提倡农耕,经济渐次恢复,社会日趋安定。景帝因之,史称"文景之治"。《史记》《汉书》有传。按:此处所说"孝文帝末年"有误,当作"孝景帝末年"。译文从之。

②庐江:王国名。西汉文帝十六年(前164)分淮南王国置,都舒县(今安徽庐江县西南)。景帝四年(前153),徙庐江王为衡山王。武帝元狩初,衡山国除,以旧名改衡山王国为庐江郡。文翁:庐江舒县(今安徽庐江县西南)人。或说文翁名党,字翁仲,不可信。少好学,通《春秋》。景帝末,为蜀郡守。崇尚教化,以变风俗。以蜀地僻陋,乃选遣郡县小吏十余人诣京师,受业博士,或学律令。学成还归,皆署以要职,后有官至郡守、刺史者。又在成都兴办学校,招邻近各县子弟为学官弟子,免除更徭,成绩优良者补郡县吏,次为孝弟、力田(郡县掌管教民务之乡官)。数年,风气大变,蜀地大化。吏民争欲为学官弟子,富人至出钱以求之。汉

代郡国之立学校官,自文翁始。卒后,蜀人祀之。《汉书》有传。

③湔江:即今四川都江堰市东之蒲阳河。为西汉蜀郡太守文翁所开,为湔堰(都江堰)三大干渠之一。《水经·江水注》:"江北则左对繁田,文翁又穿湔浚以溉灌繁田千七百顷。"

④民物:泛指人民、万物。阜康:富足康乐。

⑤陵夷:渐趋于衰微。

⑥俗好:流俗之所喜好。文刻:文辞苛刻。意谓像秦人一样"以吏为师",援用法律条文苛细严峻。

⑦隽士:才智出众的人。张叔:张宽,字叔文(《汉书·循吏列传·文翁传》作"张叔"),蜀郡成都(今四川成都)人。文翁兴学,遣张宽诣京师博士受七经,还以教授。汉武帝时,征为博士,官至侍中、扬州刺史。著有《春秋章句》十五万言。本书卷十《先贤士女总赞》有传。博士:学官名。战国时已有博士,秦因之。汉初,诸子、儒经、诗赋、术数、方伎皆立博士。汉文帝置一经博士,武帝时置五经博士,职责是教授经学、课试人才,或奉命出使、参政议政。东汉以降,议政职能逐渐削弱。七经:汉以来历代封建王朝所推崇的七部儒家经典。七经名目,历来说法不一。东汉《一字石经》作《易》《诗》《书》《仪礼》《春秋》《公羊》《论语》;《后汉书·张纯列传》唐李贤注作《诗》《书》《礼》《乐》《易》《春秋》《论语》。按:由于《乐经》不传,后一说不可信。又,张宽等人所学并非尽为儒家经典,还有律令等。《汉书·循吏列传·文翁传》:"景帝末,(文翁)为蜀郡守,仁爱好教化。见蜀地辟陋有蛮夷风,文翁欲诱进之,乃选郡县小吏开敏有材者张叔等十余人亲自饬厉,遣诣京师,受业博士,或学律令。"

⑧鳞萃:比喻聚集众多。

⑨蜀学:蜀郡的学校。

⑩孝景帝:即汉景帝刘启(前188—前141)。汉文帝中子,西汉皇

帝。用晁错计,削诸侯王封地,巩固中央集权。继承文帝"与民休息"政策,重农抑商,改田赋十五税一为三十税一,国家安定富庶,史称"文景之治"。《史记》《汉书》有传。按:文翁的这一办学试点,后被汉武帝推广到全国。《汉书·循吏列传·文翁传》:"至武帝时,乃令天下郡国皆立学校官,自文翁为之始云。"

⑪始作《春秋章句》:本书卷十《先贤士女总赞》说,张宽"作《春秋章句》十五万言"。

【译文】

孝景帝末年,任命庐江人文翁为蜀郡太守。文翁分流湔江水,灌溉繁县的一千七百顷田地。当时,世道太平,社会安定,物品充足,人民康乐。但因继秦之后,学校衰微,民间以吏为师,世俗偏好苛刻周密地援用法律条文以陷人于罪。于是,文翁在蜀郡创办学校,挑选官吏的子弟入学接受教育;又派遣隽士张叔等十八人东上京城,跟博士学习七经,学成之后回来教授蜀中子弟。蜀地学子众多,学校可以比肩于齐、鲁。巴郡、广汉郡也设了学习儒家经典的学校。汉景帝嘉奖了文翁,并下令在全国的州郡、王国都设立学校,这是因为文翁的倡导,率先在蜀郡设立学校,而在全国予以推行。汉武帝征召张叔等人为博士。张叔通晓天文、灾异,著有《春秋章句》,后官至侍中、扬州刺史。

元光四年,置蜀四部都尉①。元鼎二年,立成都郭、十八门,于是郡县多城观矣②。

【注释】

①"元光四年"二句:本处所说时间和事项均与正史记载有出入。按照《史记》和《汉书》等记载,至元光六年(前129)时,始在蜀郡设置西部都尉。四部都尉,即东、西、南、北四部都尉。译文从之。

②城观：犹城阙。

【译文】

元光六年，在蜀郡设置西部都尉。元鼎二年，修建了成都城的外郭、十八个城门，于是各个郡县纷纷效仿，修建了许多城阙。

六年①，分巴、蜀置犍为郡②。元封元年③，分犍为置牂柯郡④。二年，分牂柯置益州郡⑤。

【注释】

①六年：指建元六年，前135年。建元，汉武帝年号（前140—前135）。

②分巴、蜀置犍为郡：底本作"分广汉置犍为郡"，误。本书卷一《巴志》载，"天下既定，高帝乃分巴、蜀置广汉郡。孝武帝又两割置犍为郡"。

③元封元年：前110年。元封，汉武帝年号（前110—前105）。按：本处所说"元封元年"有误，当为"元鼎六年"。译文从之。

④牂柯郡：亦作"牂牁郡"。郡名。西汉元鼎六年（前111）平且兰，以其地与犍为郡南部置。治所在故且兰县（今贵州黄平、贵定二县间）。

⑤益州郡：郡名。西汉元封二年（前109）汉武帝开滇置，属益州。治所在滇池县（今云南昆明晋宁区东北三十二里晋城镇）。三国蜀建兴三年（225）改建宁郡。西晋太安二年（303）析建宁郡西部复置，属宁州，仍治滇池县（今云南昆明晋宁区东北晋城镇）。东晋改晋宁郡。

【译文】

建元六年，分割巴郡、蜀郡，设置了犍为郡。元鼎六年，分割犍为，设置了牂柯郡。元封二年，分割牂柯郡，设置了益州郡。

元鼎六年，以广汉西部白马为武都郡[1]，蜀南部邛都为越巂郡[2]，北部冉駹为汶山郡[3]，西部笮都为沈黎郡[4]，合置二十余县。天汉四年[5]，罢沈黎，置两部都尉：一治旄牛[6]，主外羌；一治青衣，主汉民。孝宣帝地节三年[7]，罢汶山郡，置北部都尉[8]。时又穿临邛、蒲江盐井二十所[9]，增置盐、铁官。

【注释】

①白马：古族名。亦称武都氐、白氐、故氐，氐的一支。秦汉时活动在今四川北部、甘肃东南部，首领自称氐王。汉元鼎六年（前111），武帝以其地置武都郡（治今甘肃西和西南）。元封三年（前108），武都氐人起兵反汉，被击败，一部徙于酒泉（今属甘肃）。东汉顺帝永和二年（137），白马氐起义，为广汉属国都尉所败。东汉末，首领杨驹迁居仇池，曹魏封其裔杨千万为百顷氐王。晋武帝时，又迁其一部于略阳清水一带。唐时介于唐、吐蕃之间，聚众自守，未被双方同化。明清时有"白马番"，今有"白马藏人"，或为其后裔。

②邛都：部族名。即邛人、邛都夷，分布在今四川西昌一带。西汉元光间置邛都县，治所在今四川西昌东南，属蜀郡。寻罢。元鼎六年（前111）复置，为越巂郡治。南朝齐废。越巂郡：郡名。西汉元鼎六年（前111）以邛都国地置，治邛都县（今四川西昌东南）。元封二年（前109）分数县入益州郡。南朝齐为僚郡，梁复开置。汉至南朝齐属益州，梁属巂州，北周属西宁州。

③冉駹（máng）：古族名，古国名。汉代西南的两个少数民族，属于古羌族系统，分布在今四川阿坝藏族自治州。亦指其国名。汉武帝时，于其地置汶山郡。《史记·西南夷列传》："自笮以东北，君

长以什数,冉駹最大。"张守节正义引《括地志》:"蜀西徼外羌,
茂州、冉州本冉駹国地也。"汶山郡:郡名。因汶山(岷山)得名。
西汉元鼎六年(前111)置,治所在汶江县(今四川茂县北)。地
节三年(前67)并入蜀郡。东汉建安末刘备复置,治所在绵虒县
(今四川汶川西南绵虒镇)。西晋移治汶山县(今四川茂县北)。
东晋时废。

④筰都:部族名。即筰人、筰都夷。属于古羌族系统,分布在今四川
汉源、石棉、冕宁、盐源、盐边等地。沈黎郡:郡名。西汉元鼎六年
(前111)置,治所在筰都县(今四川汉源东北)。天汉四年(前
97)废。十六国成汉复置,属益州。东晋永和三年(347)废。

⑤天汉四年:前97年。天汉,汉武帝刘彻年号(前100—前97)。

⑥旄牛:县名。以地接旄牛(一作"氂牛")种羌族得名。西汉元鼎
六年(前111)置,属沈黎郡。治所在今四川汉源南大渡河南岸。
天汉四年(前97)为蜀郡都尉治。东汉延光元年(122)属蜀郡
蜀国都尉。三国蜀汉属汉嘉郡。十六国成汉时属沈黎郡。东晋
永和中废。南朝宋复置。南齐废。

⑦孝宣帝地节三年:前67年。孝宣帝,汉宣帝刘询(前91—前49),
初名病已,字次卿。戾太子刘据之孙。西汉皇帝。昭帝死,霍光
迎立昌邑王贺,旋以荒淫而废之,乃迎立病已为帝。在位期间,励
精图治,任用贤能,重视吏治,平理刑狱,减轻徭役租税,使社会
矛盾相对缓和。又置西域都护,加强边防,有利于发展西域生产。
甘露二年(前52),南匈奴呼韩邪单于降汉,接见于长安。《汉书》
有传。地节,汉宣帝年号(前69—前66)。

⑧北部都尉:即蜀郡北部都尉,治所在汶江县(今四川茂县北)。

⑨蒲江:亦名"蒲水""蒲江水"。水名。在今四川蒲江县南。源出
名山县(今雅安名山区)东北,流经蒲江县城,东北流合临溪河,
于邛崃县(今邛崃市)东南注入南河(邛崃河),东流注入岷江。

⑩临邛、蒲江盐井二十所：中华人民共和国成立前，在邛崃县（今邛
　崃市）曾收集到一方"盐井"画像砖。1975年，在成都西郊曾家
　包东汉墓也出土过"盐井"画像砖。这些"盐井"画像砖，是研究
　盐业史的珍贵资料。

【译文】

　　元鼎六年，以广汉郡西部的白马为武都郡，蜀郡南部的邛都为越巂
郡，北部的冉駹为汶山郡，西部的筰都为沈黎郡，总共设置了二十余县。
天汉四年，废除沈黎郡，设置两部都尉：一个都尉治旄牛县，主管外部
的羌族；一个都尉治青衣县，主管汉民。汉宣帝地节三年，废除汶山
郡，设置北部都尉。当时，又开凿了临邛、蒲江的盐井二十个，增设了
盐官、铁官。

　　蜀自汉兴至乎哀、平，皇德隆熙①，牧守仁明②，宣德立
教，风雅英伟之士命世挺生③，感于帝思。于是玺书交驰于
斜谷之南④，玉帛戈戈乎梁、益之乡⑤。而西秀彦盛，或龙飞
紫闼⑥，允陟璇玑⑦；或盘桓利居⑧，经纶皓素⑨。故司马相
如耀文上京⑩，杨子云齐圣广渊⑪，严君平经德秉哲⑫，王子
渊才高名隽⑬，李仲元湛然岳立⑭，林公孺训诂玄远⑮，何君
公谟明弼谐⑯，王延世著勋河平⑰。其次，杨壮、何显、得意
之徒恂恂焉⑱。斯盖华、岷之灵标⑲，江、汉之精华也⑳。故
益州刺史王襄悦之㉑，命王褒作《中和颂》，令胄子作《鹿
鸣》声歌之㉒，以上孝宣帝。帝曰："此盛德之事，朕何以堪
之㉓！"即拜为郎㉔。

【注释】

①隆熙：兴盛。

②仁明：仁爱明察。

③命世：顺应天命而降世。挺生：挺拔生长。

④玺书：皇帝下达的诏书。交驰：交相奔走，往来不断。

⑤玉帛：用于征聘贤士的玉器和丝织品。戋戋（jiān）：形容堆积得很多的样子。《易·贲》："贲于丘园，束帛戋戋。"李鼎祚《周易集解》引虞翻曰："束帛戋戋，委积之貌。"

⑥龙飞：比喻升官提职，仕途得意。紫闼（tà）：指宫廷。闼，宫中小门。

⑦陟（zhì）：升，登。璇玑（xuán jī）：北斗星的第一星至第四星，比喻宰相之位。

⑧盘桓：徘徊。利居：宜于居家。意谓隐居不仕。《易·屯》初九："盘桓，利居贞，利建侯。"

⑨经纶：整理蚕丝。引申为规划、治理。皓素：洁白纯真。此处指品德与人格。

⑩司马相如（前179—前117）：小名犬子，字长卿，蜀郡成都（今四川成都）人。为人口吃而善著书。初事景帝为武骑常侍，后称病免官。去梁，从枚乘等游。后于临邛遇新寡家居之卓文君，携以同奔成都。武帝读相如所作《子虚赋》而善之，召为郎。后为中郎将，奉使通西南夷，有功。拜孝文园令，病免。工辞赋，"为汉辞宗"（常璩），"赋之圣者"（林艾轩）。著有《子虚赋》《上林赋》《大人赋》等。《史记》《汉书》、本书卷十《先贤士女总赞》有传。上京：京师，首都。此处指西汉国都长安。

⑪杨子云：扬雄（前53—18），字子云，蜀郡成都（今四川成都）人。少好学，为人口吃，博览群书，长于辞赋。年四十余，始游京师，以文见召。成帝时，任给事黄门郎。后仕于王莽，为大夫。校书天禄阁，因事被牵连，投阁几死。作有《反离骚》《甘泉赋》《长杨赋》《羽猎赋》等赋，著有《太玄》《法言》《方言》《训纂》《蜀王本纪》等书。博学多识，在文学、哲学、语言文字学上都有重要成

就。《汉书》、本书卷十《先贤士女总赞》有传。按：本书或作"扬雄""杨雄"，或作"杨子云""扬子云"。本次注译不求统一，请读者注意。齐圣广渊：四种美好的德性。《左传·文公十八年》："昔高阳氏有才子八人……齐圣广渊，明允笃诚，天下之民谓之八恺。"杜预注："齐，中也。渊，深也。"孔颖达疏："齐者，中也，率心由道，举措皆中也。圣者，通也，博达众务，庶事尽通也。广也，宽也，器宇宏大，度量宽弘也。渊者，深也，知能周备，思虑深远也。"

⑫严君平：严遵，字君平，蜀郡成都（今四川成都）人。扬雄之师。严遵本姓庄，为避汉明帝刘庄之讳而改姓严。成帝时，卖卜于成都，依著龟，与人言利害，得百钱足自养，则闭肆下帘读《老子》。终生不仕。扬雄少时曾从游学，常称其贤。著有《老子注》《老子指归》等。本书卷十《先贤士女总赞》有传。经德：修养品德。秉哲：秉赋有才智。

⑬王子渊：王褒，字子渊，蜀郡资中（今四川资阳）人。以辞赋著称。宣帝时，益州刺史王襄召见，使作《中和》《乐职》《宣布》三诗以颂汉德。后传之于京师，为宣帝所闻。被征召，擢为谏大夫。又侍太子，作《甘泉颂》《洞箫颂》。宣帝使往益州祭祀，死于道。本书卷十《先贤士女总赞》有传。

⑭李仲元：李弘，字仲元，蜀郡成都（今四川成都）人。人品高尚，乡人咸敬之。以德行被召为令，任事一月即辞去。后为州从事，为人公正，敢于直谏。未几，称病辞去。深为扬雄所称道，美誉之为"世之师也"。后卒于家。本书卷十《先贤士女总赞》有传。

⑮林公孺：林闾，字公孺，蜀郡临邛（今四川邛崃）人。善古学，长于训诂之学。扬雄师之。本书卷十《先贤士女总赞》有传。训诂：对字句（主要是对古书字句）作解释，亦指对古书字句所作的解释。玄远：玄妙幽远。

⑯何君公：何武（？—3），字君公，蜀郡郫（今四川成都郫都区）人。治《易》，以射策甲科为郎。历任谏大夫、御史大夫、大司空等官。为人仁厚正直，好推贤进士，奖称人之善。成帝时，封氾乡侯。平帝时，王莽专权，阴诛不附己者，何武被诬，自杀。《汉书》、本书卷十《先贤士女总赞》有传。

⑰王延世：字长叔，犍为郡资中（今四川资阳）人。成帝初年，黄河决口于馆陶及东郡金堤一带，泛滥四郡三十二县。被任为河堤使者，征调民工以大竹笼盛石用两船夹载投于决口，历时三十六日，塞决成堤，因功升光禄大夫，封关内侯。后二岁，黄河决口平原郡，与杨焉、许商等再次治河，六月即成。参看《汉书》的《成帝纪》《沟洫志》。河平：汉成帝年号（前28—前25）。因黄河水灾平定而改元河平。

⑱杨壮：《法言》作"杨庄"。按：其本名当作"庄"，因避汉明帝刘庄之讳而改为"壮"。蜀郡成都（今四川成都）人。汉成帝时为郎。扬雄始能为文，作县邸铭等，庄为诵之于帝。帝好之，以为似司马相如，雄遂以此得见帝，并因此出名。何显：蜀郡郫（今四川成都郫都区）人。何武之弟。官至颍川太守。得意：杨得意，蜀郡成都（今四川成都）人。汉武帝时为狗监（职掌皇帝田猎之犬的官吏）。因汉武帝读《子虚赋》而曰"吾独不得与此人同世"，杨得意遂向汉武帝推荐《子虚赋》作者司马相如。参看《史记·司马相如列传》和《汉书·司马相如传》。恂恂（xún）：温和恭敬的样子。

⑲灵标：灵性。

⑳精华：精神。

㉑王襄：西汉人。宣帝时，为益州刺史。欲宣风化于百姓，闻王褒有俊才，令作《中和》《乐职》《宣布》诗，选知音善歌者令依《鹿鸣》之声，习而歌之。见《汉书·王褒传》。

㉒胄子：国子学生员。《鹿鸣》：古代宴群臣嘉宾所用的乐歌。源于

《诗经·小雅·鹿鸣》。据清代学者研究,《鹿鸣》的乐曲至两汉、魏、晋间尚存,后即失传。

㉓堪:承受,担当。按:此事又见《汉书·王褒传》:"于是益州刺史王襄欲宣风化于众庶,闻王褒有俊材,请与相见,使褒作《中和》《乐职》《宣布》诗,选好事者令依《鹿鸣》之声习而歌之。时氾乡侯何武为僮子,选在歌中。久之,武等学长安,歌太学下,转而上闻。宣帝召见武等观之,皆赐帛,谓曰:'此盛德之事,吾何足以当之!'"

㉔郎:官名。为诸郎官之总称。战国时始置,秦汉沿置,主宿卫,掌守宫殿门户,出充车骑扈从,并备顾问应对。有郎中、中郎、议郎、侍郎、外郎等,皆无定员,多至千人。按:据《汉书·王褒传》记载,当时提拔为郎的有何武等人。

【译文】

蜀郡自从汉朝建立以来,一直到汉哀帝、汉平帝之时,都蒙受浩荡皇恩,而地方长官仁慈贤明,宣扬德行,树立教化,风雅英伟之士顺应天命,应世而生,这是有感于皇帝的恩德。于是皇帝征召士子的诏书,来来往往穿梭于斜谷之南;朝廷征聘贤士的玉帛,层层叠叠堆积于梁、益之乡。而蜀地的俊彦成群结队涌现,他们或者飞黄腾达,进入宫廷,位至宰相;或者徘徊故里,隐居不仕,修养高洁的品德与人格。因此,司马相如以文采闪耀京城,杨子云正直通达、宏大渊博,严君平修养品德英明贤哲,王子渊才华高超、名气响亮,李仲元淡泊名利、岸然独立,林公孺明于训诂、思虑玄远,何君公谋略高明、辅政和谐,王延世善于治河、丰功伟绩闪亮于河平年间。其次,杨壮、何显、杨得意等人温和恭敬。这大概是受惠于华山、岷山的灵性以及江水、汉水的精神。因此,益州刺史王襄为之欣喜,安排王褒创作歌颂圣上贤德的《中和颂》,并下令国子学生员依照《鹿鸣》曲调谱成乐曲,进献给汉宣帝。汉宣帝说:"这是盛德之事,朕如何承受得起啊!"随即任命生员何武等人为郎。

降及建武以后，爰迄灵、献①，文化弥纯，道德弥臻②。赵志伯三迁台衡③，子柔兄弟相继元辅④，司空张公宣融皇极⑤，太常仲经为"天下材英"⑥，广陵太守张文纪号"天下整理"⑦，武陵太守杜伯持能决天下所疑⑧，王稚子震名华夏⑨，常茂尼流芳京尹⑩。其次，张俊、秦宓英辨博通⑪，董扶、杨厚究知天文⑫，任定祖训徒⑬，同风洙泗⑭。其孝悌，则有姜诗感物寤灵⑮，禽坚精动殊俗⑯，隗通石横中流⑰，吴顺赤乌来巢⑱。其忠贞，则王皓陨身不倾⑲，朱遵绊马必死⑳，王累悬颈州门㉑，张任守节故主㉒。其淑媛㉓，则有元常、靡常、程玦及吴几、先络、郫之二姚、殷氏两女、赵公夫人㉔。

【注释】

①爰（yuán）：及，到。灵、献：指汉灵帝、汉献帝之时（168—220）。

②臻（zhēn）：完备，完善。

③赵志伯：赵戒，字志伯，蜀郡成都（今四川成都）人。赵定之子。博学明经，举孝廉，迁荆州刺史。顺帝永和六年（141），累官至太尉。质帝卒，慑于梁冀权势，定策立桓帝，封厨亭侯。死谥文侯。事见《后汉书》，本书卷十《先贤士女总赞》有传。台衡：喻宰辅大臣。

④子柔兄弟：指赵戒之孙赵温及其兄赵谦。赵温（137—208），字子柔，蜀郡成都（今四川成都）人。初为京兆丞，弃官去。岁大饥，散家粮以赈穷饿，所活万余人。献帝西迁，为侍中，封江南亭侯。位至司徒，录尚书事。李傕劫帝幸北坞，温与书切责。《后汉书》、本书卷十《先贤士女总赞》有传。赵谦（？—192），字彦信，蜀郡成都（今四川成都）人。赵戒之孙。献帝时为司隶校尉。转前将军，以功封郫侯。位至司徒、太尉、太仆。谥忠侯。《后汉书》、

本书卷十《先贤士女总赞》有传。元辅:重臣。尤指位至宰相的
重臣。

⑤张公:张皓(50—132),字叔明,犍为郡武阳(今四川眉山彭山
区)人。少游学京师,后归仕州郡。历官尚书仆射、彭城相、廷
尉、司空等职。留心刑狱,数断疑案。顺帝即位,拜司空,在事多
所荐举,天下称其推士。《后汉书》和本书卷十《先贤士女总赞》
有传。

⑥仲经:赵典,字仲经,蜀郡成都(今四川成都)人。赵戒之子。少
笃行,博学经书,弟子成群,与李膺等并号"八俊"。桓帝建和初,
征拜议郎,侍讲禁内。再迁侍中。嗣爵为侯,历弘农太守,转将作
大匠、少府,迁大鸿胪。又转太仆,迁太常。以谏争违旨,免官就
国。再迁卫尉。公卿复表典笃学博闻,宜备国师,会病卒。谥献
侯。《后汉书》、本书卷十《先贤士女总赞》有传。

⑦张文纪:张纲,字文纪,犍为郡武阳(今四川眉山彭山区)人。张
皓之子。少明经学,为侍御史。顺帝汉安元年(142),奉使考察
州郡,行前埋车轮于洛阳都亭,认为"豺狼当路,安问狐狸",遂参
劾大将军梁冀等奸恶十五事,京师震动。帝知其言直,终不能用。
时广陵人张婴聚众数万起义,纲为广陵太守,单骑往喻,婴遂归
降。在郡一年卒,年四十六。张婴等五百人自愿送丧,直至犍为。
《后汉书》、本书卷十《先贤士女总赞》有传。

⑧杜伯持:生平不详。《隶续》卷十四《高眅石室六题名》有"武陵
太守杜伯持"。

⑨王稚子:王涣(?—105),字稚子,广汉郡郪(今四川三台)人。
初任侠尚气,后折节尊儒读经,习律令。举茂才,历任温县令、雒
阳令、兖州刺史、侍御史等职。在任不避豪强,革除弊政,宽猛相
济,政绩显著,京师称叹。《后汉书》《后汉纪》《东观汉纪》有传。
按:汉和帝时,立有王稚子阙,阙有二石,石刻文字分别是"汉故

兖州刺史雒阳令王君稚子之阙”“汉故先零侍御史河内缊（温）县令王君稚子之阙”。王稚子阙在今四川成都新都区东北五公里路旁，原阙毁于清代，仅有铭文拓片传世。

⑩常茂尼：常洽，字茂尼，蜀郡江原（今四川崇州）人。自荆州刺史迁京兆尹、侍中、长水校尉，以兵卫大驾西幸。李傕等作难，常侍卫天子左右，为傕所杀。其女常纪为赵谦之妻。本书卷十《先贤士女总赞》有传。

⑪张俊：蜀郡人。有才能，任尚书郎。曾拟劾奏郎官朱济、丁盛，反被诬告下狱，几乎被杀。邓太后赦其一死，遂上书致谢，文辞极为哀婉。《后汉书》有传。秦宓（？—226）：字子敕，广汉郡绵竹（今四川德阳北）人。初隐居，州郡屡辟，皆不就。蜀汉时出仕，历任益州从事、祭酒、左中郎将、长水校尉、大司农等。博学多识，应对敏捷，知名当时，有才士之称。谯周曾录其言为《春秋然否论》。《三国志·蜀书》有传。

⑫董扶：字茂安，广汉郡绵竹（今四川德阳北）人。少入太学，从杨厚学图谶，还家讲授。征辟皆不就。灵帝时征拜侍中，劝太常刘焉求为益州牧，谓京师将乱，益州有天子气。董扶亦入蜀为蜀郡属国都尉。后去官还家，卒年八十二。本书卷十《先贤士女总赞》和《后汉书》有传。杨厚（72—153）：字仲桓，广汉郡新都（今四川成都新都区）人。杨统之子。少传父业，善图谶之学、天文推步之术。顺帝时特征至京，官拜议郎，迁侍中。史称每言灾异多中，并有消救之法。后退职归家，修习黄老之学，教授门生三千余人。死后，乡民私谥文父。本书卷十《先贤士女总赞》和《后汉书》有传。

⑬任定祖：任安（124—202），字定祖，广汉郡绵竹（今四川德阳北）人。少入太学，受《孟氏易》，兼通数经，又从同郡杨厚学图谶，穷极其术。后回乡讲学，诸生自远而至。初仕州郡，后太尉再征辟，

皆称疾不就,以布衣卒。与乡人董扶齐名。本书卷十《先贤士女总赞》和《后汉书》《高士传》有传。

⑭ 洙泗:洙水和泗水。古时二水自今山东泗水县北合流而下,至鲁国都城曲阜(今山东曲阜)北,又分为二水,洙水在北,泗水在南。春秋时,孔子在洙泗之间聚徒讲学。《礼记·檀弓上》:"吾与女事夫子于洙泗之间。"后世因以"洙泗"代称鲁国的文化及孔子的教泽。

⑮ 姜诗:字士游,广汉郡雒(原属四川广汉,今属四川德阳)人。事母至孝,"二十四孝"之一"涌泉跃鲤"的主人公。明帝永平三年(60),察孝廉,拜郎中,寻除江阳令,转任符县长。卒于官。本书卷十《先贤士女总赞》有传,参看《后汉书·列女传》。按:姜诗出生地曾名姜诗,后取名孝泉,即今四川德阳旌阳区西北孝泉镇。《蜀中名胜记》卷九绵竹县引宋郑少微《记》:"汉州德阳县西北四十里有镇,东汉姜诗故宅在焉。故号姜诗镇。治平中,知绵竹县事郭震谓士游行甚高,宜讳其名,白部刺史易之,镇遂号孝泉,然庙犹因俗为呼。"感物:感动或感化他物。寤灵:唤醒精灵。

⑯ 禽坚:字孟由,蜀郡成都(今四川成都)人。生而失父。成人后外出寻找,一至汉嘉,三出徼外,周旋万里,经六年而卒见其父。州郡嘉其孝,召功曹,辟从事,列上东观。后王商为蜀郡太守,追赠孝廉,追表其墓。本书卷十《先贤士女总赞》有传。

⑰ 隗通:隗相,字叔通,犍为郡僰道(今四川宜宾)人。事母至孝。母欲食江心水,隗相冬夏汲之,一朝有石生江中,舟得以依,人以为孝感所致。汉哀帝时为孝廉,汉平帝时为郎。本书卷十《先贤士女总赞》有传。

⑱ 吴顺:字叔和,犍为郡僰道(今四川宜宾)人。事母至孝,赤乌巢其门,甘露降其户。察孝廉,任永昌太守。本书卷十《先贤士女总赞》有传。

⑲王皓：字子离，蜀郡江原（今四川崇州）人。汉平帝时，为美阳令。王莽篡位，弃官归蜀。公孙述称帝，使使聘之。皓乃自刎，以头付使者。公孙述惭怒，诛其妻子。本书卷十《先贤士女总赞》有传。

⑳朱遵：字孝仲，蜀郡武阳（今四川眉山彭山区）人。公孙述僭号，朱遵为犍为郡功曹，领军拒战于六水门，众少不敌，乃埋车轮，绊马必死，为述所杀。光武嘉之，追赠复汉将军，郡县为立祠。本书卷十《先贤士女总赞》有传。

㉑王累：蜀郡新都（今四川成都新都区）人。州牧刘璋从别驾张松计，遣法正迎先主，主簿黄权谏，不纳。累为从事，以谏不入，乃自刎州门，以明不可。事见本书卷五《公孙述刘二牧志》。本书卷十《先贤士女总赞》有传。

㉒张任：蜀郡人。刘璋部将，拒不降刘备，被杀。守节：坚守节操。

㉓淑媛：泛指贤惠妇女。

㉔元常：江原（今四川崇州）人。广都令常良女，适广汉便敬宾，早亡。元常无子，养宾族子。父母欲嫁，于是截断刀子，发下誓言，随即而死。靡常：底本作"纪常"，误。靡常，江原（今四川崇州）人。常仲山之女，适成都殷仲孙。家遭疫气死亡，惟靡常在。十八，收葬诸丧，养遗生子，立美成家。本书卷十《先贤士女总赞》有传。程珙：即程贞珙，字琼玉，犍为郡牛鞞（今四川简阳）人。程氏之女，张惟之妻。本书卷十《先贤士女总赞》有传。吴几：生平不详。先络：江阳郡符县（今四川合江）人。郫之二姚：即姚妣、姚饶，蜀郡郫（今四川成都郫都区）人。姚超之女。殷氏两女：《华阳国志》仅见其一，即纪配，广汉殷氏女，廖伯妻。本书卷十《先贤士女总赞》有传。赵公夫人：即赵谦妻。

【译文】

往后到建武年间以后，一直到汉灵帝、汉献帝时，文治教化更加纯粹，道德伦理日趋完善。赵志伯三次升迁至三公之位，赵谦、赵温兄弟相继担任宰辅，司空张皓发扬光大了至上的治国理念，太常赵典被推为"天下材英"，广陵太守张纲号称"天下整理"，武陵太守杜伯持能决断天下疑难案件，王涣名震华夏，常洽流芳于京师。其次，张俊、秦宓英才善辩、博学通达，董扶、杨厚精通天文，任安教授门徒，堪与洙泗相媲美。其中的孝悌典型，有姜诗感动外物、唤醒精灵，禽坚的精诚感化异俗，隗通引得石横中流，吴顺招来赤乌筑巢。其中的忠贞典型，有王皓自刎而身不倒，朱遵设计绊马必死而被杀，王累刎颈自杀于州门，张任守节旧主而被杀。其中的淑媛典型，有元常、靡常、程珗以及吴儿、先络、郫县的二姚、殷氏两女和赵公夫人。

　　自时厥后，龙宗有鳞[①]，凤集有翼，搢绅邵右之畴[②]，比肩而进，世载其美，是以四方述作[③]。有志者莫不仰其高风，范其遗则[④]，擅名八区[⑤]，为世师表矣[⑥]。其忠臣孝子、烈士贞女，不胜咏述，虽鲁之咏洙泗，齐之礼稷下[⑦]，未足尚也[⑧]。故汉征八士，蜀有四焉[⑨]。

【注释】

①龙宗有鳞：意谓龙要聚集，有鳞生物便会成群结队而来。下文所说"凤集有翼"，意类此。

②搢（jìn）绅：插笏于绅。转用为官宦的代称。搢，插。绅，古代仕宦者和儒者围于腰际的大带。邵（shào）：品德美好。右：地位尊贵。畴（chóu）：种类，同类。

③述作：《礼记·乐记》："作者之谓圣，述者之谓明。明圣者，述作之谓也。"述，传承。作，创新。本处指撰写著作，记载事迹。

④范其遗则：遵循前代留下的法则。范，遵循。遗则，指前代留传下来的法则。

⑤八区：八方，天下。

⑥师表：可以效法的表率，可以学习的榜样。

⑦稷下：地名。在今山东淄博临淄区北，为春秋战国时齐国都城临淄（在今山东淄博东北）的稷门。齐国曾在此设稷下学宫，招揽文学游士数千人，成为战国时期的学术中心。《史记·田敬仲完世家》："（齐）宣王喜文学游说之士，自如驺衍、淳于髡、田骈、接予、慎到、环渊之徒七十六人，皆赐列第，为上大夫，不治而议论。是以齐稷下学士复盛，且数百千人。"《集解》："刘向《别录》曰：'齐有稷门，城门也。谈说之士期会于稷下也。'"《索隐》又引虞喜（《志林》）曰："齐有稷山，立馆其下，以待游士。"

⑧尚：崇尚。

⑨汉征八士，蜀有四焉：按：汉代多次征士，本处所说"汉征八士"，不详确切所指。又，所谓"蜀有四焉"，亦不详确切所指。或以为大概指的是杨厚、王稚、董扶、任安，亦不甚安（刘琳）。

【译文】

自此以后，就像龙、凤要聚集，有鳞、有羽的生物便会成群结队而来一样，蜀地的缙绅、高士、显贵也是成群而出、比肩而进，世世代代都流传着他们的美名，因此四方各地之人都在撰写著作、记载其事。有志之士，无不仰慕他们的高风亮节，遵循他们留传下来的法则，可谓名扬全国，为世师表。蜀地的忠臣孝子、烈士贞女，数不胜数，吟诵不绝，即使是鲁地的吟咏洙泗、齐地的礼敬稷下，也不足以崇尚了。故而汉朝征召八士，蜀地就有四人。

然秦惠文、始皇克定六国①，辄徙其豪侠于蜀②。资我丰土，家有盐铜之利，户专山川之材，居给人足，以富相尚③。故工商致结驷连骑，豪族服王侯美衣，娶嫁设太牢之厨膳④，归女有百两之从车⑤，送葬必高坟瓦椁⑥，祭奠而羊豕夕牲⑦,赠襚兼加⑧,赗赙过礼⑨,此其所失。原其由来⑩,染秦化故也⑪。若卓王孙家僮千数⑫,程郑亦八百人⑬;而郐公从禽⑭,巷无行人⑮。箫鼓歌吹⑯,击钟肆悬⑰。富侔公室⑱,豪过田文⑲。汉家食货⑳,以为称首㉑。盖亦地沃土丰,奢侈不期而至也。

【注释】

①克定:平定。

②豪侠:豪强任侠的人。按:秦人"徙其豪侠于蜀",是向蜀地移民。四川历史上有过六次大移民,而第一次大移民即发生在秦灭巴蜀之后到秦灭六国之后。前314年,"移秦民万家实之"(本书卷三《蜀志》)。秦灭六国之后,秦始皇又迁六国豪富入蜀,如徙赵国卓氏、齐国程郑。前238年,秦始皇平息嫪毐之乱后,其舍人"夺爵迁蜀者四千余家"(《史记·秦始皇本纪》)。

③以富相尚:即本段末尾所说"奢侈不期而至"。尚,崇尚,推崇。

④太牢:古代祭祀,牛、羊、豕三牲具备谓之"太牢"。

⑤归女:嫁女。

⑥瓦椁:瓦制的外棺。

⑦夕牲:祭祀前夕,查看牺牲。《汉书·丙吉传》:"从祠高庙,至夕牲日,乃使出取斋衣。"颜师古注:"未祭一日,其夕展视牲具,谓之夕牲。"《后汉书·礼仪志上》:"正月,天郊,夕牲。"刘昭注:"《周礼》'展牲',干宝曰'若今夕牲'。又郊仪,先郊日未晡五刻夕牲。"

⑧赠襚(suì):赠死者以衣衾。后泛指赠送财物以助治丧。《荀子·大略》:"赙赗所以佐生也,赠襚所以送死也。"

⑨赗赙(fèng fù):因助办丧事而以财物相赠。泛指送给死者的布帛、车马等财物。

⑩由来：来由，原因。

⑪染：熏染，影响。

⑫卓王孙：蜀郡临邛（今四川邛崃）人。家富，有家僮八百人。有女曰文君，新寡，好音，闻司马相如鼓琴，夜奔相如。王孙大怒，不予一文。后相如至临邛卖酒，文君当垆。王孙耻之，不得已，分与财物、家僮。相如乃与文君归成都，买田宅，为富人。参看《史记·司马相如列传》和《汉书·司马相如传》。家僮千数：《史记·司马相如列传》说"卓王孙家僮八百人"，《汉书·司马相如传》说"卓王孙僮客八百人"，唯《史记·货殖列传》说"（卓氏）富至僮千人"。

⑬程郑：西汉初大工商业主。祖先本关东人。秦灭关东六国，自山东迁蜀郡临邛。以冶铸为业，获巨利，家富有，僮客数百人，其富与卓王孙相等。参看《史记·货殖列传》。亦：底本作"各"，误。

⑭郫公：西汉后期蜀中富豪、豪侠。扬雄《蜀都赋》："郫公之徒，相与如平阳。"《文选·左思〈蜀都赋〉》："若夫王孙之属，郫公之伦，从禽于外，巷无居人。"李善注："郫公，豪侠也。"从禽：追踪禽兽，指打猎。

⑮巷无行人：意谓万人空巷，前往观看郫公打猎。

⑯箫鼓：吹箫与击鼓。泛指乐奏。歌吹：歌声和乐声。

⑰击钟：打钟奏乐。形容生活奢华。肆悬：四面悬挂乐器。按：此即"宫悬"（又作"宫县"）。古代钟磬等乐器悬挂在架上，其形制因用乐者身份地位不同而有别。帝王悬挂四面，象征宫室四面的墙壁，故名"宫县"。县，"悬"的古字。《周礼·春官·小胥》："正乐县之位：王宫县，诸侯轩县，卿大夫判县，士特县。"郑玄注引郑司农云："宫县，四面县，轩县去其一面，判县又去其一面，特县又去其一面。四面象宫室，四面有墙，故谓之宫县。"

⑱侔（móu）：齐等，相当。

⑲田文：战国时期齐国公族。田婴之子。袭父封爵，称薛公，号孟尝君。喜养士，门下食客数千人，为战国"四公子"之一。齐湣王任以为相，曾联合韩、魏先后打败楚、秦、燕三国。尝入秦为昭王相，昭王嫉而欲杀之，赖客有鸡鸣狗盗者排险阻，乃得脱身归。齐灭宋，出奔至魏，任魏相。齐襄王立，复归齐。卒，诸子争立。齐、魏共灭薛。《史记》有传。

⑳食货：古代用以称国家财政经济。语出《尚书•洪范》："八政：一曰食，二曰货。"

㉑称首：第一。

【译文】

然而，自秦惠文王、秦始皇平定六国后，就不断迁徙豪强大族到蜀地。上天赐予蜀地富饶的土地，每家都有盐铜之利，每户都有山川之材，生活富足，人们崇尚富裕。因此，工商业者驾驶四马大车前后相随，富豪大族身着王侯所穿的美衣，婚嫁宴席设有牛、羊、猪齐全的膳食，嫁女队伍有上百辆婚车相从，送葬所修建的必定是高坟瓦椁，祭奠前夕要查看用于祭祀的羊、猪等牲口的成色，而赠送财物给别人以助治丧，所赠与的衣衾、礼物等都很丰富以致超过了礼数，这都是蜀地人士的过失。考察其原因，这是受秦人风俗影响的结果。像卓王孙这样的富豪之家，有家僮上千人，程郑的家僮也有八百人；而富豪郄公外出打猎，万人空巷前往观看。宴饮行乐之时，有吹箫的和击鼓的，有歌声和乐声，打钟演奏的乐器悬挂四面。其富贵堪与王公贵族相比，而其豪侠义气甚至超过孟尝君田文。汉朝的财政经济，以蜀郡为第一。大概也是因为蜀郡土地肥沃丰饶，而奢侈之风便不期然而至。

蜀郡，州治，属县六①。户：汉廿七万，晋六万五千②。去洛三千一百二十里。东接广汉，北接汶山，西接汉嘉③，南接犍为。州治太城，郡治少城④。西南两江有七桥⑤：直西

门郫江中曰冲里桥⑥;西南石牛门曰市桥⑦,下,石犀所潜渊
也;城南曰江桥⑧;南渡流曰万里桥⑨;西上曰夷里桥⑩,亦曰
笮桥;从冲里桥西北折曰长昇桥⑪;郫江上西有永平桥⑫。长
老传言:李冰造七桥,上应七星⑬。故世祖谓吴汉曰⑭:"安
军宜在七星间。"城北十里有升仙桥⑮,有送客观。司马相
如初入长安,题其门曰:"不乘赤车驷马,不过汝下也。"⑯于
是江上多作桥⑰,故蜀立里⑱,多以桥为名。

【注释】

① 属县六:即下文所说的成都县、郫县、繁县、江原县、临邛县、广都
县六个县。

② "户"几句:《汉书·地理志上》:"蜀郡,户二十六万八千二百七十
九,口百二十四万五千九百二十九。"《晋书·地理志上》:"蜀郡,
秦置。统县六,户五万。"

③ 汉嘉:郡名。三国蜀汉章武元年(221)改蜀郡属国都尉置,属益
州。治所在汉嘉县(今四川芦山县,一说在今四川雅安名山区
北)。西晋永嘉以后废。

④ 州治太城,郡治少城:太城,战国秦惠王二十七年(前311)张仪、
张若建,在今四川成都市区东城。太城之西为二人所建之少城。
晋代,益州治太城,蜀郡治少城。少城,秦代为工商业及其官署所
在地。晋代为蜀郡治所。

⑤ 两江:即检江(流江)、郫江。七桥:指冲里桥、市桥、江桥、万里
桥、夷里桥(笮桥)、长昇桥、永平桥。关于七桥,任乃强、刘琳有
专门考证,任乃强并有图示。

⑥ 冲里桥:或作"冲治桥"。当在今成都西门城外、老西门与通惠门
之间(刘琳)。

⑦市桥:亦名"冲星桥"。战国时秦建,在今四川成都西南文庙西街附近。桥在石牛门外郫江上,与笮桥相对。

⑧江桥:战国秦建于郫江上,在今四川成都旧城文庙前街一带。南朝宋孝武时,以桥对安乐寺,改为安乐桥。

⑨万里桥:亦名"笃泉桥"。战国秦建于检江上,即今四川成都南跨南河之南门大桥。今桥为清康熙五年(1666)重建。

⑩夷里桥:又名"夷星桥",即笮桥。战国时秦建,在今四川成都西南南河上。因桥用竹索编成,故名笮桥。

⑪长昇桥:按地势推测,当在今老西门外(刘琳),约在今洞子口附近(任乃强)。

⑫永平桥:当在长昇桥之西北,大约在今城西北通锦桥以西、马家花园一带(刘琳)。

⑬七星:即北斗七星。二十八宿之一。南方朱鸟七宿的第四宿,有星七颗——天枢、天璇、天玑、天权、玉衡、开阳、摇光。李冰造七桥,"其四在城南,分跨两江,如北斗之勺;其三在西北,俱跨郫江,如斗柄。故蜀人谓其'上应七星'"(任乃强)。

⑭世祖:即汉光武帝刘秀。刘秀(前6—57),字文叔,南阳蔡阳(今湖北枣阳)人。汉高祖九世孙。东汉王朝建立者,庙号世祖。吴汉(?—44):字子颜,南阳宛(今河南南阳)人。刘秀部将,东汉名将,"云台二十八将"之一。初为本县亭长,后亡命渔阳,以贩马为业。更始时,任为安乐令。归附刘秀后,从平河北,官拜大司马,封舞阳侯。先后镇压铜马、青犊等起义军,肃清中原流散武装。建武十一年(35),率军伐蜀。次年(36),大败公孙述,平定蜀地。谥忠侯。《后汉书》有传。

⑮升仙桥:在城北,跨升仙水。

⑯"题其门曰"几句:《史记·司马相如列传》索隐引《华阳国志》:"蜀大城北十里有升仙桥,有送客观也。相如初入长安,题其门

云：'不乘赤车驷马，不过汝下也。'"赤车，古代显贵者所乘的红色的车。驷马，指显贵者所乘的驾四匹马的高车。

⑰江上：底本作"江众"，误。据刘琳说改。

⑱里：古代一种居民组织。故蜀立里，多以桥为名，如本段所说的"冲里""夷里"。

【译文】

蜀郡，是益州州治所在地，有成都、郫、繁、江原、临邛、广都六个属县。人口：汉代有二十七万户，晋代有六万五千户。距离洛阳三千一百二十里。东接广汉郡，北接汶山郡，西接汉嘉郡，南接犍为郡。州府在太城，郡府在少城。西南的郫江、检江上有七座桥：在正西门郫江中的是冲里桥；在西南石牛门外的是市桥，桥下深水处是石犀牛潜伏的地方；在城南的是江桥；自江桥向南渡检江的是万里桥；从万里桥沿江西上的是夷里桥，又叫笮桥；从冲里桥西北折而上的是长昇桥；在郫江上的西面有永平桥。听老人说：李冰所建造的七桥，对应的是天上的北斗七星。因此，汉光武帝刘秀对吴汉说："驻扎军队，应当在七星桥之间。"城北十里有升仙桥，有送客的楼观。司马相如当初北上长安时，曾经在楼观门上题词："如果不能乘坐驷马赤车，就不从此地经过。"当时，江上修建了很多桥，故而蜀郡所设之里，大多以桥命名。

其大江自湔堰下至犍为有五津①：始曰白华津②；二曰里津③；三曰江首津④；四曰沙头津⑤，刘璋时，召东州民居此⑥，改曰东州头。五曰江南津⑦。入犍为有汉安桥、玉津、东沮津⑧，津亦七。

【注释】

①大江：岷江。明代以前，世人以岷江为长江正源，故称岷江为大

江。五津：指今四川都江堰市至眉山彭山区之间、在岷江上所设的五个渡口。津，渡口。

②白华津：或疑即今温江三渡水，此为成都至江源大路之渡口（刘琳）。

③里津：或作"皂里津"，在今四川新津境。

④江首津：或疑即新津东南之白果渡（刘琳）。

⑤沙头津：或作"涉头津""步头津"，当即今眉山彭山区观音镇东之双江渡（刘琳）。

⑥东州民：指东汉末年流寓益州的中原人。因其主要来自蜀郡东面的南阳、三辅（京兆尹、左冯翊、右扶风）等地，故称"东州民""东州人"。《三国志·蜀书·刘璋传》引《英雄记》："先是，南阳、三辅人流入益州数万家，收以为兵，名曰东州兵。璋性宽柔，无威略，东州人侵暴旧民，璋不能禁，政令多阙，益州颇怨。"按："刘璋时，召东州民居此，改曰东州头"当为注文，不是正文。其体例，一如《水经注》。故本处作小字区分。

⑦江南津：在沙头津南，在今眉山彭山区北（刘琳）。

⑧汉安桥：当在今眉山彭山区北岷江上（刘琳）。玉津：即碧玉津，在今四川眉山东坡区东、眉山彭山区北之岷江上。《清一统志·眉州》：玉津"在州东四里。宋陆游有诗"。东沮津：或疑即今眉山彭山区东之平盖渡（刘琳）。

【译文】

在岷江水系，自都江堰以下至犍为郡，有五个渡口：第一个是白华津；第二个是里津；第三个是江首津；第四个是沙头津；刘璋之时，曾经召集东州百姓来此居住，因此改名为东州头。第五个是江南津。进入犍为郡后，又有汉安桥、玉津、东沮津，所以共有七个渡口。

始，文翁立文学精舍、讲堂①，作石室②，一名玉室③，在城南④。永初后⑤，堂遇火，太守陈留高眹更修立⑥，又增造二石室。州夺郡文学为州学，郡更于夷里桥南岸道东边起文学，有女墙⑦。其道西城，故锦官也⑧。锦工织锦濯其中则鲜明，濯他江则不好⑨，故命曰"锦里"也⑩。西又有车官城⑪，其城东西南北皆有军营垒城⑫。其郡四出大道，道实二十里，有衢⑬。今言十八里者，昔蜀王女未嫁，年二十亡，王哀悼，不忍言二十，故言十八也。王女墓在城北，今王女陌是也⑭。

【注释】

①文学：学校，习儒之所。精舍：学舍，书斋。讲堂：讲习经术的地方。

②石室：以石为室，古代收藏图书之所。

③玉室：玉为石之美者，故石室"一名玉室"。

④在城南：文翁石室在成都大城南，今成都市文庙前街石室中学（曾用名"成都第四中学"）内。《元和郡县图志》卷三十一成都县："南外城中有文翁学堂，一名周公礼殿。"

⑤永初：汉安帝年号（107—113）。

⑥高眹（shùn）：或作"高瞬"（元丰本），古书又讹作"高眹"（如《集古录》卷二），陈留（今河南开封）人。曾任蜀郡太守。按：高眹所修石室在文翁石室稍东，又其东为周公礼殿，此即所谓"又增造二石室"。二石室及周公礼殿，毁于明代。清代重修，为成都府学、锦江书院所在地。《隶释》卷一收录有《益州太守高眹修周公礼殿记》，所说"高眹"即"高眹"。

⑦女墙：也称"女儿墙"，城墙上呈凹凸形的小墙。《释名·释宫室》："城上垣曰睥睨，……亦曰女墙，言其卑小，比之于城，若女子之于丈夫也。"

⑧锦官：又名"锦城""锦里""锦官城"。三国蜀汉建，原为管理织锦官署驻地，故名。在今四川成都西南郊南河（锦江）南岸。徐坚《初学记》卷二十七引任豫《益州记》："锦城在益州南笮桥东流江南岸，蜀时故锦官也。其处号锦里，城墉犹存。"后人又用作成都的别称。唐杜甫《蜀相》："丞相祠堂何处寻？锦官城外柏森森。"南宋陆游《自合江亭涉江至赵园》："政为梅花忆两京，海棠又满锦官城。"

⑨"锦工织锦濯（zhuó）其中则鲜明"二句：江，即锦江，古称濯锦江，即今四川成都南之南河。濯锦江之得名，即因此。《元和郡县志》卷三十一成都县："蜀人又谓流江为悬笮桥水，此水濯锦，鲜于他水。"《太平寰宇记》卷七十二华阳县：濯锦江"即蜀江，水至此濯锦，锦彩鲜润于他水，故曰濯锦江"。唐杜甫《萧八明府实处觅桃栽》："河阳县里虽无数，濯锦江边未满园。"此水系从今都江堰市都江堰分出之岷江支流走马河，东南流经成都市南，与府河（郫江）合流后统称府河，西南流至眉山市彭山区江口镇与岷江正流会合。

⑩锦里：即锦官城，在今四川成都西南郊南河（锦江）南岸。后人用作成都之别称。

⑪车官城：三国蜀建，在今四川成都西南百花潭公园以西。车官，督造车辆的官署。

⑫垒城：在大城附近的堡寨。

⑬衢：大路，四通八达的道路。

⑭陌：田间东西方向的道路，泛指田间小路。

【译文】

当初，文翁在蜀郡创办学校，在成都城南修建精舍、讲堂，修筑石室，一名玉室。永初之后，石室遭遇火灾，蜀郡太守、陈留人高眹重新修建学校，又增建了两个石室。后来，益州将蜀郡办的学校作为州所办学校，蜀郡便转而在夷里桥南岸道路东边兴办学校,并且修建了女墙。在该道路西边,就是当年主管织锦的官署所在的锦官城。锦工将织好的锦在锦江中漂洗,锦则色泽鲜明,而在其他江水中漂洗则效果不好,因此将这里命名为"锦里"。锦官城的西边是车官城,车官城的东、西、南、北四个方位都设有军营和堡寨。蜀郡有四条出行的大道,在大道距城二十里的地方,修建有通往四面八方的道路。今天所说的十八里之地,从前蜀王的女儿未出嫁,可惜在二十岁时死了,蜀王很哀伤,因不忍心说二十,所以改称十八,这就是十八里得名的由来。蜀王女儿的墓在城北,就是今天的王女陌。

其太守著德垂绩者,前汉莫闻。建武以来,有第五伦、廉范叔度特垂惠爱①。百姓歌之曰:"廉叔度,来何暮。来时我单衣,去时重五袴②。"其后,汉中赵瑶自扶风太守来之郡③,司空张温谓曰④:"第五伯鱼从蜀郡为司空,今扫吾第以待足下。"瑶换广汉。陈留高眹亦播文教。太尉赵公初为九卿⑤,適子甯还蜀⑥,眹命为文学⑦,撰《乡俗记》,亦能屈士如此⑧。广汉王商、犍为杨洪皆见咏怀⑨。及晋建西夷府⑩,太守多迁为西夷校尉⑪,亦迁益州刺史。

【注释】

①第五伦:字伯鱼,京兆长陵(今陕西咸阳)人。少耿介有义行。光武建武二十九年(53)举孝廉,历任会稽太守、蜀郡太守等。章帝时,官至司空,曾上书建议抑制外戚。为人质朴清俭,奉公无私,以贞白称。后老病乞归,年八十余卒。《后汉书》有传。廉范:字叔度,京兆杜陵(今陕西西安)人。明帝时举茂才,迁云中太守,破匈奴,境内安定。后历官武威、武都、蜀郡等太守,所在称治,百姓歌

之。因犯法免官,居家治田,赈恤亲友,世称其义。《后汉书》有传。

②"百姓歌之曰"几句:百姓之所歌,即《五绔歌》。《后汉书·廉范列传》:"建初中,(廉范)迁蜀郡太守……旧制禁民夜作,以防火灾,而更相隐蔽,烧者日属。范乃毁削先令,但严使储水而已。百姓为便,乃歌之曰:'廉叔度,来何暮? 不禁火,民安作。平生无襦今五绔。'"后以"五绔"作为称颂地方官吏施行善政之词。绔(kù),左右各一、分裹两胫的套裤。唐储光羲《晚次东亭献郑州宋使君文》:"籍籍歌五绔,祁祁颂千箱。"宋辛弃疾《水调歌头·送郑厚卿赵衡州》:"莫信君门万里,但使民歌五绔,归诏凤凰街。"按:本处的"重五绔",疑当作"我五绔"。

③赵瑶:字元珪,汉中郡南郑(今陕西汉中)人。赵宣之子。兄弟七人,皆以令德著闻。赵瑶历任缑氏县令、扶风太守、蜀郡太守、广汉太守。本书卷十《先贤士女总赞》有传。

④张温(? —191):字伯慎,南阳穰(今河南邓州)人。汉灵帝时官司空。边章、韩遂兵起,拜为车骑将军,屯美阳。时董卓以破虏将军从征,无功而辞对不逊,因卓有威名而不问。后历任太尉、卫尉,封互乡侯。董卓专权时,与司徒王允共谋诛卓,未发。董卓使人诬与袁术交通,笞杀于市。《后汉书》有传。

⑤赵公:赵谦(? —192),字彦信,蜀郡成都(今四川成都)人。赵戒之孙。献帝时为司隶校尉。转前将军,以功封郫侯。位至司徒、太尉、太仆。谥忠侯。《后汉书》、本书卷十《先贤士女总赞》有传。

⑥適(dí)子:適,同"嫡"。嫡子,正室所生的儿子。

⑦文学:官名。亦称郡文学掾,省称文学。汉朝州郡职司教育的学官。

⑧屈士:礼贤下士。

⑨王商:字文表,广汉郡郪(今四川三台)人。王堂曾孙。益州牧刘璋辟为治中,试守蜀郡太守,有治声。本书卷十《先贤士女总赞》有传。杨洪(? —228):字季休,犍为郡武阳(今四川眉山彭山区)

人。初为刘璋部属，历部诸郡。刘备时，拜蜀郡太守，有政绩。曾协助太子刘禅平定汉嘉太守黄元叛乱，赐爵关内侯。后为越骑校尉，仍领蜀郡。《三国志·蜀书》、本书卷十《先贤士女总赞》有传。

⑩西夷府：即西夷校尉府。

⑪西夷校尉：官名。西晋太康三年（282）置，治宁州；宁州并入益州后，以益州刺史兼领。四品。东晋太元（376—396）中平蜀后复置，治益州涪城。持节、领兵，掌益州少数民族事务。立府，置长史、司马，可与刺史一样举秀才、廉吏、良吏。

【译文】

蜀郡太守中功德卓著、功绩流传的，在西汉以前没有听说过。自建武以来，有第五伦、廉范（字叔度），他们对老百姓施加恩惠与慈爱。老百姓歌颂他们道："廉叔度啊，你来何其晚也！你来之时我身着单衣，你走之时我已有五袴。"其后，汉中人赵瑶自扶风太守任上来蜀郡，司空张温对他说："第五伦从蜀郡太守升为司空，我今洒扫我的宅第以等待足下。"后来，赵瑶转任广汉郡太守。陈留人高眹在任上也传播文教。太尉赵谦最初为九卿，恰逢他的嫡子赵宵回到蜀郡，高眹任命他为蜀郡文学掾，并撰写了《乡俗记》，高眹也能如此礼贤下士。广汉人王商、犍为人杨洪，都曾被老百姓歌颂怀念。到晋朝建立西夷府时，蜀郡太守大多升迁为西夷校尉，也有的升迁为益州刺史。

　　成都县① 　郡治。有十二乡、五部尉②。汉户七万③，晋三万七千。名难治。时广汉冯颢为令④，而太守京兆刘宣不奉法⑤，颢奏免之。立文学，学徒八百人。实户口万八千⑥，开稻田百顷，治有尤异⑦。后有广汉刘宠为令⑧。大姓恣纵⑨，诸赵倚公⑩，故多犯法。濮阳太守赵子真父子强横⑪，宠治其罪，莫不震肃⑫。郫民杨伯侯奢侈⑬，大起冢茔⑭。因宠为郫令,伯侯遂徙占成都。宠复为成都,豪右敬服⑮。有蜀侯祠⑯。大姓有柳、杜、张、赵、郭、杨氏。豪富:先有程郑、郄公,后有郭子平⑰。奢豪:杨伯侯兄弟。

【注释】

①成都县:县名。战国秦惠文王二十七年(前311)置,属蜀郡。治所即今四川成都。东汉时兼为益州治。三国蜀汉建都于此。西晋为蜀郡及益州治。成汉都于此。东晋为蜀郡及益州治。隋开皇初郡废,大业初州废,复为蜀郡治。

②乡:行政机构名,属于县以下的行政机构。五部尉:官名。汉末洛阳分东西南北中五部,每部置尉一人,掌治安。按:本书卷三《蜀志》说成都县有"五部尉",当如汉末洛阳分东西南北中五部,每部置尉一人。

③汉户七万:《汉书·地理志上》:"成都,户七万六千二百五十六。"

④冯颢:字叔宰,广汉郡郪(今四川三台)人。初为谒者,后为成都令,迁越巂太守,所在著称。后因与梁冀不和,退而隐居,恬然终日。著有《易章句》及《刺奢说》。本书卷十《先贤士女总赞》有传。

⑤刘宣:京兆(治今陕西西安西北)人。曾任蜀郡太守。

⑥实户口:即查出隐瞒户口。

⑦尤异:指政绩优异、卓异。

⑧刘宠:字世信,广汉郡绵竹(今四川德阳北)人。任成都令,政教明肃。后任郫、郪、安汉令,皆有治绩。后迁牂柯郡太守,居郡九年而还,吏人为之立铭。本书卷十《先贤士女总赞》有传。

⑨恣纵:惟意所欲,不加敛束。

⑩诸赵:指赵戒、赵谦、赵温之族,是当时成都县著名的豪强世族。

⑪赵子真:籍贯不详。曾任濮阳太守。

⑫震肃:因慑于威猛之政而风气肃然。

⑬杨伯侯：蜀郡郫县（今四川成都郫都区）人。地方富豪。生平不详。

⑭冢营：即冢茔。营，通"茔"，墓地。

⑮豪右：封建社会的富豪家族、世家大族。

⑯蜀侯祠：即蜀侯恽祠。

⑰郭子平：蜀郡富豪。生平不详。

【译文】

　　成都县　是蜀郡的郡治所在地。成都县有十二个乡，有五个部尉。汉代人口有七万户，晋代人口有三万七千户。成都县号称难以治理。汉朝时，广汉人冯颢为成都县令，而太守、京兆人刘宣不遵守法纪，冯颢上奏朝廷罢免了刘宣。冯颢在成都修建学校，有学徒八百人。冯颢查出隐瞒户口一万八千户，开垦稻田上百顷，其政绩特别优异。其后，广汉人刘宠任成都县令。当时，大姓肆意放纵，赵氏家族依仗祖父、兄弟曾为朝中三公，因而经常犯法。濮阳太守赵子真父子都很强横，刘宠惩治了他们的罪行，豪强无不震慑收敛，因而县内风气肃然。郫县人杨伯侯作风奢侈，大肆修建坟墓。因为刘宠其时已经转任郫县令，杨伯侯于是迁居成都。刘宠再任成都县令，豪门大族敬服。成都县建有蜀侯祠。成都县的大姓有柳、杜、张、赵、郭、杨氏。豪强富族：先有程郑、郤公，后有郭子平。奢侈阔绰的家族：有杨伯侯兄弟。

郫县①　郡西北六十里。冠冕大姓：何、罗、郭氏。

繁县②　郡北九十里。有泉水稻田。三张为甲族③。

【注释】

①郫县：县名。秦于周慎王五年（前316）灭蜀国后在郫邑置，属蜀郡。治所在今四川成都郫都区北一里。以蜀王杜宇名蒲卑，都于此，或谓以郫江（今柏条河）经县境而名。

②繁县：县名。西汉置，属蜀郡。治所在今四川彭州西北。"因繁江

以为名"(《元和郡县志》卷三十一)。蜀汉延熙十年(247),移治于今成都新都区西北新繁镇,迁繁县民居于此,俗称新繁。北周正式改名新繁。《太平寰宇记》卷七十二新繁县:"刘禅延熙十年凉州胡率众降,禅居之繁县,以繁县移户于此,俗间谓之新繁。至是县名因俗而改。"

③甲族:指世家大族。

【译文】

郫县　在蜀郡西北六十里。居首位的大姓,有何、罗、郭氏。

繁县　在蜀郡北九十里。有泉水灌溉的稻田。三张是当地的世家大族。

江原县① 　郡西,渡大江,滨文井江,去郡一百二十里。有青城山、称江祠②。安汉、上下朱邑出好麻、黄润细布③,有羌筒盛④。小亭有好稻田⑤。东方常氏为大姓⑥。文井江上有常堤三十里⑦,上有天马祠⑧。

【注释】

①江原县:县名。西汉置,属蜀郡。治所在今四川崇州东南三十里江源场东。西晋末废。十六国成汉李雄改为汉原县。东晋永和中改汉原县复置,为晋原郡治,治所在今四川崇州西北六十里怀远镇。北周改为多融县,旋改为晋原县。

②青城山:亦名赤城山,因山形状如城郭得名,在今四川都江堰市西南三十里。有"青城天下幽"之赞誉,为蜀中名山。为著名道教圣地,道教称为"第五洞天"。道教创始人张道陵在此结茅传道,晋代范长生、隋代赵昱、唐代杜光庭等皆曾隐居于此。今存常道观(天师洞)、上清宫、祖师殿、建福宫等庙观十余处,均系清朝所建。为世界文化和自然遗产,已列入《世界遗产名录》。称江祠:

建筑名。具体不详。或以为，"称江祠"当是"渎山祠"之误，是
青城山上的祠庙。

③安汉：乡名。具体不详。朱邑：乡名。具体不详。黄润细布：蜀中
生产的一种细布，即世所谓"蜀布"。《古文苑·扬雄〈蜀都赋〉》：
"筒中黄润，一端数金。"章樵注引司马相如《凡将篇》："黄润纤美
宜制禅。"《文选·左思〈蜀都赋〉》："黄润比筒，籯金所过。"刘逵
注："黄润，谓筒中细布也。"《史记·大宛列传》："（张）骞曰：'臣
在大夏时，见邛竹杖、蜀布。'"

④羌筒：一种大竹筒。

⑤小亭：当即朱亭，在今都江堰市玉堂镇，位于青城山以北。《水
经·江水注》："有朱亭，亭南有青城山，山上有嘉谷，山下有蹲
鸱，即芋也。"

⑥东方：可能是复姓，亦可理解为江原县之东方（刘琳）。也可以理
解为基层社区名，即东方里（汪启明等）。按：在《华阳国志》全
书中，没有复姓"东方"的人物，故本处的"东方"不可能是复姓。
又，《华阳国志》全书所记某县大姓，基本上都不是一姓独大。而
《华阳国志》全书所记江原县的重要人物，有治中从事张充、美阳
令王皓、尚书郎王嘉。因此，笔者怀疑此处的"东方"二字有误，
或当作"张、王"，系形近而误。常氏：本书作者常璩，即出于江原
县常氏。

⑦常堤：即常氏堤。《水经·江水注》："文井水又东径江原县，县滨
文井江，江上有常氏堤，跨四十里。"

⑧天马祠：在江原县，为日行千里的天马而建。本卷越巂郡会无县
说："（会无县）有天马河，马日千里，后死于蜀，葬江原小亭，今天
马冢是也。县有天马祠。"

【译文】

江原县　在蜀郡以西，有大江流过县内，濒临文井江，距离蜀郡一

百二十里。有青城山,有称江祠。安汉乡、上下朱邑都出产好麻、黄润细布,细麻布可卷起来装入大竹筒。小亭乡有产稻的优质水田。东方里的常氏是江原县的大姓。文井江上有常堤三十里,上面有天马祠。

　　临邛县① 郡西南二百里。本有邛民②。秦始皇徙上郡实之③。有布濮水④,从布濮来合文井江。有火井⑤,夜时光映上昭。民欲其火,先以家火投之。顷许,如雷声,火焰出,通耀数十里。以竹筒盛其光藏之,可拽行终日不灭也。井有二,一燥一水⑥。取井火煮之,一斛水得五斗盐;家火煮之,得无几也⑦。有古石山⑧,有石矿,大如蒜子,火烧合之,成流支铁,甚刚。因置铁官⑨,有铁祖庙祠⑩。汉文帝时,以铁铜赐侍郎邓通⑪,通假民卓王孙,岁取千匹。故王孙赀累巨万亿⑫,邓通钱亦尽天下。王孙女文君能鼓琴⑬。时有司马长卿者,临邛令王吉与之游王孙家⑭,文君因奔长卿。汉世,县民陈立历巴郡、牂柯、天水太守⑮,有异政⑯。陈氏、刘氏为大姓冠盖也。

【注释】

①临邛县:县名。战国时秦置,属蜀郡。治所在今四川邛崃。西汉置盐、铁官。王莽改蜀郡太守为导江卒正,治临邛,公孙述以此起家称帝。十六国成汉后废。西魏废帝二年(553)复置,属邛州,为临邛郡治。

②邛民:即邛人、邛都夷。古代西南少数民族名。主要分布在今四川西昌东南安宁河流域。元鼎六年(前111),汉通西南夷,于其地置越巂郡。

③上郡:郡名。战国魏文侯置,秦代治所在肤施县(今陕西榆林东

南七十五里鱼河堡附近）。东汉建安二十年（215）废。

④布濮水：即仆千水，今四川邛崃南之火井河及南河（邛崃河）。《汉书·地理志上》："临邛，仆千水东至武阳入江，过郡二，行五百一十里。"

⑤火井：又称火泉。产可燃天然气的井。因火自地下出，故称"火井"。古代多用以煮盐，故又有"盐井"之称。按：本处关于"火井"的记载，是中国最早的火井（天然气井）史料之一，具有重要价值。除此之外，关于"火井"的早期史料还有以下几则。扬雄《蜀都赋》："东有巴賨，绵亘百濮。铜梁金堂，火井龙湫。"张华《博物志》卷二："临邛火井一所，从广五尺，深二三丈。井在县南百里。昔时人以竹木投以取火，诸葛丞相往视之，后火转盛热。盆盖井上，煮水得盐。"《文选·左思〈蜀都赋〉》："火井沉荧于幽泉，高烟飞煽于天垂。"刘逵注："蜀郡有火井，在临邛县西南。火井，盐井也。"《水经·江水注》："江水又径临邛县，王莽之监邛也。县有火井、盐水，昏夜之时，光兴上照。"这些记载表明，四川就是中国最早使用火井的地区。自汉至明，四川邛州（今邛崃）、富顺、蓬溪等处火井屡见史书。汉代四川的火井煮盐，主要集中在蜀郡临邛县。北周于邛崃县置火井镇，治所在今四川邛崃西南六十里火井镇（一说在今油榨乡）。隋大业十二年（616），升火井镇为火井县，属临邛郡。也有研究者认为，邛崃火井不是天然气井，而是石油井。

⑥"井有二"二句："一燥一"三字底本无，据《读史方舆纪要》卷七一补。

⑦"家火煮之"二句：临邛县出产盐，故西汉在该县设有盐官。临邛县开采的天然气，主要用于煮盐。古代文献的记载显示，使用天然气煮盐，盐的产出率比较高，远远高出家火。《后汉书·郡国志五》"临邛"李贤注引《博物记》："有火井，深二三丈，在县南百

里。以竹木投取火,后人以火烛投井中,火即灭绝,不复然。"又引《蜀都赋》注:"火井欲出其火,先以家火投之,须臾许隆隆如雷声,烂然通天,光耀十里,以竹筒盛之,接其光而无炭也。取井火还,煮井水,一斛水得四五斗盐,家火煮之,不过二三斗盐耳。"今四川邛崃有火井乡,曾发现引天然气煮盐的遗迹。四川蒲江县古盐业遗址出土过不少文物,尤其是汉化"牢盆"的出土,更加证明了蒲江在中国井盐生产发展史上的突出地位。

⑧古石山:亦名"古城山""五面山""古铁山"。在今四川邛崃南十里。或说即孤石山,在唐临溪县东十九里,今为四川蒲江西来镇马湖村地(任乃强、刘琳)。按:后说更可信,因在马湖村发现了冶铁遗址。详见成都文物考古研究所、蒲江县文物管理所:《2007年四川蒲江冶铁遗址试掘简报》,《四川文物》,2008年第4期。

⑨因置铁官:临邛县出产铁,故西汉在该县设有铁官。

⑩铁祖庙祠:在蒲江古石山上。《大清一统志》卷三百一十:"古城山,在州南十里。山有五面,亦名五面山。对拱州治,上有铁祖庙,鼓铸家祀之。盖即古铁山也。"

⑪邓通:蜀郡南安(今四川乐山)人。汉文帝时,初为黄头郎,后得宠,官至上大夫。前后所得赏赐,以十巨万计。文帝并赐给蜀郡严道(治所在今四川荥经县严道镇)铜山,使其自行铸钱,邓氏钱遍天下,而富冠一时。景帝即位,被免官。旋为人告发,尽没其家,不名一钱,寄食人家,困饿而死。

⑫赀:通"资",货物,钱财。巨万亿:极言数目之多。按:《史记·佞幸列传》和《汉书·佞幸传》有邓通传,但与《华阳国志》所载有出入。又,在荥经县发现有秦汉铸钱遗址。

⑬文君:卓文君,蜀郡临邛(今四川邛崃)人。卓王孙女。善鼓琴,通音律。司马相如饮宴于卓氏,时文君新寡,乃以琴心挑之,遂与相如私奔成都。又返临邛,当垆卖酒。王孙耻之,分与财物,遂成

富人。相传后因相如将纳妾,作《白头吟》以自绝,相如遂止。参
看《史记·司马相如列传》和《汉书·司马相如传》。按:今四川
邛崃城内里仁街有文君井,相传即文君当垆处。《明一统志》卷七
十二嘉定州:文君井"在邛崃县南二里,郡卓文君当垆,司马相如
涤器处"。嘉庆《四川通志》卷五十六邛州:文君井"在州南街左
琴台侧。相传即文君当垆处"。

⑭王吉:籍贯不详。曾任临邛县令。

⑮陈立:字少迁,蜀郡临邛(今四川邛崃)人。成帝时,历任连然、不
　韦县令,迁金城司马。河平中,任牂柯太守,平定夜郎王兴叛乱。
　后为巴郡、天水太守,均有治绩。入为左曹、卫将军、护军都尉。
　卒于官。本书卷十《先贤士女总赞》有传。

⑯异政:优异的政绩。

【译文】

　　临邛县　在蜀郡西南二百里。本来有邛民在此居住。秦始皇时,迁
徙上郡来充实本地的人口。有布濮水,从布濮流来,汇入文井江。有产
天然气的火井,夜晚时火光上映闪耀。居民想取井火,先用家中的炭火
投进去。过了一会儿,传出雷鸣般的声音,火焰就窜了出来,井火联通,
可以照耀数十里。用竹筒灌装天然气并将其密闭,然后开孔点燃,可以
拿着行走一整天而火光不熄灭。井有二眼,一眼性燥,一眼性温。取井
火来煮盐,一斛水可以得到五斗盐;用家火来煮盐,得到的盐就没有多
少。有古石山,山上有石矿,大小如蒜子,用火烧炼合制,可制作成流支
铁,非常坚硬。因此,此地设有铁官,山上有铁祖庙祠。汉文帝时,将此
地的铁、铜开采权赏赐给侍郎邓通,邓通又租借给卓王孙,每年收取布帛
千匹。因此,卓王孙的家财累计上亿万,而邓通铸造的钱币也遍布天下。
卓王孙有个女儿叫卓文君,擅长弹琴。当时,有个人叫司马长卿,临邛令
王吉和他一起到卓王孙家造访,卓文君就和司马长卿私奔了。在汉代之
时,临邛县人陈立历任巴郡、牂柯、天水太守,在每个任地都有优异的政

绩。陈氏、刘氏是临邛县数一数二的大姓。

广都县^① 郡西三十里,元朔二年置^②。有盐井、渔田之饶。大豪冯氏有鱼池、盐井,县凡有小井十数所。江有鱼漕梁^③,山有铁矿。江西有好稻田。穿山崖过水二十里。汉时县民朱辰字元燕为巴郡太守^④,甚著德惠^⑤。辰卒官,郡獽、民北送及墓^⑥。獽蜑鼓刀辟踊^⑦,感动路人,于是葬所草木顷许皆仿之曲折^⑧。迄今蜀人莫不叹辰之德,灵为之感应。今朱氏为首族也^⑨。

【注释】

①广都县:县名。西汉元朔二年(前127)置,属蜀都,治所在今四川成都双流区东中和镇。西晋移治今成都双流区东南文星镇附近。东晋移治今成都双流区东北十里。后又移今双流区。隋仁寿元年(601)改为双流县。

②元朔二年:前127年。元朔,汉武帝年号(前128—前123)。

③鱼漕梁:即鱼梁、渔梁,筑堰拦水捕鱼的一种设施。用木桩、柴枝或编网等制成篱笆或栅栏,置于河流、潮水河中或出海口处,拦捕游鱼。按:诚如下文所云,新都县"有枣、鱼梁",江阳县有"伯涂鱼梁"。

④朱辰:字元燕,蜀郡广都(今四川成都双流区)人。曾任巴郡太守,颇有政绩,深得民心。

⑤德惠:德泽恩惠。

⑥民:指汉民。

⑦鼓刀:操刀。谓摆弄刀子发出响声。本处实为执刀而舞。这是一种武舞,犹如本书卷一《巴志》所说"巴渝舞"。辟踊:捶胸顿足,

　　形容哀痛至极。辟，通"擗"，拍胸，捶胸。

⑧曲折：弯曲。意谓墓地附近的草木都弯曲了，仿佛受到感动弯腰
　　一样。

⑨首族：首屈一指的大族。

【译文】

　　广都县　在郡西三十里。元朔二年设置。有盐井、渔田等富饶的
资源。大姓富豪冯氏有鱼池、盐井，县内共有小盐井十多处。江中有鱼
漕梁，山上有铁矿。检江以西有优质稻田。开凿山崖，修建了二十里长
的引水渠。汉朝之时，广都县人朱辰（字元燕）任巴郡太守，有贤德与恩
惠，很是著名。朱辰在任上去世，蜀郡的獠人和汉人北上为他送葬，一直
护送到墓地。獠人、蜑人执刀而舞，捶胸顿足，感动了路上围观的人，结
果，朱辰墓地的草木很快都开始模仿，纷纷弯曲。直到今日，蜀人没有不
赞叹朱辰德行的，还能感应到朱辰之灵的存在。今天，朱氏是当地的第
一大族。

　　成都市官本有长①**，建武十八年省**②**。**

　　蜀郡，太康初属王国，改号曰成都内史③**；王改封，乃
复旧**④**。**

【注释】

①市官：管理市场的官员。本书卷三《蜀志》说，秦灭蜀后，"营广府
　　舍，置盐、铁、市官并长丞"。

②建武十八年省：东汉光武帝建武十八年（42）裁撤成都市官，当与
　　史歆反汉有关。此年，蜀郡守将史歆（？—44）怨汉兵残虐蜀地，
　　起兵叛据成都，自称大司马。光武帝遣大司马吴汉将万余人讨
　　伐，围城百余日破之，诛杀史歆等。

③"太康初属王国"二句：据本书卷八《大同志》记载，蜀郡改属王

国在太康八年（287），"八年，武帝子成都王颖受封，以蜀郡、广汉、犍为、汶山十万户为王国，易蜀郡太守号为成都内史"。而据《晋书·武帝纪》和《资治通鉴》卷八十三，司马颖受封在太康十年（289）。内史，官名。战国时秦置，掌治京师之官。秦至西汉初沿置。西汉诸侯王国亦置，掌民政，成帝绥和元年（前8）省，更令相治民，如郡太守。西晋武帝太康十年（289）又改诸王国相为内史，掌管民政。东晋、南北朝沿之。

④复旧：恢复蜀郡原先的建制。按：永嘉中（307—312），废除成都王国，恢复蜀郡。

【译文】

成都有市官，并且本来有市官长，在建武十八年被裁撤。

蜀郡，太康初年属成都王国，蜀郡太守因此改称成都内史；后来，成都王改封，于是恢复了蜀郡的建制。

广汉郡，高帝六年置。属县八①。汉户十七万，晋四万②。去洛三千里③，南去成都百二十里。西接汶山，北接梓潼，东接巴郡。本治绳乡④，安帝永初中，阴平、汉中羌反，元初二年移涪，后治雒城⑤。王莽改曰就都⑥，公孙述名曰子同。

【注释】

①属县八：广汉郡西汉时有属县十三，东汉时有属县十一，蜀汉时有属县九，在晋代仅有属县八。这八个属县，即下文所说的雒县、绵竹县、什邡县、新都县、五城县、郪县、广汉县、德阳县。

②"汉户十七万"二句：广汉郡的户口，《汉书·地理志上》："广汉郡，户十六万七千四百九十九，口六十六万二千二百四十九。"

《后汉书·郡国志五》:"广汉郡,十一城,户十三万九千八百六十
五,口五十万九千四百三十八。"西晋初,广汉郡与新分出的新都
郡合计户二万九千六百,即广汉郡户五千一百,新都郡户二万四
千五百。见《晋书·地理志上》。

③去洛三千里:《后汉书·郡国志五》:"广汉郡,雒阳西三千里。"

④绳乡:即乘乡,在今四川广汉城北。

⑤雒城:在四川广汉中部的雒城镇。《水经·江水注》:"(汉高祖)六
年,乃分巴蜀,置广汉郡于乘乡。王莽之就都,县曰吾雒也。"在
广汉雒城镇,发现了篆隶"雒城"铭文砖砌筑的墙基,还出土有
铜瓦、云纹瓦当、陶豆和东汉五铢钱等文物,说明该遗址是东汉
所筑。

⑥就都:《汉书·地理志上》:"广汉郡,高帝置。莽曰就都。"

【译文】

广汉郡,汉高祖六年设置。有八个属县。汉代有人口十七万户,晋
代有人口四万户。距离洛阳三千里,南距成都一百二十里。西接汶山
郡,北接梓潼郡,东接巴郡。郡府本来在绳乡,汉安帝永初年间,阴平郡、
汉中郡的羌人造反,元初二年,广汉郡府移到涪县,后来又迁到雒城。王
莽改广汉郡为就都郡,公孙述又改为子同郡。

益州以蜀郡、广汉、犍为为"三蜀"①。土地沃美,人士
俊乂②,一州称望③。然汉选蜀郡、广汉太守,每重德高俊④。
故前有赵护、第五伯鱼⑤,后有蔡、陈⑥,表章礼物,殊于诸
郡。其太守著功德者,有刘咸、孙宝、蔡茂、陈宠⑦。伯鱼自
郡径迁司徒,宠亦至三公。而绶讽、尹睦、鲜于定、赵瑶⑧,
皆公望也⑨;薛鸿辈⑩,卿佐也⑪;而许靖亦为上公⑫,及何祗、
常闳皆有称⑬。以处州中,益州恒治此郡。

【注释】

①三蜀：地区名。秦灭蜀国置蜀郡，汉初分蜀郡置广汉郡，武帝时又分置犍为郡，三郡本一蜀国，故合称"三蜀"。《文选·左思〈蜀都赋〉》："三蜀之豪，时来时往。"李善注："三蜀，蜀郡、广汉、犍为也。"

②俊乂（yì）：才德出众的人。

③称望：名望。

④高俊：高超俊逸，不同凡响。亦指才智过人者。

⑤赵护：字子夏，汉成帝时人。曾任河东都尉，后因功而升广汉太守，又迁执金吾。《汉书·成帝纪》："（鸿嘉四年）冬，广汉郑躬等党与寝广，犯历四县，众且万人。拜河东都尉赵护为广汉太守，发郡中及蜀郡合三万人击之。或相捕斩，除罪。旬月平，迁护为执金吾，赐黄金百斤。"第五伯鱼：即第五伦。见本卷前文注。

⑥蔡、陈：指蔡茂、陈宠。蔡茂（前25—47），字子礼，河内怀（今河南武陟）人。哀帝、平帝时以儒学知名，征试博士，以高第擢拜议郎，迁侍中。新莽时免官不仕。光武帝时曾为广汉太守，抑制权贵，无所顾忌。建武二十年（44）为司徒，居官清俭。卒于官。《后汉书》有传。陈宠（？—106），字昭公，沛国洨（今安徽固镇）人。明习法律，兼通经书。少为州郡吏，辟司徒府，掌狱讼，断案公平。章帝初，为尚书，奏请废除前世烦苛之法，帝纳之。性慎密，在任谢绝门人知友。为大将军窦宪所忌，出为泰山、广汉太守。和帝永元六年（94）任廷尉，数议疑狱，务从宽恕，济活甚众。位终司空。著有《辞讼比》七卷。《后汉书》有传。

⑦刘咸：籍贯不详。汉平帝时，任广汉太守。孙宝：字子严，颍川鄢陵（今河南鄢陵北）人。以明经为郡吏，荐为议郎，迁谏大夫。成帝鸿嘉中，历任益州、冀州刺史，拜广汉太守。不畏权势，颇有政绩，吏民称颂。征为京兆尹。哀帝时，征为谏大夫，迁司隶。尚书

仆射郑崇下狱,孙宝上书为之申冤,帝不悦,免为庶人。平帝时,起为大司农。后以直言忤王莽,免为庶人。《汉书》有传。

⑧毁(duì)讽:籍贯不详。汉安帝时为广汉太守、尚书令、光禄勋。延光三年(124),废太子刘保为济阴王。毁讽与太仆来历等十余人俱诣鸿都门证太子无过。及刘保即位为顺帝,讽已卒,拜其子为郎。尹睦(?—93):字伯师,河南巩(今河南巩义)人。和帝时任大司农,后迁太尉,录尚书事。卒于位。鲜于定:事迹不详。赵瑶:字元珪,汉中郡南郑(今陕西汉中)人。见前文注。

⑨公望:可与三公的重要职位相称的名望。

⑩薛鸿:籍贯与事迹不详。据本书卷十《先贤士女总赞》,薛鸿曾任广汉郡太守。

⑪卿佐:指辅佐国君的执政大臣。

⑫许靖(?—222):字文休,汝南平舆(今河南平舆北)人。少与许邵知名。初为郡吏,后察孝廉,除尚书郎。董卓秉政,避难于交阯。后应刘璋之邀入蜀,历巴郡、广汉太守。刘备得益州,任太傅、司徒等。善于品评人物,奖掖后进。丞相诸葛亮亦敬事之。《三国志•蜀书》有传。上公:汉制,仅以太傅为上公。因其位在三公之上,故称上公。西汉以丞相(大司徒)、太尉(大司马)、御史大夫(大司空)为三公,东汉以太尉、司徒、司空为三公。

⑬何祗:字君肃,蜀郡郫(今四川成都郫都区)人。何宗族人。历任汶山、广汉、犍为太守。本书卷十《先贤士女总赞》有传。常闳:蜀郡江原(今四川崇州)人。历任汉中、广汉太守。本书卷十《先贤士女总赞》有传。

【译文】

益州以蜀郡、广汉郡、犍为郡为"三蜀"。广汉郡土地肥美,英才辈出,闻名于益州。汉朝遴选蜀郡、广汉郡太守,每每重视德与才,要求德行高尚、才智过人。因此,前面有赵护、第五伦,后面有蔡茂、陈宠,他们被朝廷表彰赏赐,不同于其他各郡。其中功德卓著的太守,有刘咸、孙宝、蔡茂、陈宠。第五伦自广汉郡太守直接升迁至司徒,陈宠也位至三公。而祋讽、尹睦、鲜于定、赵瑶,都有堪比三公的声望;薛鸿之辈,也是辅佐国君的执政大臣;而许靖也位至上公,以及何祗、常闳都有声望。因为广汉郡地处益州中心,所以益州州府一直都在广汉郡。

初平中,益州牧刘焉自绵竹移雒县城,筑阙门①。云其地不王,乃留孙循据之②。建安十八年,刘先主自涪攻围且一年,军师庞统中流矢死③。先主痛惜,言则涕泣。广汉太守南阳张存曰④:"统虽可惜,违大雅之体⑤。"先主怒曰:"统杀身成仁⑥,非仁乎?"即免存官。十九年夏,雒城拔。襄阳马良书诒诸葛亮曰⑦:"承雒城已下⑧,尊兄配业光国⑨,魄兆见矣⑩。"时州或治成都,时复治雒,为蜀渊府⑪。

【注释】

① 阙门:古代宫殿、官府、祠庙、陵墓前由双阙组成的出入口。《易·说卦》:"为小石,为门阙。"高亨注:"门之两旁筑台,其台谓之阙,亦谓之观。艮为山。门阙高崇,似两山对峙,故艮为门阙。"

② 循:刘循,江夏郡竟陵(今湖北潜江)人。刘璋长子,刘焉之孙。建安十八年(213),刘备进围雒城,刘循率军抵抗,坚守近一年,城破被俘。刘备灭刘璋后,任命刘循为奉车中郎将。

③ 庞统(179—214):字士元,襄阳(今湖北襄阳)人。与诸葛亮齐名,号"凤雏"。初为郡功曹,后任南郡太守。归事刘备,历为耒阳令、治中从事、军师中郎将,是刘备主要谋士之一。建安十九年(214),随刘备入蜀,建议攻成都,进至雒县(今四川广汉北),中流矢卒(其地遂称"落凤坡")。追赐关内侯,谥靖侯。《三国

志·蜀书》有传。庞统墓在今四川罗江县西南白马关侧（古名鹿头关，俗名白马关），是全国重点文物保护单位。《方舆胜览》卷五十四绵州：白马山"在魏城县西，山势高峻，上有庞统墓"。《明一统志》卷六十七成都府："庞统墓在鹿头关。"明末祠、墓被毁。清康熙四十八年（1709）重建。流矢：乱飞的或无端飞来的箭。

④张存：字处仁，南阳（今河南南阳）人。以荆州从事随刘备入蜀，为广汉太守。庞统卒，刘备嘉叹之，而张存以为庞统违大雅之义，触怒刘备，被免官。顷之，病卒。参看《季汉辅臣赞注》。

⑤违大雅之体：大意是说庞统心术不够雅正。《季汉辅臣赞注》："（张）存素不服庞统，统中矢卒，先主发言嘉叹，存曰：'统虽尽忠可惜，然违大雅之义。'"（《三国志·蜀书·杨戏传》）大雅，《诗经》的组成部分之一。旧训雅为正，谓诗歌之正声。《诗大序》："雅者，正也，言王政之所由废兴也。政有小大，故有《小雅》焉，有《大雅》焉。"本处意谓高尚雅正。

⑥杀身成仁：语本《论语·卫灵公》："志士仁人，无求生以害仁，有杀身以成仁。"意思是为了成就"仁"德而不惜牺牲自己的生命。这是儒家道德的最高标准。

⑦马良（187—222）：字季常，襄阳宜城（今湖北宜城）人。兄弟五人，并有才名。因马良眉中有白毛，乡里为之谚曰："马氏五常，白眉最良。"刘备得荆州，辟为从事。刘备称帝，拜为侍中。后卒于夷陵之战。《三国志·蜀书》有传。书诒（yí）：致信，致函。

⑧承：得知。

⑨尊兄：对同辈年长者或己兄的敬称。《三国志·蜀书·马良传》裴松之注："臣松之以为良盖与亮结为兄弟，或相与有亲；亮年长，良故呼亮为尊兄耳。"光国：即国光。本指国家的礼乐文物。后多指国家的威望和荣誉。配业光国意谓诸葛亮的业绩配得上国家辅佐之位。典出《易·观》："观国之光，利用宾于王。"

⑩魄兆：征兆，先兆。《国语·晋语三》："公子重耳其入乎，其魄兆于民矣。"韦昭注："魄，形也。兆，见也。"

⑪渊府：指财物或文书等集聚的地方。本处意谓广汉郡物产富饶。

【译文】

初平年间，益州牧刘焉自绵竹移驻雒县城，修筑了阙门。刘璋说这个地方不适合称王，于是留下孙子刘循据守此地。建安十八年，刘备自涪县出兵攻打雒县城，围攻了将近一年而未能攻克，军师庞统中流矢而死。刘备为此非常悲痛惋惜，每次提到庞统时都要落泪。广汉太守、南阳人张存说："庞统虽然可惜，但其人有违高尚雅正的体统。"刘备发怒道："庞统杀身成仁，难道不合乎仁？"随即罢免了张存的官职。建安十九年夏，雒城被攻陷。襄阳人马良写信给诸葛亮说："得知雒城已被攻克，仁兄的业绩配得上国家辅佐之位，征兆已经看得见了。"当时，益州的州府有时在成都，有时又在雒县，广汉郡是蜀地物产富饶的地方。

雒县① 郡治。汜乡有孝子姜诗田地宅②。姓族有镡、李、郭、翟氏③。

【注释】

①雒县：县名。西汉高帝时置，属广汉郡。治所在今四川广汉。因县南有雒水而得名。王莽改为吾雒。东汉复名雒县，为广汉郡治。初平中，徙益州治此（后徙治成都）。西晋泰始二年（266）为新都郡治，太康六年（285）复为广汉郡治。考古发掘显示，汉州旧城平面呈不规则长方形，西南城角呈圆状。1983—1984年间，四川省文物管理委员会考古队等先后于南门和西门附近城墙下发现汉代城墙及城砖等遗迹，砖上多印有"雒城"和"雒宫城墼"等铭文。字体系篆书，各砖上铭文字体大小风格均同，显系翻模成批制作。

②汜（fàn）乡：或作"沈乡"。汉置，属雒县，在今四川德阳旌阳区
西北孝泉镇。曾名姜诗镇，后改名孝泉镇。明曹学佺《蜀中名胜
记》卷九绵竹县引宋郑少微《记》："汉州德阳县西北四十里有镇，
东汉姜诗故宅在焉。故号姜诗里。治平中，知绵竹县事郭震者，
谓诗行甚高，宜讳其名，白部刺史易之，镇遂号孝泉，然庙犹因俗
为呼。"

③姓族：大族，望族，即有名望的大族。镡：古读 tán，今读 xín。姓
氏。《通志·氏族略》："镡氏，……望出广汉，今蜀中有此姓。"按：
《华阳国志》所记录的广汉郡镡姓人氏有镡承、镡显等。

【译文】

　　雒县　是广汉郡郡府所在地。汜乡有孝子姜诗的田地、住宅。名门
大族有镡、李、郭、翟氏。

　　绵竹县① 刘焉初所治。绵与雒各出稻稼②，亩收三十
斛③，有至五十斛。汉时任定祖以儒学教④，号侔洙泗⑤。有
多士⑥，秦、杜为首族也。

【注释】

①绵竹县：县名。西汉置，属广汉郡，治今四川德阳北黄许镇。西晋
属新都郡，东晋属南阴平郡。北周省。因处绵水（今绵远河），多
竹，故名。《寰宇通志》绵竹县："以其地竹性柔韧，可以绹绠，因以
名县。"

②稻稼：指稻子等庄稼。

③斛：古代计量单位。其大小依时代不同而有所区别，汉代有大斛、
小斛二种，大斛一斛约当今2市升，小斛约当今1.2市升。

④任定祖：任安（124—202），字定祖，广汉郡绵竹（今四川德阳北）
人。见本卷前文注。

⑤号侔(móu)：齐名，名望相等。

⑥多士：古指众多的贤士。《诗经·大雅·文王》："济济多士，文王以宁。"

【译文】

绵竹县　益州刘焉最初将州治设于此地。绵竹县和雒县都出产稻子等庄稼，一亩收成三十斛，有的高达五十斛。汉朝时，任定祖在绵竹县教授儒学，其名望与孔子执教洙泗相等。绵竹县贤士众多，秦、杜是领衔的大族。

什邡县① 　山出好茶②。杨氏为大姓。美田，有盐井。

【注释】

①什邡县：县名。东汉改汁方县置，属广汉郡。治所在今四川什邡方亭镇。西晋改为什方县，属新都郡。南朝宋改为什邡县。齐又改为什方县。北周闵帝改为方亭县，武帝省入雒县。山区产茶、生漆及中药材。

②山出好茶：直至今日，什邡西山区仍然产茶。

【译文】

什邡县　山上出产好茶。杨氏是什邡县的大姓。土地肥美，有盐井。

新都县① 　蜀以成都、广都、新都为三都②，号名城。有金堂山③，水通于巴④。汉时五仓⑤，名万安仓⑥。有枣、鱼梁。多名士，有杨厚、董扶⑦。又有四姓：马、史、汝、郑者也。

【注释】

①新都县：县名。本战国时蜀国之新都。后置县。秦属蜀郡。治所

在今四川成都新都区新都镇东。西汉属广汉郡。西晋泰始二年（266）属新都郡。太康六年（285）复属广汉郡。

②三都：相传，古蜀国有三都，即成都（今四川成都）、广都（今四川成都双流区东南中和镇）、新都（今四川成都新都区）。《水经·江水注》："洛水又南径新都县，蜀有三都，谓成都、广都，此其一焉。"

③金堂山：亦名"金台山""金堂峡山"，在今四川金堂南二十里。《元和郡县志》卷三十一金堂县："以县界连金堂山，故以为名。"

④水：指沱江。又称"外江"，古名湔水、雒江、牛鞞水，长江上游支流，在四川东南部。上源绵远河、石亭江、湔江均出茂县与什邡市交界处的九顶山老鹰窝梁子南麓，南流到金堂县纳岷江分支青白江、毗河，至广汉市易家河坝始称沱江。河流穿行于平原与丘陵之间，经简阳、资阳、资中、内江等市县，在泸州入长江。支流有阳化河、球溪河、蒙溪河、釜溪河、濑溪河、胡布河等。

⑤五仓：五个粮仓。按：五仓分别建于雒、绵竹、新都、涪、郪五县。

⑥万安仓：据正德《四川通志》卷二十三载，金堂县北十五里有万安山，或与万安仓有关（刘琳）。

⑦杨厚、董扶：见前文注。

【译文】

新都县　古蜀国以成都、广都、新都为三都，号称名城。有金堂山，有沱江通达巴郡。汉朝时，修建了五个粮仓，最有名的是万安仓。出产枣子，江中有鱼梁。名士众多，诸如杨厚、董扶。又有四姓：马、史、汝、郑。

五城县①　郡东南。有水通于巴②。汉时置五仓，发五县民③，尉部主之④，后因以为县。出龙骨⑤。云龙升其山，值天门闭，不达，堕死于此，后没地中⑥，故掘取得龙骨。

【注释】

①五城县：县名。三国蜀汉置，属广汉郡。治所在今四川中江县东南。魏灭蜀后废。西晋咸宁四年（278）复置，太康六年（285）废，次年（286）又置，仍属广汉郡。南朝宋改为伍城县。

②水：今中江，又称凯江，即古犀水。为涪江支流，在四川东北部。源于安县西北与茂县、绵竹市交界处的龙门山东南麓，流经德阳、中江、三台等市县，在三台县城南注入涪江。

③五县：即雒、绵竹、新都、涪、郪五县。

④尉：县尉。部：分区，分部。主：主管（修建）。

⑤龙骨：龙的骨骼。按：实际上是古代某些哺乳动物骨骼的化石，如剑齿象、犀牛、三趾马等。可入药。《太平御览》卷一百六十六引《华阳国志》："玄武山一名三嵎山，山出龙骨，传云龙升不达坠此，民取以入药用。"

【译文】

五城县 在郡治雒县的东南面。有江水通达巴郡。汉朝时，设置了五个粮仓，派发五县民众到此修建粮仓，由五县县尉分别督造修建，后来便在此地设立了五城县。山上出产龙骨。相传，龙自此山升天时，恰逢天门关闭，不能到达天庭，坠落死于此地，后来沉没到地中，因而在此地挖掘可以得到龙骨。

郪县① 有山原田、富国盐井②。濮出好枣③。宜君山出麈尾④，特好，入贡。大姓王、李氏。又有高、马家，世掌部曲⑤。蜀时高胜、马秦皆叛，伏诛⑥。

【注释】

①郪县：县名。西汉置，属广汉郡。治所在今四川三台南九十里郪江镇。因郪江水为名。三国蜀汉为东广汉郡治，西晋复属广汉

郡。南朝梁废。

②富国盐井：在今四川三台南。唐代为富国镇新井盐场。宋置富国监主盐务。《太平寰宇记》卷八十二："富国监者，本梓州郪县富国镇新井煎盐之场也。皇朝置监以董其事，兼领通泉、飞乌等盐井地。去梓州九十里。"

③濮：地名。在郪县境内。其地不详。

④宜君山：在今四川三台西南。《太平御览》卷一百六十六引《九州要记》："玄武山，一名赤雀山，一名宜君山。山有鹿尾入贡。"麈（zhǔ）尾：古人闲谈时执以驱虫、掸尘的一种工具。在细长的木条两边及上端插设兽毛，或直接让兽毛垂露外面，类似马尾松。因古代传说麈迁徙时，以前麈之尾为方向标志，故称。后古人清谈时必执麈尾，相沿成习，为名流雅器，不谈时，亦常执在手。麈，古书上指鹿一类的动物，其尾可做拂尘。《世说新语·容止》："王夷甫（衍）容貌整丽，妙于谈玄，恒捉白玉柄麈尾，与手都无分别。"

⑤部曲：古代豪门大族的私人军队，带有人身依附性质。《三国志·魏书·邓艾传》："孙权已没，大臣未附，吴名宗大族，皆有部曲。"

⑥"蜀时高胜、马秦皆叛"二句：《三国志·蜀书·李严传》："（建安）二十三年，盗贼马秦、高胜等起事于郪，合聚部伍数万人，到资中县。时先主在汉中，严不更发兵，但率将郡士五千人讨之，斩秦、胜等首。枝党星散，悉复民籍。"

【译文】

郪县　丘陵上有梯田，有富国盐井。濮地出产优良的枣子。宜君山出产可作拂尘的麈尾，品质特别好，可作贡品。大姓有王、李氏。又有高、马家，世世代代都掌管着部曲。蜀汉时，高胜、马秦皆叛乱，后伏法，被处死。

广汉县^①　有山原田。蜀时彭羕有俊才^②,晋世段容号令德^③,故二姓为甲族也。

【注释】

①广汉县:县名。西汉高帝六年(前201)置,属广汉郡。治所在今四川射洪南六十里柳树镇。三国蜀为东广汉郡治。西晋为广汉郡治。南朝梁属遂宁郡。齐改为小汉县。梁于广汉县故址复置,属西宕渠郡。西魏改为广魏县,后又改为广汉县。

②彭羕(yàng):字永年,广汉郡广汉(今四川射洪)人。性骄傲,轻率随便。初仕刘璋为州书佐,后被谤,髡钳为徒隶。刘备入蜀,因庞统、法正荐,擢治中从事。有自得之色,为诸葛亮所不喜,左迁江阳太守。口出怨言,语涉谋反,被人告发,下狱诛死。《三国志·蜀书》和本书卷十《先贤士女总赞》有传。

③晋世:晋朝时期。段容:字宗仲,广汉郡广汉(今四川射洪)人。曾任建宁太守。

【译文】

广汉县　丘陵上有梯田。蜀汉时,彭羕有出众的才智;晋朝时,段容有美好的品德。因此,彭、段二姓是当地的世家大族。

德阳县^①　有青石祠^②。山原肥沃,有泽渔之利。士女贞孝,望山乐水,土地易为生事^③。车骑将军邓芝雅有终焉之思^④,后遂葬其山^⑤。太守夏侯慕时^⑥,古濮为功曹^⑦。康、古、袁氏为四姓^⑧,大族之甲者也。

【注释】

①德阳县:县名。东汉分梓潼县置,属广汉郡。治所在今四川江油

东北雁门坝一带。东汉末徙治今四川遂宁东南十八里龙凤场,改
　　旧县为德阳亭。东晋属遂宁郡。南朝齐属东遂宁郡。北周废。

②青石祠:青石山上的神祠。据《元和郡县志》卷三十三、《太平寰
　　宇记》卷八十七等记载,青石山在今重庆潼南区西北,自古为巴、蜀
　　分界。按:此说于地理位置不合。青石山当在四川德阳某处。

③生事:指生计、产业。

④邓芝(?—251):字伯苗,义阳新野(今河南新野)人。雅:平素,
　　素来。终焉:终老此地。

⑤后遂葬其山:邓芝墓,一说在四川蓬溪县,一说在四川梓潼。清
　　《四川通志》卷二十九:"汉邓芝墓,在蓬溪县南一百里。又,《舆
　　地纪胜》:在梓潼县西南二里有二石阙。"《大清一统志》卷三百
　　八:"三国汉邓芝墓,在蓬溪县。《太平寰宇记》:在青石山。《旧
　　志》:在蓬溪县南一百里,或曰在遂宁县北二十里凤台山。"

⑥夏侯慕:当作"夏侯纂"。籍贯不详。蜀汉时为广汉太守。

⑦古濮:或作"古朴"。籍贯不详。三国时蜀广汉太守夏侯纂部下
　　功曹。

⑧康、古、袁氏为四姓:此处仅有康、古、袁三姓,脱漏一姓。

【译文】

　　德阳县　有青石祠。丘陵上有梯田,土地肥沃,有养鱼捕捞的便利。
士人和女性坚贞孝悌,守望清山,乐享绿水,耕耘土地,便有生计。车骑
将军邓芝一向有终老此地的想法,死后就埋葬在山上。太守夏侯慕时,
古濮为功曹。康、古、袁氏为四姓,在世家大族中居于首位。

　　刘氏延熙中①,分广汉四县置东广汉郡②,咸熙初省③。
泰始末又分置新都郡④,太康省⑤。末年又置,属王国,蜀郡
常骞为内史⑥。永嘉末省⑦。

【注释】

①延熙：蜀后主刘禅年号（238—257）。

②广汉四县：即郪县、广汉、德阳、五城县四县。东广汉郡：郡名。三国蜀建兴二年（224）分广汉郡置，属益州。治所在广汉县（今四川射洪南柳树镇），一说治所在郪县（今四川三台东南）。西晋初改置广汉郡。《晋书·地理志上》："刘禅建兴二年，……分广汉立东广汉郡。魏景元中，蜀平，省东广汉郡。"关于东广汉郡的设置时间，《华阳国志》的说法与《晋书·地理志上》不一样。

③咸熙：三国魏元帝曹奂的年号（264—265）。

④泰始：晋武帝司马炎的年号（265—274）。新都郡：郡名。西晋泰始二年（266）改广汉郡置，属梁州。治所在雒县（今四川广汉北）。咸宁二年（276）改为新都国。太康六年（285）复为广汉郡。

⑤太康：晋武帝司马炎的年号（280—289）。

⑥常骞：字季慎，蜀郡江原（今四川崇州）人。治《毛诗》《三礼》，以清尚知名。州辟部从事，郡请功曹。为萍乡、绵竹令，入为郎中令。预讨赵王司马伦有功，封关内侯。迁魏郡太守，加材官将军。以中原丧乱，固辞。拜新都内史，徙湘东太守，以疾未拜。年六十八卒。本书卷十一《后贤志》有传。

⑦永嘉：晋怀帝司马炽年号（307—313）。

【译文】

后主刘禅延熙年间，分割广汉郡的四县，设置东广汉郡，咸熙初年废除。泰始末年，又分割广汉郡设置新都郡，太康年间废除。太康末年，又设置新都王国，蜀郡人常骞为新都王国内史。永嘉末年废除。

犍为郡，孝武建元六年置①。时治僰②。县十二，汉户十万。僰，故夜郎地是也③。僰有犍山④，见《保乾图》⑤。

【注释】

①孝武建元六年：前135年。建元，汉武帝年号（前140—前135）。

②鳖（bì）：县名。西汉置，为犍为郡治。治所在今贵州遵义西。因
　鳖水为名。元鼎间属牂柯郡。东晋属平夷郡。南朝宋属平蛮郡。
　梁、陈间废。

③夜郎：古族名和古国名。战国至汉时，主要分布在今贵州西部、北
　部及云南东北部、四川南部、广西北部部分地区，而以今贵州为
　中心。国都旧址迄无定论。经营农业。汉武帝时，大臣唐蒙上书
　武帝修治夜郎道路，用夜郎精兵征服南越。元鼎六年（前111），
　汉武帝破南越，于其地置牂柯郡，封夜郎侯为王，授王印。《史
　记·西南夷列传》：“西南夷君长以什数，夜郎最大。……夜郎者，
　临牂柯江，江广百余步，足以行船。”近年来，在今贵州赫章县西
　北可乐民族乡古遗址中发现大量珍贵文物，品位甚高，已引起人
　们的极大关注。夜郎，底本作“犍为”，误。

④犍山：即犍为山，一名大鹿山，在今四川犍为县东南岷江东。《旧
　唐书·地理志》犍为县：“以（犍为）山为名。”嘉庆《犍为县志》
　卷一：犍为山“在县南十五里，形如伏犀。昔人以犍名县，盖象此
　山从健牛之义。旧云：西南立石如牛，故为犍为”。

⑤《保乾图》：即《春秋保乾图》，《春秋纬》之一。乾为天，言君承天
　命。应运受图，于时宝之，故曰《保乾图》。

【译文】

犍为郡，汉武帝建元六年设置。当时的郡治在鳖县。有十二个属
县，汉代人口十万户。鳖县，原先是夜郎的领地。鳖县有犍山，见于《春
秋保乾图》。

武帝初欲开南中，令蜀通僰、青衣道①。建元中，僰道
令通之，费功无成，百姓愁怨。司马相如讽谕之②。使者唐

蒙将南入③，以道不通，执令，将斩之。叹曰："忝官益土④，恨不见成都市！"蒙即令送成都市而杀之。蒙乃斩石通阁道⑤。故世为谚曰"思都邮⑥，斩令头"云。后蒙为都尉⑦，治南夷道⑧。

【注释】

①僰：即僰道，县名。战国秦置，属蜀郡。治所在今四川宜宾，一说在今四川宜宾西南安边场。西汉属犍为郡。始元元年（前86）移犍为郡治于此，后移治武阳城。东汉属犍为郡。王莽改为僰治县。东汉复改僰道县。南朝齐复为犍为郡治。梁为戎州治。北周改为外江县。隋大业三年（607）复为僰道县，为犍为郡治。青衣道：指原青衣羌国所在地，即青衣县。西汉高帝六年（前201）置，属蜀郡。治所在今四川芦山县，一说在今四川雅安名山区北。以青衣羌国为名。东汉阳嘉二年（133）改为汉嘉县。

②讽谕：亦作"讽喻"，讽谏告谕。《史记·司马相如列传》："相如使时，蜀长老多言通西南夷不为用，唯大臣亦以为然。相如欲谏，业已建之，不敢，乃著书，籍以蜀父老为辞，而己诘难之，以风天子，且因宣其使指，令百姓知天子之意。"按：司马相如所作讽谕之文，即《难蜀父老文》（或作《谕难蜀父老书》《谕巴蜀父老檄》）。文载《史记·司马相如列传》。

③唐蒙：西汉人。武帝时为番阳令。建元六年（前135），奉命出使南粤，获悉蜀产枸酱多出自夜郎，遂上书议开通夜郎道，武帝许之。以郎中将往，以厚礼招致夜郎侯多同归汉。还报，汉以其地置犍为郡，并发巴蜀卒开辟道路，自僰道指牂柯江。参看《史记·西南夷列传》《史记·司马相如列传》。

④忝：辱，有愧于，常用作谦辞。益土：益州之土。指益州。

⑤斩石：开凿岩石。阁道：栈道。

⑥都邮：古指邮驿总站。此指成都。都，总。邮，驿站。

⑦都尉：即犍为南部都尉。

⑧南夷道：道路名。为四川盆地通往云贵高原道路之一。西汉开。自四川宜宾南行，经高县、筠连入云南，东行经镇雄至贵州毕节。《汉书·武帝纪》：元光五年（前130），"夏，发巴蜀治南夷道"，沿途设置邮亭。本书卷四《南中志》："南秦县，自僰道、南广有八亭，道通平夷。"即此道。

【译文】

汉武帝初年，打算开发南中，命令蜀郡开通僰道、青衣道。建元年间，僰道令疏通僰道，白费工夫而没有成功，百姓忧愁怨恨。司马相如撰文讽喻。使者唐蒙将要出使南方，因为道路不通，于是手拿令牌，准备问斩僰道县令。僰道县令感叹道："很惭愧在益州的地盘上做官，抱恨的是还没有见过成都市！"唐蒙随即下令将僰道县令送到成都市，然后再处决。于是，唐蒙凿山开石，修建了栈道。因此，世上流传一句谚语："想开通成都往南的驿站，结果斩了县令的头。"后来，唐蒙为犍为南部都尉，治所就设在南夷道。

元光五年①，郡移治南广②。太初四年③，益州刺史任安城武阳④。孝昭元年⑤，郡治僰道，后遂徙武阳。至晋，属县五，户二万，去洛三千二百七十里。东接江阳，南接朱提，北接蜀郡，西接汉嘉。王桥升其北山⑥，彭祖家其彭蒙⑦。白虎仁于广德⑧，宝鼎见于江溯⑨。绥和元年⑩，又上宝磬十六⑪。刘向以为美化所降⑫，用立辟雍⑬。而士多仁孝⑭，女性贞专⑮。王莽改曰西顺，郡人不服。会更始都南阳⑯，远奉贡职⑰。及公孙述有蜀，郡拒守，述伐之。郡功曹朱遵逆战⑱，众寡不敌⑲，遵绊马死战⑳，遂为述所并。而任君业闭户㉑，费贻素隐^㉒。光武帝嘉之，曰："士大夫之郡也！"

【注释】

①元光五年：前130年。元光，汉武帝年号（前134—前129）。

②南广：县名。西汉太初元年（前104）置，属犍为郡。治所在今四川筠连西南。元光五年（前130）为犍为郡治。始元元年（前86）郡治移僰道，仍属犍为郡。三国蜀汉属朱提郡。延熙中及西晋怀帝时，两度为南广郡治。后废郡，县属朱提郡。东晋元帝时，曾移朱提郡治南广，太宁三年（325）后移还朱提县。成汉时为南广郡治。南齐后废。

③太初四年：前110年。太初，汉武帝年号（前104—前101）。

④任安（？—前91）：字少卿，荥阳（治今河南郑州西北古荥镇）人。少孤贫。初为大将军卫青属吏，与司马迁相友善。曾任益州刺史、北军使者。迁被处腐刑后，武帝任为中书令，他与迁书，劝以推贤进士为务，后迁作《报任安书》相答。巫蛊之祸中，纵太子刘据矫命发兵。坐怀二心，被腰斩。

⑤孝昭元年：前86年。孝昭，即汉昭帝刘弗陵（前94—前74），汉武帝少子，西汉皇帝。年仅八岁即位，由霍光辅政。承武帝政策，移民屯田，多次出兵击败匈奴、乌桓。始元六年（前81），召开盐铁会议，问民疾苦。《汉书》有传。元年，上脱年号。所脱年号，当为汉昭帝的第一个年号"始元"。

⑥王桥：一作"王乔"。《淮南子·齐俗训》："今夫王乔、赤诵子，吹呕呼吸，吐故内新，遗形去智，抱素反真，以游玄眇，上通云天。"高诱注："王乔，蜀武阳人也。为柏人令，得道而仙。"《后汉书·郡国志五》刘昭注引《益州记》曰："县有王乔仙处。王乔祠今在县。"相传，四川眉山彭山区北四十里的北平山即王乔升仙处。《水经·江水注》："（武阳县）北山，昔者王乔所升之山也。"

⑦彭祖：即篯铿。传说中远古时人。陆终氏第三子。因封于彭城，
故称"彭祖"。相传尧时举用，历夏至殷末，约八百余岁。常食
桂芝，善导引行气。后世用以比喻长寿。一说彭祖为武阳县（今
四川眉山彭山区）彭亡聚人，县有彭祖祠。参看《世本》与《列
仙传》。彭蒙：山名，即彭亡山、彭望山，今四川眉山彭山区东北
十里仙女山。《后汉书·郡国志五》："武阳有彭亡聚。"刘昭注引
《益州记》曰："县有王乔仙处。王乔祠今在县，下有彭祖冢，上有
彭祖祠。"

⑧广德：地名。其地不详，当在今四川眉山一带。

⑨江濊：江中滩碛。道光《重庆府志》"方言"云：蜀人谓江中滩碛
为濊。本处所说"宝鼎见于江濊"，即历史文献所记载的宝鼎出
现于鼎鼻山。《元和郡县图志》卷三十二："鼎鼻山，亦曰打鼻山，
在（彭山）县南十五里。宋谯纵据蜀，朱龄石伐之，命臧熹外出奇
兵，谯纵遣将谯小苟引兵塞打鼻以御之，即此也。山形孤起，东临
江水，昔周鼎沦于此水，或见其鼻，遂以名山。"

⑩绥和元年：前8年。绥和，汉成帝年号（前8—前7）。

⑪宝磬：磬的美称。按：此事见《汉书·礼乐志》："至成帝时，犍为
郡于水滨得古磬十六枚，议者以为善祥。刘向因是说上：'宜兴辟
雍，设庠序，陈礼乐，隆雅颂之声，盛揖攘之容，以风化天下。如此
而不治者，未之有也。……'"

⑫刘向（约前77—前6）：本名更生，字子政，西汉沛县（今江苏沛
县）人。楚元王四世孙，刘德之子，刘歆之父。好儒学，能诗赋。
宣帝时，初为郎，旋升谏大夫，治《春秋穀梁传》，讲论五经于石渠
阁。元帝时，任宗正。曾以阴阳灾异情况附会时政得失，上书弹
劾外戚宦官专权，被贬为庶人。成帝即位，任光禄大夫、中垒校
尉。曾校阅群书，撰成《别录》，为我国目录学之祖。另撰有《新
序》《说苑》《列女传》《洪范五行传》等。《汉书》有传。

⑬辟雍:本为西周天子所设大学,校址圆形,围以水池,前门外有便桥。东汉以后,历代皆有辟雍,除北宋末年为太学之预备学校(亦称"外学")外,均为行乡饮、大射或祭祀之礼的地方。

⑭仁孝:仁爱孝顺。

⑮贞专:坚贞专一。

⑯更始:即更始帝刘玄(? —25),字圣公,南阳蔡阳(今湖北枣阳)人。光武帝刘秀族兄。地皇四年(23)号更始将军,不久称帝(更始帝)。建元更始,入都宛城。后派军攻克洛阳、长安,推翻新莽政权,遂迁都长安。更始三年(25),赤眉军攻入长安,刘玄降,后被缢杀。《后汉书》有传。

⑰贡职:贡赋,贡品。

⑱逆战:迎战。

⑲众寡不敌:人少抵挡不过人多。意即寡不敌众。

⑳绊马死战:朱遵迎战公孙述,因寡不敌众,乃埋车轮,绊马必死,终为公孙述所杀。

㉑任君业:任永,字君业,犍为郡僰道(今四川宜宾)人。长于历数。公孙述时,托以目疾,累征不诣。光武征之,以年老不诣。《后汉书》、本书卷十《先贤士女总赞》有传。

㉒费贻:字奉君,犍为郡南安(今四川乐山)人。公孙述时,漆身为厉,佯狂避世。述亡,出仕,官至合浦太守。《后汉书》、本书卷十《先贤士女总赞》有传。素隐:指隐居不仕。意同"隐遁"。本书卷十二《序志并士女目录》:"隐遁:合浦太守费贻,字奉君。"

【译文】

元光五年,犍为郡府迁移到南广县。太初四年,益州刺史任安在武阳筑城。汉昭帝始元元年,犍为郡府迁徙至僰道,后来又迁移到武阳。到晋朝之时,犍为郡有五个属县,有人口二万户,距离洛阳三千二百七十里。东接江阳郡,南接朱提郡,北接蜀郡,西接汉嘉郡。王桥在北山得道成仙,彭祖家在彭蒙。广德县的白虎很仁慈,宝鼎出现在江中滩碛。绥和元年,犍为郡进献宝磬十六枚。刘向认为,这是美好教化感动上天降下的祥瑞,应当将其悬挂于太学辟雍。犍为郡的士人大多仁爱孝顺,女性坚贞专一。王莽将郡名改为西顺,但郡人并不臣服。恰逢更始帝刘玄在南阳建都,犍为郡不远千里奉上贡品,表示归顺臣服。到公孙述占据蜀地,犍为郡人据守本土,拒不归顺,公孙述进兵讨伐。犍为郡功曹朱遵出兵迎战,但寡不敌众,朱遵设计绊马,拼死决战,犍为郡最终被公孙述吞并。任君业关闭门户拒不出仕,费贻洁身自好隐居不仕。汉光武帝嘉奖他们,说:"这是出士大夫的郡啊!"

　　郡去成都百五十里,渡大江[①]。昔人作大桥曰汉安桥,广一里半[②],每秋夏水盛,断绝,岁岁修理,百姓苦之。建安二十一年[③],太守南阳李严乃凿天社山[④],寻江通车道,省桥,梁三津[⑤],吏民悦之。严因更造起府寺[⑥],观壮丽,为一州胜宇[⑦]。二十四年,黄龙见武阳赤水九日[⑧],蜀以刘氏瑞应[⑨]。其太守,汉兴以来,鲜有显者[⑩]。

【注释】

①渡大江:此大江指岷江。因犍为郡治所在今四川眉山彭山区西北,位于岷江以西,故自彭山区到成都要横渡岷江。

②昔人作大桥曰汉安桥,广一里半:汉安桥,《水经注》作"安汉桥"。当在四川眉山彭山区北岷江与府河汇流处之上游,跨于岷江之上(刘琳)。广,宽。按:本处说汉安桥"广一里半",疑有误,当作"长一里半"。译文从之。

③建安二十一年:216年。建安,刘献帝刘协年号(196—220)。

④天社山:即修觉山,在今四川成都新津区南,当邛崃水(南河)注

入岷江处。《元和郡县志》卷三十一新津县："天社山在县南三里，在成都南百里。北枕大江，南接连岭，每益土有难，人多依焉。"

⑤梁：大概是造舟为梁，即架浮桥（刘琳）。三津：即南河、西河、金马河。

⑥府寺：官署，官府机构的房屋。

⑦胜宇：优美的屋宇。此指名胜之地。

⑧黄龙：古代传说中的动物名。谶纬家以为是帝王之瑞征。《吕氏春秋·知分》："禹南省，方济乎江，黄龙负舟。"《史记·封禅书》："黄帝得土德，黄龙地螾见。"赤水：今四川成都双流区东南黄龙溪。《三国志·蜀书·先主传》建安二十五年（220），太傅许靖等上言，"间黄龙见武阳赤水，九日乃去"。

⑨瑞应：古代以为帝王修德，时世清平，天就降祥瑞以应之，谓之瑞应。按：李严后借此"瑞应"做文章，上表恳请刘备称帝。

⑩鲜：少。显：显赫。

【译文】

犍为郡距离成都一百五十里，到成都要横渡岷江。往年，有人修建了大桥，叫汉安桥，桥长一里半，每到秋天和夏天丰水季节时，桥就被洪水冲断，因此需要年年修理，老百姓为此苦不堪言。建安二十一年，犍为太守、南阳人李严凿通天社山，不久沿江即可通车道，省却了架桥之苦，又架设浮桥，沟通了南河、西河、金马河，吏民为之喜悦不已。李严因此又开始建造官署房舍，又修建壮丽的城楼，郡府成为一州的名胜。建安二十四年，黄龙出现在武阳的赤水河，九天后才消失，蜀地之人认为这是刘氏的瑞应。犍为郡的太守，自从汉朝建立以来，很少有声名显赫的。

武阳县① 郡治。有王桥、彭祖祠。藉江为大堰，灌郡下，六门②。有朱遵祠③。山出铁及白玉④。特多大姓，有七杨、五李，诸姓十二也⑤。

【注释】

①武阳县:县名。战国末秦置,属蜀郡。治所在今四川眉山彭山区东北江口镇。西汉太初四年(前101)为犍为郡治。南朝梁改为犍为县。在张家山汉简《二年律令·金布律》中,已有"武阳"县名。

②"藉江为大堰"几句:藉江,原作"蒲江",误。《水经·江水注》:"此县藉江为大堰,开六水门,用灌郡下。"《元和郡县志》卷三十二:"馨堰,在县西南二十五里。拥江水为大堰,开六水门,用灌郡下。公孙述僭号,犍为不属,述攻之,功曹朱遵拒战于六水门是也。"

③朱遵祠:在今四川成都新津区。

④山出铁:武阳县有铁山,出产铁矿。《汉书·地理志上》:"武阳,有铁官。"《元和郡县志》卷三十三:"始建县,……本汉武阳县地,……铁山,在县东南七十里。出铁,诸葛亮取为兵器。其铁刚利,堪充贡焉。"白玉:疑当作"白土"(任乃强)。白土,即白垩,石灰岩的一种,俗称白土子。

⑤诸姓十二:即七杨、五李,共计十二个大姓。

【译文】

武阳县 是犍为郡郡府所在地。有王桥祠、彭祖祠。县里在江上修建了大堰,灌溉犍为郡诸县,大堰开有六个水门。有朱遵祠。山上出产铁及白玉。县内的大姓特别多,有杨姓七族、李姓五族,共计有十二大姓。

南安县① 郡东四百里,治青衣江会②。县溉有名滩,一曰雷垤③,二曰盐溉④,李冰所平也。有柑橘官社⑤。汉有盐井⑥。南安、武阳皆出名茶⑦。多陂池。西有熊耳峡⑧,南有峨眉山⑨。山去县八十里。《孔子地图》言有仙药⑩,汉武帝遣使者祭之,欲致其药,不能得。有四姓:能、宣、谢、审;五大族:杨、费⑪。又有信士吕孟⑫,莫纪至行也⑬。

【注释】

①南安县:县名。秦置,属蜀郡。治所即今四川乐山。西汉属犍为郡。南朝梁属齐通郡。北周废。

②青衣江:古名大渡水、沫水、平羌江、平乡江、雅河。因流经古代青衣羌国和青衣县(今四川雅安名山区和四川芦山县境),故名。在今四川中部,为大渡河最大支流。《水经·青衣水注》:"青衣水出青衣县西蒙山,东与沫水合也。……至犍为南安县入于江。"源出四川宝兴北夹金山南麓,曰宝兴河,西南流经灵鹫山,形成灵关峡,南流纳芦山河,至飞仙关西侧纳荣经河(天全河)后始称青衣江。东南流经雅安、洪雅、夹江,于乐山西水口镇草鞋渡注入大渡河。再东流注入岷江,全长281公里。支流有芦山河、老场河、陇西河、雅安河、花溪河、雅川河、安溪河等。

③雷垯:当指今乐山城东凌云山大佛岩(刘琳)。

④盐溉:顾炎武《天下郡国利病书》谓即乐山红崖子,在乐山东南十五里,今乐山市五通桥区牛华溪北(刘琳)。《水经·江水注》:"悬(县)溉有滩,名垒垯,亦曰盐溉,李冰所平也。"

⑤柑橘:南安县所产柑橘为黄柑,即今广柑。左思《蜀都赋》:"家有盐泉之井,户有橘柚之园。"李善注:"犍为南安县,出黄甘橘。"柑橘官社,"社"字疑衍。

⑥汉有盐井:南安县在汉代时产盐,并且设有盐官。《汉书·地理志上》:"南安,有盐官、铁官。"

⑦出名茶:今四川洪雅、丹棱、名山、彭山、峨眉等地仍然产茶。在西汉王褒《僮约》中,已有"武阳买茶"的记载。

⑧熊耳峡:即岷江三峡之总称,在今四川乐山北六十里。《水经·江水注》:江水"又东南径南安县西,有熊耳峡,连山竞险,接岭争高"。《元和郡县志》卷三十一平羌县:熊耳峡"在县东北三十一里"。《舆地纪胜》卷一百四十六嘉定府:熊耳峡"在龙游县北六十里涌沸山之上,诸葛武侯凿山开道。盖今湖瀼峡"。

⑨峨眉山:在今四川峨眉山市西南十三里。《太平御览》卷一百六十六引《益州记》:"峨眉山,两山相对,望之如峨眉。"左思《蜀都赋》:"抗峨眉之重阻。"唐、宋以来成为佛教圣地,与浙江普陀山、安徽九华山、山西五台山并称为佛教四大名山。巍峨秀丽,素有"峨眉天下秀"之美誉。为国家重点风景名胜区、世界文化和自然遗产,已列入《世界遗产名录》。

⑩《孔子地图》:古书名,已佚。可能是神仙家书,后来有可能收入道藏。陶弘景《真诰》卷十一引《孔子福地记》:"岗山之间有伏龙之乡,可以避水,辟病长生,本所以名为岗者,亦金坛之质也。"《孔子地图》,或即《孔子福地记》一类图书。

⑪五大族:杨、费:此指杨、费二姓有五大族。

⑫信士:诚实不欺、诚实可信的人。吕孟:犍为郡南安(今四川乐山)人。事迹不详。本书卷十《先贤士女总赞》:"吕孟,南安人,不详其事。"

⑬莫纪:原文作"真纪",误。至行:卓绝的品行。

【译文】

南安县 在郡治武阳县东四百里,县治在青衣江与岷江的汇合处。县境内有两个著名的滩碛,一个是雷坻,一个是盐溉,都是李冰开凿的。设有柑橘官社。汉代的时候有盐井。南安、武阳都出产名茶。有很多池塘。西面有熊耳峡,南面有峨眉山。峨眉山距离县城八十里。《孔子地图》说山上有仙药,汉武帝曾经派遣使者到峨眉山祭祀,想得到仙药,但未能获得。有能、宣、谢、审四姓,有杨、费二姓五个大家族。又有诚实守信之士吕孟,遗憾未能记录下他卓绝的品行。

僰道县^①　在南安东四百里,距郡八百里^②,高后六年城之^③。治马湖江会^④,水通越巂^⑤。本有僰人^⑥,故《秦纪》言僰童之富^⑦,汉民多,渐斥徙之。有荔芰、姜、蒟^⑧。滨江有兵兰——李冰所烧之崖,有五色,赤白,映水玄黄。鱼从楚来,至此而止,畏崖映水也。有韩原素祠^⑨。又有孝子隗通^⑩,为母汲江裔水^⑪,天为出平石,生江中,今石在马湖江。而孝子吴顺奉母^⑫,赤乌巢其门^⑬。崩容江出好磨石^⑭,江多鱼害^⑮。民失在于征巫^⑯,好鬼妖^⑰。大姓吴、隗,又有楚、石、薛、相者。

【注释】

①僰道县:县名。战国秦置,属蜀郡。治所在今四川宜宾,一说在今四川宜宾西安边场。西汉属犍为郡。始元元年(前86)移犍为郡治于此,后移治武阳城。东汉属犍为郡。王莽改为僰治县。东汉复改僰道县。南朝齐复为犍为郡治。

②八百里:底本作"百里",误。兹据任乃强说补正。

③高后六年:前182年。

④马湖江:水名。即今金沙江下游自四川雷波至宜宾一段。因流经古马湖县境得名。《水经·若水注》:"绳水又径越巂郡之马湖县,谓之马湖江。"《明一统志》卷六十九叙州府:马湖江"在府城南,……亦名泸水,一名金沙江"。

⑤越巂:郡名。西汉元鼎六年(前111)以邛都国地置,因越巂水(亦名巂水)而得名。《元和郡县志》卷三十二邛部县:"巂山,在县西南九里。巂水出巂山下,州郡得名,因此水也。"治邛都县

（今四川西昌东南）。元封二年（前109）分数县入益州郡。

⑥僰人：古族名。又称僰人子、僰耳子。一说属濮僚系统；一说为氐羌之别种，即今之白族；一说为摆夷，即今之傣族。秦汉时活动于犍为郡僰道县（今四川宜宾），曾建立"僰国"或"僰侯国"。东汉末迁往朱提郡、宁州建宁郡（今云南曲靖）。从事农业、畜牧业与矿冶业、玉石制造业。俗行悬棺葬。

⑦《秦纪》：《史记·秦始皇本纪》《六国年表》等作"秦记"，记载秦国史事的图书。僰童：即僰僮。秦末汉初的一种僮奴。巴、蜀民至滇贸易，往往略卖僰人至内地为奴，故名。《史记·西南夷列传》："巴蜀民或窃出商贾，取其筰马、僰僮、髦牛，以此巴蜀殷富。"

⑧荔芰：即荔枝。直至今日，四川宜宾仍然出产荔枝。《元和郡县志》卷三十一："僰道县，……出荔枝，一树可收一百五十斗。"姜：多年生草本植物。根茎肥大，呈不规则块状，有辛辣味，可作蔬菜、调料，并供药用。蒟（jǔ）：一种胡椒科藤本植物。见本书卷一《巴志》注。

⑨韩原素：人名。事迹不详。任乃强认为，应即本卷十《先贤士女总赞》之韩姜可备一说。

⑩隗通：即隗相，字叔通，犍为郡僰道（今四川宜宾）人。汉哀帝世为孝廉，平帝时为郎。事母至孝。母欲食江心水，隗相冬夏汲之。一朝有石生江中，舟得以依，人以为孝感所致。本书卷十《先贤士女总赞》有传。

⑪江裔：江边。

⑫吴顺：字叔和，犍为郡僰道（今四川宜宾）人。事母至孝，赤乌巢其门，甘露降其户。察孝廉，为永昌太守。本书卷十《先贤士女总赞》有传。

⑬赤乌：古代传说中的瑞鸟。

⑭崩容江：水名。古名羊官水、朱提江、石门江，又名横江，即今四川

宜宾西南与云南交界之关河。《明史·地理志》宜宾县："西南有石门江,俗呼横江,北入马湖江。"

⑮鱼害:或以为因夏秋水涨,水流漫入农田,而鱼随水蹦入农田食禾稼,或有成大灾者(任乃强、刘琳)。

⑯征:信。

⑰好:迷信。

【译文】

僰道县　在南安县以东四百里,距离犍为郡八百里,高后六年在此筑城。县治在马湖江与岷江的汇合处,江水直通越嶲郡。原本有僰人在此居住,因而《秦纪》说此地僰童很多,因当地汉人多,僰人被排斥而逐渐往外迁徙。出产荔芰、姜、蒟。沿江一带设有兵栏——李冰所焚烧过的山崖,有五种颜色,其中的赤色与白色,倒映在水中呈现为玄黄色。鱼从楚地上游而来,到此即止步不前,因为害怕山崖倒映在水中的玄黄色。有韩原素祠。又有孝子隗通,常常到江边为母亲取水,上天为他生出一块平石,平石生于江中,这块平石今天在马湖江。孝子吴顺因为尽心奉养母亲,赤乌在他家门楣上筑巢。崩容江出产优质磨刀石,但因江水暴涨也给禾稼带来鱼害。老百姓的过失在于信巫,迷信鬼神妖怪。大姓有吴、隗,又有楚、石、薛、相。

　　牛鞞县①　受新都江②,去郡三百里,元鼎二年置③。有阳明盐井④。程、韩氏为冠盖之族。

【注释】

①牛鞞(bēi)县:县名。西汉元鼎二年(前115)置,属犍为郡。治所在今四川简阳西北石桥镇(在绛溪河北岸)。《元和郡县志》卷三十一清溪县:牛鞞县"因牛鞞水为名"。东晋永和中改属蜀郡。南朝宋改为鞞县。齐复为牛鞞县。西魏恭帝二年(555)改名阳

安县。

②新都江：即沱江。因自新都县界流来，故称新都江。

③元鼎二年：前115年。元鼎，汉武帝年号（前116—前111）。

④阳明盐井：《元和郡县志》卷三十一："阳明盐井，在（阳安）县北十四里。又有牛鞞等四井，公私仰给。"阳安县，县名。西魏恭帝二年（555）改牛鞞县置，为武康郡治，治所在今四川简阳西北石桥镇。

【译文】

牛鞞县　境内有新都江流过，距离犍为郡三百里，元鼎二年设置。有阳明盐井。程、韩氏是数一数二的大族。

资中县①　受牛鞞江也②。先有王延世著勋河平③，后有董钧为汉定礼④。王、董、张、赵为四族。二县在中⑤，多山田，少种稻之地。

【注释】

①资中县：县名。西汉置，属犍为郡。治所即今四川资阳。南朝梁废。

②牛鞞江：即自牛鞞县流来的沱江。

③河平：汉成帝刘骜年号（前28—前25）。

④董钧：字文伯，犍为郡资中（今四川资阳）人。受业于大鸿胪王临，习《庆氏礼》。学问渊博，世称通儒。永平初，议天地宗庙郊祀仪礼，与太常定其制；又定诸侯王丧礼。以儒学贵，常教授门生百余人。举明经，为博士，累迁五官中郎将。《后汉书》、本书卷十《先贤士女总赞》有传。

⑤二县：指牛鞞县与资中县。在中：在益州的中部。

【译文】

资中县　境内有牛鞞江流过。早先有王延世在河平年间建下显赫功勋,其后有董钧为汉朝制定礼仪。王、董、张、赵为四族。牛鞞县与资中县位于益州的中部,多数是山田,可种植水稻的田地很少。

江阳郡①,本犍为枝江都尉②,建安十八年置郡。汉安程徵、石谦白州牧刘璋③,求立郡。璋听之,以都尉广汉成存为太守④。属县四,户五千,去洛四千八百里⑤。东接巴郡,南接牂柯,西接犍为,北接广汉。有荔芰、巴菽、桃枝、蒟、给客橙⑥。俗好文刻⑦,少儒学⑧,多朴野⑨,盖天性也。

【注释】

①江阳郡:郡名。东汉建安十八年(213)改枝江都尉置,属益州。治所在江阳县(今四川泸州)。东晋安帝时废。

②枝江都尉:地名。东汉置,属犍为郡。治所在江阳县(今四川泸州)。建安十八年(213)改置江阳郡。

③程徵、石谦:犍为郡汉安(今四川内江西)人。事迹不详。

④成存:广汉郡广汉(今四川射洪)人。曾任枝江都尉,后任江阳太守。

⑤四千八百里:他本作"四千八十里"。

⑥巴菽:即巴豆。《文选·左思〈蜀都赋〉》:"其中则有巴菽巴戟。"刘逵注:"巴菽,巴豆也。"巴豆,植物名。产于巴蜀,其形如豆,故名。中医药上以果实入药,性热,味辛,功能破积、逐水、涌吐痰涎,主治寒结便秘、腹水肿胀等。有大毒,须慎用。给客橙:果木名。金橘的别称。

⑦文刻:谓用律文法例中伤人,深刻无礼让,不温厚(任乃强)。

⑧儒学:谓儒士之学(任乃强)。

⑨朴野:朴质无华,质朴而不懂礼节。

【译文】

江阳郡，本来是犍为枝江都尉，建安十八年设置江阳郡。汉安人程徵、石谦向益州牧刘璋汇报，请求设立江阳郡。刘璋采纳了建议，任命枝江都尉、广汉人成存为江阳郡太守。江阳郡四个属县，有人口五千户，距离洛阳四千八百里。东接巴郡，南接牂柯郡，西接犍为郡，北接广汉郡。出产荔芰、巴菽、桃枝、蒟、给客橙。世俗偏好苛刻周密地援用法律条文以陷人于罪，缺少儒学的温文尔雅，世人多质朴而不懂礼节，大概天性如此。

江阳县① 郡治，治江、洛会②。有方山、兰祠③。江中有大阙、小阙，季春黄龙堆没，阙即平④。昔云世祖微时⑤，过江阳，有一子，望气者曰⑥："江阳有贵儿气。"王莽求之，县人杀之。后世祖为子立祠，谪江阳民不使冠带者数世⑦。有富义盐井⑧。又郡下百二十里者曰伯涂鱼梁，云伯氏女为涂氏妇，造此梁。四姓：王、孙、程、郑；八族⑨：又有赵、魏、先、周也。

【注释】

①江阳县：县名。西汉置，属犍为郡。治所即今四川泸州。以县在大江（长江）之阳，故名。东汉为枝江都尉治。建安十八年（213）为江阳郡治。东晋安帝时废。南朝梁大同中复置，为东江阳郡（江阳郡）和泸州治。

②江、洛：即长江、沱江。

③方山：山名。又名回峰山、云峰山。在今四川泸县西南四十里。《太平寰宇记》卷八十八江安县：方山"唐天宝六年敕改为回峰山，在县东二十里，山形八角"。《永乐大典》卷二千二百一十八

《泸州志》：方山"泸州之西南山也，去州二十里。青翠耸拔，高方而平，因名方山"。兰祠：其地不详。

④"江中有大阙、小阙"几句：大阙、小阙，当是江中石耸立如阙，故名（刘琳）。按：此又见《水经·江水注》："故犍为枝江都尉，建安十八年刘璋立。江中有大阙、小阙焉。季春之月，则黄龙堆没，阙乃平也。"

⑤世祖：即汉光武帝刘秀。刘秀（前6—57），字文叔，南阳蔡阳（今湖北枣阳）人。微：（地位）低下，卑微。

⑥望气：古代方士的一种占候术。观察云气以预测吉凶。

⑦冠带：本指戴帽子、束腰带。比喻封爵，官职。按：此事又见《水经·江水注》："昔世祖微时，过江阳县，有一子。望气者言江阳有贵儿象，王莽求之，而獠杀之。后世祖怨，为子立祠于县，谪其民罚布数世。"

⑧富义盐井：又名富世盐井。四川著名盐井。在今四川富顺县城内西南。东汉开凿，称富义盐井。北周武帝在其地置富世县，改名富世盐井。《旧唐书·地理志四》："富义隋富世县。贞观二十三年，改为富义县。界有富世盐井，井深二百五十尺，以达盐泉，俗呼玉女泉。以其井出盐最多，人获厚利，故云富世。"《元和郡县志》卷三十三富义县："富义盐井在县西南五十步。月出盐三千六百六十石。剑南盐井，唯此为大。"唐贞观二十三年（649）改为富义县，盐井亦更名为富义。北宋于此置富义监，专掌盐务。至明代，富义盐井因井泉枯竭，遂废。

⑨八族：即王、孙、程、郑、赵、魏、先、周八族。

【译文】

　　江阳县　是江阳郡郡府所在地，治所在长江、沱江的汇合处。有方山、兰祠。江中有矗立的大阙、小阙，季春时节，洪水高涨，黄龙堆被淹没，阙即淹没在水面之下。相传，当年汉光武帝卑贱之时，路过江阳县，生有一子,望气者说:"江阳县有富贵儿之气。"王莽派人到江阳县寻找富贵子,县人将富贵子杀了。后来,世祖为此子修建了祠堂,并贬谪江阳士民,让他们几代人都不能做官。有富义盐井。在郡府以下一百二十里处,有伯涂鱼梁,据说是伯氏女儿嫁为涂氏妇,修建这个鱼梁。有四姓:王、孙、程、郑;有八族:即外加赵、魏、先、周四族。

汉安县^①　郡东五百里。土地虽迫^②,山水特美好,宜蚕桑^③。有盐井、鱼池以百数^④,家家有焉,一郡丰沃^⑤。四姓:程、姚、郭、石;八族^⑥:张、季、李、赵辈。而程、石杰立^⑦,郡常秉议论选之^⑧。

【注释】

①汉安县:县名。有二处,一个是东汉置,属犍为郡。治所在今四川内江西二里。建安十八年(213)属江阳郡。西晋永嘉后废。辖今内江、威远等县市。一个是东晋永和三年(347)置,属东江阳郡。治所在今四川泸州纳溪区西南。隋开皇十八年(598)改为江安县。按:两个汉安县,治所相隔太远。揆诸地理方位,以后者为近。今江安县在四川泸州以南,属于四川宜宾。因此,笔者疑《华阳国志》此处文本有误。《通典》卷一百七十五:"江安:汉江阳县地。晋置汉安县。隋改为今县。"

②迫:狭窄。

③宜蚕桑:直至今日,内江仍然盛产蚕丝。

④有盐井:《文选》卷四左思《蜀都赋》刘逵注:"蜀都临邛县、江阳汉安县皆有盐井。"

⑤丰沃:犹殷富、富庶。

⑥八族:即程、姚、郭、石、张、季、李、赵八族。

⑦杰立:卓立,杰出。亦指有势力。

⑧秉：随顺，依据。议论：对人或事物所发表的评论性意见或言论。本处包括建议和舆论。

【译文】

汉安县　在郡东五百里。土地虽然狭窄，但山水特别美好，适宜种桑、养蚕。有盐井、鱼池上百个，家家户户都有，整个郡都很富庶。有四姓：程、姚、郭、石；有八族，即外加张、季、李、赵。程、石两家特别有势力，郡府常常根据他们的建议和民间舆论选拔官吏、处理政事。

符县①　郡东二百里，元鼎二年置，治安乐水会②。东接巴乐城③；南，水通平夷鳖县④。永建元年十二月⑤，县长赵祉遣吏先尼和拜檄巴郡守⑥，过成瑞滩⑦，死。子贤求丧不得。女络年二十五，乃分金珠作二锦囊，系儿头下。至二年二月十五日，女络乃乘小船至父没所，哀哭自沉。见梦告贤曰：“至二十一日与父尸俱出。”至日，父子浮出。县言郡，太守萧登高之⑧，上尚书，遣户曹掾为之立碑⑨。人为语曰：“符有先络，僰道张帛求其夫⑩，天下无有其偶者矣。”

【注释】

①符县：县名。西汉元鼎二年（前115）置，属犍为郡。治所在今四川合江。东汉时改符节县，西晋时复改符县。永嘉后废。

②安乐水：赤水河的古称。在今贵州西北部，为长江上游支流。源出云南镇雄县东境，东北流经川、黔边境，至贵州习水县西南折而西北流，经赤水市西，东北至四川合江县入长江。《读史方舆纪要》卷一百二十三：“赤水河：卫城南。源自四川镇雄府，经城西五十里之红土川。东流经此，每遇雨涨，水色深赤。下流至永宁界，入永宁河，一名赤虺河。”明曹学佺《蜀中名胜志》：赤水

河"旧名赤虺。唐武后征云南檄文有赤虺河,即此。虺与水声相
近耳。源出芒部,经红土川,东流入川江。每雨涨,水色深赤,故
名"。主要支流有桐梓河、二道河、大同河、古蔺河、习水河。

③乐城:县名。三国蜀汉置,属巴郡。治所在今重庆江津区油溪
镇,一说在重庆东北洛碛镇。三国蜀汉延熙十七年(254)废入
江州县。

④平夷:郡名。西晋永嘉五年(311)分牂柯郡置,属益州。治所在
平夷县(今贵州毕节市境)。东晋改为平蛮郡。鳖(bì)县:县名。
西汉置,为牂为郡治。治所在今贵州遵义西。因鳖水为名。元鼎
间属牂柯郡。东晋属平夷郡。南朝宋属平蛮郡。梁、陈间废。《水
经·江水注》:"(符)县治安乐水会,(安乐)水源南通宁州平夷郡
鳖县。"

⑤永建元年:126年。永建,汉顺帝年号(126—132)。

⑥赵祉:籍贯、事迹不详。曾任符县长。先尼和:本书卷十二《序志
并士女目录》作"先泥和"。先尼和,江阳郡符(今四川合江)人。
符县县吏,后因公殉职。拜檄(xí):送交文书。

⑦成瑞滩:《水经·江水注》作"成湍滩"。《太平广记》卷三百九十
九引《渝州图经》:"渝州城滩,在州西南三十里。江津县东北沿
流八十里,岷江水中,波浪沸腾,乍停乍发,多覆舟之患。古老传,
昔有仙(先)居和来为巴州刺史,过此滩舟翻,溺水而死。和女与
兄途行,女有两儿,方稚齿,乃分金珠作二锦囊,缨致儿颈。然后
乘船至父没处,叫声投水。凡六日。与兄梦云:'二十一日,与父
俱出。'兄令人守之。至期,果然俱浮江水而出,今碑在城滩侧。"
据此可知,成湍滩即城滩,当在今重庆西南大渡口一带(刘琳)。
按:此事除见于上引《渝州图经》外,亦见于《后汉书·列女传》
和干宝《搜神记》卷十一。父、女之姓名,《搜神记》分别作"叔先
泥和""先雄"。

⑧萧登：江阳太守。事迹不详。高：高尚，以……为高尚。

⑥户曹掾：官名。户曹长官。汉朝三公府及郡府置，主户曹事。三国、西晋沿之。东晋、南北朝仅置于州郡县户曹，公府、将军府所置改以参军主之。

⑩张帛：即张贞妻黄帛，犍为郡僰道（今四川宜宾）人。张贞乘船外出求学，不慎船覆而死。张贞之弟求尸经月不得，黄帛乃往沉没处访求，亦不得，遂自投水中。十四天后，黄帛持夫手浮出。其事与先络类似。本书卷十《先贤士女总赞》有传。

【译文】

符县　在郡东二百里，元鼎二年置，县城在安乐水与长江的汇合处。东接巴郡的乐城县；往南，水道直通平夷郡的鳖县。永建元年十二月，县令赵祉遣属吏先尼和送交文书给巴郡太守，在经过成瑞滩时，先尼和不幸因翻船而死。其子先贤前往搜求，没有获得尸体。其女先络，年方二十五岁，于是分割金珠，分别制作了两个锦囊，系在两子的头下。到了第二年的二月十五日，先络便乘坐小船到父亲淹没的地方，痛哭着自沉于江。她托梦给先贤说："等到二十一日这一天，我将和父亲的尸体一起浮上来。"等到了当天，父女的尸体都浮出了水面。符县县长将此事报告给了江阳郡太守，太守萧登认为此事很高尚，又上报尚书，派遣户曹掾为先络立碑。当时有人说："符县有先络投水求父尸，僰道有张帛投水求夫尸，天下没有能和她们相比的了。"

新乐县①　郡西二百八十里，元康五年置②。西接僰道③。有盐井④。大姓魏、吕氏。

【注释】

①新乐县：县名。西晋元康五年（295）置，属江阳郡。治所在今四川江安西。后废。

②元康五年:295年。元康,晋惠帝年号(291—299)。

③接:原作"楚",误。

④有盐井:历史上长宁、江安等地皆有盐井,都出产盐。比如,长宁
　有淯井,江安有南井。淯井,亦名雌雄水,唐名淯井,为盐井,在
　今四川长宁南七十里双河镇。《舆地纪胜》卷一百六十六长宁军:
　盐井"在监城北。井之咸脉有二:一自对溪报恩山趾度溪而入,
　尝夜有光如虹,乱流而济,直至井所。一自宝屏随山而入,谓之
　雌雄水"。《读史方舆纪要》卷七十长宁县:淯井"在县治北,泉有
　二脉,一咸一淡,取以煎盐,塞其一,则皆不流,又谓之雌雄井"。
　五代前蜀置淯井镇、淯井刺史。北宋置淯井监,以收盐利。《宋
　史·高定子传》:"长宁地近夷獠,公家百需皆仰淯井盐利。"元设
　长宁场。明、清以后,盐业稍衰。南井,在今四川江安县东北南井
　乡。因盛产井盐,北宋置南井监于此。《舆地纪胜》卷一百五十三
　泸州:盐井"南井监岁计四十一万斤,陀鲁井岁计二万八千斤"。
　元设南井戍。明设南井铺。今场西北有旧盐井。

【译文】

新乐县　在郡西二百八十里,元康五年设置。西接僰道县。有盐
井。大姓有魏、吕氏。

汶山郡①,本蜀郡北部冉駹都尉,孝武元鼎六年置②。
旧属县八③,户二十五万,去洛三千四百六十三里。东接蜀
郡,南接汉嘉,西接凉州酒泉,北接阴平。有六夷、羌胡、羌
虏、白兰峒、九种之戎④,牛马、旄毡、班罽、青顿、毞毲、羊羖
之属⑤。特多杂药名香。土地刚卤,不宜五谷,惟种麦⑥。而
多冰寒,盛夏凝冻不释。故夷人冬则避寒入蜀,庸赁自食⑦,
夏则避暑反落⑧,岁以为常,故蜀人谓之作氐、白石子也⑨。

【注释】

①汶山郡：见本卷上文注。

②元鼎六年：前111年。底本作"元封四年"，误。

③旧属县八：蜀汉汶山郡辖绵虒（sī）、汶江、渒氏、蚕陵、广柔、都安、白马、平康八县。西晋因之，但绵虒改名汶山、汶江改名广阳、渒氏改名升迁、白马改名兴乐。或以为，此处所说"旧属县八"，当指西晋之时（刘琳）。

④六夷：晋代六个少数民族之统称。所指不定，有谓胡、羯、鲜卑、氐、羌、巴蛮；有谓胡、羯、鲜卑、氐、羌、乌丸；有谓胡、羯、氐、羌、段氏及巴蛮。羌胡：指我国古代的羌族和匈奴族，亦用以泛称我国古代西北部的少数民族。本处指居于西北的卢水羌胡及川北的羌人。羌虏：本处指居于川北的鲜卑人。白兰峒：我国古代少数民族羌族的一支，分布于今青海南部及四川西部地区。九种之戎：当即本书卷十《先贤士女总赞》所载广柔一带的"九种夷"，为居住于青海、川北的羌人。《后汉书·西羌列传》："自爰剑后，子孙支分凡百五十种。其九种在赐支河首以西，及在蜀、汉徼北，前史不载口数。"

⑤旄（máo）毡：用牦牛毛制成的毛织品。班罽（jì）：一种有彩色花纹的毛毯。班，通"斑"。青顿：其义不详。疑为毛织品之一。毞毲（pí duō）：我国古代少数民族所织的一种兽毛布。羊羖（gǔ）：古时冉駹族的羊毛织品。《后汉书·南蛮西南夷列传》："冉駹夷者，武帝所开。……其人能作旄毡、班罽、青顿、毞毲、羊羖之属。"

⑥"土地刚卤"几句：刚卤，谓土地坚硬而含盐卤。《后汉书·南蛮西南夷列传》："冉駹夷者，……又土地刚卤，不生谷粟麻菽，唯以麦为资，而宜畜牧。"

⑦庸赁：犹庸作。庸作，受雇而为人劳作。

⑧落：聚落，村落，部落。

⑨作氏：因岷江上游氐人、羌人多以竹索为桥，谓之"笮"（笮桥），故称"笮氏"或"筰氏"（参考刘琳之说）。白石子：底本作"百石子"，误。汉代居住在汶山郡的氐羌等少数民族。在羌族史诗《羌戈大战》中，羌人曾经与"戈基"人作战。因得到神的启示，以坚硬的白石为武器，最终战胜了敌人。因此，羌人奉白石为天神（白石神），至今仍然流行白石崇拜。白石神，羌语称"哦许"，是一种乳白色的石英石，羌族以之置于房顶、屋角、门窗、塔上或地里，视为天神（阿爸木比）的象征。外族人因见羌人奉白石为神，故称其为"白石子"。

【译文】

汶山郡，本来由蜀郡北部冉駹都尉管辖，汉武帝元鼎六年设置。旧时有八个属县，有人口二十五万户，距离洛阳三千四百六十三里。东接蜀郡，南接汉嘉郡，西接凉州酒泉，北接阴平郡。有六夷、羌胡、羌虏、白兰峒、九种夷等少数民族，出产牛马、旄毡、班罽、青顿、毞氍、羊羖等。各类药材、名香特别多。土地坚硬而含盐卤，不适合种植五谷，只适合种植麦子。冰寒天气很多，冰块甚至在盛夏季节都不融化。因此，夷人在冬天就为避寒而进入蜀地，靠为人劳作而谋生，夏天就为避暑而返回部落，年年岁岁以此为常，因而蜀人称他们为作氏、白石子。

宣帝地节三年①，武都白马羌反②，使者骆武平之，因慰劳。汶山吏及百姓诣武自讼③："一岁再度，更赋至重④，边人贫苦，无以供给，求省郡。"郡建以来四十五年矣⑤。武以状上⑥，遂省汶山郡，复置都尉⑦。

【注释】

①地节三年：底本作"地节元年"，误。地节，汉宣帝年号（前69—前66）。

②白马羌：古族名。古代羌人的一支，又称广汉白马羌。原居河湟
　地区，后迁居汉代的广汉郡，即今四川绵阳北部与甘肃南部武都
　之间的白龙江流域。东汉建武十三年（37），其首领楼登等率5千
　余户内属，汉封其为归义君长。安帝初年（107），西羌大起义时，
　其部遥相呼应，攻破官军。永和二年（137），为广汉属国都尉与
　护羌校尉镇压。建和二年（148），起兵攻广汉属国都尉，杀长吏，
　被益州刺史率板楯蛮平息。魏晋以后，役属于别部。今甘肃文
　县、四川南坪等地的白马人为其后裔。《后汉书·西羌列传》：“至
　爰剑曾孙忍时，……忍季父印畏秦之威，将其种人附落而南，出
　赐支河曲西数千里，与众羌绝远，不复交通。其后子孙分别，各自
　为种，任随所之。或为牦牛种，越嶲羌是也；或为白马种，广汉羌
　是也；或为参狼种，武都羌是也。……牦牛、白马羌在蜀、汉，其种
　别名号，皆不可纪知也。”

③诣（yì）：前往，到。

④更赋：汉代以纳钱代更役的一种赋税。男子年二十三至五十六，
　按规定轮番戍边服兵役，称为更。不能行者，得出钱入官，雇役
　以代。《汉书·昭帝纪》：“三年以前逋更赋未入者，皆勿收。”《后
　汉书·明帝纪》：“又所发天水三千人，亦复是岁更赋。”李贤注：
　“更，谓戍卒更相代也；赋，谓雇更之钱也。”

⑤四十五年：自元鼎六年（前111）建汶山郡，至地节三年（前67）
　罢汶山郡，正好是四十五年。

⑥状：公文的一种，下级向上级陈述意见或事实的文书。

⑦复置都尉：即上文所说的“置北部都尉”。按：此段文字“因”后
　文字底本无，为顾广圻考《太平寰宇记》卷七八引《华阳国志》之
　文补足。

【译文】

汉宣帝地节三年，武都县的白马羌造反，朝廷派使者骆武前往平定

叛乱，并因而慰劳汶山郡的羌民。汶山郡的官吏和老百姓到骆武处申诉疾苦道："一年两度征税，赋税太过繁重，边地之人贫穷且辛苦，没有办法提供赋税，请求废除汶山郡。"汶山郡自从建立以来，至此刚好四十五年。骆武向朝廷递上奏章，于是撤销了汶山郡，重新设置了北部都尉。

下缺^①

【注释】

①下缺：据今人考证，以下所缺的文字，涉及汶山郡的绵虒（汶山）、都安、升迁、广阳、兴乐、平康、蚕陵、广柔等县（任乃强、刘琳）。兹谨简注如下：

绵虒（sī）：县名。西汉元鼎六年（前111）置，属汶山郡。治所在今四川汶川西南绵虒镇。地节二年（前67）属蜀郡。东汉时改绵虒道。西晋时废。都安：县名。三国蜀汉置，属汶山郡。治所在今四川都江堰市东南二十里导江铺。北周天和三年（568）废。升迁：县名。西晋改湔氐道置，属汶山郡。治所在今四川松潘西北。南朝宋废。广阳：县名。西晋改汶江道置，属汶山郡。治所在今四川茂县西北。东晋末废。南朝梁复置，为绳州及北部郡治。治所即今茂县。兴乐：县名。西晋太康元年（280）改白马县置，属汶山郡。治所在今四川松潘北岷江源附近。南朝宋废。平康：县名。三国蜀汉置，属汶山郡。治所在今四川黑水县东北。南朝宋废，北周复置，唐后又废。蚕陵：县名。西汉元鼎六年（前111）置，属汶川郡。治所在今四川茂县北叠溪。因蚕陵山为名。《后汉书·孝安帝纪》："秋七月，蜀郡夷寇蚕陵，杀县令。"李贤注："蚕陵，县，属蜀郡，故城在今翼州翼水县西。有蚕陵山，因以为名焉。"广柔：县名。西汉元鼎六年（前111）置，属汶山郡。治所在今四川理县东北。地节二年（前68）属蜀郡。三国蜀汉属汶山郡。晋元康八年（298）后废。

【译文】

下缺。

汉嘉郡^① 缺^②。

【注释】

①汉嘉郡：郡名。三国蜀汉章武元年（221）改蜀郡属国都尉置，属
益州。治所在汉嘉县（今四川芦山县，一说在今四川雅安名山区
北）。西晋永嘉以后废。

②缺：据今人考证，以下所缺的文字，涉及汉嘉郡所属的汉嘉、徙阳、
严道、旄牛四县（刘琳）。兹谨简注如下：

汉嘉：县名。东汉阳嘉二年（133）改青衣县置，为蜀郡属国都尉
治。治所在今四川芦山县（一说在今四川雅安名山区北）。三
国蜀汉为汉嘉郡治。西晋永嘉后废。《水经注·青衣水》："青衣
王子心慕汉制，上求内附，顺帝阳嘉二年改曰汉嘉，嘉得此良臣
也。"徙阳：县名。西晋时改徙县置，属汉嘉郡。治所在今四川雅
安雨城区多营镇境内（一说在今四川天全东南始阳镇）。永嘉后
废。严道：县名。秦置，属蜀郡。治所在今四川荥经严道镇。《太
平寰宇记》卷七十七严道县："秦始皇二十五年灭楚，徙严王之族
以实于此地，故曰严道。"汉初属蜀郡。西晋属汉嘉郡。永嘉后
废。县境有铜山，西汉文帝时邓通铸钱于此。按：在张家山汉简
《二年律令·秩律》中，已有"严道"县名。旄牛：县名。西汉元
鼎六年（前111）置，属沈黎郡。治所在今四川汉源县西北九襄
镇。以地接旄牛（一作"髦牛"）种羌族（旄牛羌）得名。天汉四
年（前97）为蜀郡都尉治。东汉延光元年（122）属蜀郡蜀国都
尉。三国蜀汉属汉嘉郡。十六国成汉时属沈黎郡。东晋永和中

废。南朝宋复置。南朝齐废。

【译文】

汉嘉郡　缺。

越嶲郡[①]　拜越嶲太守,迎者如云[②]。后蜀郡赵温亦著治绩[③]。故王莽遣任贵为镇戎大尹守之[④],自建武后数叛[⑤]。

【注释】

①越嶲郡:郡名。元鼎六年(前111)以邛都国地置,治所在邛都县(今四川西昌东南)。南朝齐废,北周改置越嶲。元封二年(前109)分数县入益州郡。南朝齐为僚郡,梁复开置。汉至南朝齐属益州,梁属嶲州,北周属西宁州。隋开皇初废。

②"拜越嶲太守"二句:"拜越嶲太守"上脱人名。《太平御览》卷二百六十二引《华阳国志》:"张翕,字子阳,巴郡人。为阴平郡守,布衣蔬食,俭以化民。自乘二马之官,久之,一马死,一马病。翕曰:'吾将步行矣。'夷、汉甚安其惠爱,在官十九年卒,百姓号慕,送葬者以千数。天子嗟叹,赐钱十万为立祠堂。后太守数烦扰,夷人叛乱。翕子端方举孝廉,天子起家拜越嶲太守,迎者如云。"据此可知,本处所缺人名是张端。张端之名,《后汉书·南蛮西南夷列传》作"湍",本书卷十二《序志并士女目录》作"璊"(mén)。

③蜀郡赵温:赵温,蜀郡(治今四川成都)人。桓帝时,任郡太守。板楯蛮多次反叛,赵温以恩信降服。刘琳认为此处当作"广汉冯颢"。因本书所载东汉越嶲太守除张翕、张璊外,只有冯颢一人。

④任贵(?—43):《汉书》作"任贵",《后汉书》作"长贵"。东汉时期越嶲地区的少数民族首领。更始二年(24)杀太守枚根,自立为邛縠王,领太守事。后降公孙述,又归光武帝。建武十四年(38)授太守印绶。建武十九年(43)袭击路过之武威将军刘尚,

被诛。参看《汉书·西南夷两粤朝鲜传》和《后汉书·南蛮西南夷列传》。镇戎大尹：也作"领戎大尹"。

⑤建武：东汉光武帝年号（25—26）。

【译文】

越嶲郡　张璙被任命为越嶲太守，迎接他上任的百姓密密麻麻如云。后来，蜀郡人赵温在越嶲郡也很有政绩。因此，王莽派遣任贵为镇戎大尹，镇守越嶲郡，自建武之后，越嶲郡数次反叛。

章武三年①，越嶲叟大帅高定元称王②，恣睢③，遣斯都耆帅李承之煞将军梓潼焦璜④，破没郡土。丞相亮遣越嶲太守龚禄住安上县⑤，遥领太守⑥。安上去郡八百里，有名而已。延熙三年⑦，蜀安南将军马忠讨越嶲郡夷⑧，郡夷刚很⑨，皆鸱视⑩。忠率越嶲太守张嶷将所领之郡⑪，诱杀苏祁邑君冬逢及其弟隗渠等，怀集种落⑫，威信允著⑬，诸种渐服。又斩斯都耆帅李承之首，乃手煞焦璜、龚禄者也。又讨叛鄙，降夷人，安种落，蛮夷率服⑭。嶷始以郡郛宇颓⑮，更筑小坞居之⑯。延熙五年，乃还旧郡，更城郡城。夷人男女，莫不致力。兴复七县⑰。嶷迁后，复颇奸轨。虽有四部斯臾及七营军⑱，不足固守，乃置赤甲、北军二牙门及斯臾督军中坚⑲，卫夷徼⑳。

【注释】

①章武三年：223年。章武，昭烈帝年号（221—223）。

②越嶲叟：古代西南少数民族之一。叟人的一支。居住在越嶲郡的叟人。有的研究者认为，越嶲叟最可能属旄牛夷（蒙默）。高定

元:《三国志·蜀书》作"高定"。

③恣睢（suī）:放纵暴戾。

④斯都耆帅:底本作"都督",此据刘琳说改。李承之:《三国志·蜀
书》作"李求承"。

⑤丞相亮:即诸葛亮（181—234）。字孔明,琅邪阳都（今山东沂南
县）人。幼随叔父诸葛玄至荆州,隐居南阳邓县之隆中（在今湖
北襄阳襄州区西）,自比管仲、乐毅,人称"卧龙"。建安十二年
（207）出山,辅佐刘备建立蜀汉政权。刘备称帝后,拜丞相,录尚
书事。蜀后主时期,封武乡侯,领益州牧,主持全部政务。当政
期间,赏罚分明,推行屯田,改善和西南各族关系,并五次出兵北
伐,争夺中原。建兴十二年（234）,病卒于北伐军中。谥忠武侯。
有《诸葛亮集》存世。《三国志·蜀书》有传。龚禄（195—225）:
字德绪,巴西郡安汉（今四川南充）人。官至越巂太守。《三国
志·蜀书》有传。安上县:县名。三国蜀汉置,属越巂郡。治所
即今四川屏山西南新市镇。西晋废。

⑥遥领:官制用语。谓只担任职名,不亲往任职。

⑦延熙三年:240年。

⑧马忠（? —234）:字德信,巴西郡阆中（今四川阆中）人。初为郡
吏。建安末举孝廉,除汉昌长。蜀汉后期,历任牂牁太守、丞相
参军、安南将军、镇南大将军、平尚书事等。居官处事果断,威恩
并立,曾屡平叛夷。封博阳亭侯,进封彭乡侯。《三国志·蜀书》
有传。

⑨刚很:亦作"刚狠"。凶狠。

⑩鸱（chī）视:如鸱鸟昂首举视。形容凶狠贪戾的眼光。

⑪张嶷（? —254）:字伯岐,巴郡南充国（今四川南部县）人。官至
越巂太守、荡寇将军,封关内侯。《三国志·蜀书》有传。

⑫怀集:怀柔安集。种落:种族部落。

⑬允著：犹昭著。

⑭率服：相率而服从，亦指顺服。

⑮郭（fú）宇：城郭屋宇。颓：坍塌，崩坏，破败。

⑯小坞：防守用的小城堡。

⑰兴复：犹恢复。七县：指定笮、台登、卑水、苏祁、会无、阐、灵道七县（刘琳）。

⑱斯臾：汉代西南地区部落名。又称"斯榆""叶榆""楪榆"，即古书所说的"斯榆蛮""楪榆蛮""叶榆蛮"，大致分布在今云南洱海地区。洱海地区发现的考古学文化遗存（如祥云大波那、弥渡合家山、永平仁德村等），极可能是斯榆遗留下来的。《史记·司马相如列传》："司马长卿便略定西夷，邛、笮、冉、駹、斯榆之君皆请为内臣。"七营军：招募邛人七个部落的士兵组成的军队，即下文所说的"七部营军"。

⑲赤甲：由巴郡少数民族组成的军队。北军：当是北来汉人组成的军队（关于七营军、赤甲、北军的解释，采用的是刘琳之说）。中坚：古时指军队中最精锐的部分。

⑳徼（jiào）：边界。

【译文】

章武三年，越嶲叟大帅高定元称王，他放纵暴戾，派遣斯都耆帅李承之杀死将军、梓潼人焦璜，越嶲郡土地沉沦敌手。丞相诸葛亮派遣越嶲太守龚禄驻扎在安上县，算是遥领越嶲太守之职。安上县距离越嶲郡八百里，越嶲郡至此仅有一个名分而已。延熙三年，蜀安南将军马忠讨伐越嶲郡的夷人，夷人刚强凶狠，都像鸱枭一样凶狠贪戾。马忠率领越嶲太守张嶷统领麾下郡县的军队，诱杀了苏祁邑君冬逢和他的弟弟隗渠等，怀柔安抚各种族部落，因此威信昭著，各种族部落逐渐归顺。马忠又将斯都耆帅李承之斩首，此人就是亲手杀死焦璜、龚禄的凶手。马忠又讨伐发动叛乱的边郡之人，降服了夷人，安抚了各种族部落，蛮夷于是纷纷臣服。当初，张嶷因越嶲郡的城郭、官舍破败，便修建了一个小城堡，用于居住与办公。延熙五年，张嶷才返回旧郡，并重新修建了越嶲郡的城池。建城之时，夷人的男男女女没有不尽力的。这次平叛，共计收复了七个县。张嶷因升迁调走之后，越嶲郡又出现了奸邪不轨之事。虽然设有四部斯臾和七营军，但还是不足以固守越嶲郡，于是又设置赤甲、北军两个牙门和斯臾督军的精锐部队，用于守卫夷地的边界。

邛都县^①　郡治，因邛邑名也。邛之初有七部，后为七部营军。又有四部斯臾。南山出铜^②。有温泉穴^③，冬夏热。其源可汤鸡豚，下流治疾病。余多恶水，水神护之，不可污秽及沉乱发，照面则使人被恶疾^④，一郡通云然。

【注释】

①邛都县：县名。西汉元鼎六年（前111）于邛都国置，为越嶲郡治。治所在今四川西昌东南五里。西晋属越嶲郡。南朝宋复为越嶲郡治。南朝齐废。北周复置，属越嶲郡，治所在今西昌南。

②南山：山名。即今四川凉山彝族自治州西昌市东南螺髻山。《汉书·地理志上》："邛都，南山出铜。"1976年，曾在螺髻山东部河谷石嘉乡发现铜器窖藏。至今，石嘉东北山上仍有摆摆顶、鹿马铜矿。除西昌外，冕宁、会理等县亦产铜。

③温泉穴：又名"温水"，即今四川西昌北七十里的热水河。《水经·若水注》："又有温水，冬夏常热，其源可烰鸡豚，下汤沐洗，能治宿疾。昔李骧败李流于温水是也。"《初学记》卷七引常璩《华阳国志》："斯臾入南山洞温水穴，冬夏常热，其源可以汤鸡豚。下汤澡洗，疗宿疾。"《元和郡县志》卷三十二苏祁县：温水"出县东平地二十一里"。

④照面：指以水为镜，像照镜子一样。恶疾：谓难以医治的疾病。

【译文】

邛都县　越巂郡郡府所在地,因邛人所居之邑而命名。邛人最初有七个部落,后被收编为七部营军。又有四部斯臾。南山出产铜矿。有温泉穴,泉水冬夏往往都是热的。源头的水可用来炖鸡、猪,下流的水可以治疾病。其余的多半是恶水,有水神保护着,不可以污染,不可以沉入乱发,用水照面,则会使人染上恶疾,一郡的人都这样说。

台登县^①　有孙水^②,一曰白沙江,入马湖水^③。山有砮石^④,火烧成铁,刚利,《禹贡》"厥赋砮"是也^⑤。又有漆。汉末夷皆有之,张嶷取焉^⑥。

【注释】

①台登县:县名。西汉元鼎六年(前111)置,属越巂郡。治所在今四川冕宁南泸沽镇。南齐废。北周武帝时复置,为白沙郡治。

②孙水:即今四川西昌西南之安宁河。汉武帝时,司马相如定西南夷,桥孙水以通邛筰。《读史方舆纪要》卷七十四建昌卫军民指挥使司:孙水"在司北。一名长河。源出西番界,南流径宁番卫,东流入境,会于泸水"。魏晋南北朝时,孙水又名白沙江。

③马湖水:即若水(雅砻江)。《汉书·地理志上》:"孙水南至会无入若,行七百五十里。"

④砮(nǔ)石:可做箭镞的石头。《后汉书·郡国志五》:"台登出铁。"

⑤厥赋砮:《尚书·禹贡》:"华阳、黑水惟梁州:……厥贡璆、铁、银、镂、砮、磬、熊、黑、狐、狸,织皮。"孔传:"砮,石,中矢镞。"

⑥张嶷取焉:《三国志·蜀书·黄李吕马王张传》:"定莋、台登、卑水三县去郡三百余里,旧出盐、铁及漆,而夷徼久自固食。(张)嶷率所领夺取,署长吏焉。"张嶷(?—254),字伯岐,巴郡南充国(今

四川南部县)人。参看本书卷一《巴志》注。

【译文】

台登县　有孙水,一名白沙江,汇入马湖水。山上有硌石,用火烧炼成铁,刚硬锋利,这就是《尚书·禹贡》所说的"厥赋硌"。又产漆。汉朝末年,这些资源都为夷人所占有,后来,张嶷率兵夺取了这些资源。

阑县① 　故邛人邑,治邛部城②,接寒关③。今省。
零道县④ 　缺。

【注释】

①阑县:亦作"阐县"。县名。西汉元鼎六年(前111)置,属越嶲郡。治所在今四川越西县北新民镇古城。西晋废。南朝宋复置。南朝齐时又废。

②邛部城:即邛人部落首领所居住的城池,也就是后来的邛部县县城。邛部县,县名。北周天和三年(568)置,为邛部郡治。治所在今四川越西县北新民镇古城。《元和郡县志》卷三十二邛部县:"周武帝于此邛部城置县,仍以旧城为名。"

③寒关:当作"零关"(任乃强、刘琳)。即零关道,亦作"灵关道""灵山道"。古道路名。西汉武帝时开。自今四川汉源大渡河南岸,沿小相岭山脉东麓南行,经孙水河西转入安宁河,南至今西昌。《史记·司马相如列传》:"通零关道,桥孙水,以通邛都。"

④零道县:即灵道县。县名。治所在今四川甘洛东北。《水经·沫水注》:"东南过旄牛县北,又东至越嶲灵道县。"郦道元注:"灵道县一名灵关道,汉制夷狄曰道。县有铜山,又有利慈渚。"

【译文】

阑县　原先是邛人的都邑,县治在邛部城,与零关道相连。现在已经被撤销了。

零道县　缺。

苏示县^①　汉末,夷王及弟隗渠数偝叛^②。以服诸种,张嶷先杀王,弟隗渠又叛遁入西徼,遣亲信二人使嶷。嶷知奸计,以重赂使使杀渠^③。渠死,夷徼肃清^④。县晋省。

【注释】

①苏示(qí)县:亦作"苏祁县"。县名。西汉置,属越巂郡。治所在今四川西昌西北六十里礼州镇。三国时改为苏祁县。西晋废。

②夷王:即前文所说的"苏祁邑君冬逢"。偝(bèi):古同"背"。

③"以服诸种"几句:此事详见《三国志·蜀书·张嶷传》。

④肃清:削平乱事,整饬纲纪。

【译文】

苏示县　汉朝末年,夷王冬逢及其弟隗渠多次反叛。为了降服各种姓部落,张嶷先杀掉了夷王冬逢。冬逢之弟隗渠又发动叛乱,逃入西部边界,派遣两个亲信出使张嶷。张嶷知道这是隗渠的奸计,用重金收买使者,让他们回去行刺隗渠。隗渠被杀死后,夷地边界之乱随即肃清。晋朝时,苏示县被撤销。

会无县^①　路通宁州^②,渡泸得堂狼县^③。故濮人邑也。今有濮人冢^④,冢不闭户,其穴多有碧珠,人不可取,取之不祥。有天马河^⑤。马日千里,后死于蜀,葬江原小亭,今天马冢是也。县有天马祠。初,民家马牧山下,或产骏驹,云天马子也。今有天马径,厥迹存焉^⑥。河中有铜胎^⑦,今以羊祀之,可取,河中见存^⑧。土地特产犀牛^⑨。东山出青碧^⑩。

【注释】

①会无县:县名。西汉元鼎六年(前111)置,属越巂郡。治所在今四川会理西。西晋为越巂郡治。南朝宋属越巂郡。南朝齐废。

②宁州:州名。西晋泰始七年(271)分益州置,治所在滇池县(今云南昆明晋宁区东北三十二里晋城)。太康三年(282)废入益州,立南夷校尉以护之。太安二年(303)复置。南朝宋移治味县(今云南曲靖西北十四里三岔)。南齐移治同乐县(今云南陆良南三里旧城)。西魏改名南宁州。

③泸:水名。即今雅砻江下流及与雅砻江合流后至云南巧家县一段金沙江。在四川、云南二省间。汉至唐称泸水。诸葛亮《出师表》:"五月渡泸,深入不毛。"即指此水。堂狼县:又作"堂琅""堂螂""螳螂"。县名。西汉建元六年(前135)置,属犍为郡。治所在今云南巧家县东七十里老店子。因堂狼山得名。东汉废入朱提县。三国蜀建兴三年(225)复置,属朱提郡。南朝齐属南朱提郡。南朝梁末废。

④濮人冢:应该就是考古学上所说的"大石墓"。大石墓主要分布在今四川凉山彝族自治州和攀枝花市境内,集中分布在西昌、德昌、冕宁、喜德、米易等县市。彝族老乡说,大石墓是彝族的祖先进入凉山前就居住在这里的一种矮人"濮苏乌乌"留下的石头房子。安宁河流域的大石墓自1974年发现之后,考古工作者对其进行了多次发掘,可参看《安宁河流域大石墓》(文物出版社,2006年)。关于大石墓的族属,学术界大体有邛人说、笮人说、僰人说、濮族系统邛人说、氐羌系统邛人说等诸说。结合《华阳国志》等文献考察,濮族系统邛人说的可能性比较大。

⑤天马河:又作"骏马河",即今四川会理县境之会川河、城河。《水经·若水注》:"(会无)县有骏马河,水出县东高山。"即此水。

⑥"民家马牧山下"几句:越巂郡是古代著名的产马地之一。汉代

所说的"筰马",即产自越巂郡。汉安帝永初六年(112),在越巂郡置长利、高望、始昌三苑,以为皇家养马之地。长利、高望、始昌三苑,在今四川会理、会东二县境。

⑦铜胎:张、吴、何本作"铜船",《水经·江水注》作"贝子"。所谓"铜胎",朱谋㙔以为即铜璞(铜矿石),比较可信。因会理一带历来产铜,至今仍然是四川重要的产铜区。

⑧见存:现存。见,同"现"。

⑨土地特产犀牛:到宋代之时,越巂依然出产犀牛。比如,"端拱二年(989),(邛部川蛮都鬼主诺驱)遣弟少盖等三百五十人来贺籍田,贡御马十四匹、马二百八十四、犀角二、象牙二、莎罗毯一、合金银饰蛮刀二、金饰马鞍勒一具、羱羊十、牦牛六。……真宗咸平二年(999),遣王子部的等来贡文犀、名马。……大中祥符元年(1009),遣将军赵勿娑等献名马、犀角、象齿、娑罗毯。"《宋史·蛮夷列传四》记载。

⑩青碧:即石青、石绿等铜矿石。因其呈现为青碧色,故名。

【译文】

会无县　有道路通达宁州,渡过泸水可以到达堂狼县。该县原本是濮人的都邑。今天还有濮人墓,墓门不关闭,墓穴内有很多碧珠,而人不能取珠,取了会招致不祥。有天马河。传说马日行千里,后来死在蜀地,葬在江原小亭,就是今天的马冢。县内建有天马祠。当初,濮民在山下放牧家马,有的家马产下良驹,就叫作天马子。今天还有天马路,依然保留着天马的遗迹。天马河中有铜胎,今天用羊来祭祀它,便可取到铜胎,铜胎现存河中。当地的特产是犀牛。东山出产石青、石绿等铜矿石。

大筰县①　汉末省也。

【注释】

①大筰县:县名。即大莋县。西汉元鼎六年（前111）置,属越巂郡。治所在今四川盐边北鳡鱼乡南。东汉末废。

【译文】

大筰县　汉朝末年时被撤销。

定筰县① 　筰,筰夷也②。汶山曰夷,南中曰昆明③,汉嘉、越巂曰筰,蜀曰邛,皆夷种也。县在郡西,渡泸水④。宾刚徼⑤,曰摩沙夷⑥。有盐池⑦。积薪,以齐水灌,而后焚之,成盐⑧。汉末,夷皆锢之,张嶷往争。夷帅狼岑,槃木王舅⑨,不肯服。嶷禽,挞杀之⑩,厚赏赐余类⑪,皆安。官迄有之。北沙河是⑫。

【注释】

①定筰县:县名。即定莋县。西汉置,属越巂郡。为都尉治。治所在今四川盐源东北卫城。西晋改为定筰县。南朝宋又改为定莋县。南朝齐废。

②筰(zuó),筰夷也:筰,又作"笮""莋"。古代生活在今四川甘孜藏族自治州夹金山以西、雅安大相岭以南、凉山彝族自治州雅砻江以西一带的一个古老部落。其称谓"筰",当是其部族自称的译音（刘琳）。光绪《盐源县志》:"筰为夷之自名,今夷谓九所（指盐源的九所土司）曰阿筰,丽江人至今自称为筰。"

③昆明:古代西南部族名。汉代西南夷的一支。出自古氐羌系统。主要分布在今云南西部及滇池周围与滇东北一带,贵州西部、四川西南部亦有之。近代的彝、纳西、哈尼、傈僳、拉祜、阿昌等民族,均与昆明人有密切的渊源关系。

④泸水：即今雅砻江下流及与雅砻江合流后至云南巧家县一段金沙
江。在四川、云南二省间。汉至唐称泸水。

⑤宾：通"滨"，靠近。刚徼：指越巂郡的西部边界。西方，在五行图
示中为金，为秋，为肃杀之气，故曰"刚徼"。

⑥摩沙夷：即"磨些蛮"（《蛮书》）、"麽些蛮"（《元史》《云南通
志》）。今纳西族及摩梭人的先民。相较而言，摩梭人可能比麽
些人更接近于古代的摩沙夷（方国瑜、刘琳）。

⑦有盐池：四川盐源县自古以产盐著称。《汉书·地理志上》："定
筰，出盐。"盐源县至今仍然产盐。

⑧"积薪"几句：这是比较原始的煮盐法。至唐代之时，当地依然采
用此法。《元和郡县志》卷三十二："昆明县（今四川盐源县）……
盐井，在县城中。今按取盐先积柴烧之，以水洒土，即成黑盐。"
齐水，卤水（用来熬盐的咸水）。

⑨桑木：古国名。居住在今四川甘孜藏族自治州境内。《后汉
书·南蛮西南夷列传》："自汶山以西，前世所不至，正朔所未加。
白狼、槃木、唐菆等百余国，户百三十余万，口六百万以上，举种奉
贡，称为臣仆。"

⑩挞（tà）：鞭打。

⑪余类：犹余党。按：张嶷取越巂之事，详见《三国志·蜀书·张嶷
传》。

⑫北沙河：具体不详。《汉书·地理志上》："定筰，……步北泽在
南。"北沙河疑即步北泽（刘琳）。又，或疑"北沙河是"为衍文
（任乃强）。按：笔者疑"北沙河是"下有脱文，故未做白话翻译。

【译文】

定筰县　筰，就是筰夷。汶山叫夷，南中叫昆明，汉嘉、越巂叫筰，
蜀叫邛，都是夷人种族。定筰县在越巂郡的西部，到定筰县要渡过泸水。
临近西部的边界，居住的是摩沙夷。有盐池。堆积柴薪，用盐池中的卤

水浇灌柴薪,然后点火焚烧,就会在炭上得到盐。汉朝末年,夷人垄断了地方资源,而张嶷则前往争夺。夷帅狼岑,槃木王舅,都不肯向朝廷降服。张嶷擒获了夷帅狼岑和槃木王舅,将他们鞭打致死,但对于其他部族则予以重赏,于是平定夷人部落。直至今日,在定莋县还设有官府。北沙河是。

　　三缝县^①　一曰小会无,音三播^②。道通宁州。渡泸得蜻蛉县^③。有长谷,石猪坪中有石猪^④,子母数千头。长老传言:夷昔牧猪于此,一朝猪化为石。迄今夷不敢牧于此。

【注释】

①三缝县:县名。东汉改三绛县置,属越巂郡。治所在今云南元谋北八十二里金沙江北姜驿。西晋废。东晋复置,仍属越巂郡。南朝宋废。

②音三播:意即"三缝"发音作"三播"。旧本此下皆有小注云"音三播字疑误",唯刘本多注"缝音播"三字。

③蜻蛉(qīng líng)县:《汉书》《后汉书》《晋书》《宋书》《南齐书》等作"青蛉"。县名。西汉元鼎六年(前111)置,属越巂郡。治所在今云南大姚。因青蛉水而得名。《水经·若水注》:"(青蛉)水出青蛉县西,东径其县下,县以氏焉。"三国蜀汉、西晋属云南郡。东晋成帝时属兴宁郡。南朝齐为兴宁郡治。隋废。

④石猪坪:在三缝县境内,具体地点不详。《水经·若水注》:"有石猪圻,长谷中有石猪,子母数千头。长老传言,夷昔牧此,一朝化为石,迄今夷人不敢往牧。"石猪坪,底本作"石时坪",误。

【译文】

　　三缝县　一名小会无,其发音是"三播"。有道路通达宁州。渡过泸水,可到达蜻蛉县。境内有个很长的山谷,石猪坪中有石猪,有母子石猪数千头。长老传说:当年夷人曾经在石猪坪放牧猪群,忽然有一天,猪变化为石头。因此,夷人至今仍不敢在此放牧。

卑水县^①　去郡三百里,水流通马湖。

【注释】

①卑(bān)水县:县名。西汉元鼎六年(前111)置,属越嶲郡。治所在今四川美姑西南,一说在今四川昭觉东北。《三国志·蜀书·张嶷传》:"定筰、台登、卑水三县去郡三百余里,旧出盐、铁及漆。"南朝齐废。

【译文】

卑水县　距离邛都县三百里,卑水流入马湖。

潜街县^①　汉末置,晋初省。

【注释】

①潜街县:县名。西汉元鼎六年(前111)置,属越嶲郡。东汉初废,东汉末复置,作"灊街"。治所在今四川雷波东。晋初废。

【译文】

潜街县　汉朝末年设置,晋朝初年被撤销。

安上县^①
马湖县^②　水通僰道,入江^③。晋初省。

【注释】

①安上县:县名。三国蜀汉置,属越嶲郡。治所即今四川屏山西北一百二十五里新市镇。西晋废。

②马湖县：县名。三国蜀汉置，属越巂郡。治所在今四川雷波东北
　黄琅镇。《水经·若水注》："绳水（金沙江）又径越巂郡之马湖
　县，谓之马湖江。"西晋初废。

③江：岷江。古人以岷江为长江正流，故谓马湖江汇入长江。

【译文】

安上县

马湖县　有水道直通僰道，马湖江汇入岷江。在晋朝初年被撤销。

　　右益州①。汉初统郡五②。后渐分建：蜀郡及巴郡又分
为七郡③；广汉、汉中、犍为为九郡④；又开益州五郡⑤，合二
十六郡⑥。及宁州、梁州建，复增七郡⑦。蜀于是有三州三
十三郡⑧，一百八十二县⑨。州分后，益州凡新旧郡七⑩，县四
十八⑪。户：夷、晋二十四万⑫。

【注释】

①益州：州名。西汉元封五年（前106）置，为十三刺史部之一。王
　莽改为庸部。公孙述改为司隶校尉。东汉复为益州，治所在雒县
　（今四川广汉北）。中平中移治绵竹（今四川德阳东北黄浒镇），
　初平中复移治雒县，兴平中移治成都（今四川成都）。东汉以后
　辖境缩小。按：在云南昆明晋宁区河泊所遗址新发现的汉代封泥
　中，有"益州太守章"。

②统郡五：即秦设的巴、蜀、汉中三郡，汉高祖分置的广汉郡，汉武帝
　分置的犍为郡。

③七郡：即自蜀郡分出的越巂、汶山、汉嘉三郡，自巴郡分出的巴东、
　巴西、涪陵、宕渠四郡。

④九郡：即广汉郡分出的武都、阴平、梓潼三郡，自汉中郡分出的魏

兴、上庸、新城三郡，自犍为郡分出的江阳、朱提、南广三郡。

⑤益州五郡：即开南中后所置的益州、牂柯、永昌、云南、兴古五郡。

⑥二十六郡：即以上所说的七郡、九郡、五郡，加上巴郡、蜀郡、广汉郡、汉中郡、犍为郡，共计二十六郡。

⑦复增七郡：即自南中五郡增置的晋宁、平乐、平夷、夜郎、河阳、梁水、西平七郡。

⑧三州：即益州、宁州、梁州三州。三十三郡：即前所说二十六郡，加复增七郡，共计三十三郡。

⑨一百八十二县：今本《华阳国志》存县一百六十九个，加上越巂郡脱落的灵道县以及汶山郡、汉嘉郡脱落的十二县，共计一百八十二县。

⑩益州凡新旧郡七：即蜀、广汉、犍为、江阳、汶山、汉嘉、越巂七郡。

⑪县四十八：今本《华阳国志》存县三十五个，加上越巂郡脱落的灵道县以及汶山郡、汉嘉郡脱落的十二县，共计四十八县。

⑫夷、晋：指夷人、汉人。二十四万：一本作"二十二万"。《晋书·地理志上》所载益州七郡的人口是十七万五千一百户，这是太康初年的数字。《华阳国志》所载为元康户数，故较多（刘琳）。

【译文】

以上为益州。汉朝初年，益州统辖五个郡。后来，渐次分割建郡：自蜀郡和巴郡分割出七郡；自广汉郡、汉中郡、犍为郡分割出九郡；开南中后，益州又增加五郡，合计有二十六郡。到宁州、梁州建立时，又增设了七个郡。于是，蜀地共有三州三十三郡，一百八十二县。州分置后，益州共计有新旧郡七个，县四十八个。户数：夷人、汉人共计二十四万户。

撰曰：蜀之为邦：天文，井络辉其上①；地理，岷嶓镇其域②；五岳③，则华山表其阳④；四渎，则汶江出其徼⑤。故上圣则大禹生其乡，婚姻则黄帝婚其族⑥，大贤彭祖育其山，列仙王乔升其冈。而宝鼎辉光于中流⑦,离龙仁虎跃乎渊陵⑧。开辟及汉,国富民殷。府腐谷帛,家蕴畜积。《雅》《颂》之声,充塞天衢⑨;《中和》之咏⑩,侔乎二《南》⑪。蕃衍三州⑫,土广万里。方之九区⑬,于斯为盛。固乾坤之灵囿⑭,先王之所经纬也⑮。

【注释】

①井络:井宿区域。

②岷嶓:岷山与嶓冢山。

③五岳:我国五大名山的总称。古书中记述略有不同。一般指东岳泰山、西岳华山、南岳衡山、北岳恒山和中岳嵩山。

④阳:山之南,水之北。因蜀地位于华山之南,故名“华阳”。

⑤汶江:岷江。徼(jiào):边界,边塞。

⑥媾(gòu)姻:缔结婚约。

⑦宝鼎辉光于中流:即本书卷三《蜀志》所说“宝鼎见于江渫”。辉光,光辉,光芒。

⑧离龙仁虎跃乎渊陵:即本书卷三《蜀志》所说“黄龙见武阳”“白虎仁于广德”。离龙,螭龙,亦即黄龙。

⑨天衢:天街,指京都的大路。

⑩《中和》之咏:王褒曾经受命作《中和颂》。

⑪二《南》:指《诗经》的《周南》与《召南》。

⑫蕃衍:逐渐增多或增广。三州:指益州、宁州、梁州。

⑬方:比。九区:九州。

⑭乾坤:天地。灵囿:对苑囿的美称。比喻精粹汇集之所。

⑮经纬:规划,治理。

【译文】

撰述者说:作为邦国的蜀:天文,有井络星宿照耀于其上空;地理,有

岷山、嶓山镇守其地域；五岳，以华山为界而位居其南；四渎，有汶江出其
边界。因此，上圣有大禹出生于其乡间，缔结婚约有黄帝联姻其宗族，大
贤有彭祖生育于其山间，列仙有王乔升仙于其山冈。宝鼎在河流中央熠
熠发光，黄龙、仁虎在深渊、丘陵间跳跃。自从开天辟地以来，一直到汉
代，都是国家富裕、人民殷实。官府堆积的谷物、布帛都腐烂了，家家户
户都有积累储备。《雅》《颂》之声，充塞于京师天街；《中和》之咏，媲美
于《诗经》之《周南》《召南》。蜀国兴盛，开拓益州、宁州、梁州三州，地
广万里。与九州相比，此地最为繁盛。蜀地，固然是天地间神奇的区域，
又是先王苦心经营的地域。

卷四　南中志

【题解】

与《巴志》《汉中志》《蜀志》一样，本卷的内容也是由三部分组成的，即"总叙""分述""撰曰"。

本卷卷名中的"南中"，实为地区名。历史上的"南中"，相当今四川南部大渡河以南及云南、贵州两省的大部分。三国时期，蜀汉以巴蜀为根据地，因其地在巴蜀之南，故名"南中"。《华阳国志》的《南中志》，所记载的就是这一地区的历史与文化。

《巴志》《汉中志》《蜀志》所概述的是益州、梁州（巴郡、汉中郡、蜀郡）的历史与文化，而《南中志》所概述的是宁州的历史与文化。东汉建安十九年（214），在其域内南昌县（今云南镇雄）置庲降都督。建兴三年（225）诸葛亮南征后，此地区郡县均由庲降都督统摄，辖建宁、牂柯、朱提、越嶲、云南、永昌、兴古等七郡。西晋泰始七年（271），析其中四郡置宁州。其后，宁州所统郡县屡有变动。直至东晋时，仍称宁州之地为南中。

在"总叙"部分，《南中志》概述了宁州的建置与沿革。在"分述"部分，《南中志》概述了牂柯郡、平夷郡、夜郎郡、晋宁郡、建宁郡、平乐郡、朱提郡、南广郡、永昌郡、云南郡、河阳郡、梁水郡、兴古郡、西平郡的历史大事。在"附录"部分，《南中志》概述了交趾的历史大事。诚如常璩"撰曰"所说,"交趾虽异州部,事连南中,故并志焉"。

宁州①,晋泰始六年初置②,蜀之南中诸郡③,庲降都督
治也④。

【注释】

①宁州:州名。见本书卷三注。

②泰始六年:270年。按:关于设置宁州的时间,《晋书》的记载与此
　不同。《晋书·武帝纪》:"(泰始七年八月)分益州之南中四郡置
　宁州。"《晋书·地理志上》:"(泰始)七年,又分益州置宁州。"

③南中:地区名。相当今四川大渡河以南及云南、贵州两省的大部
　分。三国蜀汉以巴蜀为根据地,其地在巴蜀之南,故名。《三国
　志·蜀书·诸葛亮传》:建兴元年(223),"南中诸郡,并皆叛乱"。
　本处的《南中志》,所记载的就是这一地区的历史。

④庲(lái)降都督:亦称南中都督。官名,亦为地名。东汉献帝建安
　十九年(214)刘备定益州后置,三国蜀汉沿置。西晋泰始七年
　(271)罢,改设宁州。为南中诸郡(今四川大渡河以南和云南、贵
　州二省的大部分)最高军政长官,多带将军名号,如邓方为安远
　将军、马忠为安南将军等,统兵,以管理境内少数民族事务。初治
　南昌县(今云南镇雄),移治平夷县(今贵州毕节),后治味县(今
　云南曲靖)。辖境相当于今四川南部大渡河以南地区及云南、贵
　州的大部分。

【译文】

宁州,是西晋泰始六年初次设置的,管辖蜀地南中诸郡,是庲降都督
府的所在地。

南中在昔盖夷越之地①,滇濮、句町、夜郎、叶榆、桐师、

嶲唐侯王国以十数^②。编发左衽^③，随畜迁徙，莫能相雄长^④。

【注释】

①夷越：汉朝之时，对分布在今甘肃南部、四川西部、南部和云南、贵州一带的少数民族，统称为"西南夷"。就族属与语系而言，西南夷主要包括三大系统：一是"夷"，为氐羌系统，属藏缅语族；一是"越"，为百越系统（包括濮或僚），属壮侗语族；一是"蛮"，主要是苗瑶语族的各民族。这里所说的"夷越"，属于泛称（刘琳），泛指《史记》《汉书》所说的"西南夷"与"南夷"（任乃强）。关于西南夷，司马迁的梳理如下："西南夷君长以什数，夜郎最大；其西靡莫之属以什数，滇最大；自滇以北君长以什数，邛都最大：此皆魋结，耕田，有邑聚。其外西自同师以东，北至楪榆，名为嶲、昆明，皆编发，随畜迁徙，毋常处，毋君长，地方可数千里。自嶲以东北，君长以什数，徙、筰都最大；自筰以东北，君长以什数，冉駹最大。其俗或士箸，或移徙，在蜀之西。自冉駹以东北，君长以什数，白马最大，皆氐类也。此皆巴蜀西南外蛮夷也。"（《史记·西南夷列传》）

②滇濮：分布在以滇池为中心区域的"滇人"，因其族系属濮（百濮），故称"滇濮"。《史记·西南夷列传》："滇王者，其众数万人。……元封二年（前109），天子发巴蜀兵击灭劳浸、靡莫，以兵临滇。滇王始首善，以故弗诛。滇王离难西南夷，举国降，请置吏入朝。于是以为益州郡，赐滇王王印，复长其民。"句町：濮人的一支，主要分布在今云南东南部、贵州西南部和广西西北部一带。夜郎：战国至秦汉时，主要在今贵州西部、北部，云南东北部及四川南部与贵州交接地区。居民有夷、濮、羌、僰等，统称夜郎。今彝、布依、仡（gē）佬等族与之有渊源关系。汉武帝时，大臣唐蒙上书武帝修治夜郎道路，用夜郎精兵征服南越。元鼎六年

（前111），汉武帝破南越后置牂牁郡，封夜郎侯为王，授王印。叶榆：羌人的一支，主要分布在今云南西部洱海一带（汉、晋、南朝时期，称今云南西洱河为叶榆水）。桐师：又写作"同师"，在今云南西南部保山、德宏一带，其民族主要为哀牢人。巂唐：羌人的一支，主要分布在今云南洱海苍山以西澜沧江两岸（以上注释，重点参考了任乃强、刘琳的说法）。

③编发：结发为辫。古代某些少数民族（如西南夷）有此发式。因亦以"编发"借指蛮夷。《史记·西南夷列传》："其外西自同师以东，北至楪榆，名为巂、昆明，皆编发，随畜迁徙，毋常处，毋君长，地方可数千里。"

④雄长：称霸，称雄。

【译文】

以前，南中大概是夷越人居住的地方，有滇濮、句町、夜郎、叶榆、桐师、巂唐等诸侯王国十多个。他们的装束是编发、左衽，经济生活是放牧牲畜，并跟随牲畜而迁徙，没有能够称雄一方的王国。

周之季世，楚顷襄王遣将军庄蹻溯沅水①，出且兰②，以伐夜郎，植牂柯③，系舡于且兰④。既克夜郎，而秦夺楚黔中地，无路得归，遂留王之，号为庄王。以且兰有椓舡牂柯处⑤，乃改其名为牂柯。分侯支党⑥，传数百年。秦并蜀，通五尺道⑦，置吏主之。汉兴，遂不宾⑧。

【注释】

①楚顷襄王（？—前263）：芈姓，熊氏，名横。楚怀王之子。战国时楚国国君。初在齐为质，怀王扣于秦，因被大臣迎归即位。在位期间，秦屡败楚军，夺去黔中郡，破楚都郢，烧夷陵，遂割地求和，

迁都陈城。二十三年(前276),始招集东地兵,收复江旁十五邑,建郡以拒秦。谥顷襄。庄跷(qiāo):一作"庄豪"。战国末年楚将。前279年,率军通过黔中向西南地区进攻,攻占夜郎,直入滇池。后因黔中郡为秦攻占,与楚本土联系断绝,无法东归,遂变服从俗,就滇地称王。关于"庄跷王滇"诸问题的研究,目前学术界尚未取得统一看法。有兴趣的读者,可以参看任乃强《华阳国志校补图注》卷四附一《庄跷入滇考》、附录二《庄跷考》以及张增祺《滇国与滇文化》、黄懿陆《滇国史》等。又,古书中另有同名者庄跷,亦战国时期楚国人,曾在楚怀王时起兵反楚。后世常以"庄跷"与"盗跖"相提并论。见《荀子·议兵》《商君书·弱民》《吕氏春秋·介立》等。沅水:即沅江。河川名。湖南巨川,有南北二源,北源出自贵州瓮安县,即沅(wǔ)水,亦称为"镇阳江"。南源为平越的猪梁江、都匀的马尾河,合流为清水江。二水东流入湖南境,合于洪江市西,总称为"沅江",分数道入洞庭湖。

②且(jū)兰:本为秦至汉代西南地区小国之名。在今贵州都匀、福泉、黄平、贵定等市县一带。战国楚顷襄王遣庄跷入滇,攻克其地。西汉元鼎六年(前111)伐南越,发南夷兵,诛隔滇道者且兰,平西南夷为牂柯郡,于且兰地置故且兰县(为牂柯郡治)。

③植:或作"椓",立,树立。牂柯:船只停泊时用以系缆绳的木桩。

④舡(chuán):船。《集韵·钟韵》:"船,俗作舡。"

⑤椓(zhuó):敲打,捶击。

⑥支党:党羽。

⑦五尺道:秦始皇统一全国后,为加强中原地区与西南各族间的联系而开筑的一条从蜀地通往云贵高原的重要道路。因道宽五尺而得名。北起自今四川宜宾西南,经高县、筠连,云南盐津、昭通、宣威,南抵云南曲靖。由此东通当时的夜郎,往西可达滇、昆明。此道为汉武帝时唐蒙所修治的通西南夷道和隋唐时代石门路的

　　前身。

　　⑧宾：服从，归顺。

【译文】

　　周朝末年，楚顷襄王派遣将军庄𫏋沿沅水逆流而上，在且兰集结军队讨伐夜郎，大军在到达且兰时，在岸边植入木桩，将船系在木桩上。庄𫏋在攻克夜郎之后，恰逢秦军出兵占领了楚国的黔中地，因归路被阻断而无法回到楚国，于是便留在滇地称王，号称庄王。因为当初在且兰有以木桩系船的地方，于是将且兰改名为牂柯。庄𫏋将其党羽分封于各地，在滇地传国数百年。秦国吞并蜀国后，开通了五尺道，并设置官吏进行管理。汉朝建立后，此地并未归顺朝廷。

　　有竹王者①，兴于遯水②。有一女子浣于水滨，有三节大竹流入女子足间，推之不肯去。闻有儿声，取持归破之，得一男儿。长养，有才武，遂雄夷狄③。氏以竹为姓。捐所破竹于野④，成竹林，今竹王祠竹林是也⑤。王与从人尝止大石上⑥，命作羹。从者曰："无水。"王以剑击石，水出，今竹王水是也，破石存焉。后渐骄恣⑦。

【注释】

　　①竹王：汉时夜郎国王。传说生于大竹中，故名。

　　②遯水：《水经·存水注》和《异苑》作"豚水"。一般以为即今云南、贵州两省境内的北盘江。源于云南宣威北部，流经贵州西境。汉至南朝称豚水。

　　③雄：称雄。夷狄：此处泛指"西南夷"与"南夷"。

　　④捐：抛弃。

　　⑤竹王祠：亦名竹三郎庙。在今贵州福泉东南三十里凤山镇。清陈

鼎《黔游记》:"竹王祠在杨老驿,去清平县三十里。三月间香火极盛。相传,汉时夜郎女浣於遯水,忽有巨竹三节上流浮下,中有儿啼声,剖得一男,育之。及长,有材武,自立为夜郎侯,以竹为姓,能以威德抚诸蛮,蛮皆归之。武帝平西南夷,侯迎降,封夜郎王。后乃杀之,盖猜其欲叛也。群蛮思之不置,请立后。牂牁太守吴君以闻,乃封其三子皆为侯,俱能以德抚众。既卒,群蛮立祠祀之。黄丝驿亦有其庙,香火亦盛。"按:黔、滇、川境内有竹王城、竹王墓、竹王庙、竹王祠古迹,而竹王城在贵州福泉杨老驿,距市区23千米。此处河水潆洄,竹树畅茂,相传有竹王城坐落在东半里小山上。据实地考察,山上确有古城遗址,时代不明。附志于此,以备参考。

⑥从人:侍从,随从。

⑦骄恣:骄傲放纵。按:除本书卷四《南中志》外,《后汉书·南蛮西南夷列传》《异苑》等亦载有竹王故事。

【译文】

有一位叫竹王的首领,兴起于遯水。相传,有一位女子在遯水边洗衣服,有一根三节长的大竹漂流到女子两足之间,女子用力推却推不开。女子听到有小儿的声音,于是把竹子带回家,劈开竹子,得到一个男孩。女子将男孩抚养成人后,男子英武,有才能,称雄于夷人和濮人。男子所在的部落以竹作为姓氏。女子将所劈开的竹子抛弃在野外,结果长成了一片竹林,这就是今天竹王祠的竹林。有一次,竹王与随从在一块大石头上休息,叫仆人为他煮羹。仆人说:"没有水。"竹王用宝剑砍击石头,水就冒出来了,这就是今天的竹王水,而被砍破的石头仍然还在那里。后来,竹王就渐渐地骄纵起来。

武帝使张骞至大夏国①,见邛竹、蜀布②,问所从来,曰:"吾贾人从身毒国得之。"③身毒国,蜀之西国,今永昌是也④。骞以白帝。东越攻南越⑤,大行王恢救之⑥。恢使番阳令唐蒙晓喻南越⑦。南越人食有蒟酱⑧,蒙问所从,曰:"牂柯来。"蒙亦以白帝,因上书曰:"南越地东西万里,名为外臣⑨,实一州主⑩。今以长沙、豫章往⑪,水道多绝,难行。窃闻夜郎精兵可得十万,若从牂柯浮船番禺⑫,出其不意,此制越之一奇也。可通夜郎道,为置吏主之。"帝乃拜蒙中郎将,发巴、蜀兵千人,奉币帛见夜郎侯,喻以威德⑬,为置吏。旁小邑皆贪汉缯帛⑭,以为道远,汉终不能有也,故皆且听命。司马相如亦言:"西戎邛、筰,蜀之后园,可置为郡。"帝既感邛竹,又甘蒟酱,乃拜为中郎将,往喻意⑮,皆听命。

【注释】

①大夏国:中亚古国名。其名始见于《史记·大宛列传》。古希腊人称之为"巴克特里亚"(Bactria),我国汉代称之为"大夏"。原始居民为伊朗人。在古波斯帝国、马其顿亚历山大帝国及塞琉古帝国时代,大夏都是其所属的一个省。前255年,郡守狄奥多德(Diodotus)宣告独立,建都蓝市城(今阿富汗巴里黑),最盛时领有北起阿姆河上游,南达印度河流域的广大地区。后国土分裂,势衰。约前140年—前130年之间,大月氏渡过阿姆河,征服了大夏。先是以大夏为臣属,后灭大夏,占领了大夏的全部国土。西方记载称此后的大月氏为吐火罗人,他们居住的地区通称为吐火罗(Tokhara),但中国却长期仍称之为大月氏。参看《史记·大宛列传》《汉书·西域传》《后汉书·西域列传》等。

②邛竹:竹名。邛山(在今四川邛崃西南)所出,中实而节高,可作手杖。《史记·大宛列传》:"(张)骞曰:'臣在大夏时,见邛竹杖、蜀布。'"张守节正义:"邛都邛山出此竹,因名'邛竹'。节高实

中,或寄生,可为杖。"蜀布:蜀地出的一种细麻布。或以为,本书
卷三《蜀志》所说"黄润细布"即蜀布。

③身毒国:古代对天竺(梵文Sindhu)的音译。始见于《史记》,为
中国对印度的最早译名。《史记·大宛列传》:"其(大夏)东南有身
毒国。……身毒在大夏东南可数千里。"司马贞索隐引孟康曰:"即
天竺也,所谓浮图胡也。"玄奘《大唐西域记·印度总述》:"详夫
天竺之称,异议纠纷,旧云身毒,或曰贤豆,今从正音,宜云印度。"

④永昌:郡名。东汉永平十二年(69)哀牢内属,以其地并析益州郡
西部六县(不韦、嶲唐、比苏、楪榆、邪龙、云南)合置。治所在嶲
唐县(今云南云龙西南七十里漕涧镇)。建初元年(76)后,治所
在不韦县(今云南保山东北二十二里金鸡村)。三国蜀属庲降都
督。西晋泰始七年(271)属宁州。元康九年(299)迁治永寿县
(今云南耿马傣族佤族自治县境)。按:《华阳国志》以永昌为身
毒国,属于记载错误。任乃强在"永昌"后径补"徼外"二字,可
谓文从字顺。

⑤东越:古族名。百越的一支,包括东瓯与闽越。东瓯(亦称瓯越)
分布在今浙江南部瓯江、灵江流域一带,闽越主要分布在今福建
地区。秦末,东越族佐诸侯灭秦,后逐渐融入华夏族中。南越:亦
作"南粤"。古族名、国名。百越的一支。分布在今湖南南部、两
广及越南北部一带,秦于其地置南海、象、桂林三郡。秦末,龙川
令赵佗兼并三郡,建立南越国。汉初,高祖封佗为南越王。武帝
元鼎六年(前111)置南海、苍梧、合浦、儋耳、珠崖、郁林、交趾、
九真、日南等九郡。

⑥大行:官名。为大行令的省称。汉武帝改典客为大行令,后又更
名大鸿胪。掌少数民族君长、诸侯王、列侯的迎送、接待、安排朝
会、封授、袭爵及夺爵削土之典礼;诸侯王死,则奉诏护理丧事,宣
读诔策谥号;百官朝会,掌赞襄引导;兼管京师之郡国邸舍及郡国

上计吏之接待。王恢（？—前133）：西汉燕（今河北、北京一带）人。数为边吏，习知胡事。武帝时，任大行。前135年，闽越与南越相攻，与大农令韩安国（？—前127）率兵赴救，未至越，越杀其王降汉。元光二年（前133），王恢设计诱匈奴入马邑，将击之。匈奴得知汉有伏兵，引军还。武帝下恢廷尉，恢自杀死。事见《史记》《汉书》。

⑦番（pó）阳：县名。西汉改番县置，属豫章郡。治所在今江西鄱阳县东北古县渡镇。《汉书·地理志》作"番阳"，《后汉书·郡国志》作"鄱阳"。晓喻：明白劝导，告知。多用于上对下。

⑧蒟（jǔ）酱：以蒟子制成的酱，可用来调食，有辣味。出产于蜀中。

⑨外臣：犹藩臣。汉代对有朝请贡纳关系的周边少数民族国家的称呼。

⑩州主：占据一州者，意谓一方诸侯。

⑪长沙：郡名。战国秦置，治所在临湘县（今湖南长沙）。西汉高帝五年（前202）改为长沙国。东汉复为郡。豫章：郡名。西汉高帝六年（前201）分九江郡置，治所在南昌县（今江西南昌东）。

⑫从牂柯浮船番禺：底本作"从番禺浮船牂柯"，方位不对，疑传写致误，据改。

⑬威德：威权与恩德。

⑭旁小邑：指夜郎国旁边的小部落。

⑮喻意：表明意思。

【译文】

汉武帝派遣张骞出使西域，在西域的大夏国，张骞看见有邛竹、蜀布，询问它的来源，当地人说："这是我们的商人从身毒国得到的。"身毒国是蜀地西边的一个国家，在今天的永昌界外。出使西域归来后，张骞向汉武帝汇报了这一情况。东越进攻南越，大行令王恢率兵前往救援。王恢派遣番阳令唐蒙把朝廷的旨意传达给南越。南越人的食物中有蒟酱，唐蒙询问它的来源，南越人说："来自牂柯。"唐蒙也把这一情况汇报给了汉武帝,并且由此上书汉武帝:"南越的地盘东西长约万里,名义上是藩臣,实际上是一方诸侯。现在从长沙、豫章前往南越,水道非常困难,而且道路时断时续。我私下听说,夜郎国的精兵有十万之众,如果派遣夜郎精兵取道水路,从牂柯出发,乘船直下番禺,出其不意攻击南越,这是制服越人的奇计。可以修治夜郎道路,设置官吏进行管理。"于是,汉武帝任命唐蒙为中郎将,征调巴、蜀之地的士兵一千人,带上货币、丝绸等财物,拜见了夜郎国王,向他传达了汉王朝的威权与恩德,并为他们设置了官吏。夜郎国旁边的小部落都贪图汉朝的缯、帛等财物,以为道路遥远,汉军终不可能来到本地,所以都纷纷表示归顺、愿意听命。司马相如也说:"西南夷的邛、筰等地,是蜀地的后花园,可以设置为郡。"汉武帝既感念邛竹,又嗜好蒟酱,于是任命司马相如为中郎将,前往西南夷地区传达旨意,所到之地都表示愿意归顺。

后西南夷数反,发运兴役,费甚多。相如知其不易也,乃假巴、蜀之论以讽帝,且以宣使指于百姓[1]。卒开僰门,通南中。相如持节开越巂[2],按道侯韩说开益州[3]。武帝转拜唐蒙为都尉,开牂柯,以重币喻告诸种侯王[4],侯王服从。因斩竹王,置牂柯郡,以吴霸为太守[5];及置越巂、朱提、益州,四郡。后夷濮阻城,咸怨诉竹王非血气所生,求立后嗣[6]。霸表封其三子列侯。死,配食父祠[7],今竹王三郎神是也[8]。

【注释】

①使指:底本作"指便",误。使指,谓天子、朝廷的意旨命令。《史记·司马相如列传》:"相如使时,蜀长老多言通西南夷不为用,唯大臣亦以为然。相如欲谏,业已建之,不敢,乃著书,籍以蜀父老为辞,而己诘难之,以风天子,且因宣其使指,令百姓知天子之意。"

②持节：古代使臣奉命出行，执符节以为凭证，故称出使为"持节"。

③韩说（？—前91）：西汉韩人。韩嫣之弟，韩颓当之孙。武帝元朔五年（前124），以都尉从卫青击匈奴，大胜，封龙颔侯。后坐酎金不如法失侯。元封元年（前110），以横海将军击东越有功，封按道侯。太初三年（前102）为游击将军，屯兵五原外列城，还为光禄勋。征和二年（前91），从江充治巫蛊，为戾太子刘据所杀。

④重币：重金，厚礼。

⑤吴霸：字子公，西汉阳山（今广东阳山）人。任广郁都尉，威震夜郎。迁牂牁太守，为夜郎竹王立后，由是边民感服。昭帝时，罢象郡，霸族在桂阳者，欲往广郁耕种肥田，霸不许，惟令垦近土，民赞服其不私。《百越先贤志》有传。

⑥后嗣：后代，子孙。

⑦配食：祔祭，配享。

⑧今竹王三郎神是也：今四川、贵州、云南、广西、湖南、湖北等省有竹王祠、竹王庙、竹三郎祠。

【译文】

　　后来西南夷多次造反，为了平息叛乱而发动运漕劳役，耗费很多。司马相如知道此事的艰难，于是假托巴、蜀父老之口，向汉武帝微言进谏，同时也向西南地区的老百姓宣传朝廷的意旨。最终还是打开了僰道之门，疏通了南中之路。司马相如持节出使开通了越巂，按道侯韩说开通了益州。汉武帝转而任命唐蒙为都尉主持开通牂柯，唐蒙用重金、厚礼开路，并对各部落首领晓之以理，各部落首领纷纷表示归顺朝廷。于是，斩杀了竹王，设置了牂柯郡，任命吴霸为牂柯太守；又设置了越巂、朱提、益州，连同牂柯郡，共计是四郡。后来，夷人、濮人阻断了牂柯城，都诉说竹王不是血气所生，请求册立竹王的后嗣。吴霸上表朝廷请封竹王的三个儿子为列侯。三子死后，配享于父亲的祠堂，他们就是今天所说的竹王三郎神。

　　昭帝始元元年^①，益州廉头、姑缯等二十四县民反^②，水衡都尉吕破胡募吏民及发犍为、蜀郡奔命击破之^③。后三岁，姑缯复反，都尉吕辟胡击之，败绩^④。明年，遣大鸿胪田广明等大破之，斩首捕虏五万人，获畜产十余万头，富埒中国^⑤。封其渠帅亡波为钩町王，以助击反者故也^⑥。广明赐爵邑^⑦。

【注释】

①始元元年：前86年。始元，汉昭帝年号（前86—前80）。

②廉头、姑缯：西南夷别种名。《汉书·昭帝纪》："益州廉头、姑缯，牂柯谈指、同并二十四邑皆反。"颜师古注引苏林曰："皆西南夷别种名也。"或以为滇西昆明族的一部分，约分布在今云南永胜至鹤庆一带。

③水衡都尉：官名。汉武帝元鼎二年（前115）初置，俸比二千石，主掌上林苑，兼管皇室园圃、器物、铸钱、船只、马匹、税收、仓库等事。古山林之官曰衡，其主苑池，故曰水衡。王莽改水衡都尉曰予虞。东汉省之，并其职于少府。吕破胡：底本作"吕破奴"，误。奔命：应急出战的部队。《汉书·昭帝纪》："遣水衡都尉吕破胡募吏民及发犍为、蜀郡奔命击益州，大破之。"颜师古注引应劭曰："旧时郡国皆有材官骑士以赴急难，今夷反，常兵不足以讨之，故权选取精勇。闻命奔走，故谓之奔命。"

④"后三岁"几句：《汉书·西南夷两粤朝鲜传》："后三岁，姑缯、叶榆复反，遣水衡都尉吕辟胡将郡兵击之。辟胡不进，蛮夷遂杀益州太守，乘胜与辟胡战，士战及溺死者四千余人。"吕辟胡，应当就是吕破胡。

⑤"明年"几句：《汉书·西南夷两粤朝鲜传》："明年，复遣军正王平

与大鸿胪田广明等并进，大破益州，斩首捕虏五万余级，获畜产十余万。"田广明（？—前71），字子公，西汉京兆郑县（今陕西渭南华州区）人。为天水司马时，以杀伐为治，有能名。累迁淮阳太守，连捕大奸，入为大鸿胪。昭帝时，将兵击益州，赐爵关内侯，徙卫尉，出为左冯翊。宣帝立，为御史大夫，以迎立有功封昌水侯。后以祁连将军率兵出击匈奴，以罪下狱自杀。《汉书》有传。埒（liè），相等。中国，中原。

⑥"封其渠帅亡波为钩町王"二句：《汉书·西南夷两粤朝鲜传》："上曰：'钩町侯亡波率其邑君长人民击反者，斩首捕虏有功，其立亡波为钩町王。'"渠帅，首领。旧时统治阶级称武装反抗者的首领或部落酋长。古书或作"渠率"。钩町，即本卷前文所说的"句町"。

⑦广明赐爵邑：据《汉书·西南夷两粤朝鲜传》："大鸿胪广明赐爵关内侯，食邑三百户。"爵邑，爵位和封邑。

【译文】

汉昭帝始元元年，益州治下的廉头、姑缯等二十四个县的百姓造反，水衡都尉吕破胡招募各地的官吏和百姓，并征调犍为郡、蜀郡的应急军队前往平叛，最终击破了叛乱队伍。其后三年，姑缯百姓再次造反，都尉吕辟胡前往镇压，结果战败。第二年，朝廷派遣大鸿胪田广明等率军平叛，结果大败叛军，斩首、俘虏叛军五万人，缴获牲畜十余万头，其富饶可以和中原相比。朝廷封其渠帅亡波为钩町王，因为他协助朝廷击败了造反者。朝廷赏赐给田广明封爵和封邑。

　　成帝时，夜郎王兴与钩町王禹、漏卧侯愈更相攻击①。帝使太中大夫张匡持节和解之②。钩町、夜郎王不服，乃刻木作汉使，射之③。大将军王凤荐金城司马蜀郡陈立为牂柯太守④，何霸为中郎将⑤，出益州。立既到郡，单至夜郎召兴。兴与邑君数十人来见立⑥，立责数⑦，斩兴。邑君皆悦服⑧。兴妻父翁指与兴子耻⑨，复反。立讨之，威震南裔⑩。

【注释】

①漏卧：部落名。在漏卧县一带。漏卧县，县名。西汉元鼎六年（前111）置，属牂柯郡。治所在今云南罗平县境。《汉书·西南夷两粤朝鲜传》注引孟康说："漏卧，夷邑名，后为县。"三国蜀建兴三年（225）属兴古郡。南朝宋为兴古郡治。南齐属兴古郡。南朝梁末废。更相：相互。

②太中大夫：官名。秦、西汉初位居诸大夫之首，武帝太初元年（前104）以后次于光禄大夫，秩比千石，无员额。侍从皇帝左右，掌顾问应对，参谋议政，奉诏出使，多以宠臣贵戚充任。名义上隶属郎中令（光禄勋）。东汉秩千石，后期权任渐轻。魏、晋、南朝宋七品，品秩虽不高，禄赐与卿相当。张匡：蜀郡人。官至太中大夫。为人佞巧。见《汉书·王商史丹傅喜传》。和解：平息纷争，重归于好。

③"乃刻木作汉使"二句：即制作像汉朝使节一样的木偶，放箭射击木偶。按：这其实是一种巫蛊术，即人类学上所说的"黑巫术"（black magic）。汉武帝晚年的巫蛊之祸，所施巫蛊与此相类。

④王凤（？—前22）：字孝卿，西汉魏郡元城（今河北大名东）人，原籍东平陵（今山东章丘西）人。王禁子。妹王政君为元帝皇后。初为卫尉，袭父爵阳平侯。成帝即位，以外戚为大司马、大将军，领尚书事。弟崇封安成侯。从此专断朝政，内外官吏皆出其门下。河平二年（前27），其弟谭、商、立、根、逢时五人同日封侯。兄弟贵倾朝廷，争为奢侈，姬妾各数十人，僮奴以千百数。辅政十一年，病死。事见《汉书》。金城：郡名。西汉始元六年（前81）置，治所在允吾县（今青海民和南古鄯镇北古城）。西晋初迁治

榆中县（今甘肃兰州城关区东岗镇一带）。陈立：西汉蜀郡临邛
（今四川邛崃）人。成帝时历任连然、不韦县令，迁金城司马、巴
郡太守。官至护军都尉，卒于官。

⑤何霸：字翁君，蜀郡郫（今四川成都郫都区）人。司空何武之兄。
貌美才秀。历官户曹、别驾、属国、中郎将。本书卷十《先贤士女
总赞》有传。

⑥邑君：地方官。本处特指同郡（牂柯郡）的地方官。数十人：底本
作"数千人"，误。《汉书·西南夷两粤朝鲜传》："（陈立）及至牂
柯，谕告夜郎王兴，兴不从命，立请诛之。未报，乃从吏数十人出
行县，至兴国且同亭，召兴。兴将数千人往至亭，从邑君数十人入
见立。立数责，因断头。"

⑦责数：责备数落。

⑧悦服：心悦诚服。

⑨妻父：岳父。

⑩南裔：南方边境地区。

【译文】

汉成帝时，夜郎王兴与钩町王禹、漏卧侯愈互相攻击。汉成帝派遣
太中大夫张匡手持符节前往平息纷争。钩町、夜郎王不服，并且制作了
像汉朝使节一样的木偶，再放箭射击木偶。大将军王凤推荐金城司马、
蜀郡人陈立担任牂柯太守，又推荐何霸为中郎将，从益州出兵。陈立到
郡上任之后，独自一人到夜郎召见夜郎王兴。王兴与牂柯郡的地方官数
十人来拜见陈立，陈立责备数落王兴的罪过，随即斩杀了他。地方官们
都心悦诚服。王兴的岳父翁指与王兴的儿子感到耻辱，又起兵反叛。陈
立又讨平了叛乱，由此威震南部边境地区。

平帝末^①，梓潼文齐为益州太守^②。公孙述时，据郡不
服。光武称帝，以南中有义^③。益州西部^④，金、银、宝货之

地,居其官者,皆富及十世。孝明帝初,广汉郑纯独尚清廉⑤,毫毛不犯。夷汉歌咏,表荐无数⑥。上自三司⑦,下及卿士⑧,莫不叹赏。明帝嘉之,因以为永昌郡,拜纯太守。章帝时,蜀郡王阜为益州太守⑨,治化尤异⑩。神马四匹出滇池河中,甘露降,白乌见⑪。始兴文学,渐迁其俗。

【注释】

①平帝:汉平帝刘衎(前9—5)。本名箕子。元帝孙。西汉皇帝。三岁嗣立为中山王。哀帝死,太皇太后王氏以王莽为大司马,立为帝,时年九岁。太皇太后临朝,莽秉政。及帝壮,以莽隔绝母卫太后,不悦,为莽毒死。《汉书》有传。

②文齐:字子奇,广汉郡梓潼(今四川梓潼)人。平帝末,以城门校尉为犍为属国,迁益州太守,群夷畏服。公孙述时,据郡不服。述平,世祖嘉之,征拜镇远将军,封成义侯。南中成为立祠。本书卷十《先贤士女总赞》有传,事见《后汉书·南蛮西南夷列传》。

③以南中有义:下有脱文,任乃强补"封齐成义侯"五字。

④益州西部:指益州西部都尉。官名。掌地方驻军,主治安,防侵略。永平十年(67)置,永平十二年(69)废。《后汉书·南蛮西南夷列传》引《古今注》曰:"永平十年,置益州西部都尉,居嶲唐。"《后汉书·显宗孝明帝纪》:"(永平)十二年春正月,益州徼外夷哀牢王相率内属,于是置永昌郡,罢益州西部都尉。"

⑤郑纯:字长伯,广汉郡郪(今四川三台)人。汉明帝时,任益州西部都尉。地产金、银、宝货,而为政清廉,秋毫不犯。明帝嘉之,以为永昌太守。在官十年卒。本书卷十《先贤士女总赞》有传。

⑥表荐:上书推荐。

⑦三司:也称为"三公"。三种官职的合称,各代所指不同。东汉称

太尉、司空、司徒为三司。

⑧卿士：指九卿，与"三公"相对，指古代中央政府的九个高级官职。汉以太常、光禄勋、卫尉、太仆、廷尉、大鸿胪、宗正、司农、少府为九寺大卿（即九卿）。

⑨王阜：字世公，蜀郡成都（今四川成都）人。官至益州太守。有政绩。本书卷十《先贤士女总赞》有传。

⑩治化：治理教化。尤异：特别优异。

⑪白乌：白羽之乌。古时以为祥瑞之物。见：同"现"，出现。

【译文】

汉平帝末年，梓潼文齐任益州太守。公孙述称帝时期，文齐据守全郡，没有臣服于公孙述。汉光武称帝后，认为南中人讲究道义，封文齐为成义侯。益州西部是出产金、银、珠宝的地方，在那里做官的人都会致富，甚至富及十代。汉明帝初年，广汉人郑纯任益州西部都尉，唯独能够坚守清廉之风，对老百姓秋毫无犯。当地的夷人、汉人都歌咏赞美郑纯，上书推荐者不计其数。上自三公，下至九卿，没有不赞叹称赏的。汉明帝嘉奖郑纯，因而设置了永昌郡，并任命郑纯为太守。汉章帝时，蜀郡人王阜任益州太守，治理教化特别优异。有四匹神马出现在滇池河中，有甘露从天而降，有白羽之乌现身。从王阜开始，在地方兴建了学校，逐渐改变了当地的风俗。

安帝永初中①，汉中、阴平、广汉羌反，征战连年。元初四年②，益州、永昌、越巂诸夷封离等反，众十余万，多所残破。益州刺史张乔遣从事蜀郡杨竦将兵讨之③。竦先以诏书告谕；告谕不从，方略涤讨④。凡杀虏三万余人，获生口千五百人⑤，财物四千余万，降赦夷三十六种；举劾奸贪长吏九十人⑥，黄绶六十人⑦。诸郡皆平。竦以伤死⑧，故功不录。

自是后⑨,少宁五十余年⑩。

【注释】

①安帝永初:107—113年。

②元初四年:117年。元初,汉安帝刘祜年号(114—120)。

③从事:官名。州部属吏。东汉称从事史,为州部长官自辟。三国、
晋、南北朝沿置,名目不一。如别驾从事、治中从事、都官从事、功
曹从事、簿曹从事、郡国从事、文学从事、祭酒从事等,各掌一方面
的事务。杨竦(?—119):字子恭,蜀郡成都(今四川成都)人。
安帝元初六年(119)为益州刺史张乔从事,受命安抚境内少数
部族,恩威并用,众皆来归。因伤病卒。张乔为刻石勒铭,图其
像。事见《后汉书·南蛮西南夷列传》,本书卷十《先贤士女总
赞》有传。

④涤讨:涤荡讨伐。

⑤生口:俘虏。也称"活口"。

⑥举劾:列举罪状,加以弹劾。奸贪:邪恶贪贿。长吏:指州县长官
的辅佐。

⑦黄绶:古代官员系官印的黄色丝带。借指官吏。《汉书·百官公
卿表上》:"比二百石以上,皆铜印黄绶。"

⑧以伤死:因伤创发病而死。按:这段历史,可参看《后汉书·南蛮
西南夷列传》:"(元初)五年,卷夷大牛种封离等反畔,杀遂久令。
明年,永昌、益州及蜀郡夷皆叛应之,众遂十余万,破坏二十余县,
杀长吏,燔烧邑郭,剽略百姓,骸骨委积,千里无人。诏益州刺史
张乔选堪能从事讨之。乔乃遣从事杨竦将兵至楪榆击之,贼盛未
敢进,先以诏书告示三郡,密征求武士,重其购赏。乃进军与封离
等战,大破之,斩首三万余级,获生口千五百人,资财四千余万,悉
以赏军士。封离等惶怖,斩其同谋渠帅,诣竦乞降,竦厚加慰纳。

　　其余三十六种皆来降服。竦因奏长吏奸猾侵犯蛮夷者九十人,皆
　　减死。州中论功未及上,会竦病创卒,张乔深痛惜之,乃刻石勒
　　铭,图画其像。"
⑨自是:从此。
⑩少宁:稍稍安宁。少,稍稍,稍微。

【译文】

　　汉安帝永初年间,汉中郡、阴平郡、广汉郡的羌人造反,为此连年征战。元初四年,益州、永昌郡、越巂郡的夷人在封离等的带领下造反,造反人数达到十余万,许多地方都因战火而残缺破败。益州刺史张乔派遣从事、蜀郡人杨竦带兵前去讨伐。杨竦首先用诏书明白告示地方;如果不听从劝告,拒不归顺,才予以涤荡讨伐。这次平叛,共计屠杀造反者三万余人,擒获俘虏一千五百人,缴获财物四千余万钱,降服、赦免三十六个夷人部落;检举、弹劾贪官污吏九十人,其中有二百石以上的官员六十人。各个郡县都平定下来。杨竦因伤创发病而死,因而没有记录提到功劳。从此以后,该地稍微安宁了五十多年。

　　迄灵帝熹平中①,蛮夷复反,拥没益州太守雍陟②。遣御史中丞朱龟将并、凉劲兵讨之③,不克。朝议不能征,欲依朱崖故事弃之④。太尉掾巴郡李颙献陈方策⑤,以为可讨。帝乃拜颙益州太守,与刺史庞芝伐之⑥,征龟还。颙将巴郡板楯军讨之,皆破,陟得生出。后复更叛。梓潼景毅为益州太守⑦,讨定之。承丧乱后⑧,民夷困饿,米一斗千钱,皆离散。毅至,安集⑨,后米一斗八钱。

【注释】

①熹平:汉灵帝年号(172—178)。

②拥没：劫持，拘押。益州太守雍陟：《隶释》卷十《幽州刺史朱龟碑》作"蜀郡太守雍陟"。

③御史中丞：官名。秦汉皆置，俸千石。西汉以御史中丞为御史大夫副贰。简称中丞、中执法。外督部刺史，内领侍御史，受公卿章奏，纠察百僚，其权颇重。东汉以后不设御史大夫时，即以御史中丞为御史之长。劲兵：精锐的部队。

④朱崖故事：朱崖郡设置之后，结果是"率数岁壹反"。为此，朝廷意见各异，"或言可击，或言可守，或欲弃之"。儒生贾捐之以为"弃之不足惜，不击不损威"，主张放弃朱崖郡。汉元帝最终采纳了贾捐之的建议，于初元三年（前46）罢弃了朱崖郡。此事后被誉为"朱崖故事"，成为汉中央王朝解决南方边疆郡地矛盾可供仿效的成例。参看《汉书·严朱吾丘主父徐严终王贾传下》。朱崖，郡名。即珠崖郡。西汉元鼎六年（前111）置，治所在瞫都县（今海南琼山南）。因崖边出真珠得名。初元三年（前46）废。故事，先例，成例。

⑤李颙（yóng）：字德卬，巴郡垫江（今重庆合川）人。官至益州太守。曾率板楯蛮镇压少数民族起义。事见《后汉书·南蛮西南夷列传》和本书卷一《巴志》《南中志》。方策：方法，计策。

⑥庞芝：字号、籍贯不详。曾任益州刺史。《后汉书·党锢列传》说他"清亮在公"。

⑦景毅：字文坚，广汉郡梓潼（今四川梓潼）人。为人廉正，仁义为福。桓帝时，为侍御史。李膺遭党禁死，门生故吏并被禁锢。毅子景顾为膺门徒，以未入名籍而不及于难。毅不为苟安，自表免归。后拜武都令，迁益州太守。本书卷十《先贤士女总赞》有传。按：底本"梓潼景毅为益州太守"下有脱文，任乃强依《滇传》补"讨定之"三字。

⑧丧乱：死亡祸乱。后多以形容时势或政局动乱。

⑨安集：安定和睦。

【译文】

到汉灵帝熹平年间，夷人又开始造反，劫持、拘押了益州太守雍陟。朝廷派遣御史中丞朱龟带领并州、凉州的精兵前往讨伐，但没有取胜。在朝廷议论时，有人认为不能用征伐的办法解决问题，而应该依照"朱崖故事"处理，即放弃这些地方。太尉掾、巴郡人李颙进献策略，认为可以讨伐。于是，汉灵帝任命李颙为益州太守，与刺史庞芝一起讨伐夷人，而调朱龟回朝。李颙率领由巴郡的板楯蛮组成的军队讨伐夷人，结果打败了夷人，并将雍陟解救出来。后来，夷人又发动叛乱。梓潼人景毅为益州太守，平定了叛乱。在经历了死亡和祸乱之后，汉人与夷人都处于贫困饥饿之中，一斗米价值一千钱，老百姓也妻离子散了。景毅上任之后，对老百姓进行了安抚，形势开始变得安定和睦，后来物价也稳定下来，一斗米价值八钱。

建安十九年①，刘先主定蜀，遣安远将军南郡邓方以朱提太守、庲降都督治南昌县②。轻财果毅，夷汉敬其威信。方亡，先主问代于治中从事建宁李恢③，对曰："西零之役④，赵充国有言⑤：'莫若老臣。'"先主遂用恢为都督，治平夷县⑥。

【注释】

①建安十九年：214年。

②邓方（？—222）：字孔山，三国蜀南郡（今湖北荆州）人。以荆州从事随刘备入蜀。蜀既定，为犍为属国都尉。因易郡名，为朱提太守。累迁安远将军、庲降都督。《季汉辅臣赞注》有传。南昌县：县名。三国蜀置，属朱提郡，为庲降都督驻地。治所在今云南镇雄县境。西晋太康元年（280）改名南秦县。

③代：替代。此处指接任、接替。李恢（？—231）：字德昂，建宁郡

俞元（今云南澄江）人。刘璋时为郡督邮，坐事免官。后投奔刘备，任功曹书佐主簿。章武元年（221），自荐任庲降都督。蜀后主时期，从诸葛亮南征，率军以计破建宁夷，封汉兴亭侯，加汉安将军。官至建宁太守。《三国志·蜀书》有传。

④西零：亦作"先零"。古族名。汉时西羌的一支。西汉初分布于湟水及浩门水流域。武帝开金城、令居（今甘肃永登），西逐诸羌。先零羌与封养羌、牢姐羌合兵十余万攻令居、安故（今甘肃临洮南），围枹罕（今甘肃临夏境），被汉击败，其部落遂徙居湟水上游、青海湖周围和贵德等地。宣帝时，赵充国再击之，遂继续向西迁徙至于青海湖西盐池等地。王莽末，先零复据湟水流域，并占领金城（今甘肃兰州）。东汉初，被马援等击平，徙于陇西（治今甘肃临洮）、天水（治今陕西通渭西北）、右扶风（治今陕西兴平东南）等地，余部迁往塞外。永初元年（107）别部首领滇零领导诸羌起义，建立政权，在北地郡称天子。汉以后，先零羌渐与汉族及西北其他民族相融合。

⑤赵充国（前137—前52）：字翁孙，陇西上邽（今甘肃天水）人。善骑射，习兵法，有谋略，熟知边情。武帝时，以六郡良家子补羽林，以假司马从李广利击匈奴，以功拜中郎，迁车骑将军长史。昭帝时，以大将军护军都尉率兵平定武都氏人起兵，迁中郎将、水衡都尉。又击匈奴，擢后将军。昭帝死，与霍光迎立宣帝，封营平侯。将兵屯边，匈奴不敢犯。神爵元年（前61），先零羌叛，年七十六而率军破羌。复为后将军、卫尉。其子有罪自杀，因罢官。《汉书》有传。

⑥平夷县：县名。西汉置，属牂柯郡。治所在今贵州毕节东。西晋永嘉五年（311）为平夷郡治。东晋改为平蛮县。

【译文】

建安十九年，先主刘备平定蜀地，派遣安远将军、南郡人邓方担任朱提太守、庲降都督，治所在南昌县。邓方不贪图财货，办事果敢坚毅，夷人和汉人敬佩他的威严与信用。邓方亡故之后，先主刘备询问治中从事、建宁郡人李恢谁能接替邓方，李恢回答说："当年西零之战时，赵充国曾经说：'不如使用老臣。'"于是，刘备任命李恢为庲降都督，治所在平夷县。

　　先主薨后，越嶲叟帅高定元杀郡将军焦璜①，举郡称王以叛。益州大姓雍闿亦杀太守正昂②，更以蜀郡张裔为太守③。闿假鬼教曰④："张裔府君如瓠壶⑤，外虽泽而内实粗，杀之不可，缚与吴。"于是执送裔于吴。吴主孙权遥用闿为永昌太守，遣故刘璋子阐为益州刺史⑥，处交、益州际。牂柯郡丞朱提朱褒领太守⑦，恣睢⑧。丞相诸葛亮以初遭大丧⑨，未便加兵，遣越嶲太守巴西龚禄住安上县⑩，遥领郡。从事蜀郡常颀行部南入⑪，以都护李严书晓喻闿⑫。闿答曰："愚闻天无二日，土无二王⑬。今天下派分⑭，正朔有三⑮。远人惶惑，不知所归。"其傲慢如此。颀至牂柯，收郡主簿考讯奸⑯。褒因煞颀为乱。益州夷复不从闿，闿使建宁孟获说夷叟曰⑰："官欲得乌狗三百头，膺前尽黑⑱，螨脑三斗⑲，斫木构三丈者三千枚⑳，汝能得不？"夷以为然，皆从闿。斫木坚刚，性委曲㉑，高不至二丈，故获以欺夷。

【注释】

①焦璜：三国时蜀官吏。为越嶲郡太守，遭叟夷杀害。

②雍闿：三国时地方豪族。初，闿投刘备。刘备死后，闿杀蜀所署太守正昂，降于吴。吴遥署闿为永昌太守。

③张裔（？—230）：字君嗣，蜀郡成都（今四川成都）人。初从刘
　璋，察孝廉，为鱼复长。刘备定益州，以为巴郡太守，寻迁益州太
　守。豪强雍闿反，缚裔送孙吴。刘禅建兴初，诸葛亮遣使请归裔，
　以为参军，署府事。累加辅汉将军。《三国志·蜀书》、本书卷十
　《先贤士女总赞》有传。

④鬼教：鬼神的指示。

⑤瓠（hú）壶：一种盛液体的大腹容器。喻虚有其表。

⑥刘璋子阐：刘阐，一名纬，江夏郡竟陵（今湖北潜江）人。刘璋子。
　为人恭谨，轻财重义。孙权杀关羽、取荆州后，以璋为益州牧。璋
　卒，以阐为益州刺史。后还吴为御史中丞。

⑦朱褒：三国时蜀官吏，任牂柯太守。素有异志。益州从事常房巡
　视牂柯，被朱褒攻杀并诬以谋反。建兴元年（223），益州郡大姓
　雍闿叛，朱褒拥郡响应。三年，诸葛亮至南中，平定反叛。

⑧恣睢（suī）：肆意横行。

⑨大丧：指帝王、皇后、世子之丧。本处特指刘备之丧。

⑩龚禄（195—225）：字德绪，巴西安汉（今四川南充）人。刘备定
　益州，为郡从事牙门将。建兴三年（225），为越巂太守。随诸葛亮
　南征，为蛮夷所害。安上县：县名。三国蜀汉置。治所即今四川
　屏山西南新市镇。

⑪常颀：《三国志·蜀书·后主传》作"常房"。行部：谓巡行所属部
　域，考核政绩。

⑫李严（？—234）：一名平，字正方，南阳（治今河南南阳）人。初
　为荆州牧刘表郡县官吏，曹操占荆州，李严入蜀，刘璋委以成都
　令。建安十八年（213），以护军拒刘备于绵竹，后率众降，刘备以
　为裨将军。刘备取成都，被任以犍为太守，兴业将军，以军功加辅
　汉将军。章武中，任尚书令，与诸葛亮同受遗诏辅后主，位在诸葛
　亮之次。建兴九年（231），诸葛亮北伐，屯祁山，李严负责督运军

资。时逢雨季，运粮不继，李严假传朝廷之命，让诸葛亮退军。军退，李严又声称军粮充足，不当退兵，以塞督运不力之责，并诿过于诸葛亮，亮遂出示其前后亲笔书奏，表请朝廷将他罢免，流放梓潼后病死。

⑬天无二日，土无二王：见于《礼记》的《曾子问》《坊记》《丧服四制》。天上不能同时有两个太阳，老百姓不能同时有两个君主。比喻事物统于一，不能两大并存。

⑭派分：区分，分别。这里指天下三分为魏、蜀、吴。

⑮正朔：本指农历正月初一，此谓帝王新颁的历法。古代帝王易姓受命，必改正朔；故夏、殷、周、秦及汉初的正朔各不相同。自汉武帝后，直至现今的农历，都用夏制，即以建寅之月为岁首。所谓"正朔"，所牵涉的实际上是正统性问题。

⑯考讯：刑拷审讯。

⑰孟获：三国蜀建宁（治今云南曲靖）人。当地豪强。为夷、汉所服。刘备死后，与建宁豪强雍闿起兵反蜀，数为诸葛亮所败。经七擒七纵，终于心服，不再反蜀。与南中俊杰爨习、孟琰等为蜀所用，官至御史中丞。参看《三国志·蜀书·诸葛亮传》。

⑱膺：胸。

⑲螨（mǎn）：节肢动物的一类，体形微小，寄居在人或动物体上，吸血液，能染疾病。

⑳斫木：当即柞木，西南俗称"青枫"（刘琳），通名橡树。

㉑委曲：弯曲。

【译文】

先主刘备去世后，越巂叟帅高定元杀死郡将军焦璜，率领全郡发动叛乱，高氏自己也称王。益州的大姓雍闿也杀死太守正昂，转而拥戴蜀郡人张裔为太守。雍闿假托鬼神的指示说："张裔府君就像一个瓠壶，虽然外表光泽，而内里实际很粗疏，杀了他还不行，还是把他捆绑起来送给东吴。"于是,他们抓住了张裔,并把他送给东吴。吴主孙权遥控指挥,任命雍闿为永昌太守,又派遣已故刘璋的儿子刘阐为益州刺史,驻扎在交州、益州之间。牂柯郡丞、朱提人朱褒领有太守之位,放纵暴戾。蜀汉丞相诸葛亮因为国家刚刚遭遇刘备之死的大丧,不便立即出兵,于是安排越嶲太守、巴西人龚禄驻守在安上县,远远地监控越嶲郡的形势。又派从事、蜀郡人常颀前往南边巡视,并让都护李严致书雍闿,晓之以利害关系。雍闿回答说:"我听说,天上没有两个太阳,地上没有两个君王。当今天下一分为三,而三个朝廷均颁有历法。我们这些边远之人内心惶恐疑惑,不知道该归附哪一方。"雍闿的傲慢态度就是这样的。常颀到达牂柯后,对主簿进行刑拷审讯,拷问太守作奸犯科的事实。朱褒于是杀死常颀发动叛乱。益州的夷人也不再听从雍闿,雍闿派建宁人孟获去游说夷人,说:"官府想得到三百头黑狗,要求狗胸前的毛都是黑色的,又要三斗螨虫的脑汁,以及三千根三丈长的柞木,你们能做到吗?"夷人认为孟获说得对,都听命于雍闿。柞木很坚硬,但生得弯曲,而且高不过二丈,所以孟获用这个说辞来欺骗夷人。

建兴三年春[①],亮南征,自安上由水路入越嶲。别遣马忠伐牂柯[②],李恢向益州[③],以犍为太守广汉王士为益州太守[④]。高定元自旄牛、定筰、卑水多为垒守[⑤]。亮欲俟定元军众集合[⑥],并讨之,军卑水[⑦]。定元部曲杀雍闿及士庶等,孟获代闿为主。亮既斩定元,而马忠破牂柯,李恢败于南中[⑧]。夏五月,亮渡泸,进征益州。生虏孟获[⑨],置军中,问曰:"我军如何?"获对曰:"恨不相知[⑩],公易胜耳。"亮以方务在北,而南中好叛乱,宜穷其诈,乃赦获使还,合军更战[⑪]。凡七虏七赦。获等心服,夷汉亦思反善。亮复问获,获对曰:"明公[⑫],天威也,边民长不为恶矣。"

【注释】

①建兴三年:225年。

②马忠(? —234):字德信,巴西阆中(今四川阆中)人。少养外家,姓狐,名笃,后乃复姓,改名忠。建安末举孝廉,任汉昌县长。刘备败于猇亭,巴西太守阎芝发兵五千补缺,遣马忠送往,受到刘备称赞。后主建兴元年(222)丞相诸葛亮开府治事,以马忠为门下督。后历任牂牁太守、丞相参军、州治中从事、庲降都督、监军奋威将军、安南将军、镇南大将军,初封博阳亭侯,进封彭乡侯。七年春,大将军费祎北御魏敌,留忠成都,平尚书事。十二年卒于南方。马忠之在南,数次平定叛乱,处事能断,威恩并立,及忠卒,莫不流涕尽哀,为之立庙祭祀。

③向:去,前往。

④王士:字义强,广汉郡郪(今四川三台)人。从刘备入蜀,举孝廉,为符节长,迁牙门将,出为宕渠太守,徙犍为太守。诸葛亮南征,转益州太守,将南行,为蛮夷所害。本书卷十《先贤士女总赞》有传。

⑤定筰:即定莋。县名。西汉置,属越巂郡。为都尉治。治所在今四川盐源。西晋改为定筰县。南朝宋又改为定莋县。南朝齐废。

⑥俟(sì):等待。

⑦卑水:县名。西汉元鼎六年(前111)置,属越巂郡。故治所在今四川昭觉东北的卑水河(今美姑河)西岸。三国蜀同。

⑧李恢败于南中:"败"后当脱"夷"字(刘琳)。

⑨生虏:生擒,俘虏。

⑩相知:了解你们。

⑪合军:集结军队。

⑫明公:旧时对有名位者的尊称。本处指诸葛亮。

【译文】

建兴三年春,诸葛亮率军南征,经水路由安上县进入越巂。诸葛亮另外派遣马忠征伐牂柯,李恢则进军益州,任命牂为太守、广汉人王士为益州太守。高定元在旄牛、定笮、卑水一带构筑了许多防御工事。诸葛亮打算等高定元的军队集合在一起时,再进军攻打,于是大军驻扎在卑水。高定元的部属杀死了雍闿及其部下和随从,孟获代替雍闿成为统领。诸葛亮斩杀了高定元,而马忠也攻破牂柯,李恢又在南中大败夷人。这年夏天五月,诸葛亮渡过泸水,进军征讨益州。诸葛亮生擒孟获,将其安置在军营中,问孟获:"我军如何?"孟获回答说:"只恨事先不了解你们,才让你轻而易举取胜。"诸葛亮考虑到国家的事务主要在北方,而南中地区喜好叛乱,应该让他们穷尽欺诈,以使其心服口服,于是赦免了孟获,让他回去集合队伍再来交战。孟获共计七次被擒,诸葛亮七次赦免孟获。至此,孟获等人心悦诚服,而夷人、汉人也都思心归善。诸葛亮又问孟获,孟获回答说:"明公有上天一样的神威,我们边民将永远不再作恶叛乱。"

秋,遂平四郡①。改益州为建宁②,以李恢为太守,加安汉将军③,领交州刺史,移治味县④。分建宁、越嶲置云南郡⑤,以吕凯为太守⑥。又分建宁、牂柯置兴古郡⑦,以马忠为牂柯太守。移南中劲卒、青羌万余家于蜀⑧,为五部,所当无前,军号"飞"⑨。分其羸弱配大姓焦、雍、娄、爨、孟、量、毛、李为部曲⑩;置五部都尉,号"五子",故南人言"四姓五子"也。以夷多刚很⑪,不宾大姓富豪,乃劝令出金帛,聘策恶夷为家部曲,得多者奕世袭官⑫。于是夷人贪货物,以渐服属于汉,成夷、汉部曲。亮收其俊杰建宁爨习、朱提孟琰及获为官属⑬,习官至领军,琰辅汉将军,获御史中丞。出其金、银、丹、漆、耕牛、战马,给军国之用。都督常用重人⑭。

【注释】

①四郡：即越巂、益州、永昌、牂柯四郡。

②建宁：郡名。三国蜀建兴三年（225）改益州郡置，属庲降都督。治所在味县（今云南曲靖西北）。西晋属宁州。南齐移治同乐县（今云南陆良县南三里旧城）。南朝梁末废。

③安汉将军：将军名号，东汉末年刘备置，班在军师将军之上。三国蜀沿置。

④味县：县名。西汉元封二年（前109）置，属益州郡。治所在今云南曲靖西北。三国蜀建兴三年（225）为建宁郡治，十一年（233）又为庲降都督驻地。西晋为建宁郡治。南齐属建宁郡。

⑤云南郡：郡名。三国蜀建兴三年（225）析永昌、益州、越巂三郡地置，属庲降都督。治所在弄栋县（今云南姚安西北十七里旧城）。西晋属宁州，治云平县（今云南宾川县境）。东晋治云南县（今云南祥云东南三十四里，云南驿附近果城）。南齐治所在东古复（今云南永胜县境）。梁末废。

⑥吕凯：字季平，永昌郡不韦（今云南保山）人。初为五官掾功曹。刘备卒，与府丞王伉抗击雍闿进攻，被诸葛亮举为云南太守，封阳迁亭侯。后为叛夷所杀。《三国志·蜀书》有传。

⑦兴古郡：郡名。三国蜀建兴三年（225）析牂柯郡西南部、益州郡南部置，属庲降都督。治所在宛温县（今云南砚山西北四十六里维摩彝族乡）。西晋属宁州。武帝时治胜休县（今云南江川北二十六里龙街），后治律高县（今云南弥勒南一百里朋普）。东晋复治宛温县。

⑧青羌：古代西南地区羌族的一支。服饰尚青色，故称。后为蜀地方兵之一。诸葛亮《后出师表》："賨叟、青羌、散骑、武骑一千余人，此皆数十年之内所纠合四方之精锐。"

⑨军号"飞"：一作"号为飞军"。

⑩赢（léi）弱：瘦弱。部曲：古代豪门大族的私人军队，带有人身依
　　附性质。

⑪刚很：亦作"刚狠"。刚强，强硬。

⑫奕世：累世，世代。

⑬爨（cuàn）习：三国蜀建宁（治今云南曲靖）人。李恢之姑夫。世
　　为大姓。东汉末，仕建伶（治今云南昆明晋宁区一带）令。建兴
　　元年（223），与本郡豪帅雍闿等反，杀太守正昂，又执郡守张裔附
　　吴。建兴三年（225），蜀相诸葛亮南征，与孟琰、孟获俱降，仍以
　　为属官，寻升领军。建兴九年（231），授行参军偏将军，出征汉
　　中，以街亭兵败before自劾。习为爨氏之初显者。孟琰：字休明，三国
　　蜀朱提（治今云南昭通昭阳区）人。孟获族人。尝与本郡豪帅雍
　　闿等反，后归顺蜀汉，官至辅汉将军。

⑭重人：谨慎而持重的人。

【译文】

　　建兴三年秋，诸葛亮平定越巂、益州、永昌、牂柯四郡。于是，改益州
郡为建宁郡，任命李恢为太守，加安汉将军衔，兼领交州刺史，移治所至
味县。分割建宁郡、越巂郡，设置云南郡，任命吕凯为太守。又分割建宁
郡、牂柯郡，设置兴古郡，任命马忠为牂柯太守。迁徙南中的精兵、青羌
万余家到蜀地，为五部，因其所向无敌，军号为"飞"。将贫苦、瘦弱的老
百姓分配给焦、雍、娄、爨、孟、量、毛、李等大姓，作为他们的部曲；设置了
五部都尉，号称"五子"，这就是南中人士所说的"四姓五子"。因为夷人
大多刚强凶狠，不服从大姓富豪的管理，于是官府劝勉大姓富豪拿出金
钱、布帛，聘请那些带头干坏事的夷人为私家部曲，如果聘用得多，则可
世世代代传袭官位。这样一来，夷人因贪图财货和宝物，渐渐地便服从
汉人的管理，成为夷人和汉人的部曲。诸葛亮招收夷人中的俊杰，如建
宁人爨习、朱提人孟琰和孟获作为自己的属官，爨习后来官至领军，孟琰
后来官至辅汉将军，孟获后来官至御史中丞。夷人将当地的金、银、丹、

漆、耕牛、战马等贡献出来，供给军队、国家备用。都督经常任用的是谨慎而持重的人。

　　李恢卒后[1]，以蜀郡太守犍为张翼为都督[2]。翼持法严[3]，不得殊俗和[4]。夷帅刘胄反[5]，征翼，以马忠为代。忠未至，翼修攻战方略资储[6]，群下惧。翼曰："吾方临战场，岂可以绌退之故废公家之务乎[7]?"忠至，承以灭胄。蜀赐翼爵关内侯[8]。忠在南，柔远能迩[9]，甚垂惠爱[10]，官至镇南大将军[11]。卒后，南人为之立祠，水旱祷之。以蜀郡张表为代[12]，加安南将军[13]；又以犍为杨羲为参军[14]，副贰之。表后，以南郡阎宇为都督[15]，南郡霍弋为参军[16]。弋甚善参毗之礼[17]，遂代宇为监军、安南将军。抚和异俗[18]，为之立法施教，轻重允当，夷晋安之[19]。及晋世，因仍其任[20]。

【注释】

①李恢卒后：李恢卒于建兴九年（231）。

②张翼（?—264）：字伯恭，犍为郡武阳（今四川眉山彭山区）人。初为刘备书佐，后举孝廉，历任江阳长、蜀郡太守、车骑将军、征西大将军、镇南大将军，领冀州刺史，赐爵关内侯，进封都亭侯。蜀亡，为锺会乱兵所杀。《三国志·蜀书》、本书卷十《先贤士女总赞》有传。

③持法：执法。

④殊俗：指风俗不同的边远地区。

⑤刘胄：三国时蜀南中（今川南滇东北一带）豪帅。后主建兴十一年（233），率众反。未几，为马忠击斩。

⑥资储：积蓄，贮备。这里指作战物资。

⑦绌退：罢免官职。这里指调离职务。

⑧蜀赐翼爵关内侯：任乃强以为此七字属衍文。按：此当为常璩的自注之文，故译文将其置于括号内。关内侯，爵名。战国秦置，秦汉沿置。为秦汉二十等爵的第十九级，位在彻（通）侯之下。无封地，依封户多少，享受征收租税之权。三国魏文帝定爵制，为第十等，位在亭侯之下。仅为爵位的一种品级，多系虚封，无食邑，以赏军功。其后，晋、十六国之后赵、前秦、后秦、南凉、前燕皆置。

⑨柔远能迩：怀柔远方，优抚近地。谓安抚笼络远近之人而使归附。《尚书·舜典》："柔远能迩，惇德允元。"《诗经·大雅·民劳》："柔远能迩，以定我王。"

⑩惠爱：犹仁爱。

⑪镇南大将军：官名。三国蜀置，职掌与镇南将军同，掌征伐或镇守。唯资历深者得任此职，不常置。后主延熙五年（242），加拜安南将军马忠为镇南大将军。参看《三国志·蜀书·马忠传》。

⑫张表（？—约258）：字伯达，蜀郡成都（今四川成都）人。张松之子。素有清望，与杨戏、程祁、杨汰等知名于时。仕至尚书、庲降都督、后将军。《三国志·蜀书》有传。

⑬安南将军：官名。东汉建安三年（198）置。三国魏、蜀、吴沿置。多为出镇南方地区的军事长官，或作为刺史等地方官员兼理军务的加官。魏晋以后，与安东、安西、安北将军合称"四安将军"。魏、晋、南朝宋皆定为三品。

⑭杨羲：即杨戏、杨义。杨戏（？—261），字文然，犍为郡武阳（今四川眉山彭山区）人。初为州吏，后历任丞相主簿、尚书右选部郎、建宁太守、梓潼太守、射声校尉等。随姜维出征，遭嫌忌，被免官。著有《季汉辅臣赞》。《三国志·蜀书》、本书卷十《先贤士女总赞》有传。

⑮阎宇：字文平，南郡（治今湖北江陵）人。蜀汉末年，阿附黄皓，官

巴东都督、右大将军。

⑯霍弋:字绍先,南郡枝江(今湖北枝江)人。霍峻之子。蜀汉时,历任太子舍人、永昌太守、建宁太守、安南将军等。蜀亡,率六郡降魏,拜南中都督。后领军平交阯、日南、九真三郡,封列侯。

⑰参毗之礼:指参拜毗罗佛的密法仪式(任乃强),或佛教丧葬之礼(王海涛、屈大成)。刘琳认为,此处"礼"当作"体"。

⑱抚和:安抚使之和睦相处。异俗:外族。

⑲晋:晋人。指中国人、中原人。按:此处实指汉人。《函海》注云:"按,西南夷以中国为晋。"

⑳因仍:犹因袭,沿袭。

【译文】

李恢去世后,任命蜀郡太守、犍为人张翼为都督。张翼执法很严格,治下风俗不同的边远地区关系很紧张。夷人首领刘胄造反,朝廷将张翼调离南中,任命马忠接替张翼的职务。马忠还没有到任,张翼开始制订作战计划,准备作战物资,张翼手下的人感到恐惧。张翼说:"我们前方面临的就是战场,难道可以因为我个人要调离而荒废公家的事务吗?"马忠到任后,接续张翼工作消灭了刘胄。张翼后被蜀汉政府赐爵关内侯。马忠在南中时,怀柔远方,优抚近地,对老百姓甚是仁爱,后官至镇南大将军。马忠死后,南中之人为他修建了祠堂,每逢水灾、旱灾,都要到祠堂祈祷。马忠之后,朝廷任命蜀郡人张表接替马忠的职务,并加安南将军衔;又任命犍为人杨羲为参军,作为张表的副手。张表之后,任命南郡人阎宇为都督,任命南郡人霍弋为参军。作为副手,霍弋善于参毗之礼,于是接替阎宇担任监军、安南将军。霍弋安抚南中的各少数民族,并为他们制定法律、施行教化,而且处罚轻重适当,夷人、汉人都安然相处。到晋朝时,霍弋继续留任南中。

时交阯来附①,假弋节②,遥领交州刺史,得以便宜选用长吏③。今官和解夷人，及适罚之④，皆依弋故事。弋卒，子在袭领其兵，和诸姓⑤。晋以巴西太守吴静⑥。在官数年，抚恤失和⑦。军司鲜于婴表征静还⑧，婴因代之。

【注释】

①来附：底本作"不附"，实当作"来附"（刘琳）。

②假弋节：假以符节。汉末与魏晋南北朝时，掌地方军政的官往往加"使持节""持节"，或"假节"的称号。"使持节"得诛杀中级以下官吏，"持节"得杀无官职的人，"假节"得杀犯军令者。

③便（biàn）宜：谓斟酌事宜，不拘陈规，自行决断处理。

④适罚：惩罚，处罚。适，通"谪"，罚罪。

⑤和诸姓：自霍弋任职南中之后，霍氏世为南中大姓。

⑥晋以巴西太守吴静：此下或脱"代弋"二字（刘琳），可参。吴静，其人事迹不详。

⑦抚恤：体恤爱护。失和：不再和睦相处。本处指南中的关系不和谐。

⑧军司：官名。西晋因避讳改军师置，东晋、南朝、北魏、北齐沿置。为诸军府主要僚属，佐主帅统带军队，负有匡正监察主帅之责，地位很高，常继任主帅。鲜于婴：籍贯不详。太康中，任平州刺史、护东夷校尉。

【译文】

当时，交趾国来归附晋朝，朝廷授予霍弋符节，让他遥领交州刺史，并且可以根据实际情况自行选用长吏等。现在的地方官在调解夷人矛盾、处理犯罪案件时，所依照的都是当年霍弋的成例。霍弋去世后，他的儿子霍在继承了他的职位，统领他的原有兵马，与地方各大姓和谐相处。后来，晋朝任命巴西太守吴静为南中都督。吴静在南中任官多年，没有安抚好百姓，以致民族关系不和谐。军司鲜于婴上表朝廷，要求征调吴静回去，鲜于婴因而接替了吴静的职务。

　　泰始六年^①，以益州大，分南中四郡为宁州^②，婴为刺史。咸宁五年^③，尚书令卫瓘奏兼并州郡^④。太康五年，罢宁州，置南夷^⑤，以天水李毅为校尉^⑥，持节，统兵镇南中，统五十八部夷族都监行事。每夷供贡南夷府^⑦，入牛、金、旄、马^⑧，动以万计，皆豫作怂恿致校尉官属^⑨；其供郡县亦然。南人以为饶。自四姓子弟仕进^⑩，必先经都监。

【注释】

①泰始六年：270年。泰始，晋武帝司马炎年号（265—274）。

②南中四郡：即建宁、兴古、云南、永昌四郡。

③咸宁五年：279年。咸宁，晋武帝年号（275—280）。

④卫瓘（220—291）：字伯玉，河东安邑（今山西夏县西北）人。魏尚书卫颙子。初仕魏为尚书郎，平蜀有功，进升镇西将军。司马炎代魏，授征东将军，封公，累官司空、侍中、录尚书事。永平元年（291），为贾后所杀。追封兰陵郡公，增邑三千户，谥成。《晋书》卷三十六有传。

⑤"太康五年"几句：此处史实错误。"罢宁州，置南夷"在太康三年（282）。太康，晋武帝司马炎年号（280—289）。宁州，州名。西晋泰始七年（271）置，治所在滇池县（今云南昆明晋宁区东北）。太康三年（282）废。太安二年（303）复置。南夷，即南夷校尉。官名。西晋太康五年（284）罢宁州置。以李毅为校尉，持节，统兵镇南中，统五十八部夷族都监行事。立府，设有长史、司马、参军等僚佐。可举秀才、廉良，职掌与刺史同。秩四品。东晋初，改称"镇蛮校尉"。

⑥天水李毅："天水"二字疑误。据本书卷十一《后贤志》载，广汉郪人李毅曾任南夷校尉。

⑦供贡：向中央朝廷或地方政府缴纳赋税或进献物品。

⑧旃（zhān）：通"毡"，毛织品。

⑨恣恚（huì）：任乃强以为当作"念羡"。羡，富余，足够而多余。念羡，意谓在常规之外多收取的财物。任乃强说，这是"浮派若干以作贿赂"，反映的是"南中官吏对少数民族公开贪污情形"。

⑩四姓子弟：与"大姓子弟"有别。四姓不必为大姓，多是新起推行郡县政务之氏族，故先令其作部曲都监，以试其能否（任乃强）。

【译文】

泰始六年，因为益州管辖范围太大，于是将南中四郡分出来，作为宁州，任命鲜于婴为宁州刺史。咸宁五年，尚书令卫瓘上奏朝廷，建议兼并州郡。太康五年，取消宁州建制，设置南夷校尉府，任命天水人李毅为校尉，持节，统领兵马镇守南中，统辖五十八个夷人部族，兼都监行事职务。夷人每年都要向南夷府进贡物品，进贡的物品有牛、金、旃、马，动辄上万计。夷人进贡时，都预先准备了额外的财物，将其送给校尉府的官员；进贡地方郡、县时，也是这样。南方人认为，这是因为南中富饶。四姓子弟要进入仕途，必须先经过都监的考察。

夷人大种曰"昆"，小种曰"叟"①。皆曲头木耳②，环铁裹结③，无大侯王，如汶山、汉嘉夷也④。夷中有桀黠能言议屈服种人者⑤，谓之"耆老"，便为主⑥。论议好譬喻物，谓之"夷经"⑦。今南人言论，虽学者亦半引"夷经"。与夷为姓曰"遑耶"⑧，诸姓为"自有耶"⑨。世乱犯法，辄依之藏匿。或曰：有为官所法，夷或为报仇。与夷至厚者谓之"百世遑耶"，恩若骨肉，为其通逃之薮⑩。故南人轻为祸变，恃此也。其俗征巫鬼⑪，好诅盟⑫，投石结草⑬，官常以盟诅要之⑭。诸葛亮乃为夷作图谱，先画天地、日月、君长、城府；

次画神龙,龙生夷^⑮,及牛、马、羊;后画部主吏乘马幡盖^⑯,巡行安恤^⑰;又画牵牛负酒、赍金宝诣之之象,以赐夷。夷甚重之,许致生口直^⑱。又与瑞锦、铁券^⑲,今皆存。每刺史、校尉至,赍以呈诣,动亦如之。

【注释】

①夷人大种曰"昆",小种曰"叟":夷人大种曰"昆",意谓这些夷人部落总称为"昆"。所谓"昆",即"昆明",隋唐以后又译作"昆弥"。"昆"为族名,"明"或"弥"是"人"的意思。小种曰"叟","昆明"人中的一些自称为"叟"。叟,也是"人"的意思(以上说法,采自刘琳)。按:在笔者看来,所谓"昆明"实即种概念,所谓"昆"实即属概念,故常璩谓之"大种""小种"。

②曲头:谓将头发卷起、盘于头上,然后用头箍束发。夷人之"曲头",与蜀人之"椎髻"有别。在云南剑川沙溪区鳌凤山墓地出土过四件铜头箍(用来束发),在云南昆明晋宁区石寨山青铜贮贝器上的"纳贡"图像中也出现了"曲头"。而仔细观察滇人的贵族服饰,滇人也有类似曲头的习俗,不过所用是布带而非铜头箍。木耳:应该是一种首饰,估计就是木耳环。古书称"昆明夷"为"木耳夷"(《水经·温水注》、《酉阳杂俎》卷四),大概就是因其首饰而得名。

③环铁:"铁"一作"银",指项圈、手镯、耳环等环形状的首饰。本处应当指的是项圈。裹结:意谓用布包裹头发,以区别于"曲头"。

④汶山:汶山夷,居住在汶山郡的夷人。《通典》卷一百八十七:"汶山夷在蜀郡西北,即冉駹也,今通化郡。"汉嘉夷:居住在汉嘉郡的夷人。按:四川芦山县(古称汉嘉)出土过五方汉代官印,其中有"汉夷土部之章"铜质方印、"汉叟仟长"铜质方印,是汉王朝授予汉嘉夷、汉嘉叟的官印。

⑤粢黠（xiá）：凶悍狡黠。言议：议论，言论。

⑥主：头人。

⑦夷经：世代相传的一些格言、譬喻等，不一定是文字记录（刘琳）。

⑧与夷为姓："姓"当作"婚"。遑耶：指汉人与夷人通婚。

⑨诸姓："姓"下脱"婚"字。自有耶：指夷人诸姓之间通婚。

⑩逋（bū）逃：逃亡的罪人。薮（sǒu）：人或物聚集之所。

⑪巫鬼：犹巫祝。

⑫诅盟：谓歃血结盟。

⑬投石结草：夷人占卜或盟誓的方式（刘琳）。按：根据本处前后所言，应当是两种盟誓方式。

⑭盟诅：对神立誓诅咒。要：约束。

⑮龙生夷：古代藏缅语族的一些部族以龙为图腾，如古代的哀牢。又，后世的白族等民族有感龙而生的传说（刘琳）。

⑯部主吏：指主管各部的汉族官吏（刘琳）。

⑰安恤：安抚体恤。

⑱生口直：指赎买俘虏的价钱。生口，指俘虏。直，价值。

⑲铁券：即铁契。古代颁赐功臣之物，以铁制成，形如瓦，为其记功免罪的依据。

【译文】

夷人的大种名叫"昆"，小种名叫"叟"。夷人都盘卷头发，用木耳绾住发髻，脖子上戴着铁项圈，没有大头领，与汶山夷、汉嘉夷一样。夷人中凶悍、狡黠、能言善辩、能够以理服人者，被人称为"耆老"，可以成为一族的头人。夷人在论议时喜欢打比方，这就是所谓的"夷经"。现在的南中人在发表议论时，即使是学者，也多半要引用"夷经"。汉人与夷人通婚叫"遑耶"，夷人诸姓之间通婚叫"自有耶"。在世道混乱或有人犯法时，便依照姻亲关系为人提供藏身之所。有人说：人若被官府处罚，就有夷人为其报仇。与夷人交情最深厚的被称为"百世遑耶"，他们之间的恩情有如骨肉，即使是逃犯也要为其庇护。因此，南中夷人轻易发动叛乱，依仗的就是这样的关系。夷人的风俗是相信巫鬼，喜好诅盟，采用投石、结草等方式盟誓，官府往往也依据誓言与诅咒来约束他们。诸葛亮于是为夷人制作了图谱，首先是绘画天地、日月、君长、城府；其次是绘画神龙，神龙生出夷人，以及牛、马、羊；其后是绘画本地官吏乘马出行，幡盖相望，巡行各地，抚恤百姓；又绘画了夷人牵着牛、背着酒、带着金银财宝拜见官吏的图像，诸葛亮把这些图谱赏赐给夷人。夷人很看重这些图谱，同意用钱与汉人赎买俘虏。诸葛亮又赠送瑞锦、铁券给夷人，这些东西现在都还保存着。每逢刺史、校尉来到之时，夷人就会呈览铁券等物品，在有所行动时也会如此。

　　毅后，永昌吕祥为校尉①。祥后数人②，李广汉从云南、犍为郡守为校尉③。久之④，建宁太守巴西杜俊、朱提太守梓潼雍约懦钝无治⑤，政以贿成。俊夺大姓铁官令毛诜、中郎李叡部曲⑥，致诜弟耐罪⑦。朱提大姓、太中大夫李猛有才干⑧，弟为功曹⑨，分当察举⑩；而俊约受都尉雷逢略⑪，举逢子炤孝廉⑫，不礼猛⑬。猛等怨之。太安元年秋⑭，诜、叡逐俊以叛。猛贻之书曰："昔鲁侯失道，季氏出之⑮。天之爱民，君师所治。知足下追踵古人⑯，见贤思齐⑰。足下箕帚⑱，枉惭吾郡。"亦逐约应之作乱，众数万。毅讨破之⑲，斩诜首。叡走依遑耶五茶夷帅于陵承⑳。猛笺降曰："生长遐荒㉑，不达礼教，徒与李雄和光合势㉒。虽不能营师五丈，略地渭滨，冀北断褒斜，东据永安㉓。退考灵符㉔，晋德长久㉕，诚非狂夫所能干㉖。辄表革面㉗，归罪有司㉘。"毅恶其言，遂诱杀之。

【注释】

①吕祥：永昌郡不韦（今云南保山）人。吕凯之子。太康中，任南夷校尉。

②祥后数人：当作"祥后数年"（任乃强）。

③李广汉：任乃强校改为"广汉李毅"，可从。李毅（？—306），字允刚，广汉郡郪（今四川三台）人。历任州主簿、别驾、参军。吴平，封关内侯。累迁宁州刺史，封成都县侯。夷人起事，攻没郡县，攻围州城。值李雄攻蜀，救援不至，病卒于城中。追赠少府，谥曰威侯。本书卷十一《后贤志》有传。

④久之：指多时以后。很久，许久。

⑤杜俊：《资治通鉴》卷八十四作"许俊"。雍约：梓潼（今四川梓潼）人。曾任朱提太守。懦钝：庸弱无骨力。此指为人懦弱迟钝。

⑥铁官令：官名。汉置，凡出铁多的郡县皆置，掌铸造。随事广狭，分别置铁官令、铁官长、铁官丞。毛诜（shēn）：建宁（治今云南曲靖）人。曾任铁官令。后叛乱，被斩首。参看本书卷十一《后贤志》。中郎：官名。"从事中郎"的简称。东汉大将军、车骑将军属官。职参谋议、大将军府所属员二人，秩六百石。魏晋南北朝皆置。晋制，领兵之公府及阶位从公以上加兵者，设从事中郎二人，后增至四人。李叡：建宁（治今云南曲靖）人。曾任从事中郎。后叛乱。参看本书卷十一《后贤志》。

⑦耐罪：古代剃去鬓须的刑罚。

⑧太中大夫：官名。秦始置，汉、魏沿置，掌议论。魏、晋、南朝宋七品，品秩虽不高，禄赐与卿相当。李猛：建宁（治今云南曲靖）人。后叛乱，被斩首。参看本书卷十一《后贤志》。

⑨功曹：官署名，汉朝始置，为地方官署的职事部门，掌选举，并兼参与诸曹事务。其长官，司隶校尉府称功曹从事，州府称治中从事，郡称功曹史，县称功曹掾。

⑩察举：选官制度。汉朝规定由公卿、列侯、刺史及郡国守相等推举人才，由朝廷考核后任以官职。始于汉文帝，至武帝时形成较为完备的制度，主要有岁举和诏举。岁举一年一次，由刺史、郡国守相察举孝廉及秀（茂）才等。诏举则时间、对象、员额等均由诏令规定，科目有贤良方正、文学、明经等，对策合格者授以官职。

⑪俊约：任乃强、刘琳以为"俊"衍，似非。下文说"逐俊以叛"，又说"亦逐约应之作乱"，可知既有杜俊，亦有雍约。

⑫孝廉：选拔官吏科目。孝指孝子，廉指廉洁之士。原为二科，汉武帝采纳董仲舒建议，于元光元年（前134）初令郡国举孝、廉各一人。其后多混同连称为一科，所举也不限于孝者和廉吏。

⑬不礼：不以礼相待。

⑭太安元年：302年。太安，晋惠帝年号（302—303）。

⑮昔鲁侯失道，季氏出之：鲁侯，指鲁昭公（？—前510）。季氏，指季平子（？—前505），三桓后人。前517年，鲁昭公利用郈氏、臧氏和季氏的矛盾，想除掉季氏，结果为季孙氏、叔孙氏、孟孙氏三家举兵击败，奔齐。次年，齐伐鲁取郓（在今山东郓城县东），遂居于郓。前514年，奔晋求入晋，晋君不许，迁居于乾侯（在今河北成安东南），后病死于此。见《左传·昭公二十五年》。

⑯追踵：追随。

⑰见贤思齐：看到德才兼备的人，就想向他学习，和他一样。《论语·里仁》："子曰：'见贤思齐焉，见不贤而内自省也。'"

⑱箕帚：畚箕与扫帚。二者为扫除尘土的器具。本处指扫除雍约等贪官。

⑲讨破：攻破，击败。

⑳五荼夷：或作"五茶夷""五蔡夷""五苓夷"。《资治通鉴》卷八十五胡三省注："五苓夷，宁州附塞部落之名。"

㉑退荒：边远荒僻之地。

㉒和光：共同照耀。意谓联合。合势：犹合力，协力。

㉓"虽不能营师五丈"几句："营师五丈，略地渭滨"，用诸葛亮屯兵
五丈原、北伐中原故事。"北断褒斜，东据永安"，用公孙述割据故
事。冀，希望，期望。任乃强以为"冀"上当脱"犹"字，可从。

㉔灵符：上天的符命。

㉕德：德运，王朝的气运。

㉖狂夫：无知妄为的人。

㉗革面：比喻彻底悔改。

㉘归罪有司："投降"的委婉说法。有司，官吏。古代设官分职，各
有专司，故称"有司"。

【译文】

在天水人李毅之后，永昌人吕祥继任校尉。在吕祥之后数年，广汉
人李毅从云南郡守、犍为郡守改任南夷校尉。好多年之后，建宁太守、巴
西人杜俊和朱提太守、梓潼人雍约担任南夷校尉，他们资质懦弱迟钝，不
善治理，官府贿赂成风。杜俊剥夺了南中大姓、铁官令毛诜和中郎李叡
的队伍，并将毛诜之弟处以耐罪之刑。朱提郡的大姓、太中大夫李猛有
才干，他的弟弟是功曹署人员，按资历和才能应当被举荐；但杜俊、雍约
接受了都尉雷逢的贿赂，举荐雷逢之子雷烟为孝廉，对李猛也没有以礼
相待。李猛等人心存怨恨。太安元年秋天，毛诜、李叡驱逐杜俊，发动叛
乱。李猛给毛诜、李叡写了一封信，信中说："当年鲁昭公行事违背道义，
季平子赶走了鲁昭公。上天关爱老百姓，天子应依道治理百姓。我知道
阁下追随古人，见贤思齐。阁下清除污吏，让我们感到惭愧。"李猛也驱
逐了雍约发动叛乱以响应，队伍有数万人之众。李毅率军讨伐击破义
军，斩首毛诜。李叡逃跑后依附于遑耶五荼夷的首领于陵承。李猛给李
毅写了一封投降书，投降书说："我们生长在边远荒僻之地，不懂礼仪教
化，只知道与李雄里应外合、同心协力。我们虽然不能像诸葛亮那样驻
军五丈原，进军渭水攻城略地，但还是希望在北面切断褒斜道，在东面占

据永安城。我们退而考察上天的符命，发现晋朝的德运还很长久，确实不是无知妄为者所能干犯的。因此，我们向你表示洗心革面，向你的手下认罪。"李毅厌恶李猛的这些话语，于是将他引诱出来，并将其杀害。

部永昌从事江阳孙辨上南中形势[1]："七郡斗绝[2]，晋弱夷强。加其土人屈塞，应复宁州，以相镇慰[3]。"冬十一月丙戌，诏书复置宁州，增统牂柯、益州、朱提，合七郡[4]；以毅为刺史[5]，加龙骧将军[6]，进封成都县侯。

【注释】

①部永昌从事：即益州刺史下属永昌郡的部从事。部从事，官名。"部郡国从事""部郡从事"的省称。两汉司隶校尉与部刺史所属有部郡国从事史，魏晋沿置，称为"部郡从事"，为州刺史所属，职在检察一郡行政，即藩王之在境内者亦兼察之，其权甚重，不得用本郡人充任。另外，还有治中从事（功曹从事）掌州选署及众事；簿曹从事，掌财谷簿书；兵曹从事，掌兵事。

②斗绝：孤悬边远之地，僻处边远之地。

③镇慰：安抚慰问。

④七郡：即建宁、云南、兴古、永昌、牂柯、越巂、朱提七郡。

⑤以毅：二字底本无，据本书卷十一《李毅传》和《资治通鉴》卷八四补。

⑥龙骧将军：武官名。龙骧，意谓矫健如龙之腾骧。三国魏置（一说西晋置），地位较高，三国魏、晋、南朝宋皆三品。十六国前凉、后赵、前秦、西秦亦置。南朝后期地位渐低。

【译文】

驻守永昌郡的部从事、江阳人孙辨，上书朝廷陈述南中的局势："南中七郡孤悬边远之地，朝廷的势力弱而夷人的势力强。再加上该地的土人受到压制而且闭塞，下臣以为应该恢复宁州的建制，以便安抚慰问。"冬十一月丙戌，朝廷下达诏书，重新设置宁州，并且将牂柯、益州、朱提三郡纳入宁州统辖范围，所辖共计七郡；任命李毅为宁州刺史，外加龙骧将军衔，进封成都县侯。

二年①，于陵承诣毅，请恕叡罪。毅许之。叡至，群下以为诜、叡破乱州土，必杀之。毅不得已，许诺。及叡死，于陵承及诜、猛遑耶怒，扇动谋反，奉建宁太守巴西马恢为刺史②，烧郡。伪发③，毅方疾作，力出军。初以救恢，及闻其情④，乃杀恢⑤。夷愈强盛，破坏郡县，没吏民。会毅疾甚，军连不利。晋民或入交州，或入永昌、牂柯，半亦为夷所困虏。夷因攻围州城。毅但疾力固孤城，病笃，不能战讨。时李特、李雄作乱益州，而所在有事⑥，救援莫至。毅上疏陈谢："不能式遏寇虐⑦，疾与事遇，使虏游魂⑧。兵谷既单⑨，器械穷尽，而求救无望，坐待珍毙⑩。若必不垂矜忧，乞请大使。及臣尚存，加臣重罪；若臣已死，陈尸为戮。"

【注释】

①二年：即太安二年（303）。

②马恢：巴西郡阆中（今四川阆中）人。马忠之子。其子马义，曾任建宁太守。按：本处的"马恢"，当作"马义"。《三国志·蜀书·马忠传》："子脩嗣。"裴松之注："脩弟恢。恢子义，晋建宁太守。"

③伪发：假报军情被发觉。

④情：实情。即马义被叛军拥立为宁州刺史这一实情。

⑤乃杀恢："恢"当作"义"。

⑥所在：到处，处处。有事：出现变故。

⑦式遏寇虐：阻止坏人为虐作恶。遏，阻止。虐，残暴，狠毒。典出《诗经·大雅·民劳》："式遏寇虐，无俾民忧。"郑玄笺："式，用。遏，止也。"

⑧游魂：游散的精气。古人认为，人或其他动物的生命是由精气凝聚而成的。精气游散，则趋于死亡。语出《易·系辞上》："精气为物，游魂为变。"

⑨兵谷：兵马和粮草。

⑩殄（tiǎn）毙：灭亡。

【译文】

太安二年，于陵承前往宁州府拜见李毅，请求宽恕李叡的罪行。李毅同意宽恕李叡。李叡到来后，李毅的部下认为毛诜、李叡发动叛乱，破坏州郡，一定要杀掉他。李毅见事不得已，只好答应了。等到李叡被处死，于陵承和毛诜、李猛等逭耶发怒了，便煽动夷人谋反，他们推举建宁太守、巴西人马义为刺史，焚烧了州府衙门。假报军情被发觉时，李毅正在生病，但仍然勉力出军平叛。起初，李毅打算营救马义，但当他听闻实情后，便杀掉了马义。叛乱的夷人更加强盛，他们破坏郡县，抢掠官吏和百姓。此时，正逢李毅的病情加剧，官军作战接连失利。老百姓有的逃入交州，有的逃入永昌、牂柯，有一半人都被俘虏和围困。于是，夷人开始围攻州城。李毅只能尽力固守孤城，但因病势沉重而不能率军出战讨伐叛敌。其时，李特、李雄也在益州发动叛乱，以致到处都有战火，救援队伍不能来到。李毅上疏朝廷，谢罪道："下臣不能阻止夷人为虐作恶，而疾病与叛乱不幸相逢，以致俘虏变成无家可归的游魂。兵马和粮草已经很单薄了，武器和工具也已耗尽，而求救也没有希望，只能坐以待毙。如果所说忧虑不能得到垂怜与关心，请求派遣重要使臣来此接任。使臣到来之时，如果下臣还活着，请以重罪处罚下臣；如果下臣已经死亡，请将下臣的尸体陈放于大庭广众之下，并对尸体进行屠戮。"

积四年,光熙元年春三月①,毅薨。子钊任洛②,还赴③。到牂柯,路塞,停住交州。文武以毅女秀明达有父才④,遂奉领州事。秀初适汉嘉太守广汉王载⑤,载将家避地在南⑥,故共推之,又以载领南夷、龙骧参军⑦。秀奖励战讨。食粮已尽,人但樵草炙鼠为命。秀伺夷怠缓⑧,辄出军掩破。首尾三年⑨,钊乃得达丁丧。文武复逼钊领州府事⑩。毅故吏毛孟等诣洛求救,至欲自刎⑪。怀帝乃下交州使救助之;以钊为平寇将军,领南夷护军;遣御史赵涛赠毅少府,谥曰威侯。交州刺史吾彦⑫,遣子威远将军咨以援之。

【注释】

①光熙元年:306年。光熙,晋惠帝司马衷年号(306)。

②子钊:即李毅之子李钊。字世康,广汉郡郪(今四川三台)人。李毅之子。世秉儒学,以父任为谒者,拜尚书外兵郎。父为夷所围,自表赴难,至牂柯,道不通,历时三年,乃得至奔丧。领州府事,官至朱提太守、越嶲太守、西夷校尉。附见于本书卷十一《后贤志》的李毅传,《十六国春秋》卷八十《蜀录四》亦有传。

③赴:奔向,奔赴。多指奔向危险的地方。

④明达:明理通达。

⑤王载:广汉人。明帝时,曾任汉嘉太守。李雄遣李骧等来攻,其与越嶲太守李钊共拒之,战于温水。钊败绩,他遂以二郡降雄。

⑥将:带领。

⑦参军:官名。"参军事"的省称,为王府、公府、军府、州府的佐吏。东汉将军等统兵出征时,则置参军事,掌佐主帅参谋军事。三国魏置正参军、行参军。西晋诸军府置属官。

⑧怠缓:松懈,松弛。

⑨首尾:事情从开始到结束。

⑩领……事:统领……事务。州府:指宁州府、南夷校尉府。

⑪至欲自刭:据《晋书·王逊传》载,"永嘉四年,治中毛孟诣京师求刺史,不见省。孟固陈曰:'君亡亲丧,幽闭穷城,万里诉哀,不垂愍救。既惭包胥无哭秦之感,又愧梁妻无崩城之验,存不若亡,乞赐臣死。'朝廷怜之,乃以逊为南夷校尉、宁州刺史,使于郡便之镇。与孟俱行,道遇寇贼,逾年乃至"。

⑫吾彦:字士则,吴郡吴(今江苏苏州)人。初仕吴为通江吏,迁建平太守。王濬(206—285)伐吴,诸将溃败,唯彦坚守。吴亡入晋,为金城太守、顺阳内史。正身率下,威刑严肃。转交州刺史,镇压叛乱,在镇二十余年,南土宁静。死于任上。《晋书》卷五十七有传。

【译文】

过了四年,光熙元年春三月,李毅去世。当时,李毅之子李钊在洛阳任职,于是赶赴南中奔丧。李钊走到牂柯时,因道路被阻塞,便滞留于交州。文武官员因为李毅之女李秀明白事理、通达事务,有她父亲一样的才能,于是推举她统领宁州府的事务。李秀起初嫁给汉嘉太守、广汉人王载,王载带领家属避难于南中,故而文武官员也共同推举王载出山任事,举荐王载担任南夷校尉、龙骧将军府参军。李秀奖励征战沙场的将士。其时,粮食已经没有了,人们只能依靠挖取草木、烧烤老鼠活命。李秀趁夷人懈怠之时,便出兵反攻,结果大败敌军。前后历时三年,叛乱终被平息,李钊才得以到达宁州吊丧。文武官员又逼迫李钊统领宁州府、南夷校尉府的事务。当时李毅的旧下属毛孟等人到洛阳求救,甚至打算自杀。晋怀帝于是下达圣旨,诏令交州派兵前往救助南中;任命李钊为平寇将军,兼领南夷护军;派遣御史赵涛前往宣诏,赠予李毅少府衔,赐谥威侯。交州刺史吾彦,派遣他的儿子威远将军吾咨前去增援。

　　朝廷以广汉太守魏兴王逊为南夷校尉、宁州刺史①，代毅。自永嘉元年受除②，四年乃至。遥举建宁董敏为秀才③。郡久无太守，功曹周悦行郡事，轻敏，不下其板④。逊至，怒，杀悦。悦弟秦臧长周晷合夷叟谋⑤，以赵涛父混昔为建宁⑥，有德惠⑦，欲杀逊树涛。逊诛之，并杀涛。夷晋莫不惶惧。表钊为朱提太守，治南广，御雄。时荒乱后，仓无斗粟，众无一旅⑧，官民虚竭⑨，绳纪弛废⑩。逊恶衣菜食⑪，招集夷民。夷微厌乱，渐亦返善。劳来不怠⑫，数年克复。以五茶夷昔为乱首，图讨之，未有致罪。会夷发夜郎庄王墓⑬，逊因此遂讨灭之。及讨恶獠刚夷数千落⑭，威震南方。官至平西、安南将军，又兼益州刺史，加散骑常侍，封褒中伯⑮。而严猛太过⑯，多所诛锄⑰。平夷太守朱提雷炤、流民阴贡、平乐太守董霸破牂柯、平夷、南广⑱，北降李雄。建宁爨量与益州太守李遏、梁水太守董懂保兴古盘南以叛⑲。雄遣叔父骧破越嶲⑳，伐宁州。逊使督护云南姚岳距骧于堂螂县㉑，违逊指授㉒，虽大破之，骧不获。太兴四年㉓，逊发病薨，州人推中子坚领州事㉔。

①王逊（？—323）：字邵伯，魏兴（今湖北郧西县西）人。察孝廉，历任上洛、魏兴两郡太守。西晋末，为南夷校尉、宁州刺史。在宁州刺史任上，收聚离散，打击豪强，征伐诸夷，威行宁土。遣子奉表劝司马睿即帝位，加散骑常侍、安南将军，封褒中县公。于宁州境内新立平夷、南广、夜郎和梁水四郡。在州十四年，卒官，谥壮。

《晋书》卷八十一有传。

②受除：接受任命。除，任命官职。

③董敏：《晋书·王逊传》作"董联"。秀才：本意指优秀人才。汉武帝始定为选举科目。东汉时避光武帝刘秀讳，改称茂才。三国魏州举秀才，郡举孝廉。晋代沿之。东晋时以学校陵迟，秀才、孝廉一度不策试。

④不下其板：板指任命书。此指周悦扣留王逊举董敏为秀才的证书，不交给董敏（刘琳）。

⑤秦臧：县名。西汉元封二年（前109）置，属益州郡。治所即今云南禄丰。三国蜀建兴三年（225）属建宁郡。西晋太安二年（303）属益州郡。东晋属晋宁郡。南朝梁废。

⑥赵涛父混："混"，一作"浑"。

⑦德惠：德泽恩惠。

⑧旅：军队编制单位，五百人为一旅。

⑨虚竭：空乏。

⑩弛废：败坏，荒废。

⑪恶衣：穿破旧或粗劣之衣。菜食：谓吃蔬菜等素食，不吃肉鱼等。

⑫劳来：亦作"劳徕"。慰劳，招徕。

⑬夜郎庄王：即庄跻。

⑭刚夷数千落：魏晋南北朝时期对少数民族常以"落"计，有时指部落、邑落，有时指户。此处说"刚夷数千落"，指的是户（刘琳）。

⑮封褒中伯：《晋书·王逊传》作"赐爵褒中县公"，与此不同。

⑯严猛：严厉。

⑰诛锄：诛灭，杀戮。

⑱平夷太守朱提雷炤：底本"平夷"作"犍为"，据《晋书·愍帝纪》，雷炤当时为"平夷太守"，据改。

⑲爨（cuàn）量：建宁（治今云南曲靖）人。南中大族。李遏（tì）：

建宁郡俞元（今云南澄江）人。李恢之孙。明帝时为益州太守，太宁三年（325）版降于成汉李雄。盘南：盘江之南。盘江，即今南盘江云南弥勒市东南皈依底山以下部分，在云南东部及贵州、广西间。三国至唐称盘江。

⑳叔父骧：即李骧。字玄龙，巴西郡宕渠（今四川渠县）人。巴氏族。李特之弟。李特承制，拜李骧为骁骑将军，屡立战功。李特之子李雄即位，为太傅。西晋怀帝永嘉间，谯登据涪城，李骧攻而擒之，巴西、梓潼遂尽为李雄所有。进大将军，录尚书，总统国事。卒谥汉献王。《十六国春秋》有传。

㉑姚岳：东晋时人。为宁州刺史王逊部将。晋明帝太宁元年（323），李骧攻宁州，王逊遣姚岳拒战于堂狼，大破之，追至泸水，投水死者千余人，以道远不追，为王逊怒鞭。后为刺史尹奉裨将。

㉒指授：犹指示。

㉓太兴四年：321年。太兴，晋元帝年号（318—322）。

㉔中子坚：即王坚。魏兴（今湖北郧西县西）人。王逊之子。王逊死，部众拥立行州府事，后诏授南夷校尉、宁州刺史。晋明帝太宁末，陶侃表尹奉为宁州刺史，卸职还建康。

【译文】

朝廷任命广汉太守、魏兴人王逊为南夷校尉、宁州刺史，接替李毅的职务。王逊从永嘉元年接受任命，四年后才到任。王逊远距离举荐建宁人董敏为秀才。因郡里长时间没有太守，而由功曹周悦代行郡里事务。周悦看不起董敏，故迟迟不下达任命书。王逊到任后怒杀周悦。周悦的弟弟、秦臧县长周崵与夷人合谋商量，因为赵涛的父亲周混原先担任建宁太守，有德泽恩惠，所以周崵等人想杀掉王逊另立赵涛。王逊诛杀了周崵，一并诛杀了赵涛。夷人和汉人没有不恐惧惊慌的。王逊上表举荐李钊为朱提太守，其治所在南广，以便抵御李雄军队。当时正值兵荒马乱之后，粮仓里没有一斗粮食，官府没有一旅队伍，官府与百姓都很空乏，法纪败坏荒废。王逊穿着破旧的衣服，吃着粗疏的菜食，仍然在积极招集夷人和汉民。夷人等边民也厌倦了战乱，逐渐归心向善。王逊慰劳百姓毫不懈怠，经过数年努力，终于平定了叛乱，收复了失地。因为五茶夷曾经发动叛乱，故首先征讨五茶夷，但没有治他们的罪。适逢夷人挖掘夜郎庄王的坟墓，王逊于是以此为由出兵讨伐，并消灭了他们。到后来，又讨伐那些作恶的獠人和刚烈的夷人，共计讨伐数千户之巨，王逊因此威震南方。王逊后来官至平西将军、安南将军，又兼任益州刺史，加散骑常侍，封爵褒中伯。但王逊又过于严厉，杀戮过多。平夷太守、朱提人雷炤和流民阴贡、平乐太守董霸等起兵反叛，攻破牂柯、平夷、南广，北上投降李雄。建宁人爨量和益州太守李逿、梁水太守董懂据守兴古郡和盘江以南地区，也起兵反叛。李雄派遣叔父李骧攻破越巂，进伐宁州。王逊下令督护、云南人姚岳在堂螂县抵御李骧，但姚岳违背了王逊的指示，虽然大破敌军，可是没有抓住李骧。太兴四年，王逊发病而死，州人推举王逊的儿子王坚统领州里事务。

永昌元年①，晋朝更用零陵太守南阳尹奉为宁州刺史、南夷校尉②，加安西将军③。奉威刑缓钝④，政治不理⑤。咸和八年⑥，遂为雄弟寿所破获⑦，南中尽为雄所有。惟牂柯谢恕不为寿所用⑧，遂保郡，独为晋，官至抚夷中郎将、宁州刺史、冠军⑨。

【注释】

①永昌元年：322年。永昌，晋元帝年号（322—323）。

②尹奉：南阳（治今河南南阳）人。曾任零陵太守、宁州刺史、南夷校尉。李期即位，拜尹奉为右丞相、骠骑将军、尚书令。

③安西将军：官名。东汉献帝建安十六年（211），曹操讨马超于关

中，以曹仁行此职，督诸将拒潼关。魏、晋以后，为出镇某一地区
的军事长官，或作为刺史等地方官员兼理军务的加官，权任很重。
与安东、安南、安北将军合称四安将军。三国魏、晋皆定为三品。

④威刑：权威与刑法。

⑤政治：政事的治理。不理：谓不治理公务。

⑥咸和八年：333年。咸和，晋成帝年号（326—334）。

⑦雄弟寿：即李雄堂弟李寿（300—343）。字武考，巴西郡宕渠（今
四川渠县）人。李骧少子，李特侄子。聪敏好学，雅量豁达。初
为前将军，领兵攻宁州有功，封建宁王。李雄死，受遗诏辅政。李
期继立，封汉王，授梁州刺史。晋成帝咸康四年（338），领兵攻占
成都，废李期自立，改国号为汉。及称帝，初期尚循宽俭，后期大
修宫殿，百姓疲于使役，以致民不堪命。又滥肆刑杀，大臣直谏
者皆被诛。晋康帝建元元年（343）死，谥昭文帝，庙号中宗。《晋
书》《魏书》有传。

⑧谢恕：字茂理，牂柯郡毋敛（今贵州独山）人。永昌中，为牂柯太
守。晋成帝咸和（326—334）中，成国李雄尽有南中之地。惟谢
恕举郡为晋，为李寿所破。后复取牂柯属晋。官至抚夷中郎将、
宁州刺史、冠军将军。《滇略》卷六有传。

⑨冠军：即冠军将军。官名。东汉末年始置，三国魏、吴沿置，掌领
兵征伐。其后，历代多沿置。晋朝冠军将军领营兵，三品。

【译文】

永昌元年，晋朝改派零陵太守、南阳人尹奉为宁州刺史、南夷校尉，
加授安西将军。尹奉权威涣散，刑法松弛，公务废弛。咸和八年，尹奉被
李雄之弟李寿打败而被俘，南中之地全部被李雄占有。只有牂柯郡的谢
恕没有归顺李寿，因而保有牂柯郡，这是唯一的归属晋朝管辖的南中地
盘，谢恕后来官至抚夷中郎将、宁州刺史、冠军将军。

　　牂柯郡，汉武帝元鼎六年开。属县：汉十七，户二万^①；及晋，县八，户五千^②。去洛五千六百一十里。郡上值天井^③，故多雨潦^④。俗好鬼巫^⑤，多禁忌^⑥。畲山为田^⑦，无蚕桑。颇尚学书，少威棱^⑧，多懦怯^⑨。寡畜产，虽有僮仆，方诸郡为贫^⑩。王莽更名牂柯曰同亭^⑪，郡不服。会公孙述据三蜀，大姓龙、傅、尹、董氏与功曹谢暹保郡^⑫。闻汉世祖在河北^⑬，乃远使使由番禺江出^⑭，奉贡汉朝^⑮。世祖嘉之，号为"义郎"。

【注释】

①汉十七，户二万：汉成帝时，牂柯郡领十七县：故且兰、镡封、鳖、漏卧、平夷、同并、谈指、宛温、毋敛、夜郎、毋单、漏江、西随、都梦、谈稿、进桑、句町。牂柯郡的户数，西汉为二万四千二百一十九，东汉为三万一千五百二十三。

②"及晋"几句：据《晋书·地理志上》载，八县即万寿、且兰、谈指、夜郎、毋敛、并渠、鳖、平夷。户五千，《晋书·地理志上》："牂柯郡汉置。统县八，户一千二百。"

③天井：星名。即井宿。二十八宿中朱鸟七宿的第一宿，也称"东井""鹑首"。《史记·天官书》："东井为水事。"索隐引《元命包》："东井八星，主水衡也。"

④雨潦：大雨积水。

⑤鬼巫：鬼神与巫术。

⑥禁忌：忌讳，避忌的事物。

⑦畲（shē）山：即放火焚烧田地里的草木，然后翻土种植庄稼，并用草木灰做肥料。这是一种比较原始的工作方法，即所谓"刀耕火种"。

⑧威棱：威力，威势。

⑨懦怯：软弱胆小。

⑩方：比，与……相比。

⑪同亭：夜郎国有且同亭（见《汉书·西南夷两粤朝鲜传》），故王莽将牂柯改名为同亭。

⑫谢暹：牂柯（治今贵州黄平）人。为郡功曹。时公孙述据蜀，与大姓龙、傅、尹、董氏保境为汉，遣使从番禺江奉贡。光武帝嘉之，并加褒赏。

⑬汉世祖：汉光武帝刘秀。

⑭番禺江：即广东省内的西江。《舆地纪胜》卷九十九：西江"发源于九龙山南二百里，抵郡城，会龙江入番禺"。

⑮奉贡：纳贡。

【译文】

牂柯郡，是汉武帝元鼎六年设置的。牂柯郡在汉代有十七个属县，人口二万户；到晋代时，有八个属县，人口五千户。距离洛阳五千六百一十里。牂柯郡与天上的天井星宿相对应，所以雨水多。民间喜好鬼神与巫术，禁忌较多。地方采用的是刀耕火种，没有养蚕、种桑。世人很喜欢读书，也较少威严，为人多胆小。养殖的牲畜很少，虽然也有僮仆，但与其他各郡相比，算是贫穷的了。王莽时期，将牂柯改名为同亭，但郡人不服从。适逢公孙述占据巴蜀之地，牂柯郡的大姓龙、傅、尹、董氏与功曹谢暹联合起来保护本郡。他们听说汉光武帝在河北，于是远远地派遣使者，从番禺江出发，向汉朝纳贡。汉光武帝嘉奖了他们，称他们为"义郎"。

明、章之世，毋敛人尹珍①，字道真，以生遐裔②，未渐庠序③，乃远从汝南许叔重受五经④，又师事应世叔学图纬⑤，通三材⑥；还以教授，于是南域始有学焉。珍以经术选用⑦，历尚书丞、郎，荆州刺史；而世叔为司隶校尉，师生并显。平夷傅宝、夜郎尹贡亦有名德⑧。历尚书郎、长安令、巴郡太守，彭城相，号南州人士⑨。

【注释】

①毋敛：县名。西汉置，属牂柯郡。治所在今贵州独山县附近。尹珍：字道真，牂柯郡毋敛（今贵州独山）人。桓帝时，自以生于荒裔，不知礼义，乃从许慎、应奉受经书图纬。学成，还乡里教授，南域知学自珍始。官至荆州刺史。参看《后汉书·南蛮西南夷列传》。

②遐裔：远方，边远之地。

③庠（xiáng）序：古代的地方学校。后也泛称学校或教育事业。

④许叔重：许慎（约58—约147），字叔重，汝南召陵（今河南郾城东）人。少博学经籍。曾仕郡功曹，举孝廉，历任洨长、太尉南阁祭酒。师事贾逵，受古文经，为马融所重，时称"五经无双许叔重"。著有《说文解字》，为我国最早文字学专著。又著《五经异义》，已佚，有辑本。五经：五部儒家经典，即《诗》《书》《易》《礼》《春秋》。

⑤师事：谓拜某人为师，或以师礼相待。应世叔：应奉，字世叔，汝南南顿（今河南项城）人。少聪明，自幼至长，凡所经履，莫不暗记。举茂才，桓帝时为武陵太守、司隶校尉。纠举奸违，不避豪戚，以严厉为名。及党事起，慨然以疾自退。诸公多荐举，会病卒。著有《汉书后序》《感骚》。《后汉书》卷七十八有传。

⑥三材：又作"三才"，指天、地、人。

⑦经术：犹经学，以经书为主要研究对象的学术。

⑧平夷：县名。西汉置，属牂柯郡。治所在今贵州毕节东。西晋永嘉五年（311）为平夷郡治。东晋改为平蛮县。傅宝：字纪图，牂柯郡平夷（今贵州毕节）人。官至巴郡太守。见本书卷十二《序志并士女目录》。夜郎：县名。西汉置，属牂柯郡。为都尉治。

治所在今贵州关岭布依族苗族自治县西南。东晋南朝时为夜郎郡治。梁大宝后废。尹贡：牂牁郡夜郎（今贵州关岭）人。官至彭城相。名德：名望与德行。

⑨ "历尚书郎"几句：依据傅宝、尹贡二人任职履历，"历尚书郎"等职的为"傅宝"，任"彭城相"者为"尹贡"。

【译文】

汉明帝、汉章帝的时候，毋敛有个叫尹珍的人，字道真，因为生长在边远之地，没有接受学校教育的机会，于是不远千里到中原，跟随汝南人许慎学习五经，又拜应奉为师学习图谶和纬书，精通天、地、人三才之道；尹珍后来回到南中从事教学工作，南中自此才开始有学校。尹珍因精通经学而被选拔任用，历任尚书丞、郎，荆州刺史；尹珍的老师应奉官至司隶校尉，可谓师生并世而有显名。平夷人傅宝、夜郎人尹贡，也是有名望与德行的人。傅宝历任尚书郎、长安令、巴郡太守，尹贡官至彭城相，他们号称"南州人士"。

郡特多阻险①，有延江、雾赤、煎水为池卫②。少有乱，惟朱褒见诛。其郡守垂功名者，前有吴霸、陈立，后有汉中张亮则、广汉刘宠、犍为费诗、巴西马忠③，皆著勋烈④。晋愍帝世，太守建宁孟才以骄暴无恩⑤，郡民王清、范朗逐出之。刺史王逊怒，分鳖半为平夷郡，夜郎以南为夜郎郡，但四县。

【注释】

① 阻险：阻隔而艰险的地方。

② 延江：即今四川、贵州两省境之乌江。《大定府志》："乌江古称延江。"雾赤、煎水：水名。具体不详。

③张亮则：字元修，汉中郡南郑（今陕西汉中）人。任牂柯太守时，威著南疆，民受其惠。永昌、越嶲有人欲叛，畏之而止。时称"卧虎"。累迁护羌校尉、梁州刺史、魏郡太守。灵帝卒后，袁绍表为长史，不就。建安中丞相曹操拜为度辽将军。本书卷十《先贤士女总赞》有传。刘宠：字世信，广汉郡绵竹（今四川德阳北）人。历任成都、郫、�、安汉令，皆垂政绩。后还成都，迁牂柯太守。居郡九年而还，吏人为之立铭。本书卷十《先贤士女总赞》有传。费诗：字公举，犍为郡南安（今四川乐山）人。初为刘璋绵竹令，后降刘备，历任督军从事、牂柯太守、州前部司马、谏议大夫等。刘备将称帝，上疏谏阻，忤旨，左迁部永昌从事。蒋琬秉政，为谏议大夫。终刘氏之世，官位不尽其才。《三国志·蜀书》、本书卷十《先贤士女总赞》有传。

④勋烈：功业，功勋。

⑤骄暴：骄横暴戾。

【译文】

牂柯郡境内有很多阻隔而艰险的地方，有延江、雾赤、煎水等江河作为天然的屏障。历来很少有动乱，只有朱褒因叛乱而被诛杀。在历史上留下功名的牂柯郡太守，先有吴霸、陈立，后有汉中人张亮则、广汉人刘宠、犍为人费诗、巴西人马忠，他们都有显著的功勋。晋愍帝时，牂柯太守、建宁人孟才因骄横暴戾，对老百姓没有恩惠，被郡民王清、范朗等驱逐走了。刺史王逊生气了，分割鳖县的一半为平夷郡，夜郎以南设为夜郎郡，只有四个县。

万寿县①　郡治。有万寿山②。本有盐井，汉末时夷民共诅盟不开③，今三郡皆无盐④。

【注释】

①万寿县：县名。西晋置，为牂牁郡治，治所在今贵州瓮安东北。南朝齐属南牂牁郡。梁大宝后废。

②万寿山：山名。具体不详。或即石阡县与余庆县之间的佛顶山（刘琳）。

③诅盟：誓约。

④三郡：指牂牁、平夷、夜郎三郡。

【译文】

万寿县　郡府所在地。境内有万寿山。万寿县本来有盐井，但在汉朝末年时，夷人和汉人共立誓约，相约不开采盐井，故牂牁、平夷、夜郎三郡至今都不产盐。

且兰县① 音沮②。汉曰故且兰③。有柱蒲关也④。

【注释】

①且（jū）兰县：县名。西晋改故且兰县置，属牂牁郡。治所在今贵州黄平。南朝齐为南牂牁郡治。南朝梁以后废。

②音沮：这是常璩为"沮"字注音。本书卷三《蜀志》"三缝县，……音三播"，亦犹此。《华阳国志》此注音体例，一如《汉书》班固之自注。

③故且兰：县名。西汉元鼎六年（前111）以故且兰国地置，为牂牁郡治。治所在今贵州黄平。西晋改为且兰县。

④柱蒲关：关名。具体地址不详。《汉书·地理志上》："牂牁郡，武帝元鼎六年开。莽曰同亭。有柱蒲关。属益州。"

【译文】

且兰县　"且"发音是"沮"。在汉代叫故且兰。境内有柱蒲关。

广谈县①

毋敛县②　有刚水也③。

【注释】

①广谈县：县名。具体不详。《宋书·州郡志四》："广谈长，《晋太康地志》属牂柯。"《南齐书·州郡志下》："夜郎郡：夜郎、谈柏、谈乐、广谈。"

②毋敛县：县名。西汉置，属牂柯郡。治所在今贵州独山附近。南朝齐属南牂柯郡。梁废。

③刚水：水名。流经毋敛县，后流入今广西融江。《汉书·地理志上》："刚水东至潭中入潭。"

【译文】

广谈县

毋敛县　境内有刚水。

平夷郡①，晋愍帝建兴元年置②。属县二，户千。

平夷县③　郡治。有牂津、安乐水④。山出茶、蜜。

鳖县⑤　故犍为郡城也。不狼山出鳖水⑥，入沅。有野生薜⑦，可食。大姓王氏。

【注释】

①平夷郡：郡名。西晋永嘉五年（311）分牂柯郡置，属益州。治所在平夷县（今贵州毕节市境）。东晋改名平蛮郡。按：平夷郡的设置时间，《晋书·地理志上》以为在永嘉二年（308），《宋书·地理志》以为在永嘉五年（311），《华阳国志》认为在建兴元年（313）。

②建兴元年:313年。建兴,晋愍帝年号(313—317)。

③平夷县:县名。西汉置,属牂牁郡。治所在今贵州毕节东。西晋
　永嘉五年(311)为平夷郡治。东晋改为平蛮县。

④㹨(qiǎo)津:其地不详。或疑即贵州毕节西南七星山下的七星渡
　(刘琳)。安乐水:赤水河的古称。参看本书卷三《蜀志》注。

⑤鳖(bì)县:县名。西汉置,为犍为郡治。治所在今贵州遵义西。
　因鳖水为名。元鼎间属牂牁郡。东晋属平夷郡。南朝宋属平蛮
　郡。梁、陈间废。

⑥不狼山:即今贵州遵义北龙岩山。鳖水:即今贵州遵义东湘江。
　《汉书·地理志上》牂柯郡鳖县:"不狼山,鳖水所出,东入沅。"
　《水经·延江水注》:"(鳖)县有鳖水,出鳖邑西不狼山,东与温水
　合。"

⑦薜(bì):薜荔,又称木莲。常绿藤本,茎蔓生,果实球形,可做淀
　粉,捣汁可做饮料,有解暑作用。

【译文】

平夷郡,晋愍帝建兴元年设置。有两个属县,有人口一千户。

平夷县　平夷郡府所在地。境内有㹨津、安乐水。山上出产茶叶、
蜂蜜。

鳖县　以前的犍为郡府所在地。鳖水发源于不狼山,流入沅江。出
产野生的薜荔,可以食用。大姓有王氏。

夜郎郡①,夜郎国也②。属县二③,户千。

夜郎县④　郡治。有遯水,通郁林⑤。有竹王三郎祠,
甚有灵响也⑥。

谈指县⑦

【注释】

①夜郎郡:郡名。西晋永嘉五年(311)分牂柯、朱提、建宁三郡置,属宁州。治所在夜郎县(今贵州关岭布依族苗族自治县西南)。南朝梁大宝以后废。

②夜郎国:战国至西汉时国名。主要在今贵州西部及北部,并包括云南东北、四川南部及广西北部部分地区。国都旧址迄无定论。近年来在今贵州赫章县西北可乐民族乡古遗址中发现大量珍贵文物,品位甚高。可乐在彝文古籍中称为"柯洛倮姆",意为"中央大城",这里究竟与夜郎都邑有何关系,已引起人们的极大关注。《史记·西南夷列传》:"西南夷君长以什数,夜郎最大。"又称:"夜郎者,临牂柯江,江广百余步,足以行船。"汉武帝元鼎六年(前111),于其地置牂柯郡。

③属县二:即夜郎县与谈指县。

④夜郎县:县名。西汉置,始属犍为郡,后属牂柯郡。为都尉治。治所在今贵州关岭布依族苗族自治县西南。东晋、南朝时为夜郎郡治。梁大宝后废。

⑤郁林:郡名。西汉元鼎六年(前111)置,治所在布山县(今广西桂平西南古城)。

⑥灵响:犹灵应、灵验。

⑦谈指县:县名。西汉置,属牂柯郡。治所在今贵州贞丰西北。南朝宋以后废。《后汉书·郡国志》说谈指县"出丹"(出产丹砂)。

【译文】

夜郎郡,就是以前的夜郎国。有两个属县,有人口一千户。

夜郎县　夜郎郡府所在地。有邎水,流往郁林郡。有竹王三郎祠,非常灵验。

谈指县

晋宁郡[①]，本益州也。元鼎初属牂柯、越嶲[②]。汉武帝元封二年，叟反，遣将军郭昌讨平之[③]，因开为郡，治滇池上，号曰益州。汉属县二十四，户八万[④]；晋县七，户万[⑤]。去洛五千六百里。司马相如、韩说初开[⑥]，得牛、马、羊属三十万。汉乃募徙死罪及奸豪实之。郡土平敞，原田，多长松，皋有鹦鹉、孔雀[⑦]，盐池田渔之饶，金银畜产之富。俗奢豪，难抚御[⑧]，惟文齐、王阜、景毅、李颙及南郡董和为之防检[⑨]，后遂为善。蜀建兴三年丞相亮之南征，以郡民李恢为太守，改曰建宁[⑩]，治味县。宁州别建，为益州郡[⑪]。后太守李逿，恢孙也，与前太守董憕、建宁爨量共叛[⑫]，宁州刺史王逊表改益州为晋宁郡。

【注释】

①晋宁郡：郡名。东晋元帝时改益州郡置，属宁州。治所在滇池县（今云南昆明晋宁区东北三十二里晋城镇）。南朝宋治所在建伶县（今云南昆明晋宁区昆阳坝子南缘）。南朝梁末废。

②元鼎初属牂柯、越嶲：牂柯郡、越嶲郡设于元鼎六年（前111），并非"元鼎初"。

③郭昌：云中（治今内蒙古托克托东北）人。武帝时初为校尉，从大将军卫青击匈奴贵族，有功升为将军。元封二年（前109），奉命与中郎将卫广发巴蜀兵平西南夷，以其地为益州郡。同年，与汲仁调发兵民数万人塞黄河瓠子口决口，武帝亲临督视，塞决成功。元封四年（前107），以太中大夫为拔胡将军，屯守朔方。两年后，益州、昆明反汉，奉命赦京师亡命令从军，率其击昆明叛者，无功，被夺印。宣帝时任光禄大夫，奉命巡视黄河，于东郡修渠，泄洪灌溉，百姓安之。事见《汉书》。

④"汉属县二十四"二句:《汉书·地理志上》:"益州郡,户八万一千
九百四十六,口五十八万四百六十三。县二十四:滇池,双柏,同
劳,铜濑,连然,俞元,收靡,谷昌,秦臧,邪龙,味,昆泽,叶榆,律
高,不韦,云南,嶲唐,弄栋,比苏,贲古,毋棳,胜休,健伶,来唯。"

⑤"晋县七"二句:《晋书·地理志上》:"建宁郡:蜀置。统县十七,
户二万九千。味,昆泽,存䣖,新定,谈槁,母单,同濑,漏江,牧
麻,谷昌,连然,秦臧,双柏,俞元,修云,泠丘,滇池。"

⑥司马相如、韩说初开:即本卷前文所说"相如持节开越嶲,按道侯
韩说开益州"。

⑦皋:水边的高地。

⑧抚御:犹抚驭,安辑控驭,安抚控制。

⑨文齐:字子奇,广汉郡梓潼(今四川梓潼)人。平帝时为益州太
守,群夷畏服。公孙述据蜀,固拒之。述拘其妻子,许以封侯,仍
不降。后闻光武帝即位,乃间道遣使自闻。蜀平,征拜镇远将军,
封成义侯。本书卷十《先贤士女总赞》有传。王阜:字世公,蜀郡
成都(今四川成都)人。太守第五伦察举孝廉,为重泉令,后迁益
州太守。本书卷十《先贤士女总赞》有传。景毅:字文坚,蜀郡梓
潼(今四川梓潼)人。历任沈阳侯相、高陵令、侍御史、武都令、
益州太守。本书卷十《先贤士女总赞》有传。李颙(yóng):字德
卬,垫江人。曾任益州太守。事见《后汉书·南蛮西南夷列传》
和本书《巴志》《南中志》。董和:字幼宰,南郡枝江(今湖北枝
江)人。东汉末,率宗族西迁入蜀。刘璋时历任江原长、成都令、
益州太守等,有政绩。刘备据蜀,任掌军中郎将,与诸葛亮同掌军
政。不久病卒。居官清廉,家无余财。《三国志·蜀书》有传。防
检:防范和检束。

⑩建宁:郡名。三国蜀建兴三年(225)改益州郡置,属庲降都督。
治所在味县(今云南曲靖西北十五里三岔)。西晋属宁州。南朝

齐移治同乐县（今云南陆良南三里旧城）。南朝梁末废。

⑪"宁州别建"二句：此事发生在晋惠帝时。《晋书·地理志上》："太安二年（303），惠帝复置宁州，又分建宁以西七县别立为益州郡。"

⑫"后太守李遏"几句：此即本卷前文所说"建宁爨量与益州太守李遏、梁水太守董懂保兴古盘南以叛"。

【译文】

晋宁郡，本来是益州郡。元鼎初年纳入管辖范围，分属牂柯郡、越嶲郡。汉武帝元封二年，夷人造反，朝廷派遣将军郭昌前往征讨，在平定叛乱之后，朝廷于是将此地开辟为一个郡，治所在滇池，郡名叫益州。汉代有二十四个属县，有人口八万户；晋代有七个属县，有人口一万户。距离洛阳五千六百里。司马相如、韩说初开西南夷时，获得牛、马、羊等牲畜三十万头。于是，朝廷招募、迁徙判处死罪的囚犯以及不法豪强等人到晋宁郡，以充实该地的人口。晋宁郡的土地平坦、宽敞，原野间有宽阔的田地，山上有许多高大的松树，水边的高地栖息着鹦鹉、孔雀，有富饶的盐池、田猎、渔产，有富足的金、银、畜产。民间的风俗很奢侈阔绰，老百姓很难安抚控制，只有文齐、王阜、景毅、李颙以及南郡人董和在当地加以防范和检束，后来民俗也逐渐趋于美好。蜀建兴三年，丞相诸葛亮率军南征，任命本郡人李恢为太守，改名为建宁，郡府设在味县。宁州另外设置后，又分割建宁以西的七县设立了益州郡。后来，李恢的孙子、太守李遏与前任太守董懂、建宁人爨量一起发动叛乱，宁州刺史王逊平定了叛乱，并上表朝廷，将益州郡改为晋宁郡。

滇池县① 郡治，故滇国也②。有泽水③，周回二百里④。所出深广，下流浅狭，如倒流，故曰滇池⑤。长老传言，池中有神马，或交焉，即生骏驹⑥，俗称之曰"滇池驹"⑦，日行五百里。有黑水神祠祀⑧。亦有温泉⑨，如越嶲温水。又有白猬山^⑩，山无石，惟有猬也。

【注释】

①滇池县：县名。西汉元封二年（前109）置，为益州郡治。治所即今云南昆明晋宁区东北三十二里晋城镇。《汉书·地理志上》益州郡滇池县："大泽在西，滇池泽在西北。"因湖名为县名。三国蜀属建宁郡。西晋泰始七年（271）为宁州治，太安二年（303）兼为益州郡治。东晋为晋宁郡治。南朝宋属晋宁郡。南朝梁末废。

②故滇国：《史记·西南夷列传》："滇王者，其众数万人，……于是以为益州郡，赐滇王王印，复长其民。"（参看《汉书·西南夷两粤朝鲜传》）1955—1960年，考古工作者先后对云南昆明晋宁区的石寨山墓地进行了四次发掘，共计发掘了战国至西汉时期的滇王家族墓葬50座。在进行第二次发掘的过程中，在其中的六号墓（M6）发现了一枚"滇王之印"（现藏中国国家博物馆）。"滇王之印"是金质方印，蛇形纽，边长2.3厘米，高1.8厘米，重89.5克，印文篆书。由此可证，滇国故都即在滇池县治，即今云南昆明晋宁区晋城镇。

③泽水：即滇池。古称大泽、滇池泽。"滇"与"甸"同音，系古代彝民所指"坝子"，意谓"坝子中的湖泊"。又称昆明湖、昆明池。在云南昆明西南郊。滇池为断层陷落而成。湖水在西南海口泄出称螳螂川，为金沙江支流普渡河上源。主要入湖河流有盘龙江、东白沙河、宝象河、洛龙河、大河等。

④周回：周围。

⑤"所出深广"几句：此处解释滇池得名来由。深广，指水、山谷等深邃而广阔。浅狭，狭窄，宽度小。关于滇池之得名来于倒流，除《华阳国志》外，亦见于其他古书。《文选·左思〈蜀都赋〉》刘逵注引谯周《异物志》："水乍深广乍浅狭，似如倒池，故俗云滇

池。"《后汉书·南蛮西南夷列传》："有池，周回二百余里，水源深广，而末更浅狭，有似倒流，故谓之滇池。"王先谦《汉书补注》："颠与滇同，以颠主义，顶也，皆因滇池居地高颠之故。"近人于希贤在《滇池地区的历史地理》中，解释为滇池水系的奇河倒流现象。近年，人们对传统说法提出了怀疑。任乃强《华阳国志校补图注》认为："其为夷语旧称可知，安得有取于颠倒之义哉。"刘琳《华阳国志新校注》认为："盖'滇'（音）本当地少数民族对此湖的称呼，汉人译其音加水旁作'滇'耳。"

⑥骏驹：良马。

⑦滇池驹：滇池古产善马，体小而雄峻，尤善山行，有似巴地之马，故又称"巴滇马"。《水经·沔水注》："山有石穴出马，谓之马穴山。汉时有数百匹马出其中，马形小似巴滇马。"

⑧黑水神祠祀：祭祀黑水神的祠堂。《汉书·地理志上》："益州郡，……县二十四：滇池，大泽在西，滇池泽在西北。有黑水祠。"《后汉书·郡国志五》："滇池出铁。有池泽。北有黑水祠。"道光《云南通志稿》谓黑水即昆明盘龙江，上有黑龙潭，在昆明城东北二十五里，旁有龙祠，即古黑水祠（刘琳）。

⑨温泉：云南温泉，所在多有。《读史方舆纪要》卷一百十四："汤池驿在县西北八十里，有汤池，水如百沸汤。汤池巡司亦置于此。西去府城七十里。"

⑩白狷山：山名。具体不详。向达《蛮书校注》谓即昆明城内的圆通山，可备一说。

【译文】

滇池县　是晋宁郡府所在地，以前是滇国的都城。有大泽滇池，滇池周长二百里。大泽的源头深邃而且广阔，而下游则浅薄而且狭窄，河水如同倒流，故而叫作滇池。当地的长老传说，滇池中有神马，如果与其他马杂交，就会生产骏马，俗称"滇池驹"，一日可行五百里。有祭祀黑水神的祠堂。也有温泉，一如越巂郡的温水。又有白猏山，山上没有石头，只有刺猏。

　　同劳县^①

　　同安县^②

　　连然县^③　　有盐泉^④，南中共仰之^⑤。

【注释】

①同劳县：县名。西汉元封二年（前109）置，属益州郡。治所在今云南陆良西。三国蜀建兴三年（225）属建宁郡。东晋后废。按：在云南昆明晋宁区河泊所遗址新发现的汉代封泥中，有"同劳丞印"。

②同安县：县名。《汉书》《后汉书》《晋书》均无此县，当是晋武帝末与同乐县同置。其地应在今云南陆良县西（刘琳）。

③连然县：县名。西汉元封二年（前109）置，属益州郡。治所即今云南安宁。三国蜀建兴三年（225）属建宁郡。西晋太安二年（303）属益州郡。东晋属晋宁郡。南朝齐改安宁县。有盐官。

④盐泉：含有多量盐质的泉水，亦指含盐分甚多的矿泉。

⑤仰：仰仗，依靠。

【译文】

同劳县

同安县

连然县　　境内有盐泉，南中地区的食盐都仰仗于此。

　　建伶县^①

　　毋单县^②

秦臧县③

【注释】

①建伶县：县名。西汉元封二年（前109）置，属益州郡。治所在今云南昆明晋宁区昆阳坝子南缘。三国蜀建兴三年（225）属建宁郡。西晋太安二年（303）属益州郡。东晋属晋宁郡。南朝宋为晋宁郡治。南朝梁末废。按：在云南昆明晋宁区河泊所遗址新发现的汉代封泥中，有"建伶令印"。

②毋单县：县名。西汉元鼎六年（前111）置，属牂牁郡。治所在今云南宜良南。三国蜀建兴三年（225）属建宁郡。南朝梁末废。

③秦臧县：县名。西汉元封二年（前109）置，属益州郡。治所即今云南禄丰。三国蜀建兴三年（225）属建宁郡。西晋太安二年（303）属益州郡。东晋属晋宁郡。南朝梁废。

【译文】

建伶县

毋单县

秦臧县

　　建宁郡①，治故庲降都督屯也，南人谓之"屯下"。属县十七②。后分为益州、平乐二郡。分后属县十三，户万③。去洛五千六百三十九里。有五部都尉、四姓及霍家部曲④。

【注释】

①建宁郡：郡名。三国蜀建兴三年（225）改益州郡置，属庲降都督。治所在味县（今云南曲靖西北十五里三岔）。南朝齐移治同乐县（今云南陆良南三里旧城）。南朝梁末废。

②属县十七:根据《晋书·地理志上》记载,建宁郡的十七个属县是
味、昆泽、存䣖、新定、谈槁、毋单、同濑、漏江、牧麻、谷昌、连然、
秦臧、双柏、俞元、修云、泠丘、滇池。

③"分后属县十三"二句:根据《晋书·地理志上》记载,建宁郡"统
县十七"时,有"户二万九千"。

④五部都尉:即本卷前文所说"置五部都尉,号'五子',故南人言
'四姓五子'也"。霍家部曲:即生活在南中的霍弋后人执掌的私
人武装。1963年春,在云南昭通县城西北后海子中寨发现霍承
嗣墓,系晋代壁画墓。从墓志等考察,霍承嗣就是霍弋后人。

【译文】

建宁郡府,是原来的庲降都督驻防的地方,南中人称之为"屯下"。
建宁郡有十七个属县。后来,建宁郡被分割为益州郡、平乐郡。分割之
后,有十三个属县,有人口一万户。距离洛阳五千六百三十九里。建宁
郡曾经设置过五部都尉,有四个大姓,有霍家的私人武装。

　　味县①　　郡治。有明月社②,夷晋不奉官③,则官与共盟
于此社也。
　　牧麻县④　　山出好升麻⑤。有涂水⑥。
　　同乐县⑦　　大姓爨氏⑧。

【注释】

①味县:县名。西汉元封二年(前109)置,属益州郡。治所在今云
南曲靖西北十五里三岔。三国蜀建兴三年(225)为建宁郡治,十
一年(233)又为庲降都督驻地。西晋为建宁郡治。

②社:神祠。

③夷晋:夷人与晋民(汉人)。奉:拥戴。

④牧麻县:县名。三国蜀改牧靡县置,属建宁郡。治所在今云南寻甸回族彝族自治县境。《续汉书·郡国志》注引李奇曰:"靡音麻,出升麻。"南朝梁末废。

⑤升麻:毛茛科。多年生草本。根状茎粗壮。产于我国北部和中部以及南部。可作农业杀虫剂。根状茎入药,性微寒、味甘辛,功能解表透疹、解毒、升阳,主治风热头痛、咽喉肿痛、斑疹不透、牙龈肿痛、口舌生疮、泻痢脱肛等症。《神农本草经》中卷:"升麻,味甘平。主解百毒,杀百精老物殃鬼,辟温疫瘴邪蛊毒。久服不夭,轻身长年,一名周升麻。生山谷。"《蜀中广记》卷六十四引《本草》:"升麻生益州山谷。"

⑥涂水:即今云南东北部之牛栏江。《汉书·地理志上》益州郡牧靡县:"南山腊谷,涂水所出,西北至越巂入绳,过郡二,行千二十里。"

⑦同乐县:县名。又作"铜乐"。西晋太康末年置,属建宁郡。治所在卤昌城(今云南陆良南三里旧城)。南齐为建宁郡治。

⑧大姓爨(cuàn)氏:爨氏是魏晋至隋唐时期南中最著名的大姓。《爨龙颜碑》自述家世,"其先世本高阳颛顼之玄胄,才子祝融之渺胤也",而南中爨氏出自楚国令尹子文,本为汉族。西晋所立《爨宝子碑》与南朝宋所立《爨龙颜碑》,合称"二爨",是研究南中爨氏的重要资料。

【译文】

味县　建宁郡府所在地。有神祠明月社,如果夷人与汉人都不拥戴官家,那么官家与百姓就在明月社共同盟誓缔约。

牧麻县　境内的山上出产优质升麻。有涂水流过境内。

同乐县　县内的大姓是爨氏。

谷昌县① 汉武帝将军郭昌讨夷,平之,因名郭昌以威夷②。孝章时改为谷昌也。

同濑县③

双柏县④

【注释】

①谷昌县：县名。西汉元封二年（前109）置，属益州郡。治所在今云南昆明东十余里。三国蜀建兴三年（225）属建宁郡。西晋太安二年（303）属益州郡。东晋属晋宁郡。南朝梁末废。按：在云南晋宁河泊所遗址新发现的汉代封泥中，有"谷昌丞印"。

②郭昌：县名。西汉元封二年（前109）置，属益州郡。治所在今云南昆明东北。武帝时遣将军郭昌平定滇中，县因此得名。章帝时改为郭昌县。威：威慑。

③同濑县：县名。东汉改铜濑县置，属益州郡。治所在今云南马龙县境。三国蜀属建宁郡。南朝梁末废。

④双柏县：县名。西汉元封二年（前109）置，属益州郡。治所在今云南双柏县境。三国蜀建兴三年（225）属建宁郡。西晋太安二年（303）属益州郡。东晋属晋宁郡。南朝梁末废。

【译文】

谷昌县　因汉武帝时将军郭昌征讨夷人，平定该地，因而取名为郭昌，以威慑夷人。汉章帝时，改名为谷昌。

同濑县

双柏县

存𩵊县①　雍闿反，结垒于县山，系马柳柱生成林②，今夷言"雍无梁林"③。无梁④，夷言马也。

昆泽县⑤

漏江县⑥　九十里出蠙口⑦。

【注释】

①存䭵县：县名。或写作"郒鄢"。三国蜀诸葛亮南征置存鄢戍，后改为县，属建宁郡。治所在今云南宣威市境。南朝梁末废。

②枊（àng）：拴马的桩子。

③夷言：古指黄河流域华夏族以外的各种语言，后亦泛指少数民族或外国的言语。

④无梁：夷言的汉字记音。闻宥认为，"无梁"的原语是mrŋa或mlang之类，和缅语最相近。

⑤昆泽县：县名。西汉元封二年（前109）置，属益州郡。治所在今云南宜良县北古城镇附近。三国蜀属建宁郡。南朝梁末废。

⑥漏江县：县名。西汉元鼎六年（前111）置，属牂柯郡。治所在今云南泸西县境。左思《蜀都赋》刘逵注："漏江在建宁，有水道伏流数里复出，故曰漏江。"三国蜀废。西晋武帝时复置，属建宁郡。南朝梁末废。

⑦蠙（pín）口：即蝮口。榆水出蝮口后，始称漏江。《水经·叶榆水注》："榆水自泽，又东北径滇池县南，又东径同并县南，又东径漏江县，伏流山下，复出蝮口，谓之漏江。"

【译文】

存䭵县　雍闿造反时，在存鄢县的山上安营扎寨，拴马的树桩子生长成一片树林，这就是今天夷人所说的"雍无梁林"。"无梁"，在夷人语言中说的是"马"。

昆泽县

漏江县　漏江流经县内九十里，在蠙口出县。

谈槁县①　有濮、獠。

伶丘县^②　主獠。

修云县^③

俞元县^④

【注释】

①谈槀县：县名。即《汉书·地理志上》所说"谈稿县"。谈稿县，西汉元鼎六年（前111）置，属牂柯郡。治所在今云南富源与贵州盘州间。三国蜀省，西晋复置，属建宁郡。南朝齐改属建平郡。梁废。《汉书·地理志上》："谈虏山，迷水所出，东至谈稿入温。"

②伶丘县：县名。即《晋书·地理志上》所说"泠丘"县。泠丘县，县名。西晋置，属建宁郡。治所在今云南富源县南。南朝宋废。

③修云县：县名。三国蜀置，属建宁郡。治所在今云南弥勒南新哨附近。南朝宋时废。

④俞（shù）元县：县名。西汉元封二年（前109）置，属益州郡。治所在今云南澄江东南旧城。三国蜀建兴三年（225）属建宁郡。南朝宋属晋宁郡。南朝梁末废。

【译文】

谈槀县　县内有濮人、獠人。

伶丘县　县内居民以獠人为主。

修云县

俞元县

　　平乐郡^①，愍帝建兴元年，刺史王逊割建宁之新定、兴迁二县^②，新立平乐、三沮二县^③，合四县为一郡^④。后太守建宁董霸叛降李雄，郡县遂省。宁州北属雄，复为郡，以朱提李壮为太守^⑤。

【注释】

①平乐郡：郡名。晋愍帝建兴元年（313）置，属宁州，有新定、兴迁、平乐、三沮四县。后废。

②新定：县名。疑是诸葛亮平南中时割夜郎县西部置，故名"新定"（刘琳）。兴迁：《晋书·地理志》无，当是晋武帝或晋惠帝时置（刘琳）。

③平乐：县名。具体不详。三沮：县名。具体不详。

④四县：即新定、兴迁、平乐、三沮四县。一郡：即平乐郡。

⑤按：此下有脱文，即脱漏新定、兴迁、平乐、三沮四县的文字。

【译文】

平乐郡，晋愍帝建兴元年，刺史王逊分割建宁郡的新定、兴迁二县，加上重新设立的平乐、三沮二县，将此四县组合成为一个郡。后来，太守、建宁人董霸叛变，投降李雄，郡、县于是被撤销。宁州在归属北面的李雄后，又恢复了郡的建置，任命朱提人李壮为太守。

朱提郡①，本犍为南部②，孝武帝元封二年置，属县四③。建武后，省为犍为属国④。至建安二十年，邓方为都尉⑤，先主因易名太守。属县五，户八千⑥，去洛五千三百里。先有梓潼文齐，初为属国，穿龙池⑦，溉稻田，为民兴利，亦为立祠。大姓朱、鲁、雷、兴、仇、递、高、李，亦有部曲。其民好学，滨犍为，号多人士⑧，为宁州冠冕。

【注释】

①朱提郡：郡名。东汉建安十九年（214）刘备定蜀，改犍为属国置，属庲降都督。治所在朱提县（今云南昭通昭阳区）。西晋属益州。东晋属宁州。南朝齐改南朱提郡。

②犍为南部：即犍为郡南部都尉。南部都尉，官名。汉朝每郡都置
　都尉。有的分南北，有的分东西，有的有中部都尉。为掌管地方
　驻军的武官，主地方治安，或防御外族侵掠。俸比二千石。

③属县四：指犍为郡南部都尉所辖四县，即汉阳、朱提、堂狼（堂螂）、
　存䣖。

④犍为属国：东汉永初元年（107）析犍为郡南部置，治所在朱提县
　（今云南昭通市境）。建安十九年（214）刘备定蜀，改为朱提郡。

⑤邓方（？—222）：字孔山，三国蜀南郡（治今湖北江陵）人。以荆
　州从事随刘备入蜀。蜀既定，为犍为属国都尉，郡易名，为朱提太
　守。累迁安远将军、庲降都督。

⑥"属县五"二句：属县五，即朱提、南广、汉阳、南秦、堂狼（堂螂）
　五个属县。《晋书·地理志上》："朱提郡：蜀置。统县五，户二千
　六百。"

⑦龙池：在今云南昭通南。《文选》卷四《蜀都赋》刘逵注："龙池在
　朱堤南十里，地周四十七里。"《太平御览》卷七百九十一引《永
　昌郡传》："朱提，在犍南千八百里，治朱提县。……有大泉，池水
　千顷，名千顷池。又有龙池，以灌溉种稻。"

⑧人士：底本作"士人"，误。本书卷一《巴志》枳县"特多人士"，文
　例与此相同。

【译文】

　　朱提郡，本来是犍为郡南部都尉所辖，孝武帝元封二年设置，南部都尉有四个属县。建武后，取消朱提郡，改为犍为属国。到建安二十年，邓方担任都尉，先主刘备于是将都尉改名为太守。朱提郡有五个属县，有人口八千户，距离洛阳五千三百里。起先，是梓潼人文齐担任属国都尉，他疏导龙池之水，灌溉稻田，为百姓谋福利，而百姓也为他修建了祠堂。大姓有朱、鲁、雷、兴、仇、递、高、李，他们也有私人武装。朱提郡的百姓很好学，朱提郡与犍为郡相邻，号称济济多士，在宁州首屈一指。

朱提县^①　郡治。

堂螂县^②　因山名也^③。出银、铅、白铜、杂药^④,有堂螂附子^⑤。

【注释】

①朱提县:县名。西汉建元六年(前135)置,属犍为郡。治所在今云南昭通昭阳区。《水经·若水注》:"朱提,山名也。应劭曰,在县西南,县以氏焉。"东汉永初元年(107)为犍为属国都尉治,建安十九年(214)为朱提郡治,南朝齐为南朱提郡治,北周为恭州治。境内有朱提山,产银多而美,后世因以"朱提银"为高品质银的代称。《汉书·地理志上》:"朱提,山出银。"《汉书·食货志下》:"朱提银重八两为一流,直一千五百八十,它银一流直千,是为银货二品。"

②堂螂县:又作"堂狼""堂琅""螳蜋"。县名。西汉建元六年(前135)置,属犍为郡。治所在今云南巧家县东七十里老店子。因县内有堂螂山而得名。

③因山名也:即因堂螂山而得名。堂螂山,山名。在今云南巧家县东部。《后汉书·郡国五》注引《南中志》:朱提县"西南二里有堂狼山,多毒草,盛夏之月,飞鸟过之,不能得去"。按:据《水经·若水注》,堂狼山当在朱提西南二百里。

④出银、铅、白铜、杂药:堂螂县所出以上物产,古书有记载。《后汉书·郡国志五》:朱提县"山出银、铜"。刘昭注:"案前书,朱提银重以八两为一流,直一千五百八十,他银一流直一千。《南中志》曰:'旧有银窟数处。'诸葛亮书云:'汉嘉金,朱提银,采之不足以自食。'"又,朱提县、堂狼县出产的一种铜洗,行销于全国各地。这种铜洗,内底有铭文,大致分别作"建初元年(76)朱提造""延平元年(106)朱提造""永建元年(126)朱提造""汉安

三年（144）朱提造""永兴元年（153）朱提造"字样等，"建初元
年（76）堂狼造""元和三年（86）堂狼造""章和元年（87）堂狼
造""永元二年（90）堂狼造""永初元年（107）堂狼造""永建六
年（131）堂狼造""永和元年（136）堂狼造""建宁元年（168）
堂狼造"字样等。

⑤附子：植物名。多年生草本，株高三四尺，茎作四棱，叶掌状，如
艾。秋月开花，若僧鞋，俗称僧鞋菊。叶茎有毒，根尤剧，含乌头
碱，性大热，味辛，可入药。对虚脱、水肿、霍乱等有疗效。

【译文】

朱提县　是郡府所在地。

堂螂县　因堂螂山而得名。出产银、铅、白铜、杂药，有一种叫堂螂
附子的药材。

南秦县①　自僰道、南广，有八亭道②，通平夷。

汉阳县③　有汉水，入延江④。

南昌县⑤　故都督治。有邓安远城也⑥。

【注释】

①南秦县：县名。西晋太康元年（280）改南昌县置，属朱提郡。治
　所在今云南镇雄县境。南朝齐属南朱提郡。南朝梁末废。

②八亭道：郑珍《牂柯十六县问答》："（八亭道）今由叙州（四川宜
　宾）出永宁（四川叙永）至贵州大定（大方）路也。"

③汉阳县：县名。西汉置，属犍为郡，为都尉治。治所在今贵州威宁
　彝族回族苗族自治县东南。东汉属犍为属国。三国蜀汉属朱提
　郡。南朝梁废。

④延江：即今四川、贵州两省境之乌江。

⑤南昌县：县名。三国蜀于东汉建安十九年（214）置，属朱提郡，为

庲降都督驻地。治所在今云南镇雄县境。西晋太康元年（280）
改名南秦县。

⑥邓安远城：即邓方修筑的安远城。

【译文】

南秦县　自僰道、南广可入境，境内有八亭道，通往平夷县。

汉阳县　有汉水，流入延江。

南昌县　是原先的都督府所在地。有邓方修筑的安远城。

南广郡①，蜀延熙中置，以蜀郡常竺为太守②。蜀朝召
竺入为侍中，巴西令狐衷代之③。郡建九年省④。元帝世，
刺史王逊移朱提治郡南广⑤。太守李钊数破雄，杀贼大将乐
初。后刺史尹奉却郡还旧治。及雄定宁州，复置郡，以兴古
太守朱提李播为太守⑥。属县四，户千⑦。

【注释】

①南广郡：郡名。三国蜀汉延熙中置，属益州。治所在南广县（今
　　四川筠连西南）。后省。东晋李汉成汉时复置，领四县。南朝宋
　　属宁州。梁以后废。

②常竺：字代文，蜀郡江原（今四川崇州）人。常骞祖父。官至南广
　　太守、侍中。见本书卷十一《后贤志》、卷十二《序志并士女目录》。

③令狐衷：生平不详。本书卷一《巴志》说阆中县"大姓有三狐"，
　　则令狐衷当为阆中人（刘琳）。

④郡建九年省：底本作"建武九年省"。蜀无建武年号，晋惠帝、晋元
　　帝有建武年号，但仅一二年，故此处当作"郡建九年省"（刘琳）。

⑤治郡南广：或疑当作"郡治南广"（刘琳）。

⑥李播：朱提（治今云南昭通）人。官至南广太守。

⑦"属县四"二句：这应是李氏据蜀或桓温平蜀后的属县与户数
（刘琳）。

【译文】

南广郡，是蜀延熙年间设置的，朝廷任命蜀郡人常竺为太守。后来，
蜀汉朝廷召回常竺，任命他为侍中，安排巴西令狐衷接替常竺的职务。
在设立九年之后，南广郡被撤销。晋元帝之时，宁州刺史王逊将朱提郡
治移到南广。太守李钊多次击败李雄，杀死贼人的大将乐初。后来，刺
史尹奉又将郡治迁回原先的府城。到李雄攻克宁州之后，又设置了南
广郡，任命兴古太守、朱提人李播为太守。南广郡有四个属县，有人口
一千户。

自僰道至朱提有水、步道。水道有黑水及羊官水①，至
险，难行。步道度三津②，亦艰阻。故行人为语曰："犹溪、
赤木③，盘蛇七曲；盘羊、乌栊④，气与天通。看都濩泚，住柱
呼伊⑤。庲降贾子⑥，左儋七里⑦。"又有牛叩头、马搏颊坂⑧，
其险如此。土地无稻田蚕桑，多蛇蛭虎狼⑨。俗妖巫，惑禁
忌，多神祠。

【注释】

①黑水：水名。即古符黑水。符黑水，即今四川宜宾和高县、珙县境
之南广河，为长江支流。《汉书·地理志上》犍为郡南广县："汾
关山，符黑水所出，北至僰道入江。"《水经·江水注》："江水又与
符黑水合，水出宁州南广郡南广县。……导源汾关山，北流有大
涉水注之，水出南广县，北流注符黑水，又北径僰道入江。"大涉
水，即今川、黔境内之赤水河。《太平寰宇记》卷七十九僰道县：
黑水"从胡监生像界出，东北流入蜀江。天宝六年改为皂江"。

《明史·地理志》宜宾县:"又东南有黑水,一名南广溪,北入江。"
羊官水:即今四川宜宾西南与云南交界之横江河(关河)。《水
经·沫水注》:泸水"自朱提至僰道有水步道,有黑水、羊官水,至
险难,三津之阻,行者苦之"。

②三津:指今筠连河、横江和洒渔河。

③犹溪、赤木:河流之名。具体不详。按:二名均当为音译。

④盘羊、乌枕:山岭之名。具体不详。按:二名均当为音译。

⑤看都濮泚,住柱呼伊:都濮泚、柱呼伊,二名均当为音译。

⑥贾子:商贩,商人。

⑦左儋:"儋"同"担"。左担,古山道名。自今甘肃文县东南至四川
平武东。

⑧牛叩头、马搏颊:地名。具体不详。坂(bǎn):山坡,斜坡。

⑨蛭(zhì):蚂蟥。

【译文】

从僰道到朱提,有水路和陆路。水路要经过黑水、羊官水,特别危
险,难以通行。陆路要渡过三条河流,也很艰险。因此,过往行人这样评
说:"犹溪、赤木,像盘桓的蛇一样弯弯曲曲;盘羊、乌枕,山气上与天通。
看着都濮泚,住在柱呼伊。康降的商贩们,来来往往于七里左儋道。"还
有牛叩头、马搏颊等山坡,其险要也依然如此。土地贫瘠,没有稻田,不
能养蚕、种桑,到处都有蛇、蛭、虎、狼。民间的风俗是信奉巫术,迷惑于
种种禁忌,祭祀鬼神的祠堂很多。

南广县①　郡治。汉武帝太初元年置。有盐官。

临利县②

常迁县③

新兴县④

【注释】

①南广县：县名。西汉太初元年（前104）置，属犍为郡。治所在今四川筠连西南至云南盐津一带。元光五年（前130）为犍为郡治。始元元年（前86）郡治移僰道，仍属犍为郡。三国蜀属朱提郡。延熙中及西晋怀帝时，两度为南广郡治。后废郡，县属朱提郡。东晋元帝时，曾移朱提郡治南广，太宁三年（325）后移还朱提县。成汉时为南广郡治。南齐后废。

②临利县：县名。李雄复置南广郡时分南广县立，当在今云南盐津一带（刘琳）。

③常迁县：县名。东晋李氏成汉时置，属南广郡。当在今四川珙县境。南齐以后废。

④新兴县：县名。东晋成汉时置，属南广郡。治所当在今四川兴文县境。南齐以后废。

【译文】

南广县　　是郡府所在地。汉武帝太初元年设置。设有盐官。

临利县

常迁县

新兴县

　　永昌郡①，古哀牢国②。哀牢，山名也③。其先有一妇人，名曰沙壹④，依哀牢山下居，以捕鱼自给。忽于水中触有一沉木，遂感而有娠。度十月，产子男十人。后沉木化为龙，出谓沙壹曰："若为我生子，今在乎？"而九子惊走，惟一小子不能去，陪龙坐⑤，龙就而舐之。沙壹与言语，以龙与陪坐，因名曰元隆⑥，犹汉言陪坐也。沙壹将元隆居龙山下。元隆长大，才武。后九兄曰："元隆能与龙言，而黠有智⑦，

天所贵也⑧。"共推以为王。时哀牢山下复有一夫一妇，产
十女，元隆兄弟妻之。由是始有人民，皆象之，衣后著尾⑨，
臂胫刻文⑩。元隆死，世世相继，分置小王，往往邑居，散在
溪谷。绝域荒外⑪，山川阻深，生民以来⑫，未尝通中国也⑬。
南中昆明祖之，故诸葛亮为其国谱也⑭。

【注释】

①永昌郡：郡名。东汉永平十二年（69）哀牢内属，以其地并析益州
郡西部六县（不韦、嶲唐、比苏、楪榆、邪龙、云南）合置。治所在
嶲唐县（今云南云龙西南七十里漕涧镇）。建初元年（76）后，治
所在不韦县（今云南保山东北二十二里金鸡村）。三国蜀属庲降
都督。西晋泰始七年（271）属宁州。元康九年（299）迁治永寿
县（今云南耿马傣族佤族自治县境）。南朝齐治所迁永安县（今
地不详）。南朝梁末废。按：在云南晋宁河泊所遗址新发现的汉
代封泥中，有"永昌长史"。

②古哀牢国：古国名。在今云南西部。《后汉书·南蛮西南夷列
传》：哀牢"九隆死，世世相继，乃分置小王，往往邑居，散在溪谷，
绝域荒外，山川阻深"。战国、秦、汉时期，哀牢的范围约东起礼
社江边的哀牢山，西至印、缅交界的巴特开山，北抵今我国西藏与
缅甸交界处，南达今云南西双版纳。东西三千里，南北四千六百
里。东汉建武二十七年（51）国王贤栗（一作"扈栗"）始和东汉
交通，受汉封号，建立朝贡关系，分七十七王。土地肥沃，物产丰
富，人口众多，族系繁杂。东汉永平十二年（69）内属，置永昌郡。

③"哀牢"二句：哀牢，即哀牢山，在云南中部和南部、元江和把边江
间。因中、北段为古代部族哀牢部所在地而得名。为云岭南延分
支之一。《明一统志》卷八十七金齿军民指挥使司：哀牢山"在司

城东二十里。本名安乐，夷语讹为哀牢"。

④沙壹：或作"沙壶"。传说中古代少数民族哀牢夷的祖先。

⑤陪龙坐：《后汉书·南蛮西南夷列传》和《水经·叶榆水注》作"背龙而坐"。

⑥元隆：《后汉书·南蛮西南夷列传》和《水经·叶榆水注》作"九隆"。按：以作"九隆"为是。《水经·叶榆水注》："其母鸟语，谓背为九，谓坐为隆，因名为九隆。"（《后汉书·南蛮西南夷列传》作"因名子曰九隆"，余皆相同）

⑦黠：聪明而狡猾。

⑧天所贵也：或作"天之贵也"。

⑨衣后著尾：底本作"衣后著十尾"，"十"字衍。所谓"衣后著尾"，指的是衣服后有尾巴状的饰物，并不是说哀牢夷人长有尾巴。在云南昆明晋宁区石寨山青铜器图像上，有诸多背后拖有长尾状衣饰的人像。按：《太平御览》卷七百九十一引《永昌郡传》："郡西南千五百里徼外有尾濮。尾若龟形，长四五寸。欲坐，辄先穿地空，以安其尾。若邂逅误折尾，便死。"《永昌郡传》所说"尾濮"，其义即"衣后著尾"。

⑩臂胫刻文：说的是哀牢夷人有文身的习俗。

⑪绝域：极其遥远的地方。荒外：远在八荒之外。比喻荒远偏僻的地方。

⑫生民：指人类。本处特指哀牢夷。

⑬中国：中原。

⑭国谱：当作"图谱"。本卷前文说"诸葛亮乃为夷作图谱"，意即本处所说"诸葛亮为其国（图）谱"。

【译文】

永昌郡的所在地，是古代的哀牢国。哀牢，是山的名称。相传，最初有一位名叫沙壹的妇女，居住在哀牢山下，靠打鱼维持生计。有一天，忽然在水中触摸到一根沉木，于是有了感应而怀孕。过了十个月后，沙壹生下十个男孩。后来，沉木变化为一条龙，从水中出来对沙壹说："你为我生的孩子，现在还在吗？"听闻此话，九个孩子都因惊吓而逃走了，只有一个小孩没有离去，留下陪着龙，坐在他的身边，龙便用舌头舔这个小孩。沙壹也跟他一起说话，因为小孩与龙陪坐，故而取名为元隆，犹如汉语所说的"陪坐"。沙壹带着元隆，迁居到龙山下。元隆长大之后，不但有才能，而且很英武。后来，元隆的九个兄弟说："元隆能和龙说话，而且人聪明，有智慧，这是上天看重他。"于是，大家一起推举他为首领。当时，哀牢山下又有一对夫妇，生了十个女儿，元隆的十个兄弟便和这十个女子结婚。自此以后，这里才有人民，而且装束都很相像：衣服后面都有尾巴状的饰物，臂膀和腿上都刻有花纹。元隆死后，其王位世世代代相传，又分别设立了小王，大家往往聚族而居，这些部族散居在河边和山谷。这里是极其遥远偏僻的地方，加上高山、大川的阻隔，因而自从有了哀牢人以后，他们便没有和中原的人民交通往来。南中、昆明的人都把他们作为自己的祖先，因而诸葛亮为此事画了图谱。

　　孝武时通博南山①，度兰沧水、渚溪②，置嶲唐、不韦二县③。徙南越相吕嘉子孙宗族实之④，因名不韦，以彰其先人恶⑤。行人歌之曰："汉德广，开不宾。渡博南，越兰津。渡兰沧，为他人。"⑥渡兰沧水以取哀牢地，哀牢转衰。

【注释】

①博南山：山名。又称金浪巅山。在今云南永平西南花桥以西，澜沧江东岸。为西陲要路，是著名的西南"丝绸之路"的重要孔道。汉武帝通博南山道即此，俗称"博南古道"，今遗迹尚存。山上有唐博南山碑、博南庙、叮当关、杨慎祠、永国寺等古迹。

②兰沧水：水名。即今云南西部之澜沧江。唐代称兰沧江，明代以来通称澜沧江。渚（chí）溪：即怒江支流枯柯河。在云南中西部。因流经枯柯坝子，故名。源于保山东北猴子石卡山，南流经昌宁、施甸等县，在施甸县长汪塘水库南入怒江。沧、渚，底本为"仓""者"，据他本改。

③嶲唐：县名。西汉元封二年（前109）置，属益州郡。治所在今云南云龙西南七十里漕涧镇。东汉永平十年（67）为益州郡西部都尉治。永平十二年（69）为永昌郡治。建初元年（76）后郡治他移，仍属永昌郡。南朝宋废入不韦县。不韦：县名。西汉元封二年（前109）置，属益州郡。治所在今云南保山东北二十二里金鸡村。东汉永平十二年（69）属永昌郡。建初元年（76）后为永昌郡治。西晋元康九年（299）郡治迁永寿县，仍属永昌郡。南朝梁末废县，但直至唐代仍称不韦。

④吕嘉（？—前111）：西汉南粤（今广东、广西一带）人。南粤望族，自南粤文王时任丞相，历相三王，宗族为长吏者七十余人，势力极大。武帝元鼎五年（前112），粤王赵兴及太后上书，请求完全归属汉朝，内比诸侯，吕嘉举兵叛汉，杀王、太后及汉使者，立术阳侯建德为王。次年，武帝发大兵进讨，吕嘉坚守抵抗，后兵败被杀。事见《汉书·西南夷两粤朝鲜传》。

⑤先人：指吕不韦。

⑥"行人歌之曰"几句：此歌又见于《后汉书·南蛮西南夷列传》："永平十二年（69），哀牢王柳貌遣子率种人内属，其称邑王者七十七人，户五万一千八百九十，口五十五万三千七百一十一。西南去洛阳七千里，显宗以其地置哀牢、博南二县，割益州郡西部都尉所领六县，合为永昌郡。始通博南山，度兰仓水，行者苦之。歌曰：'汉德广，开不宾。度博南，越兰津。度兰仓，为它人。'"因为"行者苦之"，故歌谣有"为他人"语。不宾，不臣服，不归顺。

【译文】

汉武帝时，朝廷打通了博南山，渡过兰沧水、渚溪，设置了嶲唐、不韦二县。朝廷又迁徙南越相吕嘉的子孙和族人来充实此地，因而命名此地为"不韦"，以此彰显吕氏先人吕不韦的恶迹。行人有首歌唱道："大汉朝廷的恩德广大，不归顺的地方也被开发。越过博南山，渡过兰津水。渡过兰沧水，这是为了他人。"渡过兰沧水，是为了夺取哀牢人的地盘，而哀牢地区由此走向衰落。

　　至世祖建武二十三年，王扈栗遣兵乘箄船南攻鹿茤^①。鹿茤民弱小，将为所擒，会天大震雷，疾风暴雨，水为逆流，箄船沉没，溺死者数千人。后扈栗复遣六王攻鹿茤。鹿茤王迎战，大破哀牢军，杀其六王。哀牢人埋六王。夜，虎掘而食之。哀牢人惊怖，引去。扈栗惧，谓耆老曰："哀牢略徼^②，自古以来，初不如此^③。今攻鹿茤，辄被天诛，中国有受命之王乎，是何天祐之明也？汉威甚神！"即遣使诣越嶲太守，愿率种人归义奉贡^④。世祖纳之，以为西部属国^⑤。其地东西三千里，南北四千六百里。有穿胸、儋耳种^⑥，闽越濮、鸠獠^⑦。其渠帅皆曰王。

【注释】

①扈栗：《后汉书·南蛮西南夷列传》作"贤栗"。箄（pái）船：当船用的竹筏或木桴。鹿茤（duō）：古代西南地区少数民族名。即东汉初住在不韦（今云南保山东北）、嶲唐（今云南云龙西南）二县边地的所谓"附塞夷"。建武二十三年（47）遭哀牢王贤栗攻击，被并。后无闻。

②略徼：侵犯边境。

③初：从来。

④归义：归附正义。奉贡：纳贡。

⑤西部属国：常璩此说有误，大概是误以益州西部都尉为益州西部属国。益州西部都尉，官名。掌地方驻军，主治安，防侵略。《后汉书·显宗孝明帝纪》："十二年春正月，益州徼外夷哀牢王相率内属，于是置永昌郡，罢益州西部都尉。"

⑥穿胸：《山海经·海外南经》："贯匈国在其东，其为人匈有窍。"《淮南子·墬形训》记载，自"自西南至东南方"，有"穿胸民"等。高诱注："穿胸，胸前穿孔达背。"按：此系道听途说，并且是误解。所谓"穿胸"，是古代西南地区的少数民族胸前插装的某种饰品。饰品本来是插装在衣服上的，因外人不解其意，误以为是插在胸口上的，故称之为"穿胸民"。儋耳：底本作"襜耳"，误。《后汉书·南蛮西南夷列传》："哀牢人皆穿鼻、儋耳，其渠帅自谓王者，耳皆下肩三寸，庶人则至肩而已。"《后汉书·明帝纪》李贤注引杨浮《异物志》："儋耳，南方夷，生则镂其颊，皮连耳匡，分为数支，状如鸡肠，累累下垂至肩。"按：此亦系道听途说，并且是误解。所谓"儋耳"，古代西南地区的少数民族喜欢戴大耳环，耳环或下垂至肩，故称之为"儋耳"。

⑦闽越濮：下文作"闽濮"。闽越是古代越人的一支，秦汉时分布在今福建北部、浙江南部的部分地区。闽越濮，应当是分布在西南地区的一支越人。鸠獠：又称葛僚、犵僚，西南少数民族仡佬族的古称，近现代仡佬族的前身。

【译文】

到汉世祖光武帝建武二十三年，王扈栗派遣兵马乘坐箄船往南进攻鹿茤。鹿茤民少而国弱，就在首领即将被擒获时，恰逢天上响起了巨大的震雷声，而且刮起了狂风，下起了暴雨，河水暴涨，形成倒流，箄船沉没，淹死了数千人。后来，扈栗又派遣六王进攻鹿茤。鹿茤王出兵迎战，大败哀牢人的军队，击杀了六王。哀牢人埋葬了六王。当晚，老虎掘开坟墓，吃掉了六王的尸体。哀牢人感到惊慌恐怖，于是退兵而去。扈栗很害怕，跟本族的耆老说："自古以来，哀牢人攻占边境，从来就不是这样的。现在攻打鹿茤，就遭到了上天的惩罚，中国难道有受命之王吗？为什么上天的祐助是如此分明呢？汉朝的威仪，真是太神武了！"随即，扈栗派遣使者前往拜谒越巂太守，表示愿意率领族人归附朝廷，并尽忠纳贡。汉光武帝接受了他们，以他们为益州郡的西部属国。所管辖的地盘，东西三千里，南北四千六百里。境内有穿胸、儋耳等种族，有闽越濮、鸠獠等族群。他们的首领也都称王。

孝明帝永平十二年①，哀牢抑狼遣子奉献②。明帝乃置郡，以蜀郡郑纯为太守③。属县八，户六万④，去洛六千九百里，宁州之极西南也。有闽濮、鸠獠、僄越、裸濮、身毒之民⑤。土地沃腴⑥，有黄金、光珠、虎魄、翡翠、孔雀、犀、象、蚕桑、绵、绢、采帛、文绣⑦。又有貊兽食铁⑧，猩猩兽能言⑨，其血可以染朱罽⑩。有大竹名濮竹⑪，节相去一丈，受一斛许⑫。有梧桐木，其华柔如丝，民绩以为布⑬，幅广五尺以还，洁白不受污，俗名曰桐华布⑭。以覆亡人，然后服之及卖与人。有兰干细布——兰干⑮，獠言纻也⑯，织成文如绫锦。又有罽旄、帛叠、水精、琉璃、轲虫、蚌珠⑰。宜五谷，出铜、锡⑱。太守著名绩者⑲，自郑纯后，有蜀郡张化、常员⑳，巴郡沈稚、黎彪㉑，然显者犹鲜㉒。

【注释】

①孝明帝永平十二年：69年。

②抑狼：一本作"柳狼"，《后汉书·南蛮西南夷列传》作"柳貌"。

③郑纯：字长伯，广汉郡郪（今四川三台）人。任益州西部都尉。为政清廉，明帝嘉之，以为永昌太守。在官十年卒，列画颂东观。本书卷十《先贤士女总赞》有传。

④属县八，户六万：这是晋惠帝元康年间的版籍（刘琳）。

⑤僄（piào）越：古族名。东汉时居住在永昌郡（治今云南保山）。僄，亦作"剽"，缅甸古国名。此处的僄越，当为僄国境内越人之流入永昌郡内者。裸濮：濮人的一支。因当地天气炎热，民众皆赤体而得名。身（juān）毒：古代汉文典籍对印度、印度人的旧称。

⑥沃腴：肥沃。

⑦虎魄：亦作"虎珀"，今写作"琥珀"。按：黄金、光珠、虎魄，均产自博南县。本卷下文说，博南县"有金沙，以火融之为黄金。有光珠穴，出光珠。有虎魄，能吸芥"。翡翠：鸟名。嘴长而直，生活在水边，吃鱼虾之类。羽毛有蓝、绿、赤、棕等色，可做装饰品。按：翡翠、孔雀，均产自南涪县，见本卷下文。犀：犀牛。象：大象。据《蛮书》卷七记载，越赕（今云南腾冲一带）产犀，开南（今云南景东彝族自治县北）产象。采帛：彩色丝绸。文绣：刺绣华美的丝织品或衣服。

⑧貊（mò）：亦作"貘"（mò），古书上说的一种野兽。可能就是大熊猫或小熊猫。

⑨猩猩：哺乳动物。树栖，主食果实。根据古书记载，在古代的云南地区有貊和猩猩。《后汉书·南蛮西南夷列传》李贤注引《南中志》："猩猩在山谷中，行无常路，百数为群。土人以酒若糟设于路；……（猩猩）去而又还，相呼试共尝酒。初尝少许，又取屐子着之，若进两三升，便大醉，人出收之，屐子相连不得去，执还内牢中。"引《南中八郡志》："貊大如驴，状颇似熊，多力，食铁，所触无不拉。"

⑩罽（jì）：用毛做成的毡子一类的东西。

⑪濮竹：大竹名。《后汉书·南蛮西南夷列传》："其竹节相去一丈，名曰濮竹。"

⑫斛：旧量器名，亦是容量单位。一斛本为十斗，后来改为五斗。

⑬绩：把麻纤维披开接续起来搓成线。

⑭桐华布：《后汉书·南蛮西南夷列传》李贤注引《广志》："梧桐有白者，剽国有桐木，其华有白毳，取其毳淹渍，缉织以为布。"后因以称梧桐花细毛织成的布为"桐华布"或"桐木布"。

⑮兰干：织品名。

⑯纻（zhù）：苎麻纤维织成的布。

⑰罽旄：毛织物。帛叠：又作"白叠"，用棉纱织成的布。《后汉书·南蛮西南夷列传》李贤注引《外国传》："诸薄国女子织作白叠花布。"水精：水晶。无色透明的结晶石英，是一种贵重矿石。轲虫：海贝。蚌珠：亦作"蜯珠"，蚌所产之珍珠。

⑱出铜、锡：《后汉书·南蛮西南夷列传》："（哀牢）出铜、铁、铅、锡、金、银。"按：此处有错简。"宜五谷，出铜、锡"六字，当在本段上文"土地沃腴"之后（任乃强）。

⑲名绩：名声与功绩。

⑳张化：人名。事迹不详。常员：即本书卷十一《后贤志》所说常原。常原，蜀郡江原（今四川崇州）人。常勖之父。历任牂柯太守、永昌太守。

㉑巴郡：底本作"巴部"，误。沈稚、黎彪：二人事迹不详。

㉒鲜：少。

【译文】

汉明帝永平十二年，哀牢夷首领抑狼派遣他的儿子向朝廷进贡。于是，汉明帝设置了永昌郡，任命蜀郡人郑纯为太守。永昌郡有八个属县，有人口六万户，距离洛阳六千九百里，位于宁州的最西南处。永昌郡境内有闽濮、鸠獠、僄越、裸濮、身毒等民族。永昌郡土地肥沃，出产黄金、光珠、虎魄、翡翠、孔雀、犀、象、蚕桑、绵、绢、采帛、文绣等物产。又有貊兽，能够吃铁；有猩猩兽，能够说话，它的血可以用来染红毛织品。有一种名叫濮竹的大竹，竹节之间相距一丈，竹筒大约可以盛装十斗水。有一种梧桐木，它的花柔软如丝，老百姓用它们来织布，布幅的宽度可以达到五尺以上，布匹洁白而且不易被污染，俗称"桐华布"。桐华布可用来覆盖死人，然后再裁制成衣服，或者卖给他人。有一种兰干细布——"兰干"，来源于獠语，意思是布，即将布织成花纹，犹如绫罗锦缎一般。又出产阇旄、帛叠、水精、琉璃、轲虫、蚌珠。适宜种植五谷，出产铜、锡。自从郑纯以后，有显著名声与功绩的太守有蜀郡人张化、常员，巴郡人沈稚、黎彪，但声望真正显赫的还是很少。

章武初，郡无太守。值诸郡叛乱[1]，功曹吕凯奉郡丞蜀郡王伉保境六年[2]。丞相亮南征，高其义[3]，表曰："不意永昌风俗敦直乃尔[4]！"以凯为云南太守，伉为永昌太守，皆封亭侯。李恢迁濮民数千落于云南、建宁界，以实二郡。凯子祥太康中献光珠五百斤[5]，还临本郡，迁南夷校尉。祥子元康末为永昌太守。值南夷作乱，闽濮反，乃南移永寿[6]，去故郡千里，遂与州隔绝。吕氏世官领郡，于今三世矣。大姓陈、赵、杨氏[7]。

【注释】

①诸郡叛乱：指益州雍闿、越巂高定、牂柯朱褒等人叛乱。

②吕凯：字季平，永昌郡不韦（今云南保山）人。见本卷上文注。郡丞：官名。秦始置，为郡守（太守）副贰，佐郡守掌众事。边郡别有长史，掌兵马。秩六百石，由朝廷任命。东汉建武六年（30），

令郡太守病,丞、长史代行其事。王伉:蜀郡成都(今四川成都)人。后主建兴中为永昌郡府丞,与吕凯力拒雍闿。封亭侯,为永昌太守。

③高:意动用法,以……为高。

④不意:不料,没有想到。敦直:敦厚正直。《三国志·蜀书·黄李吕马王传》:"(诸葛)亮至南,上表曰:'永昌郡吏吕凯、府丞王伉等,执忠绝域,十有余年,雍闿、高定逼其东北,而凯等守义不与交通。臣不意永昌风俗敦直乃尔!'"

⑤太康:晋武帝年号(280—289)。

⑥永寿:在今云南耿马傣族佤族自治县境。详见下文。

⑦大姓陈、赵、杨氏:他本作"大姓陈、赵、谢、杨氏"。

【译文】

章武初年,永昌郡没有太守。恰好遇到各郡发动叛乱,功曹吕凯推举郡丞、蜀郡人王伉主事,保卫边境六年。后来,蜀汉丞相诸葛亮南征,认为他们的节义高尚,于是上表朝廷说:"没有想到永昌的风俗是这样的敦厚正直!"朝廷任命吕凯为云南太守,王伉为永昌太守,二人都被封为亭侯。李恢曾经迁徙数千家濮人到云南、建宁交界地带居住,以此充实两个郡的人口。太康年间,吕凯之子吕祥献给朝廷五百斤光珠,当他回到本郡的时候,被升迁为南夷校尉。元康末年,吕祥之子任永昌太守。适逢南夷作乱,闽濮造反,郡府于是南移至永寿,距离原先的郡有上千里之遥,因而与州府便隔绝了。吕氏世世代代统领永昌郡,至今已历三代。永昌郡的大姓有陈、赵、杨氏。

不韦县　　故郡治。

比苏县①

哀牢县②

【注释】

①比苏县：又作"芘苏"。县名。西汉元封二年（前109）置，属益州郡。治所在今云南云龙县境。东汉永平十二年（69）属永昌郡。西晋永嘉五年（311）属河阳郡。东晋成帝时为西河郡治。南朝梁末废。

②哀牢县：县名。东汉永平十二年（69）哀牢内属，以其地置，属永昌郡。治所在今云南盈江县东。《续汉书·郡国志》："哀牢，永平中置，故牢王国。"南朝齐改西城县。

【译文】

不韦县　是原先的郡府所在地。

比苏县

哀牢县

永寿县①　今郡治。

巂唐县　有周水从徼外来②。

雍乡县③

南涪县④　有翡翠、孔雀。

【注释】

①永寿县：县名。三国蜀置，属永昌郡。治所在今云南耿马傣族佤族自治县境。西晋元康末（299）为永昌郡治。南朝齐属永昌郡。梁末废。

②周水：即怒江。在今云南西部。怒江源出青海、西藏边界唐古拉山南麓，斜贯西藏自治区东部，入云南省境折向南流，经怒江傈僳族自治州、保山市和德宏傣族景颇族自治州出国境入缅甸，称萨尔温江，在毛淡棉附近入印度洋的莫塔马湾。

③雍乡县:县名。三国蜀置,属永昌郡。治所在今云南澜沧拉祜族
　自治县北一百一十里上允镇。南朝梁末废。

④南涪县:县名。三国蜀置,属永昌郡。治所在今云南景洪市境。
　南朝宋废。

【译文】

永寿县　现在的郡府所在地。

巂唐县　有周水河从县界外流入本县。

雍乡县

南涪县　出产翡翠、孔雀。

　博南县①　西山高三十里②,越之得兰沧水。有金沙③,
以火融之为黄金。有光珠穴,出光珠④。有虎魄⑤,能吸
芥⑥。又有珊瑚⑦。

【注释】

①博南县:县名。东汉永平十二年(69)置,属永昌郡。治所在今云
　南永平西南二十四里花桥。因博南山而得名。《水经·若水注》:
　"博南,山名也,县以氏之。"东晋咸康末废。南朝齐复置,梁末废。

②西山:即博南山。见本卷前文注。

③金沙:含有金子的沙砾。《后汉书·郡国志》:"博南,永平中置。
　南界出金。"

④光珠:或以为即江珠,或以为即琥珀。此处云"光珠穴,出光珠",
　则此光珠当为宝石(刘琳)。

⑤虎魄:亦作"虎珀",今写作"琥珀"。

⑥芥:小草,喻轻微纤细的事物。琥珀之所以"能吸芥",是因为摩
　擦产生静电,故而能吸附微细之物。于此,古人早有认识。如
　梅尧臣《送韩钦圣学士京西提刑》:"其易谓何如,拾芥由琥珀。"

《本草纲目》卷三十七:"时珍曰:琥珀拾芥,乃草芥,即禾草也。"

⑦珊瑚:由珊瑚虫分泌的石灰质骨骼聚结而成的东西,状如树枝。色彩鲜艳,外形美观,常用作装饰品。按:珊瑚产于大海,而博南县不临海。此处说博南县"又有珊瑚",当是古代缅甸、印度以至西亚、欧洲的商人运至此地销售,再由此转运内地销售。内地人士不明白内情,误以为博南县出产珊瑚(刘琳)。

【译文】

博南县 境内的西山高达三十里,越过西山,就能到达兰沧江。有金矿沙砾,用火融化,就可以得到黄金。有光珠穴,出产光珠。有虎魄,能吸附微细之物。又有珊瑚。

云南郡,蜀建兴三年置①。属县七,户万②,去洛六千三百四十三里。本云川地③。有熊仓山④。上有神鹿,一身两头,食毒草⑤。有上方、下方夷⑥。亦出桐华布。孔雀常以二月来翔⑦,月余而去。土地有稻田蓄牧,但不蚕桑。

【注释】

①建兴三年:225年。

②"属县七"二句:属县七,即蜀汉时期的云南、叶榆、遂久、弄栋、蜻蛉、邪龙、姑复七县。西晋初增置云平、永宁二县,共计九县。户万,《晋书·地理志上》:"户九千二百。"

③云川:任乃强认为当作"云山","云山谓今之鸡脚山也,汉云南县因以为名,原称云山县也"。任乃强所说"鸡脚山",又称鸡山。在今云南宾川西北部。自明代后期通称鸡足山。刘琳认为,云川当是指今云南祥云县东云南驿至普棚镇一带坝子。刘说更可信。

④熊仓山:即点苍山,又作"玷苍山"。又称灵鹫山,简称苍山。唐

代以来称点苍山。南诏封为中岳。在今云南大理白族自治州中部、漾濞江与洱海之间。

⑤食毒草：关于神鹿"食毒草"，古书有不少记载。《后汉书·南蛮西南夷列传》："云南县有神鹿，两头，能食毒草。"《文选》卷四左思《蜀都赋》李善注："有神鹿两头，主食毒草，名之食毒鹿，出云南郡。"《初学记》卷二十九引《汉西夷传》："云南县有神鹿，两头，食毒草。"

⑥上方、下方夷：或谓指山上、山下（刘琳）。按：刘说可参。所谓"上方夷""下方夷"，大概指的是居于山上、山下的夷人。

⑦二月：任乃强认为当作"六月"。其意为优，因二月天气尚凉。

【译文】

云南郡，是蜀建兴三年设置的。有七个属县，有人口一万户，距离洛阳六千三百四十三里。本来是平坝之地。有熊仓山。山上有神鹿，一个身子，两个头，能吃有毒的草。有上方夷、下方夷。也出产桐华布。孔雀常常在二月飞来，停留一个月后飞走。土地可以种稻，也可以放牧牲畜，但不能养蚕、栽桑。

云南县①　　郡治。

叶榆县②　　有河洲③。

遂久县④　　有绳水也⑤。

弄栋县⑥　　有无血水，水出连山⑦。

【注释】

①云南县：县名。西汉元封二年（前109）置，属益州郡。治所在今云南祥云东南三十四里云南驿镇东北果城。东汉属永昌郡。三国蜀建兴三年（225）属云南郡。东晋为云南郡治。南朝齐废入云平县。

②叶榆县：县名。西汉元封二年（前109）置，属益州郡。治所在今云南大理西北六十里喜洲。东汉永平十二年（69）属永昌郡。三国蜀建兴三年（225）属云南郡，西晋永嘉五年（311）属河阳郡。南朝宋为西河阳郡治。南朝梁末废。

③河：指叶榆河，又作"叶榆水"。即今云南洱海源的弥苴佉江和洱海出口的西洱河、黑惠江。三国至南朝称叶榆河。洱海西岸至点苍山脚呈一狭长的冲积地带，土地肥沃，即本处所说的"河洲"。

④遂久县：县名。西汉元鼎六年（前111）置，属越巂郡。治所在今云南丽江玉龙纳西族自治县境。三国蜀建兴三年（225）属云南郡。南朝宋初改遂段县。

⑤绳水：指今四川、云南间之金沙江。先秦至南朝称绳水。

⑥弄栋县：县名。又作"栳栋县"。西汉元封二年（前109）置，属益州郡。治所在今云南姚安西北十七里光禄镇南旧城。三国蜀建兴三年（225）为云南郡治。西晋属云南郡。东晋成帝时为兴宁郡治。南朝齐属兴宁郡。梁末废。

⑦"有无血水"二句：无血水，又作"毋血水"。即今云南楚雄彝族自治州境内之龙川江。汉至南朝称毋血水。《汉书·地理志上》益州郡弄栋县："东农山，毋血水出，北至三绛南入绳，行五百一十里。"连山，山名。在今云南姚安东南。《续汉书·郡国志》弄栋县注引《地道记》："连山，无血水所出。"

【译文】

云南县　是郡府所在地。

叶榆县　境内有河洲。

遂久县　境内有绳水。

弄栋县　境内有无血水，其发源于连山。

蜻蛉县①　有盐官②。濮水出③。禺同山有碧鸡、金马④,光影倏忽⑤,民多见之,有山神。汉宣帝遣谏议大夫蜀郡王褒祭之⑥,欲致鸡、马⑦。褒道病卒,故不宣著⑧。

其县二,别为郡⑨。

【注释】

①蜻蛉县:县名。即青蛉县,西汉元鼎六年(前111)置,属越巂郡。治所在今云南大姚。三国蜀汉、西晋属云南郡。东晋成帝时属兴宁郡。

②有盐官:云南大姚白盐井以产盐著称,盐井在大姚西北七十里石羊镇。

③濮水:即仆水。今云南南部之红河。汉至南朝称仆水。《汉书·地理志上》越巂郡青蛉:"仆水出徼外,东南至来唯入劳,过郡二,行千八百八十里。"

④禺同山:即今云南大姚东北紫丘山。碧鸡、金马:形状像鸡的碧玉,形状像马的黄金,皆为宝物,亦指神名。《汉书·地理志上》越巂郡青蛉县:"禺同山,有金马、碧鸡。"《水经·淹水注》:蜻蛉"县有禺同山,其山神有金马碧鸡,光景倏息,民多见之"。《汉书·郊祀志下》:"或言益州有金马碧鸡之神,可醮祭而致。"颜师古注引如淳曰:"金形似马,碧形似鸡。"《后汉书·郡国志五》:"越巂郡十四城:青蛉有禺同山,俗谓有金马碧鸡。"后以"金马碧鸡"作为祥瑞之物。

⑤倏忽:形容行动急速,一闪即过。

⑥谏议大夫:当作"谏大夫"。官名。秦置。汉初不置。元狩五年(前118),汉武帝因秦而置之。掌顾问、应对,参预谋议,多以名儒宿德为之。初属郎中令,太初元年(前104)郎中令更名光禄勋后改隶之。秩比八百石,无定员,多至数十人。东汉光武帝时,改名为谏议大夫,秩六百石,员额为三十人。掌侍从顾问、参

　　谋讽议。

⑦欲致鸡、马：此事亦见《汉书·王褒传》："后方士言益州有金马、碧鸡之宝,可祭祀致也。宣帝使褒往祀焉。褒于道病死,上闵惜之。"

⑧宣著：显著,外露。此处指公开宣读祭文。

⑨别为郡：即下文所说河阳郡。

【译文】

　　靖蛉县　设有盐官。境内有濮水,发源于境外。禺同山上有碧鸡、金马,其光影一闪即过,许多老百姓都看见过,还有山神。汉宣帝派遣谏议大夫、蜀郡人王褒前往祭祀,想招来碧鸡、金马。王褒在路上病逝了,故而没有宣读祭文。

　　此郡另有二县,别立为郡。

　　河阳郡①　　刺史王逊分云南置。属县四,户千。
　　河阳县②　　郡治。在河源洲上也③。
　　下阙④

【注释】

①河阳郡：郡名。西晋永嘉五年（311）析云南、永昌两郡置,属宁州。治所在河阳县（今云南大理东南凤仪镇）。辖境约比今云南洱海周围大,北到丽江、永胜,西到云龙。东晋析置西河阳郡后,辖境仅包有今洱海周围,北抵金沙江。南朝宋析为东河阳与西河阳两郡。

②河阳县：县名。西汉置,属河内郡。治所在今河南孟州西三十五里冶戍镇。西晋末废。北魏孝昌中复置,北齐废。

③河源洲上：应在今云南洱源县邓川镇附近（刘琳）。

④下阙：上文说河阳郡有"属县四",本处仅有河阳一县,缺失三县。所缺三县,即姑复县（治所在今云南永胜县境）、永宁县（治所在

今云南宁蒗彝族自治县西北永宁)、邪龙县(治所在今云南巍山
彝族回族自治县北)。

【译文】

河阳郡　刺史王逊分割云南郡而设置的。有四个属县,有人口一
千户。

河阳县　郡府所在地。郡府在河源的绿洲上。

下阙

梁水郡①,刺史王逊分置②,在兴古之盘南③。

梁水县④　郡治。有振山⑤,出铜。

贲古县⑥　山出铜、铅、铁⑦。

西随县⑧

【注释】

①梁水郡:郡名。三国蜀析兴古郡盘南置,属庲降都督,旋废。西晋
　永嘉五年(311)复置,属宁州。治所在梁水县(今云南开远)。
　南朝梁末废。

②分置:即分兴古郡而置。

③盘南:盘江之南。

④梁水县:县名。三国蜀置,为梁水郡治,旋废。西晋永嘉五年
　(311)复置,仍为梁水郡治。治所即今云南开远。南朝梁末废。

⑤振山:山名。具体不详。

⑥贲古县:县名。西汉元封二年(前109)置,属益州郡。治所在今
　云南蒙自东南十四里新安所镇。三国蜀建兴三年(225)属兴古
　郡。西晋永嘉五年(311)属梁水郡。南朝宋改名新丰县。

⑦铜、铅、铁:一作"银、铅、铜、铁"。

⑧西随县:县名。西汉元鼎六年(前111)置,属牂柯郡。治所在今

云南金平苗族瑶族傣族自治县境。三国蜀建兴三年（225）属兴
古郡。西晋永嘉五年（311）属梁水郡。南朝梁末废。

【译文】

梁水郡，刺史王逊分兴古郡设置的，在兴古郡盘江以南。

梁水县　郡府所在地。境内有振山，出产铜。

贲古县　境内的山上出产铜、铅、铁。

西随县

兴古郡①，建兴三年置。属县七②，户四万，去洛五千八
百九十里。多鸠獠、濮③。特有瘴气④。自梁水、兴古、西平
三郡少谷。有桄榔木⑤，可以作面，以牛酥酪食之⑥，人民资
以为粮。欲取其木，先当祠祀⑦。

【注释】

①兴古郡：郡名。三国蜀建兴三年（225）析牂柯郡西南部、益州郡
南部置，属庲降都督。治所在宛温县（今云南砚山西北四十六里
维摩彝族乡）。西晋属宁州。武帝时治胜休县（今云南江川北
二十六里江城镇龙街），后治律高县（今云南弥勒南一百里朋普
村）。东晋复治宛温县。南朝宋治漏卧县（今云南罗平县境），南
齐移治西中县（今云南文山市境）。南朝梁末废。

②属县七：底本作“属县十一”，系后人据《晋书·地理志》妄改。
参看《华阳国志校补图志》和《华阳国志新校注》。

③鸠獠：今仡佬族的前身。

④瘴气：指我国南部、西南部地区山林间湿热蒸发能致病之气。《后
汉书·南蛮西南夷列传》：“南州水土温暑，加有瘴气，致死者十必
四五。”《太平御览》卷七百九十一引《永昌郡传》：“兴古郡，在建
宁南八百里。郡领九县，纵经千里，皆有瘴气。”

⑤桄榔（guāng láng）：亦作"桄桹"。木名，俗称砂糖椰子、糖树。常绿乔木，羽状复叶，小叶狭而长，肉穗花序的汁可制糖，茎中的髓可制淀粉，叶柄基部的棕毛可编绳或制刷子。《后汉书·南蛮西南夷列传》："句町县有桄桹木，可以为面，百姓资之。"

⑥牛酥酪（lào）：牛乳制食品名。酪由乳汁煮沸而成，酥，指酪之上层的凝固物。

⑦祠祀：祭祀，立祠祭神或祭祖。

【译文】

兴古郡，建兴三年设置。有七个属县，有人口四万户，距离洛阳五千八百九十里。境内居民有许多鸠獠人、濮人。境内有一种特殊的瘴气。梁水、兴古、西平三郡很少种植稻谷。境内植物有桄榔木，茎中的髓可以制作成面粉，混合牛酥酪可以食用，当地老百姓用它们作为口粮。如果想砍伐桄榔木，要先对它们进行祭祀。

宛温县①　郡治。元鼎六年置。

律高县②　西有石空山③，出锡；东南有螚町山④，出银。

镡封县⑤　有温水。

【注释】

①宛温县：县名。西汉元鼎六年（前111）置，属牂柯郡。治所在今云南砚山西北四十六里维摩彝族乡。三国蜀建兴三年（225）为兴古郡治。西晋郡治他移，仍属兴古郡。东晋复为郡治。永和三年（347）后改宛暖县。

②律高县：县名。西汉元封二年（前109）置，属益州郡。治所在今云南弥勒南一百里朋普村。三国蜀废。西晋咸宁元年（275）析修云、俞元二县复置，为兴古郡治。东晋郡治他移，仍属兴古郡。南朝梁末废。

③石空山：山名。即今云南弥勒西南石洞山。汉至南朝称石空山。《汉书·地理志上》益州郡律高县："西石空山出锡。"《续汉书·郡国志》作"石室山"。

④盬町（xù dīng）山：即今皈依底山。在云南弥勒东南隅。汉至南朝称盬町山。

⑤镡（xín）封县：县名。西汉元鼎六年（前111）置，属牂柯郡。治所在今云南砚山西北一百二十里平远镇。三国蜀建兴三年（225）属兴古郡。西晋永嘉五年（311）属梁水郡。南朝梁末废。

【译文】

宛温县　是郡府所在地。元鼎六年设置。

律高县　境内西部有石空山，出产锡；东南部有盬町山，出产银。

镡封县　有温水河流过县境。

句町县①　故句町王国名也②。其置自濮王，姓毋，汉时受封迄今。

汉兴县③

【注释】

①句町县：县名。西汉元鼎六年（前111）置，属牂柯郡。治所在今云南广南县南。三国蜀建兴三年（225）属兴古郡。南朝梁末废。

②句町王国：战国、秦时国名。在今云南广南一带。西汉置为县。

③汉兴县：县名。三国蜀置，应在今黄泥河与南盘江会合处之西，亦即云南罗平县一带（刘琳）。

【译文】

句町县　县名是原先的句町王国名。它的设置来自濮王，濮王姓毋，在汉朝时受到封赐，一直到现在。

汉兴县

胜休县①　有河水也②。

都唐县③　故名都梦县④。

【注释】

①胜休县:县名。西汉元封二年(前109)置,属益州郡。治所在今
　云南江川北二十六里江城镇龙街。王莽时改名胜僰。三国蜀复
　名胜休,属建宁郡。西晋武帝时属兴古郡,永嘉五年(311)属梁
　永郡。南朝梁末废。

②河水:水名。即今云南江川东北星云湖。汉至南朝称河水。

③都唐县:县名。又作"都簹"。西晋太康二年(281)在原都梦县
　地置,属兴古郡。治所在今云南文山市境。东晋永和三年(347)
　后改西安县。

④都梦县:县名。西汉元鼎六年(前111)置,属牂柯郡。治所在今
　云南文山市境。东汉废。

【译文】

胜休县　境内有河水。

都唐县　就是以前的都梦县。

西平郡①,刺史王逊时,爨量保盘南,逊出军攻讨,不能
克。及逊薨后,寇掠州下,吏民患之。刺史尹奉重募徼外夷
刺杀量②,而诱降李遏,盘南平。奉以功进安西将军,封迁陵
伯③。乃割兴古盘南之盘江、来如、南零三县为郡④。以下阙

　右宁州。统郡十四,县六十八⑤。

【注释】

①西平郡:郡名。西晋永嘉五年(311)置,治西平县(今广西西林

东南西平）。南朝梁废。

②重募：悬重赏招募。

③迁陵：县名。战国秦置，属黔中郡。治所在今湖南保靖东北十里
乳香岩。西汉属武陵郡。南朝齐改名零陵县，迁治今保靖县。梁
复名迁陵县。迁陵，底本误作"前陵"。

④兴古盘南：底本作"兴古云南"，依刘琳《华阳国志新校注》改。
盘江、来如、南零三县：《晋书》等无三县之名。又因《华阳国志》
此下文字脱落，故不得其详。

⑤"统郡十四"二句：据今本《华阳国志》统计，宁州实有十四郡、七
十一县。此处说"县六十八"，当有误。

【译文】

西平郡，在宁州刺史王逊管辖此地时，爨量盘踞在盘江以南，王逊出
军攻打讨伐，没有攻克。到王逊去世之后，爨量的人马不时到州里抢掠，
官民都深以为害。后来，刺史尹奉悬重赏招募边界外的夷人刺杀了爨
量，又诱降了李遏，盘江以南才平定下来。尹奉因功而进官安西将军，被
封为迁陵伯。于是，分割兴古郡盘江以南的盘江、来如、南零三县，新设
为一郡。以下阙

右宁州。统郡十四，县六十八。

咸熙元年①，吴交趾郡吏吕兴杀太守孙谞②，内附魏③。
魏拜兴安南将军。时南中监军霍弋表遣建宁爨谷为交趾太
守④，率牙门将军建宁董元、毛炅、孟幹、孟通、爨熊、李松、
王素等领部曲以讨之⑤。谷未至，兴已为功曹李统所杀⑥。

【注释】

①咸熙元年：264年。咸熙，三国魏元帝年号（264—265）。

②交趾郡：郡名。秦亡后南越赵佗置。元鼎六年（前111）归汉。

西汉时治所在赢陵县（今越南河内西北）。东汉移治龙编县（今越南北宁省仙游东）。三国吴属交州。孙谞：底本作"孙靖"，误。孙谞（？—263），三国时吴官吏。吴景帝孙休时曾任交阯郡太守。永安六年（263）送本郡手工工人千余人至建业，郡吏吕兴号召军民反，杀孙谞。

③内附：归附朝廷。

④霍弋：字绍先，南郡枝江（今湖北枝江）人。详见本卷前文注。爨谷：建宁（治今云南曲靖）人。南中大姓。

⑤毛炅（？—271）：建宁（治今云南曲靖）人。与杨稷共守交阯，粮尽而救不至，城破被囚，不屈而死。爨熊、王素：《晋书》卷五十七作"爨能""王业"、《资治通鉴》卷七十八作"爨能""王素"。

⑥自此以下五段，所叙述的是交阯事，属于附录性质。套用本卷"撰曰"的话说，"交阯虽异州部，事连南中，故并志焉"。

【译文】

　　咸熙元年，吴国交阯郡官吏吕兴杀死太守孙谞，归附魏国。魏国任命吕兴为安南将军。当时，南中监军霍弋上表朝廷，希望调遣建宁人爨谷为交阯太守，并率牙门将军建宁人董元、毛炅、孟幹、孟通、爨熊、李松、王素等带领部曲前去救援。爨谷还没有到达交阯郡，吕兴已经被功曹李统杀死。

　　泰始元年①，谷等径至郡，抚和初附②。无几，谷卒，晋更用马忠子融代谷。融卒，遣犍为杨稷代之③，加绥远将军④；又进诸牙门，皆杂号将军⑤，封侯。吴交州刺史刘峻、前部督修则领军三攻稷⑥，皆为稷所败，郁林、九真皆附稷⑦。稷表遣将军毛炅、董元等攻合浦⑧，战于古城⑨，大破吴军，杀峻、则。稷因表炅为郁林太守，元为九真太守。元病亡，更以益州王素代之，数攻交州诸郡。

【注释】

①泰始元年：265年。

②初附：刚刚归附的人民。

③杨稷（？—271）：字文曹，犍为（治今四川眉山彭山区）人。与霍弋、毛炅共守交趾拒吴。霍弋死，粮尽而救兵不至，将军王约又降吴，吴兵得入城，俘稷。遣送途中，呕血死于合浦。武帝追赠为交州刺史。事见《晋书·陶璜传》等。

④绥远将军：官名。东汉献帝建安（196—220）中置，掌征伐或驻守。三国吴沿置。两晋、南朝宋省置无常。

⑤杂号将军：地位较低、置废无常、无固定职掌的诸名号将军的泛称。汉朝除大将军、骠骑将军、车骑将军、卫将军及前、后、左、右将军等重号将军外，皆为杂号将军。魏、晋以后将军名号骤增，除上述将军外，领军、护军、四征、四镇、四安、四平、中、镇、抚三号及征虏、伏波等将军亦列为重号将军，唯宣威将军以下至偏、裨将军仍称杂号将军。

⑥前部督：底本作“大都督”，依《华阳国志新校注》改。

⑦郁林：郡名。西汉元鼎六年（前111）置。治所在布山县（今广西桂平）。九真：郡名。西汉初南越赵佗置。西汉元鼎六年（前111）归汉。治所在胥浦县（在今越南清化省东山县杨舍村）。东汉属交州。南朝宋移治移风县（今越南清化省清化北马江南岸）。梁属爱州。

⑧合浦：郡名。西汉元鼎六年（前111）置，治所在合浦县（今广西浦北县南泉水镇旧州村）。三国吴黄武七年（228）改为珠官郡，孙亮时复为合浦郡。南朝宋属越州，南朝齐移治徐闻县（今广东徐闻南），梁复移治合浦县。

⑨古城：在今广西合浦西南。

【译文】

泰始元年，爨谷等人直接到达交趾郡，安抚刚刚归附的百姓，让他们和睦相处。过了不久，爨谷去世，晋朝改派马忠之子马融替代爨谷的职务。马融死后，朝廷派遣键为人杨稷代替马融的职务，并加封绥远将军衔；又提拔了诸多牙门将领，都是杂号将军，也封了侯爵。吴国交州刺史刘峻、前部督修则率领军队三次进攻杨稷，结果都被杨稷打败，郁林郡、九真郡都归了杨稷。杨稷上表朝廷，请求朝廷派遣将军毛炅、董元等一起进攻合浦郡，两军交战于古城，吴军大败，刘峻、修则被杀死。杨稷于是上表朝廷，推荐毛炅为郁林太守，董元为九真太守。董元病逝之后，朝廷改任益州人王素替代董元的职务，他们多次攻打交州的几个郡。

泰始七年春①，吴主孙皓遣大都督薛珝、交州刺史陶璜帅二十万军②，兴扶严恶夷合十万伐交趾③。稷遣炅及将军建宁孟岳等御之，战于封溪④。众寡不敌，炅等败绩，仅以身还。交趾固城自守。破败之后，众才千人，并新附可有四千⑤，男女万余口。陶璜围之，杜塞蹊径⑥，救援不至，虽班粮约食⑦，犹不供继。至秋七月，城中食尽，病饿死者大半。交趾人广野将军王约反应陶璜⑧，以梯援外，吴人遂得入城。得稷等，皆囚之，即斩稷长史张登、将军孟通及炅，并交趾人邵晖等二千余人。受皓诏，传稷秣陵⑨，故梏稷及孟干、爨熊、李松四人于吴，通四远消息⑩。稷至合浦，发病欧血死⑪，传首秣陵，弃其尸丧于海⑫。干、松、熊至吴，将加斩刑。或说皓：宥免干等⑬，可以劝边将。皓原之，欲徙付临海郡⑭。初，稷等私誓：不能死节⑮，困辱虏手，若蒙未死，必当思求北归。稷既路死，干等恐北路转远，以吴人爱蜀侧竹弓弩,言能作之,皓转付作部为弓工。九年,幹自吴逃返洛阳,松、熊为皓所杀。初,晋武帝以稷为交州刺史,大封;半道,稷城陷,或传降,故不录⑯。幹至表状⑰,乃追赠交州刺史,封松、熊后嗣侯焉。

【注释】

①泰始七年:271年。

②孙皓(242—284):一名彭祖,字元宗,又字皓宗,吴郡富春(今浙江富阳)人。孙权之孙,孙和之子。孙休时,封乌程侯。休卒,被群臣迎立为帝。在位期间,残暴专横,骄奢淫逸,朝政腐败。天纪四年(280),晋武帝出兵六路伐吴,王濬一路顺江东下,攻至建业,孙皓出城请降。北迁洛阳,封归命侯。《三国志》有传。大都督:官名。高级军事长官。三国吴、魏初于战争时临时设置,不开府。一般作为加官,位高于都督。薛珝(xǔ):沛郡竹邑(今安徽宿州)人。孙休时为五官中郎将,曾出使蜀汉求马。官至威南将军。征交阯,还,道病死。陶璜:字世英,丹阳秣陵(今江苏南京南)人。吴交州刺史陶基之子。仕吴为将帅。入晋,授冠军将军、交州刺史,封宛陵侯,出镇江南。在江南三十余年,为政清廉,威恩著于南土,为州郡所称颂。《晋书》有传。

③兴:疑当作“与”。興、與,因形近而误。扶严:在今越南河内西北。后吴于此置武平郡。

④封溪:县名。东汉建武十九年(43)置,属交阯郡。治所在今越南永福省安朗东。三国吴属武平郡。南朝梁、陈间废。

⑤可:大约。

⑥蹊径:小路。

⑦班粮:分配粮食。

⑧广野将军:杂号将军名,东汉末三国初置,掌征伐。南朝宋、北魏、

隋初皆置,但品位比以前低,为九品。

⑨秫陵:县名。秦始皇三十七年(前210)改金陵邑置,属会稽郡。治所即今江苏南京江宁区南五十里秫陵镇。西汉属丹杨郡。东汉建安十七年(212)孙权自京口(今镇江市)徙治于此,改名建业,移治今南京。西晋太康元年(280)灭吴,复名秫陵;三年(282)分淮水(今秦淮河)南为秫陵县,北为建邺县。东晋义熙九年(413)移治京邑,在斗场柏社(今南京武定桥东南)。元熙元年(419)移治扬州府禁防参军署(今南京中华门外故报恩寺附近)。

⑩四远:四方,四方边远之地。

⑪欧:同"呕",吐。

⑫尸丧:尸体,遗体。

⑬宥(yòu)免:赦免,宽恕。

⑭临海郡:郡名。三国吴太平二年(257)分会稽郡置,属扬州。治所在临海县(今浙江临海)。寻徙治章安县(今浙江台州椒江区章安镇)。东晋太宁元年(323)后辖境渐小。南朝梁尝改赤城郡,寻复旧。陈又改章安郡,寻又改临海郡。

⑮死节:为保全节操而死。

⑯不录:不任用,不委任。

⑰表状:上表说明实际情况。

【译文】

泰始七年春,吴主孙皓派遣大都督薛珝、交州刺史陶璜率领二十万大军,以及扶严一带作恶的十万夷人,联合进攻交阯郡。杨稷派遣毛炅和将军、建宁人孟岳等前往抵御,两军交战于封溪。因吴军兵马众多,而毛炅、孟岳等人马不足,结果毛炅等被打败,仅毛炅只身一人回到交阯。毛炅固守交阯城池,自保自守。战败之后,毛炅的队伍才不过一千人,加上新来依附的人马,也就大约四千人,而城中男女人口不过一万余人。

陶璜率军前来围困交趾城，并堵塞了进出城池的大小道路，而救援又迟迟不至，虽然分配粮食、省减饮食，但还是供给不上。到了秋天的七月，城中粮食已被吃光，病死、饿死的人员有一大半。交趾人、广野将军王约策应陶璜，用梯子支援城外的吴军，吴军于是得以进入交趾城。吴军抓获了杨稷等人，将他们都关押起来，立马斩杀了杨稷的长史张登、将军孟通及毛炅，并屠杀了交趾人邵晖等二千余人。其后，接到孙皓的诏书，诏令吴军押送杨稷到秣陵，因此，吴军用囚车将杨稷以及孟幹、爨熊、李松四人押送到吴国，并向四方边远之地散播这一消息。到合浦之时，杨稷因发病吐血而死，吴军将其头颅送至秣陵，而将其尸体抛入大海。孟幹、李松、爨熊被押送到了吴国，即将被处以斩刑。有人劝告孙皓：赦免孟幹等人，可以起到劝降边将的作用。孙皓宽恕了孟幹等人的罪过，打算把他们流放到临海郡。起初，杨稷等人私下发誓：如果不能为保全节操战死沙场，而不幸成为俘虏落入敌手，又侥幸没有被处死，一定要设法回到北方的朝廷。杨稷已经在路上死掉了，孟幹等人担心返回北方的路途遥远，于是借口吴人喜爱蜀地侧竹所制的弓弩，声言他们能制作竹弓弩，孙皓下令将他们转交制作弓弩的部门，让他们成为制作弓弩的匠人。泰始九年，孟幹从吴国逃回洛阳，而李松、爨熊被孙皓杀害。当初，晋武帝任命杨稷为交州刺史，并举行了隆重的仪式；使者行至半路，杨稷驻守的城池被攻陷，有人说杨稷已经投降了，故而没有委任。孟幹上表说明实际情况，朝廷于是追赠杨稷为交州刺史，并封李松、爨熊的后人为侯爵。

　　古城之战，毛炅手杀修则。则子允随陶璜。璜以炅壮勇①，欲赦之；而允必欲求杀炅，炅亦不屈于璜。璜怒，乃裸身囚结面缚②，呵曰："晋兵贼！"炅亦烈声呵曰："吴狗，何等为贼！"吴人生割其腹，允割其肝，骂曰："庸复作贼③！"炅骂不断，曰："尚欲斩汝孙皓，汝父何死狗也！"吴人斩之。

武帝闻而矜哀^④，即诏炅子袭爵，封诸子三人关内侯。

【注释】

①壮勇：强健而勇敢，刚勇。

②囚结：囚系。面缚：双手反绑在背后而面向前。古代用以表示投降。

③庸：岂，难道。

④矜哀：哀怜，怜悯。

【译文】

在古城之战中，毛炅亲手杀死了修则。修则的儿子修允跟随了陶璜。陶璜因为毛炅刚烈而勇敢，便想赦免他；但修允要求一定要处死毛炅，而毛炅也不屈服于陶璜。陶璜发怒了，于是脱光毛炅的衣服，把他装入囚车，将其双手反绑于背后，大声呵斥道："你个晋朝的兵贼！"毛炅也大声回骂道："吴狗，你等才是贼！"吴人活生生地剖开了毛炅的肚子，修允亲手割下了毛炅的肝，骂道："你难道还能作贼！"毛炅的骂声仍然不断道："我还想斩杀你们的孙皓，你的父亲为什么要为狗而死！"吴人斩杀了毛炅。晋武帝听说之后深表哀怜，随即下诏让毛炅之子继承爵位，又封他的三个儿子为关内侯。

　　九真太守王素以交趾败，与董元、牙门王承等欲还南中，为陶璜别将卫濮所获。功曹李祚见交趾民残害，还，遂率吏民保郡为晋。祚舅黎晃为吴将，攻伐祚不下，数遣人解喻降之^①。祚答曰："舅自吴将，祚自晋臣，惟力是视矣^②。"邵晖子胤先为父使诣洛，拜奉车都尉^③。比还^④，晖败亡，胤依祚固守，求救南中，南中遥为之援。诸姓得世有部曲，弋遣之南征，因以功相承也。

【注释】

①解喻:解释晓喻。

②惟力是视:即"惟视力"。力,武力。

③奉车都尉:官名。西汉武帝始置,职掌皇帝车舆,入侍左右,多由
　　皇帝亲信充任,秩比二千石。东汉名义上隶光禄勋。三国因之,
　　地位渐低。蜀参用宦者。魏、晋用作加官,与驸马都尉、骑都尉并
　　号"三都尉",多任宗室、外戚,并奉朝请,六品,名义上隶散骑省。
　　西晋末司马睿为晋王时,其府参军悉加此官,后罢其奉朝请。

④比:等到。

【译文】

　　九真太守王素因为在交趾打了败仗,想与董元、牙门王承等人回到
南中地区,结果被陶璜的别将卫濮抓获。功曹李祚眼见交趾百姓被残
杀、迫害,也返回来了,于是率领官军和百姓,为晋朝保护本郡。李祚的
舅舅黎晃是吴军将领,黎晃派兵攻打李祚,但攻打不下来,于是多次派人
前往解释晓喻,想招降李祚。李祚回答说:"舅舅,您是吴国将领,我是晋
朝的臣子,我们各自为主,只看谁的武力强大。"此前,邵晖之子邵胤为
他的父亲出使洛阳,被任命为奉车都尉。等到邵胤返回时,邵晖已经兵
败而亡,邵胤于是依附李祚固守城池,并向南中诸郡求救,南中诸郡的人
马远远地为其呼应。南中地区的大姓,世代都有部曲,霍弋曾经派遣这
些大姓的部曲南征,因为对朝廷有功,所以其部曲世代相承。

　　撰曰:南域处邛、筰、五夷之表①,不毛闽濮之乡,固九
服之外也②。而能开土列郡③,爰建方州④,逾博南,越兰沧,
远抚西垂⑤,汉武之迹,可谓大业。然要荒之俗⑥,不与华
同,安边抚远,务在得才。故高祖思猛士作歌⑦,孝文想颇、
牧咨嗟⑧。斯静御之将⑨,信王者所详择也⑩。马、霍、王、

尹^⑪,得失之际,足以观矣。交趾虽异州部^⑫,事连南中,故
并志焉。

【注释】

①五夷:五方之夷,泛指夷人。《北堂书钞》卷三十五引《续汉书》:
"种暠为益州刺史,迁汉阳太守,吏民五夷,男女号泣。"

②九服:古代王畿以外的地域,每五百里划为一区,按距离的远近和
关系的亲疏分为九等,有侯服、甸服、男服、采服、卫服、蛮服、夷
服、镇服、藩服,称为"九服"。《周礼·夏官·职方氏》:"乃辨九
服之邦国:方千里曰王畿,其外方五百里曰侯服,又其外方五百里
曰甸服,又其外方五百里曰男服,又其外方五百里曰采服,又其外
方五百里曰卫服,又其外方五百里曰蛮服,又其外方五百里曰夷
服,又其外方五百里曰镇服,又其外方五百里曰藩服。"

③开土:开拓疆域。列郡:建置郡治。

④方州:指州郡。

⑤西垂:亦作"西陲",西面边疆。

⑥要荒:古代"五服"之二,即要服与荒服。古称王畿外极远之地,
亦泛指远方之国。五服,古代王畿外围,以五百里为一区划,由近
及远分为侯服、甸服、绥服(或宾服)、要服、荒服,合称"五服"。
服,服事天子之意。《国语·周语上》:"夫先王之制:邦内甸服,邦
外侯服,侯、卫宾服,蛮、夷要服,戎、狄荒服。"

⑦高祖思猛士作歌:即汉高祖刘邦之作《大风歌》。《史记·高祖本
纪》:"高祖还归,过沛,留。置酒沛宫,悉召故人父老子弟纵酒,
发沛中儿得百二十人,教之歌。酒酣,高祖击筑,自为歌诗曰:'大
风起兮云飞扬,威加海内兮归故乡,安得猛士兮守四方!'"

⑧颇、牧:指廉颇、李牧。廉颇,战国时赵国名将。屡败齐、魏军,以
勇猛闻名诸侯。秦、赵长平之战,他坚壁固守三年,秦军不能取

胜,后因赵中秦反间计,改用赵括为将,致遭惨败。前251年,燕举兵击赵,他大败燕军,因功封信平君,为假相国(代相国)。赵悼襄王时,使乐乘代之。奔魏居大梁,魏不能用。后入楚,老死于楚都寿春(今安徽寿县)。李牧(? —前228),战国时赵国大将。常居代、雁门,防守赵国北境。爱士卒,善用兵。多次打败匈奴、东胡、林胡,使匈奴十余年不敢近赵边城。后代廉颇为将,攻燕拔数城。赵王迁二年,秦大举攻赵。次年,牧大破秦军于肥,以功封武安君。秦使赵王嬖臣郭开诬牧欲反,被斩。秦遂灭赵。咨嗟:叹息。按:汉文帝在与冯唐问答时曾有此叹。《史记·张释之冯唐列传》:"上(汉文帝)既闻廉颇、李牧为人,良说,而搏髀曰:'嗟乎! 吾独不得廉颇、李牧时为吾将,吾岂忧匈奴哉!'"

⑨静御:"静"通"靖",意为靖乱御侮(平定叛乱、抵御外侮)。

⑩详择:审慎选择。

⑪马、霍、王、尹:指马忠、霍弋、王逊、尹奉。

⑫州部:指州一级的地方行政单位。

【译文】

撰述者说:南中之域,地处邛、笮、五夷之外,在闽濮人所居不毛之地,这一带本来就是九服之外的荒远地域。在这一带能够开拓疆域、建置郡治、设立州郡,而且地域跨过博南山,越过兰沧水,安抚遥远的西陲边地,这是汉武帝的功绩,并且可以说是伟大的功绩。但是,这一带毕竟处于要服、荒服之地,其风俗与中原地区不同,而安抚边远之地,其要务在于得到有用的人才。因此,汉高祖有因思念猛士而作的《大风歌》,汉文帝有未得到廉颇、李牧而发的叹息。他们所想得到的是平定叛乱、抵御外侮的将帅,这确实是帝王们应该审慎选择的。马忠、霍弋、王逊、尹奉,他们在南中之地的得与失,足以供人借鉴。交趾虽然是异域的州部,但因为其事与南中相关连,故而将其一并写入本书。

卷五　公孙述刘二牧志

【题解】

《华阳国志》的前四志（《巴志》《汉中志》《蜀志》《南中志》），以四个地理单元（地区）为记述对象，类似于"地理志"。而卷五至卷九则以编年体的形式，叙述了四个割据政权的历史（公孙述、刘焉刘璋父子、蜀汉、成汉），类似于"编年史"。

本卷所说的"公孙述刘二牧志"，指的是公孙述、刘焉、刘璋。所记述的是"易代"之际发生在巴蜀大地的历史，而以两个割据政权的三个人物相贯串，即新莽末、东汉初的公孙述与东汉末年、三国前夕的刘焉、刘璋。

公孙述与刘焉、刘璋父子，三人均非英雄豪杰。引用常璩"撰曰"的话说，公孙述"欺天罔物"，"刘焉器非英杰"，"（刘）璋才非人雄"，只因在乱世之际得其因缘，最终成为割据一方的枭雄。

在《公孙述刘二牧志》中，常璩重点记述的是公孙述的迷信天命、性好符命、妄引谶记，结果"妖梦告终"而"自取灭亡"。而刘焉、刘璋父子，前后相继为益州牧，虽然拥有富饶之地，但素无宏图大志、深谋远虑，而是懦弱无能、优柔寡断。在法正、张松等人的怂恿之下，刘璋引刘备入川，结果"家国覆亡"、客死异乡。与公孙述有所不同的是，刘璋在败亡之际、投降之前，尚有一些"自我反省"的意味，"父子在州二十余年，无恩德以加百姓；攻战三年，肌膏草野，以璋故也，何以能安"。

早知如此，何必当初？诚如常璩"撰曰"所说，"量才怀远，诚君子之先略也"，"古人一馈十起，辍沐挥洗，良有以也"。

先王命史，立典建则[1]，经纪人伦[2]，三材炳焕[3]，品物章矣[4]。然而有志之士犹敢议论于乡校之下[5]，刍荛之人加之谣诵于林野之中[6]。管窥瞽言[7]，君子有采，所以综核群善，休风惟照也[8]。公孙述、刘牧、二主之废兴存亡[9]，《汉书》《国志》固以详矣[10]。统之州部，物有条贯[11]，必申斯篇者，格之前宪[12]：《左氏》素臣之功[13]，王侯之载籍也，而八国之《语》作焉[14]；五《传》渊邃[15]，大义洋洋[16]，圣人之微言也[17]，而八《览》之书兴焉[18]。苟在宜称[19]，虽道同世出，一事身见[20]，游精博志[21]，无嫌其繁矣。

【注释】

①立典建则：建立典章法则。典、则，法则。

②经纪：管理。

③三材：古书亦作"三才"。指天、地、人。《易·系辞下》："《易》之为书也，广大悉备，有天道焉，有人道焉，有地道焉，兼三材而两之，故六。六者非它也，三材之道也。"炳焕：光彩耀眼的样子。

④品物：万物。章：明显，显著。

⑤乡校：古代地方学校。也是国人议论政治的地方。《左传·襄公三十一年》："郑人游于乡校，以论执政。"杜预注："乡校，乡之学校。……郑国谓学为校。"

⑥刍荛（chú ráo）之人：割草采薪之人。

⑦管窥：从管中看物。比喻所见者小。瞽（gǔ）言：本指瞽人（盲

人)采集的言论。后指不合情理、不明事理的话。

⑧休风:美好的风气。

⑨刘牧:指汉末益州牧刘焉及其子刘璋。二主:指蜀汉先主刘备、后主刘禅。

⑩《国志》:指陈寿《三国志》。

⑪条贯:条理,系统。

⑫前宪:前人的规矩、法则。

⑬素臣:指左丘明。汉代研究《春秋》的儒者,以为孔子作《春秋》,立王者之法,故称孔子为"素王";左丘明作《左传》,述孔子之道,阐明《春秋》之法,为"素王"之佐,故称左丘明为"素臣"。杜预《春秋经传集解序》:"说者以为仲尼自卫反鲁,修《春秋》,立素王,丘明为素臣。"

⑭八国之《语》:指《国语》。春秋时期的国别史。相传为春秋末年鲁国史官左丘明作。二十一卷。分《周语》三卷,《晋语》九卷,《鲁语》《楚语》《越语》各二卷、《齐语》《郑语》《吴语》各一卷,共为八国之《语》。由于《国语》和《左传》相传都是左氏所作,汉儒称《左传》为"内传",称《国语》为"外传"。

⑮五《传》:指解释《春秋》的五传("传"是辅翼"经"的著作),即《左氏传》《穀梁传》《公羊传》《邹氏传》《夹氏传》。《邹氏传》与《夹氏传》"有录无书",后世无传。渊邃:精深。

⑯大义:指精微语言中所包含的深奥意义。《汉书·艺文志》:"昔仲尼没而微言绝,七十子丧而大义乖。"洋洋:形容众多或丰盛。

⑰微言:精深微妙的言辞。

⑱八《览》之书:指《吕氏春秋》。《史记·吕不韦列传》:"吕不韦乃使其客人人著所闻,集论以为八览、六论、十二纪,二十余万言。"司马贞索隐:"八览者,《有始》《孝行》《慎大》《先识》《审分》《审应》《离俗》《时君》也。"

⑲宜称：适当（的状态），相宜。

⑳身见：或以为当作"再见"（任乃强、刘琳）。

㉑游精：陶冶精神。

【译文】

　　先王命令史官，建立典章法则，管理社会人伦，于是天、地、人三才焕然彰显，而万事万物井然有序。然而有志之士仍然敢于在乡校之中议论国事，割草打柴之人依然可以在林野之中吟咏讽诵。观察盲人乐官采集的言论，君子也应该有所采纳，目的在于综合考察各种德行，以使美好的风气广为传扬。公孙述、益州牧刘焉与刘璋、蜀汉刘备与刘禅的兴废存亡，《后汉书》《三国志》本来就记载得已经很详细了。他们所占据的地方都在汉代的益州刺史部，人物事迹也条理贯通了，但我还一定要在本篇中加以陈述的原因是，参照前人的法则，《左氏春秋》是左丘明阐释《春秋》的著作，是记载王侯的史籍，后来又产生了与之相辅相成的《国语》；《春秋》五传，意义深邃，要义丰富，所阐发的是圣人的微言大义，后来又产生了《吕氏春秋》。因此，只要合乎时宜，即使是同样的道理同时阐述，同样的事情一再书写，都可以陶冶精神、博大心志，都不嫌弃其繁复。

　　汉十二世孝平皇帝①，帝祚短促②，国统三绝③，孝元后兄子、安汉公、新都侯、魏郡王莽篡盗称天子④。改天下郡守为卒正⑤，又改蜀郡为导江⑥；迁故中散大夫、茂陵公孙述字子阳为导江卒正⑦，治临邛。而刘辟起兵广汉⑧，更始刘圣公在南阳⑨，蜀欲应之。会宗成、垣副、王岑等作乱⑩，述率吏民拒御之，所在讨破，作围守防遏逸越⑪，斩首万计，遂据成都，威有巴、汉。政治严刻，民不为非。更始诛王莽，都关中⑫，为赤眉贼所败。

【注释】

① 汉十二世：西汉王朝第十二任皇帝。"十二任皇帝"具体指汉高
祖、汉惠帝、高后、汉文帝、汉景帝、汉武帝、汉昭帝、汉宣帝、汉元
帝、汉成帝、汉哀帝、汉平帝。

② 帝祚：犹帝位、皇位。

③ 国统三绝：谓汉成帝、汉哀帝、汉平帝皆早崩，又无继嗣。国统，君
主一脉相承的统绪，犹正统。

④ 孝元后：指汉元帝刘奭的皇后王政君（前71—13），魏郡元城县
（今河北大名）人。汉成帝刘骜的生母，新朝皇帝王莽的姑姑。
汉成帝立，尊为皇太后。汉哀帝死，以太皇太后称制，其侄王莽复
执政，挟立平帝、孺子婴，代汉称帝。参看《汉书·元后传》。

⑤ 卒正：官名。西汉末年王莽置，职责如郡太守，掌治其郡。爵为
侯，世袭其官。东汉废。

⑥ 导江：西汉末年王莽置。因《尚书·禹贡》有"岷山导江，东别为
沱"之文，故王莽改蜀郡为导江。

⑦ 导江卒正：相当于蜀郡太守。《后汉书·公孙述列传》："王莽天凤
中，（公孙述）为导江卒正，居临邛。"颜师古注："王莽改蜀郡曰
导江，太守曰卒正。"

⑧ 刘辟起兵广汉：此事具体不详。

⑨ 刘圣公：刘玄（？—25），字圣公，南阳蔡阳（今湖北枣阳）人。光
武帝刘秀族兄。地皇四年（23）号更始将军，不久称帝（更始
帝）。建元更始，入都宛城。后派军攻克洛阳、长安，推翻新莽政
权。更始三年（25），赤眉军攻入长安，刘玄投降，后被缢杀。《后
汉书》有传。

⑩ 宗成（？—23）：南阳（治今河南南阳）人。刘玄初立，宗成起事
应之，自称虎牙将军，入略汉中。与商（治今陕西商县东南）人
王岑合兵聚众数万。公孙述迎入成都。掳掠横暴，后为其将垣副

所杀。垣副：东汉人。初以汉中亭长聚众起事，降宗成，自称辅汉将军。宗成入成都，掳掠暴横。公孙述引兵击宗成。垣副遂杀宗成，以其众降。王岑：东汉初商人。更始立，起兵于雒县，自称"定汉将军"，杀王莽庸部牧以应成，众合数万人。

⑪防遏：防备、遏止。逸越：犹逃散。

⑫关中：地名。指故秦函谷关以西即今河南灵宝以西与陕西关中盆地。更始帝所都宛城、长安，均在关中。

【译文】

汉朝第十二世皇帝汉平帝，在位时间短暂，没有子嗣，汉朝国统第三次断绝，汉元帝皇后哥哥的儿子、安汉公、新都侯、魏郡人王莽篡位，自称天子。王莽改天下郡守为卒正，又改蜀郡为导江；改派原中散大夫、茂陵人公孙述（字子阳）为导江卒正，治所在临邛。而刘辟在广汉起兵，更始将军刘玄在南阳称帝，蜀地准备响应他们。恰逢宗成、垣副、王岑等起兵，公孙述率领官军百姓抵御他们，所到之处将宗成等人的军队击破，又修建防守工事遏止他们逃散，被斩首的数以万计，于是，公孙述占据成都，威震巴、汉。公孙述的治理措施严厉苛刻，老百姓不敢做违法的事。更始将军诛杀王莽，建都关中，后被赤眉贼打败。

建武元年①，世祖光武皇帝即位河北。述梦人谓己曰："八厶子系，十二为期②。"述以语妇，妇曰："朝闻道，夕死尚可③，何况十二乎！"会夏四月，龙出府殿前，以为瑞应，述遂称皇帝，号大成，建元龙兴④。以莽尚黄，乃服色尚白⑤，自以兴西方，为金行也⑥。以功曹李熊为大司徒⑦，巴郡任满为大司空⑧，弟恢为太尉，具置百官。造十层赤楼射兰⑨。改益州为司隶⑩，蜀郡为成都尹⑪。时世祖方平河北，而荆邯、延牙并归述⑫，尽有益州。置铁钱官，废铜钱，百姓货卖不行。

蜀中童谣曰：“黄牛白腹⑬，五铢当复。”谓莽黄牛，述为白腹；五铢，汉钱，言汉当复也。故主簿李隆、常少数谏述归帝称藩⑭，述不纳。天水隗嚣亦据陇连述⑮。蜀土清晏⑯，述乃移檄中国⑰，称引图纬以惑众⑱。

【注释】

①建武元年：25年。

②“八厶子系”二句：这是公孙述捏造的谶语，以此作为称帝的根据。下文说公孙述“称引图纬以惑众”，即此类。八厶子系，“八厶”合为“公”，“子系”合为“孙”。公孙述以为，“八厶子系”指的是自己。十二为期，指为帝十二年。《后汉书·公孙述列传》：“述梦有人语之曰：……觉，谓其妻曰：‘虽贵而祚短，若何？’”。

③“朝闻道”二句：早晨听闻道理，晚上可死去。形容对真理或某种信仰追求的迫切。典出《论语·里仁》：“朝闻道，夕死可矣。”

④龙兴：公孙述年号（25—36）。

⑤服色：车马、祭牲、衣服的颜色。

⑥金行：指古代五行学说中“金”这一行。按照五行学说，“金行”对应的方位是西方、颜色是白色。按照五行相生原则，土生金，故公孙述自以为当取代“土行”（王莽）而王，故“服色尚白，自以兴西方”。

⑦李熊：公孙述下属。西汉灭亡后，公孙述占据蜀中，假辅汉将军、蜀郡太守兼益州牧，自立为蜀王。当时李熊正担任公孙述的功曹，力劝公孙述自立为帝。公孙述称帝后，李熊拜大司徒。

⑧任满（？—35）：巴郡人。公孙述部将。建武十一年（35），岑彭率军与任满战于荆门，大破之。公孙述部将王政斩任满首，降于岑彭。按：《后汉书·公孙述列传》说“以李熊为大司徒，以其弟光

为大司马,恢为大司空",与此略异。

⑨造十层赤楼射兰:文字有误。《后汉书·公孙述列传》作"造十层赤楼帛兰船",可信。按:即建造有楼的大船,楼涂为赤色,而以帛装饰船上栏杆(刘琳)。

⑩司隶:西汉征和四年(前89)置司隶校尉部,简称司隶。掌京畿士郡捕督奸滑,察举百官以下犯法者。有固定辖区,类似一种行政区划。公孙述改益州为司隶,是仿汉朝以职官名为政区名,将益州作为自己的势力范围。

⑪郡:《后汉书·公孙述列传》作"都"。成都尹:公孙述仿汉朝在京畿地区设尹,并以职官名为政区名(如京兆尹),将蜀郡改名为成都尹。

⑫荆邯:右扶风平陵县(治今陕西咸阳秦都区西北)人。公孙述的谋士、部将。见东方将平,兵且西向,遂劝公孙述征发国内精兵,以图进取,但不为公孙述所用。延牙(?—36):延岑,字叔牙,南阳(今属河南)人。光武帝建武初据汉中,自称武安王。为冯异击败,投秦丰。后降公孙述,为大司马,封汝宁王。建武十二年(36),劝公孙述出兵,袭击汉将吴汉。公孙述败死,延岑降汉,被杀,族诛。

⑬黄牛白腹:按照五行学说,王莽当"土行",对应的颜色是黄色;公孙述当"金行",对应的颜色是白色,故下文说"谓莽黄牛,述为白腹"。

⑭李隆:《后汉书·公孙述列传》作"张隆"。常少:公孙述下属。《后汉书·公孙述列传》:"初,常少、张隆劝述降,不从,并以忧死。帝下诏追赠少为太常,隆为光禄勋,以礼改葬之。"

⑮隗嚣(?—33):字季孟,天水成纪(今甘肃秦安)人。少仕州郡,曾被刘歆引为士。王莽末年,隗崔、杨广起兵,推隗嚣为主,号上将军,割据陇右地区。初曾佐助刘秀出击赤眉军,后与公孙述同

　　拒东汉军,公孙述封以朔宁王。建武九年(33),以兵败忧愤而死。其子隗纯继立,不久归降朝廷。《后汉书》有传。连:联合。

⑯清晏:清平安宁。

⑰移檄:发布文告晓示。中国:中原。

⑱称引:援引,引证。

【译文】

　　建武元年,汉世祖光武帝刘秀在河北即位。公孙述梦见有人对自己说:"八厶子系,以十二年为期限。"公孙述把梦语告诉了妻子,妻子说:"早晨闻道,晚上死去都可以,更何况十二年呢?"这一年夏天四月,恰好有龙出现在公孙述官府殿前,公孙述以为这是祥瑞,于是称皇帝,以"大成"作国号,年号"龙兴",此年为龙兴元年。因为王莽崇尚黄色,服色便崇尚白色,自以为兴起于西方,属于金行。公孙述任命功曹李熊为大司徒,巴郡人任满为大司空,李熊之弟李恢为太尉,完备地设置了文武百官。公孙述又建造了有十层赤色楼的大船,以布帛装饰船上栏杆。改益州为司隶,改蜀郡为成都尹。当时汉世祖刘秀刚刚平定河北,而荆邯、延岑都归顺了公孙述,公孙述完全占有了益州。公孙述设置了铁钱官,废除铜钱,以致百姓都不能正常做生意了。蜀中的童谣说:"黄牛白腹,五铢钱应当恢复。"称王莽是黄牛,公孙述是白腹;五铢钱是汉钱,是说汉家应当光复。前任主簿李隆、常少多次劝谏公孙述放弃帝位、自称藩臣,公孙述没有采纳。天水人隗嚣也占据了陇西,并且与公孙述联合。蜀地平定后,公孙述就向中原发布文告,援引图纬之说,试图迷惑世人。

　　世祖报曰:"《西狩获麟谶》曰'乙子卯金',即乙未岁授刘氏,非西方之守也①。'光废昌帝,立子公孙'②,即霍光废昌邑王③,立孝宣帝也④。黄帝姓公孙⑤,自以土德,君所知也。'汉家九百二十岁以蒙孙亡⑥,受以丞相,其名当涂高'⑦,'高'岂君身耶? 吾自继祖而兴,不称受命⑧。求汉之断⑨,莫过王莽。近张满作恶,兵围得之,叹曰:'为天文所误!'⑩恐君复误也。"又使述旧交马援喻述⑪,述不从。

【注释】

①"《西狩获麟谶》曰"几句:指汉光武帝刘秀引用谶纬《西狩获麟谶》驳斥公孙述,认为"乙子卯金"指的是"乙未岁授刘氏",不是"西方之守"。乙子卯金,《后汉书·公孙述列传》:"《援神契》曰:'西太守,乙卯金。'谓西方太守而乙绝卯金也。"李贤注:"乙,轧也。述言西方太守能轧绝卯金也。""卯金",指的是"劉"字,即刘邦建立的刘姓汉朝。《汉书·王莽传中》:"夫'劉'之为字,卯、金、刀也。"《后汉书·光武帝纪上》:"谶记曰:'刘秀发兵捕不道,卯金修德为天子。'"李贤注:"卯金,'劉'字也。"按:公孙述引此纬书,自以为"西太守"指的是自己,而"西太守"将轧绝刘姓王朝。

②"光废昌帝"二句:公孙述认为,"昌帝"指的是汉朝皇帝,而"公孙"指的是自己。《后汉书·公孙述列传》:"(公孙述)又引《录运法》曰:'废昌帝,立公孙。'"刘秀驳斥,认为"光废昌帝,立子公孙"说的是"霍光废昌邑王,立孝宣帝"。

③霍光(? —前68):字子孟,河东平阳(今山西临汾西南)人。霍去病异母弟。武帝时,为奉车都尉,甚见亲信。后元二年(前87),为大司马大将军。昭帝年幼,霍光与桑弘羊等同受武帝遗诏辅政,封博陆侯。昭帝即位,霍光与上官桀、桑弘羊等争权有隙,后以结交燕王旦谋反罪名,杀上官桀等,专朝政。昭帝死,迎立昌邑王刘贺,旋废之而迎立宣帝。前后秉政达二十年。卒谥宣

成。《汉书》有传。昌邑王（？—前59）：刘贺，西汉宗室。武帝之孙，刘髆之子。昭帝始元元年（前86）嗣昌邑王。昭帝崩，霍光迎立为帝。即位二十七日，因淫乱被废黜。宣帝时，封为海昏侯。2011年在江西南昌新建区发现海昏侯刘贺的墓葬，随后进行了历时五年多的发掘工作。海昏侯墓是目前发现的面积最大、保存最好、内涵最丰富的汉代侯国聚落遗址，2015年入选中国十大考古新发现。

④孝宣帝：即汉宣帝刘询（前91—前49）。初名病已，字次卿。其祖父戾太子刘据遭巫蛊事自杀，父母皆遇害，被养于民间。昭帝死，霍光先立昌邑王刘贺，不久以荒淫废之，乃迎立病已为帝。在位二十五年。《汉书》有传。

⑤黄帝：远古帝王。传说为少典之子，姓公孙。居轩辕之丘，故号轩辕氏。国于有熊，故亦称有熊氏。因有土德之瑞，故号黄帝。《后汉书·公孙述列传》："（公孙述引）《括地象》曰：'帝轩辕受命，公孙氏握。'"公孙述认为，"公孙氏"指的是自己。刘秀驳斥，"公孙氏"说的是"黄帝姓公孙"。

⑥蒙孙：童蒙之孙也。即年龄很小的继位者。

⑦当涂高：汉代谶书中的隐语。当时，谶纬有"代汉者当涂高"的说法。公孙述认为，"当涂高"指的是自己。刘秀驳斥了公孙述的说法。《后汉书·公孙述列传》："帝（刘秀）患之，乃与述书曰：'图谶言"公孙"，即宣帝也。代汉者当涂高，君岂高之身邪？'"又，后来的袁术、曹操，都利用过谶文"代汉者当涂高"。《后汉书·袁术列传》："（袁术）又少见谶书，言'代汉者当涂高'，自云名字应之。"《三国志·魏书·文帝纪》"肃承天命"南朝宋裴松之注："太史丞许芝条魏代汉见谶纬于魏王曰：'……故白马令李云上事曰："许昌气见于当涂高，当涂高者当昌于许。"当涂高者，'魏'也；象魏者，两观阙是也；当道而高大者'魏'。魏当'代

汉'。"

⑧受命：受天之命。古帝王自称受命于天以巩固其统治。按：刘秀说"吾自继祖而兴，不称受命"，是为了驳斥公孙述的"一姓不得再受命"说（见《后汉书·袁术列传》）。

⑨求汉之断：即依据谶纬等推求汉朝历数已经断绝。按：王莽曾经制作大量图谶，说明汉朝气数已尽，当由他取而代之。

⑩"近张满作恶"几句：张满，中山（治今河北定州）人。王莽末年活动于新城县（今河南伊川西南）的贼寇。《后汉书·祭遵列传》："时新城蛮中山贼张满，屯结险隘为人害，诏遵攻之。遵绝其粮道，满数挑战，遵坚壁不出。而厌新、柏华余贼复与满合，遂攻得霍阳聚，遵乃分兵击破降之。明年春，张满饥困，城拔，生获之。初，满祭祀天地，自云当王，既执，叹曰：'谶文误我！'乃斩之，夷其妻子。"按：《后汉书》说"谶文误我"，较《华阳国志》所说"为天文所误"为胜，故译文取"谶文"。

⑪马援（前13—49）：字文渊，右扶风茂陵（今陕西兴平）人。初在北地放牧以致富。新莽末为新成大尹，后避地凉州，与隗嚣友善。劝隗嚣归附刘秀，并屡次出使洛阳。又为光武帝刘秀平定陇右出谋献策。以功拜太中大夫，陇西太守，平定、安抚凉州诸羌。拜伏波将军，率军平定交阯。后出击武陵五溪蛮夷，病卒军中。后追谥忠成侯。《后汉书》有传。

【译文】

汉世祖刘秀答复公孙述说："《西狩获麟谶》说'乙子卯金'，意即乙未年授予帝位给刘氏，说的并不是西方的太守（指公孙述）。'光废昌帝，立子公孙'，意即霍光废除昌邑王，迎立武帝曾孙汉宣帝。黄帝姓公孙，自有土德之瑞，这是你知道的。'汉家传国九百二十年，到一个小孩子继位时灭亡，传位给丞相，其名为当涂高'，谶语所说的'高'，怎么会是你呢？我是继承祖业而兴起的，不是说再次接受天命而立的。希

望汉家气数已尽的人,莫过于王莽了。近来张满聚众作恶,军兵围困
活捉了他,张满感叹说:'我这是被谶文所害啊!'我担心阁下又要被谶
文所误。"刘秀又派遣公孙述的旧交马援去劝告公孙述,但公孙述没有
听从。

　　荆邯说述曰:"昔汤以七十里王天下,文王方百里臣诸
侯①。其次,汉祖败而复征,伤瘳复战②,故能禽秦亡楚,以
弱为强。况今地方数千,杖戟百万③,天下之心,未有所归。
不东出荆门④,北陵关陇,与之进取,则王业不全⑤,子孙不
久安也。"述悦之,乃出军荆门、陈仓⑥,欲震荡秦、楚⑦。多
改易郡县⑧,分封子弟⑨,淫恣过度⑩。然国富民殷,户百余
万,世祖未遑加兵⑪,与述及隗嚣书,辄署"公孙皇帝"。

【注释】

①"昔汤以七十里王天下"二句:典出《孟子·公孙丑上》:"以力假
　仁者霸,霸必有大国,以德行仁者王,王不待大。汤以七十里,文
　王以百里。"《史记·平原君虞卿列传》:"且(毛)遂闻汤以七十
　里之地王天下,文王以百里之壤而臣诸侯。"

②瘳(chōu):病愈,伤愈。

③杖戟:皆为近距离冲杀时所用的武器。本处以杖戟代指军队。
　杖,棍棒。戟,由矛与戈组合而成的武器。

④荆门:山名。在湖北宜都与宜昌交界处。北临长江,隔江与虎牙
　山相对。

⑤王业:帝王之事业。谓统一天下,建立王朝。

⑥陈仓:古邑名。春秋秦邑。在今陕西宝鸡东渭水北岸。后于此
　置陈仓县。

⑦震荡：动摇，摇荡。此指征服。按：据《后汉书·公孙述列传》记载，公孙述并未接受荆邯的建议，与此异。

⑧改易郡县：据《后汉书·公孙述列传》载，公孙述"好改易郡县官名"。如，改广汉郡为梓潼郡（《水经·梓潼水注》）。

⑨分封子弟：据《后汉书·公孙述列传》载，公孙述"立其两子为王，食犍为、广汉各数县"。

⑩淫恣：放荡，不知拘检。

⑪未遑：没有时间顾及，来不及。

【译文】

荆邯劝说公孙述："从前商汤以七十里之地而称王天下，周文王以方圆百里之地而使诸侯臣服。其次，汉高祖失败后又重新出征，伤愈后又重新作战，因此才能擒获秦王、灭亡西楚，以弱为强。何况您现在占领的地盘纵横数千里，统帅的军队有百万之众，而天下百姓之心，还无所归依。您如果不向东出兵荆门，向北进攻关陇，与天下豪杰共同进取，就不能保全王业，子孙也不能长期安定。"公孙述听到这话很高兴，于是出军荆门、陈仓，想征服秦、楚之地。公孙述多次改变郡县名称，大肆分封子弟，过度放纵欲望。然而，由于国家富裕、百姓殷实，人口有一百余万户，因而汉世祖也没有来得及进兵征讨，在写给公孙述和隗嚣的书信中，总是称其为"公孙皇帝"。

　　七年，嚣背汉降述，述封为王①，厚资给之。十年，世祖命大司马吴汉与大司徒邓禹讨嚣②，平陇右。述闻而恶之。城东素有秦时空仓，述更名白帝仓③，使人宣言白帝仓暴出米巨万。公卿以下及国人就视之，无米。述曰："仓去此数里，虚妄如此④；隗王在数千里外，言破坏，真不然矣。"

【注释】

①述封为王:《后汉书·光武帝纪》:建武七年(31)三月,"公孙述立
隗嚣为朔宁王"。

②邓禹(2—58):字仲华,南阳新野(今河南新野)人。少与刘秀为
友。更始年间投奔刘秀,为其大将之一,佐助平定河北。建武元
年(25),率军攻取河东,以军功封酂侯。后经营关中,为赤眉军
所败。光武帝后期封高密侯。明帝时拜为太傅。死后谥元侯。
《后汉书》有传。

③述更名白帝仓:《后汉书·公孙述列传》:"成都郭外有秦时旧仓,
述改名白帝仓。"李贤注:"(公孙)述以色尚白,故改之。"白帝仓,
古粮仓名。在蜀郡成都城郭外。

④虚妄:荒诞无稽。

【译文】

建武七年,隗嚣背叛汉朝投降公孙述,公孙述封隗嚣为朔宁王,并给
了他丰厚的资财。建武十年,汉世祖命令大司马吴汉与大司徒邓禹讨伐
隗嚣,平定了陇右地区。公孙述听说后非常讨厌这一消息。成都城东原
来有一座秦朝时的空粮仓,公孙述将其改名为白帝仓,派人宣扬说白帝
仓突然涌出大量白米。公卿以下的官员和国民都前往察看,发现并没有
米。公孙述说:"白帝仓距离这里只有几里地,传闻尚且如此荒诞无稽;
而朔宁王远在数千里之外,传言说他被打败,真不是这样啊。"

十一年,世祖命征南大将军岑彭自荆门溯江征述①,又
遣中郎将来歙及述旧交马援奉诏喻述②。隆、少谏,令服从。
述怒曰:"自古来有降天子乎!"尚书解文卿、大夫郑文伯初
亦谏,述系之暴室六年③,二子幽死④。自是,莫有言者。

【注释】

①岑彭(? —35):字君然,南阳棘阳(今河南新野)人。王莽时为本县县长,后降义军,属刘伯升部下,更始帝封为归德侯。归附刘秀后,官拜廷尉,为东汉名将。从平河北,收洛阳,定荆州,立下战功。建武十一年(35),率军六万余人伐蜀,屡破公孙述军,直至成都城下,后被蜀刺客所杀。谥壮侯。《后汉书》有传。

②来歙(? —35):字君叔,南阳新野(今河南新野)人。刘秀外亲。更始时不被重用,后归附刘秀,为东汉名将。建武八年(32),率军袭取隗嚣所据略阳,功在诸将之上。又率军攻取蜀地,被公孙述派人刺死。谥节侯。《后汉书》有传。

③暴室:古代宫中织染布匹的官署。因其需暴晒,故称为"暴室"。后亦作为囚禁宫女或后妃的场所。

④幽死:囚禁而死。

【译文】

建武十一年,汉世祖命令征南大将军岑彭从荆门出发,沿长江逆流而上征讨公孙述,又派遣中郎将来歙和公孙述的旧交马援奉诏前往劝降公孙述。李隆、常少也劝谏公孙述,劝他服从汉世祖。公孙述发怒说:"自古以来,有天子投降的吗!"起初,尚书解文卿、大夫郑文伯也劝谏公孙述,公孙述将他们投入囚室六年,二人被囚禁至死。从此以后,就没有敢劝谏的人了。

彭破述荆门关及沔关①,径至彭亡②。述使刺客刺杀彭。由是改彭亡曰平无,言无贼也。又使刺客刺杀歙于武都。世祖重遣吴汉与刘尚征述③,又遣臧宫从斜谷道入④。述使妹婿延牙拒宫,大司徒谢丰拒汉,连战辄北。汉到城下,军其江桥⑤,及其少城。丰在广都,牙引还成都。述谓曰:"事当奈何?"牙对曰:"男儿贵死中求生,败中求成,无爱财物也⑥。"述乃大发金帛,开门募兵,得五千余人,以配牙。牙告汉战,因伪遣鼓角麾帜渡市桥⑦,汉兵争观。牙因放奇兵击汉,大破之。汉溺水,缘马尾至盎底得出⑧。后宫兵已至北门,述复城守。

【注释】

①沔关:在秭归界(刘琳)。

②彭亡:即彭亡聚,在今四川眉山彭山区东北十里江口镇。

③刘尚:籍贯不详。武威将军,吴汉副将。

④臧宫(?—58):字君翁,颍川郏县(今河南郏县)人。少为县亭长,后率宾客参加下江兵,随刘秀征战。数次陷阵却敌,诸将称其勇。历官骑都尉、辅威将军等,为东汉名将。建武十一年(35),率军攻蜀,大破蜀将延岑,与吴汉并灭公孙述。以功拜广汉太守,更封酂侯。为人质朴谨慎,为刘秀所信用。死后谥愍侯。《后汉书》有传。

⑤江桥:在成都大城南门外,跨郫江上。

⑥爱:吝惜,舍不得。

⑦鼓角:战鼓和号角。军中用以报时、警众或发号施令的两种乐器。
麾帜:旌旗,军中用之指挥行进。市桥:在成都少城南门外郫江上。

⑧盎底:渡名,在成都西北郫江(今府河)边。

【译文】

　　岑彭攻破公孙述的荆门关和沔关,一直进军至彭亡聚。公孙述派遣刺客刺杀了岑彭。因此改彭亡为平无,意为没有贼寇。又派遣刺客在武都刺杀了来歙。汉世祖重新派遣吴汉与刘尚征讨公孙述,又派遣臧宫从斜谷道入蜀。公孙述派遣妹婿延牙抵御臧宫,大司徒谢丰抵御吴汉,两人与敌军连连交战都失败了。吴汉攻到成都城下，军队驻扎在江桥和少城。谢丰驻扎在广都，延牙引兵回到成都。公孙述对延牙说："事到如今，该怎么办啊？"延牙答道："男子汉贵在死中求生，败中求成，不要吝惜财物。"公孙述于是大量散发金银布帛，广开城门招募士兵，结果招募到五千多人，将其分配给延牙。延牙便向吴汉宣战，假装击战鼓、吹号角，举着旗帜渡过市桥，吴汉的士兵争相观看。延牙趁机发动奇兵攻击吴汉，大败吴军。吴汉落入水中，拉着马尾潜行，到盎底渡口才得以上岸。后来臧宫的军队攻打到成都北门，公孙述又退回城中据守。

占书曰①："虏死城下。"述以为汉等是"虏"，乃自出战。述当汉，牙当宫，大战。牙杀宫兵数百，三合三胜②，士卒气骄。汉益鼓之③，自旦至日中，饥不得食，倦不得息。日昃后④，述兵败。汉骑士高午以戟刺述⑤，中头，即坠马，叩心者数十⑥。人都知是述，前取其首⑦。牙等怅然还城⑧。吏民穷急⑨，即夜开门出降。汉尽诛公孙氏及牙等诸将帅二十余人，放兵大掠，多所残害⑩。是岁，十二年也⑪。

【注释】

①占书：关于占卜的书。

②合：交锋，交战。

③鼓：击鼓进攻。

④日昃（zè）：太阳偏西，约下午二时左右。

⑤高午：或作"高平"。廖本作"高午"，与《后汉书》同。

⑥叩心：捶胸。悔恨、悲痛的样子。

⑦前取其首：据《后汉书·公孙述列传》《光武帝纪》《天文志》载，公孙述被救护入城，当夜因伤重而死。与《华阳国志》所载不同。

⑧怅然：失意不乐貌。

⑨穷急：困窘急迫。

⑩多所残害：据《后汉书·天文志》载，"明日，（吴）汉入屠蜀城，诛述大将公孙晃、延岑等，所杀数万人，夷灭述妻宗族万余人以上"。

⑪十二年：公孙述自建武元年（25）四月称帝，至建武十二年（36）十一月败亡，前后共计十二年。

【译文】

占卜书上说："虏死于城下。"公孙述以为吴汉等人是"虏"，于是亲自率军出战。公孙述抵御吴汉，延岑抵御臧宫，双方陷入大战。延岑杀死臧宫的士兵数百人，三战三胜，士兵开始骄傲起来。吴汉为了鼓舞士气，更加用力击打战鼓，公孙述的军队自早晨战斗到中午，士兵饥饿不能进食，疲倦不能休息。太阳落山后，公孙述兵败。吴汉骑士高午用戟刺杀公孙述，刺中他的头部，公孙述随即坠落马下，捶胸数十下。众人都知道他是公孙述，上前割下他的首级。延岑等人怅然失意，退还城中。城内的官吏百姓困窘急迫，连夜打开城门，出城投降。吴汉将公孙氏及延岑等诸将帅二十多人全部杀害，又放兵大肆掳掠，百姓多被残害。这一年，是公孙述称帝的第十二年。

汉搜求隐逸①，旌表忠义②。以述臣常少、李隆忠谏③，发愤病死④，表更迁葬，赠以汉卿官；蜀郡王皓、王嘉、广汉李业刎首死节⑤，表其门闾；犍为朱遵绊马死战⑥，赠以将军，为之立祠；费贻、任永、冯信等闭门素隐⑦，公车特征⑧；文齐守义益州⑨，封为列侯；董钧习礼明经⑩，贡为博士；程乌、李育本有才干⑪，擢而用之⑫。于是西土宅心⑬，莫不凫藻⑭。

【注释】

①隐逸：指隐居之士。

②旌表:表彰。

③常少:东汉初人。劝公孙述降光武帝,公孙述不从,常少忧惧而死。后光武帝追赠为太常。李隆:东汉初人。后光武帝追赠为光禄勋。按:太常、光禄勋均位列九卿,故下文说"赠以汉卿官"。忠谏:忠心规劝。

④发愤:犹含恨。

⑤王皓:字子离,蜀郡江原(今四川崇州)人。西汉平帝时为美阳令。及王莽篡位,弃官西归。公孙述称帝,遣使征,自刎死。本书卷十《先贤士女总赞》有传。王嘉:字公卿,蜀郡江原人。西汉平帝时为郎。王莽篡位,弃官西归。公孙述称帝,遣使征王嘉。王嘉对使者伏剑死。本书卷十《先贤士女总赞》有传。李业:字巨游,广汉郡梓潼(今四川梓潼)人。有志操。曾拜博士许晃为师,精通《鲁诗》。汉平帝元始年间举明经,除为郎。王莽专政,辞官归隐。公孙述据蜀,欲征为博士,皆不应,使人持毒酒逼之。矢志不屈,遂饮毒死。本书卷十《先贤士女总赞》和《后汉书》有传。刎首:刎颈而死。

⑥朱遵:字孝仲,蜀郡武阳(今四川眉山彭山区)人。参看本书卷三《蜀志》注。

⑦费贻:字奉君,犍为郡南安(今四川乐山)人。参看本书卷三《蜀志》注。任永:字君业,犍为郡僰道(今四川宜宾)人。参看本书卷三《蜀志》注。冯信:字季诚,广汉郡郪(今四川三台)人。好学博古,隐居不仕。公孙述征之,托目疾不就。及闻公孙述被诛,盥洗更视曰:"世适平,目即清。"光武征之,会病卒。《后汉书》和本书卷十《先贤士女总赞》有传。素隐:指隐居不仕。

⑧公车特征:汉代以公家车马递送应征的人到京城,称"公车特征"。公车,官车。

⑨文齐:字子奇,广汉郡梓潼(今四川梓潼)人。参看本书卷四《南

中志》注。

⑩董钧：字文伯，犍为郡资中（今四川资阳）人。参看本书卷三《蜀志》注。

⑪程乌：巴郡人。后仕东汉，官至司隶校尉。有才干。参看《后汉书·公孙述列传》和本书卷十二《序志并士女目录》。李育：参看《后汉书·公孙述列传》。

⑫擢：提拔。

⑬宅心：归心。心悦诚服而归附。

⑭凫藻：谓凫戏于水藻。比喻欢悦。

【译文】

汉光武帝搜求隐逸之士，表彰忠义之人。因公孙述的大臣常少、李隆忠心规劝，含恨病死，汉光武帝表彰他们，下令将其坟墓迁葬，并赠以汉代九卿之官；蜀郡人王皓、王嘉和广汉人李业，拒绝在公孙述手下做官，相继自刎，以死表达对汉室的忠节，光武帝下令表彰他们的家族；犍为人朱遵埋下车轮，绊住马腿，决一死战，光武帝下令封赠将军，并为他修建祠堂；费贻、任永、冯信等闭门隐居，拒绝在公孙述手下做官，光武帝下令用公车将他们征聘至京城；文齐在益州坚守道义，不归附，光武帝下令封他为列侯；董钧熟悉礼学，通晓经义，被征召为博士；程乌、李育本来就有才干，也被提拔加以任用。因此，西方巴蜀之地心悦诚服地归附，士人无不欢欣鼓舞。

建武十八年，刺史、郡守抚恤失和[①]，蜀郡史歆怨吴汉之残掠蜀也[②]，拥郡自保。世祖以天下始平，民未忘兵，而歆唱之[③]，事宜必克，复遣汉平蜀，多行诛戮。世祖诮让于汉[④]，汉深陈谢[⑤]。自是守藩供职[⑥]，自建武至乎中平[⑦]，垂二百载[⑧]，府盈西南之货，朝多华岷之士矣[⑨]。

【注释】

①抚恤：抚慰救助。

②史歆（？—44）：蜀郡守将。东汉建武十二年（36），吴汉灭公孙述，屠戮蜀城，残杀数万人，并纵兵大掠。建武十八年（42），史歆怨吴汉兵残虐蜀地，起兵叛据成都，自称大司马。光武帝遣大司马吴汉率万余人讨伐，围城百余日破之，诛杀史歆等人。参看《后汉书》的《光武帝纪》《吴汉列传》。

③唱：通"倡"，倡导，发起。

④诮让：责问，谴责。

⑤陈谢：表示谢罪。

⑥供职：任职，尽责。

⑦中平：东汉灵帝年号（184—189），共六年。汉献帝沿用不改（189）。

⑧垂：将近。

⑨华岷：华山和岷山。指巴蜀、汉中。

【译文】

建武十八年，刺史、郡守因抚慰救助吏民不和，蜀郡守将史歆埋怨吴汉对蜀郡掳掠的残忍，占据蜀郡自保。汉世祖因天下刚刚太平，老百姓还没有忘记战争之苦，而史歆便发起战争，此事一定要予以制服，于是又派遣吴汉平定蜀郡，吴汉又大肆诛杀与屠戮。汉世祖责备吴汉，吴汉真诚地表示谢罪。从此以后，蜀郡王侯尽职尽责，从建武至中平，将近二百年，官府中充盈着西南地区供奉的财货，朝廷也多有来自巴蜀、汉中的人士。

汉二十二世孝灵皇帝政治衰缺，王室多故。太常竟陵刘焉字君郎建议言：刺史、太守货赂为官①，割剥百姓②，以致离叛③。可选清名重臣以为牧伯④，镇安方夏⑤。焉内求州牧，以避世难。侍中广汉董扶私于焉曰："京都将乱，益

州分野有天子气。"焉惑之,意在益州。会刺史河南郤俭
赋敛繁扰⑥,流言远闻,而并州杀刺史张壹⑦,凉州杀刺史耿
鄙⑧,焉议得行。汉帝将征俭加刑,以焉为监军使⑨,寻领益
州牧⑩。董扶亦求为蜀郡属国都尉⑪。太仓令巴郡赵韪去
官⑫,从焉来西。

【注释】

① 货赂:犹贿赂。

② 割剥:盘剥,搜刮。

③ 离叛:离心,背叛。

④ 清名:清廉的声誉。

⑤ 镇安:安定。方夏:指中国,华夏。与"四夷"相对。

⑥ 郤俭(?—188):河南偃师(治今河南偃师)人。东汉末年益州
刺史。郤俭昏庸无能,以贿赂而得益州刺史职位。到任后,横征
暴敛,大肆收税,烦扰百姓。后被盗贼杀害。赋敛:征收赋税。繁
扰:繁杂纷扰。

⑦ 张壹(?—188):《三国志》作"张益",《后汉书》作"张懿"。当
以"张懿"为是,晋人因避司马懿讳而改作"张壹""张益"(刘
琳)。曾任并州刺史,后被杀。据《后汉书·傅燮列传》记载,中
平五年(188),"三月,休屠各胡攻杀并州刺史张懿"。

⑧ 耿鄙(?—188):东汉末年凉州刺史。中平四年(187),耿鄙为
了平定韩遂等人叛乱,征调六郡兵马讨伐,因军队发生内讧而被杀。

⑨ 监军使:全称"监军使者",简称"监军",亦称"监军事"。临时差
遣监督军务的使职。西汉置。汉灵帝时,刘焉、刘璋皆以监军使
者领益州牧。

⑩ 领:代理。

⑪属国都尉：官名。即管理属国事务的行政长官。西汉武帝元狩三年（前120）置。三国蜀亦置，后废。

⑫太仓令：官名。秦朝属治粟内史。西汉初隶大农令，汉武帝太初元年（前104）以后隶大司农。东汉置一员，六百石。主受郡国漕谷，管理国家粮仓（太仓）。赵题：巴郡安汉（今四川南充）人。参看本书卷一《巴志》注。

【译文】

汉朝第二十二世汉灵帝时，政治衰败，王室常有变乱事故。太常、竟陵人刘焉（字君郎）建议说：刺史、太守靠钱财贿赂得官，上任后便盘剥百姓，以致百姓离心背叛。可挑选声誉清廉的重臣担任州郡的长官，以安定中国。刘焉内心谋求担任地方州牧，以躲避乱世之难。侍中广汉人董扶私下对刘焉说："京都将有动乱，而益州的分野有天子之气。"刘焉被迷惑了，想到益州任职。恰逢益州刺史、河南人郤俭征收赋税大肆敛财，以致流言远播，而并州义军杀死刺史张懿，凉州义军杀死刺史耿鄙，刘焉的提议得以实行。汉灵帝将郤俭拘捕治罪、行刑，任命刘焉为监军使，不久刘焉又代理益州牧。董扶也请求担任蜀郡属国都尉。太仓令巴郡人赵题也辞去官职，跟从刘焉来到西部。

中平五年，益州黄巾逆贼马相、赵祇等聚众绵竹①，杀县令李升②，募疲役之民，一二日中得数千人。遣王饶、赵播等进攻雒城③，杀刺史俭，并下蜀郡、犍为，旬月之间④，破坏三郡⑤。相自称天子，众以万数。又别破巴郡，杀太守赵部⑥。州从事贾龙素领家兵⑦，在犍为之青衣，率吏民攻相，破灭之，州界清净。龙乃选吏卒迎焉。焉既到州，移治绵竹，抚纳离叛，务行小惠。时南阳、三辅民数万家避地入蜀，焉恣饶之，引为党与⑧，号"东州士"⑨。遣张鲁断北道⑩。

枉诛大姓巴郡太守王咸、李权等十余人^⑪，以立威刑。前后左右部司马拟四军，统兵，位皆二千石^⑫。

【注释】

①黄巾：东汉末年张角所领导的农民起义军，因头包黄巾而得名。马相（？—188）：益州人。汉灵帝中平五年（188）起事于绵竹，以黄巾名义号召，聚众数千，进攻蜀郡、犍为，旬月间有十余万众，自称天子。后为益州从事贾龙镇压，被杀。赵祗：东汉末年人。黄巾起义军首领。中平五年，与马相起事于绵竹（今四川绵竹东南）。后为益州从事贾龙所破。

②李升（？—188）：里籍不详。曾任绵竹令。中平五年，死于黄巾义军马相、赵祗等人之手。

③王饶、赵播：益州黄巾军渠帅。与马相、赵祗等人起兵。后率军攻克蜀郡、犍为，杀益州刺史郤俭。

④旬月：十天至一个月。指较短的时日。

⑤三郡：指广汉、蜀郡、犍为。

⑥赵部（？—188）：生年、里籍不详。汉灵帝时官员，官至巴郡太守。

⑦贾龙：蜀郡（治今四川成都）人。历官益州从事、校尉。曾统率家兵镇压州内马相、赵祗起义军，派吏卒迎刘焉入州。后与犍为太守任岐起兵反对刘焉，兵败被杀。参看本书卷五《公孙述刘二牧志》和本书卷十《先贤士女总赞》的韩揆传。

⑧党与：同党之人，党羽。

⑨东州士：亦称"东州人"，即史书所说的"东州兵"。东汉末流寓益州的中原人。建安初，从南阳、三辅（长安、冯翊、扶风）一带流入益州者数万家，时称东州人。益州牧刘焉收以为兵，名曰"东州兵"。《三国志·蜀书·刘璋传》引《英雄记》："先是，南阳、三辅人流入益州数万家，收以为兵，名曰东州兵。"

⑩北道：特指蜀郡北面的斜谷道。这是秦、汉以来往来秦岭南北
　　的交通要道。本书卷二《汉中志》："初平中，以（张）鲁为督义
　　司马，住汉中，断谷道。"《后汉书·刘焉列传》：刘焉据益州，"任
　　（张）鲁以为督义司马，分别部司马张修将兵掩杀汉中太守苏固，
　　断绝斜谷"。

⑪王咸：里籍不详。后被益州牧刘焉所杀。李权：字伯豫，梓潼郡涪
　　陵（今重庆彭水）人。官至临邛长。为益州豪强，后为益州牧刘
　　焉所杀。

⑫二千石：官俸等级名。汉朝的官俸以谷为准，故以"石"名。按照
　　汉朝制度，只有皇帝才有权任命二千石官员。刘焉如此而为，是
　　自拟于皇帝。

【译文】

　　中平五年，益州的黄巾军首领马相、赵祗等在绵竹聚众起义，杀死县令李升，招募疲于劳役的民众，一两天中就得到数千人。黄巾军派遣王饶、赵播等进攻雒城，杀死刺史郤俭，并南下攻克蜀郡、犍为，一个月之间，攻破广汉、蜀郡、犍为三郡。马相自称天子，部众数以万计。黄巾军又另外攻破巴郡，杀死太守赵部。益州从事贾龙一向拥有私人军队，在犍为郡的青衣江，率领官民攻打马相，消灭了马相所部，益州安定下来。贾龙于是选派吏卒迎接刘焉入蜀。刘焉到益州之后，将官署迁移到绵竹，安抚接纳离叛军，实行小恩小惠。当时南阳、三辅的百姓数万家避难逃入蜀地，刘焉肆意厚待他们，引以为党羽，号称"东州士"。刘焉派遣张鲁阻断北面的斜谷道。又枉杀大姓巴郡太守王咸、李权等十余人，以此树立严厉的刑罚。刘焉比照汉朝的四军，设置了前、后、左、右部司马，统领军队，其职位都是俸禄二千石。

　　汉献帝初平二年，犍为太守任岐与贾龙恶焉之阴图异计也①，举兵攻焉，烧成都邑下。焉御之。东州人多为致力，

遂克岐、龙。焉意盛,乃造乘舆车服千余,僭拟至尊②。焉长子范为左中郎将③,仲子诞治书御史④,季子璋奉车都尉⑤,皆从献帝在长安,惟叔子别部司马瑁随焉⑥。焉闻相者相陈留吴懿妹当大贵⑦,为瑁聘之⑧。荆州牧山阳刘表上焉有"子夏在西河疑圣人"论⑨。帝遣璋晓谕焉⑩,焉留璋,不遣反。四年,征西将军马腾自郿与焉、范通⑪,谋袭长安,治中从事广汉王商亟谏不从⑫。谋泄,范、诞受诛。议郎河南庞羲以通家将范、诞诸子入蜀⑬。而天火烧焉车乘荡尽,延及民家。

【注释】

①阴图异计:暗中图谋阴谋诡计。

②僭(jiàn):超越本分,古代指地位在下的冒用在上的名义或礼仪、器物。至尊:最尊贵,最崇高。用为皇帝的代称。

③左中郎将:官名。两汉皆置,秩比二千石,掌左署郎持戟值班,宿卫诸殿门,出充车骑。三国、魏、晋、南北朝皆沿置。

④仲子:第二子。治书御史:官名。全称"治书侍御史"。东汉为御史台属官,置二员,秩六百石。职掌依据法律审理疑狱,与符节郎共平廷尉奏事,选御史考试高第、明习法律者充任。

⑤季子:第四子。奉车都尉:官名。西汉武帝始置,职掌皇帝车舆,入侍左右,多由皇帝亲信充任,秩比二千石。三国因之,地位渐低。蜀参用宦者。魏、晋用作加官。

⑥叔子:第三子。别部司马:官名。汉置,掌领兵征伐。大将军领兵五部(营),每部置校尉一人,军司马一人。其别营领属为别部司马,其兵多少随时宜。

⑦相者:旧指以相术供职或为业的人。吴懿(?—237):《三国志》

作"吴壹"。字子远,陈留(今河南开封)人。随刘焉入蜀。刘璋时为中郎将。刘备主蜀,吴壹为护军讨逆将军。其妹原为刘瑁之妻,后为刘备夫人。诸葛亮卒,吴壹督汉中,任车骑将军,假节,领雍州刺史,进封济阳侯。参看《三国志·蜀书·二主妃子传》。

⑧聘:聘娶正妻。《礼记·内则》:"聘则为妻。"

⑨刘表(142—208):字景升,山阳高平(今山东邹城西南)人。皇族远支。初,以大将军掾为北军中候。汉献帝初平元年(190)为荆州刺史,得当地豪族支持,据今湖北、湖南地方。李傕、郭汜入长安,以刘表为镇南将军、荆州牧,封成武侯。爱民养士,从容自保。及曹操与袁绍相持于官渡(在今河南中牟东北),袁绍求助于刘表,刘表许而不至,亦不援曹操,欲观时变。曹操败绍后征刘表,未至,刘表病卒。其子刘琮降曹。《后汉书》《三国志》有传。子夏在西河疑圣人:《礼记·檀弓上》:"子夏丧其子而丧其明。曾子吊之曰:'吾闻之也:朋友丧明则哭之。'曾子哭,子夏亦哭,曰:'天乎!予之无罪也。'曾子怒曰:'商,女何无罪也?吾与女事夫子于洙泗之间,退而老于西河之上,使西河之民疑女于夫子,尔罪一也。'"子夏(前507—?),卜商,字子夏。春秋末卫国人,一说晋国温(今河南温县)人。孔子弟子,以文学见称。为鲁国莒父宰。孔子死后,讲学于西河,李克、吴起、田子方、段干木皆从受业,魏文侯曾师事之,受经艺。参看《史记·仲尼弟子列传》。西河,战国魏地。一说在今山西、陕西间黄河左右,一说在今河南安阳。其时黄河流经安阳之东,西河意即河西。疑,通"拟",比拟。圣人,指孔子。

⑩晓谕:同"晓喻",明白劝导,告知。多用于上对下。

⑪马腾(?—212):字寿成,右扶风茂陵(今陕西兴平)人。马超之父。初为凉州刺史耿鄙军司马,曾镇压氐羌起事。后迁征西将军。汉献帝建安十三年(208),入朝为卫尉,封槐里侯。后其

子马超举兵背曹操,曹操击破之,遂杀马腾。参看《三国志·蜀书·马超传》。郿:县名。战国秦置,属内史。治所在今陕西眉县东十五里渭河北岸。西汉属右扶风,右辅都尉驻此。三国魏属扶风郡。

⑫ 王商:字文表,广汉郡郪(今四川三台)人。参看本书卷三《蜀志》注。

⑬ 庞羲:河南(治今河南洛阳)人。初事刘焉,任议郎。后事刘璋,嫁女于刘璋长子刘循为妻,为刘璋亲厚。数与张鲁战,任巴西太守,遂专权势。汉献帝建安十九年(214),刘备定成都,任为左将军府司马。其后事迹不详。通家:世交。

【译文】

汉献帝初平二年,犍为太守任岐与贾龙怨恨刘焉暗地里图谋不轨,举兵攻打刘焉,纵火焚烧成都城邑。刘焉出兵抵御他们。刘焉优待过的东州人大多尽心竭力,于是打败了任岐、贾龙。刘焉称帝的意图愈发强烈,于是制造上千的乘舆、车服,其规制僭越本分,比照的是九五至尊的皇帝。刘焉的长子刘范为左中郎将,次子刘诞为治书御史,四儿子刘璋为奉车都尉,都跟从汉献帝在长安任职,只有三儿子别部司马刘瑁跟随刘焉。刘焉听相面的人说,陈留人吴懿妹妹会大富大贵,于是为儿子刘瑁聘娶她。荆州牧山阳人刘表上奏朝廷说刘焉有"子夏在西河被人比作圣人孔子"的论调,意指刘焉在蜀郡被人比拟为天子。汉献帝派遣刘璋前往劝导刘焉,刘焉扣留了刘璋,不让他返回京城。初平四年,征西将军马腾在郿县与刘焉、刘范暗通,阴谋袭击长安,治中从事广汉人王商急切进谏,但刘焉等人拒不听从。其后阴谋泄露,刘范、刘诞被处以死刑。议郎河南人庞羲因为和刘焉是世交,将刘范、刘诞的子女送入蜀地。而天火将刘焉的车乘烧毁殆尽,火势蔓延到民宅。

兴平元年,焉徙治成都。既痛二子①,又感祅灾②,疽发背卒③。州帐下司马赵韪、治中从事王商等贪璋温仁④，共表代父。京师大乱，不能更遣，天子除璋监军使者⑤，领益州牧；以韪为征东中郎将⑥，率众征刘表。

【注释】

①二子：指刘焉之子刘范、刘诞。

②祅（yāo）灾：妖异的灾难。古指天时、物类的反常现象。

③疽（jū）：一种毒疮。多生于肩、背、臀等处。

④帐下司马：官名。汉献帝兴平元年（194）置，赵韪曾任益州帐下司马，后迁征东中郎将。掌有关军旅事务。温仁：温厚仁爱。

⑤除：任命官职。

⑥征东中郎将：官名。东汉末年益州牧刘璋置，掌帅军征伐或驻守。

【译文】

兴平元年，刘焉将官署迁移到成都。刘焉既伤痛失去二子，又感到妖灾横行，结果背上毒疮发作而死。益州帐下司马赵韪、治中从事王商等人贪恋刘璋温厚仁爱，共同上表朝廷，请求朝廷恩准刘璋接替其父为刺史。当时京师大乱，不能重新派遣新的官员，于是天子任命刘璋为监军使者，代理益州牧；任命赵韪为征东中郎将，率兵征讨刘表。

璋字季玉，既袭位，懦弱少断①。张鲁稍骄于汉中，巴夷杜濩、朴胡、袁约等叛诣鲁②。璋怒，杀鲁母、弟，遣和德中郎将庞羲讨鲁③，不克。巴人日叛，乃以羲为巴郡太守，屯阆中御鲁。羲以宜须兵卫，辄召汉昌賨民为兵④。或构羲于璋⑤，璋与之情好携隙⑥。赵韪数进谏，不从，亦恚恨也⑦。

【注释】

①少断:缺少决断,优柔寡断。

②诣:到……去。

③和德中郎将:官名。东汉献帝兴平(194—195)、建安(196—220)之际益州牧刘璋置,以庞羲为之,领兵讨张鲁。

④汉昌:县名。东汉永元中置,属巴郡。治所即今四川巴中市。三国蜀汉、西晋属巴西郡。南朝梁废。賨(cóng)民:賨人,古代西南少数民族的一支。

⑤构:诬陷,陷害。

⑥情好:交谊,友情。携隙:犹嫌隙。指有了隔阂。

⑦恚(huì)恨:愤恨,怨恨。

【译文】

刘璋字季玉,在继承益州牧职位后,为人软弱而缺少决断。张鲁在汉中逐渐骄横起来,巴郡夷人杜濩、朴胡、袁约等背叛刘璋,投奔到张鲁那里去了。刘璋发怒,杀死了张鲁的母亲、弟弟,派遣和德中郎将庞羲讨伐张鲁,没有成功。巴人经常叛乱,刘璋于是任命庞羲为巴郡太守,驻扎在阆中抵御张鲁。庞羲因为需要士兵防卫,就招募汉昌县的賨民为士兵。有人在刘璋面前陷害庞羲,刘璋和庞羲的友情有了隔阂。赵韪多次向刘璋进谏,刘璋都没有听从,赵韪因此也怀恨在心。

建安五年,赵韪起兵数万,将以攻璋,璋逆击之①。明年,韪破败。羲惧,遣吏程郁宣旨于郁父汉昌令畿②,索益賨兵。畿曰:"郡合部曲,本不为乱。纵有谗谀③,要在尽诚。遂怀异志④,非所闻也。"羲令郁重往,畿曰:"我受牧恩,当为尽节,汝自郡吏,宜念效力,不义之事,莫有二意。"羲恨之,使人告曰:"不从太守,家将及祸!"畿曰:"昔乐羊食子⑤，非无父子之恩，大义然也。今虽羹子，畿饮之矣！"羲乃厚谢于璋⑥。璋善畿，迁为江阳太守。

【注释】

①逆击：犹迎击。

②程郁：巴西郡阆中（今四川阆中）人。程畿之子。畿：程畿（？—222），字季然，巴西郡阆中人。初仕刘璋，为江阳太守。后归刘备，辟为从事祭酒。随刘备征吴，军败，溯江而还，追兵至，战死。本书卷十二《序志并士女目录》有名录。宣旨：宣布旨令、诏书。

③谗谀：谗毁和阿谀。

④异志：二心，叛离之心。

⑤乐羊食子：战国时，魏国大将乐羊为表示忠于魏国，竟然吃了中山国烹其子而做的羹。《韩非子·说林上》："乐羊为魏将而攻中山。其子在中山，中山之君烹其子而遗之羹，乐羊坐于幕下而啜之，尽一杯。文侯谓诸师赞曰：'乐羊以我故而食其子之肉。'答曰：'其子而食之，且谁不食？'乐羊罢中山，文侯赏其功而疑其心。"乐羊，一作乐阳。战国时魏国人。魏文侯将。文侯欲伐取中山国，遂于前408年率兵越过赵国进攻中山。经过三年苦战，攻灭中山。因功被封于灵寿，其后子孙世代家居于此。后来的燕、赵名将乐毅，即其后代。

⑥谢：认错，道歉。

【译文】

建安五年，赵韪发兵数万人，将要攻打刘璋，刘璋出兵迎击。第二年，赵韪兵败。庞羲很害怕，派遣属吏程郁向其父、汉昌令程畿宣读旨令，索要增加賨人士兵。程畿说："巴郡人和张鲁的军队和谐相处，本就不该发生动乱。即使有人进谗陷害你庞羲，关键还在于你竭尽忠诚。你却怀有二心，这不是我愿意听到的。"庞羲命令程郁再次前往，程畿说：

"我接受益州牧的恩惠，理当为其尽心竭力、保全节操，你是巴郡的官吏，也应当想到为其效力，不做不义之事，不要有二心。"庞羲怨恨程畿，派人传话给他："如果不听从太守的话，你的家庭将有灾祸降临！"程畿说："从前乐羊服食其子之羹，这并不是表示他不念父子之恩，而是出于大义。现在即使你把我的儿子做成羹，程畿也会一饮而尽！"庞羲于是向刘璋深深谢罪。刘璋赞许程畿的品行，升迁他为江阳太守。

　　十年，璋闻曹公将征荆州^①，遣中郎将河内阴溥致敬^②。公表加璋振威将军^③，兄瑁平寇将军^④。十二年，璋复遣别驾从事蜀郡张肃送叟兵三百人^⑤，并杂御物。公辟肃为掾，拜广汉太守。十三年，仍遣肃弟松为别驾诣公^⑥。公时已定荆州，追刘主^⑦，不存礼松^⑧；加表望不足^⑨，但拜越嶲苏示令，松以是怨公。会公军不利，兼以疫病，而刘主寻取荆州。松还，疵毁曹公^⑩，劝璋自绝^⑪，因说璋曰："刘豫州^⑫，使君之肺腑^⑬，更可与通。"时扶风法正^⑭，字孝直，留客在蜀，不见礼，恨望^⑮。松亦以身抱利器^⑯，忖璋不足与有为，常与正窃叹息。松举正可使交好刘主，璋从之，使正将命^⑰。正佯为不得已，行。又遣正同郡孟达将兵助刘主守御^⑱，前后赂遗无限^⑲。

【注释】

①曹公：指曹操。

②阴溥：河内（治今河南武陟）人。刘璋部将。

③振威将军：官名。东汉置，为杂号将军，统兵出征。其后，三国魏、吴、蜀皆置。

④平寇将军：官名。东汉献帝建安年间（196—220）曹操置，三国魏

定为三品。为杂号将军,掌征伐。

⑤别驾从事:官名。汉置,属司隶校尉,校尉行部时掌奉引,录众事。
秩百石。后世多沿置。张肃:字君矫,蜀郡成都(今四川成都)
人。张松之兄,张表之父。历官别驾从事、广汉太守。叟兵:东
汉、三国时叟人(氐羌等少数民族)被征募为兵者,作战英勇,称
"叟兵"。

⑥松:张松(?—212),字子乔,蜀郡成都人。身材短小,为人机敏,
放荡不羁,然有才干,为刘璋别驾。刘璋遣其诣曹操,杨修深器
之,推荐张松于曹操,不纳。张松劝说刘璋迎刘备,刘备至涪城,
张松又劝刘备袭刘璋。张松兄广汉太守张肃惧祸及己,以张松之
谋告诉刘璋,张松遂被斩。参看《三国志·蜀书·先主传》。

⑦刘主:指刘备(161—223),字玄德,涿郡涿县(今河北涿州)人。
蜀汉昭烈帝。三国蜀皇帝,亦称先主。东汉远支皇族。少孤,贩
履织席为生。东汉末,起兵镇压黄巾军。先后依公孙瓒、陶谦、曹
操、袁绍、刘表等。赤壁之战中,联合孙权,大破曹操,据荆州。不
久攻取益州、汉中。汉献帝建安二十四年(219),自立为汉中王。
221年称帝,国号汉,建都成都。章武初,率师伐吴,在夷陵之战
中大败,卒于白帝城。在位三年。谥昭烈皇帝。《三国志·蜀书》
有传。

⑧存礼:以礼相待。

⑨表望:仪表,声望。

⑩疵毁:非议诋毁。

⑪自绝:自行断绝关系。

⑫刘豫州:指刘备。刘备曾为豫州牧,故有此称。

⑬使君:汉时称刺史为使君。后用作对州郡长官的尊称。肺腑:同
"肺附",比喻帝王的宗室近亲,意谓刘璋与刘备同为汉室宗亲。
下文说"刘豫州,使君之宗室",意同此。

⑭法正（176—220）：字孝直，扶风郿（今陕西眉县）人。建安初，天下饥，与同郡孟达俱入蜀依益州牧刘璋，久为新都令，不受重用。后奉命迎刘备入蜀，遂献策劝备乘机取蜀。刘备得益州，历任蜀郡太守、扬武将军、尚书令、护军将军等。善出奇谋，曾建议刘备攻取汉中，被采纳，获得成功。但睚眦必报，擅杀毁伤已者。卒后谥翼侯。《三国志·蜀书》有传。

⑮恨望：怨望，怨恨。

⑯利器：本指锋利的武器，比喻杰出的才能。

⑰将命：奉命。

⑱守御：防守，防御。

⑲赂遗：赠送财物。

【译文】

建安十年，刘璋听说曹操将攻打荆州，便派遣中郎将、河内人阴溥向曹操致敬。曹操上表加封刘璋为振威将军，其兄刘瑁为平寇将军。建安十二年，刘璋又派遣别驾从事、蜀郡人张肃，送给曹操叟兵三百人，还杂有一些军事防御物品。曹操征召张肃为掾，任命他为广汉太守。建安十三年，刘璋又派遣张肃的弟弟张松为别驾前去拜见曹操。当时曹操已经平定荆州，正在追讨刘备，对张松没有以礼相待；加上张松仪表、声望都有所不足，只授予张松越巂郡苏示县令之职，张松因此怨恨曹操。恰逢曹操出师不利，加之军中疫病流行，而刘备又寻机夺取了荆州。张松回来后，在刘璋面前诋毁曹操，想劝说刘璋自行断绝与曹操的关系，便趁机对刘璋说："刘备和使君您同为汉室宗亲，您更可以和他交往结盟。"当时扶风人法正，字孝直，客居在蜀郡，没有得到刘璋的礼遇，因而怨恨刘璋。张松也因自己怀才不遇，揣度刘璋不可能有所作为，经常与法正在私下里叹息。张松推举法正可出使刘备与他交好，刘璋同意了，派遣法正奉命出使刘备。法正假装不得已而出行。刘璋又派遣法正同郡人孟达领兵协助刘备防守抵御，前后赠送刘备无数财物。

　　十六年，璋闻曹公将遣司隶校尉锺繇伐张鲁^①，有惧心^②。松进曰："曹公兵强，无敌天下。若因张鲁之资以向蜀土，谁能御之者乎？"璋曰："吾固忧之，而未有计。"松对曰："刘豫州，使君之宗室，而曹公之深仇也^③，善用兵，使之伐鲁，鲁必破；破鲁则益州强，曹公虽来，无为也。且州中诸将庞羲、李异等^④，皆恃功骄豪^⑤，欲有外意^⑥。不得豫州，则敌攻其外，民叛于内，必败之道也。"璋然之，复遣法正迎刘主。主簿巴西黄权谏曰^⑦："左将军有骁名^⑧，今请到，欲以部曲遇之，则不满其心；欲以宾客待之，则一国不容二君。客有太山之安^⑨，则主有累卵之危^⑩。"璋不听。从事广汉王累倒悬于州门^⑪，以死谏璋，璋一无所纳。正既宣旨，阴献策曰："以明将军之英才，乘刘牧之懦弱。张松，州之股肱^⑫，以响应于内。然后资益州之富，凭天设之险，以此成帝业，犹反手也^⑬。"刘主大悦，乃留军师中郎将诸葛亮、将军关羽、张飞镇荆州^⑭，率万人溯江西上。璋初敕所在供奉，入境如归。

【注释】

①锺繇（151—230）：字元常，颍川长社（今河南长葛）人。东汉末，举孝廉，除尚书郎、阳陵令，以疾去官。后为廷尉正、黄门侍郎。曹操执政，表为御史中丞，迁侍中、尚书仆射，封东武亭侯。又以侍中守司隶校尉，持节督关中诸军。召集流散，恢复生产。魏文帝立，为廷尉，进封崇高乡侯。明帝时，进封定陵侯，迁太傅。工书。兼善各体，尤精隶楷，与张芝、王羲之齐名，并称锺张、锺王。卒谥成侯。《三国志·魏书》有传。

②惧心：恐惧、畏惧之心。

③深仇：积怨甚深的仇敌。

④李异：原为赵韪部将。赵韪攻刘璋，李异反杀赵韪。

⑤骄豪：骄矜纵恣。

⑥外意：二心，异志。

⑦黄权（？—240）：字公衡，巴西郡阆中（今四川阆中）人。参看本书卷一《巴志》注。

⑧左将军：官名。汉朝为重号将军之一，与前、右、后将军并位上卿，位次大将军及骠骑、车骑、卫将军。此处特指刘备。因曹操曾上表汉献帝，任命刘备为左将军（见本书卷六）。骁（xiāo）名：勇武的声誉。

⑨太山之安：像泰山一样稳固。形容稳固、安定。

⑩累卵之危：就像堆叠起来的蛋，极容易打碎。比喻情况、处境极其危险。

⑪王累：蜀郡新都（今四川成都新都区）人。参看本书卷三《蜀志》注。

⑫股肱（gōng）：大腿和胳膊。比喻左右辅佐之臣。底本脱"州"字，据《三国志·蜀书·法正传》增补。

⑬反手：翻转手掌。比喻事情极容易办。

⑭军师中郎将：官名。东汉末年刘备置，以诸葛亮为之，总管军政。后庞统亦受此职，位在诸葛亮下。建安末，诸葛亮迁军师将军后，未再置。

【译文】

　　建安十六年，刘璋听说曹操将要派遣司隶校尉钟繇讨伐张鲁，心有恐惧。张松进言说："曹操兵强马壮，无敌于天下。如果曹操在攻下张鲁后，再凭借张鲁的资财南下攻打蜀地，谁能够抵御他呢？"刘璋说："我本来就担忧这件事，但还没有对策。"张松回答说："刘备是您的宗室同胞，又是曹操的深仇大敌，并且善于用兵，如果让他攻打张鲁，张鲁必然失败；打败了张鲁，则益州强大，曹操即使来攻打益州，也将无所作为。况且益州将领庞羲、李异等人，都仗恃有功而骄矜纵恣，暗地里都怀有二心。如果不结交刘备，则外有敌人的进攻，内有军民的背叛，这是必败之路。"刘璋认为张松说得对，又派遣法正迎接刘备。主簿、巴西人黄权进谏说："刘备有骁勇善战的名声，现在把他请到，如果像对待部将一样对待他，则不能满足他的野心；如果像对待宾客一样对待他，则一国不能容下两个君主。客人有像泰山一样的安定，则主人有像累卵一样的危险。"刘璋没有听从进谏。从事、广汉人王累倒挂于州门自尽，以死劝谏刘璋，刘璋仍然没有采纳进谏。法正在向刘备宣达刘璋的旨意后，偷偷为刘备出谋划策说："凭借将军的英明才干，可以乘机利用刘璋的懦弱。张松，是辅佐您的益州的得力大臣，在益州内响应于您。然后借助益州的富庶，凭借天险，因此成就帝业，犹如翻转手掌一样容易。"刘备心中大喜，于是留下军师中郎将诸葛亮、将军关羽、张飞镇守荆州，自己率领一万人沿江西上。刘璋当初就下令，凡刘备所到之处，地方都要予以供给，故而刘备入境后感到宾至如归。

刘主至巴郡，巴郡严颜拊心叹曰[①]："此所谓独坐穷山，放虎自卫者也[②]！"刘主由巴水达涪[③]，璋往见之。松复令正白刘主曰："今因此会，便可执璋[④]，则将军无用兵之劳，坐定一州也。"军师中郎将襄阳庞统亦言之。刘主曰："此大事也。初入他国，恩信未著，不可仓卒。"欢饮百余日[⑤]。璋推刘主行大司马、司隶校尉[⑥]；刘主推璋行镇西大将军，领牧如故。益刘主兵，使伐张鲁；又令督白水军[⑦]，并三万军，车甲精实。璋还州。刘主次葭萌[⑧]，厚树恩德，以收众心。

【注释】

①严颜:蜀郡临江(今重庆忠县)人。刘璋部将,守巴郡。刘备入川,张飞攻江州,擒之。张飞叱使降,严颜以"但有断头将军、无降将军"对。张飞故令牵去斫头,严颜神色不变,张飞壮而释之,引为宾客。参看《三国志·蜀书·张飞传》。拊(fǔ)心:捶胸,表示哀痛或悲愤。

②独坐穷山,放虎自卫:独自坐在没有出路的山里,放出老虎来保卫自己。比喻寻求保护不当,反而自招祸害。

③巴水:即涪江。嘉陵江支流,在四川东部和重庆西北部。涪:涪城,在今四川绵阳东涪江东岸。

④执:拘捕,捉拿。

⑤欢饮:欢乐宴饮。按:刘璋与刘备欢饮之处即富乐山,在今四川绵阳东。据《三国志·蜀书》记载,建安十六年(211),刘备应益州牧刘璋之请由荆州入益至涪(今四川绵阳),刘璋从成都赶来亲迎,设宴于此山宝盖峰,望见全蜀之富庶,二人欢乐畅饮,故得此名。《方舆胜览》卷五十四绵州:富乐山"在巴西县东五里。刘备自蛮荆入蜀,刘璋延之于此山,望见蜀之全盛,饮酒乐甚,故得富乐之名"。

⑥行:代理。

⑦白水军:即刘璋部将杨怀、高沛所领驻守白水关(在今四川青川县东北白水镇北)的军队。

⑧次:临时驻扎和住宿。

【译文】

　　刘备到了巴郡,巴郡守将严颜捶胸叹息说:"这就好比独自坐在没有出路的山里,放出老虎来保卫自己啊!"刘备经由巴水到达涪城,刘璋前往迎接他。张松又让法正对刘备说:"现在借助这次会面,就可以捉拿刘璋,如此,将军不用劳烦一兵一卒,便可坐等平定益州了。"军师中郎将、襄阳人庞统也这样对刘备说。刘备说："这是大事。我们刚刚进入别人的国家,恩德与诚信都还没彰显,不可以仓猝行事。"刘璋和刘备二人欢乐宴饮一百余日。刘璋推举刘备代理大司马、司隶校尉;刘备推举刘璋代理镇西大将军,像从前一样代理益州牧。刘璋扩充了刘备的军队,让他讨伐张鲁;又让刘备督统白水军,共计有三万人,兵车、铠甲都精致坚实。刘璋告别刘备,回到益州。刘备驻扎在葭萌,广泛地树立恩德,以收买民心。

　　十七年,曹公征吴。吴主孙权呼刘主自救。刘主贻璋书曰:"孙氏与孤,本为唇齿①。今乐进在清泥与关羽相拒②,不往赴救,进必大克,转侵州界,其忧有甚于鲁。鲁自守之贼,不足虑也。"求益万兵及资实③。璋但许四千,他物半给。张松书与刘主及法正曰:"今大事垂可立,如何释此去乎!"松兄广汉太守肃惧祸及己,白璋,露松谋④,璋杀松。刘主叹曰:"君矫杀吾内主乎!"嫌隙始构⑤。璋敕诸关守不内刘主⑥。

【注释】

①唇齿:比喻关系密切,互相依靠。

②乐进(?—218):字文谦,阳平郡卫国(今河南清丰)人。初为曹操帐下吏,从征吕布、张绣、刘备、袁绍、袁尚、袁谭,多立战功,迁官至折冲将军,为曹操部下主要将领。相继镇守襄阳、合肥,进官右将军,封广昌亭侯。卒后谥威侯。《三国志·魏书》有传。清泥:指清泥河,亦作青泥河,即今湖北襄阳市襄州区北之清河。东流入汉水。

③资实:军需物资。

④矫杀：谓假托君命以杀人。

⑤构：产生。

⑥内：同"纳"，接纳。

【译文】

建安十七年，曹操征讨吴国。吴主孙权呼叫刘备救援自己。刘备写信给刘璋说："孙权和我，本来是唇齿相依。如今乐进的大军在清泥河与关羽作战，如果不前往救助，乐进必定大胜，转而入侵益州地界，其忧患超过张鲁。张鲁是自保自守的奸贼，不足以忧虑。"刘备请求刘璋增派万名士兵和军需物资。刘璋只答应增派士兵四千，其他军需物资只给一半。张松写信给刘备和法正说："如今大事马上就要成功，为什么要放手不干呢？"张松之兄、广汉太守张肃，担心灾祸连累到自己，把此事给刘璋了，泄露了张松的计谋，刘璋杀掉了张松。刘备叹息道："你刘璋矫杀了我的内臣啊！"刘璋和刘备之间开始有了仇怨。刘璋下令各关口守将不要接纳刘备。

庞统说曰："阴选精兵，昼夜兼行，径袭成都。璋既不武，又无素豫，一举而定，此上计也。杨怀、高沛，璋之名将，各仗强兵，据守关头①，数有笺谏璋遣将军还。将军遣与相闻，说当东归，并使速装。二子既服将军名，又嘉将军去，必乘轻骑来见。将军因此执之，进取其兵，乃向成都，此中计也。退还之白帝，连引荆州，徐还图之，此下计也。"刘主然其中计，即斩怀等。遣将黄忠、卓膺、魏延等勒兵前行②。梓潼令南阳王连固城坚守③，刘主义之，不逼攻也。进据涪城，置酒作乐，谓庞统曰："今日之会，可谓乐矣！"统对曰："伐人之国，而以为欢，非仁者也。"刘主曰："武王伐纣，前歌后舞④，岂非仁也？"统退出。刘主寻请还，谓曰："向者之谈⑤，阿谁为失⑥?"统曰:"君臣俱失。"

【注释】

①关头:即白水关。东汉置,属白水县。在今四川青川东北沙州镇北。

②卓膺:汝南郡汝阳(今河南商水)人。蜀将。初仕刘璋,后投降刘备。勒:统率,率领。

③王连:字文仪,南阳(今河南南阳)人。初仕刘璋,为梓潼令。刘备据蜀,历任什邡令、广都令、司盐校尉、蜀郡太守、屯骑校尉、丞相府长史等,封平阳亭侯。主持盐政期间,收入大增,政绩显著。《三国志·蜀书》有传。

④武王伐纣,前歌后舞:参看本书卷一《巴志》注。

⑤向者:刚才,适才。

⑥阿谁:疑问代词。犹言谁、何人。古诗十九首《十五从军征》:"家中有阿谁?"

【译文】

庞统劝说刘备道:"您暗地里挑选精兵,军队昼夜兼行,直接袭击成都。刘璋既不擅长作战,又一向没有准备,如此一举而平定成都,这是上计。杨怀、高沛是刘璋的名将,二人各依仗强兵,据守白水关,曾经多次致信劝谏刘璋让将军您退回白帝城。将军派人告知二人,说您将要东归,并赶快准备行装。二人既佩服将军的名声,又赞赏将军的离开,必定乘轻骑前来拜见。将军趁此机会捉拿他们,进而夺取他们的军队,由此再向成都进军,这是中计。将军退回到白帝城,接着退避荆州,慢慢再图计谋,这是下计。"刘备同意了他的中计,随即斩杀了杨怀等人。派遣将领黄忠、卓膺、魏延等率领军队往前行进。梓潼令、南阳人王连固守城池,坚决抵抗,刘备认为他是义士,不逼迫进攻。刘备进军占据涪城,置酒作乐,对庞统曰:"今日的聚会,真是快乐啊!"庞统回答说:"攻打别人的国家,而又感到快乐,这不是仁者。"刘备说:"当年周武王讨伐商纣王,军队前面唱歌后面跳舞,这难道不仁吗?"庞统退出了酒席。不一会儿,刘备派人将庞统请回到酒席,对庞统说:"刚才的谈话,是谁的过错呢?"庞统说:"君臣都有过错。"

　　十八年,璋遣将刘璝、冷苞、张任、邓贤、吴懿等拒刘主于涪①,皆破败,还保绵竹。懿诣军降,拜讨逆将军②。初,刘主之南伐也,广汉郑度说璋曰③:"左将军县军袭我④,众不满万,百姓未附,野谷是资⑤。计莫若驱巴西、梓潼民内涪川以南⑥,其仓廪野谷,一皆烧除,高垒深沟,静以待之。彼请战不许,久无所资,不过百日,必禽矣。"先主闻而恶之。法正曰:"璋终不能用,无所忧也。"璋果谓群下曰:"吾闻拒敌以安民,未闻动民以避敌。"绌度不用⑦,故刘主所至有资。进攻绵竹。璋复遣护军南阳李严、江夏费观等督绵竹军⑧。严、观率众降,同拜裨将军⑨。进围璋子循于雒城⑩。

【注释】

①张任:蜀郡人。刘璋部将。出身寒门。年少有胆略,初仕州从事。奉命于涪拒刘备,失利后退守雒城,兵败被俘,不屈而死。吴懿:字子远,陈留(今河南开封)人。见本卷上文注。刘璝、冷苞、邓贤:里籍、事迹不详。

②讨逆将军:官名。杂号将军名。东汉末年置,掌征伐。后曹操亦置,曾以文聘为讨逆将军。

③郑度:广汉郡绵竹(今四川德阳北)人。任益州牧刘璋从事。为人有智谋。刘备自葭萌关攻刘璋,郑度劝说刘璋烧尽涪水以西粮,断备军食,固垒以待。刘璋未采纳,乃败。本书卷十《先贤士女总

④县军：深入敌方、缺乏后援的孤军。县，同"悬"。

⑤野谷：田野中未及收割的稻谷。或说野菜杂粮，亦通。

⑥内：同"纳"，移入，迁移。

⑦绌（chù）：通"黜"，罢免，革除。

⑧李严：字正方，南阳（今属河南）人。费观：字宾伯，江夏鄳（今河南罗山）人。俱见本书卷一《巴志》注。

⑨裨将军：简称裨将，属大将军，位在偏将军下、校尉上。初为副将，后成为低级将军名号。

⑩循：刘循，江夏郡竟陵（今湖北潜江）人。刘璋之子。率军驻守雒城，坚守近一年。城破被俘，刘备以为奉车中郎将。

【译文】

建安十八年，刘璋派遣将领刘璝、冷苞、张任、邓贤、吴懿等在涪城抵御刘备，都被打败，退兵入绵竹自保。吴懿率军投降刘备，被封为讨逆将军。起初，刘备南伐时，广汉人郑度劝说刘璋道："刘备统率孤军袭击我们，人数不到一万，而且百姓也没有归附，军队靠野菜杂粮为食。我们不如考虑将巴西、梓潼之民内迁至涪川以南，而将粮仓及野谷等全部烧毁，筑高垒、挖深沟，静等刘备前来。即使他们挑战，我们也不搭理，他们因长期没有物资供给，支撑不会超过一百天，我们必定能擒获刘备。"刘备后来听说了此事，心中憎恶郑度。法正说："刘璋最终肯定不会采用郑度的计谋，我们不用担心。"刘璋果然对群臣说："我只听说过抵抗敌人以安抚百姓，没有听说过驱动百姓以躲避敌人。"刘璋罢免了郑度的官职，不再任用他，因此刘备所到之处都有军需物资的供给。刘备下令进攻绵竹。刘璋又派遣护军、南阳人李严和江夏费观等统率绵竹军队。李严、费观率领军队投降刘备，一同被拜为裨将军。刘备继续进军，在雒城围困刘璋之子刘循。

　　十九年，关羽统荆州事，诸葛亮、张飞、赵云等溯江降下巴东①，入巴郡。巴郡太守巴西赵笮拒守②，飞攻破之，获将军严颜，谓曰："大军至，何以不降，敢逆战？"颜对曰："卿等无状③，侵夺我州。我州但有断头将军，无降将军也！"飞怒曰："牵去斫头！"颜正色曰："斫头便斫，何为怒也！"飞义之，引为宾客。赵云自江州分定江阳、犍为，飞攻巴西，亮定德阳④。巴西功曹龚谌迎飞⑤。璋帐下司马蜀郡张裔拒亮⑥，败于陌下⑦，裔退还。

【注释】

①赵云（？—229）：字子龙，常山真定（今河北正定）人。初为公孙瓒部将，后归刘备。历官牙门将军、翊军将军、中护军、征南将军、镇东将军等，封永昌亭侯。曾于当阳长坂（今湖北当阳北）怀抱刘禅，保护甘夫人脱险。蜀汉建兴六年（228），从诸葛亮攻祁山，失利，贬为镇军将军。卒谥顺平侯。《三国志·蜀书》有传。

②赵笮：巴西（治今四川阆中）人。刘璋部将。后降刘备，任益州别驾。

③无状：不像样，不像话。

④德阳：县名。东汉分梓潼县置，属广汉郡。治所在今四川江油东北雁门坝一带。东汉末，徙治今遂宁东南十八里龙凤场，改旧县为德阳亭。

⑤龚谌：巴西郡安汉（今四川南充）人。龚禄之父。原为刘璋巴西功曹，后向张飞投降。蜀汉时，任犍为太守。

⑥张裔：字君嗣，蜀郡成都（今四川成都）人。参看本书卷四《南中志》注。

⑦陌下：底本作"柏下"，误。陌下，在今四川遂宁东南十八里。

【译文】

建安十九年,关羽统领荆州事务,诸葛亮、张飞、赵云等溯江而上,攻下巴东,进入巴郡。巴郡太守、巴西人赵筰抵抗坚守,张飞攻破巴郡,活捉了将军严颜,张飞对严颜说:"大军已经到达,为何不投降,还敢迎战?"严颜回答说:"你们太不像话,侵犯夺取我们的州郡。我州只有断头将军,没有投降将军!"张飞大怒道:"拉出去砍头!"严颜神色严肃道:"砍头便砍,为何要发怒!"张飞认为严颜讲义气,将其召为宾客。赵云自江州进军,分别平定了江阳、犍为郡,张飞攻打巴西郡,诸葛亮平定德阳郡。巴西功曹龚谌迎接张飞。刘璋帐下司马、蜀郡人张裔抵抗诸葛亮,在陌下被击败,张裔退回。

夏,刘主克雒城,与飞等合围成都。而偏将军扶风马超率众自汉中请降①,刘主遣建宁督邮李恢迎超②,超径至③。璋震恐。所署蜀郡太守汝南许靖将逾城出降④,璋知,不敢诛。被围数十日,城中有精兵三万,谷支二年,众咸欲力战。璋曰:"父子在州二十余年,无恩德以加百姓。攻战三年,肌膏草野⑤,以璋故也,何以能安!"遂遣张裔奉使诣刘主。刘主许裔礼其君而安其民。刘主又遣从事中郎涿郡简雍说璋⑥。璋素雅敬雍⑦,遂与同舆而出降。吏民莫不歔欷涕泣⑧。刘主复其所佩振威将军印绶⑨,还其财物,迁璋于南郡之公安。吴主孙权之取荆州也,以璋为益州刺史。刘主东征,璋于吴卒也。

【注释】

①偏将军:官名。西汉置,为主将之下的副将、小将。新莽时曾普赐诸郡卒正、连帅、大尹此号。东汉、三国时为杂号将军中地位较低

者,仅高于裨将军。马超(176—222):字孟起,右扶风茂陵(今陕西兴平)人。征西将军马腾之子。初代父统领部众,与韩遂等联兵攻曹操,兵败后逃入诸戎。又率诸戎攻取凉州,不久被魏将杨阜击败,奔汉中。时刘备攻益州,超请降,将兵至城下,刘璋即出降。蜀汉立,累迁骠骑将军,领凉州牧,封斄乡侯。卒谥威侯。《三国志·蜀书》有传。

②李恢:字德昂,建宁郡俞元(今云南澄江)人。参看本书卷四《南中志》注。

③径:直接。《三国志·蜀书·马超传》裴松之注引《典略》:"(刘)备闻(马)超至,喜曰:'我得益州矣。'乃使人止超,而潜以兵资之。超到,令引军屯城北,超至未一旬而成都溃。"

④许靖(?—222):字文休,汝南平舆(今河南平舆北)人。参看本书卷三《蜀志》注。将:底本无。《三国志·蜀书·法正传》:"(建安)十九年,(刘备)进围成都,璋蜀郡太守许靖将逾城降,事觉,不果。(刘)璋以危亡在近,故不诛靖。"据此增补。

⑤肌膏草野:指尸体血肉滋润野草,意谓死人很多。膏,润泽,滋润。

⑥从事中郎:官名。汉置,属将军,为参谋议事的散职官员,有时也领兵征战。汉末称雄的诸州也置此官。简雍:字宪和,涿郡(治今河北涿州)人。与刘备有旧交,随从左右。刘备得荆州,任为从事中郎,常奉命出使。后随刘备入蜀,曾入城说降刘璋,以功拜昭德将军。优游风议,滑稽多智。《三国志·蜀书》有传。

⑦素雅:指平素有交谊。

⑧歔欷(xū xī):悲泣,抽噎,叹息。

⑨印绶:印信和系印信的丝带。

【译文】

夏天,刘备攻克雒城,与张飞等合兵围攻成都。而偏将军、扶风人马超率领众人在汉中请求投降,刘备派遣建宁督邮李恢迎接马超,马超直接进军成都。刘璋感到震惊与恐惧。刘璋麾下蜀郡太守、汝南人许靖想要出城投降，刘璋知道后，也不敢杀他。刘璋被围困数十天，成都城中有精兵三万，谷物可以支撑两年，众人都希望奋力一战。刘璋说："我们父子在益州二十多年，没有什么恩德施加给百姓。打了三年仗，尸横草野，都是因为我刘璋的缘故，我怎么能安心呢！"于是，刘璋派遣张裔奉命前去拜见刘备。刘备向张裔许诺，答应礼待其君、安抚其民。刘备又派遣从事中郎、涿郡人简雍去劝说刘璋。刘璋平素一向敬重简雍，于是与简雍同乘车舆出城投降。官吏和百姓无不悲泣叹息。刘备归还刘璋所佩戴的振威将军的印章、绶带，又归还其财物，将刘璋迁徙到南郡的公安县。吴主孙权夺取荆州之后，任命刘璋为益州刺史。后来，刘备东征吴国，刘璋死在吴国。

　　撰曰：公孙述藉导江之资，值王莽之虐，民莫援者，得跨巴、蜀；而欺天罔物[1]，自取灭亡者也。然妖梦告终[2]，期数有极[3]；奉身归顺[4]，犹可以免；而矜愚遂非[5]，何其顽哉！刘焉器非英杰，图射侥幸；璋才非人雄，据土乱世，其见夺取，陈子以为非不幸也[6]。昔齐侯嗤晋、鲁之使[7]，旋蒙易乘之困；魏君贱公叔之侍人[8]，亦受割地之辱。量才怀远[9]，诚君子之先略也。观刘璋、曹公之侮慢法正、张松，二憾既征，同怨相济，或家国覆亡，或三分天下。古人一馈十起，辍沐挥洗[10]，良有以也。

【注释】

①罔：欺骗，蒙蔽。

②妖梦：反常之梦，妖妄之梦。本处所说"妖梦"，特指上文所述"述梦人谓己曰：'八厶子系，十二为期。'"告终：宣告结束。

③期数：气数，命运。

④奉身：献身。

⑤矜愚：在无知者面前夸耀，装作有智慧。遂非：坚持错误，掩饰错误。

⑥陈子：指陈寿。按：陈寿的评价，见《三国志·蜀书·刘二牧传》："（刘）璋才非人雄，而据土乱世，负乘致寇，自然之理，其见夺取，非不幸也。"

⑦齐侯：指齐顷公（？—前582），名无野，春秋时齐国国君。齐惠公之子，齐桓公之孙。齐顷公七年（前592），因其母萧同叔子耻笑晋使郤克足跛，与晋结怨。十年（前589），齐攻鲁、卫，晋往救，战于鞍，齐大败。悉反鲁、卫侵地。后顷公开放苑囿，减轻赋敛，振孤问疾，百姓悦附，诸侯不犯。在位十七年。谥顷。晋、鲁之使：指郤克。郤克，亦称郤伯、郤献子。春秋时晋国人。郤克有残疾，跛足。据《左传·宣公十七年》记载，"十七年，春，晋侯使郤克征会于齐。齐顷公帷妇人，使观之。郤子登，妇人笑于房。献子怒，出而誓曰：'所不此报，无能涉河！'献子先归，使栾京庐待命于齐，曰：'不得齐事，无复命矣。'"鲁成公二年（前589），齐伐鲁、卫，晋派郤克率兵伐齐，战于鞌（在今山东济南），齐大败，被迫退返所占鲁、卫国土。鞌之战时，齐顷公因与其车右逢丑父交换位置（"易乘"），才免于被俘。

⑧魏君：指魏惠王，亦称梁惠王，名罃。战国时魏国国君。魏武侯子。即位后迁都大梁。与赵、韩构恶，被齐军大败于马陵（今河北大名东南）。又屡败于秦。召集逢泽（在今河南开封东南）之会，改侯称王。卑礼厚币以招贤者，邹衍、淳于髡、孟轲等至大梁。轲尝劝王行仁义而不能用。国势渐衰。公叔：指公叔痤。战国时魏国人。事武侯、惠王，为相。惠王八年（前362），曾率军战胜韩、赵联军，虏赵将乐祚。侍人：指商鞅（约前390—前338），战国时卫国人。即公孙鞅，亦称卫鞅。在秦国实行变法，以战功封

于商,亦称商鞅、商君。变法十年,乡邑大治,国势日强。秦孝公
死,被贵族诬害,车裂而死。按:公叔痤病将死,惠王问以国事,痤
荐中庶子公孙鞅(商鞅)于魏惠王,王不听。痤劝王如不用鞅,必
杀之。王又不听,鞅遂入秦。其后,商鞅入秦掌权,带兵伐魏,
打败魏军,魏惠王不得不割河西之地以求和。见《史记·商君
列传》。

⑨怀远:安抚远方之人。

⑩"一馈十起"二句:形容求贤殷切或事务繁劳,指的是大禹、文王、
周公等人。《吕氏春秋·有始览·谨听》:"昔者禹一沐而三捉发,
一食而三起,以礼有道之士,通乎己之不足也。"《淮南子·氾论
训》:"当此之时,一馈而十起,一沐而三捉发,以劳天下之民。"
《史记·鲁周公世家》:"周公戒伯禽曰:'然我一沐三捉发,一饭
三吐哺,起以待士,犹恐失天下之贤人。'"《论衡·书解》:"文王
日昃不暇食,此谓演《易》而益卦;周公一沐三握发,为周改法制
而周道不弊。"馈,进食,吃饭。沐,洗发。

【译文】

撰述者说:公孙述凭借任导江卒正之职的资本,恰逢王莽暴虐无道,
得不到老百姓的支持,公孙述于是得以占据巴、蜀;而他欺骗上天、蒙蔽
人民,最终自取灭亡。然而妖梦宣告结束,气数到了尽头,公孙述如果
归顺刘秀,还可以免除杀身之祸;而他假装有智慧、掩饰错误,多么顽固
啊!刘焉本非英雄豪杰,只是图谋凭借一时的侥幸而生存;刘璋亦非雄
才俊杰,只求在乱世中占据地盘、割据一方,最终地盘和官职均被夺走,
陈寿认为这并不是什么不幸的事情。从前齐顷公因为嗤笑晋国、鲁国的
使者,旋即蒙受与将士在战车上交换位置,方才得以免于被俘的困境;魏
惠王因为看不起公叔痤的侍人商鞅,也遭受了割地求和的屈辱。根据才
能而加以任用,招抚远方之人,确实是执政君子应该首先考虑的计略。
看刘璋、曹操轻慢侮辱法正、张松,以致二人怀恨在心;而二人在被刘备

征召后,便齐心协力共助刘备,结果有的国破家亡(刘璋),有的不能统一全国而落得天下三分(曹操)。古人吃一顿饭站起来十次,洗一次头发多次停止,这是因为求贤殷切而害怕失去贤才,如此而为确实是有原因的。

卷六　刘先主志

【题解】

本卷所说的"刘先主",指的是刘备,即蜀汉开国君主昭烈帝。与卷五《公孙述刘二牧志》一样,本卷也属于"家国一体"(家族与国家合为一体)的"编年史",是刘备个人的"大事纪年"与蜀汉国家的"开国纪年"。

《刘先主志》以时间先后为序,择要记述了刘备的生平大事——曾经显赫的家世("汉景帝子中山靖王胜后也")与其时微贱的出身("与母贩履织席自业")、少年时期的教育与交游、青年时期的征战与创业、中年时期的入蜀与称帝、晚年时期的伐吴与托孤。《刘先主志》重点记述的是刘备中青年以后的事迹,如三顾茅庐、隆中对、占荆州、入西川、即帝位、伐东吴、托幼孤等。

《刘先主志》通过对刘备生平事迹的记述,意在描述东汉末年到蜀汉初年与巴蜀地区有关的历史风云、政治风貌、人物风姿等,勾勒其时与其地的线条与脉络。相对而言,《刘先主志》对该时期巴蜀本地的民风民俗、民心民情等记述不多。与此前的《三国志》、此后的《资治通鉴》相较而言,《刘先主志》对有些大事的记载,明显有其详略与取舍的标准,而其最典型者为"赤壁之战"。对于"赤壁之战",《刘先主志》仅有"大破公军于赤壁,焚其舫舟"寥寥数语。于此,读者不妨结合参看《三国志》与《资治通鉴》。

在"撰曰"部分，常璩引述了陈寿《三国志》对刘备的评价，"君臣之至公，古今之盛轨"。但仔细体会"撰曰"，常璩仅有引述，而未做引申，似乎是持"保留意见"，而且有其"微言大义"。

先主讳备[1]，字玄德，涿郡涿县人，汉景帝子中山靖王胜后也[2]。胜子贞，元朔二年封涿郡陆成侯[3]，因家焉。祖父雄，察孝廉，为东郡范令[4]。父弘[5]。

【注释】

[1] 先主讳备：指刘备（161—223），字玄德，涿郡涿县（今河北涿州）人。参看本书卷五《公孙述刘二牧志》注。

[2] 中山靖王胜：刘胜（？—前113），西汉宗室。汉景帝第九子，母贾夫人。汉武帝刘彻异母兄。汉景帝前元三年（前154）立为中山王。为人乐酒好色，有子百二十余人。卒谥靖王。《史记》《汉书》有传。死后葬于今河北保定满城区（满城汉墓），在墓中发现的随葬品有金缕玉衣等。

[3] 陆成：县名。西汉置，属中山国。治所在今河北蠡县南十五里。西汉元朔二年（前127），封中山靖王之子刘贞为陆成侯，属涿郡。

[4] 范令：范县县令。范县，西汉置，属东郡。治所在今河南范县东南张庄乡旧城村。东汉末属东平国。北魏属兖州东平郡。北齐废。

[5] 父弘：《三国志·蜀书·先主传》说"先主祖雄，父弘，世仕州郡"，则刘弘亦曾为州郡小官。

【译文】

先主名备，字玄德，涿郡涿县人，是汉景帝之子中山靖王刘胜的后代。刘胜之子刘贞，元朔二年被封为涿郡陆成侯，于是在此地安家。祖父刘雄，察举为孝廉，任东郡范县县令。父亲刘弘，很早就去世了。

　　先主幼孤，与母贩履织席自业①。舍东南角篱上有桑树生，高五丈余，遥望童童如车盖②，人皆异之，或谓当出贵人。先主少时与宗中诸儿戏于树下，言："吾必乘此羽葆盖车③！"叔父子敬谓曰④："汝勿妄言，灭吾门也！"年十五，母遣行学，与宗人刘德然、辽西公孙瓒俱事故九江太守同郡卢子幹⑤。德然父元起常资给先主，与德然等。元起妻曰："各自一家，何能常尔！"元起曰："宗中有此儿，非常人也。"而瓒深与先主善，瓒年长，先主兄事之。喜狗马、音乐、美衣服。长七尺五寸，垂臂下膝，顾自见耳⑥。能下人⑦，喜怒不形于色。善交结豪侠，年少争附之。中山大商张世平、苏双等见而奇之，多与之金，先主由是得合徒众。河东关羽云长、同郡张飞益德，并以壮烈为御侮⑧。先主与二子寝则同床，食则共器，恩若弟兄，然于稠人广众中侍立终日⑨。

【注释】

①自业：作为自谋生计的事业。

②童童：茂盛重叠貌。树叶浓密而下垂的样子。车盖：古代车上遮雨蔽日的篷。状如伞，有柄。

③羽葆盖车：用翠羽装饰帷盖的车子。这是古代天子所乘坐的车。

④叔父子敬：刘珑，字子敬，涿郡涿县人。中山靖王刘胜之后，刘备的叔父。

⑤公孙瓒（？—199）：字伯珪，辽西令支（治今河北迁安）人。曾从卢植读经。初为郡吏，后以孝廉为郎，任辽东属国长史。击乌桓有功，迁骑都尉。以镇压黄巾军，拜奋武将军，封蓟侯。据冀州与袁绍相争，连年交兵，互掠百姓，至野无青草。自恃才力，睚

眦必报，所在贪暴，百姓怨之，谋臣将士离散。汉献帝建安四年（199），为袁绍所败，自焚而死。《三国志》与《后汉书》有传。卢子幹：卢植（？—192），字子幹，涿郡涿（今河北涿州）人。东汉经学家。少与郑玄俱师事马融，博通古今文经学。汉灵帝建宁中（168—171），征为博士，校书于东观。历官九江太守、尚书、北中郎将，曾率军镇压黄巾起义。董卓专权，不肯屈节，被免官，遂隐居于上谷而卒。著有《尚书章句》《三礼解诂》，俱佚。《后汉书》有传。

⑥顾自见耳：意谓回头能看见自己的耳朵。刘备因耳朵长大，吕布骂其为"大耳儿"，曹操称其为"大耳翁"（见本卷下文）。

⑦下人：居于人之后，对人谦让。意谓能谦虚待人。

⑧御侮：谓抵御外侮。

⑨稠人广众：指人群众多。

【译文】

先主年幼时失去了父亲，与母亲靠贩卖鞋子、编织席子维持生计。屋舍东南角篱笆边上生长有一棵桑树，高五丈多，远远望去，枝繁叶茂像是一顶车盖，人们都认为这棵桑树很奇特，有人说这家要出现贵人。先主年少之时，与同宗族的小孩们在树下嬉戏，说："我一定要乘坐像桑树这样大的用翠羽装饰帷盖的车子！"叔父刘子敬对他说："你不要乱说话，小心招来灭门之灾！"先主十五岁时，母亲安排他出去读书，与同宗族的刘德然、辽西人公孙瓒一起求学于原九江太守、同郡人卢植（字子幹）的门下。刘德然的父亲刘元起经常资助先主，对他与德然同等对待。刘元起的妻子说："各自是一家人，怎么能经常这样呢！"刘元起说："宗族中有这样的孩儿，他不是寻常之辈。"而公孙瓒与先主交往密切，公孙瓒年长，先主视其为兄长。先主喜欢狗马、音乐、美丽的衣服。身长七尺五寸，手臂下垂可至膝盖，回头能看见自己的耳朵。先主能够谦虚待人，喜怒不形于色。善于结交豪侠，少年们都争相归附他。中山大商人张世平、苏双等见到先主都很称奇,送给他很多金子,先主因此得以聚集众人。河东人关羽字云长、同郡人张飞字益德,都以果敢忠烈一同为先主抵御外侮。先主与关羽、张飞二人睡则同床而眠,吃则共器而食,恩情好比弟兄,但在大庭广众之中,两人整天都恭顺地站立在先主旁边。

中平元年^①,从校尉邹靖讨黄巾贼,有功^②,除安喜尉^③。求谒督邮,不得,乃入,缚执之,杖二百,以绶系督邮头颈著马柳柱^④,委官亡命^⑤。顷之,应大将军何进募^⑥,有功,除下密丞^⑦。后为高唐尉^⑧,迁为令^⑨。瓒为中郎将,表先主为别部司马,拒冀州牧袁绍^⑩。数有战功,守平原令^⑪,进领平原相^⑫。郡民刘平耻为之下,使客刺之。客服其德,告之而去。北海相鲁国孔融为黄巾贼所围^⑬,使太史慈求救于先主^⑭。先主曰:"孔文举闻天下有刘备乎!"以兵救之。广陵太守下邳陈登元龙^⑮,太尉球孙也^⑯,有隽才^⑰,轻天下士,谓功曹陈矫曰^⑱:"闺门雍穆^⑲,有德有行,吾敬陈元方父子^⑳;冰清玉洁^㉑,有德有言,吾敬华子鱼^㉒;博闻强志^㉓,奇伟卓荦^㉔,吾敬孔文举;雄姿杰出^㉕,有王霸之略^㉖,吾敬刘玄德。名器尽此^㉗。"

【注释】

①中平元年:189年。

②邹靖:东汉末年担任破虏校尉、北军中候,曾率军讨伐胡人和黄巾军。

③安喜:县名。东汉元和中改安险县置,治所在今河北定州东南。

汉灵帝末，刘备除安喜尉。喜，古书又作憙（《续汉书·郡国志》）。

④马柳（àng）柱：拴马的柱子。

⑤委官：弃官。亡命：逃亡。《三国志·蜀书·先主传》："督邮以公事到县，先主求谒，不通，直入缚督邮，杖二百，解绶系其颈著马柳，弃官亡命。"

⑥何进（？—189）：字遂高，南阳宛（今河南南阳）人。出身屠户。汉灵帝时以其妹选入宫为贵人，又为皇后，先后任郎中、颍川太守、河南尹、大将军等职。曾镇压黄巾起义，封慎侯。汉灵帝卒，立刘辩为少帝，掌握朝政。后与袁绍谋诛宦官，事泄被杀。《后汉书》有传。

⑦下密：县名。战国秦置，属胶东郡。治所在今山东昌邑东南十五里密城。西汉属胶东国。东汉初废，安帝复置，属北海国。丞：县丞。官名。为县的副贰长官，辅佐县令掌县政。

⑧高唐：县名。战国齐置，后入秦，属济北郡。治所在今山东禹城西南四十里。汉属平原郡。西晋废。尉：县尉。官名。秦汉县皆置尉，掌捕盗贼，按察奸宄。

⑨令：县令。官名。为一县的长官，掌全县的政令。秦汉时，万户以上的称"令"，不足万户的称"长"。

⑩袁绍（？—202）：字本初，汝南汝阳（今河南商水）人。出身大族，好交结养士。初为郎，曾任濮阳长。汉灵帝时，为侍御史、虎贲中郎将。汉灵帝死，袁绍劝何进召董卓诛宦官，事泄，何进被杀，袁绍引兵入宫，尽诛宦官。董卓至京师，欲废少帝另立，袁绍奔冀州，起兵讨董卓，自为盟主，号车骑将军，领司隶校尉。后据冀、青、幽、并四州，割据一方。汉献帝建安二年（197），称大将军，兼督四州。建安五年（200），与曹操争雄，战于官渡，兵败，病发而死。《后汉书》《三国志》有传。

⑪守：试守，试用。即正式任命前试行代理某一职务。平原：王国

名。东汉延平元年（106）改平原郡为平原国,治所在平原县（今山东平原县西南）。建安十一年（206）改为郡,三国魏黄初三年（222）又改为国。黄初七年（226）复改为郡。西晋又改为国。南朝宋复改为郡。

⑫领:类似兼任。平原相:平原国相。汉制,王国置相,职如太守。

⑬北海:郡国名。西汉景帝二年（前155）分齐郡置,治所在营陵县（今山东昌乐东南）。东汉改为国,移治剧县（今山东昌乐西）。孔融（153—208）:字文举,鲁国（治今山东曲阜）人。孔子二十世孙。东汉末,历官北海相、少府、太中大夫等职,名重天下。喜交士人,时常宾客盈门。为人恃才负气,多次轻慢曹操,被曹操借故杀掉。有文名,为“建安七子”之一。有《孔北海集》。《后汉书》有传。

⑭太史慈（166—206）:字子义,东莱黄（今山东龙口）人。善射,弦不虚发。少为郡吏。汉末,避祸辽东,北海相孔融奇之。后,孔融为黄巾所围,太史慈突围,劝说刘备以援兵解围。又从刘繇,称丹阳太守,为山越所附。后归孙策,拜折冲中郎将、建昌都尉。《三国志·吴书》有传。

⑮下邳:县名。秦置,属东海郡。治所在今江苏睢宁西北古邳镇东三里。东汉为下邳国治。陈登:字元龙,徐州下邳（今江苏睢宁）人。陈珪之子。初举孝廉,除东阳长。初从吕布,后归曹操,为广陵太守。赏罚严明,治有纲纪。劝曹操攻吕布,诛之,以功加伏波将军。后为东城太守。在江淮有声望,屡破孙吴军队的进攻。年三十九卒。《三国志·魏书》有传。

⑯球:陈球（118—179）,字伯真,下邳淮浦（今江苏涟水西）人。少习儒学,善律令。汉顺帝时,举孝廉,后历繁阳令、将作大匠、南阳太守等职。汉桓帝时,官至司空、太尉。与司徒刘郃、尚书刘纳谋诛宦官,事泄被杀。《后汉书》有传。

⑰隽才：出众的才智。隽，通"俊"。

⑱陈矫（？—237）：字季弼，广陵东阳（今安徽天长）人。初为郡功曹，后任曹操司空掾属，除相令，征南长史，彭城、乐陵太守，迁魏郡太守，官至尚书。曹操卒，他建议曹丕早即王位，免致生变，被采纳，因迁尚书令。明帝时，历官侍中、光禄大夫、司徒，进封东乡侯。卒后谥贞侯。《三国志•魏书》有传。

⑲闺门：内室的门，借指家庭。雍穆：和睦，融洽。

⑳陈元方父子：指陈寔及其子陈纪、陈谌。陈寔（104—187），字仲弓，颍川许（今河南许昌）人。出身卑微，有志好学。少为县吏，后为郡功曹。汉桓帝时，征拜尚书，又出任闻喜、太丘县长。党锢祸起，自请入狱，遇赦出。从此隐居不仕，在士大夫中享有盛誉。与子陈纪、陈谌并著高名，时号"三君"。卒后，私谥文范先生。《后汉书》有传。陈纪，字元方，颍川许人。陈寔之子。东汉名士。与弟陈谌并有德行。遭党锢之祸，发愤著书数万言，名为《陈子》。党禁解，四府并辟，无所屈就。董卓入洛阳，不得已到京师，累迁尚书令。汉献帝建安初，拜大鸿胪。《后汉书》有传。陈谌，字季方，颍川许人。陈寔之子。东汉名士。早卒。《后汉书》有传。

㉑冰清玉洁：像冰一样清明，像玉一样纯洁。比喻德行高洁。

㉒华子鱼：华歆（157—231），字子鱼，平原高唐（今山东禹城）人。初举孝廉，后为郎中，以病去官。曹魏时期，历官议郎、尚书令、司徒、太尉等职，封安乐乡侯、博平侯。卒谥敬侯。《三国志•魏书》有传。

㉓博闻强志：见闻广博，记忆力强。

㉔奇伟：奇异不凡。卓荦（luò）：超绝出众。

㉕雄姿：雄壮威武的姿态。

㉖王霸：指能成就王霸之业的人。

㉗名器：犹大器。比喻国家的栋梁。

【译文】

中平元年，刘备跟从校尉邹靖讨伐黄巾军，因为有功，被任命为安喜县尉。刘备请求拜见督邮，没有被允许，于是径直闯入，用绳子将督邮捆绑起来，杖打督邮二百下，又用绶带系在督邮头颈上，将其拴在马桩上，然后抛弃官职亡命江湖。不久，刘备响应大将军何进的招募，并立下战功，被任命为下密县丞。后来刘备被封为高唐县尉，接着升迁为高唐县令。公孙瓒为中郎将，上表荐举刘备为别部司马，对抗冀州牧袁绍。刘备多次立有战功，升为平原县令，进而代理平原国相。平原郡民刘平以职位在刘备之下而感到耻辱，派遣刺客刺杀刘备。刺客被刘备的德行所折服，在告诉刘备之后便扬长而去。北海相、鲁国人孔融被黄巾军围困，派遣太史慈向刘备求救。刘备说："孔融也知道天下有我刘备啊！"于是派兵解救了孔融。广陵太守、下邳人陈登（字元龙），是太尉陈球的孙子，才智出众，轻视天下之士，他对功曹陈矫说："家庭和睦，而又有德有行，我敬佩陈元方父子；德行高洁，而又有德有言，我敬佩华子鱼；博闻强志，而又奇特超群，我敬佩孔文举；雄姿杰出，而又有王霸谋略，我敬佩刘玄德。国家栋梁，就是这些。"

徐州牧陶谦表先主为豫州刺史①。徐州牧陶谦病笃，谓别驾东海麋竺曰②："非刘备不能安此州也。"谦卒，竺率州迎先主，先主未许。广陵太守下邳陈登进曰："今汉室陵迟③，海内倾覆，立功立事在今日。鄎州殷富④，户口百万，欲屈使君抚临州事。"先主曰："袁公路近在寿春⑤，此君四世五公⑥，海内所归，可以州与之。"登曰："公路骄豪，非治乱之主。今欲为使君合步骑十万，上可以匡济生民⑦，成五霸之业⑧；下可以割地守境，书功于竹帛⑨。若使君不见听许,登亦未敢听使君也。"北海相孔融谓先主曰:"袁术岂忧国忘家者耶?冢中枯骨,何足介意!今日之事,百姓与能⑩。天与不取,悔不可追。"先主遂领徐州牧。

【注释】

①陶谦(132—194):字恭祖,丹阳(治今安徽当涂东北)人。少仕州郡,察孝廉,拜尚书郎,后累迁徐州刺史,镇压黄巾起义。李傕、郭汜作乱关中,四方断绝,陶谦每遣使间行,奉贡西京。迁徐州牧,加安东将军,封溧阳侯。时徐州谷食较丰,流民多归之。在郡不理政务,亲信谗佞,大起佛寺,拜佛施食,多所靡费。汉献帝初平间,为曹操所击,退守郯城,不久病卒。《后汉书》《三国志》有传。

②麋竺:字子仲,东海朐(今江苏连云港)人。出身大商贾。初为徐州牧陶谦别驾从事。陶谦死,奉命迎刘备。汉献帝建安元年(196),刘备败于吕布,妻子被虏,遂进妹于刘备为夫人,并献金银货币以为军资,刘备赖以复振。后弃官从刘备。刘备将至荆州,麋竺为之先。从入益州,拜为安汉将军。后其弟麋芳叛投孙权,麋竺惭恨,发病卒。《三国志·蜀书》有传。

③陵迟:败坏,衰败。

④鄙州:指徐州。因陈登是徐州下邳人,故谓徐州为"鄙州"。

⑤袁公路:袁术(?—199),字公路,汝南汝阳(今河南商水)人。袁逢之子,袁绍从弟。少以侠气闻,举孝廉,历官郎中、折冲都尉、河南尹、虎贲中郎将。董卓专权,出奔南阳,得长沙太守孙坚之助,据有其地。与袁绍交恶,为绍及曹操所败,退据扬州。汉献帝建安二年(197),称帝于寿春,自号仲家。不久为曹操所败,病死。《后汉书》《三国志》有传。寿春:县名。秦置,治所即今安徽

寿县。

⑥四世五公:袁绍高祖袁安为司徒,儿子袁敞为司空,孙子袁汤为太尉,曾孙袁逢为司空,袁隗为太傅,四世五人皆居三公位,故人称"四世五公"。

⑦匡济生民:即匡正君主,救助百姓。

⑧五霸:春秋时先后称霸的五个诸侯。所谓春秋五霸,一说齐桓公、晋文公、宋襄公、秦穆公、楚庄王,一说齐桓公、晋文公、楚庄王、吴王阖闾、越王勾践。

⑨竹帛:竹简和绢帛,古时用来写字,因借指典籍、史册。

⑩与能:荐举有才能的人。与,通"举",荐举。《礼记·礼运》:"大道之行也,天下为公,选贤与能。"王引之《经义述闻·礼记中》:"与,当读为举。《大戴礼·王言篇》:'选贤举能。'是也。举、与古字通。"

【译文】

徐州牧陶谦曾经上表举荐刘备为豫州刺史。徐州牧陶谦病重时,对别驾、东海人麋竺说:"没有刘备,就不能安定本州。"陶谦死后,麋竺率领徐州百姓迎请刘备,刘备没有同意。广陵太守、下邳人陈登进言说:"现在汉朝王室衰败,海内颠覆,立功立业,就在今日。徐州殷实富足,人口上百万,想委屈您治理徐州事务。"刘备说:"袁术就在附近的寿春,此君出身四世五公之家,是海内之士所归心之人,可以将徐州交给他治理。"陈登说:"袁术骄矜纵恣,不是能治理乱世的人主。现在打算为您配备步兵、骑兵十万人,上可以匡正君主救助百姓,成就五霸的功业;下可以割据土地守护国境,建功立业,名垂青史。如果您不答应我,陈登也不敢听从您。"北海相孔融对刘备说:"袁术难道是忧国忘家之辈吗?他好比坟墓中的枯骨,何足挂齿!今天的事情,是百姓荐举有才能的人。上天给予您而您不接受,您将追悔不及。"刘备于是代理徐州牧。

建安元年，曹公表为镇东将军①，封宜城亭侯②。先主与袁术相拒，而下邳守将曹豹叛③，为吕布所取④。先主失妻子，转军海西⑤。麋竺进妹为夫人，及客奴二千⑥，金银宝货资之。先主因而获振。连和于布⑦，布还其妻子。先主众万余，移军小沛⑧。布恶之，自攻先主，先主归曹公。公以为豫州牧，益其军，使伐布。失利，布将高顺复虏先主妻子送布⑨。公使夏侯惇助先主⑩，不能克。

【注释】

①镇东将军：杂号将军名，掌征伐。东汉献帝时，张济、曹操、刘备都曾任此将军。三国魏时，与镇西、镇南、镇北三将军合称四镇将军，各出镇一方。蜀、吴也置四镇将军。其后，南北朝等多沿置。

②宜城：县名。西汉惠帝三年（前192）改鄢县置，属南郡。治所在今湖北宜城东南十五里楚皇城遗址。东汉改为宜城侯国。三国魏复为宜城县，属襄阳郡。西晋初为襄阳郡治。

③曹豹（？—196）：初为陶谦部将，后归刘备，为下邳相。后反刘备，招吕布入下邳，为张飞所杀。

④吕布（？—198）：字奉先，五原郡九原（今内蒙古包头）人。善骑射，号飞将。初为并州刺史丁原部将，任主簿。后为董卓所诱，杀丁原归董卓。初平三年（192），与司徒王允合谋，诛杀董卓，封温侯。为避免李傕等凉州军报复，出逃山东，相继投奔袁术、袁绍、曹操，占据徐州一带。建安三年（198）被曹操击败，投降后被杀。《后汉书》《三国志·魏书》有传。所取：底本误为"所败"。

⑤海西：县名。西汉置，属东海郡。治所在今江苏灌南县东南。东汉属广陵郡。西晋废。东魏武定七年（549）复置，属海西郡。北齐又废。

⑥客奴：家奴。据《三国志·蜀书·麋竺传》记载，麋竺"祖世货殖，僮客万人，赀产巨亿"。

⑦连和：交好，讲和。

⑧小沛：地名。即今江苏沛县。两汉时为沛郡或沛国的属县，而郡、国的守、相均治相县（治所在今安徽淮北市西北相山区），故称沛县为小沛。

⑨高顺（？—198）：为吕布督将。所率七百余兵，名"陷阵营"，每战必克。每谏吕布，吕布知其忠而不能从。后与吕布降曹操，被杀。

⑩夏侯惇（？—220）：字元让，沛国谯（今安徽亳州）人。少以烈气闻。初随曹操起兵，常以裨将从征伐。历官司马、折冲校尉、东郡太守、河南尹、伏波将军、大将军，封高安乡侯。吕布部下曾劫他为人质，被韩浩救免。深受曹操信任，常出入卧内，同车而乘。卒谥忠侯。《三国志·魏书》有传。

【译文】

建安元年，曹操上表举荐刘备为镇东将军，封为宜城亭侯。刘备与袁术在前线对抗作战，而下邳守将曹豹叛变了，下邳便被吕布夺取。刘备失去了妻子和儿女，军队转移到海西县。麋竺进献他的妹妹为刘备夫人，并献出家奴二千人，又资助刘备大量金银宝物。刘备因此得以重振雄风。刘备与吕布讲和，吕布归还了刘备的妻子和儿女。刘备率领军队上万人，移驻于沛县。吕布忌恨刘备，亲自率军攻打刘备，刘备归顺了曹操。曹操任命刘备为豫州牧，并壮大了刘备的军队，让他攻打吕布。刘备出师不利，吕布的部将高顺又掳获了刘备的妻子和儿女，将其送给吕布。曹操派遣夏侯惇援助刘备，也不能取胜。

三年，公自征布，生禽之。布曰："使布为明公将骑，天下不足定也①。"公有疑色②。先主曰："公待布能如丁建阳、董太师乎③？"公颔之④。布目先主曰："大耳儿最叵信者也⑤!"遂杀布。先主还得妻子,从公还许,为左将军。公礼之甚重,出则同舆,坐则同席。又拜关羽、张飞,皆中郎将。公谋臣程昱、郭嘉劝公杀先主⑥,公虑失英豪望,不许。

【注释】

①不足:不难。

②疑色:犹疑之色,即面露犹豫不决之色。

③丁建阳:指丁原(?—189),字建阳,泰山郡南城县(治所在今山东平邑郑城镇)人。为并州刺史。汉灵帝崩,受何进召,将兵诣洛阳,谋诛宦官,为执金吾。何进败,为董卓亲信吕布所杀。《汉末英雄记》有传。董太师:指董卓(?—192),字仲颖,陇西临洮(今甘肃岷县)人。少游羌中,尽与豪帅相结,为凉州豪强。汉灵帝中平初,拜东中郎将,击黄巾军,军败抵罪,后拜并州牧。少帝昭宁元年(189),将兵入洛阳,废少帝,立汉献帝,专擅朝政。初平元年(190),袁绍等起兵讨董卓,董卓焚洛阳宫庙官府及周围百里内居家,挟献帝西入长安,自为太师,为人凶暴滋甚。后为司徒王允、部将吕布所杀。《后汉书》有传。

④颔(hàn):点头。

⑤大耳儿:指刘备。刘备耳大,能"顾自见耳"(见本卷上文),故吕布骂其为"大耳儿"。叵(pǒ):难以,不可。

⑥程昱:字仲德,东郡东阿(今山东阳谷)人。为人勇而有谋。东汉末,与县中大姓抗黄巾,后从曹操。曹魏时期,历官寿张令、尚书、济阴太守、东中郎将、振威将军、奋武将军、卫尉等,封安乡侯。年八十而卒,谥肃侯。《三国志·魏书》有传。郭嘉(170—207):字奉孝,颍川阳翟(治今河南禹县)人。初见袁绍,以为袁绍好谋无决,难成大事,遂去绍而归曹操。深受曹操倚重。为司空军祭酒,

数从征伐，多谋善断，屡立谋功。封浦阳亭侯，卒谥贞侯。《三国志·魏书》有传。

【译文】

建安三年，曹操亲自征讨吕布，并活捉吕布。吕布说："如果让吕布为明公您统率骑兵，天下其实不难平定。"曹操面露犹豫不决之色。刘备说："曹公待吕布能像丁建阳、董太师那样亲信吗？"曹操点头表示同意。吕布盯着刘备说："你这个大耳朵的家伙，最不值得信任！"于是，曹操处死了吕布。刘备又得到了他的妻子和儿女，跟从曹操回到许县，被封为左将军。曹操对刘备礼遇有加，出门则同车，入坐则同席。曹操又任命关羽、张飞都为中郎将。曹操的谋臣程昱、郭嘉都劝说曹操杀掉刘备，但曹操担心失去英雄豪杰的信任，没有同意。

　　袁术自淮南欲经徐州北就袁绍①，公遣先主要击术②。未至，术病死③。先主未出时，献帝舅车骑将军董承受帝衣带中密诏④，当杀公。承先与先主及长水校尉种辑、将军吴子兰、王子服等同谋⑤，以将行⑥，未发。公从容谓先主曰："天下英雄，惟使君与操。本初之徒，不足数也。"先主方食，失匕箸⑦。会天震雷，先主曰："圣人言'迅雷风烈必变'⑧，良有以也。一震之威，乃至于此也！"公亦悔失言。先主还解⑨，公使觇之⑩，见其方披葱⑪，使厮人为之⑫，不端正，举杖击之。公曰："大耳翁未之觉也。"其夜，先主急东行。昱、嘉复言之，公驰使追之，不及。先主遂杀徐州刺史车胄以叛⑬，留关羽行下邳太守事，身还小沛。而承等谋泄受诛。

【注释】

① 淮南：即东汉九江郡。九江郡，战国秦置，治所在寿春县（今安徽寿县）。以境内有九江得名。汉献帝建安二年（197），袁术在寿春称帝。建安四年（199），袁术被曹操打败，欲往青州（治所在今山东淄博临淄北）投靠袁绍长子、青州刺史袁谭。

② 要击：拦击，截击，在中途拦阻袭击。要，同"邀"，阻拦，截击。

③ 术病死：袁术病死于建安四年六月。

④ 舅：此指丈人、岳父。董承（？—200）：冀州河间（今河北献县）人。女为汉献帝贵人。历任安集将军、卫将军、车骑将军。建安五年（200）受密诏以谋诛曹操，事泄被杀，夷三族。事见《后汉书》。衣带中密诏：即"衣带诏"，藏在衣带里面的密诏。《三国志·蜀书·先主传》："先主未出时，献帝舅车骑将军董承辞受帝衣带中密诏，当诛曹公。先主未发。"

⑤ 长水校尉：官名。汉置，为汉武帝所置八校尉之一，掌京师宿卫，兼任征伐。东汉、三国沿置。种辑（？—200）：汉献帝建安四年为长水校尉，五年（200）为越骑校尉。与董承等受密诏诛曹操，事泄，为曹操所杀。吴子兰（？—200）：汉献帝时为昭信将军。参与董承暗杀曹操计划，事泄，为曹操所杀。王子服（？—200）：汉献帝时为偏将军。参与董承暗杀曹操计划，事泄，为曹操所杀。

⑥ 将行：谓刘备为截击袁术而将要出发。

⑦ 失匕箸：谓因受惊而失落手中的餐具。匕箸，羹匙和筷子。按：此事亦见《三国志·蜀书·先主传》。

⑧ 迅雷风烈：犹言迅雷烈风。典出《论语·乡党》："（孔子）迅雷风烈必变。"邢昺疏："迅，急疾也。风疾雷为烈。"郑玄曰："敬天之怒，风疾雷为烈。"

⑨ 还解：底本作"还沛解"，"沛"字当衍。解，同"廨"（xiè），官署，古代官吏办公的地方。

⑩觇（chān）：暗中察看。

⑪披葱：将葱与杂草分开，并将杂草拔除。披，分开。

⑫厮人：仆役，仆人。

⑬车胄（？—199）：字公鳌，东汉末年武将。曹操任命为徐州刺史，后被刘备袭杀。

【译文】

袁术自淮南出发，打算取道徐州，北上投靠袁绍，曹操派遣刘备率军拦击袁术。刘备的军队尚未到达，袁术就病死了。刘备还没有出发之时，汉献帝的岳父、车骑将军董承接受汉献帝衣带中的密诏，说应当诛杀曹操。董承先和刘备以及长水校尉种辑、将军吴子兰、王子服等共同谋划此事，因为刘备将要率军出行，故而指令没有发出。曹操从容对刘备说：“天下的英雄，只有使君你和我曹操。袁绍之流，都不足以算什么数。”当时刘备正在吃饭，听到此话，吓得羹匙和筷子都掉在地上。刚好天上响起雷声，刘备说：“圣人说‘遇到迅雷烈风必定会震惊变色’，确实是这样啊。一个震雷的威力，竟然大到如此地步！”曹操也后悔失言了。刘备回到官署之后，曹操派人去暗中察看，看见刘备正在将葱和杂草分开，让仆役来做这件事，仆人没有将葱扶端正，刘备举起棍子打他。曹操说：“大耳翁没有察觉有人窥探啊。”当天晚上，刘备急忙向东逃走。程昱、郭嘉又劝曹操杀掉刘备，曹操派人骑马去追赶刘备，没有追上。刘备于是杀掉徐州刺史车胄发动叛乱，留下关羽代行下邳太守职务，而自己则回到小沛。而董承等人因为阴谋泄露被诛杀。

先主众数万，遣从事北海孙乾自结于袁绍①。公遣将军刘岱、王忠击之②，不克。五年，公东征先主。先主败绩，妻子及关羽见获。先主奔青州，刺史袁谭奉迎道路③，驰以白父绍，绍身出邺二百里与先主相见④。公壮羽勇锐，拜偏

将军。初，羽随先主从公围吕布于濮阳⑤。时秦宜禄为布求
救于张杨⑥，羽启公："妻无子，下城，乞纳宜禄妻。"公许之。
及至城门，复白。公疑其有色，自纳之。后先主与公猎，羽
欲于猎中杀公。先主为天下惜，不听。故羽常怀惧。公察
其神不安，使将军张辽以情问之⑦。羽叹曰："吾极知曹公
待我厚，然吾受刘将军恩，誓以共死，不可背之。要当立效
以报曹公。"公闻而义之。是岁，绍征官渡⑧，遣枭将颜良攻
东郡太守刘延于白马⑨。公使辽、羽为先锋。羽望见良麾
盖⑩，策马刺良于万众中，斩其首还。绍将莫敌，遂解延围。
公即表封羽汉寿亭侯⑪，重加赏赐。羽尽封其物，拜书告辞
而归先主。左右欲追之，公曰："彼各有主。"

【注释】

①孙乾：字公祐，北海（治今山东昌乐）人。刘备为徐州牧时，辟为
　从事。后为刘备出使袁绍、刘表，奉使称职。刘备定益州，以孙乾
　为秉忠将军，礼遇仅次于麋竺。不久卒。《三国志·蜀书》有传。
　自结：主动攀附、缔交。

②刘岱（？—192）：字公山，东莱牟平（今山东烟台）人。汉灵帝时
　为侍中，董卓入洛阳，出为兖州刺史。虚己爱物，为士人所附。汉
　献帝初平三年（192），被青州黄巾军所杀。王忠：扶风（今陕西
　兴平）人。少为亭长。三辅乱，以饥乏食人，后夺荆州娄子伯兵，
　聚众千余投曹操。曹操以之为中郎将，从征讨。《三国志·吴书》
　有传。

③袁谭（？—205）：字显思，汝南汝阳（今河南商水）人。袁绍长
　子。袁绍信后妻言，偏爱少子袁尚（？—207），令袁谭出为青州
　刺史。袁绍卒，袁谭攻袁尚，败还南皮。袁尚复攻袁谭，袁谭请救

于曹操。后袁谭背曹操，军败被杀。《后汉书》《三国志》有传。

④邺：县名。战国魏置，后入秦，属邯郸郡。治所在今河北临漳西南邺镇。西汉为魏郡治。东汉末相继为冀州、相州治。建安十八年（213）曹操为魏王，定都于此。三国魏都洛阳，邺仍为五都之一。

⑤濮阳：县名。战国秦置，为东郡治。治所在今河南濮阳东南高城村。

⑥秦宜禄（？—199）：新兴云中（治今山西原平）人。早年为洛阳守城士兵，后转为铚县长。后归吕布，为部将。吕布战败后归降曹操，后为张飞所杀。张杨（？—198）：字稚叔，云中人。汉献帝时，为西园军司马、建义将军、河内太守、大司马。素与吕布善，曹操围吕布，张杨出兵东市，遥为之势，为其将杨丑所杀。《三国志·魏书》有传。

⑦张辽（169—222）：字文远，雁门马邑（今山西朔县）人。本聂壹之后，避怨改姓。少为郡吏。并州刺史丁原召为从事，使将兵至京。初属董卓、吕布。后归曹操，拜中郎将，屡有战功，迁裨将军、荡寇将军，封都亭侯。汉献帝建安二十年（215），孙权攻合肥，张辽募敢死士，力战退敌，几获权，拜征东将军。迁前将军。魏文帝即位，封晋阳侯。黄初三年（222），从攻孙权，病死于江都，谥刚侯。《三国志·魏书》有传。情：实情。

⑧官渡：地名。在今河南中牟东北。著名的官渡之战，即发生在此地。

⑨枭将：勇猛的将领。颜良（？—200）：安平郡堂阳县（今河北新河）人。袁绍部将，以勇闻名。建安四年（199），袁绍以颜良、文丑为将，率精卒十万，准备攻许（今河南许昌）。建安五年（200），兵进黎阳（今河南浚县），遣颜良攻白马（今河南滑县东北）。曹操北救，以荀攸计分兵渡河，引袁绍西应，自率轻兵掩袭白马，颜良仓猝逆战，被关羽击斩。刘延：曹操部将。为东郡太守。官渡之战时为别将，驻守于白马。白马：县名。秦置，属东

　　郡。取白马山为名。东汉末，关羽斩颜良，解白马之围，即此。

⑩麾盖：将帅用的旌旗伞盖。

⑪汉寿：县名。东汉阳嘉三年（134）改索县置，属武陵郡。治所在
　　今湖南常德东北四十里崆峒城。三国吴改为吴寿县。西晋复为
　　汉寿县。

【译文】

　　刘备率领数万人，派遣从事、北海人孙乾主动依附于袁绍。曹操派
遣将军刘岱、王忠攻打刘备，没有取胜。建安五年，曹操东征刘备。刘备
战败，妻子、儿女以及关羽都被曹操擒获。刘备投奔青州，青州刺史袁谭
在道路上迎接，并骑马飞驰告诉父亲袁绍，袁绍亲自出邺城二百里和刘
备相见。曹操欣赏关羽的勇猛锐气，拜关羽为偏将军。当初，关羽跟随
刘备投靠曹操，在濮阳围攻吕布。当时秦宜禄为解吕布之围而求救于张
杨，关羽启奏曹操：“我的妻子没有生育子女，攻下濮阳城后，我请求纳秦
宜禄之妻为妻。”曹操答应了。等到了濮阳城门，关羽又再次说起此事。
曹操怀疑秦宜禄之妻有姿色，就自己将其收纳了。后来刘备与曹操外出
打猎，关羽想在打猎时杀掉曹操。刘备为天下人惋惜，没有听从关羽的
建议。因此关羽经常心怀忧惧。曹操观察关羽神色不安，便派将军张辽
去询问实情。关羽叹息道：“我深知曹公待我很深厚，但我接受了刘将军
的恩惠，发誓同生共死，不能背叛他。我希望能够立功以报答曹公。”曹
操听说后，认为关羽很忠义。这一年，袁绍征战官渡，派遣猛将颜良在白
马攻打东郡太守刘延。曹操派遣张辽、关羽为先锋，前往白马救援。关
羽远远望见颜良的旌旗车盖，纵马奔驰，刺杀颜良于万众之中，砍下他
的头返回。袁绍的将领没有谁能抵挡关羽，关羽于是解救了被围困的刘
延。曹操随即上表，封关羽为汉寿亭侯，重重地加以赏赐。关羽将赏赐
的财物全部封存起来，又留下书信告别曹操而归附刘备。曹操手下的人
想去追赶关羽。曹操说：“人各有主。”

先主说绍南连荆州牧刘表，绍遣将其本兵至汝南^①。公使将蔡杨击之^②。先主谓曰："吾势虽不便^③，汝等百万来，未如吾何^④；曹孟德单车来，吾自去。"杨等必战，为先主所杀。

【注释】

①本兵：本部军队。

②蔡杨（？—201）：又作蔡扬。曹操部下武将，汝南太守。建安六年（201），奉曹操之命攻击与刘备联合的汝南贼龚都等人，兵败，为刘备所杀。

③不便：不利。

④未如吾何：不能奈我何，意谓不能把我怎么样。

【译文】

刘备劝说袁绍向南联合荆州牧刘表，袁绍派遣刘备统率本部人马到了汝南。曹操派将领蔡杨攻打刘备。刘备对蔡杨说："我现在所处的形势虽然不利，但你们百万人马赶来，也不能把我怎么样；如果曹孟德单车匹马赶来，我就自己主动离开。"蔡杨等坚持交战，结果被刘备杀死。

公既破绍^①，自南征汝南^②。先主遣麋竺、孙乾诣刘表。表郊迎之^③，待以上宾，使屯新野^④。颍川徐元直致琅琊诸葛亮^⑤，曰："孔明，卧龙也^⑥。将军愿见之乎？"先主曰："君与俱来。"庶曰："此人可就见^⑦，不可屈致也^⑧。"先主遂造亮^⑨，凡三^⑩。因屏人曰^⑪："汉室倾颓^⑫，奸臣窃命^⑬，主上蒙尘^⑭。孤不度德量力，欲信大义于天下^⑮；而智术浅短^⑯，遂用猖蹶^⑰。至于今日，志犹未已。君谓计将安出？"

【注释】

①公既破绍：建安五年（200）十月，曹操在官渡之战中击溃袁绍。

②自南征汝南：建安六年（201），曹操亲自南征刘备。

③郊迎：古代出郊迎宾，以示隆重、尊敬。

④新野：县名。西汉置，属南阳郡。治所在今河南新野。

⑤徐元直：徐庶，初名福，字元直，颍川（治今河南禹县）人。少好任侠击剑，后折节学问。汉末，避乱荆州，与诸葛亮相善。刘备屯兵新野，往见之，为刘备所重，及母为曹操所获，即荐举诸葛亮，遂辞刘备归曹操。魏文帝黄初中，官至右中郎将、御史中丞。魏明帝时，以病卒。事见《三国志·蜀书·诸葛亮传》等。琅琊：亦作琅邪。县名。战国秦置，为琅邪郡治。治所在今山东胶南西南琅邪镇（夏河城）。

⑥卧龙：比喻隐居或尚未崭露头角的杰出人才。

⑦就见：意谓前往拜见。就，靠近。

⑧屈致：委屈招致。意谓委屈（对方）前来。

⑨造：到某地去，造访，意谓前往拜见。

⑩凡三：共计三次。按：此即后世所称的刘备"三顾茅庐"。时间是建安十二年（207）。

⑪屏（bǐng）：屏退，斥退。

⑫倾颓：倾覆，衰败。

⑬窃命：篡夺国柄。

⑭蒙尘：古代多指帝王失位逃亡在外，蒙受风尘。

⑮信：同"伸"，伸张。

⑯智术：才智与计谋。

⑰猖蹶：颠覆，失败。蹶，意为跌倒。

【译文】

曹操在打败袁绍之后，亲自率军南下征伐汝南郡。刘备派遣麋竺、孙乾前去拜见刘表。刘表出郊迎接他们，以上宾之礼接待他们，让他们驻守在新野。颍川人徐庶向刘备推荐琅琊人诸葛亮，说："孔明，是卧龙。将军愿意见他吗？"刘备说："您和他一起来吧。"徐庶说："此人可以前往拜见，不能委屈他前来。"刘备于是前去拜访诸葛亮，一共去了三次。刘备屏退众人，对诸葛亮说："汉朝王室倾覆，奸臣篡夺国柄，君主逃亡在外。我不考量自己的德行和能力，想在天下伸张大义；但因才智浅薄、计谋短浅，故而招致挫折、失败。直到今天，我的志向仍然没有泯灭。您认为应该如何制定计谋？"

亮对曰："自董卓以来，豪杰并起，跨州连郡，不可胜数。曹操比于袁绍，则名微而众寡，然遂能克绍，以弱为强，虽云天时，抑人谋也[1]。今操已拥百万之众，挟天子而令诸侯[2]，此诚不可与争也。孙权据有江东，已历三世[3]，国险而民附，贤能为之用，此可以为援，而不可图也。荆州北据汉沔，利尽南海[4]，东连吴、会[5]，西通巴、蜀。此用武之国，而其主不能，殆天所以资将军也。益州险塞，沃野千里，天府之土，高祖因之以成帝业。刘璋暗弱[6]，张鲁在北，国富民殷而不知恤，贤能之士思得明君。将军既帝室之胄[7]，信义著于四海，总揽英雄[8]，思贤如渴。若跨有荆、益，保其险阻，西和诸戎，南抚夷、越，结好孙权，内修政理；天下有变，命一上将将荆州之军以向宛、洛，将军身率益州之众出于秦川，天下孰不箪食壶浆以迎将军者乎[9]？如此，则霸业可成[10]，汉室可兴矣。"先主曰："善。"与亮情好日密，自以为犹鱼得水也。

【注释】

①人谋:指人的谋略,人为的努力。

②挟天子而令诸侯:挟制天子,并用其名义号令诸侯。

③三世:此指孙权之父孙坚、兄孙策以及孙权三位主人。

④南海:郡名。秦始皇三十三年(前214)置,治所在番禺县(今广东广州)。

⑤吴、会:指吴郡、会稽郡。吴郡,郡名。东汉永建四年(129)分会稽郡置,治所在吴县(今江苏苏州)。会稽郡,郡名。秦始皇二十五年(前222)置,治所在吴县。东汉永建四年徙治山阴县(今浙江绍兴)。

⑥暗弱:昏庸懦弱,不明事理。

⑦胄(zhòu):古代称帝王或贵族的后代。

⑧总揽:谓广为延揽。

⑨箪(dān)食壶浆:用箪装着饭食,用壶盛着浆汤。《孟子·梁惠王下》:"以万乘之国伐万乘之国,箪食壶浆以迎王师,岂有他哉! 避水火也。"后用为犒师拥军的典故。箪,古代用来盛饭食的盛器。以竹或苇编成,圆形,有盖。

⑩霸业:指称霸诸侯或维持霸权的事业。按:以上所记,即史称"隆中对"。

【译文】

诸葛亮答道:"自从董卓以来,各地豪杰并起,跨州连郡者不可胜数。曹操和袁绍相比,不但声名低微而且兵马很少,然而最终能够打败袁绍,由弱变强,虽然说也有天时之利,但也和人的谋略有关。如今曹操已经拥有百万将士,挟制天子号令诸侯,这确实是不能与他争锋的。孙权占据江东,已经历三位主人,不但国土险要而且百姓归附,贤能之士又为其所用,这是可以作为外援的,但不可以图谋占领。荆州之地,北据汉水、沔水,南有沟通南海诸郡的便利,东面连接吴郡、会稽郡,西面通向巴郡、蜀郡。这是可以施展雄才武略的地方,而它现在的主人却不能守住它,这大概是上天对将军的资助。益州四周都是地势险阻的要塞,而且沃野千里,这是天府之国,汉高祖凭借此地成就帝王之业。刘璋昏庸懦弱,而张鲁又在北面威胁着他,虽然说国家富裕、百姓富足,但他不知道加以体恤,以致贤能之士都渴望得到英明的君主。将军既是皇帝宗室的后代,而且诚信道义著称于四海,又广泛延揽英雄,并且思贤如渴。如果能够占有荆州、益州,依靠其险阻自保,西面与各少数民族和谐相处,南面安抚夷人、越人,对外结好孙权,对内修明政治;一旦天下发生变故,便命令一位上将统领荆州军队进军宛县、洛阳,将军亲自率领益州将士出兵秦川,天下之人哪个不用箪装着饭食、用壶盛着浆汤迎接将军呢?这样一来,不但霸业可以成就,而且汉室也可以兴复。"刘备说:"好。"与诸葛亮的感情一天天加深,自认为就像鱼得到了水一样。

十三年,表卒①,少子琮袭位②。曹公南征,琮遣使请降。先主屯樊,不知曹公卒至③;至宛,先主乃知,遂将其众去。比到当阳④,众十余万人,车数千辆,日行十余里。别遣关羽乘船会江陵⑤。或谓先主曰:"宜速行。虽拥大众,被甲者少,曹公军至,何以御之?"先主曰:"夫济大事,以人为本。今人归吾,何忍弃之!"公以江陵有军实⑥,恐先主据之,乃释辎重⑦,以轻骑五千追先主⑧,一日一夜行三百里,及于当阳之长坂⑨。先主弃妻子,与诸葛亮、张飞等数十骑走。公尽获其民众,急追先主。张飞据水断桥,横马按矛曰:"我,张益德也,可来决死!"公徒乃止。先主斜趣汉津⑩,适与羽船会;而赵云身抱先主弱子后主,及拥先主甘夫人,相及济沔。亮曰:"事急矣!请奉命求救于孙将军。"时权军柴桑^⑪,既服先主大名,又悦亮奇雅^⑫,即遣周瑜、程普水军三万助先主拒曹公,大破公军于赤壁^⑬,焚其舫舟^⑭。公引军北归。

【注释】

①表卒:刘表卒于建安十三年(208)八月。

②少子琮:即刘琮。少子,指最小的儿子。刘琮,山阳高平(今山东邹城西南)人。刘表少子。受到父母宠爱。刘表死,在蔡瑁、张允等人支持下继位,与其兄刘琦势同水火。曹操攻荆州,率部迎降,被授为青州刺史,封列侯。后迁谏议大夫,参同军事。参看《三国志·魏书·刘表传》。

③卒:同"猝",突然。

④当阳:县名。西汉置,属南郡。治所在今湖北荆门西南。东汉建安十三年,曹操追刘备至当阳,即此。东晋移治今湖北当阳。

⑤江陵:县名。秦置,治所即今湖北荆州市荆州区旧江陵县。秦汉为南郡治。晋兼为荆州治。

⑥军实:军用器械和粮饷。

⑦辎重:指随军运载的军用器械、粮草等物资。

⑧轻骑:装备轻便而行动快速的骑兵。

⑨当阳之长坂:地名。即当阳坂、长坂坡。在今湖北当阳北。北隔沮水与锦屏山相望。三国时著名战场。《太平寰宇记》卷一百四十六当阳县:当阳坂"即曹操追先主之所"。《读史方舆纪要》卷七十七当阳县:当阳坂"在县北六十里。相传曹操追先主于此"。今建有长坂坡公园,公园内有"赵子龙单骑救主"塑像。

⑩汉津:汉水渡口。在今湖北荆门东九十里汉水津渡。趣:趋。

⑪柴桑:县名。西汉置,属豫章郡。治所在今江西九江西南。因柴桑山得名。东汉仍属豫章郡,三国吴属江夏郡。晋以后历为寻阳

郡、江州治所。东汉末曹操自江陵顺江东下,诸葛亮至柴桑与孙权共谋抵抗,即此。

⑫奇雅:美妙优雅。

⑬赤壁:山名。即今湖北蒲圻西北赤壁镇北赤壁山,北对洪湖市东北乌林矶。建安十三年(208),孙权与刘备联军大败曹操于赤壁。

一说赤壁即今湖北武汉江夏区西赤矶山,与纱帽山隔江相对。

⑭舫(fǎng)舟:即方舟。两船相并之称。泛指船。

【译文】

建安十三年,刘表去世,小儿子刘琮继位。曹操南征,刘琮派遣使者请求投降。当时刘备驻守在樊城,不知道曹操突然到来;等曹军到了宛城后,刘备才知道,于是带领众人离开。等到了当阳,跟随的徒众已有十多万人,车辆已有数千辆,每天只能行走十多里。刘备另外派遣关羽乘船走水道,相约在江陵会合。有人对刘备说:"队伍应该加速行进。我们虽然人多势众,但身披铠甲打仗的人很少,一旦曹操大军赶到,我们用什么抵御他们呢?"刘备说:"要成就大事,应该以人为本。如今众人归附我,我怎么忍心抛弃他们啊!"曹操因为江陵有军需物资,担心它们被刘备占据,于是放下辎重,率领五千轻骑兵追赶刘备,一日一夜行军三百里,在当阳县的长坂追赶上了刘备。刘备抛下妻子、儿女,与诸葛亮、张飞等数十人骑马逃走。曹操将其民众全部捕获,又紧急追赶刘备。张飞据守在水边的断桥头,横着马按着矛说:"我是张益德,你们可以上来决一死战!"曹操和手下这才止步。刘备顺着小路到了汉水渡口,刚好与关羽的船队相会;而赵云亲自抱着刘备的幼儿刘后主,还簇拥着刘备的甘夫人,一并渡过了沔水。诸葛亮说:"事情紧急!我请求奉命求救于孙将军。"当时孙权的军队驻扎在柴桑,既佩服刘备的大名,又欣赏诸葛亮的奇雅,即派遣周瑜、程普率领三万水军协助刘备抵抗曹操,在赤壁打败曹操的军队,烧毁曹军的船只。曹操统率军队回归北方。

先主以刘表长子江夏太守琦为荆州刺史①。先主南平四郡②，武陵太守金旋、长沙太守韩玄、桂阳太守赵范、零陵太守刘度皆降③。庐江雷绪率部曲数万口稽颡④。琦病死，先主领荆州牧，治公安⑤。孙权进妹，恩好绸缪⑥。以亮为军师中郎将，督南三郡事⑦；以关羽为荡寇将军⑧，领襄阳太守，住江北；张飞为征虏将军、宜都太守⑨。初，先主之败东走也，径往鄂⑩，无土地。关羽责之曰："早从猎中言⑪，无今日。"先主曰："安知此不为福也？"及得荆州，复有人众。

【注释】

①琦：刘琦，山阳高平（今山东邹城西南）人。刘表长子。刘表惑于后妻蔡氏之言，厌恶刘琦。刘琦尝与诸葛亮谋自安之术，诸葛亮谓居外而安。刘琦乃求出为江夏太守。刘表卒，次子刘琮举州降曹操。曹操败于赤壁，刘备表琦为荆州刺史，不久卒。参看《三国志·魏书·刘表传》。

②四郡：即下文所说武陵（治今湖南常德）、长沙（治今湖南长沙）、桂阳（治今湖南郴州）、零陵四郡。

③金旋：字元机，京兆（今陕西西安）人。历黄门郎、汉阳太守，迁中郎将，领武陵太守。韩玄：长沙郡临湘县人。东汉末年担任长沙太守。赵范：桂阳郡郴县人。零陵：郡名。西汉元鼎六年（前111），分桂阳郡置，治所在零陵县（今广西全州西南）。刘度：零陵郡泉陵县（今湖南永州）人。

④庐江：郡名。楚汉之际分秦九江郡置。汉武帝后治舒（今安徽庐江县西南）。东汉末废。雷绪：庐江（治今安徽庐江县）人。原在淮南与陈兰等人拥兵数万，被夏侯渊击败。后刘备攻取江南四郡，雷绪率领部曲投奔刘备。刘备任命为偏将军。稽颡（qǐ sǎng）：古代一种跪拜礼，屈膝下拜，以额触地，表示极度虔诚。

⑤公安：今湖北公安县。按：荆州治所，东汉时在汉寿县（今湖南常
德东北），初平元年（190）刘表徙治襄阳（今湖北襄阳汉水南岸
襄阳城），刘备为荆州牧时又徙治公安县。后治所屡徙，东晋时定
治江陵县（今湖北荆州市荆州区）。

⑥绸缪：亲密，缠绵，情意深厚。

⑦南三郡：指零陵、桂阳、长沙三郡。诸葛亮督南三郡事时，驻于临
烝（今湖南衡阳）。

⑧荡寇将军：官名。东汉末置，为杂号将军，掌统兵出征。

⑨征虏将军：官名。东汉置，为杂号将军，掌统兵出征。其后，三国
魏晋南北朝等皆置。

⑩鄂：县名。秦置，属江夏郡。治所即今湖北鄂州。三国魏黄初二
年（221）孙权自公安迁都于此，改名武昌县。

⑪猎中言：即前文所说"后先主与公猎，羽欲于猎中杀公"。

【译文】

刘备上表荐举刘表长子、江夏太守刘琦为荆州刺史。刘备向南进
军，平定荆州四郡，武陵太守金旋、长沙太守韩玄、桂阳太守赵范、零陵
太守刘度都投降归附。庐江人雷绪率领部队数万人，向刘备跪拜归降。
刘琦病死之后，刘备代理荆州牧，州府设在公安县。孙权将妹妹进献给
刘备，以加强两国的恩情，而二人亦情意深厚。刘备任命诸葛亮为军师
中郎将，负责治理南方三郡的事务；任命关羽为荡寇将军，代理襄阳太
守，驻扎在江北；任命张飞为征虏将军、宜都太守。当初，刘备被打败后
向东逃亡，一直逃到鄂县，因为自己没有地盘。关羽责怪刘备说："如果
早听从我的建议，在狩猎时杀掉曹操，就不会有今天的窘迫了。"刘备
说："怎么知道这就不是福分呢？"等得到荆州之后，刘备又重新拥有了
民众。

孙权遣使求共伐蜀，又曰："雅愿以隆，成为一家。诸葛孔明母、兄在吴^①，可令相并^②。"主簿殷观曰^③："若为吴先驱^④，大事去矣。今但可赞之，言新据诸郡，未可以动，彼必不越我而有蜀也。"先主乃报曰："益州不明^⑤，得罪左右。庶几将军高义^⑥，上匡汉朝，下辅宗室。若必寻干戈^⑦，备将放发于山林^⑧，未敢闻命^⑨。"权果辍计^⑩。迁观别驾^⑪。

【注释】

①诸葛孔明母、兄在吴：诸葛亮有继母，随其兄诸葛瑾在东吴。诸葛瑾（174—241），字子瑜，琅邪阳都（今山东沂南）人。汉末避乱江东，孙权重之，擢为长史。汉献帝建安中出使蜀地，与弟诸葛亮公会相见，退无私面。从讨关羽，封宣城侯，领南郡太守，驻公安。权称帝，拜大将军、左都护，领豫州牧。《三国志·吴书》有传。

②相并：合并，在一起。

③殷观：字孔休，宜城（今湖北宜城）人。三国时蜀汉官员。汉献帝建安十三年（208），任荆州牧刘备主簿。后升别驾从事，随刘备入蜀。

④先驱：先锋，前导。

⑤益州：指益州牧刘璋。不明：不贤明。本处说"益州不明"，与本书前文说刘璋"懦弱少断"（《公孙述刘二牧志》）、"暗弱"（《刘先主志》），意思相同、相近。

⑥庶几：表示希望的语气词，或许，也许。

⑦寻干戈：指动用刀兵，发动战争。干戈，古代常用兵器，比喻战争。

⑧放发：披散头发，意谓隐退。

⑨闻命：接受命令或教导。

⑩辍计：中止计划。

⑪别驾：官名。即别驾从事、别驾从事史，汉朝州部佐吏，秩百石。因从刺史行部，别乘传车，故谓之别驾。秩轻而职重，有"其任居刺史之半"之说，位居州吏之右，与治中从事史同为州之上佐，事无不统。三国魏、蜀、吴皆置。晋朝亦置。

【译文】

孙权派遣使者请求能和刘备共同攻伐蜀地，又说："我一向希望我们的事业日益兴隆，能够成为一家人。诸葛孔明的母亲、兄长都在吴地，我们可以合并在一起。"主簿殷观说："如果作为吴国的先锋去攻打蜀地，国家大计必将无法挽回。如今只可以赞成其议，说刚刚占领诸郡，不可以贸然行动，孙权必然不敢越过我们而占领蜀地。"刘备于是回答孙权说："益州牧刘璋确实不够贤明，得罪了左右之人。希望将军能够深明大义，在上匡扶汉朝，在下辅助宗室。如果一定要发动战争，刘备将披散头发退隐山林，不敢接受阁下的命令。"孙权果然中止了计划。刘备升迁殷观为别驾。

十六年①，益州牧刘璋遣法正迎，遂西入益州。

【注释】

①十六年：此指建安十六年（211）。

【译文】

建安十六年，益州牧刘璋派遣法正迎接刘备，刘备于是向西进入益州。

建安十九年，先主克蜀。蜀中丰富盛乐，置酒大会，飨食三军①。取蜀城中民金银颁赐将士，还其谷帛②。赐诸葛亮、法正、关羽、张飞金五百斤、银千斤、钱五千万、锦段万匹，其余各有差。以亮为军师将军③，署左将军府事④，正扬武将军、蜀郡太守⑤，关羽督荆州事，张飞为巴西太守，马超平西将军⑥，不用许靖。法正说曰："有获虚誉而无实者⑦，靖也。然其浮名称播海内，人将谓公轻士。"乃以为长史⑧。庞羲为司马，李严为犍为太守，费观为巴郡太守。征益州太守南郡董和为掌军中郎将⑨，巴郡太守汉嘉王谋为别驾⑩，广汉彭羕为治中。辟零陵刘巴为西曹掾⑪，广汉长黄权为偏将军。于是亮为股肱，正为谋主，羽、飞、超为爪牙，靖、羲及麋竺、简雍、孙乾、山阳伊籍为宾友⑫。和、严、权，本刘璋所授用也⑬；吴懿、费观，璋之婚亲也⑭；彭羕，璋所排摈也⑮；刘巴，所宿恨也⑯。皆处之显位，尽其器能⑰。有志之士，无不竞劝。

【注释】

①飨（xiǎng）食：举行飨礼和食礼。谓以酒食隆重宴请宾客。飨礼，古代一种隆重的宴饮宾客之礼。食礼，古代宴请之礼的一种。

②"取蜀城中"二句：《三国志·蜀书·先主传》无"民"字。

③军师将军：官名。东汉初曾置。东汉末、三国蜀诸葛亮为之，权势极重。

④左将军：官名。汉朝为重号将军之一，与前、右、后将军并位上卿，位次大将军及骠骑、车骑、卫将军。有兵事则典掌禁兵，戍卫京师，或任征伐。设长史、司马等僚属。平时无具体职务，一般兼任他官，常加诸吏、散骑、给事中等号，成为中朝官，宿卫皇帝左右，参与朝议。如加领尚书事衔，则负责实际政务。不常置。建安三年（208），汉朝任命刘备为左将军。

⑤扬武将军：官名。东汉光武帝始置，东汉末曹操亦置。统兵出征。魏、晋、南朝置，皆为四品。

⑥平西将军：官名。东汉献帝建安（196—220）末刘备置，以马超任之。建安二十四年（219），群臣奉刘备为汉中王，上表于汉献帝时，马超以此职列名首位。三国魏时，与平东、平南、平北将军合称四平将军。多持节都督或监某一地区的军事，有时亦作为刺史等地方官员兼理军务的加官。两晋沿置，魏、晋皆三品。

⑦虚誉：不实的称誉，虚假的名声。

⑧长史：官名。战国秦置，掌顾问参谋。秦、汉因之。西汉丞相、太尉、御史大夫、大将军、车骑将军、前后左右将军皆置，为所在官署掾属之长，秩皆千石。东汉太傅、太尉、司徒、司空、诸将军沿置，秩千石。三国时三公府、诸将沿置。本处说"以（许靖）为长史"，即以许靖为左将军府之长史，谓以许靖为最高幕僚。

⑨掌军中郎将：官名。东汉献帝建安末刘备置。以益州太守董和任之，与军师将军诸葛亮并署左将军大司马府事，成为主要辅政官员。

⑩王谋：字元泰，汉嘉郡汉嘉（今四川芦山）人。有容止操行。初事刘璋为巴郡太守。刘备定益州，以为别驾，后为少府。曾上书刘备请即帝位。刘禅建兴初，赐爵关内侯。《季汉辅臣赞注》有传。

⑪辟：辟除，征召来授予官职。刘巴（？—222）：字子初，零陵烝阳（今湖南邵东）人。少知名，刘表连辟不就。北依曹操，辟为掾。奉使长沙等地，因战乱未能复命，遂辗转入蜀。刘备据益州，刘巴从交阯归刘备。诸葛亮数称荐之，历官左将军西曹掾、尚书、尚书令等。刘备称帝时之文诰策命，皆出自刘巴之手。居官清廉，不治产业。退无私交，恭默守静。《三国志·蜀书》有传。西曹掾：官名。东汉、三国魏、晋朝诸公、位从公府僚属，为西曹长官，掌府吏署用事。

⑫伊籍：字机伯，山阳郡（治今山东金乡）人。初依刘表，后归刘备。随入益州，历任左将军从事中郎、昭文将军等。有才辩，曾奉使孙吴，为孙权所服。参与制定《蜀科》。《三国志·蜀书》有传。宾

　　友:宾客幕友。

⑬授用:任用。按:刘璋之时,任命董和为益州太守、治中,任命李严
　　为护军,任命黄权为主簿、广汉长。

⑭婚亲:有婚姻关系的亲戚。按:刘璋之兄刘瑁娶吴懿之妹,费观为
　　刘璋女婿。

⑮排摈:排斥,排挤。按:彭羕初仕刘璋,为州书佐,后被谤,钳为徒隶。

⑯宿恨:犹旧恨。按:刘备南征时,荆州士大夫多随刘备南奔,而刘
　　巴却北归曹操,后投奔刘璋,又劝刘璋拒刘备,因此为刘备所恨。

⑰器能:犹才能。

【译文】

　　建安十九年,刘备攻克蜀地。蜀中物产丰饶,刘备张灯设乐,大摆酒席,用缤食之礼犒赏三军将士。刘备取出蜀城中的金银,颁发赏赐给三军将士,而将谷物布帛归还。刘备赏赐诸葛亮、法正、关羽、张飞每人黄金五百斤、白银一千斤、铜钱五千万、锦缎一万匹,其余之人赏赐各不相同。刘备任命诸葛亮为军师将军,代理左将军府中事务,法正为扬武将军、蜀郡太守,关羽督管荆州事务,张飞为巴西太守,马超为平西将军,但没有任用许靖。法正劝说道:"有些人徒有虚名而没有实际的本领,许靖就是这样的人。然而他的浮名已经远播海内,如果不任用他,人们会说您轻视士人。"于是任命许靖为长史。庞羲为司马,李严为犍为太守,费观为巴郡太守。刘备又征召益州太守、南郡人董和为掌军中郎将,巴郡太守、汉嘉人王谋为别驾,广汉人彭羕为治中。征辟零陵人刘巴为西曹掾,广汉长黄权为偏将军。于是诸葛亮为辅佐国政的股肱大臣,法正为出谋划策的主要人物,关羽、张飞、马超为战将,许靖、庞羲及糜竺、简雍、孙乾、山阳人伊籍为宾客幕僚。董和、李严、黄权,本来是刘璋授职任用的大臣;吴懿、费观,是刘璋的姻亲;彭羕,是刘璋所排斥的人;刘巴,是刘备一直忌恨的人。刘备都将这些人置于显赫的高位,以各尽其才能。有志之士,无不争相劝勉。

　　群下劝先主纳刘瑁妻①，先主嫌其同族②。法正曰："论其亲疏，何与晋文之于子圉乎③！"从之。正既临郡，睚眦之怨④，一餐之惠⑤，无不报复。或谓诸葛亮曰："法正于蜀郡太纵横⑥，将军宜启主公。"亮曰："主公之在公安也，北畏曹操之强，东惮孙权之逼，内虑孙夫人兴变于肘腋之下⑦。孝直为辅翼⑧，遂翻飞翱翔⑨，不可复制。如何禁正，使不得行其志也？"孙夫人才捷刚猛⑩，有诸兄风。侍婢百人，皆仗剑侍立。先主每下车，心常凛凛⑪。正劝先主还之。

【注释】

①刘瑁妻：刘瑁之妻，为吴懿之妹。

②同族：同一宗族，亦指同族之人。按：刘备认为自己与刘璋、刘瑁为同族之人，故不愿娶刘瑁之妻。

③晋文：即晋文公（前697—前628），名重耳。晋献公次子，晋国国君，"春秋五霸"之一。晋国内乱，重耳出奔，在外十九年，历经狄、卫、齐、曹、宋、郑、楚、秦诸国，后由秦穆公送回即位。选任贤能，整顿内政，国势日益强盛。城濮之战，晋文公大败楚、陈、蔡三国军，会诸侯于践土，遂成霸主。子圉（gǔ）：即晋怀公（？—前636），名圉。晋惠公之子。前643年，入秦为质。前638年，闻晋惠公病，逃归。次年，晋惠公死，继位，是为晋怀公。秦怨其亡归，以兵护送公子重耳入晋，立为晋君，圉遂被杀。按：晋文公为晋怀公叔父。晋怀公在秦国为人质之时，秦人嫁怀嬴为晋怀公妻。在晋怀公逃离秦国、晋文公至秦之时，秦人又嫁怀嬴为晋文公妻。

④睚眦（yá zì）之怨：指极小的怨恨。睚眦，怒目而视。

⑤一餐之惠：一餐饭的恩惠，指小恩。《史记·范雎蔡泽列传》："一

饭之德必偿,睚眦之怨必报。"

⑥纵横:肆意横行,无所顾忌。

⑦孙夫人:三国时吴郡富春(今浙江富阳)人。孙权之妹,刘备夫人。赤壁之战后,刘备为荆州牧,孙权畏之,进妹结好。才捷刚猛,侍婢皆执刀侍立,刘备常惧其有变,特任赵云掌内事。欲乘刘备入蜀带刘禅归吴,诸葛亮使赵云、张飞截江留刘禅。后还吴。肘腋:胳膊肘与胳肢窝,比喻切近之地。

⑧辅翼:辅佐,辅助。

⑨翻飞翱翔:上下回旋飞翔。指纵横驰骋于此,可参看本卷"撰曰"所说"翻飞梁、益之地"。

⑩才捷:才智敏捷。刚猛:刚强勇猛。

⑪凛凛:惊恐畏惧貌。

【译文】

群臣劝刘备收纳刘瑁之妻为妻,刘备嫌她是同族之人的妻子。法正说:"如果要论关系的亲疏,哪里比得上晋文公重耳是晋怀公子圉的叔叔,却娶了子圉的妻子啊?"于是刘备听从了这个建议。法正做了蜀郡太守之后,一点点的怨恨都要报复,一餐饭的恩惠也要报答。有人对诸葛亮说:"法正在蜀郡太放纵霸道了,将军应该向主公刘备汇报。"诸葛亮说:"主公在公安时,北边畏惧曹操的强大,东边忌惮孙权的逼迫,在内担心孙夫人于身边发生变故。因为有法正的辅佐,于是才能纵横驰骋,没有重新受制于人。为什么要禁止法正,使他不能实现他的志向呢?"孙夫人才智敏捷,刚强勇猛,有她几位哥哥的风采。孙夫人有侍婢上百人,都拿着剑侍立在旁边。刘备每每下车,心中常怀惊恐畏惧。法正劝刘备将孙夫人送回吴国。

二十年,孙权使报先主,欲得荆州①。先主报曰:"吾方图凉州,凉州定,以荆州相与。"孙权怒,遣吕蒙袭夺长沙、

零陵、桂阳三郡②。先主下公安，令关羽下益阳③。会曹公入
汉中，张鲁走巴西，黄权进曰："若失汉中，则三巴不振，此割
蜀人股臂也。"于是先主与吴连和，分荆州④：江夏、长沙、桂
阳东属；南郡、零陵、武陵西属。引军还江州⑤。以权为护军
迎鲁，鲁已北降曹公。权破公所署三巴太守杜濩、朴胡、袁
约等。公留征西将军夏侯渊、益州刺史赵颙及张郃守汉中，
公东还⑥。郃数犯掠巴界，先主令张飞等进军宕渠之蒙头拒
郃⑦，相持五十余日。飞从他道邀郃战于阳石⑧，遂大破郃
军。郃失马，缘山，独与麾下十余人从间道还南郑也⑨。

【注释】

①欲得荆州：起初，刘备部分依靠了孙权的力量，才得以打败曹操，占
　有荆州数郡，故吴人以为荆州是借给刘备的。当时，刘备因势单力
　薄，权且承认"借荆州"。因此，孙权在建安二十年"欲得荆州"。

②吕蒙（178—219）：字子明，汝南富陂（今安徽阜南）人。受孙权
　赏识。多次征战有功，历拜平北都尉、横野中郎将、偏将军、虎威
　将军等。鲁肃死，代领其军，乘关羽围樊城之际，袭占江陵，孙吴
　自此据有荆州之地。官至南郡太守，封孱陵侯。不久病卒。《三国
　志·吴书》有传。

③益阳：县名。西汉置，属长沙国。治所在今湖南益阳东。因在"益
　水之阳"而得名。东汉属长沙郡。

④分荆州：荆州原有七郡（南阳、江夏、长沙、桂阳、南郡、零陵、武
　陵）。赤壁之战后，曹操占有南阳郡，孙权占有南郡、江夏郡，刘
　备占有长沙、桂阳、零陵、武陵四郡以及由南郡分出的宜都郡。这
　次分割，刘备将长沙、桂阳二郡割让给孙权。

⑤引军还江州：底本作"引军还江夏"，误。此据《三国志·蜀

书·先主传》改。

⑥公东还：事见本书卷二《汉中志》。

⑦蒙头：地名。在今四川渠县东北七里八濛山。《三国志·蜀书·张飞传》：魏将张郃"别督诸军下巴西，欲徙其民于汉中，进军宕渠蒙头荡石，与飞相拒五十余日，飞率精卒万余人，从他道邀郃军交战，山道迮狭，前后不得相救，飞遂破郃"。

⑧阳石：即荡石。地名。在今四川渠县东北七里八濛山一带。

⑨间道：偏僻的或抄近的小路。

【译文】

建安二十年，孙权派遣使者报告刘备，想讨还荆州。刘备回答说："我正在图谋凉州，待凉州平定之后，我就把荆州归还给您。"孙权大怒，派遣吕蒙率军袭击，夺取了长沙、零陵、桂阳三郡。刘备南下公安县，下令关羽进驻益阳。此时恰逢曹操攻入汉中，张鲁逃跑到巴西，黄权进谏说："如果失掉汉中，则三巴（巴西、巴东、巴郡）将一蹶不振，这就好比割掉了蜀人的腿和臂。"于是刘备与吴国讲和，约定分割荆州：江夏、长沙、桂阳东属孙权，南郡、零陵、武陵西属刘备。刘备统率军队退回江州。任命黄权为护军迎接张鲁，但是张鲁已经向北投降了曹操。黄权打败了曹操任命的三巴太守杜濩、朴胡、袁约等人。曹操留下征西将军夏侯渊、益州刺史赵颙及张郃驻守汉中，自己向东回到中原。张郃多次进犯、劫掠巴郡边界，刘备下令张飞等人进军至宕渠郡的蒙头抵抗张郃，双方相持五十多天。张飞从另外一条道路截击张郃，在阳石与张郃交战，结果大败张郃的军队。张郃丢失了战马，沿着山路，单独与手下十多人从小路逃走，回到了南郑。

二十一年，先主还成都。二十二年，蜀郡太守法正进曰："曹操一举降张鲁，定汉中，不因此势以图巴、蜀，而留渊、郃，身遽北还①，非智不逮，力不足，将内有忧逼耳②。今算渊、郃才略，不胜吾将率^③，举众往讨，则必可擒。天以与我，时不可失也。"先主从之，以问儒林校尉巴西周群^④。群对曰："当得其地，不得其民；若出偏军，必不利。"先主遂行。诸葛亮居守，足食足兵也^⑤。

【注释】

①遽（jù）：仓猝。

②忧逼：忧患侵迫。

③将率：同"将帅"。

④儒林校尉：官名。东汉末刘备置，为州牧属官，掌谋议。

⑤足食足兵：粮食、军备充足。

【译文】

建安二十一年，刘备回到成都。建安二十二年，蜀郡太守法正进谏说："曹操一举降服张鲁，平定汉中，却没有趁此形势以图谋巴、蜀，而只留下夏侯渊、张郃驻守汉中，自己仓猝北归，这不是因为智力不够、兵力不足，而是国内有忧患侵迫。如今比较夏侯渊、张郃的才识与胆略，都比不上我们的将帅，我们率领众人前往讨伐，一定可以擒获他们。这是上天给我们的机会，可谓机不可失。"刘备听从了法正的建议，并询问儒林校尉、巴西人周群。周群回答说："可以得到其土地，但不能得到其民众；如果只出偏军，必然不利。"刘备于是率军出征汉中。诸葛亮居守后方，保障有充足的粮食和士兵。

二十三年，先主急书发兵。军师亮以问从事犍为杨洪^①，洪对曰："汉中，蜀之咽喉，存亡之机。若无汉中，则无蜀矣。此家门之祸，男子当战，女子当运，发兵何疑！"亮以法正从行^②，白先主，以洪领蜀郡太守^③，后遂即真^④。初，洪为犍为太守李严功曹,去郡数年,已为蜀郡,严故在职;而蜀郡何祗为洪门下书佐⑤,去郡数年,已为广汉太守,洪故在官。是以西土咸服亮之能揽拔英秀也⑥。后洪、祗俱会亮门下,洪谓祗曰:"君马何驶?"祗对曰:"故吏马不为驶,明府马不进耳⑦。"

【注释】

①杨洪(?—228):字季休,犍为郡武阳(今四川眉山彭山区)人。刘璋时,历部诸郡。刘备定蜀,为功曹,迁蜀郡太守,有政绩。刘备征吴,败还永安。汉嘉太守黄元反。当时成都空虚,杨洪以计擒之,赐爵关内侯。官至越骑校尉。《三国志·蜀书》、本书卷十有传。

②以:因为。法正从行:当时法正已经随刘备北征汉中。

③领:代理。

④即真:官职由代理而转为正职。

⑤何祗:字君肃,蜀郡郫(今四川成都郫都区)人。初为杨洪门下书佐,后为督军从事。有才干,诸葛亮察而异之,补为成都令,兼郫县令,有治绩。汶山夷骚动不安,以为汶山太守,民夷服信。数年,迁广汉太守,转犍为太守。性宽厚。卒年四十八。本书卷十有传。门下书佐:官名。汉朝置,为郡县长官亲近属吏,故冠以门下之名,掌文书。三国沿置。

⑥揽拔:延揽、选拔。英秀:才能卓越的人。

⑦"故吏马"二句:《益部耆旧传·杂记》记载:祗曰:"故吏马不敢驶,但明府未著鞭耳。"明府,汉魏以来对郡守、牧尹的尊称。

【译文】

建安二十三年,刘备紧急发出书信,要求发兵。军师诸葛亮询问从事、犍为人杨洪，杨洪回答说："汉中，是蜀地的咽喉，事关存亡的要地。如果没有汉中，就没有蜀地。这是家门口的战祸，男子应当上阵作战，女子应当负责运输，发兵还有什么迟疑呢？"诸葛亮因为法正随从刘备征战，于是上表刘备，请求任命杨洪代理蜀郡太守，后来便正式接任。当初，杨洪是犍为太守李严的功曹，但离开犍为郡好多年了，现在已经成为蜀郡太守了，而李严仍然还在原职；蜀郡人何祗是杨洪门下掌文书的小吏，但离开蜀郡好多年了，已经成为广汉太守了，而杨洪仍然还在原职。因此西土都佩服诸葛亮能招揽、选拔英才。后来杨洪、何祗都聚于诸葛亮门下，杨洪对何祗说："阁下的马将驶往何方？"何祗回答说："老部下的马不敢行驶，如果太守大人的马不前进的话。"

二十四年，先主定汉中，斩夏侯渊①。张郃率吏民内徙②。先主遣将吴兰、雷同入武都，皆没③。乃举群茂才④。时州后部司马张裕亦知占术⑤，坐漏言⑥。言先主得蜀，寅卯之间当失⑦，汉凶年在庚子⑧，诛。曹公为魏王⑨。王西征⑩，闻法正策⑪，曰："固知玄德不辨此⑫。"又曰："吾收奸雄略尽⑬，独不得正邪！"

【注释】

①斩夏侯渊：建安二十四年（219）正月，夏侯渊战败身亡。

②张郃率吏民内徙：建安二十四年三月，曹操亲至汉中，救出张郃等
人。《三国志》未载张郃率吏民内徙之事，此为《华阳国志》所载。

③没：同"殁"，死。本书卷二《汉中志》载："建安二十四年，先主遣
将军雷同、吴兰平之，为魏将曹洪所破杀。"

④群：周群，字仲直，巴西郡阆中（今四川阆中）人。参看本书卷一
《巴志》注。茂才：即"秀才"。东汉时，为避光武帝刘秀之讳，将

"秀才"改为"茂才"。明清时,入府州县学的生员叫秀才,也沿称茂才。

⑤张裕:字南和,蜀郡(治今四川成都)人。刘璋据蜀,辟为从事。蜀汉时,任州后部司马。通晓占候,尝谏刘备勿争汉中,不听。又作预言,谓刘备得蜀九年后当失之。刘备以其谏争汉中事不验为罪名,下之于狱。诸葛亮表请其罪,刘备以"芳兰生门,不得不锄"为答,杀之。参看《三国志·蜀书·周群传》。占术:占卜之术。

⑥坐:因……而获罪。漏言:失言。

⑦寅卯之间:指壬寅年与癸卯年之间,即222年与223年之间。222年,刘备率军东征孙吴,大败。223年,刘备病死白帝城。

⑧庚子:即220年。曹丕称帝,汉朝灭亡,是为汉之"凶年"。《三国志·蜀书·周群传》:"(张)裕又私语人曰:'岁在庚子,天下当易代,刘氏祚尽矣。主公得益州,九年之后,寅卯之间当失之。'人密白其言。"

⑨曹公为魏王:建安二十一年五月,曹操进爵为魏王。

⑩王西征:建安二十四年(219),曹操率军征汉中。

⑪闻法正策:指听说刘备在汉中用法正计策斩杀夏侯渊。

⑫不辨此:意谓不能办成此事。辨,同"办",完成某事。

⑬奸雄:有才智而狡诈欺世的人。后多以"奸雄"指弄权欺世、窃取高位的人。略尽:将尽。

【译文】

建安二十四年,刘备平定汉中,斩杀夏侯渊。张郃率领官民向内地迁徙。刘备派遣将领吴兰、雷同攻打武都,结果都兵败身亡。于是举荐周群为秀才。当时益州后部司马张裕也通晓占卜之术,因失言而获罪。张裕预言刘备得到蜀地后,将会在壬寅、癸卯之间失去,汉朝的凶年在庚子之年,结果被杀。曹操进爵为魏王。魏王率军西征汉中,听说刘备斩杀夏侯渊是法正出的计策,说:"我本来就知道刘备办不成此事的。"又说："我把天下的奸雄基本上都收揽尽了，唯独没有得到法正啊！"

群下上先主为汉中王、大司马①。以许靖为太傅，法正为尚书令，零陵赖恭为太常②，南阳黄柱为光禄勋③，王谋为少府，武陵廖立为侍中，关羽为前将军，张飞为右将军，马超为左将军，皆假节钺④。又以黄忠为后将军⑤，赵云翊军将军⑥。其余各进官号。军师诸葛亮曰："黄忠名望，本非关、张、马超之伦也⑦。今张、马在近，亲见其功，犹可喻指⑧；关遥闻之，恐必不悦。"先主曰："吾自解之⑨。"

【注释】

①汉中王：建安二十四年（219），群臣奉刘备为汉中王，上表于汉献帝。

②赖恭：零陵（治今广西全州）人。东汉末年，从荆州刺史刘表，任交州刺史。后投奔刘备，任镇远将军。与诸葛亮竭诚扶持刘备。

③黄柱：南阳（治今河南南阳）人。刘备为汉中王时，黄柱任光禄勋。

④假：授予，给予。节钺：符节和斧钺。古代授予将帅，作为加重权力的标志。按：据《三国志·蜀书》记载，关羽为"假节钺"，张飞、马超为"假节"。

⑤后将军：官名。将军名。掌征伐，位上卿。

⑥翊军将军：官名。杂号将军名。东汉末年刘备置，掌征伐或驻守。

⑦名望：名声，威望。伦：辈，类。

⑧喻指：知晓旨意。指，同"旨"。

⑨自解：自作解说，自会解释。

【译文】

群臣上表朝廷，请求封刘备为汉中王、大司马。任命许靖为太傅，法正为尚书令，零陵人赖恭为太常，南阳人黄柱为光禄勋，王谋为少府，武陵人廖立为侍中，关羽为前将军，张飞为右将军，马超为左将军，都被授予符节和斧钺。刘备又任命黄忠为后将军，赵云为翊军将军。其余的人都各被授予了官职。军师诸葛亮说："黄忠的名望，本来就是不能与关羽、张飞、马超这些人相比的。如今张飞、马超离黄忠近，而且亲眼见到黄忠的功绩，还可以明白旨意；关羽在遥远的外地听说此事，恐怕一定不会高兴。"先主说："我自会解释。"

　　时关羽自江陵围曹仁于樊城①，遣前部司马犍为费诗拜假节②。羽怒曰："大丈夫终不与老兵同列③！"不肯受拜。诗谓曰："昔萧、曹与高祖幼旧④，陈、韩亡命后至⑤，论其班爵⑥，韩最居上，未闻萧、曹以此为怨。今王以一时之功隆崇于汉升⑦，意之轻重宁当与君侯齐乎⑧？王与君侯譬犹一体，祸福同之。愚谓君侯不宜计官号之高下，爵禄之多少也⑨。"羽即受拜。

【注释】

①曹仁（168—223）：字子孝，沛国谯（今安徽亳州）人。曹操从弟。初从曹操起兵，为别部司马。随征袁术、陶谦、吕布、袁绍等，以军功封都亭侯。历迁征南将军、安西将军、车骑将军，都督荆、扬、益州诸军事。长年镇守樊城、合肥，阻遏吴、蜀，多有军功。汉献帝建安末，关羽围樊城，力战固守。魏文帝立，拜大将军，累迁大司马，封陈侯。卒谥忠侯。《三国志·魏书》有传。

②前部司马：官名。东汉末年刘备置，掌领镇守或征伐。

③老兵：本处指的是黄忠。

④萧、曹：指萧何、曹参。曹参（？—前190），沛县（今属江苏）人。

秦时,为沛县狱掾,萧何为主吏。秦末,与萧何同随刘邦起事,屡立战功。高祖六年(前201),封平阳侯。萧何死,继任丞相,为惠帝丞相三年,一遵萧何旧规,有"萧规曹随"之称。卒谥懿侯。《史记》《汉书》有传。幼旧:幼年的旧友。萧何、曹参都是沛县人,与刘邦是老朋友。

⑤陈、韩:指陈平、韩信。陈平(？—前178),西汉河南阳武(今河南原阳)人。家贫,好学,有大志。秦末,陈胜起事,事魏王咎为太仆。后从项羽入关,任都尉。旋归刘邦,任护军中尉,为谋士。建离间项羽、范增,笼络韩信之计,均为采纳。刘邦为匈奴困于平城,陈平以计贿赂单于的阏氏,得出。高祖六年(前201),封曲逆侯。惠帝、吕后、文帝时,历任丞相。吕后死,陈平与太尉周勃等合谋,诛诸吕,迎立文帝。任丞相。卒谥献侯。《史记》《汉书》有传。韩信(？—前196),淮阴(今属江苏)人。初从项羽,为郎中,不受重用。亡归刘邦。经萧何力荐,任大将军。建议刘邦东向以图天下。汉四年任相国,次年为齐王。继与刘邦围歼项羽于垓下。西汉立,改封楚王,都下邳。被告谋反,高祖伪游云梦而执之,贬其为淮阴侯。高祖十年(前197),陈豨反,与韩信暗通声气。其舍人举报韩信谋划发兵袭吕后、太子。为吕后与相国萧何以计诱入长乐宫,被斩。著有《兵法》三篇,已佚。《史记》《汉书》有传。

⑥班爵:爵位,官阶。

⑦隆崇:推崇,器重。汉升:黄忠之字。

⑧君侯:秦汉时称列侯而为丞相者,汉以后用为对达官贵人的敬称。关羽封汉寿亭侯,故费诗称其为"君侯"。

⑨爵禄:底本作"爵位",误。今从《三国志·蜀书·费诗传》改。官爵和俸禄。

【译文】

当时关羽自江陵围攻曹仁于樊城,刘备派遣前部司马、犍为人费诗授予关羽符节。关羽发怒道："大丈夫终究不能和老兵在同一个列位！"
关羽不肯接受节位。费诗对他说："当年萧何、曹参和汉高祖刘邦是幼年
的旧友，而陈平、韩信是后来亡命归附刘邦的，论功排定爵位、官阶时，
韩信居于最上等阶，并没有听说萧何、曹参因此而抱怨。如今大王因一
时的功劳而推崇黄忠，情意的轻重难道能和君侯您相比吗？大王与君侯
譬如一体，祸福同享。鄙人认为君侯不应该计较官号的高下、爵禄的多
少。"关羽随即接受了封赐。

　　初，羽闻马超来降，素非知故^①，书与诸葛亮问其人材。
亮知羽忌前^②，答曰："孟起，黥、彭之徒^③，一世之杰，当与益
德并驱争先，犹不如髯之绝伦也^④。"羽省书忻悦^⑤，以示宾
客。羽美鬈髯^⑥，故亮称云"髯"也。羽臂尝中流矢，每天阴
疼痛，医言矢锋有毒，须破臂刮毒^⑦，患乃可除。羽即伸臂
使治。时适会客，臂血流离，盈于盘器，而羽引酒割炙，言
笑自若^⑧。

【注释】

①知故：旧交好友。

②忌前：忌妒他人的才能或声望超过自己，居于自己前面。

③黥、彭：指英布、彭越。英布（？—前195），六县（今安徽六安东
　　北）人。坐法黥面（在脸上刺字、涂墨的刑罚），亦称黥布。作战
　　骁勇，常为先锋。每战，常以少胜多。从项羽入关，封九江王。曾
　　奉项羽命，与衡山王吴芮击杀义帝。楚汉战争中，汉遣随何说英
　　布归汉，封淮南王，从刘邦击灭项羽于垓下。后以韩信、彭越见
　　诛，惧祸及身，遂举兵反。高祖讨破之。兵败逃江南，为长沙王诱
　　杀。《史记》《汉书》有传。彭越（？—前196），秦末汉初昌邑（今

山东金乡西北）人。常渔钜野泽中。秦末，聚众起兵。楚汉战争时，将兵三万余人归汉，拜为魏相国，略定梁地。助汉攻楚，屡断楚粮道。后率兵从刘邦击灭项羽于垓下。封梁王。汉朝建立后，被告谋反，为刘邦所杀。《史记》《汉书》有传。

④髯：多须的人。本处特指美髯公关羽。

⑤忻悦：欣喜，高兴。

⑥鬓髭（bìn zī）：须发。

⑦破臂刮毒：割开臂膀肌肉，用刀刮除骨上的药毒以治创伤。

⑧言笑自若：谈笑如常，十分镇定。按：此事又见《三国志·蜀书·关羽传》："羽尝为流矢所中，贯其左臂，后创虽愈，每至阴雨，骨常疼痛，医曰：'矢镞有毒，毒入于骨，当破臂作创，刮骨去毒，然后此患乃除耳。'羽便伸臂令医劈之。时羽适请诸将饮食相对，臂血流离，盈于盘器，而羽割炙引酒，言笑自若。"按：《华阳国志》和《三国志》均未明言为关羽刮骨疗毒者的姓名，《三国演义》将其确定为华佗，聊备一说。

【译文】

当初，关羽听说马超前来投降，因为与马超本不是旧交好友，便写信给诸葛亮，询问马超这个人怎么样。诸葛亮知道这是关羽忌恨马超位居其前，答道："马超，是英布、彭越之流，是一世之杰，应当与张飞并驾齐驱，但还是不如美髯公无与伦比。"关羽看完书信非常高兴，将书信给各位宾客看。关羽两颊的须发很美，故而诸葛亮称其为"髯公"。关羽的手臂曾经被流箭射中，每到天阴之时便会疼痛，医生说箭头有毒，必须刺破手臂刮骨去毒，病患才可以去除。关羽随即伸出手臂让医生治疗。当时关羽正在会见宾客，手臂鲜血淋漓，流满了盘子，而关羽仍旧喝酒割烤肉吃，谈笑如常，十分镇定。

魏王遣左将军于禁督七军三万人救樊①，汉水暴长，皆为羽所获。又杀魏将庞德②，威震华夏。魏王议徙许都以避其锐。而孙权袭江陵，将军傅士仁、南郡太守麋芳降吴③。羽久不拔城，魏右将军徐晃救樊，羽退还，遂为孙权所杀④。吴尽取荆州，以刘璋为益州牧，住姊归⑤。是岁，尚书令法正卒⑥，谥曰翼侯。以尚书刘巴为尚书令。

【注释】

①于禁(？—221)：字文则，泰山巨平（今山东泰安）人。东汉末从济北相鲍信起兵，后归附曹操，拜军司马。从击黄巾军，讨吕布、张绣、袁绍等，以军功拜虎威将军、左将军等。治军严整，所得财物不入私囊。与张辽、乐进、张郃、徐晃号为名将，封益寿亭侯。建安二十四年（219）被蜀军击败，降关羽，辗转至孙吴。魏文帝时遣还，拜安远将军。不久惭恨而死，谥厉侯。《三国志·魏书》有传。

②庞德：字令明，南安狟道（今甘肃陇西）人。少为郡吏，后历事马腾、马超、张鲁。归降曹操，拜立义将军。与曹仁屯守樊城，所部遭蜀军关羽进攻，失利被俘，至死不降。魏文帝时，谥壮侯。《三国志·蜀书》有传。

③傅士仁：字君义，广阳（治今北京房山区）人。随刘备入蜀，为将军。居公安，受关羽统属。与关羽有隙，叛蜀投吴。《三国志·蜀书》有传。麋芳：字子方，东海郡朐县（今江苏连云港市）人。麋竺（刘备麋夫人之兄）之弟。本为徐州牧陶谦部下，后为曹操表为彭城相。辞官，随刘备征战奔波。刘备任其为南郡太守，但为关羽轻慢。后降吴，导致关羽兵败被杀。此后，在吴国担任将军，并且为吴征伐。《三国志·蜀书》有传。

④遂为孙权所杀：建安二十四年（219），关羽死于吴军之手。

⑤住：通"驻"，驻扎。姊归：即秭归。县名。西汉置，属南郡。治所即今湖北秭归西北归州镇。《水经·江水注》："袁山松曰：屈原有贤姊，闻原放逐，亦来归，喻令自宽全。乡人冀其见从，因名曰秭归，即《离骚》所谓'女媭婵媛以詈余'也。"

⑥尚书令法正卒：据《三国志·蜀书·法正传》记载，法正死于建安二十五年（220）。

【译文】

魏王曹操派遣左将军于禁督统七军三万人援救樊城，当时汉水暴涨，于禁所统军队都被关羽擒获。关羽又杀死魏将庞德，一时威震华夏。魏王曹操商议迁徙到许都，以避开关羽的锋芒。孙权袭击江陵，关羽的将军傅士仁、南郡太守麋芳投降了吴国。关羽很久没有攻下樊城，魏国右将军徐晃前来救援樊城，关羽败退而回，结果被孙权所杀。吴国于是全部占有荆州，任命刘璋为益州牧，驻扎在姊归。这一年，尚书令法正去世，谥号为翼侯。刘备任命尚书刘巴为尚书令。

二十五年春正月，魏武王薨，嗣王丕即位①，改元延康②。蜀传闻汉帝见害③，先主乃发丧制服④，追谥曰孝愍皇帝⑤。所在并言众瑞。故议郎阳泉亭侯刘豹⑥，青衣侯向举⑦，偏将军张裔、黄权，大司马属阴纯⑧，别驾赵筰⑨，治中杨洪，从事祭酒何宗⑩，议曹从事杜琼⑪，劝学从事张爽、尹默、谯周等上言⑫："《河》《洛》符验⑬，孔子所甄⑭。《洛书甄耀度》曰：'赤三日，德昌九世，会备合为帝际⑮。'《洛书宝号命》曰：'天度帝道备称皇⑯。'"又言："周群父未亡时，数言西南有黄气⑰，立数十丈，而景云祥风从璇玑下来应之⑱。如《图》《书》⑲，必有天子出⑳。方今大王应际而生㉑，与神合契，愿速即洪业㉒，以宁海内。"先主未许。冬，魏王丕即皇帝位,改元黄初㉓。汉献帝逊位为山阳公㉔。

【注释】

①嗣王:继位之王。

②延康:汉献帝年号(220)。

③见害:被害。

④发丧:举办丧事。制服:制作丧服。

⑤追谥:死后追加谥号。

⑥阳泉亭侯:《三国志·蜀书·先主传》无"亭"字。阳泉,县名。三国蜀置,属广汉郡。治所在今四川德阳旌阳区西北孝泉镇。西晋废,后复置。北周移晋熙郡治此。隋初郡还治晋熙,此城遂废。刘豹:生平不详。

⑦青衣:县名。西汉高帝六年(前201)置,属蜀郡。治所在今四川芦山县,一说在今四川雅安名山区北。向举:生平不详。

⑧大司马:即刘备。阴纯:一本作"殷纯"。

⑨赵筰:益州巴西郡人。刘璋部下,任巴郡太守。后与部将严颜降于张飞,被刘备任命为益州别部从事。

⑩从事祭酒:官名。东汉末年置,为州府属吏,散职,无固定人数,地位尊显,多以年高博学者为之。汉末蜀益州、荆州也置。何宗:字彦英,蜀郡郫(今四川成都郫都区)人。从任安学,有盛名。刘璋时,为犍为太守。刘备定蜀,辟为从事祭酒。后援引图谶,劝刘备称帝,迁大鸿胪。刘禅建兴中卒。本书卷十有传。

⑪议曹从事:官名。又称"议曹从事史"。东汉为刺史(州牧)属吏。东汉末,刘备为益州牧,以杜琼为议曹从事,职参谋议。杜琼(?—250):字伯瑜,蜀郡成都(今四川成都)人。少受学于任安。初事刘璋,辟从事。蜀汉时,历任谏议大夫、左中郎将、大鸿胪、太常等职。与群臣援图谶上书劝进。为人静默少言,不与世事。蒋

琬、费祎等皆器重之。学问渊深，著有《韩诗章句》十余万言。年
八十余卒。《三国志·蜀书》、本书卷十有传。

⑫劝学从事：官名。东汉末年置。州属官，掌文教，不常设。张爽：
　生平不详。尹默：字思潜，梓潼郡涪（今四川绵阳）人。曾游学荆
　州，从司马德操、宋忠等学习古文经学。通晓经史，尤精《左氏春
　秋》。刘备定益州，以为劝学从事。后为太子令仆，以《左传》授
　刘禅。及刘禅即位，拜谏议大夫。诸葛亮居汉中，随军任军祭酒。
　诸葛亮卒，还成都，拜太中大夫。《三国志·蜀书》、本书卷十有
　传。谯周：清人以为当作"周群"，今人以为当作"周巨"（刘琳）。

⑬《河》《洛》：《河图》与《洛书》的简称。古代儒家关于《周易》
　卦象来源及《尚书·洪范》"九畴"创作过程的传说。《易·系
　辞上》："河出图，洛出书，圣人则之。"河，黄河。洛，洛水。《尚
　书·顾命》："大玉、夷玉、天球、河图在东序。"据汉儒孔安国、刘
　歆等解说：伏羲时有龙马出于黄河，马背有旋毛如星点，称作"龙
　图"。伏羲取法以画八卦生蓍法。夏禹治水时有神龟出于洛水，
　背上有裂纹，纹如文字，禹取法而作《尚书·洪范》"九畴"。见
　《尚书·顾命》、《洪范》之孔传、《汉书·五行志上》。古代认为，
　出现"河图洛书"是帝王圣者受命之祥瑞。符验：应验，符合。

⑭甄：甄别，鉴别。

⑮"《洛书甄耀度》曰"几句：《后汉书·郊祀志》引《洛书甄曜度》：
　"赤三德，昌九世，会修符，合帝际，勉刻封。"《洛书甄耀度》，又作
　《洛书甄曜度》，纬书之一。作于西汉末。

⑯"《洛书宝号命》曰"几句：《三国志·蜀书·先主传》引《洛书宝
　号命》："天度帝道备称皇，以统握契，百成不败。"《洛书宝号命》，
　又作《洛书宝予命》，纬书之一。作于西汉末。

⑰黄气：黄色云气。古代迷信以为天子之气。

⑱景云：祥云，瑞云。祥风：预兆吉祥的风。璇玑：北斗前四星，也叫魁。

⑲《图》《书》：指《河图》《洛书》。

⑳必有天子出：《晋书·天文志中》："天子气，内赤外黄，四方：所发之处当有王者。若天子欲有游外处，其地亦先发此气。"

㉑应际而生：指顺应时运而生。际，际遇，指时运。

㉒洪业：大业。古时多指帝王之业。

㉓黄初：三国魏文帝年号（220—226）。凡七年。山阳公：封爵名。三国魏黄初元年（220）汉献帝刘协逊位后，被奉为山阳公，邑河内山阳（今河南焦作东北）一万户。虽名位在诸侯王之上，实为魏所置督军禁制。刘协死后，孙刘康嗣位。晋泰始二年（266），始解除禁制。其后由刘瑾、刘秋先后继立。永嘉中刘秋死后，国除。

㉔逊位：让位。

【译文】

建安二十五年春正月，魏武王曹操驾崩，曹丕继承王位，改年号为延康。蜀国传闻汉献帝被害，刘备于是举办丧事、制作丧服，追谥汉献帝为孝愍皇帝。所到之处，大家都说有祥瑞出现。因此议郎、阳泉亭侯刘豹，青衣侯向举，偏将军张裔、黄权，大司马属阴纯，别驾赵莋，治中杨洪，从事祭酒何宗，议曹从事杜琼，劝学从事张爽、尹默、谯周等上书说："《河图》《洛书》中表明圣者有受命的祥瑞，这是经孔子甄别出的。《洛书甄耀度》说：'天赤三日，德运昌盛九世，到刘备合当为皇帝。'《洛书宝号命》说：'上天揣度皇帝之道，刘备称皇帝。'"又说："周群父亲未死时，多次说到西南地区有天子之气，高耸数十丈，而瑞云、祥风从璇玑下来应和它。诚如《河图》《洛书》所说，这预示着必定有天子出现。如今大王应运而生，与天神契合，希望您赶紧继位成就大业，以安定海内。"刘备没有同意。冬天，魏王曹丕即皇帝位，改年号为黄初。汉献帝让位，被封为山阳公。

章武元年，魏黄初二年也①。春，太傅许靖、安汉将军糜竺、军师将军诸葛亮、太常赖恭、光禄勋黄柱、少府王谋等乃劝先主绍汉绝统^②，即帝号。先主不许。亮进曰："昔吴汉、耿弇等劝世祖即帝位^③，世祖辞让。耿纯进曰^④：'天下英雄喁喁^⑤，冀有所望。若不从议者，士大夫各归其主，无从公也。'世祖感之。今曹氏篡汉，天下无主，大王绍世而起^⑥，乃其宜也。士大夫随大王久勤苦者，亦欲望尺寸之功如纯言耳。"先主乃从之。亮与博士许慈、议郎孟光建立礼仪^⑦，择令辰^⑧。费诗上疏曰："殿下以曹操父子逼主篡位，故乃羁旅万里^⑨，纠合士众，将以讨贼。今大敌未克，而先自立，恐人疑惑。昔高祖与楚约，先破秦者王。及屠咸阳，获子婴，犹推让^⑩。况今殿下未出门，便欲自立。愚臣诚不为殿下取也。"朝廷左迁诗部永昌从事^⑪。

【注释】

①章武元年，魏黄初二年：221年。

②绍汉绝统：接续汉朝已经断绝的统绪。绍，继续，接续。

③耿弇（3—58）：字伯昭，扶风茂陵（今陕西兴平）人。东汉开国元勋，一代名将。少好学。更始时归附刘秀，劝其父耿况发兵援刘秀军，击败王郎，平定河北。刘秀称帝，拜建威大将军，封好畤侯。建武时先后屡败彭宠、张步、隗嚣等，多立军功。谥愍侯。《后汉书》有传。

④耿纯（？—37）：字伯山，巨鹿宋子（今河北赵县）人。光武初起，率宗族宾客二千余人归之，拜前将军，从平王郎，镇压赤眉、铜马诸部。光武即位，封东光侯，拜东郡太守、太中大夫。卒谥成侯。《后汉书》有传。

⑤喁喁（yóng）：仰望期待貌。喁，本义为鱼口向上露出水面。

⑥绍世：继承世系。按：《三国志·蜀书·诸葛亮传》："大王刘氏苗

族，绍世而起，今即帝位，乃其宜也。"

⑦许慈：字仁笃，南阳（今属河南）人。汉献帝建安中，与许靖等俱入蜀，为博士。蜀后主时，官至大长秋。通经学，善郑氏学，治《易》《尚书》《三礼》《毛诗》《论语》。《三国志·蜀书》有传。孟光：字孝裕，河南洛阳（今属河南）人。汉灵帝末为讲部吏。汉献帝迁都长安，入蜀。博物识古，书无不读，精《公羊春秋》。刘备定益州，拜议郎。刘禅立，迁大司农。每直言无所回避，故爵位不登。后坐事免官。年九十余卒。《三国志·蜀书》有传。建立：制定。

⑧令辰：指吉日。

⑨羁旅：寄居异乡。

⑩推让：推辞。

⑪左迁：降官，贬职。

【译文】

汉章武元年，即魏国的黄初二年。这年春天，太傅许靖、安汉将军麋竺、军师将军诸葛亮、太常赖恭、光禄勋黄柱、少府王谋等才劝说刘备接续汉朝已经断绝的统绪，即位称帝。刘备不同意。诸葛亮进谏说："从前吴汉、耿弇等劝说汉世祖即位称帝，汉世祖推辞谦让。耿纯进言说：'天下的英雄仰慕您，是希望能跟您一起建功立业。如果您不听从建议，士大夫各求其主，将不再跟从您了。'汉世祖为之感动。如今曹氏篡夺汉室，天下没有君主，大王继承世绪而起，是正合其宜的。士大夫追随大王，长期吃苦耐劳，也希望能够建立尺寸之功，就像耿纯所说的那样。"刘备于是听从了他的建议。诸葛亮与博士许慈、议郎孟光定立继位礼仪，并选择吉日。费诗上疏说："殿下因为曹操父子逼迫皇帝，篡夺皇位，故而不万里奔波，纠集士兵，聚合民众，讨伐奸贼。如今大敌尚未攻克，而您便先自立为帝，恐怕世人会不理解。从前汉高祖与楚人约定，先攻破秦国的人便称王。等到攻下咸阳，俘获子婴，还推辞即帝位。何况如今殿下还没有出门，便想自立为王。愚臣确实以为殿下此举不可取。"朝廷将费诗降职为部永昌从事。

　　夏四月丙午，先主即帝位，大赦，改元章武。以诸葛亮为丞相，假节，录尚书事①；许靖为右司徒②；张飞车骑将军，领司隶校尉，进封西乡侯③；马超骠骑将军，领凉州刺史④，封斄乡侯，北督临沮⑤；偏将军吴懿为关中都督⑥；进魏延镇北将军⑦；李严辅汉将军⑧，襄阳马良为侍中，杨仪为尚书⑨，蜀郡何宗为鸿胪⑩。立宗庙，袷祭高皇帝、世祖光武皇帝⑪。五月辛巳，立皇后吴氏——吴懿妹，刘璋兄瑁妻也。子禅为皇太子。六月，立子永为鲁王⑫，理为梁王⑬。

【注释】

①录尚书事：官名。初为职衔名，始于东汉。当时政务总于尚书台，太傅、太尉、大将军等加此名义始得综理国事政务，成为真宰相。魏晋南北朝多以公卿权重者居之，总领尚书省政务，位在三公上。录，总领。

②右司徒：官名。春秋战国置。掌民众百姓教化。

③西乡侯：张飞原封新亭侯。

④凉州刺史：其时，凉州尚属魏国，此凉州刺史属于遥领。

⑤临沮：县名。西汉置，属南郡。治所在今湖北远安西北。以临沮水为名。东汉改为临沮侯国，后复为临沮县。

⑥关中都督：其时，关中尚属魏国，此关中都督属于遥领。

⑦镇北将军：杂号将军名。三国蜀置，掌征伐。

⑧辅汉将军：杂号将军名。东汉置，掌征伐。其后，三国蜀亦置。李严、张裔都曾任此将军。

⑨杨仪：字威公，襄阳（今湖北襄阳）人。初为荆州刺史傅群主簿，后投奔襄阳太守关羽，任功曹。蜀后主时，历官丞相府参军、长史、中军师等。有才干，受到诸葛亮赏识。诸葛亮卒，攻灭魏延。以为功大当代诸葛亮秉政，而蒋琬为尚书令，还拜中军师。坐怨望，诏废为民。至徙所，又上书诽谤，遂被逮，自杀。《三国志·蜀书》有传。

⑩何宗：字彦英，蜀郡郫（今四川成都郫都区）人。从任安学，有盛名。刘璋时，为犍为太守。刘备定蜀，辟为从事祭酒。后援引图谶，劝备称帝，迁大鸿胪。刘禅建兴中卒。本书卷十《先贤士女总赞》有传。鸿胪：上当脱"大"字。大鸿胪，官名。秦朝和西汉初称典客，掌管归降的少数民族。

⑪祫（xiá）祭：古代天子诸侯所举行的集合远近祖先神主于太祖庙的大合祭。

⑫子永：即刘永，字公寿，涿郡涿县（今河北涿州）人。刘备次子，刘禅庶兄。章武元年（221），立为鲁王。建兴八年（230），改封甘陵王。因憎恶宦官黄皓，被谮，不得朝见后主十余年。蜀亡，于魏咸熙元年（264）迁洛阳，拜奉车都尉，封乡侯。《三国志·蜀书》有传。

⑬理：即刘理（？—244），字奉孝，涿郡涿县人。刘备庶子，刘禅庶兄。章武元年，立为梁王。建兴八年，改封安平王。延熙七年（244）逝世，时年不满三十岁，谥曰悼王。《三国志·蜀书》有传。

【译文】

夏四月丙午日，刘备即皇帝位，大赦天下，改年号为章武。任命诸葛亮为丞相，授予符节，总领尚书事务；许靖为右司徒；张飞为车骑将军，代理司隶校尉，进而封为西乡侯；马超为骠骑将军，代理凉州刺史，封为斄乡侯，向北督管临沮；偏将军吴懿为关中都督；进封魏延为镇北将军；李严为辅汉将军，襄阳人马良为侍中，杨仪为尚书，蜀郡人何宗为鸿胪。

刘备又建立宗庙，合祭高皇帝、世祖光武皇帝。五月辛巳，册立皇后吴氏——即吴懿之妹，刘璋之兄刘瑁的妻子。册封儿子刘禅为皇太子。六月，册立儿子刘永为鲁王，刘理为梁王。

　　先主将东征以复关羽之耻，命张飞率巴西万兵，将会江州。飞帐下将张达、范彊杀飞①，持其首奔吴。初，飞、羽勇冠三军，俱称万人之敌②。羽善待小人，而骄士大夫；飞爱敬君子而不恤小人，是以皆败。先主常戒之曰："卿刑杀过差③，鞭挝健儿，令在左右，此取祸之道。"飞不悟，故败。先主闻飞营军都督之有表也，曰："噫，飞死矣！"命丞相亮领司隶校尉。

【注释】

①张达、范彊：张飞部将。章武元年（221），二人杀张飞，持其首而奔东吴。

②万人之敌：谓勇武善战，可与万人匹敌。按：关羽、张飞在当时有"万人之敌"的美誉。《三国志·魏书·程昱传》："（程）昱料之曰：'……刘备有英名，关羽、张飞皆万人敌也，权必资之以御我。'"《三国志·魏书·先主传》裴松之注引《傅子》："张飞、关羽勇而有义，皆万人之敌。"

③过差：过分，过度。

【译文】

　　刘备将要东征以报复关羽被杀的耻辱，命令张飞率领巴西的上万士兵，在江州会合。张飞帐下的将领张达、范彊杀害了张飞，手持张飞首级投奔东吴去了。当初，张飞、关羽勇冠三军，都有"万人之敌"的美称。关羽能善待弱小之人，但对士大夫很骄慢；张飞爱惜敬重君子，但不能体恤弱小之人，因此都遭遇失败。刘备经常告诫张飞说："爱卿刑罚杀戮过度，鞭挞勇健之人，令他们随侍在左右，这是杀身取祸之道。"张飞没有醒悟，所以招致杀身之祸。刘备一听到张飞手下的都督有上表，就说："唉，张飞死了！"随即命令丞相诸葛亮代理司隶校尉事务。

秋七月，先主东伐。群臣多谏，不纳。广汉秦宓上陈天时必无其利。先主怒，絷之于理①。孙权送书请和，先主不听。吴将陆议、李异、刘阿等军至姊归②，左右领军南郡冯习、陈留吴班自建平攻破异等③，军次姊归。武陵五溪蛮夷遣使请兵④。

【注释】

①絷（zhí）：拘捕，拘禁。理：古代指狱官、法官。这里指监狱。

②陆议：即陆逊（183—245），本名议，字伯言，吴郡吴县（今江苏苏州）人。孙策婿。初仕孙权幕府，累迁偏将军、右部督。与吕蒙计克公安，南郡，擒杀关羽。孙权黄武初，任大都督，领兵拒刘备。固守不战，待蜀军疲惫，方以火攻，大破之。领荆州牧。后任丞相。因反对孙权废太子，受责，愤恚卒。谥昭侯。《三国志·吴书》有传。刘阿：吴国将领。孙权黄武元年（222），率兵抵御刘备东征大军，在夷陵（今湖北宜昌）大破蜀军。后曾率兵伐魏，败归。

③冯习（？—222）：字休元，南郡（治今湖北江陵）人。随刘备入蜀。刘备征吴，为领军。轻敌，败于猇亭，为吴军所杀。吴班：字元雄，陈留（今河南开封）人。吴懿族弟。以豪侠称于时。入蜀，为领军。刘禅时，迁骠骑将军，假节，封绵竹侯。建平：郡名。三国吴永安三年（260）置，属荆州。治所在信陵县（今湖北秭归南）。魏灭蜀后，置建平郡都尉于巫县（今四川巫山县）。西晋咸

宁元年（275）改为建平郡。太康元年（280）灭吴，将两建平郡合并，治所在巫县。

④五溪蛮夷：即"五溪蛮"。东汉至宋时对分布在沅水上游少数民族的总称。因其地在西汉属武陵郡，故又名"武陵蛮"。与今土家、苗、瑶、侗及仡佬等族有渊源关系。其地包括今湖南西部、贵州东部、湖北西部一带，因有雄溪、朗溪（又作横溪）、辰溪、酉溪、午溪（又作武溪、无溪）等五条溪流纵贯其间，故名。笔者按：所谓"五溪"，一说指雄溪、蒲溪、酉溪、沅溪、辰溪。《水经·沅水注》："武陵有五溪，谓雄溪、横溪、无溪、酉溪、辰溪其一焉。"

【译文】

秋七月，刘备东伐吴国。群臣大都劝谏，但刘备没有采纳。广汉人秦宓上书说天时必定不利。刘备大怒，将他拘禁在监狱。孙权送来书信请求讲和，但刘备不接受。吴国将领陆议、李异、刘阿等率领军队驻扎在姊归。刘备的左、右领军南郡人冯习、陈留人吴班从建平进军，攻破李异等，军队进驻姊归。武陵郡五溪一带的少数民族派遣使者请求出兵。

二年春正月，先主军姊归，吴班、陈式等水军屯夷陵①，夹江东西岸。二月，将进，黄权谏曰："吴人悍战②，而水军顺流，进易退难。臣请为先驱以尝寇③，陛下宜为后镇④。"先主不从，以权为镇北将军，督江北军。先主连营稍前，军于夷道猇亭⑤。遣侍中马良经佷山安慰五溪蛮夷⑥。

【注释】

①夷陵：县名。秦置，属南郡。因县北有夷山得名。西汉治今湖北宜昌东南，为南郡都尉治。东汉改属宜都郡。三国吴黄武元年

（222）改名西陵县。西晋太康元年（280）复名夷陵县。黄武元
年，陆逊败刘备于此。

②悍战：勇猛善战。

③尝寇：试探敌人的强弱。

④后镇：居后镇守的人。

⑤猇（xiāo）亭：在今湖北宜昌东南长江北岸猇亭镇。蜀汉章武二年
（222），刘备率诸将伐吴，"军于夷道猇亭"，后为吴将陆逊所破，
即此。

⑥很（hěn）山：山名。在今湖北长阳土家族自治县西南八十里。

【译文】

蜀汉章武二年春正月，刘备驻军于姊归，吴班、陈式等统率水军驻军于夷陵，在长江东西两岸安营扎寨。二月，刘备准备进攻吴军。黄权进谏说："吴人勇猛善战，水军顺流而下，前进容易后退难。下臣请求作为先驱以试探敌人的强弱，而陛下应居后镇守。"刘备没有听从，任命黄权为镇北将军，督领江北军队。刘备的连营稍稍前移，驻扎于夷道县的猇亭。派遣侍中马良经过很山，安抚五溪一带的少数民族。

夏六月，黄气见，自姊归十余里中，广十余丈。后十数日，与吴人战，先主败绩，冯习及将张南皆死①。先主叹曰："吾之败，天也！"委舟舫由步道还鱼复②。将军义阳傅肜为后殿③，兵众死尽，肜气益烈。吴将喻令降，肜骂曰："吴狗，何有汉将军降者！"遂战死。从事祭酒程畿独溯江退④，众曰："后追以至，宜解舫轻行。"畿曰："吾在军，未习为敌之走，况从天子乎！"亦见杀。黄权偏军孤绝⑤，遂北降魏。李异、刘阿等踵蹑先主⑥，屯南山。先主改鱼复曰永安⑦。丞相亮闻而叹曰："法孝直若在，则能制主上使不东行；既复东

行,必不颠危矣^⑧!"

【注释】

①张南(?—222):字文进,蜀人。自荆州随刘备入蜀。刘备征东吴,与冯习俱战死于猇亭。

②鱼复:县名。秦置,治今重庆奉节东白帝城,属巴郡。西汉置江关都尉。三国蜀汉刘备为吴将陆逊所败,退守白帝。章武二年(222)改永安县,为巴东郡治。

③傅彤(?—222):南阳义阳(今河南信阳)人。为将军。从刘备征吴,为别督,军次猇亭,为陆逊所破。刘备退军,为断后。士卒死尽,吴将劝降,不从,力战而死。后殿:行军时居于尾部者。

④程畿(?—222):字季然,巴西郡阆中(今四川阆中)人。初仕刘璋,为江阳太守。后归刘备,辟为从事祭酒。随刘备征吴,军败,溯江而还,追兵至,战死。

⑤孤绝:谓孤立无助。

⑥踵蹑:接踵,跟随。

⑦永安:县名。三国蜀汉章武二年(222)改鱼复县置,为巴东郡治。治所在今重庆奉节东十里白帝城。西晋复为鱼复县。

⑧颠危:倾覆危险。

【译文】

夏六月,天子之气出现,自姊归绵延十余里,宽十余丈。此后十多天,蜀军与吴人作战,刘备战败,冯习和将领张南都战死了。刘备感叹说:"我的失败,是天意啊!"于是抛弃船只,由步道回到鱼复。将军、义阳人傅彤殿后,士兵全部战死,而傅彤气势更加壮烈。吴军将领命令他投降,傅彤骂道:"吴狗,哪里有汉将军向你们投降的!"于是傅彤悲壮战死。从事祭酒程畿独自逆流而上退军,众人说:"后面的追兵将要赶到了,应该解开并联的船只,以轻舟而行。"程畿说:"我在军营服役,没有练习过做敌人的逃兵，何况是跟从天子呢！"也被杀死。黄权偏师作战，孤立无助，于是向北投降魏国。李异、刘阿等跟随刘备，驻扎在南山。刘备将鱼复改名为永安。丞相诸葛亮听说战况后感叹道："如果法正还健在，就能制止主上，使他不向东用兵吴国；已经东行的话，也必定不会陷于危难啊！"

　　八月，司徒靖卒。是岁，骠骑将军马超亦卒。临没上疏曰："臣宗门二百余口，为孟德所诛略尽，唯从弟岱当为微宗血食之系①，深托陛下。"岱官至平北将军②。拜彤子佥左中郎将③。

【注释】

①从弟：堂弟。岱：马岱，右扶风茂陵（今陕西兴平）人。马腾侄子，马超从弟。随马超先投张鲁，后归刘备。刘禅建兴十二年（234），魏延、杨仪相攻，马岱阵斩魏延之首。官至平北将军，封陈仓侯。血食：谓受享祭品。古代杀牲取血以祭，故称。

②平北将军：杂号将军名。东汉末年曹操置，掌帅军征伐。其后，魏晋沿置，且多兼刺史，总管军政事务。

③彤子佥：傅彤之子傅佥（？—263），南阳义阳（今河南信阳）人。初为左中郎，后拜关中都督。后主景耀末，魏军攻蜀，与蒋舒共守阳安关口，蒋舒开城出降，魏军乘虚袭城，傅佥格斗而死。

【译文】

　　八月，司徒许靖去世。这一年，骠骑将军马超也去世。马超临死前上疏刘备说："下臣宗门二百多人，都被曹操诛杀殆尽，只有堂弟马岱可为本宗血脉，下臣将他托付给陛下。"马岱官至平北将军。刘备任命傅彤之子傅佥为左中郎将。

冬十月,诏丞相亮营南北郊于成都①。孙权闻先主在白帝,甚惧,遣使请和②。先主使太中大夫南阳宗玮报命③。十有一月,先主寝疾④。十有二月,汉嘉太守黄元⑤,素亮所不善,闻先主疾病⑥,虑有后患,举郡拒守。

【注释】

①南北郊:南郊与北郊。分别为古代王朝祭天、祭地之处。

②遣使请和:当时,曹丕出兵攻吴,孙权担心两面受敌,故遣使与蜀讲和。

③宗玮:三国时蜀汉官吏。任太中大夫。报命:一种外交礼节。为答谢邻国的来访,前往该国访问。

④寝疾:生病,多指重病。寝,病卧。

⑤黄元:里籍不详。曾任汉嘉太守。章武二年(222)末,闻先主疾不豫,举兵拒守,进兵攻临邛。遣将军陈曶讨黄元,黄元军败,顺流下江,为其亲兵所缚,生致成都,斩之。

⑥疾病:身患重病。

【译文】

冬十月,刘备诏令丞相诸葛亮在成都南北营建祭祀天地的祭坛。孙权听说刘备在白帝城,非常害怕,派遣使者请求讲和。刘备派太中大夫、南阳人宗玮回访吴国。十一月,刘备身患重病。十二月,诸葛亮一向不喜欢的汉嘉太守黄元,听说刘备患病,担心有后患,带领全郡拒守反叛。

三年春正月,召丞相亮于成都,诏亮省疾于永安①。元烧临邛城,治中从事杨洪启太子遣将军陈曶、郑绰由青衣水伐元②,灭之。二月,亮至永安。先主谓曰:"君才十倍曹丕,必能安国,终定大事。若嗣子可辅③,辅之;如其不才,君可自取。"亮涕泣对曰:"臣敢竭股肱之力,效忠贞之节,继之以死。"先主又为诏敕太子曰:"汝与丞相从事,事之如父。"亮与尚书令李严并受寄托④。

【注释】

①省疾:探病。

②陈曶(hū)、郑绰:三国蜀汉将领。章武三年(223)三月,汉嘉太守黄元反叛。将军陈曶、郑绰奉命讨伐,生擒之。

③嗣子:承继王位的嫡长子。本处特指刘禅。

④寄托:委托,付托。

【译文】

蜀汉章武三年春正月,刘备在成都召见丞相诸葛亮,诏令诸葛亮到永安探病。黄元火烧临邛城,治中从事杨洪启禀太子刘禅,派遣将军陈曶、郑绰,由青衣水讨伐黄元,将其消灭。二月,诸葛亮到了永安。刘备对诸葛亮说:"阁下的才能比曹丕强十倍,必定能安邦治国,最终一定能成就大事。如果我的儿子可以辅佐,你就辅佐他;如果他确实不成才,阁下可以取而代之。"诸葛亮流泪回答说:"下臣愿竭尽股肱之力,报效忠贞之节,继续辅佐嗣子直至到死。"刘备又颁赐诏书告诫太子说:"你和丞相处事,要像父亲一样侍奉他。"诸葛亮和尚书令李严一起接受了刘备的托付。

夏四月,先主殂于永安宫①,时年六十三。亮表后主曰:"大行皇帝迈仁树德②,覆育无疆③。昊天不吊④,今月二十四日奄忽升遐⑤。臣妾号咷⑥,如丧考妣⑦。乃顾遗诏,事惟太宗⑧。百寮发哀⑨,三日除服,到葬复服。其郡国守、相、令、长、丞、尉三日除服。"五月,梓宫至成都⑩,谥曰昭烈皇帝。秋八月,葬惠陵⑪。

【注释】

①殂(cú):死亡。永安宫:宫殿名。在今重庆奉节东。三国蜀汉章武二年(222),刘备征吴败还,驻白帝城(即今奉节城),改鱼复县为永安县,别置永安宫,次年死于此。《太平寰宇记》卷一百四十八奉节县:永安宫"汉末公孙述所筑。蜀先主崩于此城中,故曰永安宫"。遗址在今奉节师范学校内。今有永安宫故址碑二通。

②大行皇帝:中国封建时代对刚去世的、谥号尚未确立的皇帝的称呼。迈仁:勉力实行仁政。

③覆育:润育。

④昊天不吊:谓苍天不怜悯保佑。后以之为哀悼死者之辞。蔡邕《济北相崔君夫人诔》:"昊天不吊,降此残殃。"

⑤奄忽:忽然,突然。升遐:帝王去世的婉辞。

⑥号咷(táo):放声大哭。

⑦考妣:对死去父母之称。

⑧太宗:汉文帝庙号。本处所说"乃顾遗诏,事惟太宗",即刘备的遗诏指示,丧事按照当年汉文帝的"故事"(先例)操办。汉文帝遗诏曰:"其令天下吏民,令到,出临三日,皆释服。"(《汉书·文帝纪》)

⑨百寮:同"百僚",百官。发哀:举行哀悼仪式。

⑩梓宫:皇帝的灵柩。《汉书·霍光传》:"赐金钱、缯絮、绣被百领,衣五十箧,璧珠玑玉衣,梓宫……皆如乘舆制度。"颜师古注:"服虔曰:'棺也。'以梓木为之,亲身之棺也。为天子制,故亦称梓宫。"

⑪惠陵:陵墓名。三国蜀先主刘备墓。在今四川成都南郊武侯祠内。《蜀中广记》卷一引《太平寰宇记》云:"惠陵,蜀先主陵也。今有祠存,号曰惠陵祠。"有清乾隆五十三年(1788)所立"汉昭

烈皇帝之陵"石碑。陵东为昭烈庙。

【译文】

夏四月,刘备在永安宫驾崩,享年六十三岁。诸葛亮上表后主说:"大行皇帝勉力实行仁政,树立美德,润育无疆。上天不怜悯他,于本月二十四日忽然升天。臣妾号啕痛哭,如同死去了父母。按照先主的遗诏指示,丧事按照当年汉文帝的先例操办。治丧百官举行哀悼仪式,三日后除去丧服,到下葬时再穿上丧服。郡国的守、相、令、长、丞、尉不临丧,三天后除去丧服。"五月,灵柩运到成都,谥号为昭烈皇帝。秋八月,葬在惠陵。

撰曰:汉末大乱,雄杰并起。若董卓、吕布、二袁、韩、马、张杨、刘表之徒①,兼州连郡,众逾万计,叱吒之间,皆自谓汉祖可踵,桓、文易迈②。而魏武神武干略③,戡屠荡尽。于时先主名微人鲜,而能龙兴凤举④,伯豫君徐⑤,假翼荆楚,翻飞梁、益之地,克胤汉祚⑥,而吴、魏与之鼎峙⑦。非英才命世,孰克如之!然必以曹氏替汉⑧,宜扶信顺⑨,以明至公⑩,还乎名号⑪,为义士所非⑫。及其寄死托孤于诸葛亮⑬,而心神无贰,陈子以为"君臣之至公,古今之盛轨"也⑭。

【注释】

①二袁:指袁绍、袁术。韩:指韩遂(? —215):字文约,金城(今甘肃兰州)人。本西凉豪强。尝说何进诛诸宦官,进未从。灵帝中平元年(184),北宫伯玉等起事,奉边章、韩遂为军主攻杀金城太守,割据一方。边章卒,推遂为主。献帝兴平元年(194),与马腾率军与郭汜、樊稠战于长平观,败绩。献帝建安时,其军力扩展至关中。建安七年(202),曹操方用兵河北,乃表遂为征西将军以缓

其进。建安十六年（211），与马超合军战操于渭南，败走西凉。未
　　几，为部将所杀。参看《三国志·蜀书·马超传》等。马：指马腾。

②桓、文：指齐桓公、晋文公。迈：超过。

③神武：神明而威武。干略：指治事的才能与谋略。

④龙兴凤举：比喻王者兴起。

⑤伯豫：做豫州牧。君徐：做徐州牧。

⑥克胤汉祚：谓刘备继承汉朝的皇位和国统。

⑦鼎峙：谓如鼎足并峙，即魏、蜀、吴三国鼎立。

⑧曹氏替汉：即本卷上文所说的"曹氏篡汉"。替，废弃，废除。

⑨宜扶信顺：意谓刘备应该扶持天之所助之人。信顺，谓诚信不欺，
　　顺应物理。语出《易·系辞上》："天之所助者，顺也；人之所助
　　者，信也。"《后汉书·袁术列传》："论曰：天命符验，可得而见，未
　　可得而言也。然大致受大福者，归于信顺乎！"

⑩至公：大公无私，天下为公。

⑪还乎名号：指刘备推辞帝号。

⑫为义士所非：指费诗上疏谏刘备称帝之事。

⑬寄死：即客死他乡。托孤：谓以遗孤相托。多指君主把遗孤托付
　　给大臣。

⑭"陈子以为"句：本处所引陈寿对刘备的评价，见于《三国志·蜀
　　书·先主传》："评曰：先主之弘毅宽厚，知人待士，盖有高祖之
　　风，英雄之器焉。及其举国托孤于诸葛亮，而心神无贰，诚君臣之
　　至公，古今之盛轨也。机权干略，不逮魏武，是以基宇亦狭。然折
　　而不挠，终不为下者，抑揆彼之量必不容己，非唯竞利，且以避害
　　云尔。"陈子，陈寿。盛轨，美好的典范。

【译文】

　　撰述者说：汉朝末年天下大乱，豪杰并起。像董卓、吕布、袁绍、袁
术、韩遂、马腾、张杨、刘表这样的人，兼并州郡，统率人马以上万计，他们

在叱咤风云之际，都自认为可以赶上汉高祖，轻易超过齐桓公、晋文公。而魏武帝神明威武，以其才能与谋略，将天下群豪扫荡殆尽。当时先主名声小人马少，而后来能像龙凤一样腾飞兴起，成为豫州牧、徐州牧，借力于荆楚之地作辅翼，纵横驰骋于梁、益之地，终能继承汉朝国统，并与吴国、魏国三足鼎立。如果不是英才出世，谁能如此！然而上天一定要以曹氏代替汉室，先主应该扶持天之所助之人，以表明他的大公无私，把名号还给天助之人，但先主一定要称帝，还是为义士所责备。等到他客死他乡，将儿子托付给诸葛亮，而诸葛亮忠心耿耿、没有二心。陈寿认为是"君臣的大公无私，古今的美好典范"。

卷七　刘后主志

【题解】

本卷所说的"刘后主",指的是刘禅,即蜀汉末代君主刘阿斗。刘禅在位时间长达四十一年(223—263),而其在位期间的历史基本上就是整个蜀汉的历史。如果说卷六《刘先主志》是蜀汉国家的"开国纪年",而卷七《刘后主志》则是蜀汉国家的"存亡纪年"。

《刘后主志》从建兴元年(223)刘禅继位之时开始写起("袭位时年十七"),一直写到景耀六年(263)蜀汉的灭亡;又附带记述了咸熙元年(264)的蜀中变乱、刘禅居家迁徙洛阳而封安乐县公,可谓"有始有终"(于蜀汉政权而言),亦可谓"善始善终"(于刘禅个人而言)。

《刘后主志》重点记述的历史大事,有诸葛亮征抚南中、诸葛亮屡次北伐、蒋琬与费祎的继任与守成、姜维的劳力北征、黄皓的昏庸专权以及刘禅投降之后邓艾与锺会的倾轧争斗、姜维与锺会的一厢情愿,直至咸熙元年"军众抄掠,数日乃定"。

在本卷的结尾部分,常璩引述了蜀郡太守王崇对后主刘禅的评论以及对邓艾、锺会、姜维的看法,而常璩对姜维的评价也实在不高。在本卷的"撰曰"部分,常璩直接表达了对诸葛亮、刘禅、蒋琬、费祎、姜维和蜀汉政权的评价,认为蜀汉政权的存在实属"勉为其难"的"自保",而姜维的作为则属"胡作妄为","姜维才非亮匹,志继洪轨,民嫌其劳,家国亦丧矣"。

　　后主讳禅,字公嗣,先主太子,甘夫人所生也^①。袭位时年十七^②。

【注释】

①甘夫人:《夔州府志》谓其名为"甘梅"。生卒年不详,沛国(治所在今安徽淮北相山区)人。刘备侧室,刘禅生母。刘备为豫州牧时,纳甘夫人为妾。甘夫人后随刘备到荆州,生刘禅。赤壁之战后,甘夫人去世,葬于南郡(治所在今湖北江陵北),后迁葬于惠陵(在今四川成都)。刘备称帝后,追谥甘氏为"皇思夫人"。刘禅即位后,追谥生母甘夫人为"昭烈皇后"。《三国志·蜀书》有传。

②年十七:刘禅生于207年,223年嗣位,时年十七(虚岁)。

【译文】

　　刘后主名禅,字公嗣,是刘先主的太子,为甘夫人所生。刘禅继位之时,十七虚岁。

　　建兴元年夏五月^①,后主即位。尊皇后吴氏曰皇太后^②。大赦,改元。于魏黄初四年,吴黄武二年也。立皇后张氏,车骑将军飞女也。封丞相亮武乡侯^③;中都护李严假节^④,加光禄勋^⑤,封都乡侯^⑥,督永安事;中军师、卫尉鲁国刘琰亦都乡侯^⑦;中护军赵云,江州都督费观,屯骑校尉、丞相长史王连,中部督襄阳向宠^⑧,及魏延、吴懿,皆封都亭侯^⑨;杨洪、王谋等关内侯^⑩。

【注释】

①建兴元年:223年。这一年同时也是魏黄初四年、吴黄武二年。黄初,魏文帝曹丕的年号(220—226)。黄武,吴大帝孙权的年号

(222—229)。

②吴氏:吴懿之妹。原为刘璋之兄刘瑁的妻子,后被刘备收纳。刘备即位后,封吴氏为皇后。

③武乡侯:官爵名。

④中都护:官名。三国蜀昭烈帝章武三年(223)置,统内外军事,为军事长官。

⑤光禄勋:官名。秦称郎中令,汉因之。汉武帝太初元年(前104)更名光禄勋,掌宫殿掖门户。王莽改光禄勋曰司中。东汉光禄勋,掌宿卫宫殿门户。

⑥都乡侯:爵名。东汉置。凡封邑位于都乡(靠近城郊之乡)者,称都乡侯。《三国志·蜀书·李严传》:"以(李)严为中都护,统内外军事,留镇永安。"

⑦刘琰(?—234):字威硕,鲁国(治今山东曲阜)人。初为刘备豫州从事。蜀汉时,历任固陵太守、车骑将军,封都乡侯。不预国政,随诸葛亮谋议而已。建兴十二年(234),其妻胡氏入贺太后,留经月乃出,刘琰疑妻与刘禅有私,因遣卒挝妻,下狱弃市。《三国志·蜀书》有传。

⑧向宠(?—240):襄阳宜城(今湖北宜城)人。刘备时为牙门将,刘备征吴失败,向宠之营独全。刘禅立,封都亭侯,迁中部督,典宿卫兵。为诸葛亮所重。诸葛亮将北行,表称向宠晓畅军事,迁中领军。延熙三年(240),征汉嘉蛮夷,遇害。

⑨都亭侯:爵名。东汉置,位在乡侯下。初封都亭,后无封地。查阅《三国志》正文及裴松之注,知费观、向宠、魏延曾封都亭侯;赵云曾封永昌亭侯,后追谥顺平侯;王连曾封平阳亭侯;吴懿曾封高阳乡侯,后封县侯。也就是说,《华阳国志》说赵云、费观、王连、向宠、魏延、吴懿"皆封都亭侯",大致不错。因此,译文作"中护军赵云"等封为都亭侯云云。

⑩关内侯:爵名。战国秦置,汉沿置。无封地,依封户多少,享受征
　收租税之权。三国魏文帝定爵制,为第十等,位在亭侯之下。多
　系虚封,无食邑,以赏军功。

【译文】

　　建兴元年夏五月,刘后主即位。尊皇后吴氏为皇太后。大赦天下,
并改年号。这一年,是魏国的黄初四年,吴国的黄武二年。刘禅立皇后
张氏,张氏是车骑将军张飞的女儿。封丞相亮为武乡侯;授予中都护李
严假节,外加光禄勋,封为都乡侯,督管永安事务;中军师、卫尉鲁国刘琰
也封为都乡侯;中护军赵云,江州都督费观,屯骑校尉、丞相长史王连,中
部督、襄阳人向宠,以及魏延、吴懿,都封为都亭侯;杨洪、王谋等封为关
内侯。

　　南中诸郡并叛乱。亮以新遭大丧,未便加兵。遣尚书
南阳邓芝固好于吴。吴主孙权曰:"吾诚愿与蜀和亲,但主
幼国小,虑不自存。"芝对曰:"吴、蜀二国之地,吴有三江之
阻①,蜀有重险之固。大王命世之英②,诸葛一时之杰。合
此二长,共为唇齿,进可兼并天下,退可鼎足而峙。大王如
臣服于魏,魏则上望大王入朝,其次求太子入侍;若其不从,
则奉辞伐叛,蜀必顺流,见可而进。如此,江南之地非复大
王之有也。"吴主大悦,与蜀和报,使聘岁通。芝后累往,权
曰:"若灭魏之后,二主分治,不亦乐乎!"芝对曰:"灭魏之
后,大王未深识天命者,战争方始耳。"权曰:"君之诚恳,乃
至于此!"书与亮曰:"丁宏掞张③,阴化不实④。和合二国,
惟有邓芝。"

【注释】

①三江：古代各地众多水道的总称。历来各家说法不一。刘琳认
　　为，邓芝所说"吴有三江之阻"，大概是长江、淮河、汉水，可参。
　　重险：层层险阻的地势。

②命世之英：原指顺应天命而降生的人才。后多指名望才能为世人
　　所重的杰出人才。

③丁宏：生平不详。掞（shàn）张：浮夸，谓言辞铺张浮艳。

④阴化：生平不详。不实：《三国志·蜀书·邓芝传》作"不尽"，意
　　谓不诚实，多隐匿。

【译文】

　　南中各郡都发动了叛乱。诸葛亮认为刚刚遭遇了国君去世的大丧，
不便加兵讨伐。派遣尚书南阳人邓芝结好于吴国。吴主孙权说："我诚
心愿意与蜀国和亲结好，但蜀国国君年幼，国家弱小，担心连自己都不能
保全。"邓芝回答说："吴国与蜀国两个国家，都有很好的地盘，吴国有长
江、淮河、汉水等江河的险阻，蜀国有层层险阻地势的坚固。大王您是
顺应天命而降生的人才，诸葛亮也是一时的俊杰。联合这两大优势与长
处，共同结为唇齿相依的关系，进可以兼并天下，退可以鼎足对峙。大王
如果臣服于魏国，魏国则最希望大王能入朝称臣，其次要求太子入朝侍
候；如果你不听从，魏国就会奉严正之辞，将你作为叛敌讨伐，而蜀国必
然顺流而下，见形势有利便进军。如果这样，江南之地就不再被大王拥
有了。"吴主大为喜悦，和蜀国联合结盟，派使者每年都互相聘问。邓芝
后来多次出使吴国，孙权说："如果在灭掉魏国之后，我们两国二主分治
天下，不亦乐乎！"邓芝回答说："消灭魏国之后，大王如果是没有深知天
命的人，战争才刚刚开始。"孙权说："阁下的诚恳，竟到了如此地步！"孙
权写信给诸葛亮说："丁宏言辞浮夸，阴化说话不诚实。要使两国交好，
只有邓芝。"

二年,丞相亮开府^①,领益州牧,事无巨细,咸决于亮^②。亮乃抚百姓,示仪轨^③,约官职^④,从权制^⑤。尽忠益时者虽仇必赏,犯法怠慢者虽亲必罚,服罪输情者虽重必释^⑥,游辞巧饰者虽轻必戮^⑦;善无微而不赏,恶无纤而不贬。庶事精练^⑧,物究其本,循名责实^⑨,虚伪不齿^⑩。终乎封域之内^⑪,畏而爱之。刑政虽峻而无怨者,以其用心平、劝戒明也。辟尚书郎蒋琬及广汉李邵、巴西马勋为掾^⑫,南阳宗预为主簿^⑬,皆德举也^⑭;秦宓为别驾^⑮,犍为五梁为功曹^⑯,梓潼杜微为主簿^⑰,皆州俊彦也^⑱。而江夏费祎^⑲、南郡董允^⑳、郭攸之始为侍郎^㉑,赞扬日月^㉒。

【注释】

①开府:古代指高级官员(如三公、大将军、将军等)成立府署,选置僚属。

②咸:都。

③仪轨:礼仪规矩。

④约:简省。

⑤权制:权宜之制,临时制订的措施。

⑥输情:表达真情,表示真心,即坦白交代(罪情)。

⑦游辞:虚浮不实的言辞。巧饰:诈伪粉饰。

⑧庶事:众事。精练:精研熟悉。

⑨循名责实:按其名而求其实,要求名实相符。

⑩不齿:不收录,不录用。

⑪封域:疆域,国土。

⑫李邵(?—225):字永南,广汉郡郪(今四川三台)人。李朝之弟。刘备入蜀,以李邵为州书佐部从事。刘禅建兴元年(223),

诸葛亮辟为丞相府西曹掾。诸葛亮南征，留李邵为治中从事，卒于任上。马勋：字盛衡，巴西郡阆中（今四川阆中）人。初仕刘璋为州书佐。刘备定蜀，辟为左将军属，后转州别驾从事。以才干显。

⑬宗预：字德艳，南阳安众（今河南镇平）人。参看本书卷一《巴志》注。

⑭德举：有德行，美善的措施。谓以贤德为标准荐举人才。

⑮秦宓（？—226）：字子敕，广汉郡绵竹（今四川德阳北）人。参看本书卷三《蜀志》注。

⑯五梁：本书卷十《先贤士女总赞》作"伍梁"。五梁，字德山，犍为郡南安（今四川乐山）人。以儒学节操称，号称"益州俊彦"。刘禅建兴二年（224），诸葛亮领益州牧，选为功曹。累迁谏议大夫、五官中郎将。《三国志·蜀书》、本书卷十《先贤士女总赞》有传。

⑰杜微：字国辅，梓潼郡涪（今四川绵阳）人。少从任安学。刘璋辟为从事，以疾去官。刘备定蜀，称聋不出。刘禅建兴中，诸葛亮征为主簿，坚决推辞。拜为谏议大夫，以从其志。《三国志·蜀书》、本书卷十《先贤士女总赞》有传。

⑱俊彦：才智出众的人。

⑲费祎（？—253）：字文伟，江夏鄳（今河南信阳）人。参看本书卷二《汉中志》注。

⑳董允（？—246）：字休昭，南郡枝江（今湖北枝江）人。刘备时为太子舍人。刘禅立，迁黄门侍郎。诸葛亮将北征，以董允秉心公亮，迁侍中，领虎贲中郎将，统宿卫亲兵。为人正直，尽忠献纳，刘禅惮之。与诸葛亮、蒋琬、费祎为时人称为"四相"。《三国志·蜀书》有传。

㉑郭攸之：字演长，南阳（治今河南南阳）人。性和顺，以器识才学知名于时。建兴二年（224）任黄门侍郎，后迁侍中。诸葛亮北伐时，

荐之于后主。笔者按:《华阳国志》本处所说"江夏费祎、南郡董允、郭攸之始为侍郎",文字有错误,或者说有歧义,或者说有脱文。因郭攸之为南阳人,并非南郡人。笔者怀疑,"郭攸之"前当脱漏"南阳"二字。故译文在"郭攸之"前补"南阳人"三字。

㉒赞扬:辅佐。日月:比喻皇帝、皇后。本处偏指皇帝。

【译文】

建兴二年,丞相诸葛亮开置丞相府,代理益州牧,事无大小,都决断于他。诸葛亮于是安抚百姓,明示礼仪规矩,精简官僚机构,顺从权宜之制。对于效忠于国家、有益于社会的人,即使是仇人也必定赏赐;对于触犯法律、工作怠慢的人,即使是亲属也必定处罚;对于认罪服法、坦白交代的人,即使是重罪也必定释放;对于言辞虚浮、诈伪粉饰的人,即使是轻罪也必定杀戮;善行不因为细微而不赏赐,恶行不因为细小而不贬斥。众事讲求精研熟悉,事物务必穷究本源,依据名声而考查实际内容,以使名实相符,而虚伪不实的人则不予录用。整个疆域内的人,对诸葛亮既敬畏又爱戴。刑法政治虽然严峻而没有抱怨的人,因为他用心公平、赏罚严明。诸葛亮任命尚书郎蒋琬以及广汉人李邵、巴西人马勋为掾属,南阳人宗预为主簿,他们都是以贤德为标准荐举的人才。任命秦宓为别驾,犍为人五梁为功曹,梓潼人杜微为主簿,他们都是益州才智出众的人。江夏人费祎、南郡人董允、南阳人郭攸之被任命为侍郎,以辅佐皇帝。

吴遣中郎将张温来聘①,报邓芝也。将返命,百官饯焉②。惟秦宓未往,亮累催之。温问曰:"彼何人也?"亮曰:"益州学士也。"及至,温问宓曰:"君学乎?"答曰:"五尺童子皆学,何况小人!"温曰:"天有头乎? 在何方也?"宓曰:"《诗》云,'乃眷西顾'③,知其在西。"又曰:"天有耳乎?"

宓曰:"《诗》不云乎:'鹤鸣九皋,声闻于天④。'若无其耳,何以听之?"又曰:"天有足乎?"曰:"《诗》不云乎:'天步艰难,之子不犹⑤。'若其无足,何以步之?"又曰:"天有姓乎?"曰:"姓刘。""何以知之?"曰:"其子姓刘⑥。"又曰:"日生于东乎?"曰:"虽生于东,终没于西。"答问如响之应声⑦,温大敬服。宓亦寻迁右中郎将、长水校尉、大司农⑧。

【注释】

①张温(193—230):字惠恕,吴郡吴(今江苏苏州)人。孙权时,历任议郎、选曹尚书、太子太傅、辅义中郎将。以节操、论议、文章知名当时。以辅义中郎将出使蜀国,为蜀国所重。归而称美蜀政,为孙权所忌。后因艳事,被下狱治罪。六年后病卒。《三国志·吴书》有传。

②饯:设酒食送行。

③乃眷西顾:典出《诗经·大雅·皇矣》:"上帝耆之,憎其式廓。乃眷西顾,此维与宅。"眷、顾,回头看。郑玄笺:"顾,顾西土也。……乃眷然运视西顾,见文王之德,而与之居。言天意常在文王所。"按:秦宓引《诗经》"乃眷西顾"语,谓上帝认为天之头在西方("知其在西"),暗喻"天命"在蜀汉(西方)。

④鹤鸣九皋,声闻于天:典出《诗经·小雅·鹤鸣》:"鹤鸣于九皋,声闻于天。鱼在于渚,或潜在渊。"九皋,深泽,曲折深远的沼泽。鹤鸣于湖泽的深处,它的声音很远都能听见。比喻贤士身隐名著。郑玄笺:"皋,泽中水溢出所为坎,自外数至九,喻深远也。鹤在中鸣焉,而野闻其鸣声。……喻贤者虽隐居,人咸知之。"

⑤天步艰难,之子不犹:典出《诗经·小雅·白华》:"英英白云,露彼菅茅。天步艰难,之子不犹。"天步,指时运、国运等。之子,这

个人。不犹,不可,不以为然。

⑥其子姓刘:天之子姓刘。秦宓以此对答,意谓刘备建立的蜀汉,所
　继承的是汉朝的正统。此可与上文"乃眷西顾"相呼应。

⑦如响之应声:犹如回音一样应声而出。比喻对答迅速,反应极快。
　响,回音。

⑧右中郎将:官名。汉置,属光禄勋,秩比二千石,掌值班护卫。三
　国沿置。《三国志・蜀书・秦宓传》作"左中郎将"。大司农:官
　名。在秦朝和西汉初称治粟都尉,掌钱谷金帛货币。三国沿置。

【译文】

吴国派遣中郎将张温来蜀国访问,以回应邓芝对吴国的访问。张
温将返回吴国复命,文武百官为他设宴饯行。只有秦宓没有到,诸葛亮
多次催促他。张温问道:"他是什么人?"诸葛亮说:"他是益州有学问的
人。"等秦宓到了后,张温问秦宓说:"阁下在读书吗?"秦宓回答:"五尺
童子都在读书,何况小人我!"张温问:"天有头吗? 头在何方?"秦宓答:
"《诗经》说,'乃眷西顾',因此知道天之头在西方。"张温又问:"天有耳
朵吗?"秦宓答:"《诗经》不是说:'鹤鸣九皋,声闻于天。'如果天没有耳
朵,用什么来听呢?"张温又问:"天有脚吗?"秦宓答:"《诗经》不是说:
'天步艰难,之子不犹。'如果天没有脚,用什么来行步呢?"张温又问:
"天有姓吗?"秦宓答:"天姓刘。"张温问:"阁下凭什么知道呢?"秦宓答:
"因为它的儿子姓刘。"张温又问:"太阳生于东方吗?"秦宓答:"太阳虽
然生于东方,终究落于西方。"秦宓回答问题犹如回音一样应声而出,张
温大为敬重佩服。不久,秦宓升迁为右中郎将、长水校尉、大司农。

三年春,长水校尉廖立坐谤讪朝廷,废徙汶山①。立自
荆州与庞统并见知②,而性傲侮③,后更冗散④,怨望⑤,故致
黜废⑥。三月,亮南征四郡⑦,以弘农太守杨仪为参军从行,

步兵校尉襄阳向朗为长史⑧,统留府事⑨。秋,南中平,军资所出⑩,国以富饶。冬,亮还至汉阳⑪,与魏降人李鸿相见⑫,说新城太守孟达委仰于亮无已⑬。亮方北图,欲招达为外援,谓参军蒋琬、从事费诗曰:"归当有书与子度相闻。"对曰:"孟达小子⑭,昔事振威不忠⑮,后奉先帝,背叛,反覆之人,何足与书!"亮不答。诗数率意而言⑯,故凌迟于世⑰。十有二月,亮至。群官皆道迎⑱,而亮命侍郎费祎参乘⑲。祎官小年幼,众士于是莫不易观⑳。

【注释】

①废:底本作"改",误。《华阳国志新校注》改作"废",可从。

②见知:受到知遇,受到赏识。

③傲侮:傲慢轻侮。

④冗散:闲散。本处意指闲散之官。

⑤怨望:怨恨,心怀不满。

⑥黜废:废免罢黜。

⑦四郡:即越巂、牂柯、益州、永昌四郡。

⑧步兵校尉:官名。西汉置,为北军八校尉之一,秩二千石,掌上林苑屯兵,戍卫京师,兼任征伐。东汉为北军五校尉之一,秩比二千石,掌宿卫禁兵。西汉时有丞,有司马;东汉时有司马,无丞。其后,魏晋沿置。向朗(约167—247):字巨达,襄阳宜城(今湖北宜城)人。初从刘表,后归刘备。为巴西太守。刘禅时迁步兵校尉,领丞相长史。随诸葛亮出屯汉中,因马谡事免官。累官左将军,封显明亭侯。及免官,潜心典籍,讲论古义,为时所称。《三国志·蜀书》有传。

⑨留府:职官和官署名。犹留台、留任。指古代帝王、丞相因故离

京,奉命留守京师的职官和官署。

⑩军资:军需,军队所需的物资和器材。

⑪汉阳:县名。西汉置,治所在今贵州威宁彝族回族苗族自治县东
　部一带,属牂为郡。三国蜀属朱提郡。南朝齐改属南朱提郡。南
　朝梁废。

⑫李鸿:生平事迹不详。

⑬委仰:谓归心而敬仰。

⑭小子:犹言小人,特指无德的人。

⑮振威:指振威将军刘璋。孟达原为刘璋部将,后归刘备。

⑯率意:直率,按照本意。

⑰凌迟:衰退,衰败。本处意为失势。

⑱道迎:夹道欢迎。

⑲参乘:陪乘的人。古代乘车,尊者在左,御者在中,一人在右陪坐,
　称"参乘"或"车右"。

⑳易观:另眼相看。

【译文】

　　建兴三年春天,长水校尉廖立因犯诽谤朝廷之罪,被免官流放到汶山。廖立在荆州和庞统一起受到刘备的赏识,然而性格傲慢,后来被任命为闲散之官,心怀不满,因此招致废黜。三月,诸葛亮南征越巂、牂柯、益州、永昌四郡,以弘农太守杨仪为参军,跟从行军作战,以步兵校尉、襄阳人向朗为长史,统管成都的丞相留府事务。秋天,南中平定,军需物资有所供给,国家更加富饶。冬天,诸葛亮回到汉阳,与魏国投降者李鸿相见,李鸿说新城太守孟达对诸葛亮无比仰慕。诸葛亮正准备北伐,想招募孟达作为外援,对参军蒋琬、从事费诗说:"我们回来后,应当写信给孟达,告诉他相关情况。"费诗回答说:"孟达这个小人,从前侍奉振威将军刘璋就不忠心,后来侍奉先帝,结果又背叛了,这种反复无常的人,哪里值得给他写信!"诸葛亮没有回答。费诗多次直率进言,因此在当时逐

渐失势。十二月，诸葛亮回到成都。文武百官都夹道欢迎，而诸葛亮命令侍郎费祎为陪乘。费祎官小年幼，众人于是对费祎无不另眼相看。

四年，永安都督李严还督江州①，城巴郡大城②。以征西将军汝南陈到督永安，封亭侯。是岁，魏文帝崩，明帝立。

【注释】

①永安都督：底本作"永安都护"，误。《华阳国志新校注》改作"永安都督"，可从。

②巴郡大城：或作"巴都大城"，"巴部大城"，误。

【译文】

建兴四年，永安都督李严重新督管江州，修建巴郡大城。朝廷以征西将军、汝南人陈到督管永安，封为亭侯。这一年，魏文帝曹丕驾崩，魏明帝曹叡继位。

五年，魏太和元年也。春，丞相亮将北伐，上疏曰①："今天下三分②，益州疲弊③，此诚危急存亡之秋也④。然侍卫之臣不懈于内，忠志之士忘身于外者⑤，咸追先帝之遇⑥，欲报之陛下也。先帝以臣谨慎，故临崩寄臣以大事。受命以来，夙夜忧叹⑦。故五月渡泸⑧，深入不毛⑨。今南方已定，兵甲已足，当帅奖三军，北平中原。庶竭驽钝⑩，攘除奸凶⑪，克复汉室，还于旧都。此臣所以报先帝而忠于陛下。愿陛下托臣以讨贼兴复；不效，则治臣之罪，以告先帝之灵。陛下亦宜自谋，谘诹善道⑫，察纳雅言⑬，不宜引喻失谊⑭，以塞忠谏之路也。"又曰："亲贤臣，远小人，先汉所以兴隆⑮；

昵小人[16]，疏君子，后汉所以倾覆。侍中郭攸之、费祎，侍郎董允，先帝简拔以遗陛下[17]，斟酌规益[18]，进尽忠言，则其任也。宫省之事[19]，悉以谘之，必能裨补阙漏[20]，有所广益也[21]。"以尚书南阳陈震为尚书令[22]，治中张裔为留府长史[23]，与参军蒋公琰知居府事[24]。二月，亮出屯汉中，营沔北阳平、石马[25]。以镇北将军魏延为司马。

【注释】

①上疏曰：以下为诸葛亮的上疏之文，即《出师表》。《华阳国志》所载为节略之文，全文见《三国志·蜀书·诸葛亮传》。

②天下三分：指天下三分为魏、蜀、吴三国。

③疲弊：人力、物力受到消耗而困乏不足。

④秋：指某一时期、某一时刻。

⑤忠志：忠心有志。

⑥追：追念。

⑦夙（sù）夜：朝夕，日夜。忧叹：忧虑叹息。

⑧泸：即今雅砻江下流及与雅砻江合流后至云南巧家县一段金沙江。在四川、云南二省间。汉至唐称泸水。

⑨不毛：不生植物，指荒瘠之地。本处特指南中之地。

⑩驽钝：才能低下愚钝，常用为自谦之辞。

⑪攘除：除掉，清除。奸凶：奸诈凶恶之人。

⑫谘诹（zī zōu）：征询，访问。善道：犹正道。

⑬察纳：考察采纳。雅言：指正确合理的言论。

⑭引喻：称引比喻。

⑮先汉：指前汉。兴隆：兴旺隆盛。

⑯昵：亲近。

⑰简拔：挑选录取。

⑱规益：规劝补益。

⑲宫省：设于禁宫中的官署，如门下省、中书省等。

⑳裨补：增加补益。阙漏：缺失遗漏。

㉑广益：增添益处。

㉒陈震（？—235）：字孝起，南阳（治今河南南阳）人。刘备领荆州牧，辟为从事，随刘备入蜀。蜀既定，为蜀郡北部都尉。蜀汉后主建兴中，迁尚书令。建兴七年（229），孙权称尊号，以卫尉出使，贺孙权登基，与孙权升坛歃盟，交分天下。还，封城阳亭侯。《三国志·蜀书》有传。

㉓留府长史：官名。亦称居府长史。三国两晋诸公、军府皆置长史，为幕僚之长。府主出征，则权置留府长史，掌留守府事。

㉔知居府事：主管居（留）府事务。

㉕沔北：沔水以北。阳平：关名。在今陕西勉县西十里老城乡。石马：城名。在今陕西勉县东十里。

【译文】

建兴五年，是魏国的太和元年。这一年的春天，丞相诸葛亮即将北伐，上疏后主刘禅说："如今天下一分为三，而益州困乏不足，这确实是危急存亡的时候。然而侍卫之臣在国内不懈怠，忠志之士在外面舍生忘死，都是追念先帝的恩遇，希望报答给陛下。先帝因为下臣处事谨慎，所以在临终前将国家大事托付给我。我接受先帝遗命以来，日夜忧虑叹息。因此在五月渡过泸水南征，深入不毛之地南中。如今南方已经平定，军需物资已经充足，应当率领三军，向北平定中原。众人竭尽愚钝之力，清除奸诈凶恶之人，以期能够光复汉室，重新回到旧都。这是下臣所以用来报答先帝、忠于陛下的事业。希望陛下托付下臣以讨伐奸贼、兴复汉室的任务；如果不能成功，就依法惩处下臣之罪，以告慰先帝的亡灵。陛下也应当自己谋划，向正道之人咨询，考察采纳正确合理的言论，不应谈话时引用的比喻失当,从而堵塞忠臣进谏的道路。"诸葛亮又说:"亲近贤臣,疏远小人,这是前汉之所以能够兴隆的原因;亲近小人,疏远君子,这是后汉之所以衰落的原因。侍中郭攸之、费祎,侍郎董允,都是先帝选拔出来辅佐陛下的人,仔细斟酌,规劝补益,进谏忠言,是他们的责任。宫廷里的事情,都尽量向他们咨询,必定能够弥补缺失遗漏,于益处有所增添。"诸葛亮任命尚书、南阳人陈震为尚书令,治中张裔为留府长史,和参军蒋琬一起主管留府事务。二月,诸葛亮率军出征,驻扎在汉中,扎营在沔水以北的阳平、石马。任命镇北将军魏延为司马。

六年春,丞相亮扬声由斜谷道取郿,使镇东将军赵云、中监军邓芝据箕谷为疑军①。魏大将军曹真举众当之②。亮身率大众攻祁山③,赏罚肃而号令明。天水、南安、安定三郡叛魏应亮④,关中响震⑤。魏明帝西镇长安,命张郃拒亮。亮使参军襄阳马谡、裨将军巴西王平及张休、李盛、黄袭等在前⑥,违亮节度⑦,为郃所破,平独敛众为殿⑧。而云、芝亦不利。亮拔将西县千余家还汉中⑨,戮谡及休、盛以谢众,夺袭兵,贬云秩,长史向朗以不时臧否免罢⑩。超迁平参军⑪,进位讨寇将军⑫,封亭侯,统五部⑬。

【注释】

①中监军:官名。三国蜀置,掌统兵,位在前、后、左、右护军上。地位很重要。箕谷:山谷名。在今陕西汉中市西北。

②曹真(?—231):字子丹,沛国谯(今安徽亳州)人。本姓秦,曹操哀其少孤,收养与诸子同。数从征伐,以偏将军击刘备别将,拜中坚将军。夏侯渊没于阳平,曹操以曹真为征蜀护军。曹丕即王位,以为镇西将军,假节都督雍、凉州诸军事,进封东乡侯。黄初

三年（222），迁上军大将军。都督中外诸军事，假节钺。魏明帝太和二年（228），诸葛亮围祁山，南安、天水、安定三郡反魏响应诸葛亮，曹真督军讨平之。官至大司马，赐剑履上朝，入朝不趋，进封邵陵侯。卒谥元侯。《三国志·魏书》有传。

③大众：古代对夫役、军卒人等的总称。祁山：山名。在今甘肃礼县东。其地盛产粮食。三国时为军事必争之地。山上筑城，极为严固。相传，诸葛亮曾六出祁山攻魏（见《三国演义》等），但据《三国志·蜀书·诸葛亮传》，诸葛亮出祁山仅两次（建兴六年、建兴九年）。

④天水：郡名。参看本书卷二《汉中志》注。南安：郡名。东汉中平五年（188）分汉阳郡置，治所在獂道县（今甘肃陇西县东南）。安定：郡名。西汉元鼎三年（前114）置，治所在高平县（今宁夏固原）。东汉属凉州，移治临泾县（今甘肃镇原东南）。东晋又徙治安定县（今甘肃泾川北）。

⑤响震：惊惧，震惊。

⑥马谡（190—228）：字幼常，襄阳宜城（今属湖北）人。马良之弟。以荆州从事随刘备入蜀，除绵竹、成都令，越巂太守。才器过人，好论军计。诸葛亮以为参军。刘禅建兴三年（225），诸葛亮征南中，马谡献“攻心为上，攻城为下，心战为上，兵战为下”之策，诸葛亮纳之，赦孟获而服南方。建兴六年（228），诸葛亮军出祁山，拔为先锋。与魏将张郃战于街亭（在今甘肃张家川回族自治县西北），违反诸葛亮节度，为张郃所破。为诸葛亮所杀。一说下狱死。《三国志·蜀书》有传。王平（？—248）：字子均，巴西郡宕渠（今四川渠县）人。参看本书卷一《巴志》注。张休：汉嘉郡汉嘉（今四川芦山）人。曾任云南太守。李盛、黄袭：二人事迹不详。李盛（？—228）：三国时蜀将领。建兴六年，因兵败街亭，与参军马谡、将军张休俱被诸葛亮处死。黄袭：三国时蜀将领。因

　　街亭之败,被夺兵权。

⑦节度:节制,调度,部署。

⑧敛众:聚集众人。

⑨西县:县名。战国秦置,治所在今甘肃天水西南。西汉属陇西郡,
　东汉属汉阴郡。西晋废。

⑩不时:不及时。臧否:褒贬,评论。此处意为批评。

⑪超迁:越级升迁。

⑫进位:进升爵位、封号。讨寇将军:官名。杂号将军名。三国魏、
　蜀皆置,或领兵出征,或作为太守等地方长官的加官。后世也有
　沿置。

⑬五部:或作"五年",或作"五月",误。此指由南中劲卒、青羌组成
　的五部人马。《三国志·蜀书·王平传》:"丞相(诸葛)亮既诛马谡
　及将军张休、李盛,夺将军黄袭等兵,(王)平特见崇显,加拜参军,
　统五部,兼当营事,进位讨寇将军,封亭侯。"本书卷四《南中志》:
　"移南中劲卒、青羌万余家于蜀,为五部,所当无前,号为飞军。"

【译文】

　　建兴六年春,丞相诸葛亮扬言要由斜谷道夺取郿县,派镇东将军赵
云、中监军邓芝占据箕谷,作为迷惑敌人的疑兵。魏国大将军曹真率众
前来抵挡。诸葛亮亲自率领大军攻打祁山,赏罚严厉,号令严明。天水、
南安、安定三郡都叛离魏国响应诸葛亮,一时关中震惊。魏明帝西进镇
守长安,命令张郃抵御诸葛亮。诸葛亮派遣参军、襄阳人马谡和裨将军、
巴西人王平以及张休、李盛、黄袭等作为前锋,但他们因为违背诸葛亮的
部署,被张郃击破,王平独自聚集众人,在后面御敌。而赵云、邓芝也都
出师不利。诸葛亮带领西县千余户人家回到汉中,将马谡和张休、李盛
处以死刑,以向众人谢罪;又剥夺了黄袭的兵权,削减了赵云的俸禄,长
史向朗因为没有及时批评阻止马谡,被免除了官职。越级升迁王平为参
军,又晋升为讨寇将军,封为亭侯,统领五部人马。

亮上疏曰："臣以弱才①，叨窃非据②，亲秉旄钺③，以厉三军④，不能训章明法，临事而惧⑤，至有街亭违令之阙⑥，箕谷不戒之失⑦，咎皆在臣。臣授任无方⑧，《春秋》责帅⑨，职臣是当⑩。请自贬三等⑪，以督厥咎。"于是以亮为右将军，行丞相事。辟天水姜维为仓曹掾⑫，加奉义将军⑬，封当阳亭侯。亮书与长史张裔、参军蒋琬，称维曰："姜伯约西州上士⑭，马季常、李永南不如也⑮。"

【注释】

①弱才：才能平庸低下。

②叨窃：自谦无才而据有其位。非据：谓非分占据的职位。用为才不称职的谦辞。

③旄钺：旄与钺。为将帅领统权柄的代表，借指军权。

④厉：激励，勉励。

⑤临事而惧：谓遇事谨慎忧惧。

⑥街亭：地名。又称街泉亭。在今甘肃张家川回族自治县西北。《三国志·蜀书·诸葛亮传》：建兴六年（228），"魏明帝西镇长安。命张郃拒亮，亮使马谡督诸军在前，与郃战于街亭。谡违亮节度，举动失宜，大为郃所破"。即此。

⑦箕谷不戒之失：指诸葛亮第一次北伐时赵云据守箕谷战败之事。

⑧授任：授官任命。

⑨《春秋》责帅：谓下属有罪，要处分统帅。《左传·宣公十二年》："韩献子谓桓子曰：'彘子以偏师陷，子罪大矣。子为元帅，师不用命，谁之罪也？失属亡师，为罪已重，不如进也。'"

⑩职臣是当：职责在我，由我担当。

⑪自贬三等：按照汉末、魏晋官制，丞相为上公（开府），其次为车

骑、骠骑等不开府的将军，其次为前、后、左、右将军等（参考刘琳之说）。诸葛亮由丞相降为右将军，确属"自贬三等"。

⑫仓曹掾：官名。汉置，为仓曹长官，掌管仓库粮食。

⑬奉义将军：官名。杂号将军名。掌征伐。三国蜀置，姜维曾任此将军。

⑭上士：第一流的贤能之士。

⑮马季常：底本作"马季长"，误。此据《三国志·蜀书·马良传》改。马良（187—222），字季常，襄阳宜城（今湖北宜城）人。参看本书卷三《蜀志》注。李永南：李邵（？—225），字永南，广汉郡郪（今四川三台）人。见本卷前文注。

【译文】

诸葛亮上疏后主说："臣下才能平庸低下，却窃取了不应该占据的职位，亲自执掌军权，以图激励三军，但不能严明章法，遇事谨慎忧惧，以至有街亭违背军令的错误，有箕谷驻军戒备不严的过失，这些过错责任都在臣下。臣下授官任命不得法，按照《春秋》兵败处分统帅的惯例，臣下要担当责任。请求自贬三级，以督察过失。"于是以诸葛亮为右将军，代行丞相事务。征召天水人姜维为仓曹掾，加任为奉义将军，又封为当阳亭侯。诸葛亮写信给长史张裔、参军蒋琬，称赞姜维："姜维是西州第一流的贤能之士，马良、李邵都不如他。"

冬，亮复出散关①，围陈仓②。粮尽，还。魏将王双追亮③。亮合战，斩双。

【注释】

①散关：关名。在今陕西宝鸡西南大散岭上。当秦岭孔道，扼川、陕交通咽喉，为古代军事要地。

②陈仓：古邑名。在今陕西宝鸡东渭水北岸。

③王双（？—228）：三国时期曹魏将领。蜀汉建兴六年（228）冬，诸葛亮出散关，攻陈仓，后粮尽而退，王双率领骑兵追击蜀军。在与蜀军的交战中被击败。

【译文】

冬天，诸葛亮又出兵散关，围攻陈仓。因粮草用尽而还师。魏国将领王双追赶诸葛亮。诸葛亮与王双交战，斩杀了王双。

七年春，丞相亮遣护军陈式攻武都、阴平①。魏雍州刺史郭淮出②，将击式。亮自至建威③，淮退，遂平二郡④。后主诏策亮曰："街亭之败，咎由马谡，而君引愆⑤，深自抑损⑥。重违君意⑦，听顺所守。前年耀师，馘斩王双⑧；今岁爰征，郭淮遁走。降集氐羌⑨，兴复二郡。威震凶暴，功勋赫然⑩。复君丞相，君其无辞。"夏四月，吴主孙权称尊⑪，遣卫尉陈震庆问⑫。吴与蜀约分天下⑬。冬，城汉、乐⑭。

【注释】

①陈式：三国时期蜀汉将领。参看本书卷二《汉中志》注。

②郭淮（？—255）：字伯济，太原阳曲（今山西定襄）人。汉献帝建安中，举孝廉，除平原府丞。转丞相兵曹议令史，从征汉中。曹丕即王位，赐爵关内侯，转镇西长史。又行征羌护军，护张郃、杨秋定关中。黄初元年（220），领雍州刺史，封射阳亭侯。魏明帝太和、青龙间，率军抗蜀诸葛亮。齐王芳正始中，击破叛羌，拜前将军，又抗蜀姜维来攻，破廖化。嘉平元年（249），迁征西将军，都督雍、凉诸军事。又为车骑将军、仪同三司，进封阳曲侯。卒谥贞侯。《三国志·魏书》有传。

③建威：城名。在今甘肃成县西北。东汉末所置戍守处。

④二郡:指武都、阴平二郡。

⑤引愆(qiān):承担罪过。

⑥抑损:贬低,贬损。

⑦重违:犹难违。

⑧馘(guó)斩:斩敌首割下左耳计功,亦泛指战场杀敌。

⑨降集:降伏并收容。

⑩赫然:盛大显著貌。

⑪称尊:犹言称帝。建兴七年(229)四月,孙权称帝,改元黄龙。

⑫庆问:庆贺聘问。

⑬吴与蜀约分天下:建兴七年,吴与蜀结盟,约分魏国所占之地:豫、青、徐、幽四州属吴;兖、冀、并、凉属蜀;司州之地,以函谷关为界,东属吴,西属蜀。见《三国志·吴书·孙权传》及《三国志·蜀书·陈震传》(参考刘琳之说)。

⑭汉、乐:指汉城、乐城。汉城,地名。在今陕西勉县东。西汉为沔阳县治。乐城,地名。在今陕西城固东。三国蜀汉时为成固县治。

【译文】

建兴七年春天,丞相诸葛亮派遣护军陈式攻打武都、阴平。魏国的雍州刺史郭淮出兵,将迎击陈式。诸葛亮亲自率军进驻建威,郭淮兵败而退,于是平定了武都、阴平二郡。后主下诏策封诸葛亮说:"街亭之败,过错在于马谡,而阁下承担罪过,深深自责贬损。我不便违背阁下的意愿,所以就顺从了您。去年出师,斩杀王双;今年出征,郭淮逃走。您降伏并收容了氐羌之人,光复了武都、阴平二郡。威震天下凶暴,功勋赫赫在目。恢复您的丞相之位,阁下请勿推辞。"这一年夏天四月,吴主孙权称帝,蜀国派遣卫尉陈震到吴国庆贺聘问。吴国与蜀国约定平分天下。冬天,修筑汉城、乐城。

八年春,丞相亮以参军杨仪为长史,加绥军将军①。迁姜维护军、征西将军。秋,魏大将军司马宣王由西城^②,征西车骑将军张郃由子午,大司马曹真由斜谷,三道将攻汉中。丞相亮军成固,表进江州都督李严骠骑将军^③,将二万人赴汉中。严初求以五郡为巴州^④,书告亮,言魏大臣陈群、司马懿并开府^⑤,亮乃加严中都护,以严子丰为江州都督^⑥。大雨道绝,真等还。丞相亮以当西征,因留严汉中,署留府事^⑦。严改名平。

【注释】

①绥军将军:底本作"绥远将军",误。据《三国志·蜀书·杨仪传》和《李严传》改。官名。杂号将军名。三国蜀置。掌征伐、驻守或后勤工作。

②司马宣王:即司马懿(179—251),字仲达,河内温县(今河南温县)人,见本书卷二《汉中志》注。

③江州都督:底本作"江州都护",误。

④以五郡为巴州:参看本书卷一《巴志》。五郡,即巴、巴东、巴西、宕渠、涪陵五郡。

⑤陈群(?—236):字长文,颍川许昌(今河南许昌)人。陈纪之子。与孔融相交,少有显名。刘备辟为别驾。后归曹操,累迁御史中丞。魏建国,为尚书,制九品官人之法。曹丕即帝位,迁尚书仆射,加侍中。魏明帝时官至司空、录尚书事。封颍阴侯。劝谏皇帝当爱惜民力,不宜营治宫室。卒谥靖侯。《三国志·魏书》有传。

⑥严子丰:指李严之子李丰,荆州南阳(今河南南阳)人。

⑦留府:指留在汉中的丞相府(与成都所设留府不同)。

【译文】

建安八年春天,丞相诸葛亮任命参军杨仪为长史,加封为绥军将军。

升任姜维为护军、征西将军。秋天，魏国大将军司马懿由西城，征西车骑将军张郃由子午，大司马曹真由斜谷，从三路将围攻汉中。丞相诸葛亮驻军于成固，上表进封江州都督李严为骠骑将军，率领二万人赶赴汉中。李严起初曾经请求以巴、巴东、巴西、宕渠、涪陵五郡设置为巴州，写信告诉诸葛亮，说魏国大臣陈群、司马懿都已开府征召贤才，诸葛亮于是加封李严为中都护，任命李严之子李丰为江州都督。天降大雨道路断绝，曹真等人退兵。丞相诸葛亮因为要准备西征，因而留下李严在汉中，代理汉中丞相府的事务。李严改名为李平。

　　丞相司马魏延、将军吴懿西入羌中，大破魏后将军费曜、雍州刺史郭淮于阳溪①。延迁前军师、征西大将军②，封南郑侯。懿左将军、高阳乡侯。徙鲁王永为甘陵王，梁王理为安平王③，皆以鲁、梁在吴分故也④。

【注释】

①费曜：生卒年与里籍不详。三国时魏国将领，官至后将军。阳溪：地名。在今甘肃武山县。

②前军师：官名。东汉末年曹操置，为丞相府主要属员，位在中军师下，掌参议军国大事。三国蜀置，前中后军师，皆掌参议谋划。征西大将军：底本作"镇西将军"，误。据《三国志·蜀书·魏延传》和《李严传》改。官名。杂号将军名。东汉置，掌征伐。魏晋南北朝时，多授统兵出镇在外、都督数州诸军事者。在武职中地位很高，历代皆不常置。

③鲁王永：即刘永，刘禅庶兄。章武元年（221）六月，刘备立子刘永为鲁王。参看《华阳国志·先主志》。甘陵：县名。东汉安帝改厝县置，为清河国治。治所在今山东临清东北。西晋废。按：

甘陵、安平均属冀州，其时属魏。按照吴、蜀瓜分天下的盟约，冀
州属蜀。这属于遥封。梁王理：即刘理，刘禅庶兄。章武元年六
月，刘备立子刘理为梁王。参看《华阳国志·先主志》。安平：
县名。战国赵置，治所即今河北安平县。东汉属安平国。三国
魏属博陵郡。

④鲁、梁在吴分：意谓鲁王、梁王原先遥封之地属于吴国，故徙封鲁
王为甘陵王、梁王为安平王。笔者按：鲁国为西汉侯国名，辖境约
有今山东省泗河流域及滕州、邹城，曲阜三市部分地。梁国亦为
两汉侯国名，东汉时期的辖境相当今河南省商丘、虞城，安徽省砀
山及河南省民权、永城，山东省曹县等部分地。鲁国与梁国，在东
汉均属豫州。按照吴、蜀瓜分天下的盟约，豫州属吴。所谓"鲁、
梁在吴分"。

【译文】

　　丞相司马魏延、将军吴懿西征进入羌中，在阳溪大败魏国后将军费
曜、雍州刺史郭淮。魏延升迁为前军师、征西大将军，受封为南郑侯。吴
懿受封为左将军，高阳乡侯。改鲁王刘永为甘陵王，梁王刘理为安平王，
都是鲁王、梁王原先遥封之地属于吴国的缘故。

　　九年春，丞相亮复出围祁山，始以木牛运①。参军王平
守南围②。司马宣王拒亮，张郃拒平。亮虑粮运不继，设三
策告都护李平曰："上计断其后道，中计与之持久，下计还
住黄土③。"时宣王等粮亦尽。盛夏雨水，平恐漕运不给④，
书白亮宜振旅⑤。夏六月，亮承平旨引退⑥。张郃至青封
交战⑦，为亮所杀。秋八月，亮还汉中。平惧亮以运不辨见
责⑧，欲杀督运岑述⑨，惊问亮何故来还，又表后主，言亮"伪
退"。亮怒，表废平为民，徙梓潼；夺平子丰兵，以为从事中

郎。与长史蒋琬共知居府事^⑩,时费祎为司马也。

【注释】

①木牛:运载工具名。常与"流马"连称。相传为三国蜀汉诸葛亮
　创制,一说乃西曹掾蒲元为诸葛亮设计。《三国志·蜀书·诸葛
　亮传》:"九年,亮复出祁山,以木牛运。……十二年春,亮悉大
　众由斜谷出,以流马运。……亮性长于巧思,损益连弩,木牛、流
　马,皆出其意。"裴松之注引《诸葛亮集》载《作木牛流马法》,虽
　有尺寸模式,但后人无法仿制。唯《南齐书·祖冲之传》谓冲之
　"以诸葛亮有木牛、流马,乃造一器,不因风水,施机自运,不劳人
　力"。然其器亦失传。宋高承《事物纪原》:"木牛,即今小车之有
　前辕者;流马,即今独推者是,而民间谓之'江州车子'。"宋陈师
　道《谈丛》:"蜀中有小车,独推,载八石,前如牛头。又有大车,用
　四人推,载十石,盖木牛流马也。"也就是说,木牛为独轮车,流马
　为四轮车。

②围:围子,用土、石、荆棘等围成的防御设施。

③黄土:指祁山以南的黄土地区,在今甘肃甘谷一带。

④漕运:旧指从水路运输粮食,供应京城或军需。这里说的漕运,即
　东汉虞诩所开的从沮县到下辨的漕运河道(刘琳)。

⑤振旅:谓整队班师。

⑥承平旨引退:本处意谓诸葛亮受李平意旨的影响而退兵。

⑦青封:据刘琳考证,青封盖为乡亭之名,其地有木门谷。在今天水
　西南,天水镇之西北,其地当祁山之东北。《三国志·魏书·张郃
　传》:"诸葛亮复出祁山,诏郃督诸将西至略阳,亮还保祁山,郃追至
　木门,与亮军交战,飞矢中郃右膝,薨。"

⑧不辨:不能备办,办事不力。辨,通"办"。

⑨督运:官名。掌督漕运。岑述:字元俭,里籍不详。三国时蜀官

吏。建兴中,任司盐校尉。

⑩长史:即留府长史。官名。也称居府长史。汉魏皆置,掌所留府事。居府:留府。《三国志·蜀书·后主传》:"(建兴)十二年春二月,(诸葛)亮由斜谷出,始以流马运。秋八月,亮卒于渭滨。……以丞相留府长史蒋琬为尚书令,总统国事。"

【译文】

建兴九年春天,丞相诸葛亮又出兵围攻祁山,并开始以木牛运输粮草。参军王平驻守南面的围子。司马懿抵御诸葛亮,张郃抵御王平。诸葛亮担心粮草运输跟不上,设计了三个计策,告诉都护李平说:"上计是断其后道,中计是与之持久,下计是返回祁山以南的黄土地区。"当时司马懿等人的粮草也将耗尽。适逢盛夏多雨之时,李平担心漕运粮草接济不上,于是写信给诸葛亮,认为应该班师回朝。夏天六月,诸葛亮受李平意旨的影响,决定引兵退师。张郃追至青封,与诸葛亮交战,被诸葛亮斩杀。秋天八月,诸葛亮回到汉中。李平害怕诸葛亮因备办粮草运输不力责备自己,准备杀死督运官岑述来替罪,而惊讶地问诸葛亮为什么班师而回,李平又上表后主,说诸葛亮是"假装退兵"。诸葛亮发怒,上表废李平为平民,流放到梓潼;又剥夺了李平之子李丰的兵权,任命他为从事中郎。诸葛亮与长史蒋琬共同管理留府事务,当时费祎是司马。

　　十年春,丞相亮休士劝农①。车骑将军刘琰与军师魏延不和,还成都。秋,旱,亮练兵讲武。

【注释】

①休士:谓使士卒休息。劝农:鼓励农耕。《三国志·蜀书·诸葛亮传》:"(建兴)十年,亮休士劝农于黄沙,作流马木牛毕,教兵讲武。"

【译文】

建兴十年春天,丞相诸葛亮休养士卒,鼓励农耕。车骑将军刘琰和军师魏延不和,回到成都。秋天,大旱,诸葛亮训练士兵,讲习武事。

十一年,魏青龙元年也^①。丞相亮治斜谷邸阁^②,运粮谷口^③。

【注释】

①青龙元年:233年。青龙,三国魏明帝年号(233—237),共五年。

②邸阁:三国时已出现,当时有邸舍、邸阁之名目,即仓储之所。《三国志·蜀书·后主传》:"(诸葛)亮使诸军运米,集于斜谷口,治斜谷邸阁。"

③谷口:斜谷口,即褒斜道之东口。在今陕西眉县西南三十里。

【译文】

建兴十一年,即魏国青龙元年。丞相诸葛亮修建斜谷粮仓,运粮到斜谷口。

十二年春,丞相亮以流马运^①,从斜谷道出武功^②,据五丈原^③,与司马宣王对于渭南。亮每患粮不继,使志不伸,乃分兵屯田,为久住之基。耕者杂于渭滨居民之间,百姓安堵^④,军无私焉。秋八月,亮疾病,卒于军,时年五十四^⑤。还葬汉中定军山^⑥,冢足容棺,敛以时服^⑦。谥曰忠武侯^⑧。

【注释】

①流马:即四轮车。见上文注。

②武功:县名。战国秦孝公置,治所在今陕西眉县东四十里渭水南岸。秦属内史。西汉属右扶风。东汉永平八年(65)移治故鄣城(今陕西咸阳西南杨陵区永安村)。晋属始平郡。

③五丈原：地名。在今陕西岐山县南渭河南，东与眉县接界。今设有五丈原镇。《三国志·蜀书·诸葛亮传》：建兴十二年（234）春，"（诸葛）亮悉大众由斜谷出，以流马运，据武功五丈原，与司马宣王对于渭南。……是以分兵屯田，为久驻之基"。其年八月，诸葛亮卒于五丈原军中。今五丈原上有诸葛武侯祠。

④安堵：安居。

⑤时年五十四：诸葛亮生于光和四年（181），卒于建兴十二年（234），享年五十四岁（虚岁）。

⑥定军山：在今陕西勉县南。诸葛亮葬定军山，因山为坟。今定军山下有诸葛武侯墓园，园内有正殿、庑房等古建筑，多为明、清时期所修。为全国重点文物保护单位。

⑦时服：与时令相应的平常服装。

⑧忠武侯：诸葛亮死后谥为忠武侯，后世称之为武侯。《三国志·蜀书·诸葛亮传》："诏策曰：'……今使使持节左中郎将杜琼，赠君丞相武乡侯印绶，谥君为忠武侯。'"

【译文】

建兴十二年春天，丞相诸葛亮用木制流马运输粮草，从斜谷道出兵武功县，占据五丈原，和司马懿对峙于渭水南岸。诸葛亮经常担心粮草接济不上，使其志向不能伸展，于是分兵屯田，作为持久驻军的基础。耕种的士兵混杂于渭水边的居民中间，百姓安居乐业，军队没有私产。秋八月，诸葛亮患病，逝世于军中，时年五十四岁。安葬于汉中的定军山，墓穴的大小仅仅容得下一口棺材，而入殓时所穿的是与时令相应的平常服装。诸葛亮的谥号是忠武侯。

征西大将军魏延与长史杨仪素不和。亮既恃延勇猛，又惜仪筹画，不能偏有所废，常恨恨之①，为作《甘戚论》②，二子不感。延常举刃拟仪③，仪涕泪交流④。惟护军费祎和解中间,终亮之世,尽其器用。仪欲案亮成规⑤,将丧引退,使延断后,姜维次之。延怒,举军先归南郑,各相表反⑥。留府长史蒋琬、侍中董允保仪疑延。延欲逆击仪,仪遣平北将军马岱讨灭延。初,延自以武干⑦,常求将数万别行,依韩信故事⑧。亮不许,以亮为怯。及仪将退,使费祎造延,延曰:"公虽亡,吾见在⑨。当率众击贼,岂可以一人亡废国家大事乎!"使祎报,仪不可,故欲讨仪。

【注释】

①恨恨:抱恨不已。

②《甘戚论》:诸葛亮所作,今已失传。甘,喜悦。戚,忧苦。甘戚,意谓和则甘,仇则戚(刘琳)。

③拟:比划,作砍的样子。

④涕泪交流:眼泪、鼻涕一起流下。形容痛哭的样子。

⑤成规:既定的计划。《三国志·蜀书·魏延传》:"秋,(诸葛)亮病困,密与长史杨仪、司马费祎、护军姜维等作身殁之后退军节度,令(魏)延断后,姜维次之;若延或不从命,军便自发。"此即所谓"亮成规"。

⑥各相表反:指魏延、杨仪各自上表说对方谋反。

⑦武干:军事才干。

⑧韩信故事:指楚汉战争中,韩信使人请于刘邦,"愿益兵三万人,臣请以北举燕、赵,东击齐,南绝楚之粮道,西与大王会于荥阳"。结果,"汉王与兵三万人,遣张耳与俱,进击赵、代。破代,禽夏说阏与"。事见《汉书·韩信传》。

⑨见在:尚存,还在。

【译文】

征西大将军魏延与长史杨仪一向不和。诸葛亮既要依靠魏延的作战勇猛，又爱惜杨仪的擅长筹划，对二人不能偏爱而有所废弃，经常为他们的关系抱恨不已，为二人写了一篇《甘戚论》，但二人不为所动。魏延经常举刀在杨仪面前比划，杨仪涕泪横流。只有护军费祎在他们中间调解，直到诸葛亮去世，都能竭尽二人的才能。杨仪打算按照诸葛亮的成规办事，因为丧事而引兵后退，命令魏延断后，姜维在魏延的前面。魏延大怒，率领军队先行返回南郑，二人各自上表说对方谋反。留府长史蒋琬、侍中董允袒护杨仪而怀疑魏延。魏延准备袭击杨仪，杨仪派遣平北将军马岱讨伐魏延。当初，魏延自以为有军事才干，常常请求率领数万人马另外行动，想效仿韩信将兵的先例。诸葛亮没有同意，魏延认为诸葛亮胆怯。等到杨仪要退兵，便派费祎造访魏延，魏延说："诸葛亮虽然去世了，但我还在。应当率领众人讨伐敌人，怎么可以因为一人的去世而荒废国家大事呢！"魏延让费祎回去报告，但杨仪不同意，因此魏延想讨伐杨仪。

仪帅诸军还成都。大赦。以吴懿为车骑将军，假节，督汉中事。初，亮密表后主，以仪性狷狭①，"若臣不幸，可以蒋琬代臣"。于是以琬为尚书令，总统国事②，以仪为中军师，司马费祎为后军师，征西姜维为右监军、辅汉将军③，邓芝前军师、领兖州刺史，张翼前领军，并典军政。

【注释】

①狷狭：褊急而狭隘，胸襟气度狭隘。

②总统：总揽，总管。

③征西：下当脱"大将军"三字。见上文。

【译文】

　　杨仪率领各军回到成都。后主大赦天下。任命吴懿为车骑将军，授予假节，督管汉中事务。当初，诸葛亮秘密上表后主，认为杨仪胸襟气度狭隘，"如果臣下遭遇不幸，可以让蒋琬代理臣下的事务"。于是后主任命蒋琬为尚书令，总揽国家大事，任命杨仪为中军师，司马费祎为后军师，征西大将军姜维为右监军、辅汉将军，邓芝为前军师，代理兖州刺史，张翼为前领军，并主管军政。

　　廖立在汶山闻亮卒，垂泣曰："吾终为左衽矣^①！"李平亦发病死^②。初，立、平为亮所废，安奄没齿^③，常冀亮当自补复^④，策后人不能^⑤，故感愤焉。

【注释】

　　①左衽：衣襟向左，指我国古代某些少数民族的服装。汶山为氐羌族聚居地区，故廖立以为自己将终老于此地。

　　②李平亦发病死：李平病逝于建兴十二年（234）。

　　③奄：古同"淹"，停留，久留。没齿：终身。意谓至死。

　　④补复：补偿，起复。意谓得到重新起用。

　　⑤策：谋划，估计。

【译文】

　　廖立在汶山听说诸葛亮去世，流着泪说："我将终老于此地了！"李平也发病而死。当初，廖立、李平被诸葛亮免官，废为平民，自以为会终身停留于流放之地，但还是常常寄希望于诸葛亮应该能重新起用自己，又估计后来人不能重新起用自己，故而感慨愤激。

　　十三年，拜尚书令蒋琬为大将军，领益州刺史；以费祎为尚书令。时新丧元帅，远近危悚^①，琬超登大位，既无戚容②，又无喜色③，众望渐服。侍中董允兼虎贲中郎将④，统宿卫兵。军师杨仪自以年宦在琬前⑤，虽同为参军、长史，己常征伐勤苦，更处琬下，怨望，谓费祎曰："公亡际，吾当举众降魏，处世宁当落度如此耶⑥！"祎表其言，废徙汉嘉⑦。仪又上书激切⑧，遂行仪重辟⑨。

【注释】

①危悚（sǒng）：危惧。

②戚容：哀伤的神情。

③喜色：欣喜的神色。

④虎贲中郎将：官名。汉置，为光禄勋属官，俸比二千石，掌虎贲宿卫，战时领兵征伐。三国魏、蜀、吴沿之，属光禄勋，统率宿卫兵。

⑤年宦：年龄和官职。

⑥落度：落拓，潦倒失意。

⑦废徙：废弃贬谪。

⑧激切：（言语）激烈而直率。

⑨重辟：极刑，死罪。《三国志·蜀书·杨仪传》："（建兴）十三年，废（杨）仪为民，徙汉嘉郡。仪至徙所，复上书诽谤，辞指激切，遂下郡收仪。仪自杀，其妻子还蜀。"

【译文】

建兴十三年，后主任命尚书令蒋琬为大将军，代理益州刺史；任命费祎为尚书令。当时元帅诸葛亮刚刚去世，远近之人都感到危惧，蒋琬登上大官高位，既没有哀伤的神情，也没有欣喜的神色，众人逐渐归服。侍中董允兼领虎贲中郎将，统管宿卫兵。军师杨仪自认为年龄和官职都在蒋琬之前，虽然同样为参军、长史，但自己常常在外征伐，辛勤劳苦，现在反而位居蒋琬之下，内心非常怨恨，对费祎说："诸葛亮去世之时，我应当率领众人投降魏国,活在世上怎么能落拓失意到这种地步!"费祎上表后主,汇报了杨仪的言论,杨仪被罢官,贬谪到汉嘉。杨仪又上书,言辞激烈直率,于是,杨仪被判处死刑。

　　吴以亮之卒也,增巴丘守万人①,蜀亦益白帝军。右中郎宗预使吴②,吴主曰:"东之与西③,共为一家,何以益白帝守?"预对曰:"东增巴丘之戍,蜀益白帝之兵,俱事势宜然,不足以相问也。"

【注释】

①巴丘:地名。即巴丘邸阁城。在今湖南岳阳。三国吴筑,因巴丘山得名。"城跨冈岭,滨阻三江"(《水经·湘水注》),为长江上游重镇。吴常以重兵屯守。

②宗预:字德艳,南阳安众(今河南镇平)人。参看本书卷一《巴志》注。

③东之与西:指东吴与西蜀。

【译文】

　　吴国因为诸葛亮去世,增加了巴丘城的守兵上万人,蜀国也增加了白帝城的守军。右中郎宗预出使吴国,吴国国君说:"东吴和西蜀,同为一家人,为什么要增加白帝城的守军呢?"宗预回答说:"东吴增加了巴丘城的守兵,蜀国也就增加了白帝城的守军,都是因为形势需要这样,用不着互相质问。"

　　十四年夏四月,后主西巡至湔山①,登坂观汶川之流②。武都氐王符健请降③,将军张尉迎之④,过期不至,大将军琬忧之。牙门将巴西张嶷曰⑤:"健求附款至⑥,必无返滞。闻

健弟狡,不能同功⑦,各将乖离⑧,是以稽耳⑨。"健弟果叛就
魏。健率四百家随尉,居广都县⑩。

【注释】

①湔(jiān)山:山名。又名九峰山、玉垒山。在今四川都江堰西北隅。

②坂:指观坂,即都江堰市西门外墙下紧邻江岸的一扇悬崖,俗称斗
　鸡台。崖顶有小坪,可俯视都江堰全景(借鉴自刘琳)。汶川:又
　称汶江、汶水,即今岷江。《水经·江水注》:"江水又径汶江道,汶
　出徼外崌山西,玉轮坂下而南行。"

③武都氏:古族名。亦称白马、白氏、白马氏,氏的一支。秦汉时
　活动在今四川北部、甘肃东南部,首领自称氏王。符健:《三国
　志·蜀书·后主传》《张嶷传》作"苻健"。

④张尉:三国蜀汉将领。生平不详。

⑤张嶷(? —254):字伯岐,巴郡南充国(今四川南部县)人。参看
　本书卷一《巴志》注。

⑥款至:真诚恳切。

⑦同功:同心建功。

⑧乖离:抵触,背离。

⑨稽:延迟,稽留。

⑩居广都县:此事又见《三国志·蜀书·后主传》《张嶷传》。

【译文】

建兴十四年夏四月,后主西巡到了湔山,登上观坂,俯瞰汶江的流
水。武都氏王符健请求投降蜀国,将军张尉前去迎接,但符健过期不到,
大将军蒋琬为此担忧。牙门将、巴西人张嶷说:"符健请求归附,非常诚
恳,必定不会返回滞留。听说符健的弟弟狡猾,不能同心建功,各自互相
背离,因此有延误。"符健的弟弟果然叛变,归附了魏国。符健率领四百
家氏人跟随张尉入蜀,居住在广都县。

　　十五年,魏景初元年也①。夏六月,皇后张氏薨②,谥曰敬哀。是岁,车骑将军吴懿卒,以后典军、安汉将军王平领汉中太守③,代懿督汉中事。懿从弟班,汉大将军何进官属吴匡之子也④,名常亚懿,官至骠骑将军,假节,绵竹侯⑤。时南郡辅匡元弼、刘邕南和⑥,官亦至镇南将军;颍川袁綝、南郡高翔至大将军⑦,綝征西将军。

【注释】

①景初元年:237年。景初,三国魏明帝年号(237—239)。

②皇后张氏:张飞之女。章武元年(221),纳为太子妃。建兴元年(223),立为皇后。建兴十五年(237)薨,葬南陵。《三国志·蜀书》有传。

③后典军:官名。三国蜀置,掌统兵作战或驻守。《三国志·蜀书·王平传》:"(王平)迁后典军、安汉将军。"

④吴匡:字伯康,东汉河内(治今河南武陟)人。供职惟勤,号称敏达。与黄琼共佐清河王,黄琼为司空,举吴匡拜尚书。后迁弘农太守。汉桓帝延熹七年(164)黄琼卒后,吴匡即告病弃职,为黄琼发丧制服,载枢还府。后人讥其衍礼违制。参看《风俗通义·愆礼》。

⑤绵竹侯:底本作"乡侯",误。《三国志·蜀书·杨戏传》:"后主世,(吴班)稍迁至骠骑将军,假节,封绵竹侯。"

⑥辅匡:字元弼,三国蜀襄阳(今湖北襄阳)人。随刘备入蜀,为巴郡太守。随刘备征吴。刘禅建兴中,徙镇南将军、右将军,封中乡侯。刘邕:字南和,荆州义阳郡(治今湖北枣阳)人。三国时期蜀汉将领。随刘备入蜀,历任江阳郡太守、监军、镇南将军、后将军,赐爵关内侯。事见《三国志·蜀书·杜周杜许孟来尹李谯郤传》。

⑦袁綝：生卒年不详，豫州颍川郡（治今河南禹州）人。三国时期蜀
　　汉将领。历官前将军、征西大将军，封都亭侯。高翔：生卒年不
　　详，荆州南郡（治今湖北公安）人。三国时期蜀汉将领。历官前
　　将军、征西大将军，封玄乡侯。

【译文】

　　建兴十五年，即魏明帝景初元年。夏六月，皇后张氏去世，谥号敬
哀。这一年，车骑将军吴懿死亡，后主任命后典军、安汉将军王平为汉中
太守，代替吴懿督管汉中事务。吴懿的堂弟吴班，是汉王朝大将军何进
的属官吴匡的儿子，其名望往往比不上吴懿，官至骠骑将军，暂授以符
节，封绵竹侯。当时，南郡人辅匡（字元弼）、刘邕（字南和），也官至镇南
将军；颍川人袁綝、南郡人高翔官至大将军，袁綝为征西将军。

　　延熙元年春正月①，立皇后张氏，敬哀皇后妹也。大
赦，改元②。立子璿为太子③，瑶为安定王④。以典学从事巴
西谯周为太子家令⑤，梓潼李撰为仆⑥，皆名儒也。冬十二
月，大将军琬出屯汉中，更拜王平以前护军署大将军府事⑦，
尚书仆射李福为前监军⑧，领大将军司马。

【注释】

①延熙元年：238年。延熙，三国蜀汉后主年号（238—257）。

②改元：君主改用新年号纪年。

③璿：刘璿（225—264），字文衡，蜀汉后主刘禅之子。延熙元年立
　　为太子。蜀亡，钟会作乱，为乱兵所杀。《三国志·蜀书·二主妃
　　子传》有传。

④瑶：刘瑶，蜀汉后主刘禅之子。刘璿之弟。《三国志·蜀书·二主
　　妃子传》裴松之注引孙盛《蜀世谱》："（刘）璿弟瑶、琮、瓒、谌、

恂、璿六人。蜀败，谌自杀，余皆内徙。"

⑤典学从事：官名。三国魏、蜀皆置，属州刺史，管理州内诸郡学校、时节祭祀等事。晋朝沿置。太子家令：官名。为东宫属官，掌东宫刑狱（东汉不掌刑狱）、仓谷、饮食等。晋代家令兼管奴婢。

⑥李撰：字钦仲，梓潼郡涪（今四川绵阳）人。李仁之子。少受父业，具传其学，又从尹默讲论义理。蜀汉后主时，任太子庶子，迁为仆，不久转中散大夫、右中郎将。博学多艺，通晓五经及诸子，兼善技艺、算术、卜数、医药、弓弩等。著有《太玄指归》等。《三国志·蜀书》本书卷十《先贤士女总赞》有传。仆：太子仆，官名。秦置，汉因之，三国承之。太子属官，主东宫车马。职如太仆，秩千石。

⑦前护军：官名。三国蜀置，掌护诸将军。

⑧尚书仆射：官名。秦置，汉因之，为尚书令之副，辅佐尚书令掌章奏文书，属少府。魏、晋置为尚书省次官，三品。或单置，或并置左、右，有时单置左或右仆射。李福：字孙德，梓潼郡涪（今四川绵阳）人。参看本书卷一《巴志》注。前监军：官名。三国蜀置，掌监督军事。

【译文】

延熙元年春天正月，后主册立张氏为皇后，她是敬哀皇后的妹妹。大赦天下，改年号。立儿子刘璿为太子，封刘瑶为安定王。任命典学从事、巴西人谯周为太子家令，梓潼李撰为太子仆，他们都是有名的儒者。冬十二月，大将军蒋琬出兵进驻汉中，更拜王平以前护军身份主管大将军府事务，尚书仆射李福为前监军，代理大将军司马。

二年春三月，进大将军琬大司马，开府，辟治中从事犍为杨羲为东曹掾①。羲性简，琬与言，时不应答，群吏以为慢②。琬曰："夫人心不同，各如其面③；面从后言④，古人所

戒。羲欲赞吾是耶,则非本心;欲反吾言也,则显吾之非,是
以嘿然⑤。此羲之快也⑥。"督农杨敏常毁琬⑦:"作事愦愦⑧,
诚非及前人也⑨。"或以白琬,琬曰:"吾信不如前人⑩。"主
者白:"乞问'愦愦'状?"琬曰:"苟其不如,则愦愦矣,复何
问也。"后敏坐事下狱⑪,人以为必死,琬心无适莫⑫。是以
上下辑睦⑬,归仰于琬⑭,蜀犹称治。辅汉将军姜维领大司马
司马⑮,西征入羌中。是岁,魏明帝崩,齐王即位⑯。

【注释】

①杨羲:即杨戏(? —261),字文然,犍为郡武阳(今四川眉山彭山
区)人。参看本书卷四《南中志》注。东曹掾:官名。西汉丞相
府、东汉三公府属吏,主东曹,职掌二千石长吏及军吏的迁除。东
汉秩比四百石。三国两晋公府沿置。

②慢:傲慢。

③人心不同,各如其面:谓人心如同人面,各人自不相同。典出《左
传·襄公三十一年》:"子产曰:'人心之不同,如其面焉。吾岂敢
谓子面如吾面乎?'"

④面从后言:当面顺从,背后乱说。从,听从,顺从。典出《尚
书·益稷》:"予违汝弼,汝无面从,退有后言。"

⑤嘿(mò)然:沉默无言的样子。

⑥快:爽快,直爽。

⑦督农:官名。三国蜀置,掌监督农业生产,征收粮食以供军用。杨
敏:生平不详。

⑧愦愦(kuì kuì):昏庸,糊涂。

⑨前人:本处特指前任诸葛亮。

⑩信:确实,的确。

⑪坐事:因事获罪。下狱:关进牢狱。

⑫无适莫:谓一视同仁。适莫,指用情的偏颇厚薄。语出《论语·里仁》:"君子之于天下也,无适也,无莫也,义之与比。"

⑬辑睦:和睦。

⑭归仰:归附仰仗。

⑮大司马司马:即大司马府的司马。《三国志·蜀书·姜维传》:"(蒋)琬既迁大司马,以(姜)维为司马,数率偏军西入。"

⑯齐王:曹芳(232—274),字兰卿,沛国谯(今安徽亳州)人。魏明帝养子。三国魏皇帝。青龙三年(235)立为齐王。景初三年(239)立为皇太子。八岁即位,以曹爽、司马懿辅政。嘉平元年(249),司马懿发动兵变,杀曹爽等,专国政。嘉平末,司马师废之为齐王。入晋,封邵陵县公。卒谥厉公。《三国志·魏书》有传。

【译文】

延熙二年春天三月,进封大将军蒋琬为大司马,建立府署,征召治中从事、犍为人杨羲为东曹掾。杨羲性格朴实少言,蒋琬和他说话,杨羲经常不回答,群臣都认为杨羲太傲慢。蒋琬说:"人心各自不同,一如人面各自不同;当面顺从而背后议论,这是古人的告诫。杨羲想赞同我是对的,就不是出自他的本心;想反对我的言论,则彰显了我的过错,因此只好沉默不言。这是杨羲的直爽。"督农杨敏常常诋毁蒋琬:"他做事糊里糊涂,真是比不上前任诸葛亮。"有人把这话告诉了蒋琬,蒋琬说:"我的确比不上前任诸葛亮。"主事者说:"请问是如何'糊里糊涂'的?"蒋琬说:"如果做事不如前任,就糊里糊涂了,又何必问这些呢?"后来,杨敏因事获罪,被牵连下狱,世人都认为杨敏必死无疑,但蒋琬用心公正,一视同仁。因此朝廷上下和睦,都归附仰仗于蒋琬,蜀国仍然治理得很好。辅汉将军姜维代理大司马府的司马,率军西征进入羌中。这一年,魏明帝驾崩,齐王曹芳即位。

三年,魏正始元年也^①。安南将军马忠率越巂太守张嶷平越巂郡^②。

【注释】

①正始元年:240年。正始,三国魏齐王曹芳年号(240—249),共十年。

②马忠(？—249):字德信,巴西郡阆中(今四川阆中)人。参看本书卷一《巴志》注。马忠、张嶷之平越巂郡,参看本书卷三《蜀志》。

【译文】

延熙三年,即魏国正始元年。安南将军马忠率领越巂太守张嶷平定了越巂郡。

四年冬十月,尚书令费祎至汉中,与大司马琬谘论事计^①,岁尽还。

【注释】

①谘论:询问斟酌。事计:处事的计划、谋略。

【译文】

延熙四年冬十月,尚书令费祎到了汉中,与大司马蒋琬商议国家大事与计策,岁末返回成都。

五年,春正月,姜维还屯涪县^①。大司马琬以丞相亮数入秦川,不克,欲顺沔东下征三郡^②,朝臣咸以为不可。安南将军马忠自建宁还朝,因至汉中宣诏旨于琬^③,琬亦连疾动^④,辍计。迁忠镇南大将军,封彭乡侯。

【注释】

①还屯涪县:姜维自延熙元年(238)随蒋琬驻扎汉中,建兴五年(242)率偏师还屯涪。

②三郡:即魏兴、上庸、新城三郡。参看本书卷二《汉中志》。按:蒋琬下令造船,谋袭魏兴、上庸、新城三郡,结果未能成行。

③诏旨:诏书,圣旨。

④疾动:疾病发作。

【译文】

延熙五年,春天正月,姜维从汉中还军驻扎在涪县。大司马蒋琬因为丞相诸葛亮多次进军秦川,都没有成功,准备顺着沔水东下征伐魏兴、上庸、新城三郡,朝中大臣都认为不可行。安南将军马忠从建宁返回朝廷,便到汉中向蒋琬宣读皇帝的诏书,蒋琬也接连生病,便放弃了计划。升迁马忠为镇南大将军,封为彭乡侯。

六年,大司马琬上疏曰:"臣既暗弱,加婴疾疹①,奉辞六年②,规方无成③,夙夜忧惨④。今魏跨带九州⑤,除之未易。如东西掎角⑥,但当蚕食⑦;然吴期二三⑧,连不克果⑨。辄与费祎、马忠议,以为凉州胡塞之要,宜以姜维为凉州刺史,衔持河右⑩。今涪水陆四通,惟急是赴;东北之便⑪,应之不难。"冬十月,琬还镇涪。以王平为镇北大将军⑫,督汉中事;姜维镇西大将军、凉州刺史⑬。十有一月,大赦。迁尚书令费祎大将军、录尚书事;就迁江州都督邓芝车骑将军。

【注释】

①婴:遭受、患(病)。疾疹:泛指疾病。

②奉辞:意指奉后主刘禅之命,率兵北伐。

③规方：规划方略。

④忧惨：忧愁痛苦。

⑤魏跨带九州：东汉时期，全国共有十三州，即司隶校尉、豫州、兖州、青州、徐州、冀州、幽州、并州、凉州、益州、荆州、扬州、交州。蜀有益州，吴有荆州、扬州、交州，其余九州属魏。

⑥东西：指东面的吴国与西面的蜀国。掎（jǐ）角：指从两方面夹攻敌人。掎，指拉住腿。角，指抓住角。典出《左传·襄公十四年》："譬如捕鹿，晋人角之，诸戎掎之，与晋踣之。"

⑦蚕食：蚕食桑叶。比喻逐渐侵占。

⑧期：约定。二三：谓三心二意，不专一。

⑨不克果：不能成功，不能实现。

⑩衔持：相持，对持。本处意为控制。河右：古地区名。又称河西。指今甘肃、青海两省黄河以西的河西走廊和河、湟流域一带。

⑪东北：指汉中。因汉中位于涪县东北。

⑫镇北大将军：官名。三国蜀、吴置，职掌与镇北将军同，掌征伐或镇守，唯资历深者得任此职。历代皆不常置。

⑬镇西大将军：官名。三国蜀置，职掌与镇西将军同，掌征伐或镇守，唯资历深者得任此职。历代皆不常置。

【译文】

延熙六年，大司马蒋琬上疏说："下臣本就昏庸懦弱，加上身患疾病，六年来奉君上之令北伐，虽然做了规划方略，但最终一事无成，所以日夜忧愁痛苦。如今魏国疆域横跨九州，除掉它不容易。如果吴蜀联合，东西夹击，还可以蚕食魏国；然而吴国对约定三心二意，联盟不能实现。我就与费祎、马忠商议，认为凉州是胡地边塞的要道，应该任命姜维为凉州刺史，控制黄河以西之地。如今涪县水陆四通，只要出现紧急情况即可赶赴；汉中交通便利，应急救援也不难。"冬天十月，蒋琬回师镇守涪县。后主任命王平为镇北大将军，督管汉中事务；姜维为镇西大将军、凉州刺史。十一月,后主大赦天下。升迁尚书令费祎为大将军、录尚书事,随即升迁江州都督邓芝为车骑将军。

七年闰月^①,魏大将军曹爽、征西将军夏侯玄征蜀^②。王平白与护军零陵刘敏距兴势围^③。以大司马琬疾病,假大将军祎节,率军自成都赴汉中。旌旗启路^④,马人擐甲^⑤,羽檄交驰^⑥。严鼓将发^⑦,光禄大夫义阳来敏求共围棋^⑧。祎留意博弈^⑨,色守自若。敏曰:"聊试君耳。君信可人^⑩,必能辨贼者也^⑪。"比至^⑫,爽等退。命镇南将军马忠平尚书事^⑬。夏四月,安平王卒^⑭,子胤嗣。秋九月,祎还。

【注释】

①七年闰月:即蜀汉延熙七年(244)闰二月。

②曹爽(? —249):字昭伯,沛国谯(今安徽亳州)人。曹真之子。魏明帝时,以宗室受到亲重。初为散骑侍郎,后迁至武卫将军。魏明帝病重,拜大将军、都督中外诸军事、录尚书事,与司马懿同受遗诏辅政。任用弟弟曹羲及何晏、邓飏、丁谧等人,排斥司马懿势力。魏正始五年(244),企图伐蜀以提高声望,结果失败。正始十年(249),从皇帝朝高平陵,司马懿趁机发动政变,被迫免官让权,随即被杀,灭族。《三国志·魏书》有传。夏侯玄(209—254):字太初,沛国谯(今安徽亳州)人。夏侯尚之子,曹爽姑姑之子。少知名,弱冠为散骑黄门侍郎。齐王曹芳时,曹爽辅政,累迁散骑常侍、中护军。又为征西将军,假节,都督雍、凉州诸军事。曹爽为司马懿所杀,夏侯玄累迁大鸿胪、太常。中书令李丰与光禄大夫张缉谋诛司马师,拟以夏侯玄辅政,夺司马氏之权。事泄,被诛。善谈名理,为正始名士,为早期玄学领袖,开一时风气。

《三国志·魏书》有传。

③白：禀告，报告。刘敏：零陵泉陵（今湖南永州）人。蒋琬表弟。为左护军、扬威将军，与王平俱镇汉中。延熙七年（244），魏曹爽率师十万袭蜀，与王平并力阻魏。大将军费祎军至，魏军退，以功封云亭侯。附见《三国志·蜀书·蒋琬传》。兴势：山名。又称兴势坂。在今陕西洋县北。因山形如盆，外险而内有大谷，为盘道上数里，方及四门，故名。围：围子，用土、石、荆棘等围成的防御设施。

④启路：开路，开道。

⑤擐（huàn）甲：穿上甲胄。擐，贯穿，穿着。

⑥羽檄：古代军事文书，插鸟羽以示紧急，必须迅速传递。

⑦严鼓：指战鼓。

⑧光禄大夫：官名。汉置，汉武帝太初元年（前104）更名中大夫为光禄大夫，秩比二千石，掌论议。无常事，仅备顾问、应对诏命。来敏：字敬达，义阳新野（今河南新野）人。出身大族。东汉末，随姊夫黄琬入益州。初为刘璋宾客。蜀汉时，历任典学校尉、虎贲中郎将、辅军将军、光禄大夫。因言语不慎，累遭贬削。博学多识，善《左氏春秋》。年九十七卒。《三国志·蜀书》有传。

⑨博弈：局戏和围棋。本处指下棋。

⑩可人：有才德的人。

⑪辨贼：完成讨贼任务。辨，同"办"，完成某事。

⑫比至：及至，等到。

⑬平尚书事：加官名。汉代官吏任用，本职作为尚书者，更依天子之命，评核审决尚书令奏呈天子之文书，称为平尚书事，地位次于领、录尚书事者。

⑭安平王：刘理，刘禅庶兄。章武元年（221）被封为梁王，后改封为安平王。

【译文】

延熙七年闰二月,魏国大将军曹爽、征西将军夏侯玄征伐蜀国。王平上书请求与护军零陵人刘敏据守兴势围。因为大司马蒋琬生病,后主赐予大将军费祎假节,率领军队从成都赶赴汉中。旌旗挥舞在前开路,马和人都穿上甲胄,军事文书加急传送。战鼓擂响,即将开拔时,光禄大夫、义阳人来敏却请求与费祎一起下围棋。费祎专心下棋,神色镇静自如。来敏说:"我只是姑且试探一下您。您确实是有才德的人,必定能完成讨贼任务。"等到了汉中,曹爽等人就退兵了。后主任命镇南将军马忠为平尚书事。夏四月,安平王去世,其子刘胤继位。秋九月,费祎还师。

大司马琬以病故,让州职于费祎、董允①。于是祎加大将军,领益州刺史,允加辅国将军②,守尚书令③。允立朝,正色处中④,上则匡主,下帅群司。于时,蜀人以诸葛亮、蒋、费及允为"四相",一号"四英"。宦人黄皓⑤,便僻佞慧⑥,畏允,不敢为非。后主欲采择⑦,允曰:"妃后之数,不可过十二。"允尝与典军义阳胡济、大将军祎共期游宴⑧,命驾将出⑨。郎中襄阳董恢造允修敬⑩,自以官卑年少,求去。允曰:"本所以出者,欲与同好游谈耳⑪。君以自屈⑫,方展阔积⑬。舍此就彼,非所谓也。"命解骖止驾⑭。允之下士接物⑮,皆此类也。君子以为有周公之德⑯。

【注释】

①州职:即蒋琬所"领益州刺史"之职。

②辅国将军:官名。将军名号。东汉献帝建安元年(196)置,拜伏完任此职,仪比三司。三国、两晋沿之,魏、晋皆三品。

③守：试守，试用。

④正色：谓神色庄重、态度严肃。处中：执持中正之道。

⑤黄皓：三国蜀人。刘禅时宦官。善逢迎，深受刘禅宠信。初为黄
门丞，后为中常侍、奉车都尉。景耀初，始干预政事，窃弄权柄，直至
蜀亡。为人以奸险著称。景耀五年（262）与右大将军阎宇谋，欲废
大将军姜维而立阎宇。蜀亡，邓艾将杀之，厚贿邓艾左右得免。

⑥便僻：谄媚逢迎。佞慧：善于阿谀奉承而又狡黠。

⑦采择：选取，选用。即挑选美女入宫为妃嫔。

⑧胡济：三国蜀官吏。字伟度，南阳义阳（今河南信阳）人。先为诸
葛亮主簿，屡受褒扬。诸葛亮卒，任中典军，统诸军，封成阳亭侯。
迁中监军、前将军，督汉中，假节，领兖州刺史，官至右骠骑将军。
游宴：游乐宴饮。

⑨命驾：命人驾车马，谓立即动身。

⑩董恢：字休绪，襄阳（今湖北襄阳襄城区）人。蜀汉时，历任宣信
中郎、丞相府属、巴郡太守等。曾随费祎出使孙吴，以应答机敏、
应对得体知名。事见《三国志·蜀书·董刘马陈董吕传》引《襄
阳记》。造：造访。修敬：表示敬意。

⑪同好：指志趣相同的人。游谈：闲谈，清谈。

⑫以：通“已”，已经。自屈：委屈自己。意谓（董恢）屈身前来造访。

⑬展：畅叙。阔积：指久别以来蕴积的思念之情。

⑭解骖（cān）：将驾车的马解开松套，不再乘车出行。

⑮下士：屈身交接贤士。下，礼让。接物：谓与人交往。

⑯周公之德：指周公礼贤下士的品德与作风。《史记·鲁周公世
家》：“周公戒伯禽曰：‘我文王之子，武王之弟，成王之叔父，我于
天下亦不贱矣。然我一沐三捉发，一饭三吐哺，起以待士，犹恐失
天下之贤人。子之鲁，慎无以国骄人。’”周公，姬姓，名旦，亦称
叔旦。周文王之子，周武王之弟。因采邑在周，称为周公。辅政

武王,伐纣灭商。武王卒,成王年幼,周公摄政。平管叔、蔡叔之
变,定东夷之乱。成王长,还政于王。

【译文】

大司马蒋琬因为生病的缘故,辞让益州刺史之职给费祎、董允。于
是费祎加封大将军,代理益州刺史,董允加封辅国将军,试用尚书令。董
允在朝廷,神色庄重,处事中正,上则匡扶国君,下则统帅群臣。当时,
蜀人以诸葛亮、蒋琬、费祎及董允为"四相",也称"四英"。宦官黄皓,
谄媚逢迎,畏惧董允,不敢胡作非为。后主想挑选美女入宫为嫔妃,董
允说:"后妃的人数,不能超过十二个。"董允曾经跟典军、义阳人胡济和
大将军费祎共同约定外出游宴,车马已备,即将出发。这时郎中、襄阳人
董恢前来造访董允以表示敬意,但自认为官卑年少,请求离开。董允说:
"我之所以外出,就是想和志趣相同的人郊游闲谈。阁下已经屈尊前来,
我们正好畅叙阔别之情。放弃这次交谈赶赴那个游宴,不是合适的做
法。"董允命令解开驾车的马放弃出行。董允礼贤下士和待人接物,都
是这样的。君子认为董允具有周公礼贤下士的美德。

八年秋,皇太后吴氏薨[①],谥曰穆。冬,十有一月,大将
军祎行军汉中[②]。

【注释】

①皇太后吴氏:吴懿之妹,刘备之皇后。
②行军:巡视军队。

【译文】

延熙八年秋天,皇太后吴氏去世,谥号为穆。冬天十一月,大将军费
祎到汉中巡视军队。

九年,夏六月,祎还成都。秋,大赦。司农孟光众责祎

曰^①："夫赦者，偏枯之物^②，非明世之所宜有也^③。今主上贤仁^④，百寮称职，有何旦夕之急？数施非常之恩，以惠奸轨之恶，上犯天时^⑤，下违人理，岂具瞻之高美^⑥，所望于明德哉^⑦！"祎但顾谢焉^⑧。

【注释】

①孟光：字孝裕，洛阳（今河南洛阳）人。刘备定益州，拜议郎。刘禅立，迁大司农。每直言无所回避，故爵位不登。后因事免官。博物识古，熟悉汉朝旧典，精于《公羊春秋》。《三国志·蜀书》有传。

②偏枯：偏瘫，半身不遂。

③明世：政治清明的时代。

④贤仁：贤良仁爱。

⑤天时：自然运行的时序。古人在思想上信奉"天人合一"，在行事上奉行"春生秋杀"，故秋冬行刑。今于秋天大赦，故孟光说这是"上犯天时"。

⑥具瞻：谓为众人所瞻望。语出《诗经·小雅·节南山》："赫赫师尹，民具尔瞻。"毛传："具，俱。瞻，视。"郑玄笺："此言尹氏汝居三公之位，天下之民俱视汝之所为也。"高美：谓功大德善。

⑦明德：指才德兼备的人。本处特指费祎。

⑧顾谢：道歉。

【译文】

延熙九年夏六月，费祎回到成都。秋天，大赦天下。司农孟光当众责备费祎说："大赦，犹如半身不遂的疾病，不是政治清明时代所应该有的。如今国君贤良仁爱，百官称职，哪里有旦夕之间的危急？多次施行非同寻常的恩惠，惠及犯法作乱的恶人，上违背天时，下违背人理，这难道是众人所瞻望的大功善德，所期待的明德吗！"费祎只好道歉。

初,丞相亮时,有言"公惜赦"者①。亮答曰:"治世以大德,不以小惠,故匡衡、吴汉不愿为赦②。先帝亦言:'吾周旋陈元方、郑康成间③,每见启告治乱之道备矣④,曾不语赦也⑤。'若景升、季玉父子⑥,岁岁赦宥⑦,何益于治!"故亮时军旅屡兴,赦不妄下也。自亮没后,兹制遂亏。

【注释】

①惜:吝惜。

②匡衡:字稚圭,西汉东海承县(今山东枣庄南)人。少好学,家贫,佣作以供资用。能文学,善说《诗》。汉宣帝时,任太常掌故。汉元帝时,历迁博士、太子少傅、御史大夫,官至丞相,封乐安侯。曾多次上疏,引经义议论政治得失。汉成帝时,因被人告发多收封国田租,免为庶人。汉元帝时,匡衡上疏曰:"陛下躬圣德,开太平之路,闵愚吏民触法抵禁,比年大赦,使百姓得改行自新,天下幸甚。臣窃见大赦之后,奸邪不为衰止。今日大赦,明日犯法,相随入狱,此殆导之未得其务也。"(《汉书·匡衡传》)吴汉(?—44):字子颜,南阳宛(今河南南阳)人。参看本书卷三《蜀志》注。《后汉书·吴汉传》:"(建武)二十年,(吴)汉病笃。车驾亲临,问所欲言。对曰:'臣愚无所知识,唯愿陛下慎无赦而已。'"

③周旋:交往,交际。陈纪:字元方,颍川许县(今河南许昌)人。参看本书卷六《刘先主志》注。郑康成:郑玄(127—200),字康成,北海高密(今山东高密)人。著名经学大家。少为乡啬夫,后受业太学。先后师第五元先、张恭祖、马融,研习经学。既归,聚徒讲学,弟子千人。汉桓帝时,党祸起,被禁锢,杜门修业。北海相孔融深敬之,命高密县特立"郑公乡",广开门衢,号"通德门"。建安中,征拜大司农,寻卒。尝遍注群经,著有《天文七政论》《鲁

卷七 刘后主志 591

礼褅祫义》《六艺论》《驳许慎五经异义》等。郑玄之注以古文经
学为主,兼采今文经说,自成一家,号称"郑学"。《后汉书》有传。

④见:被。启告:告知,告诉。

⑤曾不:未曾,没有。

⑥景升:刘表之字。山阳高平(今山东邹城西南)人。季玉:刘璋之
字。江夏郡竟陵(今湖北潜江)人。刘焉之子。本处说"景升、
季玉父子",明显有误,当作"君郎、季玉父子"。

⑦赦宥(yòu):赦免,宽恕。

【译文】

当初,丞相诸葛亮执政时,有人说他吝惜施行大赦。诸葛亮回答说:
"治理国家依靠的是大功大德,而不是小恩小惠,因此匡衡、吴汉不愿意
施行大赦。先帝也说:'我交往于陈纪、郑玄之间,每每被他们告知完备
的治乱之道,但没有说到过大赦。'像刘焉、刘璋父子,年年都施行大赦,
但对治理国家有什么益处呢?"因此在诸葛亮执政时,虽然屡次兴兵作
战,但并不妄下大赦之令。自从诸葛亮去世之后,这种制度就欠缺了。

蜀初阙三司之位①,以待天下贤人。其卿士皆勋德融
茂②:太常杜琼学通行修③,卫尉陈震忠悫笃粹④,孟光亮直
著闻⑤,皆良干也⑥。但光好指擿利病⑦,大长秋南阳许慈普
记性⑧,光禄来敏举措不慎⑨,失执事者指⑩。当世美名不及
特进⑪,太常广汉镡承、光禄勋河东裴隽也⑫。其朝臣:尚书
巴西马齐,义阳胡博,仆射巴西姚伷,侍中汝南陈祗⑬,并赞
事业⑭。以故丞相长史向朗为左将军⑮。朗自去长史,优游
无事⑯,乃鸠合经籍⑰,开门诱士,讲论古义,不预世务。是
以上自执事,下及童冠⑱,莫不宗敬焉⑲。

【注释】

① 三司：官名合称。指"三公"或"三公"的官署。东汉之时，以称太尉、司空、司徒为三公。

② 卿士：卿、大夫。后用以泛指官吏。勋德：功勋与德行。

③ 太常：官名。两汉皆置，三国沿置。汉初名奉常，汉景帝中六年（前144）改名太常。新莽时改名秩宗，东汉复旧，魏晋沿置。掌宗庙、祭祀、礼仪等。杜琼（？—250）：字伯瑜，蜀郡成都（今四川成都）人。见本卷前文注。行修：品行端正。

④ 卫尉：官名。战国秦始置。秦汉两朝皆有此官，掌宫门警卫。汉景帝初，更名中大夫令。东汉卫尉，掌宫门卫士和宫内巡察。三国因之，西晋沿置，三品。陈震（？—235）：字孝起，南阳（治今河南南阳）人。见本卷前文注。忠惇（dūn）笃粹：忠诚敦厚，笃实纯粹。《三国志·蜀书·陈震传》："诸葛亮与兄瑾书曰：'孝起忠纯之性，老而益笃，及其赞述东西，欢乐和合，有可贵者。'"

⑤ 亮直：诚实正直。

⑥ 良干：坚实的茎干。比喻能胜重任的贤臣。

⑦ 指擿（tī）：指出、挑出缺点错误。擿，揭发。利病：犹利弊，利害。

⑧ 大长秋：官名。专为皇后设置，掌宣中宣命等事。秦朝和西汉初期称将行，由宦者担任，汉景帝中六年（前144），改称大长秋，或用宦者，或用士人。东汉用宦者，官俸二千石。皇后出，则跟随。三国两晋南北朝沿置。许慈：字仁笃，南阳（治今河南南阳）人。参看本书卷六《刘先主志》注。普记性：该处有缺文。《三国志·蜀书·许慈传》说诸人喜欢自夸、性喜嫉妒，"（许）慈、（胡）潜更相克伐，谤讟忿争，形于声色；书籍有无，不相通借，时寻楚挞，以相震㧞。其矜己妒彼，乃至于此。"

⑨ 来敏：字敬达，义阳新野（今河南新野）人。见本卷前文注。

⑩ 失……指：不合……意旨。关于"光禄来敏举措不慎，失执事者

指"，古书有相关记载。《三国志·蜀书·来敏传》："（来敏）前后
数贬削，皆以语言不节，举动违常也。"

⑪特进：官名。始设于西汉末期。授予列侯中有特殊地位的人，位
在三公之下。东汉至魏晋南北朝仅为加官，无实职。

⑫镡（xín）承：字公文，广汉郡郪（今四川三台）人。历仕郡守、少
府、太常，封关内侯。时费祎、姜维秉政，孟光、来敏均以直言而为
执政重臣所不悦，故爵位不登，而镡承年资在孟光之后，以和介而
得特进。本书卷十《先贤士女总赞》有传。裴隽：即裴俊。字奉
先，河东（治今山西夏县）人。魏国尚书令裴潜之弟。官至光禄
勋。《三国志·蜀书·孟光传》："太常广汉镡承、光禄勋河东裴俊
等，年资皆在（孟）光后，而登据上列，处光之右。"

⑬马齐：底本作"司学"，误。此从《华阳国志新校注》改。马齐，字
承伯，巴西郡阆中（今四川阆中）人。参看本书卷一《巴志》注。
胡博：南阳义阳（今河南信阳）人。胡济之弟。历官长水校尉、尚
书。姚伷（zhòu，？—242）：字子绪，巴西郡阆中（今四川阆中）
人。刘备定益州，擢为功曹书佐。刘禅建兴元年（223），为广汉
太守。诸葛亮驻汉中，辟为掾，称其并存刚柔，可谓博雅。累迁
参军、尚书仆射。时人服其真诚笃粹。《季汉辅臣赞注》有传。
陈祗（？—258）：字奉宗，汝南（治今河南平舆）人。名士许靖外
孙。少孤，长于许靖之家。多才多艺，精于数术，知名当时。内
倚宦官黄皓，受到蜀后主信任，历任选曹郎、侍中、守尚书令等。
蜀汉后期，权重一时，一度掌握朝政。卒谥忠侯。《三国志·蜀
书》有传。

⑭赞：辅佐。

⑮向朗为左将军：街亭之战后，向朗被免官。向朗后被启用，为光
禄勋、左将军。《三国志·蜀书·向朗传》："数年，（向朗）为光禄
勋。亮卒后徙左将军，追论旧功，封显明亭侯，位特进。"

⑯优游：悠闲自得。

⑰鸠合：聚集，纠合。

⑱童冠：年将二十岁的童子。

⑲宗敬：尊敬。

【译文】

蜀国最初空缺三司之位，虚位以待天下贤人。朝廷的卿士都是功勋卓著、品德高尚的人：太常杜琼学问通达、品行端正，卫尉陈震忠诚敦厚、笃实纯粹，孟光诚实正直、远近闻名，他们都是能胜重任的贤臣。但是孟光喜欢指摘利弊，大长秋、南阳人许慈性喜嫉妒，光禄大夫来敏举止不当，不合执政者的意旨。即使当世有美名还是比不上特进，如太常、广汉人镡承和光禄勋、河东人裴隽。蜀国的朝廷大臣：尚书、巴西人马齐，义阳人胡博，仆射、巴西人姚伷，侍中、汝南人陈祗，一起辅佐国家事业。任命原丞相长史向朗为左将军。向朗自从辞去长史职务，优游而无所事事，于是搜集经籍，开门设教，引导士人，讲论古今义理，不再干预时务。因此上自执事者，下到青少年，无不对他表示尊敬。

冬，十有一月，大司马琬卒，谥曰恭侯①。尚书令董允亦卒②。超迁蜀郡太守南阳吕乂为尚书令③，进姜维为卫将军④，与大将军祎并录尚书事。维出陇西，与魏将郭淮、夏侯霸战⑤，克之。

【注释】

①谥曰恭侯：蒋琬墓，位于四川绵阳西山之巅。

②董允亦卒：董允墓，在今四川泸州江阳区分水岭乡董允坝。相传，此为董允衣冠墓。道光《直隶泸州志》卷二："董允墓在州东四十里分水岭，今名董允坝。"

③吕乂（？—251）：字季阳，南阳（治今河南南阳）人。刘备入蜀，
任典曹都尉，擢新都、绵竹令，有政声，迁巴西、汉中太守。诸葛亮
连年出军，吕乂为募兵。蜀后主时，累迁广汉、蜀郡太守，防禁奸
巧，有政绩。官至尚书令。为政简约，持法深刻。撰有《格论》。
《三国志·蜀书》有传。

④进姜维为卫将军：《三国志·蜀书·姜维传》说姜维为卫将军在
延熙十年（247），与此不同。卫将军，官名。西汉初为将军名号
之一，统兵征战，事完即罢。汉文帝即位，拜宋昌为之，总领南、北
军，始成为重要武职，其后屡典京城、皇宫禁卫军队。东汉位次大
将军、骠骑将军、车骑将军，秩万石，位亚三公。开府置官属。魏
晋南北朝沿置，位在诸名号大将军之上，多作为军府名号，以加大
臣、重要州郡长官，无具体职掌。东晋南朝甚重之，常以中书监、
尚书令等权臣兼任，统兵出征。

⑤与魏将郭淮、夏侯霸战：《三国志·蜀书·姜维传》说姜维与郭
淮、夏侯霸战于洮西（甘肃洮水以西），当时在延熙十年，与此不
同。夏侯霸，字仲权，沛国谯（今安徽亳州）人。夏侯渊次子。魏
文帝黄初中，为偏将军。齐王曹芳正始中为讨蜀护军右将军，统
属征西，素为曹爽所厚。司马懿诛曹爽，乃奔蜀。其从妹乃张飞
妻，张飞之女为蜀后主刘禅后。夏侯霸入蜀，刘禅厚加爵宠。官
至征蜀护军、右将军，进封博昌亭侯。

【译文】

冬十一月，大司马蒋琬去世，谥号为恭侯。尚书令董允也去世了。
越级升迁蜀郡太守、南阳人吕乂为尚书令，晋升姜维为卫将军，和大将军
费祎一起总领尚书府事务。姜维出兵陇西，与魏国大将郭淮、夏侯霸交
战，打败了他们。

十年，凉州胡王白虎文、治无戴等率众降，卫将军维徙

之繁县①。汶山平康夷反②，维复讨平之。过见廖立，意气自若③。维还，假节。

【注释】

①繁县：县名。西汉置，属蜀郡。治所在今四川彭州西北。"因繁江以为名"（《元和郡县志》卷三十一）。蜀汉延熙十年（247），移治于今成都新都区西北新繁镇，迁繁县民居于此，俗称新繁。北周正式改名新繁。

②平康：县名。三国蜀汉置，属汶山郡。治所在今四川黑水县东北。南朝宋废。北周复置，属广年郡。隋大业初属汶山郡。

③意气自若：神情自然如常。按：本处意谓廖立还和以前一样，没有反省，没有改变。《三国志·蜀书·廖立传》："后监军姜维率偏军经汶山、诣立，称立意气不衰，言论自若。立遂终徙所。妻子还蜀。"

【译文】

延熙十年，凉州胡王白虎文、治无戴等率众投降，卫将军姜维将其迁徙到繁县。汶山郡平康县的夷人造反，姜维又讨伐平定了叛乱。姜维在汶山郡见到了廖立，廖立的神情自然如常。姜维还师，被暂时授予符节。

十一年，镇北将军王平卒。以中监军胡济为骠骑将军，假节，领兖州刺史，代平督汉中事。平始出军武，不大知书，性警朗，有思理①，与马忠并垂事绩。平同郡勾扶亦果壮②，亚平，官至右将军，封宕渠侯。后张翼与襄阳廖化并为大将③，故时人为语曰："前有何、勾④，后有张、廖。"平本养外家何氏⑤，后复姓。夏五月，大将军祎出屯汉中。

【注释】

①警朗：机警开朗。思理：思辨力。《三国志·蜀书·王平传》："（王）平生长戎旅，手不能书，其所识不过十字，而口授作书，皆有意理。使人读《史》《汉》诸纪传，听之，备知其大义，往往论说不失其指。"

②勾扶：也作"句扶"。字孝兴，巴西汉昌（今四川巴中）人。忠勇宽厚，数有战功。官至右将军（《三国志·蜀书·王平传》作"左将军"），封宕渠侯。参看本书卷一《巴志》注。果壮：果敢勇猛。

③张翼（？—264）：字伯恭，犍为郡武阳（今四川眉山彭山区）人。参看本书卷四《南中志》注。廖化（？—264）：本名淳，字元俭，襄阳（今湖北襄阳）人。初为关羽主簿。关羽败，入吴。后奔归蜀，为宜都太守。累官丞相参军、并州刺史、右车骑将军，封中乡侯。刘禅炎兴元年（263），魏锺会攻蜀，廖化与诸将拒守剑阁。后徙洛阳，道病卒。附见于《三国志·蜀书·宗预传》。

④何：何平，即王平。因其寄养于母亲娘家何氏，故随其姓，后恢复本姓。

⑤外家：外祖父母家，母亲的娘家。

【译文】

延熙十一年，镇北将军王平去世。任命中监军胡济为骠骑将军，暂时授予符节，代理兖州刺史，代替王平督管汉中事务。王平本来出身戎武，不太知书识字，但性情机警开朗，有思辨力，与马忠一起建功立业而名垂后世。王平同郡之人勾扶也果敢勇猛，仅次于王平，官至右将军，封为宕渠侯。后来张翼与襄阳人廖化同为大将，因此当时人有谚语说："前有何平、勾扶，后有张翼、廖化。"王平本来寄养于母亲娘家何氏家里，后来恢复王姓。夏五月，大将军费祎出兵屯驻于汉中。

十二年，魏嘉平元年也①。魏诛大将军曹爽，右将军夏侯霸来降,渊子也^②,拜车骑将军。四月,大赦。秋,卫将军维出雍州,不克。将军勾安、李韶降魏^③。

【注释】

①魏嘉平元年也:即249年。此六字当为注文。嘉平,三国魏齐王曹芳年号(249—254)。

②渊子也:此三字非正文,当为注文。按:判断此两句为注文,据《三国志·蜀书·后主传》:"十二年春正月,魏诛大将军曹爽等,右将军夏侯霸来降。夏四月,大赦。秋,卫将军姜维出攻雍州,不克而还。将军勾安、李韶降魏。"

③将军勾安、李韶降魏:勾安,姜维部将。李韶,当作"李歆",姜维部将。据《三国志·魏书·陈泰传》载,"嘉平初,(陈泰)代郭淮为雍州刺史,加奋威将军。蜀大将军姜维率众依麹山筑二城,使牙门将勾安、李歆等守之,聚羌胡质任等寇逼诸郡。征西将军郭淮与泰谋所以御之,……淮善其策,进率诸军军洮水。维惧,遁走,安等孤县,遂皆降"。

【译文】

延熙十二年,即魏国嘉平元年。魏国诛杀大将军曹爽,右将军夏侯霸前来投降,夏侯霸就是夏侯渊之子,被蜀国拜为车骑将军。四月,大赦天下。秋天,卫将军姜维出兵攻打雍州,没有成功。将军勾安、李歆投降魏国。

十三年,卫将军维复出西平^①,不克而还。

【注释】

①西平:郡名。东汉建安中分金城郡置,治所在西都县(今青海西宁)。十六国南凉太初元年(396)秃发乌孤建都于此。北魏废。

【译文】

延熙十三年,卫将军姜维再次出兵攻打西平郡,没有取胜,退兵而回。

十五年①,吴主孙权薨,子亮立②,来告赴③,如古义也④。立子琮为西河王⑤。命大将军费祎开府。尚书令吕乂卒,以侍中陈祗守尚书令,加镇军将军⑥。

【注释】

①十五年:上缺十四年事,疑有脱文。《三国志·蜀书·后主传》:"(延熙)十四年夏,大将军费祎还成都。冬,复北驻汉寿。大赦。"

②子亮:孙亮(243—260),字子明,孙权少子。三国吴皇帝,在位七年。在位初期,相继由大将军诸葛恪、丞相孙峻、孙綝执政。十五岁始亲政,谋诛权臣孙綝。兵败,废为会稽王。后被迫自杀。或云被鸩杀。《三国志·吴书》有传。

③告赴:赴告,春秋时各国以崩薨及祸福之事相告。前者称"赴",后者称"告"。《左传·文公十四年》:"凡崩、薨,不赴则不书。祸、福,不告亦不书。惩不敬也。"本处专指报丧。

④如古义也:吴国以孙权死讯来告,犹有古人风尚,故曰"如古义也"。古义,古人立身行事的道理。

⑤子琮:刘琮(?—262),刘禅之子。被封为西河王。

⑥镇军将军:官名。杂号将军名,三国魏、蜀、吴皆置,掌征伐。按:《三国志·蜀书·吕乂传》云吕乂"延熙十四年卒",与此不同。

【译文】

延熙十五年,吴国君主孙权驾崩,儿子孙亮即位,派人来告知死讯,遵循的是古风。刘禅立儿子刘琮为西河王。命令大将军费祎设立署府征召贤士。尚书令吕乂去世,以侍中陈祗代理尚书令,加封为镇军将军。

　　十六年春正月朔①,魏降人郭循因贺会手刃杀大将军费祎于汉寿②,谥曰敬侯。祎当国名略与蒋琬比,而任业相继,虽典戎于外③,庆赏刑威④,咸咨于己。承诸葛之成规,因循不革,故能邦家和壹⑤。自祎殁后,阉宦秉权⑥。卫将军维自负才兼文武⑦,加练西方风俗⑧,谓自陇以西可制而有,祎常裁制⑨;至是无惮,屡出师旅,功绩不立,政刑失错矣。四月,维将数万攻南安,魏雍州刺史陈泰救之⑩,维粮尽,还。

【注释】

①朔:朔日,农历每月初一。

②郭循(?—253):字孝先,凉州西平(治今青海西宁)人。三国时代曹魏官员,官至中郎将。被姜维征西平时俘虏,后降蜀汉,刘禅任为左将军。后于酒会之时暗杀蜀汉大将军费祎。《三国志·蜀书·后主传》《费祎传》作"郭循",而《三国志·魏书·三少帝纪》作"郭修"。《三国志·蜀书·费祎传》:"(延熙)十六年岁首大会,魏降人郭循在坐。(费)祎欢饮沉醉,为(郭)循手刃所害。"

③典戎:统率军队。

④庆赏:赏赐。刑威:刑罚。

⑤和壹:亦作"和一"。和合一致,和睦同心。

⑥阉宦:宦官。其著名者,如黄皓。秉权:执掌政权。

⑦才兼文武:指人具有文武两方面的才能,即文武全才。

⑧练:熟悉。姜维是天水人,熟悉"西方风俗"。

⑨裁制:制止,抑止。《三国志·蜀书·费祎传》:"(姜维)每欲兴军大举,费祎常裁制不从,与其兵不过万人。"

⑩陈泰(?—260):字玄伯,颍川许(今河南许昌)人。陈群之子。曹魏时期,历任并州刺史、护匈奴中郎将、征西将军、都督雍凉诸

军事、镇东将军、都督淮北诸军事，多次击败蜀军进攻。与司马师、司马昭友善，深得信任。被刺身亡。卒后谥穆侯。《三国志·魏书》有传。

【译文】

延熙十六年春天正月初一，魏国的投降者郭循在汉寿的庆贺集会上，亲自用刀刺杀了大将军费祎，费祎的谥号为敬侯。费祎执掌国政的名声，大致可与蒋琬相比，任职与功业继承前人，即使是率军在外征战，朝廷的赏赐与刑罚，都要向自己咨询，然后才付诸实施。费祎继承诸葛亮的成规，因循守旧不加变革，因此国家能够和睦同心。自从费祎死后，宦官执掌政权。卫将军姜维自负文武全才，加上熟悉西部地区的风俗，认为自陇山以西的地盘都可以据为己有，费祎在世时常常制止他；到费祎死后，姜维便无所忌惮，他多次出师征战，没有建立功绩，政治和刑罚却出现了差错。四月，姜维率领数万人攻打南安，魏国的雍州刺史陈泰出兵救援南安，姜维因粮草用尽而还师。

十七年，魏正元元年也①。春，卫将军维督中外军事。大赦。夏六月，维复出陇西，魏狄道长李简举县降②。维围襄武③，魏大将徐质救之④。维拔狄道、河关、临洮三县民入蜀⑤，居于绵竹及繁⑥。是岁，魏帝齐王废⑦，高贵乡公即位⑧。

【注释】

①魏正元元年：254年。正元，三国魏高贵乡公曹髦年号（254—256）。凡三年。

②狄道：县名。战国秦置，为陇西郡治。治所即今甘肃临洮。东汉改为狄道县。西晋为狄道郡治。在张家山汉简《二年律令·秩律》中，有"狄道"县名。李简：三国时魏国官吏。嘉平时，任曹

魏狄道长。正元元年,举城降蜀。

③襄武:县名。西汉置,属陇西郡。治所在今甘肃陇西县东南五里。东汉末移陇西郡治此。

④徐质(?—254):魏国将领。曾任讨蜀护军,颇有战功。多次随魏雍州刺史陈泰出征,拒蜀汉将领姜维。在襄武,被敌军斩杀。

⑤河关:县名。西汉神爵二年(前60)置,属金城郡。治所在今青海贵德县河阴镇一带。东汉、三国魏属陇西郡。西晋属秦州陇西国。后废。临洮:县名。秦置,属陇西郡。治所即今甘肃岷县。以临洮水得名。西汉为陇西郡南部都尉治。晋惠帝时分属狄道郡。北魏废。

⑥绵竹:县名。西汉置,属广汉郡。治所在今四川德阳北黄许镇。北周废。

⑦魏帝齐王:即曹芳(232—274),字兰卿,沛国谯(今安徽亳州)人。魏明帝曹睿养子,三国魏皇帝。见本卷前文注。

⑧高贵乡公:即曹髦(241—260),字彦士,沛国谯人。曹丕之孙。三国魏皇帝。齐王曹芳正始中封高贵乡公。嘉平六年(254),司马师废齐王,立曹髦为帝。尝幸太学,与诸儒论《书》《易》《礼》。甘露五年(260),因不能忍受司马昭专权,率殿中宿卫讨昭,为司马昭所杀。在位七年。《三国志·魏书》有传。

【译文】

延熙十七年,即魏国正元元年。春天,卫将军姜维督管内外军事。大赦天下。夏天六月,姜维再次出兵陇西,魏国狄道县长李简带领全县投降。姜维围攻襄武县,魏国大将徐质发兵救援。姜维攻克狄道、河关、临洮三县,将其居民迁至蜀,居住在绵竹县和繁县。这一年,魏帝齐王曹芳被废,高贵乡公曹髦即位。

十八年春,卫将军维复议出征,征西大将军张翼廷争^①，以小国不宜黩武^②，维不听。夏，率车骑将军夏侯霸及翼出狄道，大破魏雍州刺史王经于洮西^③，经众死数万。经退保狄道城。翼曰："可矣，不宜进。或毁此成功，为蛇画足^④。"维必进。魏征西将军陈泰救狄道，维退驻锺题^⑤。

【注释】

①张翼（？—264）：字伯恭，犍为郡武阳（今四川眉山彭山区）人。参看本书卷四《南中志》注。廷争：在朝廷上向皇帝极力谏诤，据理力争。

②黩（dú）武：滥用武力，好战。

③王经（？—260）：字彦纬，冀州清河（治今山东临清）人。与许允俱为冀州名士。初为江夏郡守，后历任雍州刺史、司隶校尉，甘露年间为尚书。景元元年（260），因与高贵乡公曹髦等谋诛司马昭，为司马氏所诛。事见《三国志·魏书》。

④为蛇画足：比喻做事节外生枝，不但无益，反而坏事。典出《战国策·齐策二》："楚有祠者，赐其舍人卮酒。舍人相谓曰：'数人饮之不足，一人饮之有余。请画地为蛇，先成者饮酒。'一人蛇先成，引酒且饮之，乃左手持卮，右手画蛇，曰：'吾能为之足。'未成，一人之蛇成，夺其卮曰：'蛇固无足，子安能为之足！'遂饮其酒。"

⑤锺题：县名。在今甘肃临洮西南。

【译文】

延熙十八年春天，卫将军姜维又提议出征，征西大将军张翼在朝廷上极力谏诤，认为弱小国家不应该穷兵黩武，姜维没有听从。夏天，姜维率领车骑将军夏侯霸和张翼出兵狄道，在洮西大败魏国雍州刺史王经，王经的人死了数万。王经退守狄道城。张翼说："可以了，不应再进攻了。如果再进攻，可能就葬送了这次成功，那将是画蛇添足。"姜维坚持进攻。魏国征西将军陈泰援救狄道城，姜维退兵驻扎在锺题县。

十九年,魏甘露元年也①。春,进卫将军姜维为大将军。秋八月,维复出天水,至上邽②。镇西大将军胡济失期不至③,大为魏将邓艾所破,死者众。士庶由是怨维,而陇以西亦无宁岁④。冬,维还,谢过引负⑤,求自贬削⑥,于是以维为后将军,行大将军事。立子瓒为新平王⑦。大赦。

【注释】

①甘露:三国魏高贵乡公曹髦年号(256—260)。共五年。

②上邽:县名。战国秦改邽县置,属陇西郡。治所即今甘肃天水。东汉属汉阳郡。西晋为天水郡治。

③胡济:字伟度,义阳(今河南信阳北)人。见本卷前文注。失期:超过了限定的日期,误期。

④宁岁:安宁的日子。

⑤谢过:承认错误,表示歉意。引负:负荆请罪。

⑥贬削:指古代对官吏的职务、称号等降级或削除。

⑦瓒:刘瓒,刘禅之子。被封为新平王。

【译文】

延熙十九年,即魏国甘露元年。春天,晋升卫将军姜维为大将军。秋天八月,姜维再次出兵天水,到达上邽。镇西大将军胡济过期不到,姜维被魏国大将邓艾打得大败,伤亡的人很多。士兵因此怨恨姜维,而陇山以西的地方也没有安宁的日子。冬天,姜维还师,承认错误,负荆请罪,请求自贬官爵,于是后主任命姜维为后将军,暂时代理大将军事务。后主立儿子刘瓒为新平王。大赦天下。

二十年,春,大赦。魏征东大将军诸葛诞以淮南叛①,连吴,魏分关中兵东下。后将军姜维复从骆谷出长城②,军芒水③,与魏大将司马望、邓艾相持④。

【注释】

①诸葛诞(？—258):字公休,琅邪阳都(今山东沂南)人。诸葛丰
后。初以尚书郎为荥阳令。魏明帝时,累迁御史中丞尚书,以浮
华免官。与夏侯玄等友善,为"八达"之一。后起为征东大将军、
都督扬州,预讨王凌、毌丘俭。见司马氏专权,夏侯玄等被杀,心
不安。高贵乡公甘露二年(257),征为司空,不去任职,据寿春
反魏,称臣于吴,为司马昭击败,被杀,夷三族。《三国志·魏书》
有传。

②骆谷:在今陕西周至西南。谷长四百余里,为关中与汉中之间的
交通要道。长城:在今陕西周至西南。

③芒水:水名。即今陕西周至南渭河支流之黑水。

④司马望(205—271):字子初,河内温县(今河南温县)人。司马
孚之子。初仕魏为郡上计吏,历平阳太守、洛阳典农中郎将。从
司马懿讨王凌,以功封永安亭侯。出为征西将军,都督雍凉二州
军事,抵御蜀将姜维,累迁司徒。入晋,封义阳王,拜太尉。屡率
师御吴。官至大司马。《晋书》有传。

【译文】

延熙二十年春天,大赦天下。魏国征东大将军诸葛诞在淮南叛变,
联合吴国,魏国分关中兵向东进攻。后将军姜维又从骆谷出兵长城,驻
军于芒水,和魏国大将司马望、邓艾对峙。

景耀元年①,维以诞破,退还成都,复拜大将军。史官
言景星见②,大赦,改元。宦人黄皓与尚书令陈祗相表里③,
始豫政④,皓自黄门丞至今年为奉车都尉、中常侍⑤。姜维

虽班在祗右,权任不如⑥,蜀人无不追思董允者。时兵车久驾,百姓疲弊,太中大夫谯周著《仇国论》⑦,言"可为文王,难为汉祖"⑧,人莫察焉。征北大将军宗预自永安征拜镇军将军,领兖州刺史;以襄阳罗宪为领军,督永安事。吴大臣废其主亮,立孙休⑨,来告难⑩,如同盟也。大将军维议,以为汉中错守诸围⑪,适可御敌,不获大利,不若退据汉、乐二城,积谷坚壁⑫,听敌入平,且重关镇守以御之。敌攻关不克,野无散谷,千里悬粮,自然疲退,此殄敌之术也⑬。于是督汉中胡济却守汉寿,监军王含守乐城⑭,护军蒋斌守汉城⑮。又于西安、建威、武卫、石门、武城、建昌、临远皆立围守⑯。

【注释】

①景耀元年:258年。景耀,三国蜀汉后主年号(258—263)。共六年。

②景星:星名。大星,德星,瑞星。相传常出于有道之国。《史记·天官书》:"天精而见景星。景星者,德星也,其状无常,常出于有道之国。"蜀汉于此年改元"景耀",即因史官说天空出现景星。

③相表里:即"互为表里",谓内外互相配合,共为一体。此处用为贬义,意谓内外勾结。

④豫政:参与国家大事。此处用为贬义,意谓干预朝政。

⑤中常侍:官名。秦和西汉时为加官,有此加官,就能出入禁中。东汉时由宦者担任,掌侍从左右。三国曹魏黄初年间,与散骑合并,称散骑常侍,改用士人。吴称散骑中常侍,简称中常侍,也用士人。蜀仍用宦者,为近侍之职,干预朝政。

⑥权任:权力职责。

⑦《仇国论》:全文见《三国志·蜀书·谯周传》。《资治通鉴》卷七

十七:"是时,维数出兵,蜀人愁苦。中散大夫谯周作《仇国论》以讽之曰……"

⑧可为文王,难为汉祖:意谓蜀汉应该效法周文王息兵养民,而不能像汉高祖刘邦那样用兵不息。

⑨孙休(235—264):字子烈,孙权第六子。三国吴皇帝。初封琅邪王。孙亮被废后,权臣孙綝立其为皇帝,改元永安。后因孙綝专横,与张布等杀孙綝。诏令广开农田,轻赋税。好读书,亦喜射猎。较有政绩。卒后谥景帝。《三国志·吴书》有传。

⑩告难:犹告急,告知消息。

⑪错守:轮番守卫。

⑫积谷:储存谷物。坚壁:加固壁垒,并隐藏物资,不使落到敌人手里。

⑬殄(tiǎn)敌:消灭敌人。

⑭王含:蜀汉后期人物。魏将钟会进攻汉中,王含时任蜀监军,被魏将李辅围困于乐城。

⑮蒋斌(?—263):零陵湘乡(今湖南湘乡市)人。蒋琬之子。官至绥武将军、汉城护军。刘禅景耀末,魏军数道攻蜀,蒋斌守汉城。后降钟会,随至成都,为乱兵所杀。

⑯建威:在今甘肃成县西北。东汉末所置戍守处。《三国志·蜀书·诸葛亮传》:建兴七年(229),"亮遣陈式攻武都、阴平,……自出至建威,(郭)淮退还,遂平二郡"。武卫、石门:大致在今甘肃甘南藏族自治州一带(刘琳)。武城:在今甘肃武山县西南(刘琳)。西安、建昌、临远:三地不详。

【译文】

景耀元年,姜维因诸葛诞被打败,退兵还师成都,又被封为大将军。史官说景星出现在天上,后主大赦天下,改年号为景耀。宦官黄皓与尚书令陈祗内外勾结,开始干预朝政,这一年,黄皓从黄门丞被封为奉车都尉、中常侍。姜维虽然职位在陈祗之上,但权力职责不如陈祗,蜀人没有不想念董允的。当时连年出兵征战,百姓疲惫不堪,太中大夫谯周撰写《仇国论》,说"蜀汉可以效法周文王息兵养民,而不能像汉高祖刘邦那样用兵不止",但当时人没有察觉。征北大将军宗预自永安出征,被封为镇军将军,代理兖州刺史;任命襄阳人罗宪为领军,督管永安事务。吴国大臣废除其国君孙亮,改立孙休,派人来告知消息,一如对待同盟国的礼仪。大将军姜维提议,认为汉中轮番守卫各个营垒,只可以抵御敌人,不能获取更大利益,不如退兵据守汉城与乐城二城,囤积粮食,坚固城墙,听凭敌人进入平地,而在各个重要关口镇守以抵御敌人。如果敌人攻打关隘不能成功,而旷野又无散谷,千里之外转运粮谷,自然疲惫退兵,这是消灭敌人的战术。于是督令原先驻守汉中的胡济退守汉寿,监军王含退守乐城,护军蒋斌退守汉城。又在西安、建威、武卫、石门、武城、建昌、临远等地都修建防御设施,加以防守。

二年,夏六月,立子谌为北地王①,恂为新兴王②,虔为上党王③。以征西张翼为左车骑将军④,领冀州刺史;广武督廖化为右车骑将军,领并州刺史。时南郡阎宇为右大将军⑤。秋八月丙子,镇军将军陈祗卒,谥曰忠侯。祗在朝,上希主指,下接阉宦,后主甚善焉。以仆射南乡侯董厥为尚书令⑥。

【注释】

①子谌:刘禅之子刘谌(? —263)。被封为北地王。北地:郡名。战国秦置,治所在义渠县(今甘肃庆阳西南)。西汉移治马领县(今甘肃庆阳西北)。东汉移治富平县(今宁夏吴忠西南)。三国魏移治今陕西铜川耀州区东,北魏移治今陕西富平东北。西魏改为通川郡。

②恂:刘恂,刘禅之子。被封为新兴王。新兴:郡名。东汉建安二十

年（215）置,治所在九原县（今山西忻州）。西晋元康中改晋昌郡,后复改新兴郡。北魏永安中改永安郡,移治定襄县（今山西定襄）。

③虔:刘虔,刘禅之子。被封为上党王。上党:郡名。战国韩、赵各置郡,因上党地区而得名。地入秦后,合为一郡,治所在壶关县（今山西长治北）。西汉移治长子县（今山西长子西南）。东汉末移治壶关县。按:刘禅立子谌为北地王,恂为新兴王、虔为上党王,均属遥封、虚封。

④左车骑将军:官名。东汉末征战频繁,置二车骑将军,分左右,掌帅兵征伐。

⑤阎宇:字文平,南郡（治今湖北江陵）人。蜀汉将领。参看本书卷四《南中志》注。

⑥董厥:字龚袭,义阳（治今湖北枣阳）人。初为诸葛亮丞相府令史,后历官尚书仆射、尚书令、大将军等,封南乡侯。蜀亡,任晋相国参军、散骑常侍等。

【译文】

景耀二年,夏天六月,后主立儿子刘谌为北地王,刘恂为新兴王,刘虔为上党王。任命征西张翼为左车骑将军,代理冀州刺史;任命广武都督廖化为右车骑将军,代理并州刺史。当时又任命南郡人阎宇为右大将军。秋天八月丙子,镇军将军陈祗去世,谥号为忠侯。陈祗在朝时,在上迎合国君的旨意,在下接近宦官,后主非常喜欢他。后主任命仆射、南乡侯董厥为尚书令。

三年,魏景初元年也①。秋九月,追谥故前将军关羽曰壮缪侯,车骑将军张飞曰桓侯,骠骑将军马超曰威侯,军师庞统曰靖侯,后将军黄忠曰刚侯。是岁,魏帝高贵乡公卒,常道乡公即帝位^②。

【注释】

①景初:三国魏明帝年号(237—239)。共三年。按:《华阳国志》本处所说有误。景耀三年,实为景元元年。

②常道乡公:曹奂(246—302),字景明,沛国谯(今安徽亳州)人。三国魏皇帝。曹操之孙,曹宇之子。初封安次县常道乡公。高贵乡公曹髦卒,公卿迎立为帝。在位期间,政事决于司马昭。咸熙二年(265),司马炎代魏称帝,曹奂被废为陈留王。在位六年。卒后谥元皇帝。《三国志·魏书》有传。

【译文】

景耀三年,即魏国景初(景元)元年。秋天九月,追谥已故前将军关羽为壮缪侯,车骑将军张飞为桓侯,骠骑将军马超为威侯,军师庞统为靖侯,后将军黄忠为刚侯。这一年,魏帝高贵乡公曹髦去世,常道乡公曹奂即位为帝。

四年春三月,追谥故镇军将军赵云曰顺平侯。冬十月,大赦。拜丞相亮子武乡侯瞻中都护、卫将军^①;迁董厥辅国大将军,与瞻辅政;以侍中义阳樊建守尚书令^②。自瞻、厥用事^③,黄皓秉权,无能正矫者,惟建特不与皓和好往来。而秘书令河南郤正与皓比屋周旋^④,皓从微至著,既不憎正,又不爱之,官不过六百石,常免于忧患^⑤。

【注释】

①瞻:诸葛瞻(227—263),字思远,琅邪阳都(今山东沂南县)人。诸葛亮之子。凤慧,尚公主。初拜骑都尉,历官羽林中郎将、侍

中、尚书仆射、平尚书事等职。景耀六年（263），率军迎击魏将邓
艾于绵竹，兵败被杀。《三国志·蜀书》有传。

②樊建：字长元，义阳（今河南新野）人。蜀汉后主时，官至侍中、守
尚书令，封列侯。任职期间，对姜维兴师疲众、宦官黄皓专权无能
为力。蜀亡后，任晋相国参军，兼散骑常侍，历给事中。

③用事：执政，当权。

④秘书令：官名。东汉献帝建安十八年（213）曹操为魏王时置，典
尚书奏事，兼掌图书秘记，为亲近机要之职。魏文帝黄初（220—
226）初罢，改设秘书监，掌艺文图籍，另置中书令典尚书奏事。
三国蜀亦置，秩六百石，管理图书，参预起草诏令文书。郤正
（？—278）：字令先，偃师（今河南偃师）人。少好学，广读古籍。
弱冠即善写文章，为蜀汉朝廷征为秘书吏，官至秘书令。景耀六
年（263），曹魏攻伐蜀汉，后主刘禅投降，郤正为之撰写投降书。
后随刘禅前往洛阳，受封关内侯。又得到晋武帝司马炎赏识，
任巴西郡太守。比屋：所居屋舍相邻。周旋：应酬，交际。《三国
志·蜀书》有传。

⑤忧患：困苦患难。

【译文】

景耀四年春天三月，追谥巳故镇军将军赵云为顺平侯。冬天十月，
大赦天下。拜丞相诸葛亮的儿子武乡侯诸葛瞻为中都护、卫将军；升迁
董厥为辅国大将军，与诸葛瞻共同辅佐朝政；任命侍中、义阳人樊建为尚
书令。自从诸葛瞻、董厥执掌政事，黄皓把持权力，没有人能够予以矫
正，只有樊建单单不和黄皓友好往来。秘书令、河南人郤正与黄皓比邻
而居，互相往来，但黄皓从卑微到显赫，既不憎恨郤正，也不喜欢郤正，郤
正的官俸不超过六百石，常常可以免于忧患。

五年春正月，西河王琮卒。大将军维恶皓之恣擅[①]，启

后主欲杀之。后主曰："皓,趋走小臣耳②。往者董允切齿,吾常恨之,君何足介意!"维本羁旅自托③,而功效无称④,见皓枝附叶连⑤,惧于失言,逊辞而出⑥。后主敕皓诣维陈谢,维说皓求沓中种麦⑦,以避内逼⑧。皓承白后主。秋,维出侯和⑨,为魏将邓艾所破,还驻沓中。皓协比阎宇⑩,欲废维树宇,故维惧,不敢还。

【注释】

①恣擅:放肆专擅,嚣张专权。

②趋走:谓奔走服役。

③羁旅自托:意谓通过率军在外征战,以建立功业,从而使自己有所依托。羁旅,寄居异乡。本处指率军在外征战。自托,自己有所依托。

④无称:无可称述或称赞。意谓没有建立值得称述的功业。按:所谓"维本羁旅自托,而功效无称",即《三国志·蜀书·姜维传》所说"维本羁旅托国,累年攻战,功绩不立"。

⑤枝附叶连:枝附于干,叶连于枝。比喻人们互相攀附,互相勾结。

⑥逊辞:言语恭谦,言辞谦逊。

⑦沓中:地名。在今甘肃迭部县境。其地东控陇蜀通道,为战略要地。

⑧内逼:朝廷的逼迫。此处指黄皓的逼迫。

⑨侯和:地名。在今甘肃临潭东南。

⑩协比:勾结,依附。阎宇:字文平,南郡(治今湖北江陵)人。蜀汉将领。参看本书卷四《南中志》注。

【译文】

景耀五年春天正月,西河王刘琮去世。大将军姜维痛恨黄皓放肆专权,启禀后主想杀掉黄皓。后主说:"黄皓不过是个奔走服役的小臣。以前董允对他咬牙切齿,我也常常痛恨他,阁下又何必介意呢!"姜维本来自以为可以通过率军在外征战,以建立功业,从而使自己有所依托,但并没有建立可以称述的功业,眼见黄皓上下关系错综复杂,担心自己失言获罪,于是言语谦恭地退出朝廷。后主敕令黄皓到姜维处谢罪,姜维向黄皓请求到沓中种植麦子,以避免被黄皓逼迫。黄皓将此转告后主。秋天,姜维出兵攻打侯和,被魏国大将邓艾打败,退兵驻扎在沓中。黄皓勾结阎宇,想废除姜维立阎宇,因此姜维感到恐惧,不敢回来。

　　六年春,魏相国晋文王命征西将军邓艾[①]、镇西将军锺会[②]、雍州刺史诸葛绪[③]、益州刺史师纂五道伐蜀[④]。大将军姜维表后主,求遣左、右车骑张翼、廖化督诸军分护阳安关口及阴平桥头[⑤]。黄皓信巫鬼,谓敌不来,启后主寝其事[⑥],群臣不知。

【注释】

①晋文王:司马昭(211—265),字子上,河内温县(今河南温县)人。司马懿之子,司马师同母弟。司马师死,继兄为大将军、都督中外诸军事、录尚书事,执掌曹魏国政。甘露五年(260),废杀曹髦,立曹奂为帝。景元四年(263),发兵灭蜀,封相国、晋公,加九锡。咸熙元年(264),进封晋王。翌年死。司马炎称帝,追尊为文皇帝,庙号太祖。《三国志·魏书》有传。

②锺会(225—264):字士季,颍川长社(今河南长葛)人。锺繇之子。少聪慧。博学,有才艺。出身官宦世家。起家秘书郎,累迁黄门侍郎,封东武亭侯。为司马昭重要谋士。魏元帝景元中,任镇西将军、假节都督关中诸军事,与邓艾等攻蜀。后欲据蜀谋叛,兵败被杀。《三国志·魏书》有传。

③诸葛绪：琅邪阳都（今山东沂南）人。西晋官吏。门荫入仕曹魏，
历任泰山太守、太常卿、卫尉卿等官，封乐安亭侯。

④师纂（？—264）：三国时期曹魏将领，邓艾心腹部将。曾随邓艾
参与灭蜀战役。蜀亡，邓艾任其为益州刺史。后锺会之变，益州
大乱，师纂和邓艾一起被杀。

⑤阳安关：即今陕西宁强西北阳平关镇。为入蜀之咽喉。阴平桥：
在今甘肃文县南门外白水江上。

⑥寝其事：平息其事。寝，停止，平息。

【译文】

景耀六年春天，魏国相国、晋文王司马昭命征西将军邓艾、镇西将军
锺会、雍州刺史诸葛绪、益州刺史师纂分五路攻打蜀国。大将军姜维上
表后主，请求派遣左、右车骑将军张翼、廖化督管诸军，分别保护阳安关
口和阴平桥头。黄皓迷信巫祝，认为敌人不会前来，启禀后主不要理会
此事，群臣都不知道此事。

夏，艾将入沓中，会将向骆谷。蜀方闻之，遣张翼、董厥
为阳安关外助，廖化为维援继。大赦，改元炎兴①。比至阴
平，闻诸葛绪向建威②，故待月余。维为邓艾所摧，还阴平。

【注释】

①炎兴：三国蜀汉后主年号（263）。

②建威：建威城。在今甘肃成县西北。东汉末所置戍守处。

【译文】

夏天，邓艾率军进攻沓中，锺会率军进攻骆谷。蜀国这才听说此事，
派遣张翼、董厥为阳安关的外援，廖化为姜维的后继救援部队。同时大
赦天下，改年号为炎兴。等廖化到了阴平，听说诸葛绪进军建威，故而在
原地等待了一个多月。姜维被邓艾打败，退兵回到阴平。

锺会围乐城，遣别将攻关①。守将蒋舒开门降②，都督傅佥奋战而死③。冬，会以乐城不下，径长驱而前。

【注释】

①别将：配合主力军作战的部队将领。关：即阳安关口，今阳平关。在今陕西宁强西北阳平关镇。

②蒋舒：蜀汉将领。阳安关守将，后出城投降魏军。

③傅佥（？—263）：南阳义阳（今河南信阳）人。初为左中郎，后拜关中都督。后主景耀末，魏军攻蜀，与蒋舒共守阳安关口，蒋舒开城出降，魏军乘虚袭城，傅佥格斗而死。

【译文】

锺会围攻乐城，派遣别将攻打阳平关。阳平关的守将蒋舒开门投降，都督傅佥奋力作战而死。冬天，锺会因为乐城久攻不下，听说已经拿下阳平关，径直由阳平关长驱直入，率军前行。

翼、厥之至汉寿也，维、化舍阴平还保剑阁拒会。会不能克，粮运悬远①，议欲还。而邓艾由阴平景谷傍入。后主又遣都护诸葛瞻督诸军距艾，至涪，不进。尚书郎黄崇②，权子也，劝瞻速行固险，无令敌得入坪，言至流涕。瞻不从。前锋已破，艾径至涪，瞻退保绵竹。艾书诱瞻曰："若降者，必表封琅邪王。"瞻怒，杀艾使。战于绵竹，瞻军败绩，瞻临阵死。崇及羽林督李球、尚书张遵皆必死没命③。瞻长子尚叹曰④："父子荷恩⑤，不早斩黄皓，以致败国殄民，用生何为！"乃驱马赴魏军而死。

【注释】

①悬远:相距很远。

②黄崇(? —263):巴西郡阆中(今四川阆中)人。黄权之子。为尚书郎,从诸葛瞻拒邓艾。力战而死。附见于《三国志·蜀书·黄崇传》。

③李球:建宁郡俞元(今云南澄江)人。李恢弟之子。任羽林右部督,随诸葛瞻拒邓艾,临阵受命,死于绵竹。张遵(? —263):涿郡(治今河北涿州)人。张飞之孙,张苞之子。官至尚书。刘禅景耀末,邓艾伐蜀,随诸葛瞻拒守绵竹,战死。

④瞻长子尚:诸葛瞻之子诸葛尚(? —263),琅邪阳都(今山东沂南)人。刘禅景耀末,魏军攻蜀,与父守绵竹,力战而死。

⑤荷恩:蒙受恩惠。

【译文】

张翼、董厥到了汉寿,姜维、廖化放弃阴平,退师守护剑阁以抵御锺会。锺会不能攻克剑阁,又因粮食运输遥远,商议准备退兵。而邓艾由阴平关的景谷从斜道进入蜀国。后主又派遣都护诸葛瞻督管各路军马抵御邓艾,但诸葛瞻到了涪县,就不再前进。尚书郎黄崇,是黄权的儿子,力劝诸葛瞻快速行军、巩固险要,不要让敌人攻入平原,一直说到痛哭流涕。诸葛瞻没有听从。蜀军前锋已经被击破,邓艾径直到达涪县,诸葛瞻退兵保卫绵竹。邓艾写信诱降诸葛瞻说:"如果阁下投降,我一定上表封你为琅邪王。"诸葛瞻大怒,杀了邓艾的使者。和邓艾在绵竹交战,诸葛瞻军队被打败,诸葛瞻临阵而亡。黄崇和羽林右部督李球、尚书张遵都誓死而战,尽皆战死。诸葛瞻的长子诸葛尚叹息道:"我们父子蒙受皇上恩惠,可惜没有早早斩杀黄皓,以至于祸国殃民,活着又有什么用呢!"于是,诸葛尚驱马奔赴魏军阵营,力战而死。

百姓闻艾入坪,惊进山野①。后主会群臣议,欲南入七郡^②,或欲奔吴。光禄大夫谯周劝降魏^③,魏必裂土封后主^④。后主从之,遣侍中张绍、驸马都尉邓良赍玺绶奉笺诣艾降^⑤。北地王谌恚愤^⑥,杀妻子而后自杀。

【注释】

①惊迸:惊慌奔散。

②七郡:即庲降都督所辖的南中七郡——建宁、云南、兴古、永昌、牂柯、越巂、朱提。

③谯周劝降魏:谯周劝后主投降魏国的言论,见《三国志·蜀书·谯周传》。

④裂土:分封土地,分封诸侯。

⑤张绍:涿郡(治今河北涿州)人。张飞次子。官至侍中、尚书仆射。刘禅景耀末,魏军攻蜀,遣绍等奉印绶出降。入魏,封列侯。邓良:南阳新野(今河南新野)人。邓芝之子,袭邓芝侯爵。刘禅景耀中,为尚书左选郎、驸马都尉。入晋,为广汉太守。赍(jī):携带,持。玺绶:古代印玺上所系的彩色丝制绶带。借指印玺。

⑥北地王谌:刘谌(?—263),刘禅之子。被封为北地王。恚(huì)愤:愤怒。

【译文】

百姓听说邓艾进入平原,惊慌奔散,逃往山野。后主召集群臣商议,准备向南进入南中七郡,有的打算投奔吴国。光禄大夫谯周劝后主投降魏国,认为魏国必定分割土地、分封后主。后主听从了谯周的建议,派遣侍中张绍、驸马都尉邓良携带印玺、手捧文书到邓艾处投降。北地王刘谌很愤怒,杀掉妻子儿女,然后自杀。

艾至成都,后主舆榇、面缚、衔璧迎之^①。艾亲释其缚,受其璧,焚其榇,承制拜骠骑将军^②,使止其宫。执黄皓,将杀之,受贿而赦之。诸围守皆奉后主敕令乃下。姜维未知后主降,谓且固城。素与执政者不平③,欲使其知卫敌之难,而后逞志④,乃回由巴西⑤,出郪、五城⑥。会被后主手令⑦,乃投戈释甲⑧,诣锺会降于涪。军士莫不奋激⑨,以刃斫石。

【注释】

①舆榇(chèn)、面缚:谓车载空棺,双手反绑,表示投降并自请极刑。榇,棺材。面缚,双手反绑在背后而面向前。古代用以表示投降。衔璧:口含碧玉以示不生。古人用以表示投降请罪。《左传·僖公六年》:"许男面缚衔璧,大夫衰绖,士舆榇。"

②承制:谓秉承皇帝的旨意行事。

③不平:不和,不睦。

④逞志:遂了心志,感到快意。

⑤巴西:郡名。东汉建安六年(201)刘璋改巴郡置,属益州。治所在阆中(今四川阆中)。三国蜀汉章武元年(221)改为巴郡,不久复为巴西郡。

⑥郪:县名。西汉置,属广汉郡。治所在今四川三台南九十里郪江镇。因郪江水为名。五城:县名。三国蜀汉置,属广汉郡。治所在今四川中江县东南。

⑦手令:亲手所下的告谕、指令等。

⑧投戈:放下武器。谓休战。释甲:脱下战衣。指罢兵。

⑨奋激:(情绪)激动。

【译文】

邓艾到了成都,后主用车载着棺材、双手反绑于背、嘴里含着璧玉迎接他。邓艾亲手解开后主的绳索,接受后主的璧玉,烧毁后主的棺材,秉承皇帝的旨意,封后主为骠骑将军,让他仍然居住在原先的宫殿。邓艾拘捕了黄皓，准备将他处死，但因接受了黄皓的贿赂而赦免了他。各个防御工事的守卫人员，都奉后主的诏令而撤出阵地。姜维不知道后主已经投降，以为还要加强城池的防御。姜维一向与执政者不和，想让他们知道抵御敌人的艰难，而后才能遂了心志，于是，姜维从巴西回师，出兵郪县、五城县。这时，姜维正好接到后主的手令，于是休战罢兵，赶到涪县向钟会投降。军队将士无不情绪激动，用刀砍击石头发泄。

明年春正月^①，会构艾^②，槛车见征^③。会图异计^④，奇维雄勇^⑤，还其节盖本兵^⑥，谓长史杜预曰^⑦："姜伯约比中州名士^⑧，夏侯太初、诸葛公休不如也^⑨。"邓艾亦谓蜀人曰："姜维，雄儿也^⑩！"会、维则出同车，坐同席。将至成都，自称益州牧以叛。恃维牙爪，欲遣维为前将军伐中国。维既失策^⑪，又知会志广^⑫，教会诛北诸将；诸将既死，徐欲杀会，尽坑魏兵，还复蜀祚。密书通后主曰："愿陛下忍数日之辱，臣欲使社稷危而复安，日月幽而复明。"魏太后崩，会命诸将发丧，因欲诛之。诸将半入，而南安太守胡烈等知其谋^⑬，烧成都东门以袭杀会及维、张翼、后主太子璿等^⑭。军众抄掠^⑮，数日乃定。

【注释】
①明年：即魏元帝咸熙元年（264）。
②构：诬陷，陷害。当时，钟会报告魏国朝廷，说邓艾造反。
③槛车：用栅栏封闭的车。用于囚禁犯人或装载猛兽。见征：被召回。《三国志·魏书·邓艾传》记载，邓艾行至绵竹西，被司马昭派人杀死。
④异计：不轨的图谋。本处指背叛魏国。

⑤雄勇：勇猛威武。

⑥节盖：古代持符节的大将所使用的车盖。本兵：本部军队。

⑦杜预（222—284）：字元凯，京兆杜陵（今陕西西安）人。司马昭妹夫。初为魏尚书郎。贾充定律令，杜预为之注解。晋武帝立，为河南尹，迁度支尚书。在朝七年，损益万机，时号"杜武库"。晋武帝咸宁四年（278），拜镇南大将军，都督荆州诸军事，镇襄阳，作灭吴准备。次年请伐吴。太康初，遣将攻吴，累克城邑，招降南方州郡，功封当阳县侯。官至司隶校尉。功成之后，耽思经籍。博学多通，自谓有"《左传》癖"。著有《春秋左氏经传集解》《春秋长历》等。卒谥成。《晋书》有传。

⑧中州：古地区名。即中土、中原。狭义的中州指今河南一带，因其地在古九州之中得名。

⑨夏侯太初：夏侯玄（209—254）：字太初，沛国谯（今安徽亳州）人。见本卷前文注。诸葛公休：诸葛诞（？—258）：字公休，琅邪阳都（今山东沂南）人。见本卷前文注。

⑩雄儿：好男儿，好汉。

⑪失策：失算，策略上有错误。按：《华阳国志》说"维既失策"，意指姜维因用兵不当，导致蜀汉灭亡。又，或理解为失势（汪启明、赵静），可参。

⑫志广：志向远大。按：本处说钟会"志广"，意谓锺会有谋叛的意图。《三国志·蜀书·姜维传》裴松之注引《汉晋春秋》："（锺）会阴怀异图，（姜）维见而知其心，谓可构成扰乱以图克复也。"

⑬胡烈（？—270）：字玄武，安定临泾（今甘肃泾川北）人。胡奋之弟。魏末，为将领兵平蜀。锺会叛乱，与子胡世元杀锺会，迁秦州刺史。晋初，凉州羌戎叛乱，出兵平讨，被羌戎围杀。

⑭袭杀：乘人不备而杀害。

⑮抄掠：抢劫，掠夺。

【译文】

第二年春天正月，锺会诬陷邓艾，邓艾被关进囚车、押送京城。锺会图谋背叛魏国，惊奇于姜维的勇猛威武，归还他的符节车盖和本部军队，对长史杜预说：“姜维和中原名士相比，夏侯玄、诸葛诞都比不上他。”邓艾也对蜀人说：“姜维，是一条好汉！”锺会、姜维则出门同乘一辆车，同坐一张席。锺会快到成都之时，自称益州牧准备发动叛乱。锺会想依靠姜维为爪牙，打算派遣姜维为前将军，回师攻打中原。姜维知道既然计谋失误，又知道锺会志向远大，于是教唆锺会诛杀北边的各位将领；诸将被杀死之后，再慢慢图谋杀死锺会，将魏兵全部活埋杀死，恢复蜀国的血脉。姜维秘密写信禀告后主说：“希望陛下再忍受几天的屈辱，下臣准备让社稷转危为安，让日月由暗而明。”魏太后驾崩，锺会命令各位将领发丧，想趁此诛杀他们。诸将有一半都进入了衙署，而南安太守胡烈等人知道了这个阴谋，烧毁成都城的东门并袭杀锺会和姜维、张翼、后主太子刘璿等人。军队在城中烧杀抢劫，几天后才平定下来。

三月，后主举家东迁洛阳。丁亥，封安乐县公，食邑万户，赐绢万匹，奴婢百人，他物称此。弟兄子孙为三都尉、侯者五十余人①。以谯周全国济民②，封城阳亭侯③。秘书令郤正舍妻子随侍后主，相导威仪④，封关内侯。于是尚书令樊建、殿中督张通、侍中张绍亦封侯⑤。刘氏凡得蜀五十年⑥，正称尊号四十三年⑦。

【注释】

①三都尉：指奉车都尉、骑都尉、驸马都尉。五十余人：《三国志·蜀书·后主传》：“子孙为三都尉、封侯者五十余人。”
②全国：保全国家。济民：救助百姓。

③城阳亭侯：《三国志·蜀书·谯周传》作"阳城亭侯"，《隋书·经籍志二》作"义阳亭侯"。

④相导：引导。威仪：古代祭享等典礼中的动作仪节及待人接物的礼仪。《三国志·蜀书·郤正传》："后主赖（郤）正相导宜适，举动无阙，乃慨然叹息，恨知（郤）正之晚。"

⑤殿中督：官名。三国蜀置，为皇帝近臣，殿中武官。张通：汝南（治今河南平舆）人。蜀臣，后降魏，封为侯。

⑥刘氏凡得蜀五十年：建安十九年（214），刘备据蜀。炎兴元年（263），蜀汉亡。前后相计，刚好五十年。

⑦正称尊号四十三年：底本作"正称尊号四十二年"，有误。章武元年（221）刘备称帝，至炎兴元年蜀汉亡，前后共计四十三年。尊号，古代尊崇皇帝的称号。

【译文】

三月，后主全家东迁至洛阳。丁亥，封为安乐县公，食邑万户，赐绢上万匹，奴婢上百人，以及与此相当的其他物品。弟兄子孙被封为三都尉、被封为侯的有五十多人。因为谯周保全国家、救助百姓，被封为城阳亭侯。秘书令郤正抛弃妻子儿女，跟随侍奉后主，又引导礼仪，被封为关内侯。于是尚书令樊建、殿中督张通、侍中张绍也被封为侯。刘氏共计得蜀五十年，正式称帝四十三年。

蜀郡太守王崇论后主曰①："昔世祖内资神武之大才②，外拔四七之奇将③，犹勤而获济，然乃登天衢④，车不辍驾，坐不安席⑤。非渊明弘鉴⑥，则中兴之业何容易哉！后主庸常之君⑦，虽有一亮之经纬，内无胥附之谋⑧，外无爪牙之将，焉可包括天下也⑨！"又曰："邓艾以疲兵二万溢出江油，姜维举十万之师案道南归，艾为成禽⑩；禽艾已讫，复还拒会,则蜀之存亡未可量也。乃回道之巴,远至五城,使艾轻进,径及成都。兵分家灭,己自招之。然以锺会之知略⑪,称为子房⑫,姜维陷之,莫至克捷⑬。筹笇相应⑭,优劣惜哉!”愚以为维徒能谋一会⑮,不虑穷兵十万,难为制御⑯,美意播越矣⑰。

【注释】

①王崇:字幼远,广汉郡郪(今四川三台)人。王化之弟。性宽和,学业渊博。任蜀东观郎。举秀才,为尚书郎,官至上庸、蜀郡太守。著有《蜀书》及诗、赋数十篇。本书卷十一《后贤志》有传。

②世祖:汉光武帝刘秀。

③四七之奇将:指佐助光武帝刘秀建立东汉政权的“云台二十八将”(亦称“中兴二十八将”),为东汉开国功臣。汉明帝永平中,为追念开国功臣功绩,绘二十八将像于洛阳南宫云台,故称“云台二十八将”。以邓禹为首,次为马成、吴汉、王梁、贾复、陈俊、耿弇、杜茂、寇恂、傅俊、岑彭、坚镡、冯异、王霸、朱祐、任光、祭遵、李忠、景丹、万修、盖延、邳彤、铫期、刘植、耿纯、臧宫、马武、刘隆。见《后汉书·朱景王杜马刘傅坚马列传》的“论曰”。

④登天衢:指登上帝位。天衢,星名。《晋书·天文志上》:“房四星,为明堂,天子布政之宫也。……又为四表,中间为天衢,为天关,黄道之所经也。”

⑤坐不安席:形容焦急不安。

⑥渊明:深远明达。

⑦庸常:寻常,平庸。

⑧胥附:指亲附,或亲附的人,或泛指附庸。

⑨包括:囊括,统一。

⑩成禽：被擒，就擒。

⑪知略：智慧与谋略。

⑫称为子房：《三国志·魏书·锺会传》："寿春之破，（锺）会谋居多，亲待日隆，时人谓之子房。"子房，张良（？—前186），字子房，相传为城父（今河南郏县东，一说今安徽亳州）人。祖与父相继为韩相。秦灭韩，良图复韩，募力士于博浪沙狙击秦始皇未中，遂更姓名。传说逃亡至下邳，遇黄石公，受《太公兵法》。秦二世元年（前209），聚众响应陈胜。后从刘邦，为主要谋士。高帝六年（前201），封留侯。晚好黄老，学辟谷之术。卒谥文成侯。《史记》《汉书》有传。

⑬克捷：克制，制胜。

⑭筹筭（suàn）：古时刻有数字的竹筹。本处指谋划计算。筭，同"算"。

⑮愚以为：以下是常璩的评论。

⑯制御：控制，防备。

⑰美意播越：美好的愿望落空、破灭了。播越，落空，失败。

【译文】

　　蜀郡太守王崇评论后主说："从前汉世祖刘秀内凭神明勇武的大才，外靠云台二十八奇将的辅佐，尚且通过勤勉而获得成功，然后才登上帝位，而且车马没有停息，坐卧也不能安于席垫。如果不是世祖英明弘鉴，中兴之业如何容易成就呢？后主刘禅是平庸的国君，虽然有一个诸葛亮为他治理国家，但内无亲附的谋臣，外无勇猛的武将，怎么能够一统天下呢！"又说："邓艾率领疲惫的二万士兵出军江油，如果姜维统帅十万之师顺道南归、攻打邓艾，邓艾将会成为俘虏；在擒获邓艾之后，再回头抵御锺会，那么蜀国的存亡就不可估量了。但姜维却退兵回到巴县，又驱师远行到了五城县，使得邓艾轻易进军，直接到了成都。军队分裂，国家灭亡，是自己招致的。然而凭借锺会的智慧与谋略，他被人称为张良，却被姜维设计陷害，以至于不能掌控局势。同样的运筹帷幄，二人的高下与优劣立见分晓！"愚以为姜维只能谋算一个钟会，而没有考虑到魏国的十万穷兵难以控制，他的美好愿望最终破灭了。

　　撰曰：诸葛亮虽资英霸之能①，而主非中兴之器②，欲以区区之蜀，假已废之命③，北吞强魏，抗衡上国④，不亦难哉！似宋襄求霸者乎⑤！然亮政修民理⑥，威武外振。爰逮琬、祎，遵修弗革⑦，摄乎大国之间⑧，以弱为强，犹可自保。姜维才非亮匹，志继洪轨⑨，民嫌其劳，家国亦丧矣。

【注释】

①英霸：谓英雄豪杰。

②中兴：中途振兴，转衰为盛。

③已废之命：谓已被天命废弃的汉朝。

④抗衡：对抗，匹敌。上国：春秋时称中原各诸侯国为上国，与吴、楚诸国相对而言。这里指地处中原的魏国。

⑤宋襄：宋襄公，名兹甫，亦作兹父。宋桓公之子。春秋时宋国国君。前650—前637年在位。以庶兄目夷为相。齐桓公卒，企图成为霸主，与楚争霸。目夷多次谏阻，不听。襄公十三年（前638），亲自率军伐郑，楚伐宋而救郑，乃与楚成王战于泓水（今河南柘城西北）之上，宋师大败，伤股。次年伤重而卒，谥襄。

⑥政修：修明政教。民理：治理百姓。

⑦遵修弗革：意谓遵循诸葛亮的成规而不加革新。意即守成。

⑧摄乎大国之间：典出《论语·先进》："千乘之国，摄乎大国之间。"摄，夹，箝。

⑨洪轨：宏大的规划，即诸葛亮兴复汉室的理想与计划。

【译文】

撰述者说：诸葛亮虽然有英雄豪杰的才能，然而后主却不是中兴汉室的人才，想以区区一个蜀国，凭借已经废弃的天命，北面吞并强大的魏国，与大国相对抗，这不是很难的吗！这很像当年宋襄公图谋霸业啊！然而诸葛亮修明政教、治理百姓，威武之名外传远扬。等到了蒋琬、费祎，遵循诸葛亮的成规而不加革新，蜀国被夹在大国之间，以弱为强，还可以自保。姜维的才能不能和诸葛亮相比，然而志向远大，力图兴复汉室，百姓对其劳师征战不满意，家国也因此灭亡了。